Bremische Kirchengeschichte im Mittelalter

SIGILLVM SANCTE BREMENSIS ECCLE

Bremische Kirchengeschichte im Mittelalter

Dieter Hägermann (†) und Ulrich Weidinger
– in Zusammenarbeit mit Konrad Elmshäuser

Verlag H. M. Hauschild GmbH, Bremen
2012

Abbildung auf dem Umschlag und S. 2:
Das zweite Siegel des Bremer Domkapitels, 1. Hälfte 13. Jh.:
Willehad und Ansgar flankieren thronend den heiligen Petrus.
Siegelabguss, Staatsarchiv Bremen.

Buchgestaltung: Rolf Wernet, Bremen
Gesamtherstellung: H. M. Hauschild GmbH, Bremen

ISBN 978-3-89757-170-9

Inhaltsverzeichnis

Zum Geleit

Mit großer Dankbarkeit begleiten wir die Entstehung des ersten Bandes der Bremischen Kirchengeschichte. Neben dem bereits erschienenen dritten Band zur Bremischen Kirchengeschichte im 19. und 20. Jahrhundert werden in dem hier vorgelegten ersten Band die Anfänge der Verkündung des christlichen Glaubens, das frühe Wirken von Christinnen und Christen und die „Verwurzelung" des Christentums in unserer Region umfassend dargestellt. Stadtgeschichte und Kirchengeschichte sind aufs Engste verbunden. Die bedeutende Stellung Bremens im nördlichen Europa als Missions- und Handelszentrum haben das Selbstbewusstsein der Bürgerinnen und Bürger dieser Stadt nachhaltig geprägt. Die Kenntnisse dieser stadtgeschichtlichen Wurzeln sind bis in die Gegenwart hinein notwendig, um das besondere Binnenklima Bremens zu verstehen.
Die mittelalterliche Kirchengeschichte bildet die gemeinsame Geschichte der heutigen Bremischen Evangelischen Kirche und der Katholischen Kirche in Bremen. Auch wenn beide Kirchen nach der Reformation getrennte Wege gegangen sind, fühlen sie sich doch beide verantwortlich für die Menschen in dieser Stadt und alle, die hier leben.
Wir danken den Bearbeitern dieses ersten Bandes der Bremischen Kirchengeschichte und wünschen dem Werk viele Leserinnen und Leser.

Kirchenausschuss
der Bremischen Evangelischen Kirche

Kath. Gemeindeverband
in Bremen

Brigitte Boehme
Präsidentin

Renke Brahms, Pastor
Schriftführer

Dr. Martin Schomaker
Propst

Vorwort

Mit der „Bremischen Kirchengeschichte im Mittelalter“ liegt der Öffentlichkeit ein Werk vor, in dem erstmals Bremens mittelalterliche Kirchengeschichte in einer zusammenhängenden Publikation behandelt wird. Die Bearbeiter hoffen, damit eine bisher schmerzlich empfundene Lücke in den Veröffentlichungen zur bremischen Geschichte erfolgreich geschlossen zu haben.

Das vorliegende Buch ist in Konzeption und Inhalt ein Werk, das die Kontinuitäten wie auch die Brüche in der bremischen Kirchengeschichte im Mittelalter widerspiegelt. In dem großen zeitlichen Bogen, der sich von der karolingerzeitlichen Mission bis zur Vorgeschichte der Reformation erstreckt, ist die bremische Kirchengeschichte an Höhen und Tiefen nicht arm gewesen – vielleicht macht dies aber gerade ihren Reiz und ihren Reichtum aus. Bremens Kirchengeschichte ist bis zum Hochmittelalter die Geschichte eines missions- und kirchenpolitisch bedeutenden, ja international wirkenden Erzbistums. Mehrfach leiteten bedeutende und um das Wohl ihres Kathedralsitzes ehrlich besorgte Kirchenfürsten, denen die Stadt viel verdankt, den Bremer Erzsitz. Dabei hat Bremen neben den frühen kirchlichen „Helden“ der Mission wie dem Gründerbischof Willehad, dem ersten Erzbischof und Apostel des Nordens Ansgar, den im Reichsdienst prominent tätigen Kirchenfürsten Adaldag, Adalbert und Liemar sowie dem letzten Landesfürsten Gerhard II. auch zahlreiche weniger prominente Erzbischöfe gesehen, die aber fast alle Spuren nicht nur in der Bremer Geschichte hinterlassen haben. Der von Prof. Dr. Dieter Hägermann verfasste erste Teil des vorliegenden Buches behandelt ihre Tätigkeit und ihr Wirken als Kirchenfürsten sowie als Stadt- und Landesherren.
Als aus dem früheren „Rom des Nordens“ – so das bekannte Diktum des Magisters Adam von Bremen im 11. Jahrhundert – ein einfaches norddeutsches (Erz-)Bistum wurde, übernahmen die Bürger nicht nur die politische Leitung der Geschicke ihrer Stadt. Auch die Kirchengeschichte Bremens im Spätmittelalter ist von da an nicht allein von Klerikern und Mönchen, sondern von den Bürgern – frommen Händlern und Handwerkern und dem Rat – mitgestaltet und bestimmt worden: Glaube und Volksfrömmigkeit gehörten im Spätmittelalter zum Alltag der Menschen aller Schichten. Nichts verdeutlicht die umfassende Funktion des Glaubens und der Kirche in jener Zeit besser als die Tatsache, dass die vier Stadtviertel des mittelalterlichen Bremens nichts anderes sind als die Parochialbezirke der im 13. Jahr-

hundert entstandenen Kirchengemeinden. Der von Dr. Ulrich Weidinger verfasste zweite Teil des vorliegenden Buches beschreibt Vielfalt und Reichtum der kirchlichen Einrichtungen, ihre Funktion und ihre Verbindung mit Politik, Wirtschaft und Alltag im spätmittelalterlichen Bremen bis zum Vorabend der Reformation.

Die „Bremische Kirchengeschichte im Mittelalter" gehört mit der bereits 1994 erschienenen „Bremischen Kirchengeschichte im 19. und 20. Jahrhundert" zu einem auf drei Bände angelegten Gesamtwerk. Der chronologisch letzte Band war damals als erster fertiggestellt worden, weil für das 19. und 20. Jahrhundert das Fehlen einer modernen Darstellung als besonders schmerzlich empfunden wurde und weil tatkräftige Bearbeiterinnen und Bearbeiter dieses „ökumenischen" Bandes bereitstanden. Auch für den Mittelalterband hatte der das Gesamtwerk betreuende Dr. Andreas Röpcke mit dem Lehrstuhlinhaber für mittelalterliche Geschichte an der Universität Bremen, Herrn Professor Dieter Hägermann, einen Bearbeiter gewonnen, der fachlich bestens ausgewiesen war. Dieter Hägermann sollte das Früh- und Hochmittelalter bis zum Pontifikat Gerhards II. verfassen, während Andreas Röpcke das Spätmittelalter selbst bearbeiten wollte. Nachdem Andreas Röpcke vom Staatsarchiv Bremen in die Leitung des Landeshauptarchivs Schwerin wechselte und von dort aus dem Unternehmen nicht mehr zur Verfügung stehen konnte, übernahm Dieter Hägermann die Verantwortung für den Gesamtband und gewann mit Frau Dr. Lieselotte Klink eine fachlich ausgewiesene Autorin für den Spätmittelalter-Teil: Lieselotte Klink wurde mit der Edition von Dombaumeister Johann Hemelings Diplomatarium promoviert und hatte Johann Renners Bremer Chronik in einer Transkription herausgegeben.
Als Dieter Hägermann Anfang des Jahres 1996 eine erste Manuskriptfassung seines Teiles abschloss und zunächst aus der Hand legte, konnte er nicht ahnen, dass das Gesamtunternehmen über einen Zeitraum von mehr als zehn Jahren ins Stocken geraten sollte und dass er selbst seinen weiteren Fortgang nicht mehr erleben sollte. Im Sommer 1998 verstarb überraschend Lieselotte Klink, noch bevor sie zum Abschluss größerer Manuskriptteile gekommen war. Ihre Vorarbeiten wurden zunächst dem Staatsarchiv Bremen übergeben, wo Dr. Konrad Elmshäuser die Betreuung des Teilbandes interimistisch übernahm, bis mit Ulrich Weidinger ein mit der Stadtgeschichte Bremens vertrauter Mediävist als neuer Bearbeiter gewonnen wurde.
Dieser hatte die Arbeit an seinem Teilband gerade aufgenommen, als im März 2006 Dieter Hägermann ebenfalls überraschend verstarb. Sein ausformuliertes, aber noch nicht um alle Literaturnachweise ergänztes und un-

korrigiertes Manuskript ging nun ebenfalls zunächst in das Staatsarchiv Bremen, wo Konrad Elmshäuser die Endredaktion und die Bebilderung des Gesamtbandes übernahm.
In Gesprächen zwischen der Bremischen Evangelischen Kirche und den Bearbeitern wurde vereinbart, dass das Manuskript von Dieter Hägermann in der von ihm vorgesehenen Form zum Druck gebracht werden sollte, auch um eine weitere Verzögerung des Gesamtunternehmens auszuschließen. Auf die nachträgliche Einarbeitung evtl. später erschienener Literatur zum ersten Teil des Mittelalterbandes ist daher verzichtet worden, dies nicht zuletzt, weil keine Werke seither erschienen sind, die Sachaussagen des Manuskriptes grundsätzlich infrage gestellt hätten. Lediglich in einigen wenigen Punkten, wo sich z.B. aufgrund archäologischer Funde neue Kenntnisse ergeben haben, ist dies in der Bearbeitung berücksichtigt worden.

Um den Reihencharakter des Werkes „Bremische Kirchengeschichte" zu wahren, wurde die äußere Gestaltung des Mittelalterbandes – so weit wie dies möglich und sinnvoll war – an dem 1994 erschienenen Band „Bremische Kirchengeschichte im 19. und 20. Jahrhundert" orientiert. So die Nachweisung von Quellen und Literatur, die nicht mit Einzelbelegen in Fußnoten, sondern in Sammelbelegen mit Kurztitel-Hinweisen auf benutzte Literatur am Ende der Kapitel erfolgt. Dort wurden häufig wiederkehrenden Quellenwerke und Urkundensammlungen wie die Geschichte der Hamburgischen Kirche des Magisters Adam von Bremen, die Regesten der Erzbischöfe von Bremen oder das Bremische Urkundenbuch nur dann einzeln angeführt, wenn sie ausdrücklich genannt werden. Sie finden sich ansonsten in der Bibliographie unter den Quellenwerken. Die Bibliographie enthält zudem wichtige, nicht in den Hinweisen genannte Titel zur bremischen Kirchengeschichte.
Die „Bremische Kirchengeschichte im Mittelalter" fasst den bei Manuskriptabschluss vorhandenen Forschungsstand erstmals in einem Gesamtwerk handbuchartig zusammen. Einzelne Detailstudien, die zu vielen Aspekten der bremischen Kirchengeschichte noch ausstehen, kann und will das vorliegende Werk nicht ersetzen. Ebenso konnten von den Autoren im Wesentlichen nur gedruckte Quellen verwandt werden, was sich besonders hinsichtlich der Urkunden auswirkte, die nicht in dem nur bis zum Jahr 1447 reichenden Bremischen Urkundenbuch Berücksichtigung fanden.

Sichtbare Zeugnisse von Bremens reicher mittelalterlicher Kirchengeschichte finden sich heute vorwiegend in Museen, Bibliotheken und Archiven. In Bremens Kirchen haben sich – abgesehen vom St. Petri Dom – kaum Ausstattungsgegenstände aus vorreformatorischer Zeit erhalten, Kriegszerstörungen taten ihr Übriges. Für die Bebilderung des vorliegenden Werkes haben daher dankenswerterweise zahlreiche Institutionen ihre Bildsammlungen geöffnet und Vorlagen zur Verfügung gestellt. Zu danken ist hier neben dem Focke-Museum, dem Dom-Museum und der Landesdenkmalpflege ganz besonders der Staats- und Universitätsbibliothek Bremen, in der u.a. die Hauptwerke der ehemaligen Dombibliothek verwahrt werden. Nicht zuletzt ist hier aber das Staatsarchiv Bremen zu nennen, das die Koordinierung der Bebilderung übernommen hat und aus seinen Urkunden-, Siegel- und Bildbeständen hierzu Wesentliches beisteuerte. Besonderer Dank gilt Herrn Joachim Koetzle, Staatsarchiv Bremen, der alle Reproarbeiten ausgeführt, die Vorlagen bearbeitet und auch wichtige Objekte in Dom und Dom-Museum neu fotografiert hat.

Die Unterzeichnenden danken den Verantwortlichen der Bremischen Evangelischen Kirche für das ihnen entgegengebrachte Vertrauen und für Verständnis und Geduld bei der langjährigen Entstehungsgeschichte der „Bremischen Kirchengeschichte im Mittelalter“.
Sie hoffen – dies auch im Sinne von Dieter Hägermann – auf eine an der reichen und bedeutenden Kirchengeschichte Bremens im Mittelalter interessierte Leserschaft und auf eine freundliche Aufnahme des Werkes.

Ulrich Weidinger *Konrad Elmshäuser*

Einleitung

Der vorliegende erste Band der bremischen Kirchengeschichte versucht auf relativ knapp bemessenem Raum nicht weniger als 700 Jahre Historie einzufangen: Die „katholische“ Zeit Bremens, eine Epoche von wahrhaft „langer Dauer“, die ungeschieden und facettenreich nicht nur die engere Geschichte der bremischen Kirche als Institution repräsentiert, sondern auch die Entwicklung der Stadt Bremen und ihres Umlandes erfasst – von den Universalgewalten des Mittelalters, Kaisertum und Papsttum, überwölbt. Hinzu tritt noch als Bremer Besonderheit seit den Tagen Ansgars in der ersten Hälfte des 9. Jahrhunderts die Skandinavienmission, der sich in einer Art Neuansatz am Ausgang des 12. Jahrhunderts die Glaubensausbreitung im Baltikum (Riga) anschloss. Die Fülle dieses Geschehens wird noch erweitert durch die Herausbildung des gleichsam doppelköpfigen Erzbistums Hamburg-Bremen, dem zwar gegen alles Kirchenrecht bis in die Mitte des 12. Jahrhunderts die eigentlich zum Status einer Metropole erforderlichen Suffraganbistümer ermangelten, das dafür aber über zwei Sitze, Hamburg und Bremen, seit dem 11. Jahrhundert zudem über zwei Domkapitel gebot. Eine Bremer Kirchengeschichte im Mittelalter hat demnach die Historie der Domdüne mit Kathedrale und Stift des Bistums zwischen Unterweser und Unterelbe, des Erzstiftes, der Skandinavien- und Slawenmission und im Gange der Jahrhunderte zunehmend vor allem diejenige der Stadt Bremen ins Auge zu fassen.

Was die historischen Quellen zur bremischen Kirchengeschichte des Früh- und Hochmittelalters betrifft, so liegen uns für die ersten Jahrhunderte in den geistlichen Biographien der drei Bremer „Erzväter“ und Heiligen, Willehad, Ansgar und Rimbert, vorzügliche Geschichtsdokumente vor, die, durch die „Geschichte der Hamburgischen Kirche“ aus der Feder des Bremer Domschulmeisters Adam ergänzt und erweitert, kenntnisreich bis zum Ende des Fast-Patriarchen Erzbischof Adalbert († 1065) führen. Das Werk Adams enthält überdies eine weitgespannte, einzigartige Länderkunde des hohen Nordens. Das Hochmittelalter ist gegenwärtig in übergreifenden Geschichtswerken wie den Chroniken bzw. Jahrbüchern des Thietmar von Merseburg, Ekkehards von Aura bzw. Frutolfs von Michelsberg, Alberts von Stade und Arnolds von Lübeck oder in den Aufzeichnungen des Landpastors Helmold von Bosau. Während eine eigenständige bremische Chronistik in diesem Zeitraum nur in knappen Auszügen bzw. sporadisch verfügbar ist, liefert die städtische Geschichtsschreibung des Spätmittelalters, die Chronik von Rinesberch und Schene, noch später die Bremer Chronik von Johann Renner, Aufschlüsse zu den inneren Verhältnissen. Zu den Chroniken gesellt sich dann vor allem das sogenannte Diplomatarium Johann Hemelings als hochbedeutsames Zeugnis für Reliquienkult und Frömmigkeit zu Beginn des 15. Jahrhunderts in Bremen.

So vorzüglich sich insbesondere die Frühzeit der Bremer Kirche in ihren führenden Gestalten auf dem Hintergrund der erzählenden Quellen präsentiert, so schlecht ist es um den historisch rechtlichen Nachvollzug der kirchlichen Institutionen, insbesondere des merkwürdigen erzstiftischen Zwitters Hamburg-Bremen bestellt. Bremen darf – vor dem Hintergrund eben dieser Problematik – den traurigen Ruhm für sich in Anspruch nehmen, mehrfach als Zentrum regelrechter Fälscherwerkstätten im Umkreis des Domes gedient zu haben, die über Jahrhunderte hinweg zahlreiche Königs- und Papsturkunden, häufig in Serie, verfälschten, neu ausfertigten oder fingierten, um Ansprüche bzw. Rechtstitel zu begründen, wobei angesichts der Zielstrebigkeit des Vorgehens und der erreichten Professionalität der lediglich „fromme“ Betrug als Entschuldigung ausscheidet. Zu allem Überfluss ist dieses zumeist obskure urkundliche Material während des Zweiten Weltkrieges in Hannover zugrunde gegangen, so dass diese Überlieferung nur mehr in Drucken bzw. gelegentlich in späten Abschriften verfügbar ist. Die erste unzweifelhaft echte Königsurkunde für einen Bremer Erzbischof stammt aus dem Jahre 888, die erste unzweifelbar echte Papsturkunde aus dem Jahre 1047.

Die Korrumpierung der Vergangenheit beginnt freilich nicht erst mit den Falsa auf Könige und Päpste, sondern bereits mit der tendenziösen Abfassung der Ansgar-Vita durch seinen Nachfolger Rimbert, was freilich deren überragenden, auch literarischen Wert keinesfalls schmälert.

Zu den schriftlichen Quellen aller Art sind insbesondere in den letzten Jahrzehnten archäologische Funde hinzugetreten, vor allem durch die Domgrabung der 1970er Jahre, durch Schiffsfunde in jüngster Zeit und durch die Intensivierung der Stadtkernarchäologie in den letzten Jahren, die lange Zeit in Bremen sträflichst vernachlässigt worden ist.

Was die Literatur zur bremischen Kirchengeschichte angeht, so ist festzustellen, dass trotz zahlreicher Einzelstudien zu Personen, Institutionen und Problemfeldern ein moderner Überblick fehlt. Somit bleibt das große Werk von Georg Dehio aus dem Jahre 1877, das bis in die Mitte des 13. Jahrhunderts reicht, trotz seines vielfach veralteten Forschungsstandes weiterhin für manche Einzelheiten unentbehrlich, während die „Kurzgefaßte Religionsgeschichte der Herzogtümer Bremen und Verden“, zwischen 1776 und 1781 in drei Teilen erschienen, aus der Feder des gelehrten Sammlers Johann Heinrich Pratje, lediglich antiquarisches Interesse beanspruchen darf. Das Standardwerk zur Stadtgeschichte aus der Feder Herbert

Schwarzwälders, das in seinem schmalsten ersten Band bis zum Jahr 1810 reicht, kann auch von seinem eigenen Anspruch her eine eigentliche Kirchengeschichte nicht ersetzen.
Das Spätmittelalter als eigenständige Epoche der bremischen Kirchengeschichte ist noch nicht selbständig behandelt worden und findet lediglich im Rahmen der allgemeinen Stadtgeschichte in den Werken von Bippens bzw. Schwarzwälders mehr oder minder zutreffend Berücksichtigung. Ferner sind für die Geschicke des Erzstiftes die Regionalgeschichten einzelner Gebiete – so Schleswig-Holsteins, Mecklenburgs, Oldenburgs, Ostfrieslands – Ortsgeschichten, so etwa von Stade und Hamburg, bzw. moderne Studien zur Skandinavien- und Slawenmission heranzuziehen. Neuerdings und verdienstvollerweise ist ein dreibändiges Handbuch hinzugekommen, das in seinem Mittelalterband den Raum zwischen Weser und Elbe auch in den kirchenpolitischen Aspekten von den Anfängen der Mission bis in die Zeit des Spätmittelalters analysiert und in gebotener Kürze darstellt.

Die Autoren des vorliegenden Buches waren bestrebt, am Leitfaden der Chronologie Aspekte der Entwicklung in Kirche, Stadt, Region und Gesellschaft, die ihnen wesentlich erschienen und über die derzeit ein halbwegs gesichertes Urteil abgegeben werden kann, in einzelnen abgerundeten Kapiteln darzustellen. Mut zur Lücke und Nichtwissen mögen sich dabei jeweils die Waage gehalten haben.

Bremen, im Februar 1996 *Dieter Hägermann*

Literatur:
Adam, Gesta (1961). – Dehio, Erzbistum Hamburg-Bremen (1877). – Klink, Johann Hemelings „Diplomatarium" (1988). – Meinert, Rinesberch, Schene und Hemeling (1968). – Pratje, Religionsgeschichte (1776–1781). – Rimbert, Vita Anskarii (1961). – Röpcke, Wilhehad (1982). – Röpcke, Pro memoria Rimberti (1990). – Schulze und Dannenberg, Geschichte des Landes (1995). – Schulze, Geschichte der Geschichtsschreibung (1995). – Schwarzwälder, Geschichte (1995).

Teil 1:
Früh- und Hochmittelalter

I. Die karolingischen Anfänge

1. Sachsenbekehrung und Bistumsgründung: Karl der Große und Willehad (787–789)

Bremen tritt 782 erstmals als Ort, nicht als Sitz einer Kirche, wenn auch im Zusammenhang mit einer Christenverfolgung, in das volle Licht der Geschichte. Sowohl der Name, der so viel wie „am Rande gelegen“ bedeutet, als auch das Geschehen selbst setzen eine Siedlung voraus, deren mutmaßlicher Charakter sich freilich nur sehr unbestimmt erschließen lässt.

Das zu diesem Jahr vermeldete Martyrium eines Gerwal und seiner Genossen beleuchtet den mühsamen Verlauf der Unterwerfung und Missionierung des Sachsenstammes und des damit verbundenen „fränkischen Staatsaufbaus“ in den Regionen von den Mittelgebirgen bis zur Elbe bzw. bis zur friesischen Nordseeküste. Diese Trias aus Unterwerfung, Mission und fränkischer Okkupation bestimmte seit 772 für mehr als ein Vierteljahrhundert wesentlich die Aktivitäten Karls des Großen, die ein Zeitgenosse, sein Biograph Einhard, um 830 treffend so charakterisierte: „Kein anderer Krieg ist von den Franken mit ähnlicher Ausdauer, Erbitterung und Mühe geführt worden.“ Der Widerstand der Sachsen hat dem nicht nachgestanden. Gleichwohl konstatiert unser Gewährsmann, dass die Sachsen – gemeint sind die Führungsschichten – „als sie dem Kult der Dämonen und den überkommenen einheimischen Bräuchen abschworen, die Sakramente des christlichen Glaubens und der Religion annahmen, sich den Franken anschlossen, mit diesen ein Volk bildeten“. Gewiss stecken in dieser Apotheose der Sachsenkriege im Rückblick einer Generation eine Reihe von widerlegbaren Behauptungen, so war weder das gentile Stammesbewusstsein der Besiegten erloschen – die Sachsengeschichte Widukinds von Corvey aus dem 10. Jahrhundert gibt davon beredtes Zeugnis – noch war das „wilde Volk“ der Sachsen dem christlichen Glauben tatsächlich gewonnen. Ihre Bräuche, denen sie nur allzu rasch wieder verfielen, beschreibt ein kaiserlicher Brief an den Papst um 850 sehr anschaulich: „Quellen und belaubten Hainen erwiesen sie Verehrung. Auch verehrten sie unter freiem Himmel einen Holzblock von ansehnlicher Größe, der senkrecht aufgerichtet war.“

Magister Adam von Bremen zitiert noch in der Mitte des 11. Jahrhunderts seinen Erzbischof Adalbert, der sich über seine Pfarrkinder beklagte, dass nämlich „noch viele in falschen heidnischen Vorstellungen leben, so dass sie den Freitag durch Fleischgenuss schänden, die Tage vor den hohen Fes-

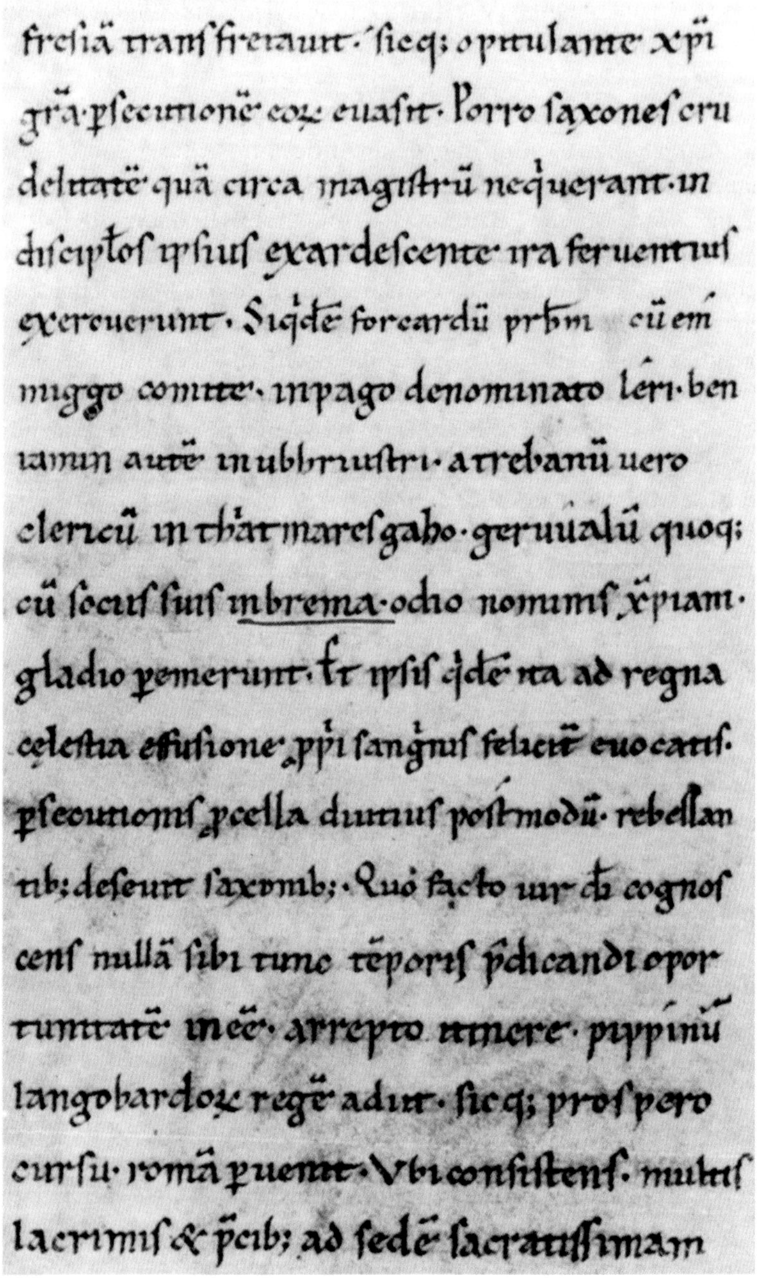
fresiam transfretavit, sicque opitulante Christi
gratia persecutionem eorum evasit. Porro saxones cru
delitatem quam circa magistrum nequiverant in
discipulos ipsius exardescente ira ferventius
exercuerunt. Siquidem forcardum presbyterum cum em
miggo comite in pago denominato leri. ben
iamin autem in ubbriustri. atrebanum vero
clericum in thiatmaresgaho. geruualum quoque
cum sociis suis in brema. odio nominis christiani
gladio peremerunt. Et ipsis quidem ita ad regna
celestia effusione proprii sanguinis feliciter evocatis.
persecutionis procella diutius postmodum rebellan
tibus deseuit saxonibus. Quo facto vir dei cognos
cens nullam sibi tunc temporis predicandi opor
tunitatem inesse. arrepto itinere pippinum
langobardorum regem adiit. sicque prospero
cursu romam pervenit. Ubi consistens multis
lacrimis et precibus ad sedem sacratissimam

Die Ersterwähnung Bremens in der Vita Willehadi: Bericht über den Märtyrertod des Priesters Gerwal „cum sociis suis in Brema" (s. Unterstreichung) zum Jahr 782. Vicelin-Codex, Anfang 12. Jh. (Staatsarchiv Münster)

ten, die Heiligentage und die Würde der Fastenzeit mit Schlemmereien und Fleischeslust entweihen, dass sie Eidbrüche für belanglos halten und Blutvergießen für rühmlich". Noch in dieser hochmittelalterlichen „Negativliste" lassen sich die wichtigsten Forderungen an die Neubekehrten des 8. Jahrhunderts erkennen, die ganz wesentlich im Unterlassen bestimmter Handlungen bestehen, etwa im Verzicht auf Fleischgenuss an Fasttagen, auf Zechgelage, Meineid und Vendetta, und wie wir anderen Quellenaussagen entnehmen können, im Verzicht auf Sonntagsarbeit, vor allem auf die weitere Belegung heidnischer Gräberfelder. Diese Übung kann etwa im friesisch-sächsischen Küstengebiet noch nach der Jahrtausendwende nachgewiesen werden, auch wenn die Beigaben häufig bereits christlich angepasst sind, etwa in Gestalt eines Schlüssels (Petrus). Tatsächlich waren dauerhafte christliche Begräbnisstätten an die Errichtung von Kirchen im Ortskern gebunden, daher zu Recht Kirchhöfe genannt.
Trotz dieser zögerlichen inneren Aufnahme des Christentums bei erzwungener äußeren Annahme sind in diesen Jahrzehnten der Kämpfe – dies hat Einhard scharfsinnig erkannt – nicht nur die Grenzen des Frankenreiches bis an die Elbe vorgeschoben worden, vielmehr bildete in der Tat die Übernahme der Religion der Sieger durch die Besiegten die Voraussetzung für jene Entwicklung, die letztlich aus einem ostfränkischen Teilreich das hochmittelalterliche Deutsche Reich entstehen ließ.
Wir haben der Zeit und den Ereignissen vorgegriffen. Die Sachsenmission nahm ihren Ausgang auch keineswegs erst in den Tagen des großen Karl. Bereits im 7. Jahrhundert hatte die angelsächsische Mission die noch heidnischen „Brüder" auf dem friesisch-sächsischen Festland zu erreichen versucht, doch blieben die „privaten" Bekehrungsbemühungen Wilfrieds von York, auch der beiden Ewalde, weitgehend erfolglos. Lebuin (Liafwin), der vermutlich in den 70er Jahren des 8. Jahrhunderts starb, war vom friesischen Deventer aus zu den Sachsen gezogen und hatte – dies sollte auch künftig die einzig erfolgversprechende Methode zur Bekehrung bleiben – „unter den Edelsten Freunde und Vertraute gewonnen". So gelang es ihm, sicher nach entsprechender Vorarbeit seiner Freunde, wenn auch gewiss nicht in der später aufgezeichneten Form, auf dem Sachsentreffen zu Marklo sein religiös-politisches Programm vorzustellen und mit einer eindringlichen Warnung vor dem mächtigen Frankenkönig Eindruck zu machen. Der Versuch, gleichsam auf friedlichem Weg die sächsische „Gentilreligion" durch die christliche Universalreligion mit dem Hinweis auf die Omnipotenz des neuen Gottes zu ersetzen, schlug fehl, soweit sie nicht gänzlich ins Reich der Legende gehört. Zwar mühten sich die Missionare weiterhin, die ursprünglich orientalische Buchreligion mit seit alters her tradierten Vorstellungen vom „Sieggott" und seiner Allmacht verständlich

und annehmbar zu machen, insgesamt muss man freilich davon ausgehen, dass „ein kollektives Bewusstsein, das sich in überkommenen Zusammenhängen, Worten, Gewohnheiten orientiert, sich hier von außen angegriffen und von fremdartigen Neuerungen bedroht sieht“ (H. Schmidt). Selbst die äußere Annahme ließ sich zumeist nur mit Gewalt durchsetzen, es sei denn, es gelang, den Adel, die „Häuptlinge“ – das Königtum war den Sachsen unbekannt – als über ihre Spitzenahnen mit den Göttern verbundene Führer der Gentilverbände für die „frohe Botschaft“ zu gewinnen. Davon konnte bei Lebuin nur sehr eingeschränkt die Rede sein. Immerhin gibt es im Gegensatz zu den Zeiten des Bonifatius in der ersten Hälfte des 8. Jahrhunderts aber bereits ein Klima der Aufnahmebereitschaft, des Zuhörens und wohl auch des Schwankens, geboren aus der Nähe zur Ökumene und aus jahrzehntelangen, nicht nur kriegerischen Begegnungen mit Franken (und Angelsachsen). Grundsätzliche Schwierigkeiten lagen bereits in der Vermittlung der Glaubensinhalte, auch wenn die Missionare angesichts ihrer alten Bindungen an die Festlandbewohner mit der bloßen Verständigung kaum große Mühe gehabt haben dürften. Anderes gilt für die Umsetzung hochkomplizierter theologischer Sachverhalte in volkstümliche Anschauungen mit den Mitteln der einheimischen Sprache – dies betrifft bereits das vergleichsweise einfache „Vaterunser“ mit Begriffen wie Himmel, Sünde oder Vergebung. Diffizile Denkfiguren wie etwa die Trinität waren sicherlich zunächst unzugänglich. Wie bedeutsam heidnische Vorstellungswelt und heidnisch-germanische Tiersymbolik noch im 11. Jahrhundert mit antik-christlichen Bauformen verschmolzen werden, zeigen eindrucksvoll Kapitelle der Ostkrypta des Bremer Domes. Der Phantasie, Assimilationskraft und Wortgewalt der frühen Missionare wird man bei dem Bekehrungswerk nicht genug Bewunderung zollen können.

Im Bündnis mit der „Staatsgewalt“, den karolingischen Hausmeiern, schien sich zunächst die Erwartung auf eine erfolgreiche Missionierung der Friesen und Sachsen zu erfüllen. Dies gilt schon für Willibrord, den Gründer von Echternach, seit 695 vom Papst zum Erzbischof der Friesenmission bestellt, mehr noch für Winfried-Bonifatius, den „Apostel der Deutschen“, der aber sein Tätigkeitsfeld wesentlich in Thüringen und Hessen (Fulda, 744 gegründet) absteckte und bei einem neuerlichen Ausgriff auf Friesland dort in Dokkum 754 den Märtyrertod fand.

Erst die umfassende sächsische Eroberungspolitik Karls des Großen schuf seit 772 ein unlösbares Band zwischen „Staatsaufbau“ und Glaubensausbreitung. Unterwerfung unter die fränkische Gewalt und Annahme des Evangeliums bildeten einen gemeinsamen Akt. Die Missionierung wurde begleitet von herrschaftlicher Erfassung und Durchdringung des Raumes zwischen Mittelgebirgen, Küste und Elbe mittels Winterquartier, Befesti-

Der hl. Willehad mit Bischofsstab und Dommodell.
Detail aus dem Ihlienworther Altar, 15. Jh.

gungsanlagen, Heeresversammlungen – erstmals 777 in Paderborn – und von politisch-strukturellen Maßnahmen, etwa der Einführung der fränkischen Grafschaftsverfassung. Sächsische Aufstände waren die Folge dieser Predigt mit der „eisernen Zunge“, wie ein Zeitgenosse sagt. Karl der Große reagierte auf diese wilden Erhebungen mit äußerster Härte, davon zeugen das sogenannte „Blutbad“ an der Aller, Deportationen, Konfiszierungen und der Erlass eines Besatzungsrechtes, wohl 782 auch als Reaktion auf die heidnische Insurrektion in Bremen, mit drakonischen Strafen für Verstöße gegen die Gebote der christlichen Religion: So stand die Todesstrafe auf Verletzung des 40-tägigen Fastengebotes vor Ostern, auf Verweigerung der Taufe und auf Leichenverbrennung. Damit im Verbund wurden die Ausstattung von (neu errichteten) Kirchen mit Land und Knechten sowie die Zahlung des Zehnten für alle, auch für die Edelinge, verbindlich vorgeschrieben. Die Grafen standen bezeichnenderweise unter der Oberaufsicht des Königs, seiner Boten und vor allem der Priester. Insbesondere die Eintreibung des Zehnten, dies erkannte etwa Karls enger Berater Alcuin nur allzu deutlich, musste zum Haupthindernis bei der Bekehrung der Sachsen werden, die ihre altständische „Freiheit“ gegen eine, wie sie annahmen, statusmindernde Abgabenpflicht eintauschen mussten.
Im Zusammenhang mit der Rebellion des Jahres 782, auf die der König im Heerlager von Lippspringe mit dem Erlass der *Capitulatio de partibus Saxoniae* drastisch antwortete, findet sich die erstmalige Erwähnung Bremens und des Sachsenmissionars Willehad. Wie bereits Jahrzehnte zuvor erwiesen sich angelsächsische Missionare als die wirkungsvollsten Verkünder des christlichen Glaubens. Der geistlichen Wanderschaft – *peregrinatio* – verpflichtet, romverbunden seit den Tagen Papst Gregors des Großen († 604), beseelt von Bekehrungseifer, gestärkt durch mönchische Askese und bereit zum Martyrium, stellten sie sich der fränkischen „Staatsmission“ zur Verfügung. Neben Liudger, dem Gründer des Klosters Werden a.d. Ruhr und späteren ersten Bischof von Münster, nimmt Willehad einen vorzüglichen Rang als Glaubensbote ein. Aus Northumbrien stammend, im gelehrten York ausgebildet, zum Priester geweiht und mit dem zustimmenden Votum seines Königs ausgestattet, knüpfte er im friesischen Dokkum an, dort, wie seine Lebensgeschichte ausführt, „wo bereits Bischof Bonifatius mit der Märtyrerkrone geschmückt worden war“. Wie schon Lebuin hielt er sich an die einheimischen Großen: „Edle brachten ihm ihre Kinder.“ Sein Biograph und späterer vierter Nachfolger im Bremer Bischofsamt Ansgar berichtet, Willehad habe auch Heiden getauft, nachdem er sie im Evangelium unterwiesen hätte – eine uns natürlich erscheinende Abfolge in der Bekehrung, die aber keineswegs selbstverständlich war. In der Provinz Groningen und im südwärts davon gelegenen Dren-

Willehad bittet Karl den Großen um den Auftrag zur Mission.
Detail aus dem Ihlienworther Altar, 15. Jh.

te missionierte er mit leidlichem Erfolg, der freilich durch den Übereifer seiner Schüler, die unbedacht heidnische Idole zerstörten, infrage gestellt wurde. Immerhin gelangte die Kunde von Willehads Wirken um 780 zu Karl dem Großen, als dieser bis zur Elbe oberhalb Magdeburgs vorgestoßen war und das Land, wie die Lorscher Annalen melden, unter „Bischöfen, Äbten und Priestern (aufteilte), damit sie dort tauften und predigten“ – erst Taufe, dann Unterweisung. Der König bestimmte Willehad zur Bekehrung der Sachsen im Gau Wigmodien. Dieser Gau umfasste wahrscheinlich den gesamten Siedlungsbereich zwischen Unterweser und Unterelbe, zusammengefügt aus sächsischen Landschaften und – den Stammesverband durchstoßend! – aus friesischen Küstengebieten. Von einem damals bereits geformten „Unterweserraum“, durch Handel und Verkehr erschlossen, kann keineswegs ausgegangen werden, wie Heinrich Schmidt richtig betont hat. Es dominierten Wald, Moor und Sumpf, durchsetzt von einzelnen Siedlungskammern an der Küste und auf der sächsischen Geest; überdies gehörten zum Aktionsfeld Willehads jenseits der Elbe Teile von Dithmarschen und Stormarn, links der Weser das friesische Rüstringen und der Largau bis zur Hunte. Als Stütze seiner Aufbauarbeit wurde Willehad vom König die Zelle „Justina“ im fränkischen Kernland zugewiesen, dergestalt wie später Ansgar für seine Tätigkeit in Hamburg das Kloster Torhout in der Nähe von Brüssel als Dependance erhielt.

Der sichtbare Erfolg bestätigte die Berufung: Willehad baute Kirchen, weihte Priester und konnte eine stattliche Anzahl von Sachsen und Friesen bekehren und taufen. 782 erfolgte der Rückschlag. Der Aufstand des Sachsenführers Widukind – „vom Teufel angereizt“, wie unsere Quellen versichern – hatte den vorläufigen Zusammenbruch des Bekehrungswerkes zur Folge; es gab Blutzeugen, darunter auch ein „Gerwal mit seinen Genossen“ in Bremen. Willehad floh über Butjadingen, vielleicht über den Hafenplatz Blexen (Nordenham) an Friesland vorbei aufs offene Meer, suchte nach diesem Schock Rom auf, konferierte mit Papst Hadrian I., dem die allzu strenge Askese des künftigen Heiligen offensichtlich Sorge bereitete, zog sich dann im Kreise seiner Schüler in Willibrords Stiftung Echternach zurück und rüstete sich durch die Beschäftigung mit den Briefen des Apostels Paulus, des *doctor gentium*, für einen neuerlichen Missionsvorstoß zwischen Weser und Elbe.

Das Jahr 785 brachte bereits die Rückkehr Willehads an den Hof Karls des Großen. Damals hatte sich der Anführer der sächsischen „Guerilla“ Widukind dem fränkischen König unterworfen und als dessen Pate in Attigny die Taufe erhalten. Damit war der Widerstand als organisierte Bewegung vorerst erloschen, der Übertritt des „Häuptlings“ zur Sache des Frankenkönigs und seines Gottes zog zunächst den kollektiven Religionswechsel der

Karl der Große (li.) und Bischof Willehad (re.) halten zwischen sich das Dommodell. St. Petri Dom, Domlettner, um 1500. Das Motiv mit Karl und Willehad wurde in Bremen als symbolträchtiges Stifterbild für Dom und Stadt vom 13. Jh. (Stadtsiegel) bis zum 16. Jh. (Obere Rathaushalle) wiederholt dargestellt.

Stammesgesellschaft nach sich. Willehad wurde von Karl erneut mit der Mission in seinem alten Sprengel, dem noch einige friesische Küstenstriche und das Gebiet zwischen Weser und Hunte hinzugefügt worden waren, betraut. Wieder stellte sich Erfolg ein, Willehad ließ die zerstörten Kirchen aufbauen, remissionierte die Abgefallenen und konnte durch seine rastlose Tätigkeit im „Weinberg des Herrn" neue Anhänger der christlichen Botschaft gewinnen. Damit war die Mission offenkundig aus dem Anlaufstadium herausgetreten und verlangte nach personeller und institutioneller Verfestigung. Am 13. Juli 787 wurde Willehad in Worms zum Bischof seines Missionssprengels geweiht, wo er zuvor bereits bischofsgleich gewaltet hatte. Spätestens 789 bestimmte er Bremen – trotz der schlechten Erfahrungen von 782! – zum Sitz seines Bistums und ließ dort eine „wunderbare" Kirche, höchstwahrscheinlich aus Holz, errichten, die er am 1. November des Jahres weihte. Bereits eine Woche später ereilte den Gottesmann auf einer geistlichen Inspektionsreise im friesischen Blexen der Tod. Das heutige Nordenham gehörte später zu den vier rüstringischen Gaukirchen, der Ort diente als Hafenplatz zwischen offener See und Unterweser offenbar als kleine Drehscheibe des Küstenverkehrs, eine Funktion, die sich auch Willehad zunutze machte. Der erste Kirchenbau in Blexen ist freilich erst um 1000 zu datieren.

Willehads Überführung nach Bremen – die Weser erwies sich hierbei als „sakraler“ Verbindungsarm zwischen Küste und Binnenland – und die Bestattung im Dom geschahen unter starker Anteilnahme der Bevölkerung. Willehad gebührt die Ehre, das erste sächsische Bistum gegründet zu haben, dem über Jahrhunderte hinweg Dauer und Ausstrahlung beschieden waren. Die nicht allzu ferne Zukunft sollte auch über den Nachruhm des ersten Bremer Bischofs entscheiden, der zumindest in Gestalt des mit seinem Namen einst verbundenen Marktes, des heutigen „Freimarktes“, die Zeiten überdauert hat. Im 12. Jahrhundert verband das rüstringische Sendrecht die Erlaubnis, auf freiem Grund Kirchen zu bauen, mit der Person Willehads, und das Harlingerland führte gar sein Bild im Siegel.

Willehad bestimmte – wohl kaum ohne Rücksprache mit dem königlichen Hof und trotz der deprimierenden Ereignisse des Jahres 782 – Bremen zum institutionellen Mittelpunkt des neu geschaffenen Bistums zwischen Unterweser und Unterelbe, dessen Grenzen sich wie anderswo erst um 1000 endgültig verfestigten. Willehads Vita überliefert keine konkreten Anhaltspunkte für diese Bevorzugung; eine Quelle aus dem späten 9. Jahrhundert freilich reflektiert noch jene Momente, die für die Auswahl einer Örtlichkeit als geistliches Zentrum zu Zeiten Karls des Großen ausschlaggebend gewesen sind. Angesichts des Fehlens von *civitates*, Städten antiken Zuschnitts im sächsischen Missionsgebiet, habe der Frankenkönig zur Errichtung von Bischofssitzen die „naturräumlich herausgehobene Lage“ (*naturalis quaedam excellentia*) und die „Bevölkerungsdichte“ bzw. den „Verkehr“ (*populi frequentia*) zu entscheidenden Auswahlkriterien erhoben.

Diese postulierten Merkmale dürften auch für den Ort Bremen bestimmend gewesen sein: die relativ geschützte Lage der am Nordostrand des heutigen Marktplatzes archäologisch nachgewiesene sächsische Siedlung auf der Dünenkuppe unmittelbar „am Rande“ (dies bedeutet der Name Bremen) der Weser (13 m über NN). Die Anbindung an das Wegenetz auf dem in 30 km Länge und 1½ km Breite von Achim im Süden bis Lesum im Norden verlaufenden dünenartigen Geestrücken und der Furt- und Fährbetrieb über die Weser auf der Höhe der heutigen Bredenstraße, vor allem aber die an die südliche Marktplatzseite angrenzende Uferlände mit Ufermarkt, wozu spätestens in der Mitte des 10. Jahrhunderts die einzeilige Uferrandbesiedlung längs der Balge als späterer Langenstraße trat, schufen offenbar bereits in frühkarolingischer Zeit die Einheit aus Siedlung, Hafen und Markt, die über die Weser und ihre kleinen Nebenflüsse erreicht werden konnte. Die Balge, ein noch im Hoch- und Spätmittelalter für Flusskähne schiffbarer Arm der Weser, mag sogar nach geomorphologischen Untersuchungen einstmals einen Hauptarm der mäandernden Weser gebildet haben. Am überwiegend nichtagrarischen Charakter der frühen Siedlung sind Zweifel nicht angebracht, erlaubte doch das aus Flussaue, Sumpf und Moor bestehende Umland zunächst nur geringfügige landwirtschaftliche Aktivitäten (Vieh- und Weidewirtschaft): Nicht von ungefähr steht erst das 12. Jahrhundert im Zeichen der Entwässerung des Umlandes und der Landgewinnung durch zugezogene holländische Experten. Am Ausgang des 8. Jahrhunderts dürfte am Rande der Weser eine bescheidene Siedlung aus Kleinbauern, Handwerkern und Fischern, die zugleich den Fährbetrieb versorgten, Gewerbetreibenden (Reste eines Grubenhauses vor dem heutigen Parlamentsgebäude zeugen möglicherweise von Textilherstellung) und (Klein-)Händlern vorhanden gewesen sein. Immerhin schuf die Uferlände (Hafen und Markt) einen Kristallisationspunkt regionaler Verbindungen. Die bedeutenden Handelswege gingen damals an Bremen vorbei von den Flussmündungen von Maas, Schelde und Rhein an der Küste entlang nach England und Skandinavien; wichtige überregionale Landwege, die Bremen gekreuzt bzw. erreicht haben sollen, sind spätere Produkte patriotischer Phantasie: Der sogenannte Hellweg, dessen frühe Existenz mittlerweile selbst umstritten ist, führte 100 km südlich von Bremen am Rande der Mittelgebirge vorbei, die Verbindung über das nachmalige Oldenburg an den Niederrhein und Flandern sowie die Straße gar über Stade nordwärts gehörten noch der Zukunft an. Kurzum, die Bedeutung des Hafens *(portus)* und der Siedlung (*villa*) auf der geschützten Lage der Düne als Flucht- und Rückzugspunkt dürften für Willehads Wahl ausschlaggebend gewesen sein. Entscheidenden Erkenntniszuwachs zur Erörterung dieser Probleme verdanken wir in jüngerer Zeit der vergleichenden Hafenforschung, der modernen Schiffsarchäologie und den Untersuchungen des Stadtkerns durch den Landesarchäologen. So erwies sich ein 1989 in der Altstadt aufgefundenes Schiffswrack – danach sinnigerweise auf den Namen KARL getauft – als Flussschiff, das dendrochronologisch auf um 810 datiert werden konnte. Wichtiger noch in unserem Zusammenhang ist die Tatsache, dass mit diesem Schiffsüberrest auch zeitgenössische Keramik (Muschelgrusware) als „Leitfossil" des Friesenhandels geborgen werden konnte. Somit kann Bremen als weiterer interregionaler Brückenkopf friesischer Handelsaktivitäten neben Corvey (Oberweser) und Elze (Leine), ursprünglich als Bistumssitz statt Hildesheim vorgesehen, eingeordnet werden. Auch dass Willehad sein Lebensende in Blexen (Nordenham), einem Hafenplatz in der Übergangszone von der Fluss- zur Seeschifffahrt, fand, könnte als zusätzliches Indiz für den Anschluss Bremens an den weitgespannten Friesenhandel mit Tuchen, Metall, Lederwaren und Mühlsteinen aus Mayener Basalt gewertet werden. So ist es sicher kein Zufall, dass noch um 1200 aus Blexen jährlich „Tuche" an das Bremer Domkapitel abzuliefern waren. Somit entsprachen die naturräumliche Lage Bremens und die „Frequenz" –

Bergung eines frühmittelalterlichen Schiffswracks 1989 in der Bremer Altstadt. Das zur Zeit Bischof Willerichs (um 810) gebaute Flussschiff wurde nach der Bergung KARL getauft.

Dünenkuppe und Uferlände – durchaus den Gegebenheiten des weitaus prominenteren Haithabu an der Schlei, auch insofern der einst dort vorhandene Befestigungswall wie auch in Bremen erst dem 10. Jahrhundert angehörte.

Diese Vorzüge erklären die Wahl Bremens und den Bau des Domes auf der Dünenhöhe, wo Willehad im November 789 vorläufig sein Grab fand. Von königlicher oder gräflicher Schutzherrschaft verlautet am Ausgang des 8. Jahrhunderts noch nichts, erst in der Mitte des 9. Jahrhunderts ist Lesum (als Königshof?) im Besitz der Billunger belegt. Die Ausformung des Unterweserraumes zur eigenständigen Region blieb den folgenden Jahrhunderten vorbehalten.

Literatur:
Adam, Gesta (1961). – Brandt, Gräber (1988). – Hägermann, 1200 Jahre Mission (1989). – Hoffmann und Ellmers, Ein Frachter (1991). – Hölscher, Rech und Zedelius, Funde der Karolingerzeit (1991). – Honselmann, Annahme des Christentums (1958). – Honselmann, Bistumsgründungen in Sachsen (1984). – Lammers, Formen der Mission (1970). – Last, Merowinger- und Karolingerzeit (1977). – Moßig, Christianisierung (1995). – Ortlam, Balge (1994). – von Padberg, Mission (1995). – Patze, Mission und Kirchenorganisation (1977). – Reinecke, Series episcoporum (1984). – Rimbert, Vita Anskarii (1961). – Röpcke, Leben und Nachleben Willehads (1987). – Röpcke, Willehad (1982). – Schmid, Nachfahren Widukinds (1964). – Schmidt, Raum Nordenham (1993). – Schubert, Capitulatio (1993). – Schwarzwälder, Bischöfe und Erzbischöfe (1996). – Schwarzwälder, Entstehung und Anfänge (1955). – Staats, Geist der nordeuropäischen Mission (1981). – Weiberg, Pfarrkirchen (1987). – Weidinger, Koggen zum Marktplatz (1997).

Bischof Willerich (805–838) in einer Bremer Bischofschronik, Anfang 16. Jh. (Staatsarchiv Bremen)

2. Rückschlag und Neubeginn: Willerich und Leuderich

Nach Willehads Tod wurde offenbar sogleich Bischof Willerich – von unbekannter Herkunft († 838) – als sein Nachfolger bestimmt. Dieser konnte allerdings, bedingt durch die immer wieder aufflackernden Aufstände zwischen 792 und 804 in Wigmodien und im Raum jenseits der Elbe, dessen Bewohner als „Nordleute" bezeichnet werden, erst nach Befriedung dieses Gebietes vor allem durch Massendeportationen, gegen 805 von seinem

Sprengel tatsächlich Besitz ergreifen. In diesem Jahr wurde auch Liudger zum ersten Bischof von Münster geweiht, der längst zuvor bereits „den unerfahrenen sächsischen Volksscharen als Lehrer zu dienen“ gesucht hatte. Von Willerich hören wir, dass er in Dithmarschen (Meldorf), mithin über Wigmodien hinaus, als Bischof die Kirche visitierte und Erzbischof Ebo von Reims, den großen Propagandisten der Skandinavienmission, um 823 nach Dänemark begleitete. Damit klingt erstmals ein Leitmotiv an, das hinfort in der Bremer Kirche des frühen und hohen Mittelalters nicht mehr verstummen sollte.
Willerich hat als dringende Baumaßnahme die wohl verwüstete Kirche seines Vorgängers in Stein neu aufführen und die Gebeine Willehads in eine südlich des Domes gelegene Kapelle überführen lassen. Die erst im Verlauf des 19. Jahrhunderts natürlich in gewandelter Gestalt abgerissene Wilhadikirche könnte gleichsam als „Burgkapelle“ Mittelpunkt der kleinen (ca. 75 x 130 m), um den Wilhadi-Block gruppierten, vielleicht auch palisadenbewehrten *urbs* (Befestigung) gewesen sein, die in die spätere eigentliche Domimmunität einbezogen worden ist, wie Magister Adam berichtet.
Der Dom Willerichs lässt sich mit den Phasen I–III der frühen Baugeschichte des Domes in Verbindung bringen – als Saalkirche unterschiedlicher Größe mit bzw. ohne Altarhaus bzw. Vorhalle. Folgt man Magister Adam, dann soll Willehad noch eine dritte Kirche nach Dom und besagter Kapelle gebaut haben – verlockend wäre es an die 1139 als „Marktkirche“ (*ecclesia forensis*) erstmals erwähnte, einst St. Veit geweihte, heutige Kirche Unser Lieben Frauen zu denken, deren Veit-Patrozinium auf das 822 gegründete Corvey verweist. Der dortige Mönchskonvent hatte 836 die Gebeine dieses Heiligen in einem feierlichen Zug aus St. Denis bei Paris an die Weser geführt und damit dem Weserkloster weiteren Glanz verliehen. Corveys Rolle als Missionsstützpunkt für den Nordwesten kann nicht hoch genug eingeschätzt werden, auch wenn erst mit den Tagen Ansgars die mehr als ein halbes Jahrhundert dauernde personelle Verknüpfung des Bremer Bischofssitzes mit der Tochter Corbies bzw. dem heiligen Veit datiert. Hier können wohl nur Grabungsergebnisse ein sicheres Fundament geben.
Von Bedeutung für die Frühgeschichte der Bremer Kirche und zugleich ein weiteres Indiz für ihre fehlende ökonomische, d.h. wesentlich agrarisch strukturierte Ausstattung war die Schenkung Karls des Kahlen, des nachmaligen „westfränkischen“ Herrschers, mit 100 Hufen aus dem ihm 837 zugewiesenen friesischen Besitz an den St. Petri Dom. Die gleiche Quelle, die nach Adam diese Dotierung überliefert, das verloren gegangene Schenkungsbuch der Bremer Kirche, wohl nach dem Muster ähnlicher Corveyer Aufzeichnungen angelegt, bezeichnet Bremen erstmals als *locus vel villa publica*, als königliche, öffentliche Stätte in (gedachtem) Gegensatz zur

Bleitafel aus dem Grab von Bischof Leuderich (838–845). Das älteste erhaltene Bremer Schriftdenkmal nennt den Todestag Leuderichs: VIIII K(a)L. SEPT. O(biit) LIUDERICUS EP(is)C(opus). Am 9. vor den Kalenden des September starb Bischof Leuderich. (Focke-Museum)

grundherrlich-agrarischen *curtis*. Spätestens in dieser Zeit dürfte auch der Königshof in Lesum eingerichtet worden sein, der vermutlich fränkische Konfiskationen aus dem Anfang des Jahrhunderts unter gräflicher Aufsicht zusammenfügte. Zur zentralörtlichen Funktion des Domes (und des Hafens) trat somit die öffentliche Rolle als königliche *villa*. Von den auswärtigen Aktivitäten Willerichs ist lediglich noch zu berichten, dass er im Umkreis Ludwigs des Frommen auf dem Lügenfelde zu Colmar im Jahre 833 zugegen war und damit in den politischen Zwist im karolingischen Königshaus involviert war. Vielleicht hat er sich damals für die Ziele des nachgeborenen Karl – des Kahlen – eingesetzt, was dieser ihm und seiner Kirche alsbald lohnte.

Willerich starb am 8. Mai 838 und wurde in seinem Dom beigesetzt. Sein auf einem Gräberplan des Domes aus dem 12./13. Jahrhundert nahe des Altars eingezeichnetes Grab ging bei späteren Umbettungen verloren.

Der auf Willerich folgende Leuderich († 845) ist fast nur als Schemen wahrnehmbar. Bestattet wurde auch er im Dom – von ihm ist die trotz Umbettung original überlieferte Bleiplatte der Erstbestattung erhalten. Das Wenige, das uns von ihm weiterhin überliefert ist, bringt diesen Bischof

mit seinem Nachfolger Ansgar in Verbindung: Diesen habe er, Leuderich, nach dessen Vertreibung aus Hamburg nicht bei sich aufnehmen wollen, wie Adam zu berichten weiß.
Damit ist der Name gefallen, mit dem sich in der Mitte des 9. Jahrhunderts für die Bremer Kirche in mehrfacher Hinsicht ein Neuanfang verbindet.

Literatur:
Adam, Gesta (1961). – Brandt, Gräber (1988). – Hägermann, 1200 Jahre Mission (1989). – Hölscher, Rech und Zedelius, Funde der Karolingerzeit (1991). – Honselmann, Annahme des Christentums (1958). – Honselmann, Bistumsgründungen in Sachsen (1984). – Honselmann, Mönchslisten von Corvey (1982). – Lammers, Formen der Mission (1970). – Last, Merowinger- und Karolingerzeit (1977). – May, Regesten (1937). – Moßig, Christianisierung (1995). – Patze, Mission und Kirchenorganisation (1977). – Reinecke, Series episcoporum (1984). – Rimbert, Vita Anskarii (1961). – Röpcke, Willehad (1982). – Schwarzwälder, Bischöfe und Erzbischöfe (1996). – Schwarzwälder, Entstehung und Anfänge (1955). – Staats, Geist der nordeuropäischen Mission (1981).

3. Mission und Erzbistum: Ansgar in Hamburg und Bremen

Ansgar (845–865) ist die Persönlichkeit, von deren Wirken die frühe Geschichte der Bremer Kirche am nachhaltigsten geprägt worden ist. Mit seinem Pontifikat verfestigte sich das Bistum als Institution, mit ihm verbindet sich der Bau einer repräsentativen Kathedrale: Die Bauphase V – so bezeichnet nach den archäologischen Befunden – lässt eine mehr als 32 m lange dreischiffige Basilika erkennen. In sie ließ Ansgar, wovon noch zu reden sein wird, die Gebeine seines ersten Vorgängers in Bremen, Willehad, überführen, in ihr selbst wurde er vor seiner Erhebung zur Ehre der Altäre – deren Zeitpunkt ungewiss ist – vermutlich im östlichen Mittelschiff beigesetzt. Auch das Domstift oder Kloster findet erstmals unter ihm Erwähnung in den Quellen, auch wenn angenommen werden darf, dass bereits Willehad angelsächsischer Gewohnheit folgend wie Liudger im benachbarten Münster (*monasterium*!), spätestens aber Willerich (um die Wilhadikapelle) ein derartiges Gebäude aufführen und mit geistlichen Gefährten besetzen ließ. Diese sind freilich eher als Dombrüder zu bezeichnen denn als Kanoniker, da sie als Mönchsgemeinschaft, nicht als Domklerus, der Aachener Kanoniker-Regel von 816 verpflichtet lebten. Auf Ansgar geht die Stiftung eines Armenspitals zurück, des ersten bischöflichen Spitals östlich des Rheins, das er mit Zuweisungen aus dem Kirchenzehnt ausstattete und das noch in schwierigster Zeit im 11. Jahrhundert seine Existenz bewahren konnte. Das Kanonissenstift Bassum im Largau über der Weser geht auf seine Initiative zurück, dotiert wie in Ramelsloh oder später in Bücken durch landsässige Großgrundbesitzer. In derartigen Einrichtungen, als

„Klöster der Kanonissen“ bezeichnet, da die Sanktimonialen zwar in Gemeinschaft lebten, aber zunächst keiner bestimmten Regel folgten und vermutlich Privatbesitz kannten, konnte der regionale Adel seine Töchter entsprechend ausgestattet unterbringen, eine dauernde Begräbnisstätte errichten, sein Gedenken feierlich begehen lassen und nicht zuletzt für die Erziehung der Mädchen sorgen. Die Kirche gewann ihrerseits einen Stützpunkt zur Missionierung bzw. vertiefenden Christianisierung des flachen Landes, zumal wenn die Stiftsneugründung an eine bereits vorhandene Pfarrkirche wie in Bassum angelehnt werden konnte. Im Gegensatz dazu dienten Klöster, dem Armutsideal und damit der Besitzlosigkeit ihrer Insassen verpflichtet, wesentlich der Heiligung des eigenen Daseins in der Abgeschiedenheit der Klausur, die eigentlich keine Missions- oder Gemeindearbeit erlaubte. Deshalb nimmt es nicht wunder, dass in Nordwestdeutschland, auch und vor allem im Bistum Bremen, die Gründung von Stiften (Bücken, Reepsholt, Rastede) zunächst durchaus überwiegt.
Ansgar, „Speer Gottes“ nach einer nicht unumstrittenen Etymologie, einer vermutlich deportierten sächsischen Familie entstammend, die sich damit bereits in der zweiten Generation der Kirche verband, wurde um 801 in der Picardie geboren und war im Alter von fünf Jahren als Halbwaise dem berühmten Kloster Corbie an der Somme bei Amiens zur Erziehung übergeben worden. Er hatte damit Aufnahme in eine der höchstangesehenen Abteien des Frankenreiches gefunden, der zwei Jahrzehnte später gar die Vettern Karls des Großen, Adalhard und Wala, als Leiter vorstanden. Von der Schule bzw. vom Skriptorium und der Bibliothek Corbies ging seit dem letzten Viertel des 8. Jahrhunderts ein kaum zu überschätzender Einfluss auf das geistige Leben des Karlsreichs aus: So verbindet sich etwa die Entwicklung der sog. karolingischen Minuskel, Urform unserer Schrift bis heute, mit der kreativen Schreibschule Corbies. Dieser intellektuellen Strömung gleichsam als Widerstand vorgelagert war das iro-schottische Erbe Columbans, dessen Gründung Luxeuil in den Vogesen Corbie zunächst untergeordnet war und das exemplarisch erfahrbar blieb in asketischer Lebensführung, Bußübungen und in ständiger Bereitschaft zum Martyrium. In Ansgars späterer Vita verbindet sich diese benediktinische *conversio* mit der insularen *peregrinatio* zur apostolischen Glaubensverkündigung unlösbar mit dem bischöflichen Amt. Auch diese Verknüpfung von Mönchtum und kirchlicher Hierarchie verweist auf alte irische Übung. Den Weg durch die Gefährdungen des Daseins wiesen Ansgar bis ans Ende seiner Tage Visionen, Traumgesichte, die ihm die geistliche Richtung anzeigten, ihn trösteten und mit einem inneren Schutzmantel umgaben und in ihm vor allem jene Sehnsucht nach der Palme des Martyriums immer wieder bestärkten. Sein heißer Wunsch, Blutzeuge Christi zu werden nach dem Vorbild der

ersten Märtyrer, aber auch des Winfried-Bonifatius, ist als wesentliche Triebfeder seiner Missionsvorhaben zu werten. Auch in der Einbindung dieser nächtlichen Träume und Tagvisionen in seine Lebensgeschichte erreicht die von seinem unmittelbaren Nachfolger im Bremer Amt, Rimbert, verfasste Biographie eine außerordentliche Höhe, die weit über dem durchschnittlichen Niveau der geistlichen Produktion jenes Zeitalters liegt.
Bereits im Alter von 15 Jahren reihte sich Ansgar unter das Schulpersonal Corbies ein und ging als Schulmeister, aber auch als Prediger, 822 in das neue Corbie, Corvey, an der Weser. Dort erreichte ihn der Ruf zur Mission. Hatte Karl der Große sein Reich und damit die Grenzen der Christenheit im Nordosten zunächst bis zur Elbe, dann nach 811 bis zum sog. Limes Saxoniae, Dithmarschen, Holstein und Stormarn umfassend, vorgeschoben, so bot sich in den Tagen seines Nachfolgers, Ludwigs des Frommen (814–840), als Missionsfeld Skandinavien an, vor allem Dänemark und Schweden, die bereits durch vielfältige Handelsrouten erschlossen waren und in deren Kaufmannswiken mit einer zumindest zuhörbereiten, durch Warenaustausch mit dem Kontinent bereits „süd-westlich" orientierten Bevölkerung gerechnet werden konnte.
Mit der Übernahme der päpstlichen Legation durch Erzbischof Ebo von Reims, Ansgars Vorbild und Gönner, und Bischof Halitger von Cambrai († 831) begann nach älteren Ansätzen die offizielle Skandinavienmission, der in den 20er Jahren des 9. Jahrhunderts die politische Entwicklung vor allem in Dänemark zugute kam, so die Auseinandersetzung mehrerer Thronprätendenten, an deren Spitze Harald Klak stand. Dieser wandte sich hilfesuchend an Kaiser Ludwig, empfing mit Gattin, Bruder und Gefolgschaft 826 in Ingelheim die Taufe und wurde somit in die christliche Familie der Könige als Patensohn des Frankenkaisers aufgenommen – eine deutliche Parallele zur Unterwerfung und Taufe Widukinds 785 in Attigny.
Mit der Rückführung bzw. Einsetzung Haralds in sein Königreich sollte zugleich die Mission „von Staats wegen" in Dänemark aufgenommen werden. Zunächst ließ sich, wie Ansgars Vita zu berichten weiß, „kein Glaubenskundiger finden, der bereit war, mit ihnen zu den Dänen zu reisen, waren sie doch barbarisch roh, so dass alle dieses Volk mieden", bis Wala, Abt von Corbie, Ansgar für diese Aufgabe vorschlug, der einwilligte und damit „Heimat, Verwandte, die vertraute Geborgenheit bei den Brüdern" aufgab. Dergestalt engagierte sich Corbie-Corvey nachhaltig in der Nordlandmission und stellte offenkundig die nötigen Mittel bereit – nicht zuletzt Bücher. Auch die Glaubensverkündigung bei den Schweden nahm Ansgar im Rahmen einer kaiserlichen Legation 830/31 vorübergehend wahr, dann erst wieder um 850.

Ein „Christiano religio"-Denar aus der Zeit Ludwigs des Frommen (814–840). Münzen dieses Typs zeigen um ein stilisiertes Gebäude die Umschrift XPISTIANO RELIGIO. Fundstück aus dem Bremer St. Petri Dom.

Der Christianisierung des hohen Nordens im 9. Jahrhundert und der sich daran anschließenden des Hochmittelalters haftet ein ganz eigentümlicher Zug an: Mehr noch als die spätere Slawenmission und die Bekehrung der Ostvölker wie der Pruzen ist sie gekennzeichnet durch eine gleichsam kulturelle Verspätung. Dies gilt freilich nur für die bäuerliche Welt Skandinaviens, hierin sicherlich vergleichbar den Küstengebieten Frieslands im 8. Jahrhundert. Dänemark und Schweden hatten sich dem christlichen Einfluss bereits seit 700 geöffnet, so gab es erste Missionierungsversuche Willibrords, wichtiger ist jedoch die Eröffnung von Handelsrouten, die Küstenemporien wie Quentowic und Dorestad am Atlantik oder Haithabu auf der jütischen Halbinsel mit England, Skandinavien und der Ostsee verbanden. Diese förderten nicht nur den Warenaustausch – dieser blieb auch späterhin ein keineswegs unliebsamer Nebeneffekt hamburgisch-bremischer Aktivitäten in den nördlichen Regionen –, sondern auch das Eindringen von, modern formuliert, „Ideen": christliche Kultur, verbunden mit Schriftlichkeit und entwickelteren Kunstformen. Als Träger und Übermittler dieser Güter und Gedanken sind nicht nur die Händler an den Flussmündungen von Maas, Schelde und Rhein, Bauern aus Friesland, die ihre Waren selbst verhandelten, sondern vor allem skandinavische Kaufleute selbst zu vermuten, die ihrerseits Wirtschaftszentren des Kontinents aufsuchten und dabei Bekanntschaft mit der christlichen Religion, Ausdruck auch höherer Zivilisation, machten und vielleicht auch schon gelegentlich in ihren städtischen Quartieren – zu denken ist an die sogenannten Friesenviertel in Köln, Mainz oder Worms – den für sie neuen Kult rezipierten. Dies gilt sicher für das friesische Dorestad, das auch für die nichtchristianisierten „Nordleute" wegen seiner Prosperität und als Treffpunkt christlicher Kaufleute eine besondere Attraktivität hatte. Diesen Handelsrouten folgte auf Handelsschiffen, wie wir zahlreichen Quellenzeugnissen entnehmen können, die Mission seit 822. Auch Ansgar und seine Weggefährten erreichten dergestalt die Inseln des Handels und Verkehrs im heidnischen Umfeld und erzielten hier – je nach der politischen Vorgabe – gewisse erste Erfolge, so konnten Priester eingesetzt und Kirchen gebaut werden. Zumindest wurde der Kultus geduldet, so gestattete der dänische König nach 852 gar den Gebrauch einer Kirchenglocke. Die Verkündigung blieb freilich zunächst auf diese wenigen Vororte beschränkt und war höchst fragil, vor allem durch Herrscherwechsel und kriegerische Ereignisse. Die Mission als Fortsetzung der Friesen- und Sachsenmission gestaltete sich vor allem als staatlich abgestützte und durch Handelsinteressen fundierte Verkündigung. Die Glaubensboten hatten es seit den Tagen Willibrords gelernt, sich der fränkischen Macht und Diplomatie zu bedienen, die nicht nur den Vorstoß der Frohbotschaft in pagane Zonen, sondern auch zugleich deren Pazifizierung mit den Mitteln der Religion zu erreichen suchten, Zielen, denen die zahlreichen Handelskontakte als förderliches Moment dienten. Verkündigung und Befriedung gelangen nicht oder nur sehr unvollkommen, wie die Geschichte der normannischen Expansion nach Süden bereits vor der Mitte des 9. Jahrhunderts lehrt. So musste Hamburg, das 831/32 von Ansgar zum Ausgangspunkt seiner Mission bestimmt worden war, nach einem Überfall 845 zunächst aufgegeben werden, selbst Bremen schwebte 858 in höchster Gefahr.

Von den Kirchen in Dänemark, die Ansgar in einem zweiten Anlauf in den fünfziger Jahren des 9. Jahrhunderts von Bremen aus gegründet hatte, überlebten vielleicht Ribe und Schleswig, wo 948 neben Aarhus die ersten Suffraganbistümer der hamburgisch-bremischen Metropole ins Leben gerufen wurden; im schwedischen Birka, das 845 von seinen drei letzten Christen verlassen worden war, fand Rimbert, Ansgars Nachfolger im Amt, immerhin vor 888 noch einen Priester vor. Es fehlte der Mission jegliche Breitenwirkung. Die „Vernetzung“ des Landes durch Taufkirchen in den bäuerlichen Siedlungen war nicht erfolgt; dies blieb eine Aufgabe des Hochmittelalters. Ferner ist als überlieferungsgeschichtliche Besonderheit bewusst und nachhaltig ins Auge zu fassen, dass unsere Kenntnis der früh- und hochmittelalterlichen Skandinavienmission so gut wie ausschließlich auf bremischen Quellen beruht, auf den Viten Ansgars und Rimberts, vor allem aber auf Magister Adams Kirchengeschichte. Skandinavische Zeugnisse fehlen so gut wie gänzlich, konkurrierende Missionsunternehmungen gar, insbesondere der angelsächsischen Kirche, finden nur ganz gelegentlich Widerhall in chronikalischen Dokumenten insularer Abteien. Die scharfe, ja überscharfe Ausleuchtung, die etwa Ansgars Verkündigungsarbeit erfährt, übrigens zu Lasten des Reimser Erzbischofs Ebo, täuscht eine Erfolgsbilanz vor, die zu den Realitäten der Christianisierung Skandina-

Eine Pseudomünzfibel des späten 9. Jhs. mit einem Herrscherkopf und einem Kreuzmotiv. Die in der Bremer Altstadt (Bredenplatz) gefundene Fibel imitiert Münzbilder ihrer Zeit und zeigt christliche Motive im frühmittelalterlichen Profanschmuck.

viens im 9. Jahrhundert in krassem Widerspruch steht. Die schriftliche Überlieferung ist völlig einseitig, sie muss durch gleichsam negative Befunde ins Lot gebracht werden: So sind bezeichnenderweise Ansgar, Ebo und Gauzbert, die drei Protagonisten, erst im 14. (!) Jahrhundert enger in den Kultus der skandinavischen Kirchen einbezogen worden, die „imperiale" Mission des 9. Jahrhunderts hat zudem im Norden auch sprachlich keinerlei Spuren vor Ort hinterlassen. Die religiöse Begrifflichkeit entstammt vielmehr weitgehend dem angelsächsischen Vokabular, so etwa für Taufe, Kultstätten und Kirchenämter.

Das skandinavische Heidentum war im 9. Jahrhundert, nicht zuletzt durch die vielen Außenkontakte, von Identitätskrisen und politischer Instabilität bedroht, die Gruppenreligion als Glauben einer *gens*, eines Stammesverbandes, war den gezielten Angriffen der allgemeinen, d.h. katholischen Kirche nur schlecht gewachsen, deren Vertreter sich mit der politischen Führung, dem Königtum und der Oberschicht, nicht zuletzt auch den Kaufleuten verbanden. Das pagane Pantheon war im Endstadium seiner Existenz und in Auflösung begriffen, als die Mission mit Ebo, Ansgar und Gauzbert einsetzte. Jedenfalls gab es eine gewisse Bereitschaft, zumindest in den Handelszentren, den neuen Gott, der freilich im Gegensatz zu den alten Göttern allein angenommen werden wollte, auf seine Kraft und seinen Einfluss hin zu prüfen.

Abgesehen von politischen Bündnissen mit Königen oder Ortsgewaltigen – so etwa mit dem Präfekten Hergeier in Birka –, die durch reiche Geschenke gewonnen wurden, ist das gesamte religionspädagogische Bekehrungsarsenal zu beobachten: Christus als Sieggeber und Regenmacher, Eisenproben erweisen die Allmacht des neuen Gottes, Heilungen bzw. Bestrafungen setzen ihn und seine Verkünder ins rechte Licht, nicht zuletzt wird auch das Buch, Bibel, Evangeliar oder Lektionar, als magische Waffe eingesetzt. So äußerlich und plakativ sich auch die Hinwendung zum Evangelium gestaltete, so schnell erfolgte auch wieder die Abkehr von ihm und die Wiedereinsetzung der alten Götter, die dennoch keine Zukunft hatten. Ansgar war sich offenbar über die Fragilität und Lückenhaftigkeit seiner Mission völlig im Klaren, als er nicht von ungefähr in seinen letzten Lebensmonaten König Ludwig den Deutschen und seine Amtsbrüder mit einer Denkschrift zur Fortführung der nordischen Glaubensverkündigung ermahnte.

Ansgar hat die Spur gezogen, in der seine Nachfolger den Samen der christlichen Botschaft aussäen konnten, und hinterließ damit der Kirche an der Unterweser ein Feld, das, soweit es noch brach lag, später ertragreich zu werden versprach. Selbst der Patriarchatsplan Erzbischof Adalberts steht noch in der Kontituität dieser Anfänge.

Nach seinen ersten Reisen nach Dänemark und Schweden wurde Ansgar wohl bald nach 832 zum Missionserzbischof bestellt und mit dem Pallium versehen. Wahrscheinlich wurde ihm als Missionssitz tatsächlich die Hammaburg in Stormarn an der Elbe – der Name bezeichnet offenbar die bereits damals wesentliche Funktion Hamburgs als befestigte Anlage! – als Stützpunkt und Fluchtburg zugewiesen und eine – allerdings erst intendierte – Diözese aus Teilen des „alten" Bistums Bremen und des angrenzenden Missionsbezirks Bardowick (später Bistum Verden) gebildet. Die Kreation eines Erzbistums Hamburg, wie es zahllose Falsifikate zu verstehen geben wollen, ist angesichts des Fehlens der dazu kirchenrechtlich notwendigen Suffraganbistümer als Fiktion aus der Betrachtung auszuscheiden. Der transelbische Kirchenbezirk bestand um 830 lediglich aus vier Taufkirchen, sehr wahrscheinlich Hamburg selbst für Stormarn, Meldorf für Dithmarschen und zwei weitere in Heiligenstetten (*apud Heligonstadt*) und Schenefeld unweit von Itzehoe für Holstein mit einer benachbarten *cella*, dem Klösterchen *Welanao*.

Was sprach für Hamburg als Kristallisationspunkt der transelbischen Mission? Vor allem – hierin Bremen durchaus verwandt – die naturräumliche Lage des möglicherweise bereits in vorkarolingisch-sächsischer Zeit errichteten Kastells auf einer schmalen Geestzunge zwischen sumpfigen Niederungen, die jede Furt verhinderten. Elbübergänge gab es vielmehr flussabwärts bei Stade bzw. flussaufwärts bei Artlenburg-Bardowick. Als Handelsplatz ebenfalls in Gestalt einer Uferlände bezeugt, unmittelbar westlich und südlich der Umwallung an einem natürlichen Arm der Bille gelegen (Reichenstraßenfleet), war der Ort als Flucht- und Stützpunkt der Mission durchaus geeignet – allerdings nur für eine kurze Dauer, denn schon 845 musste Ansgar Hamburg verlassen, das in seinen kirchlichen Einrichtungen

Plünderung und Brandstiftung durch die Dänen zum Opfer fiel, wenn auch von einer völligen Verwüstung nicht die Rede sein kann. Hamburg hatte sich vordem offensichtlich auf dem Wege der Konsolidierung befunden, worauf nicht zuletzt die Verleihung von Markt, Münze und Zoll hinweist, von der 888 König Arnulf von Kärnten in seinem Diplom für den bremischen Erzbischof ausgeht.

Ansgar, der lediglich einige besonders kostbare Reliquien aus dem Geschenk Erzbischof Ebos von Reims auf der Flucht retten konnte, war 845 heimatlos. Nach langen Verhandlungen, deren Ergebnisse durch die verfälschte Quellenlage alles andere als einfach zu deuten sind, wurde Ansgar 848/49 durch König Ludwig den Deutschen in das seit dem Tode Leuderichs († 845) verwaiste Bistum Bremen – offenbar gegen mancherlei dort vorhandenen Widerstand, wie seine Vita zu berichten weiß – eingesetzt. Der Zeitpunkt für diese Maßnahme war günstig gewählt, da die Kölner Metropole, zu deren Suffraganen Bremen zählte, damals vakant und demnach mit einem Einspruch nicht zu rechnen war.

Da Ansgar den Hamburger Sprengel, wie auch immer kirchenrechtlich zu fassen, ob bereits als Bistum oder nur als Missionssprengel, beibehielt, blieb bei seiner Übersiedlung nach Bremen lediglich die Entschädigung für Bardowick (Verden) offen, was sehr wahrscheinlich 849 geregelt wurde.

Tatsächlich erhielt Ansgar um 864 aus der Hand von Papst Nikolaus I. für sich und seine Nachfolger erneut den Rang eines Erzbischofs für die Dänen- und Schwedenmission: „jetzt (und fortan) mit dem Sitz in Bremen". Der Papst bestätigte damit offenkundig die Verleihung der Würde eines Missionserzbischofs und die Überreichung des Palliums durch seinen Vorgänger Gregor IV. (827–844), der vermutlich durch diesen Akt Ansgar seinem Weggefährten Ebo von Reims gleichstellen und in der Funktion an Willibrord und Winfried-Bonifatius anknüpfen wollte. Noch das 11. Jahrhundert kennt in der Gestalt des Apostels der Pruzen, des hl. Brun von Querfurt, einen Missionserzbischof.

Dass aus der an sich persönlichen Würde eines Missionserzbischofs in wenigen Jahrzehnten, gestützt auf die Vita Ansgars, durch Verbindung mit dem angeblich in den 30er Jahren des 9. Jahrhunderts gestifteten Erzbistum Hamburg das kirchenrechtliche Unikat eines doppelsitzigen Erzstuhls Hamburg-Bremen hervorging, liegt allein in Lebenslauf und Missionstätigkeit Ansgars begründet. Von ganz außerordentlichem Rang für die Frühgeschichte unseres Raumes ist die Tatsache, dass mit Ansgars Wechsel auf den Bremer Bischofsstuhl die *parvula Brema*, das kleine Bremen, die nordische Mission als seine Hauptaufgabe bewusst übernahm und bewahrte, ja später im Hinblick auf Üxküll/Riga noch ausbaute, sich damit von der Enge und Provinzialität befreite, die bereits die Pontifikate von Ansgars Vor-

gängern in Bremen gekennzeichnet hatte, und im Norden Europas bis ins 12. Jahrhundert einen romgleichen Rang einforderte.
Aber nicht nur Bremen und wahrscheinlich nach 831 auch Hamburg konkurrierten in den nördlichen Landesteilen des fränkischen Imperiums, das an der Elbgrenze mit den Obodriten als Puffer gegen andere slawische Stämme, wenn auch mit Brüchen, bis ins 11. Jahrhundert hinein verbündet war, um Seelen und Einfluss, sondern auch das Nachbarbistum Verden, dessen Ursprünge wahrscheinlich nicht an der Aller, sondern nordöstlich im Bardengau, wohl in Bardowick als einer der karolingischen Missionszellen, zu suchen sind.
Die Frühgeschichte dieses Bistums nachzuzeichnen gehört zu den dornenreichsten Aufgaben des Historikers. Die quellenmäßige Überlieferung ist mehr als dürftig, Urkunden lassen sich ab 849 nachweisen. Erkenntnishindernd kommt das bereits mehrfach berührte Problem hinzu: Die Missionierung des Nordens und Nordwestens erwies sich zwar auf mittlere Sicht als erfolgreich, doch blieben viele Bekehrungsversuche im Ansatz stecken, die kirchenrechtliche Organisation war alles andere als stabil, manches Gründungsvorhaben scheiterte; Tauf-, gar Bischofskirchen mussten aufgegeben werden, intendierte Diözesangrenzen zurückgenommen, Sprengel neu aufgeteilt werden. Auch kriegerische Einwirkung von außen – etwa Überfälle der „Nordmannen" – führten dazu, dass ganze Landstriche entvölkert wurden und Grenzzonen von Missionsgebieten oszillierten, deren Kerne – die Bischofssitze – nicht immer festgelegt bzw. nicht zu halten waren. Der Nordwesten blieb vorerst Entwicklungsland!
Es hat immer wieder erstaunt, dass sich kaum 50 km von Bremen entfernt, obendrein im Schnittpunkt zu Mindener Diözesaninteressen, ein Bistum etablieren konnte, dessen Aufgabenfeld schwer zu erschließen ist.
Ein Blick auf eine imaginäre Missionskarte des 8. und 9. Jahrhunderts bestätigt diesen ersten Eindruck: Missionssprengel bezogen sich auf größere Kernlandschaften („Gaue") zwischen Unterweser und Unterelbe, während der Raum westlich vorab in divergierende Interessenzonen (Bremen, Osnabrück, Minden) aufgeteilt war, so dass Verden, „eingekeilt" zwischen Mindener und Bremer Observanz, schwerlich als Zentrum mit Missionsaufgaben im Nordosten oder gar jenseits der Elbe dienen konnte.
Verdens Existenz als Bistum steht vielmehr, um komplizierte Vorgänge stark verkürzt und thesenhaft wiederzugeben, in Zusammenhang einer „Wanderbewegung" der Missionszelle Bardowick, das, als herausgehobener Handelsplatz (*frequentia populi*!) am Elbübergang und als *vicus nobilis* in den frühen Quellen erwähnt, zunächst von drei Äbten der Würzburger Klöster Amorbach und Neustadt (am Main), wohl im Auftrag und mit Patenschaft von Würzburg-Mainz, geleitet worden war und damit das Be-

Antikes Gemmensiegel Ludwigs des Deutschen. Erhalten an einem Originaldiplom für das Bremer Nachbarbistum Verden (849 Juni 14), mit dem Ludwig der Verdener Kirche Immunität verlieh. (Staatsarchiv Stade)

kehrungswerk in die Elbgegenden getragen hatte. Als Nachfolger dieser Äbte als Bischof ist ein Helmgaud nachzuweisen, der sich zusammen mit Bischof Willerich den transelbischen Missionsbezirk teilte. Mit dem Däneneinfall, der die Aufgabe Hamburgs 845 erzwang, dürfte auch der Stützpunkt Bardowick in größte Bedrängnis geraten sein; die Berufung eines Angehörigen der Widukindsippe zum Bischof um 847 zog fast offenkundig dessen Präsenz in die Nähe seines familiären Besitz und Machtzentrums nach sich. Ob Verden bereits dazugehörte, ist ungewiss, aber eine südwestliche Verschiebung der Interessen des neuen Bischofs von Bardowick weg ist unzweifelhaft, zumal bei einem wohl ins Jahr 849 anzusetzenden Ausgleich zwischen Ansgar und Waltger, wobei gegen das transelbische Stormarn südlich gelegene Teile der Bremer Diözese auf der rechten Weserseite, so der Sturmigau, eingetauscht worden sind.
Kurzum: Gegen Mitte des 9. Jahrhunderts wurde der Missionsstützpunkt Bardowick aufgegeben, die wohl ursprünglich dort vorgesehene Einrichtung eines Bistums unterblieb, stattdessen kristallisierte sich um Verden im Laufe der Jahrzehnte ein Kathedralsitz, der freilich im Schnittfeld bedeutenderer Kirchensprengel zur Bedeutungslosigkeit verurteilt blieb. Die Missionierung des ostelbischen Raumes erfolgte bekanntlich vor allem über St. Michael in Lüneburg und dann über Magdeburg seit der Mitte des 10. Jahrhunderts.
Der Übergang Ansgars nach Bremen, um den Faden seiner Lebensgeschichte wieder aufzunehmen – wobei das Stift Ramelsloh als spätere Bremer Besitz-Enklave in Verdener Gebiet diesem als vorläufiger Fluchtpunkt gedient haben könnte, zumal die hier deponierten und verehrten Heiligen Sixtus und Sinnitius sich einer Reliquienspende Erzbischof Ebos für Hamburg verdankten –, hatte zunächst keine wie auch immer geartete Vereinigung des Bistums Bremen mit Hamburg als Erzsitz zur Folge, wie uns dies die spätere, korrumpierte Überlieferung nahelegen will. Ansgar nennt sich

in dem einzigen von ihm kurz vor seinem Tode verfassten und erhaltenen Schreiben, das bezeichnenderweise den Problemen der Mission gilt, lediglich „Erzbischof" ohne jedweden Zusatz. Hingegen ist zum Jahr 888 der erste unabweisbar echte Beleg für einen Bremer Metropoliten in der Urkunde König Arnulfs von 888 für Ansgars Nachfolger Rimbert überliefert. Erst am Ausgang des Jahrhunderts bekam die Frage nach der kirchenrechtlichen Zugehörigkeit Bremens, dessen Bischof zugleich Missionserzbischof ohne Kirchenprovinz und Suffragane war, größte Brisanz, da Köln offenbar fest auf der Unterordnung Bremens unter seine Metropolitangewalt bestand und sich in dieser Frage nach Rom wandte. Davon später. Das kirchenrechtliche Kuriosum eines Erzstuhls ohne „Unterbau", dessen Sitz in der benachbarten Bischofsstadt zu suchen war, ist aber untrennbar mit dem Namen Ansgars verbunden.

Mit Ansgars Übergang an die Weser fand nicht nur eine Internationalisierung der bremischen Kirche und ihrer Interessen statt, sondern auch eine Stärkung des Bischofssitzes in der Region, die als vordringliche Aufgabe erkannt und gemeistert wurde. Dieser Lebensleistung auch im Inneren entspricht das Konterfei des Siegels des Bremer Domkapitels aus dem 13. Jahrhundert, das rechtens Willehad und Ansgar als Begleiter des schlüsselbewehrten Kirchenpatrons Petrus zeigt.

Zwar überstrahlt Ansgars Apostolat des Nordens sein gesamtes Wirken, doch wird man seine umsichtige Seelsorge in der Gemeinde, seine Mildtätigkeit und seine Hinwendung zu den „mittleren" Schichten (*mediocres*), vor allem seine Bautätigkeit und damit verbunden die geistliche Überhöhung seiner Domkirche, nicht übersehen dürfen. Auch die Errichtung eines Armenspitals in Bremen, des ersten östlich des Rheins bei einer Domkirche, geht auf seine Initiative zurück. Dieses wusste sich selbst ökonomisch noch im Niedergang Bremens unter Erzbischof Adalbert zu behaupten.

Ansgars besonderes Augenmerk galt der sakralen Fundierung und Ausgestaltung seiner Kathedrale. Die Verankerung und Stärkung des neuen Glaubens bedurfte auch in der zweiten oder dritten Generation der zumeist nur äußerlich bekehrten Sachsen (und Friesen) sichtbarer Zeugnisse, „damit nicht etwa das wilde Volk in den Fesseln des Irrtums befangen, gänzlich von der wahren Religion abfällt und untergeht, sondern vielmehr durch die heilige Lehre zugleich belebt und durch Zeichen bekräftigt, andauernd am Kult des wahren Gottes festhält". Für diese „Zeichen" bürgten die Gebeine von Heiligen oder deren Reliquien, die in der ersten Hälfte des 9. Jahrhunderts aus den frühen Stätten der Christenheit, vor allem aus Rom, aber auch aus der alten Gallia mittels sogenannter Translationen, feierlicher Züge, neugegründeten Kirchen, vor allem im Sachsenland, zugeführt wurden, so etwa die Gebeine des heiligen Liborius aus Le Mans nach Paderborn, die

Das monumentale zweite Siegel des Bremer Domkapitels zeigt im 13. Jh. die frühmittelalterlichen Gründerväter der Bremer Kirche: Willehad und Ansgar flankieren thronend den heiligen Petrus, Siegelabguss. (Staatsarchiv Bremen)

des heiligen Veit von St. Denis nach Corvey und die der heiligen Päpste Anastasius und Innocentius aus Rom nach Brunshausen bzw. Gandersheim als erstem Frauenkloster der Liudolfinger (Ottonen). Diese hochverehrten Überreste brachten den so ausgestatteten Kirchen auch materiellen Segen, sie wurden von Mühseligen, Beladenen, vor allem aber Kranken aufgesucht, die nicht vergebens um Heilung von ihren Leiden flehten, dann den Ruhm des Heiligen und seines Gotteshauses im Lande verbreiteten und so weitere fromme Massen anzogen, die ebenfalls auf „Zeichen“ hofften.

So war ganz in der Nähe Bremens, bereits auf Osnabrücker geistlichem Territorium, in Wildeshausen, eine religiöse Attraktion ersten Ranges erstanden, als der Widukindenkel Waltbert in sein um 840 gestiftetes Kloster im Winter 850/51 einen kostbaren Reliquienschatz, den Körper des heiligen Alexander – eines der sagenhaften sieben Söhne der ebenfalls sagenhaften heiligen Felicitas, die in Rom im 2. Jahrhundert das Martyrium erlitten haben sollen –, aus der Ewigen Stadt in den Largau führte und damit eine regelrechte Wallfahrt zur neuen Kultstätte auslöste. Auch heilungsbedürftige Kranke aus der Bremer Diözese fanden sich in Wildeshausen ein.

Dieser geistlichen Bedrohung, die auch wirtschaftliche Konsequenzen haben musste, weil die Spenden und Memorialstiftungen nachließen, hatte die Domkirche an der Unterweser nur wenig entgegenzusetzen. Zwar war der Dom dem vornehmsten Heiligen der Christenheit, Petrus, geweiht, über Reliquien des „Fels Jesu“ verfügte man freilich damals offenkundig noch nicht und die Lebensgeschichte des ersten Bremer Bischofs und Stifters, Willehad, trug noch keine rechte geistliche Frucht – von der Tätigkeit seiner Nachfolger Willerich und Leuderich ganz zu schweigen. Sie waren schlicht vergessen.

Kokosnuss-Reliquiar.
Das spätmittelalterliche Reliquiar aus dem Domschatz zu Münster enthält die einzige nachgewiesene Willehad-Reliquie.

Diesem offenkundigen Mangel half Ansgar ab, indem er die Gebeine Willehads in einer Mini-Translation aus der gleichnamigen Kapelle der „kleinen" Immunität im Jahr 860 in den neu erbauten Dom überführen, seinen Vorgänger zur Ehre der Altäre erheben ließ und auf den 8. November seine Memorie stiftete. Ergänzend bearbeite Ansgar zur Propagierung des neuen Heiligen die wohl vor Ort in den 40er Jahren verfasste Vita Willehads und fügte alsbald zum Beweis der Heiligkeit des Gründungsvaters die Niederschrift seiner im Dom geschehenen Wunder, fast ausschließlich Heilungen, an. Damit bot der neue Athlet Gottes an der Weser dem antiken Heiligen in Wildeshausen entschieden Widerpart, zumal Willehad, wie es Adam später formulierte, als „einheimischer den fremden Heiligen" (Alexander) an Wirksamkeit übertraf. Die 39 Wundergeschichten verweisen auf gängige Krankheitsbilder, insbesondere auf Augenerkrankungen, sie vermitteln Einblicke in die soziale Realität von Mittel- und Unterschichten, sie geben durch die Angabe von Ortsnamen – häufig Erstnennungen – Hinweise auf die Herkunft der Besucher, vor allem der Besucherinnen, und damit auf Siedlungen im näheren und weiteren Umkreis, der von der Lüneburger Heide im Südosten, Wildeshausen im Südwesten und Misselwarden nördlich von Bremerhaven einen weiten Bogen schlug und zugleich das rudimentäre Straßennetz und die Wasserwege einzigartig dokumentiert.
Mit dieser Überführung und der Kreation eines Ortsheiligen, die damals noch nicht der päpstlichen Approbation bedurfte, sondern allein durch sichtbare Zeichen und die Annahme seitens der Gläubigen legitimiert wurde, bereitete Ansgar seinen und den Weg seines Nachfolgers Rimbert zur eigenen Erhebung in den Stand des Heiligen vor. Denn auch Ansgar und Rimbert waren so wenig des Martyriums gewürdigt worden wie ihr Vorgänger Willehad, aber ihr heiligmäßiges Leben und ihr Apostolat ließen auch sie der Ehre der Altäre teilhaftig werden. Mirakelgeschichten sind von ihnen nicht überliefert. So waltet vielleicht eine höhere historische Ge-

Siegel des Ansgarii-Kapitels. Der heilige Ansgar mit Segensgeste und Bischofsstab auf einem Sockel. Ende 13. Jh. (Staatsarchiv Bremen)

rechtigkeit in der Tatsache, dass sich nur mit Willehad und dessen Festtag am 8. November seit alters her der Freimarkt, früher Wilhadi-Markt, verbindet.

Dass die sakrale Ausstattung des Bremer Domes zumindest den Amtsnachfolgern der ersten Heiligen im 10. Jahrhundert noch nicht ausreichend erschien, bezeugt Erzbischof Adaldag als Weggefährte der ottonischen Kaiser, indem er altehrwürdige und „fremde" Reliquien aus Rom herbeiführte. Man wird abschließend festhalten dürfen, dass es Ansgar war, der als Bischof den Bogen zum ausgehenden 8. Jahrhundert geschlagen, der die Bremer Kirche durch den Neubau der Kathedrale und durch die Kreierung eines Heiligen auf ein dauerhaftes sakrales Fundament gestellt und die zentralörtliche Funktion des Bistums an der Weser wesentlich gestärkt hat.

Auch die internationale, man darf sagen angesichts der Weite dieser Aktivitäten welthistorische, Bedeutung der Bremer Kirche für Jahrhunderte, ihr *primum officium*, ihre Hauptaufgabe, die Skandinavienmission, verbindet sich ebenfalls mit dem Apostel des Nordens, dem somit für die Bremer Kirchengeschichte eine Schlüsselrolle zukommt.

Literatur:
Adam, Gesta (1961). – Brosius, Stift Ramelsloh (1982). – Drögereit, Erzbistum Hamburg (1975). – Drögereit, Hamburg-Bremen (1969). – Gams, Series episcoporum (1873–1886). – Germania Benedictina 11 (1984). – Germania Benedictina 6 (1979). – Haas, Ansgar als Mönch (1985). – Hägermann, 1200 Jahre Mission (1989). – Hägermann, Erzbischof Ansgar (1991). – Parisse, Frauenstifte und Frauenklöster (1991). – Honselmann, Annahme des Christentums (1958). – Honselmann, Bistumsgründungen in Sachsen (1984). – Honselmann, Mönchslisten von Corvey (1982). – Hucker, Stift Bassum (1995). – Jochmann und Loose, Hamburg (1982). – May, Regesten (1937). – Nyberg, Kirche in Skandinavien (1986). – Reinecke, Bischofsumsetzung (1987). – Reinecke, Series episcoporum (1984). –

Rimbert, Vita Anskarii (1961). – Sawyer, Medieval Scandinavia (1993). – Schieffer, Adnotationes (1986). – Schwarzwälder, Bischöfe und Erzbischöfe (1996). – Seegrün, Erzbistum Hamburg (1976). – Staats, Geist der nordeuropäischen Mission (1981). – Staats, Geistesgeschichte (1994). – Theuerkauf, Urkundenfälschungen (1988). – Ulbrich, Bardowick/Verden (1991). – Wavra, Salzburg und Hamburg (1991).

4. Die Mönchsbischöfe aus Corvey: Rimbert (865–888), seine Nachfolger Adalgar (888–909) und Hoger (909–916)

Der Diakon Rimbert, eine „Entdeckung“ Ansgars im flandrischen Torhout, das bis 843 der Missionsstation Hamburg als Ressource zugeordnet worden war, wurde noch am Todestage seines Förderers, am 3. Februar 865, einstimmig von Klerus und Volk zum Oberhirten erhoben und knüpfte unmittelbar an Ansgars Wirken an. Obwohl Bischof, unterwarf er sich in Corvey der Regel des heiligen Benedikt und festigte damit die enge Verbindung zu der Weserabtei, die auch unter seinen nächsten Nachfolgern fortbestehen sollte. Darin bestätigt sich erneut die wichtige Funktion Corveys bei der kirchlichen Durchdringung des Nordwestens und zugleich der Skandinavienmission. Abt Adalgar gab Rimbert seinen gleichnamigen Bruder als „Begleiter“ mit – sicherlich um die Interessen Corveys vor Ort vertreten zu können.

Rimbert, dessen Licht sich für die Nachwelt unter den Scheffel gestellt findet, mühte sich, die Furchen, die sein berühmter Vorgänger gezogen hatte, zu verlängern und zu verbreitern. So nahm er etwa in den 60er und 70er Jahren des 9. Jahrhunderts die Mission in Dänemark und Schweden wieder auf, wo er, trotz der krisenhaften Zuspitzung der Situation, in der sich das Verkündigungswerk durch die nach Süden vordringenden „Nordmänner“ befand, noch Priester antraf. Freilich wirkte Rimbert wesentlich punktuell, insbesondere in den Grenzregionen zu Dänemark, hier kaufte er (christliche?) Gefangene frei, hier gründete er in Schleswig (erneut?) eine Kirche. In Friesland gewann er dauerhaft hohes Ansehen, da es den dortigen Bewohnern mit seiner Hilfe gelang, die Wikinger unter starken Verlusten zurückzuschlagen. Nach 876 kam die Skandinavienmission völlig zum Erliegen, die Beutefahrten der „Nordmänner“ erreichten Köln, Trier und Aachen, Herzog Brun, die Bischöfe von Minden und Hildesheim fanden in Abwehrkämpfen den Tod auf dem Schlachtfeld.

Vor Ort in Bremen erweiterte Rimbert das Armenspital, die Gründung Ansgars, insofern erinnert die freilich erst spätmittelalterliche Armenstiftung auf den Namen Rimberts zu Recht an diesen Bischof. Auch geht die Errichtung des südlich von Hoya an der Weser gelegenen Stiftes Bücken – als Zwischenstation von Bremen nach Corvey? – auf Rimbert zurück, wo die

König Arnulf verleiht der Bremer Kirche Münze, Markt und Zoll. Frankfurt, 9. Juni 888. Die Urkunde ist das älteste Originaldokument zur Geschichte Bremens, die Schrift der Urkunde ist weitgehend verblasst. (Staatsarchiv Stade)

Reliquien des heiligen Maternian, eines weiteren heiligen Reimser Bischofs, wohl aus dem gefährdeten Heiligenstetten, im Altar niedergelegt wurden.

Abgesehen von seinen Aktivitäten innerhalb seines Sprengels und in Skandinavien, die für uns nur noch in Umrissen zu erkennen sind, hat Rimbert angelegentlich Kontakte zum Königshof gesucht. So heilte er etwa auf einer Reichsversammlung 873 einen Sohn Ludwigs des Deutschen, Karl, vom „bösen Geist", also wohl von einem Epilepsieanfall. Da Rimbert in diesen Jahren kränkelte, insbesondere an Podagra litt, wurde sein Begleiter Adalgar aus Corvey vom König und seinen Nachfolgern zum Vertreter des Bischofs bestimmt und mit Willen des Abtes von Corvey, der ein Bruder Adalgars war, zum Nachfolger designiert. Tatsächlich erhielt Adalgar und nicht der sterbenskranke Rimbert († 11. Juni 888) in dessen letzten Tagen in Frankfurt aus der Hand König Arnulfs die hochbedeutsame und zweifelsfrei echte Urkunde, die unter dem Datum des 9. Juni 888 gleichsam als Vorgriff auf spätere prosperierende Zeiten Bremens dem Erzbischof gebündelt Münze, Markt und Zoll in Bremen verlieh, wie dieses „den Rektoren dieser Kirche bereits in Hamburg eingeräumt worden sei", und bestätigt dem Klerus (und Volk) die (freie) Bischofswahl: „sei es unter sich wie auswärts". Damit wurde deutlich auf Adalgars Herkunft aus Corvey – von auswärts – angespielt. Das Münz-, Markt- und Zollprivileg – die älteste original erhaltene Urkunde zur bremischen Geschichte –, mit der erstmals diese drei Rechte in einer Urkunde verliehen wurden, wirft zugleich einen Lichtstrahl auf die Existenz Bremens als Handels- und Verkehrszentrum. Dies auch, wenn das wirtschaftliche Versprechen erst in der ottonisch-salischen Epoche eingelöst werden sollte. Damals dürfte die funktionale Qualität Bremens der Londons entsprochen haben, das in einer Urkunde des Jahres 889 als *ripa emptorialis*, als Handelsufer, charakterisiert wird.

Rimbert als Bischof, Missionar, Kirchenstifter und Beförderer des Heiligenkultes leistete gewiss Bedeutsames, sein Meisterwerk freilich ist die Vita seines Vorgängers Ansgar, die zu Recht als eines der bedeutendsten hagiographischen Zeugnisse des 9. Jahrhunderts gilt. Sie hat aber zugleich mit ihrer höchst tendenziell dargestellten Gründungsgeschichte des (fiktiven) Erzbistums Hamburg und dessen Vereinigung mit Bremen die Basis für zahlreiche spätere Verfälschungen und freie Erfindungen von Urkunden gelegt und nicht zuletzt die Rivalität zwischen Hamburg und Bremen bzw. zwischen Hamburg-Bremen und Köln hervorgerufen. Gewidmet den Mitbrüdern im Stammkloster Corbie an der Somme, verrät das Werk Rimberts einen weiten geistigen Horizont, seine umfassende theologische, auch „klassische" Bildung, die ihn befähigte, mit dem gelehrten Ratrammnus von Corbie schriftliche Zwiesprache zu halten, so unter Hinweis auf antikes und patristisches Schrifttum beispielsweise über Kynokephalen, hundsköpfige Wesen.

Willehads und Ansgars biographisches Beispiel machte Schule – auch Rimbert erhielt eine, freilich recht lieblos und stereotyp abgefasste Lebensbeschreibung. Auch er wurde unter die Heiligen gezählt, obwohl sich, aus dem Schweigen unserer Quellen zu schließen, an seinem Grabe so wenig Wunder ereignet hatten wie an Ansgars Ruhestätte. Sein Gedächtnistag, der 4. Februar, folgt unmittelbar dem Tag seines vielbewunderten Vorgängers, doch blieb sein Kult ganz wesentlich auf Bremen und Hamburg beschränkt.

In der Gestalt ihrer drei „einheimischen" Heiligen, des „Stifters" Willehad, des „Apostels des Nordens" Ansgar und seines „Jüngers" Rimbert, war die Bremer Kirche am Ausgang des 9. Jahrhunderts sakral fundiert und fand sich unter dem weiten, zu weiten Schutzmantel des (fiktiven) Erzbistums Hamburg für die Zukunft gerüstet. Dies auch, obwohl es noch an Suffraganen fehlte und die ökonomische Basis nicht zuletzt auf der Verbindung zu

Erzbischof Rimbert (865–888) heilt den Königssohn Karl vom bösen Geist. Im Jahr 873 soll Rimbert auf der Reichsversammlung in Frankfurt Karl, den Sohn von Ludwig dem Deutschen, geheilt haben. Noch am Anfang des 16. Jh.s stellt eine Bremer Bischofschronik das Ereignis im Stile ihrer Zeit getreulich dar. (Staatsarchiv Bremen)

Corvey beruhte sowie die Missionsaufgaben nicht nur im fernen Norden, sondern auch im Raum Wigmodien alle Kräfte erforderten, um den Sieg des Evangeliums endgültig zu machen.
Erzbischof Adalgar (888–909), Bruder des gleichnamigen Corveyer Abtes, „Begleiter“ Rimberts seit dessen Amtsantritt und später sein Vertreter, suchte Königsnähe und wurde *homo regis* (Mann des Königs) und unter die Räte bei Hofe aufgenommen, was sicherlich seine Designation als Nachfolger Rimberts begünstigt und den personellen Übergang erleichtert haben dürfte.
So wenig von Adalgars Wirken in seiner Diözese zu berichten ist – die Skandinavienmission war ohnedies zum Erliegen gekommen –, so intensiv musste sich Rimberts Nachfolger mit dem Problem der kirchenrechtlichen Stellung Bremens, der Zuordnung dieses Bistums zum fiktiven Erzbistum Hamburg und mit den erneut vorgetragenen Ansprüchen Kölns als Metropolitansitz auseinandersetzen. Seit Herbst 890 wurde auch in Rom vor dem Papst ein erbitterter Streit um diese Bindungen und Abhängigkeiten geführt, dessen tatsächliche Konturen aus der Masse der Fälschungen und Verfälschungen, korrumpierter Überlieferung, aber auch in den von Bremer Tradition unabhängigen Berichten nur schwer nachzuvollziehen sind. Der damals angerufene Papst Stephan V. beklagte die Entscheidungslast mit dem Stoßseufzer, dass nämlich „die Entfernung (Roms zu Köln und Bremen) den Sachverhalt verschleiere, die Autorität (rechtsgültige Entscheidung) der vergangenen Väter Päpste nicht feststehe und daher jetzt ein Urteil irgend jemandem zu Gefallen nicht angesagt sei“. Köln behauptete jedenfalls die Subordination Bremens unter den Erzstuhl am Rhein. Erzbischof Hermann, der Hauptwidersacher des Bremer Amtsbruders, und eine Mainzer Synode argumentierten gar historisch, wenn sie anführten, bis auf Hermanns Vorgänger Günther (850–863) bzw. bis auf Adalgar selbst hätten die Bremer stets der Kölner Kirche unterstanden, was an der Weser heftig bestritten wurde. Papst Formosus fand im Jahr 893 in seiner Not zu einem gleichsam salomonischen Urteil, indem er *dispensative* befand, Hamburg (als Erzbistum) solle zunächst der Unterstützung durch Bremen (zur Förderung der Mission) nicht verlustig gehen, doch solle die Hamburger Kirche nach Ausbau und Angliederung von eigenen Suffraganen das Bistum Bremen in die neuerliche Subordination unter den Kölner Metropoliten entlassen. Zudem solle der Hamburger Erzbischof, „der die Bremer Kirche leitet“, die Rechte des Kölners respektieren, insbesondere den Besuch der Provinzialsynoden, die zwar nicht als Untergebene, aber doch aus „brüderlicher Liebe“ zu besuchen seien.
Mit diesem weisen Beschluss konnten nicht nur die Konkurrenten um die päpstliche Gunst ihr Gesicht wahren, vielmehr hatte das bislang fiktive

Erzbischof Hoger (909–916) in einer Bremer Bischofschronik, Anfang 16. Jh. (Staatsarchiv Bremen)

Erzbistum Hamburg, ohne Suffragane und eigentliche Kirchenprovinz, eine rechtliche Fundierung erhalten, die sich trotz gelegentlicher Revindikationsbestrebungen Kölns als tragfähig erweisen sollte, während als wirtschaftliche Basis das Bistum an der Weser verblieb, das aber kirchenrechtlich, wie Adam aus Synodalakten zu berichten weiß, der Metropole am Rhein untergeordnet blieb.
Dieses Konstrukt, aus dem das geographisch weit gespannte Erzbistum des abendländischen Mittelalters hervorgegangen ist, zusammengefügt aus dem Bremer Bistum als Sitz eines Missionserzbischofs und dem (fiktiven) Hamburger Metropolitanstuhl, erwies sich bis zur Reformation und darüber hinaus bis 1648 als lebensfähig, zumal im 9. und 12. Jahrhundert Suffraganbistümer gegründet und mit der Mission im Baltikum (Riga) neue Aufgaben dem *primum officium* hinzugefügt werden konnten.
Als bemerkenswerte Nachricht aus dem Pontifikat Adalgars bleibt erwähnenswert, dass dieser gleichsam über der Begräbnisstätte seines Vorgängers Rimbert östlich des Chores eine dem Erzengel Michael sowie den Heiligen Stephan und Veit geweihte Kapelle errichtet hat, in der er und seine beiden Nachfolger, Hoger und Reginward, bestattet worden sind. Dergestalt verdeutlichen diese Patrozinien – Stephan bzw. Veit – der 1035 abgerissenen Kapelle eine weitere enge Verbindung zum Mutterkloster Corvey, der Missionszentrale für den Nordwesten und Skandinavien.
Auch Adalgar erhielt wie zuvor Rimbert in den letzten Jahren seines Bischofsamtes einen Helfer in der Gestalt des Corveyer Mönches Hoger, quasi als Koadjutor mit dem Recht der Sukzession.
Hoger (909–916/17) wurde nach Adalgars Ableben vom Kölner Metropoliten, der damit erneut seine Zuständigkeit für Bremen augenfällig und damit rechtssichernd demonstrieren konnte, zum Bischof geweiht. Magister Adam weiß über Visitationsreisen Hogers zu berichten, so bezeichnenderweise nach Hamburg und nach dem zwischen Verden und Bremen häufig umstrittenen Ramelsloh. Auch Hoger wurde unter die Bremer Heiligen gezählt, freilich ohne Kult und tatsächliche Verehrung.

5. Ausklang der karolingischen Epoche: Reginward (917–918) und die Billunger

Auf Hoger folgte mit knapp einjährigem Pontifikat Erzbischof Reginward († 918), über dessen Tätigkeit auch Adam nichts Substantielles zu berichten weiß, außer dass die Ungarn Bremen bedroht, geplündert und gebrandschatzt hätten. Reginward könnte der Hildesheimer Domkirche entstammt haben und lässt sich vielleicht der prominenten hochadligen Familie der Immedinger zuordnen, die im folgenden Jahrhundert mit Meinwerk einen

Erzbischof Reginward (917–918) in einer Bremer Bischofschronik, Anfang 16. Jh. (Staatsarchiv Bremen)

angesehenen Bischof von Paderborn zu den Ihren rechnen konnte, dessen Schwester Emma in der Geschichte Bremens und des Grafensitzes Lesum eine höchst bedeutsame Rolle spielt.
Sollte diese Verbindung Reginwards zu den Immedingern tatsächlich zutreffen, dann hätte der sächsische Adel erstmals versucht, über das Bischofsamt weiteren Einfluss auf die Region zu gewinnen, die „Corveyer Epoche“ selbstbewusst zu beenden und das Machtvakuum, das im Nordwesten nach dem Tode der letzten Karolinger, Arnulfs von Kärnten und Ludwigs des Kindes, entstanden war, und in der folgenden Zeit der Königsferne sich vertiefte, durch starke Adelsherrschaft zu füllen.
In gleiche Richtung weist die 918 erfolgte Wahl und Erhebung Unnis zum bremischen Bischof bzw. Erzbischof von Hamburg, der vermutlich ebenfalls der Familie der Immedinger zuzurechnen ist, der aber die kirchliche Adelsherrschaft mit den Machtansprüchen des neuen Königs aus dem sächsischen Hause der Liudolfinger, der nachmaligen Ottonen, auszubalancieren hatte.

Literatur:
Adam, Gesta (1961). – Fichtenau, Reliquienwesen (1975). – Gams, Series episcoporum (1873–1886). – Germania Benedictina 6 (1979). – Hägermann, 1100 Jahre Münze (1990). – Honselmann, Annahme des Christentums (1958). – Honselmann, Bistumsgründungen in Sachsen (1984). – Honselmann, Mönchslisten von Corvey (1982). – Lüdecke, Stadtarchäologie (1993). – May, Regesten (1937). – Möller, Bücken (1993). – Reinecke, Series episcoporum (1984). – Rimbert, Vita Anskarii (1961). – Röpcke, Pro memoria Rimberti (1990). – Schwarzwälder, Entstehung und Anfänge (1955). – Schwarzwälder, Bischöfe und Erzbischöfe (1996).

II. Das ottonische Zeitalter

1. Auf den Spuren Ansgars und Rimberts: Erzbischof Unni (918–936)

Das 10. und 11. Jahrhundert steht idealtypisch unter dem Zeichen des sogenannten ottonisch-salischen Reichskirchensystems, das aber weder intentional eine bewusst ins Leben gerufene Institution darstellt noch gar die Gesamtheit der Reichskirche umfasste. Als funktional zu deutender Begriff kennzeichnet es aber die besondere Nähe von deutschem Königtum und Hochkirchen in den beiden Jahrhunderten der Ottonen und Salier bis zum Ausbruch des Investiturstreites, der eben jenes Verhältnis in seinen Grundfesten erschütterte. Die Kirchenoberen, vor allem Bischöfe und Reichsäbte, standen in einem besonderen Vertrauens- und Rechtsverhältnis zum König, indem der Herrscher zumeist die Wahl der Kandidaten für die hohen Positionen bestätigte, verwarf oder gar an sich zog und die so Auserwählten mit Ring und Stab „investierte". Er wies sie damit in ihr Amt und dessen Besitz ein, wozu neben Grundbesitz mehr und mehr „staatliche" Prärogativen und Hoheitsrechte wie Münze, Zoll, Gerichtsbarkeit, ja ganze Grafschaften gehörten. Gleichsam als Gegenleistung hatten die so an die Spitze ihrer Sprengel Erhobenen dem König als Diplomaten, Berater und Heerführer zu dienen und ihm aus der Fülle ihrer Kirchengüter und nutzbaren Rechte materielle Hilfe zu leisten und nicht zuletzt, vermehrt seit Heinrich II. (1002–1024), durch repräsentative Gastung vor Ort, dem sogenannten *servitium regis*, ihren Verpflichtungen nachzukommen. Zugleich versuchte der König mit Hilfe seiner Kirchenherrschaft, die zugleich auch Herrschaft des Adels über die Kirche war, ein Gegengewicht zu den zentrifugalen Interessen der Herzöge, Markgrafen und Grafen und deren Familien zu schaffen. Freilich wird man diese Gegensätze nicht zu schroff ansetzen dürfen, entstammten doch die meisten Aspiranten auf die hohen geistlichen Ämter eben diesen Clans und vertraten weiterhin deren Interessen. Aber durch zumeist adlige Herkunft, gelehrte Erziehung in den aufblühenden Domschulen, etwa von Hildesheim oder später Magdeburg und Bamberg, durch Tätigkeit in der königlichen Hofkapelle, die nicht nur den Kultus der Herrscher besorgte, sondern zugleich auch Verwaltungs- und Regierungszentrale war, und nicht zuletzt durch ihre hochgestellte Zugehörigkeit zur Universalkirche, die seit karolingischen Zeiten ihr anerkanntes Haupt im Papst, dem Bischof von Rom, hatte, bildete sich eine weitgehend homogene geistliche Führungsschicht heraus, die sowohl in der Leitung ihrer Diözesen oder Sprengel als auch im Dienst des Reiches Beachtliches,

ja Außerordentliches leistete. Dies wurde bereits von den Zeitgenossen vermerkt, gibt es doch, mit den Viten Bruns von Köln und Ulrichs von Augsburg einsetzend, eine Fülle von Erzbischofs- und Bischofsbiographien, als deren nicht geringste das dritte Buch von Magister Adams Bremer Kirchengeschichte über den gewaltigen Adalbert Höhepunkt und Schlussstein der ottonisch-salischen Epoche bildet. Aus der angedeuteten funktionalen Verknüpfung von Kirchenleitung und Königsdienst ermisst sich die Schwere des sogenannten Investiturstreites, der dem Herrscher auch in Deutschland trotz des Wormser Paragraphenwerkes von 1122 die Verfügungsgewalt über die Reichskirchen entzog, Bischöfe und Äbte als Lehnsträger den weltlichen Reichsfürsten gleichstellte und zugleich auf mittlere Sicht dem zur Weltgeltung aufgestiegenen Papsttum unterstellte.
Dieser Gang vom gedeihlichen Miteinander von Kirche und Herrscher bis zum Bruch zwischen den mittelalterlichen Universalgewalten lässt sich exemplarisch anhand der Geschichte des hamburgisch-bremischen Erzbistums nachvollziehen. Dabei wird die Harmonie im 10. Jahrhundert durch die Gestalt des Erzbischofs Adaldag, der mehr als 50 Jahre auf dem Stuhl des heiligen Ansgar saß, und im 11. Jahrhundert durch Erzbischof Adalbert, den „Fast-Patriarchen des Nordens" und Vertreter der prunkenden Adelskirche schlechthin, repräsentiert – der Konflikt des Investiturstreites personifiziert sich aber in der Gestalt seines Nachfolgers Liemar.
Erzbistum Hamburg: So lautet zunächst der „offizielle" Titel für die Erzdiözese zwischen Unterweser und Unterelbe, die ihre ambitionierte Missionsaufgabe im skandinavischen Norden in bewusster Abwehr von Kölner Metropolitiananspruchen auf das Bistum Bremen wahrnahm. Faktisch befand sie sich aber in einer prekären Lage. Ihre Grundausstattung war, gemessen an den anderen Erzstiften des Reichs Köln, Mainz, Trier, auch Salzburg, zu Beginn des 10. Jahrhunderts mehr als dürftig, bestand sie doch recht eigentlich nur aus vier *monasteria* – Bremen, Bassum, Ramelsloh und Bücken – und aus einigen nordelbischen Taufkirchen. Der Suffragane ermangelte es gänzlich. Auch die Missionserfolge in Dänemark und Schweden, aber auch im Gebiet jenseits der Elbe, waren durch die Einfälle der „Nordmannen" weitgehend zu Schanden gemacht worden, da das Königtum der späten Karolinger nach dem Tode Ludwigs des Deutschen 876 dem Nordwesten die erforderliche vor allem militärische Unterstützung – an allen Fronten gefordert – nicht zu leisten vermochte.
In dieser für das Erzbistum und seine Missionsaufgabe bedrohlichen Stagnationsphase konnte der Aufstieg der sächsischen Liudolfinger zum deutschen Königtum nur eine Wende zum Besseren bedeuten. Bewusste Stabilisierungsmaßnahmen könnten sich freilich bereits in den letzten Monaten der Herrschaft Konrads I. angedeutet haben, als dieser 918 statt eines in

Erzbischof Unni (918–936) in einer Bremer Bischofschronik, Anfang 16. Jh. Unni starb 936 auf einer Missionsreise in Schweden. Sein Leib wurde in Schweden bestattet (Dat liff inn Schweden), der Kopf im Bremer Dom (De kop tho Bremenn).

Bremen von Klerus und Volk erwählten Kandidaten (Leidrad) als Nachfolger Reginwards dessen Kaplan Unni den Bischofsstab übergab. Sollte dieser Unni wie seine Vorgänger dem Clan der Immedinger-Widukinde zuzurechnen sein, so ließe sich daraus auf Tendenzen zu einer stetigeren Verankerung des erzbischöflichen Amtes in der weiteren Region konstatieren und zugleich ein Rückgriff auf die ökonomischen Ressourcen dieser Familie, die im 11. Jahrhundert in der Person der bis in unsere Tage populären Gräfin Emma in Lesum und mit Erzbischof Unwan in Bremen durch reiche Besitzvergabe bedeutsame Zeichen gesetzt hatte.

Den Zeitläufen Ansgars und Rimberts entsprechend, blieb auch im 10. Jahrhundert eine wirksame Mission im Norden (und Osten) an eine erfolgreiche Außenpolitik des Königs gebunden. Heinrich I. (918–936) hatte bereits 928 die Grenze an der Elbe ostwärts durch tributäre Herrschaft über die Obodriten, Wilzen und Redarier gesichert, dann unterwarf er 934 als Antwort auf normannische Übergriffe vor allem in Friesland den dänischen Kleinkönig Knuba und erneuerte von Haithabu aus die Mark zwischen Eider und Schlei als der Elbe vorgelagertes Glacis. Damit hatten die kriegerischen Auseinandersetzungen zunächst ein Ende, und zugleich eröffnete sich der bremischen Kirche wiederum ihr altes Missionsfeld.

Erzbischof Unni stellte sich dieser Aufgabe, was Magister Adam noch viele Jahrzehnte später zu dem bewundernden Ausruf in Richtung weniger tüchtiger Amtsinhaber veranlasst: „Ei, ihr Bischöfe, die ihr daheim sitzt und die kurzen Freuden des Ruhmes, des Gewinns, des Bauches und des Schlafs an die erste Pflicht des Bischofsamtes stellt!“ Adam lässt dabei den großen Adalbert gleichsam als vierten Evangelisten der Bremer Kirche nach Ansgar, Rimbert und Unni Überlegungen anstellen, in eigener Person missionierend in die skandinavischen Königreiche aufzubrechen, was aber auf diplomatischem Wege verhindert wurde. Unni aber knüpfte in der Tat bei seinen heiligen Amtsvorgängern an und verkündete mit Zustimmung Harald Blauzahns, Sohn des verstorbenen Knuba, der freilich noch nicht zum Christentum übertrat, auf Jütland und den Inseln das Evangelium. Unni schlug den Bogen bis ins schwedische Birka, das Adam folgendermaßen charakterisiert: „An diesem Sammelplatze, dem sichersten im schwedischen Küstengebiet, treffen sich regelmäßig alle Schiffe der Dänen, Normannen und ebenso der Slawen und Samländer und der Völkerschaften aus der nördlichen Ostsee zu unterschiedlichen Handelsgeschäften.“ Wie schon zu Ansgars Zeiten war in diesem durch Handel und Austausch geprägten Klima christliche Verkündigung möglich, zumal auch die Schwedenkönige – ähnlich wie Harald Blauzahn – dem Evangelium nicht ablehnend, sondern eher abwartend gegenüberstanden, eine Haltung, die durch reiche Geschenke aus der erzbischöflichen Schatulle noch befördert werden konnte.

Bleitafel aus dem Grab Erzbischof Unnis. Die Bleitafel muss dem Kopfgrab beigelegen haben. Sie nennt den Todestag Unnis: XV KAL. OCTOB(ris) O(biit) UNNIS Archiep(is)C(opus) – Am 15. vor den Kalenden des Oktobers starb Erzbischof Unni. Sie wurde zusammen mit der Tafel Bischof Leuderichs 1840 im Hochaltar des Doms gefunden. (Focke-Museum)

Fern seiner Diözese ist Unni im Jahr 936 gleichsam als Wanderapostel in Birka gestorben. Sein Leichnam wurde dort in einem Hügelgrab bestattet, sein Haupt aber nach Bremen verbracht und in der Bremer Domkirche am Altar beigesetzt, wovon ein Grubenfragment zeugt. Eine 1840 in einem späteren Altar aufgefundene Bleitafel mit der Aufschrift „Am 15. vor den Kalenden des Oktobers starb Erzbischof Unni" war offenbar einst dem Kopfgrab beigefügt worden.

Mit Unnis evangelisierender Verkündigung endet die Reihe der Erzbischöfe alten Zuschnitts, die sich noch der *peregrinatio* iro-schottischen bzw. angelsächsischen Zuschnitts und mönchischer Prägung verpflichtet fühlten – auch Adams emphatischer Ausruf und Adalberts Willensbekundung waren nur ein Abgesang auf längst Vergangenes. Die Zukunft sollte der Episkopalisierung, dem Aufbau und der Ausweitung der bischöflichen Herrschaft, nicht nur in den Reichskirchen, sondern auch in den Missionsdistrikten des Nordens ebenso des slawischen Ostens gehören, der Schaffung von festen Sprengelgrenzen und juristisch abgesicherten Zuständigkeiten, kurzum verfestigten kirchlichen Institutionen, insbesondere Metropolitanverbänden. Diese sollten freilich schon bald mit den entstehenden „Nationalkirchen" konkurrieren – so wie diese in Polen und Ungarn seit 1000 mit Gnesen bzw. Gran entstanden. Eine Erfahrung, die Hamburg-Bremen ein Jahrhundert später mit dem dänischen Lund machen sollte. Erzbischof Unni steht jedenfalls am Schnittpunkt von zwei Missionsepochen: derer der evangelisierenden Mönchsbischöfe und der institutionalisierenden Episkopalkirche.

Literatur:
Adam, Gesta (1961). – Brandt, Gräber (1988). – Hermann, Stand und Herkunft (1925). – Moßig, Christianisierung (1995). – Reinecke, Series episcoporum (1984). – Schmidt, Skandinavien (1989). – Schwarzwälder, Bischöfe und Erzbischöfe (1996).

2. Aufbau und Ausbau nach innen und außen: Erzbischof Adaldag (937–988)

Mit Adaldags Pontifikat, der mehr als ein halbes Jahrhundert überdauerte (937–988) und drei Könige gleichen Namens erlebte, beginnt eine neue Epoche der hamburgisch-bremischen Kirchengeschichte. Magister Adam widmet Adaldag nicht weniger als 28 Kapitel des zweiten Buches seiner „Gesta", lapidar fasst er, Virgil zitierend, die Bedeutung dieses Mannes in dem Satz zusammen: „Dieser ist es, der die *res publica* erneuerte!"
Erzbischof Adaldag ist ein geradezu idealtypischer Repräsentant der in engstem Bündnis mit dem Königtum stehenden Adelskirche. Durch seine sicher belegte Zugehörigkeit zu dem schon mehrfach genannten Geschlecht der Immedinger bzw. Widukinde ausgezeichnet, durch seine Zugehörigkeit zum Hildesheimer Kathedralklerus, einer der wichtigsten „Pflanzstätten" für Bischöfe und Erzbischöfe des ottonisch-salischen Zeitalters, geistlich geformt und durch seine Tätigkeit als Kapellan und Notar Heinrichs I. seit 927 auf die Übernahme eines hohen Amtes in der Reichskirche bestens vorbereitet, vereinigte er in seiner Person die nachgerade „klassischen" Ingredienzien einer geistlichen Karriere im vorgregorianischen Zeitalter: Adel, Erziehung und Königsnähe.
Auf Bitten der Königinwitwe Mathilde, ebenfalls der weitverzweigten Widukindfamilie zugehörig, und sicherlich unterstützt durch das Votum seines Verwandten, Bischof Adalwards von Verden, wurde Adaldag von dem jungen Otto I. zwischen Februar und Oktober 937 als Bremer Oberhirte investiert – von einer Wahl durch Klerus und Volk verlautet nichts. In der schwierigen Anfangsphase von Ottos Regierungszeit – Auseinandersetzungen im Königshaus, außenpolitische Konflikte, insbesondere die Ungarngefahr – war es sicher ein kluger Schachzug, einen Angehörigen eines im nordwestlichen Sachsen mächtigen, aber königstreuen Geschlechtes mit

reichem Besitz um Wildeshausen und wohl auch Verden, vertraut mit den politischen Erfordernissen seines Amtes, an die Spitze der Metropole zwischen Elbe und Weser zu stellen, der als eigentliche Aufgabe die Skandinavienmission oblag. Von deren Amtsinhaber durfte man Verständnis für die herrscherlichen Ambitionen jenseits der Elbe erwarten, die über die bloße Pazifizierung der Slawen weit hinausgehend, auf deren Christianisierung nach dem Beispiel der einst erfolgreichen Sachsenbekehrung gerichtet waren. In der Tat sollte die ottonische Gründung des Erzbistums Magdeburg als geistliches Zentrum der Slawenmission bei dem Bremer Metropoliten Adaldag, der in einer bestimmten, aber nicht genau fassbaren Beziehung zu dem Magdeburger Moritzkloster als der Keimzelle des neuen und letzten auf deutschem Boden errichteten Erzbistums stand, auf tätige Mithilfe stoßen. Dies ganz im Gegensatz zu seinen Amtsbrüdern in Köln, Mainz und Trier, wobei freilich für Adaldags eigene Missionsbemühungen zwischen Elbe und Peene das Bistum Oldenburg in Holstein eingerichtet wurde, das allerdings nie über eine Kümmerexistenz hinauskam. Adaldag hat auch insofern der ottonischen Epoche seine Signatur aufgedrückt, als er der einzige hohe Kirchenfürst war, der die gesamte Regierungszeit Ottos I. begleitete und, ausgezeichnet durch Königstreue und Erfahrung, als „oberster Ratgeber unserer Königreiche" das Gewicht eines „elder statesman" auch für Ottos Sohn und noch für seinen Enkel besaß! Dies gilt auch dann uneingeschränkt, wenn Adaldag nur vergleichsweise selten am Hof nachzuweisen ist, so etwa auf der berühmten Ingelheimer Synode von 948 oder 988 in Wildeshausen, als Otto III. nicht weniger als drei Urkunden für die Bremer Kirche ausstellte. Anders verhält es sich beim Romzug Ottos I. 962, der den Bremer an herausragender Stelle im herrscherlichen Umkreis sieht. Es ist freilich zu bedenken, dass das politische Gravitationsfeld der Ottonen während des 10. Jahrhunderts durch Herkunft, Besitz und Interessenausrichtung der *stirps regia* bedingt, nördlich der Mainlinie lag, wodurch das Erzstift an der Weser im königlichen Blick war, ohne dass es ständiger persönlicher Kontakte zwischen Herrscher und Erzbischof bedurft hätte.

Zur rechtlich-institutionellen Absicherung der erzbischöflichen Vorrangstellung in seiner Diözese, auch in Bremen selbst, trugen vor allem die ottonischen Privilegien von 937, 965 und 988 bei, die von den folgenden Herrschern, ergänzt und variiert, erneuert wurden. Die erste Urkunde von 937 lässt deutlich werden, dass das Erzstift, repräsentiert durch seinen Sitz in Hamburg und die „Klöster" Bremen, Ramelsloh, Bassum und Bücken, noch keineswegs eine in sich geschlossene Immunitätsherrschaft in Abgrenzung bzw. Ergänzung zu den regionalen Grafschaften ausgebildet hatte, sondern sich offensichtlich noch in Gemengelage mit diesen befand.

Daher musste ein königliches Verbot an die konkurrierenden weltlichen Gewalten ergehen, ohne „einladende Initiative" der erzbischöflichen Vögte die Gerichtsbarkeit an Leib und Leben über die kirchlichen Hintersassen an sich zu reißen. Hingegen wurde dem Erzbischof gestattet, „Freigelassene" – hinter dieser sozialen Schicht verbergen sich höchstwahrscheinlich die alten „Frilinge", die ihre altständische Freiheit seit der fränkischen Eroberung weitgehend eingebüßt hatten – und „Schutzbefohlene" zur Heer- und Hoffahrt aufzubieten und damit die gräflichen Rechte zu beschneiden. Bereits dieser Zugriff lässt die Tendenz zu einer rechtlichen Verschmelzung einst abgestufter Rechtsverhältnisse zu einem homogenen „Untertanenverband", einer *familia*, erkennen: werden 937 noch Liten und Kolonen als Klosterleute zitiert, die auch noch 974 im Gegensatz zu den erwähnten Freigelassenen und Schutzbefohlenen Erwähnung finden, so unterbleibt bereits 988 angesichts der voll ausgebildeten Immunitätsherrschaften des Erzstiftes diese Differenzierung.

Ergänzt wurde das Diplom vom Juni 937 durch ein weiteres königliches Privileg vom August des gleichen Jahres, das dem Erzstift in Hamburg und in den genannten *monasteria* jegliches Königsgut zur dauernden Verfügung übertrug, freilich ohne nähere Hinweise auf dessen Umfang und Aussehen. Spätestens jetzt wird der Erzbischof auch zum alleinigen Herrn über die *villa publica* Bremen.

Von einer Frühform der nachmaligen „Landesherrschaft" war die Bremer Kirche ebenso wie von einer einheitlichen Ausgestaltung der Vogteigewalt (Hochvogtei) jedoch noch weit entfernt – die endlosen Auseinandersetzungen mit den mächtigen in der Region verwurzelten Adelsgeschlechtern, insbesondere den Billungern, standen dem Erzstift noch bevor.

Von herausragender Bedeutung jedoch für die Geschichte Bremens und für das historische Selbstverständnis ihrer Bürger bis zum heutigen Tag erwies sich das von dem gleichen Kaiser Otto 965 ausgestellte sogenannte „Marktprivileg", das eigentlich nur die rechtliche Konsequenz aus der ökonomischen, topographischen und demographischen Entwicklung des Metropolitansitzes an der Weser zog, indem es Erzbischof Adaldag das Recht zur institutionellen und räumlichen Ausgestaltung des Marktes gab und ihm wie einst schon König Arnulf, dessen Urkunde von 888 dabei aber nicht angesprochen wird, das Bann-, Zoll- und Münzrecht verlieh, zugleich aber und damit entscheidend über die ältere Privilegierung hinausgehend, „die Händler, Einwohnern dieses Ortes" unter Königschutz stellte und ihnen das Vorrecht gewährte, das andere „Einwohner königlicher Städte (*urbia*)" bereits besaßen. Zudem wurde jedermann mit Ausnahme des Erzbischofs die Gewaltausübung vor Ort untersagt. Mit dieser Urkunde wird Bremen nicht zur „Königsstadt", lediglich der Charakter der Ansiedlung

Erzbischof Adaldag (937–988) in einer Bremer Bischofschronik, Anfang 16. Jh. (Staatsarchiv Bremen)

als „öffentlicher" Markt im Gegensatz zu Umschlagplätzen grundherrlichen Charakters wird betont. Die Urkunde schuf auch nicht die Voraussetzungen für den Hafen- und Marktplatz, dieser war längst vorhanden, sondern ihre Ausfertigung ist als Versuch zu werten, den Dualismus von Domimmunität auf der Dünenkuppe und kaufmännischem Suburbium am Ufermarkt entlang der Balge rechtlich aufzufangen, indem die Händler einerseits dem Herrschaftsbereich des Erzbischofs zugeordnet waren, andererseits durch Verleihung des „königlichen Kaufmannsrechtes" eine rechtliche Sonderstellung erhielten, die den erzbischöflichen Hintersassen in Bremen nicht zukam. An Markt und Hafen (Uferlände) hatte sich unterhalb des Domes eine Händlersiedlung entwickelt, aus der wie anderswo im Schutz eines geistlichen Zentrums oder einer Burg die mittelalterliche Stadt hervorging. Ganz zu Recht wird daher der Markt als Vorstufe zur ausgebildeten Stadt angesehen, als deren rechtliche Instrumente Bann, Münze und Zoll gelten und als deren Träger die ansässigen Händler anzusehen sind, die wie in Bremen mit einem besonderen, „königlichen" Vorrecht ausgestattet sind, aus dem sich im 11. Jahrhundert bereits ein eigenes Kaufmannsrecht als Vorstufe des eigentlichen Stadtrechtes entwickeln sollte, fassbar beispielsweise in Ansätzen in Worms um 1020, in Huy an der Maas in der Mitte des Jahrhunderts, wenig später in Köln und Freiburg im Breisgau.
Die Privilegien von 937 bzw. 965 erfuhren unter den Nachfolgern Ottos I., seinem gleichnamigen Sohn und Enkel 973, 983 und 988 bestätigende Erneuerung, eine Fürsorge, die in diesem Umfang die sächsischen Herrscher nur noch ihrer Stiftung Magdeburg angedeihen ließen. So ergeht 988 ein uneingeschränktes Introitusverbot für Herzöge, Markgrafen, Grafen und jegliche richterliche Gewalt, allein der Erzbischof und seine Vögte dürfen auf Kirchengut und über Kirchenleute Gewalt ausüben, die subsidiäre Gerichtsbarkeit durch weltliche Amtsträger auf Bitte der Kirchenvögte findet keine Wiederholung.
Die nachfolgenden Privilegien aus der Hand Heinrichs II. von 1003 und Konrads II. von 1014 lassen deutlich erkennen, wie sehr die Verfügungsgewalt der deutschen Herrscher über die Reichskirchen zu einer unabdingbaren Voraussetzung effektiver Königsgewalt geworden war: Hatten die ottonischen Privilegien, übrigens im Anschluss an die Urkunde Arnulfs von Kärnten, noch das Wahlrecht des Diözesanklerus (und Volkes) bestätigt mit der Möglichkeit, auch außerhalb des eigenen Kirchensprengels einen geeigneten Kandidaten auszuwählen, so verlangt die entsprechende Verfügung Heinrichs II. das zustimmende „gleichberechtigte" Votum des Königs, während die Urkunde des ersten Saliers von 1014 gar den gesamten Wahlpassus auslässt!
Was die inneren Verhältnisse des hamburgisch-bremischen Sprengels be-

rührt, so fällt in diese Jahrzehnte von Adaldags Pontifikat der Aufstieg der Billunger aus vornehmstem sächsischem Adel – auch wenn Magister Adam aus seiner tiefen Abneigung heraus und den wahrhaft schlechten Erfahrungen seines Erzbischofs Adalbert mit diesem Clan eine negativ besetzte Aufsteigergeschichte im Dienste des Reiches konstruiert. Diese Familie war vornehmlich um Lüneburg, an der Niederelbe, in den Bistümern Minden und Münster begütert, Mitglieder sind aber auch seit der Mitte des 9. Jahrhunderts als Grafen in Lesum nachzuweisen. Hermann Billung erhielt im Zuge einer Markenorganisation als *princeps militiae* die Nordmark an der unteren Elbe 937 übertragen wie der Askanier Gero den Schutz des mittleren Elbabschnitts als Ostmark. 953 wird Hermann als *procurator* Sachsens angeführt, 961 und 966 als Stellvertreter des Königs in diesem Raum – Positionen, die letztlich den Aufstieg dieses Hauses zur Herzogswürde in Sachsen bewirkten. Wie bedrohlich aber ihre Stellung selbst dem König werden konnte, zeigte ein Vorfall in Magdeburg 972, der den Herzog in königsgleicher Würde in der Lieblingsgründung Ottos I. auftreten ließ. Das Verhältnis Adaldags zu den Billungern gestaltete sich noch friedlich – die Kräfte der Markgrafen waren an der Elbe gebunden, König und Erzbischof verfolgten die gleichen Interessen der Grenzsicherung.

In den Zeiten Adaldags gelang es der hamburgisch-bremischen Kirche nicht nur, ihr rechtliches und ökonomisches Fundament durch die erwähnten ottonischen Privilegien abzustützen und zu erweitern, sondern auch zusätzliche wichtige kirchliche Stützpunkte in der weiteren Region zu gewinnen, nämlich die Kollegiatstifte in Reepsholt und in Heeslingen, nachmals Zeven. Das Stift Reepsholt, auf dem Geestrücken der Fernverbindung von Jever nach Oldenburg in der Grafschaft Ostergau der Billunger gelegen, wurde auf dem Besitz von zwei vermögenden Schwestern durch Erzbischof Adaldag begründet, der diese Ausstattung um Zehntrechte erweiterte und die geistliche Einrichtung mit Kanonikern nach dem Vorbild des Bremer Domklosters besetzte. Damit war in dem durch die Normanneneinfälle besonders mitgenommenen Friesland ein Zentrum theologischen Wissens, christlicher Lebensweise und missionarischer Verkündigung durch einheimische Kräfte gewonnen worden, das aber in seiner Existenz auf den Bremer Oberhirten ausgerichtet blieb. Kaiser Otto II. bestätigte 983 diese Neugründung, seither gehörte Reepsholt wie auch Heeslingen zu den privilegierten „Klöstern" des Erzstiftes nach Bremen, Bassum, Ramelsloh und Bücken. Entsprechend dem Vorgang in Reepsholt und zahlreichen Kirchengründungen bereits im 9. Jahrhundert äußerten sich Adelsstolz und elitäres Standesbewusstsein auch bei der Stiftung von Heeslingen, auf dem Wege von Bremen nach Hamburg gelegen. Diese Einrichtung ging auf eine in der ersten Hälfte des 10. Jahrhunderts von einem Grafen Hed gestiftete Veitskirche – wieder ein Hinweis auf Corvey bzw. Bremen! – zurück, die um 960 zu einem Nonnenkonvent ausgestaltet wurde und an dessen Spitze der Graf seine Töchter als Äbtissinnen stellte. Sich selbst und zwei folgenden Generationen behielt er dabei die Vogtei vor – dieses Vorgehen erinnert durchaus an die Maßnahmen der Ottonen zur Sicherung ihrer hochadligen Stiftungen Gandersheim und Quedlinburg für die weiblichen Mitglieder ihres Hauses.

Nach dem Ableben der Töchter Heds gelang es den Grafen von Harsefeld (-Stade), mit Zustimmung Ottos II., aber gegen den (verständlichen) Widerstand des Bremer Erzbischofs, seine erst zwölfjährige Tochter Hathui, ein Patenkind Ottos I., die bereits im Kloster erzogen worden war, dort als geistliche Leiterin einzusetzen.

Obwohl Heeslingen bereits 988 der Bremer Kirche als sechstes „Kloster" unterstellt worden war, die Immunität erhalten hatte und die Wahl der Äbtissin und Einsetzung des Vogtes nur im Einvernehmen mit dem Bremer Oberhirten vorgenommen werden durften, wurde das Kloster von den Stader Grafen, den Udonen, als Hauskloster angesehen, in dem sie zunächst ihre letzte Ruhestätte in einer eigenen Kapelle fanden.

Mit der inneren Konsolidierung der Erzdiözese durch Besitzsicherung- und erweiterung und Kirchengründungen in der ländlichen Region gingen auch Erneuerung und Vertiefung der Skandinavienmission als „erster Aufgabe" des hamburgisch-bremischen Erzstuhls einher, der, wenn auch nur kurzfristig, durch den Gewinn von Suffraganen zu einer wirklichen Metropole wurde. Auch hierin erwies sich Erzbischof Adaldag als Wiederbegründer oder gar Schöpfer der *res publica* zwischen Niederelbe und Unterweser mit Ausrichtung auf den europäischen Norden.

Wie in den Zeiten Karls des Großen und Ludwigs des Frommen gingen im 10. Jahrhundert Mission und „Staatsgewalt" ein enges Bündnis ein, anders gesagt: Auch in der ottonischen Epoche blieb die Verkündigung des Christentums unabdingbar auf politische Unterstützung angewiesen. Waren die Aktivitäten Adaldags, den Spuren seiner Vorgänger folgend, weithin auf die Missionierung des skandinavischen Nordens ausgerichtet, so erfuhr diese transelbische Evangelisierung eine wesentliche Erweiterung und einen wichtigen Flankenschutz durch den ottonischen Ausgriff auf das östlich sich anschließende Slawengebiet, der in den 60er Jahren des 9. Jahrhunderts, mit tatkräftiger Unterstützung durch den Hamburger Metropoliten, mit der Stiftung des Erzbistums Magdeburg und seiner vorgelagerten Suffragane eine vorläufige institutionelle Absicherung fand.

Magister Adams Länderkunde der Slawengebiete östlich der Elbe von der südlichen Ostseeküste bis zur Oder, die ihren Höhepunkt in dem Lobpreis von Jumne (Wollin) findet, ist dadurch bemerkenswert, dass er Entfernun-

Entwurf einer durch den Bremer Erzbischof Adaldag vorformulierten Königsurkunde (867–883). Mehrfach versuchte Adaldag, das Kloster Heeslingen-Zeven in seine Gewalt zu bekommen – erst 883 gelang ihm dies tatsächlich. Das höchst seltene Stück, das so dem König nicht vorgelegt wurde, belegt den Zugriff der Bremer Kirche auf die Klöster in ihrem Sprengel u.a. durch den Zugang zur Königskanzlei. (Staatsarchiv Stade)

gen von Ort zu Ort nach den Tagesstrecken der Händler zu Lande und zu Wasser bemisst und hierin vergleichbar bereits der älteren Skandinavienmission auch den Weg der Evangelisation der Slawen vorzeichnet.
Wie bereits erwähnt, hatte sich in Dänemark König Harald Blauzahn noch nicht zum neuen Glauben bekehrt, sondern sich abwartend verhalten: Erst 966 wurde er „mit seinem ganzen Volk" zum Christentum bekehrt, als der Wandermissionar Poppo mit einer Eisenprobe die unschlagbare Wunderkraft des neuen Gottes bewies. Bereits 947 hatte aber Erzbischof Adaldag das jütländische Missionsgebiet in Sprengel eingeteilt, dabei an ältere Einrichtungen anknüpfend: Schleswig, Ripen und Aarhus wurden zu Bischofssitzen erhoben und zugleich drei Oberhirten bestellt, denen die Glaubensverbreitung auf den dänischen Inseln oblag. Der persönliche Apostolat der Glaubensverkündigung der Erzbischöfe Ansgar, Rimbert und (Adalgars Vorgänger) Unni wurde ersetzt durch die Episkopalisierung der Missionsgebiete und deren kirchenrechtliche Unterstellung unter den Hamburger Metropoliten und letztlich auch durch eine politische Absicherung, wozu etwa auch die Aufnahme des frischbekehrten Dänenherrschers in die Familie der Könige gehörte. Die angebliche Taufe eines Sohnes Haralds in Gegenwart Ottos I. gehört zwar in das Reich der frommen Legende, zeigt aber die mentale Verbindung zwischen Taufritus und politischem Bündnis wie einst zu Zeiten Ludwigs des Frommen und Harald Klaks.
Hamburg-Bremen besaß spätestens seit 948, als Adaldag auf der Ingelheimer Synode im Glanz seiner neuen Suffragane erschien, endlich den kirchenrechtlich zur Metropole erforderlichen institutionellen Unterbau, freilich: „Ihre Diözesen lagen jenseits der deutschen Grenzen, sie selbst aber waren Deutsche, gehörten als Suffragane Adaldags zu der geistlichen Aristokratie des Reiches und wurden wahrscheinlich vom König ernannt." (Dehio). So verlieh etwa Otto I. auf Bitten Adaldags 965 den dänischen Bistümern in gleicher Weise wie ihrer Mutterkirche ein Immunitätsprivileg, das zugleich Verfügungsgewalt über Hoheitsrechte und Gerichtsbarkeit in sich schloss und damit in die „Souveränität" des Dänenkönigs eingriff. Otto III. gestattete den bremischen Suffraganen im Jahr 988 gar, als deren Besitzstand durch neuerliche heidnische Insurrektionen vermindert oder gänzlich bedroht war, im Reich selbst Grundbesitz zu erwerben und erneuerte zudem die Immunitätsprivilegien seines Großvaters, jetzt gar unter Einbeziehung für das neu geschaffene Bistum Odense auf Fünen. Die dänische Opposition ließ nicht lange auf sich warten. Konnten Loslösungsbestrebungen König Haralds von der deutschen Vorherrschaft mit Hilfe des Billungers nach 974 eingedämmt werden, so erfolgte nach dem Tode Ottos II. in Süditalien gegen 985 ein gewaltsamer heidnischer Aufstand, der Harald zur Flucht aus Dänemark zwang. Zwischen 990 und 995 zerstörte der an sich

bekehrte Obodrite Mestivoj, auch aus persönlichem Groll gegenüber dem Billunger Bernhard, im Zuge des Lutizenaufstandes östlich der Elbe den Metropolitansitz Hamburg. Damit war nicht zuletzt die misssionarische Aufbauarbeit von Jahrzehnten weithin vernichtet.

Doch zurück zur Ingelheimer Synode des Jahres 948: Damals wurden, gleichsam als Vorgriff auf den Ausbau Magdeburgs zum Erzstift, die wendischen Bistümer Brandenburg und Havelberg eingerichtet und der Kirchenmetropole Mainz unterstellt, um dessen Oberhirten die Zustimmung zu diesen Neugründungen zu erleichtern, hatte doch das mainzische Verden sich angelegentlich um die Slawenmission bemüht, allerdings ohne sonderlichen Erfolg. Auch Adaldag dürfte seine Zustimmung zu diesen neuen Missionszentren gegeben haben, zumal er spätestens 968 durch die Stiftung des wagrischen Bistums Oldenburg die Missionsinteressen Hamburg-Bremens östlich der Elbe bis zur Peene zu wahren wusste.

So erfreulich und stabilisierend die Existenz von Suffraganen für den Hamburger Metropoliten und sein hochadlig-hierarchisches Selbstgefühl auch sein mochten, auch wenn sich diese Bistümer außerhalb des eigentlichen Reichsverbandes befanden, so heikel drohten freilich die neuerlich geäußerten Ansprüche des Kölner Erzbischofs, dem salomonischen, *dispensativen* Urteil des Papstes Formosus von 893 folgend, auf die Unterstellung der Bremer Kirche unter seine geistliche Gewalt zu werden. Der damaligen römischen Verlegenheitslösung entsprechend, sollte das Bistum an der Weser unter die Observanz der Rheinmetropole zurückkehren, sobald Hamburg sich geistlich gekräftigt hatte, insbesondere über Suffragane verfügte. Ließ sich Erzbischof Wicfrieds († 953) Ansinnen noch leicht abwehren, so gestaltete sich das heikle Problem unter der Ägide des Kölner Amtsgenossen Brun, zugleich Bruder des Königs und dessen wichtigster Ratgeber, mehr als brisant. Den Kölner Restitutionsansprüchen, durch urkundlichen Beleg abgesichert, antwortete die Bremer Kirche auf vertraute Weise mit einer weitgehend gefälschten Urkunde auf Papst Agapit II., derer es vermutlich nicht einmal bedurft hätte, war doch Otto I. keineswegs geneigt, seine weitgehenden Missionspläne, vor allem jenseits der Elbe, diesem alten Streit zu opfern, zumal Adaldag, durch jahrzehntelangen Königsdienst ausgezeichnet, zu den wichtigsten Beförderern seiner „Ostpolitik" zählte. Der Kölner Vorstoß konnte abgewehrt werden. Seine Dankbarkeit dürfte der Bremer Erzbischof spätestens 962 gezeigt haben, als in Rom Papst Johannes XII. in seiner Gegenwart die Gründung des Erzbistums Magdeburg gestattete und die Metropoliten zur Unterstützung dieses Vorhabens ermahnte. Damit trat die eigentliche Ostmission in ein neues Stadium, zumal dem neuen Erzbistum 967 die bereits existenten Bistümer Brandenburg und Havelberg als Suffragane unterstellt wurden. Offenbar zog man damit allseits die Kon-

sequenz aus den offenkundigen Schwierigkeiten, die Hamburg-Bremen seit Ansgars Zeiten ohne Kirchenprovinz zu bestehen hatte. Die Organisation ging nun der Evangelisation, wenn nicht voraus, so doch zur Seite.
Das wagrische Bistum Oldenburg, 968 gegründet, wurde der norddeutschen Metropole Hamburg-Bremen unterstellt und damit ein weiterer christlicher Vorposten zur Slawenmission zwischen Elbe und Peene geschaffen, dem zumindest in seinen Anfängen ein gewisser Erfolg beschieden war.
Der große Slawenaufstand von 983 machte auch dieser Neugründung abrupt ein Ende, der Abfall Dänemarks und die Zerstörung Hamburgs vernichteten das Glaubenswerk Adaldags bereits zu dessen Lebzeiten, auch wenn die transelbischen Gebiete durch den militärischen Einsatz Herzog Bernhards gerettet werden konnten. Aber noch die Vita Bischof Bernwards von Hildesheim ist gezeichnet von der Angst vor Slawen – und neuerlichen Wikingerüberfällen. Allein der Burgenbau – in diesem Zusammenhang wird Stade erstmals zu 994 erwähnt – schien Sicherheit zu gewähren.

Adaldag, gestorben nach wahrhaft langem und erfülltem Pontifikat am 28. oder 29. April 988, darf zu den herausragenden Persönlichkeiten auf dem Stuhl des heiligen Ansgar gezählt werden, der durch Herkunft, Ausbildung und Königsnähe seine Metropole auf ein festes institutionelles Fundament stellte und durch Erlangung wichtiger Privilegien aus Herrscherhand grafenähnliche Immunitätsbezirke um die sechs stiftseigenen „Klöster" bildete. Zugleich schuf er durch die neuerliche Übertragung von Markt, Münze, Zoll und Gerichtsbarkeit sowie durch die Verleihung des königlichen „Kaufmannsrechtes", das zumindest ein Abgleiten der ansässigen Händler in den allgemeinen Hörigenverband ausschloss, die wirtschaftliche und rechtliche Grundlage für die Entwicklung der hochmittelalterlichen Stadt an der Unterweser. Nicht zu vergessen ist sein Einsatz für die sakrale Aufwertung Bremens als religiöses Zentrum der Region durch seine Reliquienspenden.
Auf die besondere geistliche Stärkung, die im Verständnis der Zeit die hamburgisch-bremische Kirche durch die reichen Reliquienschätze, die Erzbischof Adaldag als Begleiter des Romzuges Ottos I. in sein Erzstift führen konnte und die noch am Ausgang des Mittelalters den Stolz der Bremer Kirche ausmachten, ist im Zusammenhang mit dem übergreifenden Kapitel „Die Bremer Erzbischöfe auf Reichsheerfahrt im ottonisch-salischen Zeitalter" einzugehen.
Die Episkopalisierung der Missionsgebiete jenseits der Elbe, zumal in Dänemark, half zwar zunächst dem Mangel an Suffraganen ab, schuf aber ihrerseits auf längere Sicht eines der Fundamente der dänischen Nationalkir-

Cosmas und Damian heilen einen Kranken. Ein Lahmer wartet im Hintergrund. Relief des 15. Jahrhunderts im St. Petri Dom. Seit Adaldag die Reliquien der Arztheiligen nach Bremen verbracht hatte, wurden sie dort besonders verehrt.

che mit Lund an der Spitze. Den tatsächlichen geistlichen Ertrag des Missionswerks Adaldags wird man nicht allzu hoch ansetzen dürfen, zumal er sich allein der jeweiligen politischen Konstellation verdankte, nicht aber der Überzeugungskraft der christlichen Botschaft. Dies bewies nicht zuletzt die heidnische Reaktion am Ausgang von Adaldags Wirken, dem wenige Jahre später gar der Sitz der Metropole in Hamburg zum Opfer fallen sollte.

Literatur:

Althoff, Billunger in der Salierzeit (1991). – Barkhausen, Erzbischof Adaldag (1994). – Dehio, Erzbistum Hamburg-Bremen (1877). – Germania Benedictina 11 (1989). – Glaeske, Erzbischöfe (1962). – Göbell, Christianisierung des Nordens (1977). – Goetz, Herzogtum der Billunger (1994). – May, Adaldag (1953). – Moßig, Christianisierung (1995). – Nyberg, Kirche in Skandinavien (1986). – Reinecke, Series episcoporum (1984). – Schieffer, Der ottonische Episkopat (1984). – Schmidt, Benediktinerkloster Rastede (1993). – Schmidt, Kirchen in Reepsholt (1984). – Wenskus, Die soziale Entwicklung (1986).

3. Mönchisches Zwischenspiel: Erzbischof Libentius (Liawizo) I. (988–1013)

Mit Erzbischof Liawizo, latinisiert Libentius, erhielt die Hamburg-Bremer Kirche erstmals einen Oberhirten, der nicht aus Sachsen stammte, sondern sehr wahrscheinlich aus Rätien bzw. Chur. Auf dem Wege von Rom über die Alpen hatte er sich dem abgesetzten Papst Benedikt V. angeschlossen, den Erzbischof Adaldag im kaiserlichen Auftrag 965 in die Hamburger Verbannung führte. Nach dem Ableben dieses Papstes war er offensichtlich von Adaldag an den Bremer Kirchensitz gezogen und hier mit der Armen- und Krankenfürsorge, mithin der Leitung des wohldotierten Hospitals betraut worden, wozu später noch das Amt des Kämmerers trat. Magister Adam rühmt seine Gelehrsamkeit, Frömmigkeit und Pastoralsorge in seinem Sprengel. Von Adaldag als Nachfolger empfohlen, von Otto III. investiert und erstmals von den eigenen Suffraganen der Hamburger Kirche geweiht, ist Libentius I. ein letzter Nachfahre der mönchisch ausgerichteten Oberhirten gewesen, die der prunkliebenden und ihren Reichtum zur Schau stellenden Adelskirche zumindest reserviert gegenüberstanden. Freilich gab es am Ausgang des vorletzten Jahrzehnts des 9. Jahrhunderts auch wenig Anlass zu gesteigerter Repräsentanz vor Ort oder gar zu vermehrter Königsnähe, zumal der große Slawenaufstand von 983/84 auch die Missionserfolge bis auf wenige Reste zunichte gemacht hatte. Wenn Libentius sich auch vorwiegend um die Seelsorge in seinem Sprengel kümmerte und zugleich seinen gleichnamigen Neffen, der ihm als übernächster Bischof auf dem Sitz des heiligen Ansgar folgen sollte, mit der Aufsicht über das Hospital betraute, so finden wir ihn gleichwohl auf wichtigen Synoden in Gegenwart des Herrschers, so 1001 in Pöhlde, wo Erzbischof Willigis von Mainz abgesetzt wurde, und 1005 in Dortmund zur Erörterung von Problemen der Kirchendisziplin. Bereits 1002 war der Bremer Metropolit in Merseburg in das Lager Heinrichs II. übergetreten, der ihm 1005 die ottonischen Privilegien bestätigte, freilich mit der bemerkenswerten Einschränkung des freien Wahlrechtes (des Diözesanklerus) durch den gleichwertigen königlichen Konsens als Hinweis auf das gesteigerte Kirchenregiment des letzten Königs aus dem sächsischen Herzogshaus. Eine offenbar enge Beziehung verband Libentius mit der Halberstädter Kirche. Er ist nicht nur Zeuge der Domweihe 992, sondern er stiftet Halberstadt auch Heiltümer aus dem Fundus der Bremer Kirche, darunter Reliquien des heiligen Willehad.

Die vornehmste Aufgabe des Erzstiftes – die Verkündigung des Glaubens in den nordischen Königreichen und jenseits der Elbe an der südlichen Ostseeküste bis zur Peene – stand unter einem wenig günstigen Stern. Zwar

Erzbischof Libentius I. (988–1013) in einer Bremer Bischofschronik, Anfang 16. Jh. (Staatsarchiv Bremen)

sind um 1000 durch die englische Mission vor allem, wie unser Magister Adam missmutig einräumen muss, Schweden mit Dänemark sowie Norwegen durch die Taufe ihrer Könige Erik (und Sven Gabelbart) und Olaf Tryggvason endgültig für das Evangelium gewonnen worden, die Bremer Kirche hatte aber lediglich in Ribe ihren Vorrang zu behaupten vermocht, vor allem durch einen einheimischen Bischof, der seinen Sitz mit reichem Eigengut ausstatten konnte. Im Wendenland, dem zweiten Missionsfeld seit der Gründung Oldenburgs, war die Lage für die Bremer Kirche noch bedrängter, der Aufstand der Wagrier und Obodriten ließ den Außenposten, der erst 988/89 wieder besetzt worden war, verwaisen, die vorübergehende

Pazifizierung der Region durch ein sächsisches Heer wurde durch die Slawenerhebung von 994 zunichte gemacht. Damit kam es für Jahrzehnte zu einem Stillstand in der Evangelisation, zumal die Liutizenpolitik Heinrichs II. die geistlichen Bestrebungen konterkarierte und die Bischöfe zu Wanderern *in partibus infidelium* machte. Zur ostelbischen Insurrektion liefen parallel neuerliche Wikinger- bzw. Däneneinfälle elbe- und weseraufwärts: Stade wird in diesem Jahr als Hafen und (militärisch befestigter) Vorort (*praesidium*) erstmals genannt und umkämpft sowie Lesum plündernd durchzogen. Aber in den Sümpfen und Mooren um Zeven fanden die Barbaren, wie Adam erleichtert zu berichten weiß, durch christliche List ihr verdientes Ende. Der Erzbischof war in seiner Not südwärts nach Bücken geflohen mitsamt seinem Kirchenschatz – aus dieser bitteren Erfahrung klug geworden für ein andermal ließ er erstmals die größere Domimmunität, bis in den Bereich des heutigen Marktes, aber ohne die damalige Uferlände, mit einem Wall aus Erde und Palisaden umgeben. Bernward von Hildesheim etwa ließ hingegen Burgen in seiner Diözese errichten.
Hamburg – soweit noch existent nach dem Überfall Mestivojs – wurde in diesen Jahren ebenfalls erneut ausgeplündert, die Einwohner versklavt und verkauft. Dies könnte der Anlass gewesen sein, das zwar in der Verdener Diözese gelegene, aber dem Erzstift zugehörige Stift Ramelsloh jetzt mit Hilfe einer päpstlichen Entscheidung auch in geistlicher Hinsicht endgültig dem Bremer Oberhirten zu unterstellen, um so – wie einst zu Zeiten Ansgars – einen Hamburg vorgelagerten Stützpunkt in alleiniger Zuständigkeit zu besitzen. So wird auch erst um 1000 das Problem der festumrissenen Bistumsgrenzen bedeutsam – aus dem insbesondere durch „nasse Grenzen“ gesäumten Missionsgebiet wird das „abgemessene“ geistliche Territorium, das spätere Hochstift.
Hatte sich im Umkreis der Billunger das Stift Reepsholt in Ostfriesland ausgebildet – während die Widukinderben, mit den Immedingern verwandt, bereits seit der Mitte des 9. Jahrhunderts ihr geistliches Zentrum in Wildeshausen gefunden hatten, das 988 in Anwesenheit Erzbischof Adaldags durch einen Besuch Kaiser Ottos III. geehrt worden war –, konnten sich die Grafen von Harsefeld, die nachmaligen Stader Markgrafen, nach ihrem Zugriff auf Heeslingen in ihrem alten Stammsitz – 994 wird Harsefeld als *civitas*, d.h. Burg, genannt – mit einer zwischen 1002 und 1010 errichteten Propstei ein kirchliches Denkmal setzen. Dieses galt zugleich der Entsühnung von zwei Familienmitgliedern, der Söhne des damals gefallenen Grafen Luder-Udo von Stade, die den Kronprätendenten Ekkehard von Meißen ermordet hatten, und wurde zur Grablege des Hauses bestimmt. Die Kirchenweihe nahm der Bremer Erzbischof vor. Das Kloster stand in Beziehung zu Hildesheim, erkenntlich am Bartholomäuspatrozinium und

einst auch an einem Kelch, der auf eine Schenkung des berühmten Bernward zurückgegangen sein soll. Das mit reichem Gründungsgut aus dem Allodialbesitz der Grafen um Stade und Harsefeld, auch an der Wesermündung und der unteren Elbe ausgestattete Stift wurde kurz vor 1102 in eine nach Ilsenburger Vorbild reformierte Benediktinerabtei umgewandelt, nicht zuletzt, um dem erzbischöflichen Zugriff zu entgehen.
Insgesamt ist der Pontifikat Erzbischof Libentius' I. angesichts der äußeren Umstände durch einen gewissen Stillstand, auch Königsferne und nicht zuletzt durch einen politischen Umbruch charakterisiert, der durch den Tod des Billunger Herzogs Benno und mehr noch durch das Hinscheiden des Lesumer Grafen, des Billungers Liudger, Gemahl der dem Bremer Andenken so teuren Gräfin Emma, im Jahr 1011 einherging.
Libentius I. starb am 4. Januar 1013 und fand sein Grab in seiner Domkirche.

Literatur:
Büttner, Bremer Markturkunden (1965). – Dehio, Erzbistum Hamburg-Bremen (1876). – Finck von Finckenstein, Bischof und Reich (1989). – Gams, Series episcoporum (1873–1886). – Germania Benedictina 6 (1979). – Glaeske, Erzbischöfe (1962). – Lüdecke, Stadtarchäologie (1993). – Reinecke, Series episcoporum (1984). – Schieffer, Der ottonische Episkopat (1984). – Schulze, Grafen von Stade (1995). – Schulze, St.-Marien-Kloster zu Harsefeld (1989). – Schulze, Umwandlung des Stiftes Harsefeld (1984). – Schwarzwälder, Entstehung und Anfänge (1955).

4. Kirchenpolitik im Dienste des Reiches: Erzbischof Unwan (1013–1029)

Der Pontifikat des Erzbischofs Unwan – wie seine hochangesehenen Amtsbrüder Meinwerk in Paderborn bzw. Bernward in Hildesheim ein Immedinger – wirkt wie eine Wiederkehr der Tage Erzbischof Adaldags. Aus hochadligem Haus, Mitglied der Domkapitel von Paderborn und sehr wahrscheinlich auch von Hildesheim, der königlichen Hofkapelle zugehörig, fiel auf ihn wie zuvor auf seinen Vetter Meinwerk in Paderborn die Wahl Heinrichs II. Ein von Klerus und Volk als Hirte erbetener Bremer Vizedominus Otto, ein Neffe Adaldags, auch er ein Kapellan des Königs, wurde von diesem nicht bestätigt – Bremen musste sich dieser Entscheidung mit unterdrücktem Unmut fügen. So kommt es nicht von ungefähr, dass wenig später die Privilegienbestätigung für die Bremer Kirche aus der Hand Konrads II. von 1014 überhaupt keinen Wahlpassus mehr enthält!
Aber nicht nur die erwähnten Umstände sprachen für die Erhebung Unwans zum Erzbischof. So hatte es der König zu Gunsten des armen Paderborns und des seit Ausgang des letzten Jahrhunderts arg bedrängten und

verwüsteten Erzstifts Hamburg vornehmlich auf das reiche Erbgut des immedingischen Prälaten abgesehen. Was gar nicht mehr so ferne Zeiten bereits als Ämterschacher tadeln sollten, galt tatsächlich zunächst noch in einer Epoche, die geistliche Funktion und weltliche Aufgabe im Dienst der Krone als unlösbare Einheit sah, vor allem als Maßnahme zur wirtschaftlichen Hebung von unterversorgten Kirchenprovinzen und damit zugleich als Voraussetzung des *servitium regis*. So musste sich Unwan dazu verstehen, ein Drittel seines stattlichen Vermögens dem Salier zu überlassen, der es zumindest teilweise an Paderborn weiterreichte, ein weiteres Drittel ging an seine Kathedrale – aus dieser Schenkung stammte der Hof Baden bei Achim als erster Besitz des sich damals neu formierenden Domkapitels –, das letzte Drittel fiel an Unwans Eltern bzw. seine Familie.

Mit Unwans Pontifikat begannen bedeutsame Einschnitte in die institutionelle Verfassung der Bremer Kirche selbst. Wie angedeutet, formierte sich aus dem seit den Tagen Ansgars mönchisch geprägten Domkloster das Domstift, dessen Mitglieder zur Einhaltung der Aachener Regel von 816 verpflichtet waren, insbesondere zur Beachtung der *vita communis*, der gemeinsamen Lebensführung, die in Bremen bis zum Dombrand von 1041 auch leidlich Bestand hatte, wenn dadurch auch amouröse Abenteuer außerhalb der Klausur nicht zu verhindern waren. Die Herausbildung von Domkapiteln und Domkanonikaten ist ein wesentliches Kennzeichen für einen innnerkirchlichen Funktionswandel. Das beschauliche Leben im „Kloster" wird durch die Hinwendung zur Diözese, Pastoralaufgaben, Mitwirkung an der Bistums- und Güterverwaltung und eigenständige Administration des Kapitelbesitzes, der jetzt ausgesondert oder im Falle Bremens neu gebildet wird, ergänzt, wenn nicht gar überlagert. Die spätere Herausbildung von Kanonikaten und Pfründen mit Beseitigung der *vita communis* und der Errichtung von Kurien zieht letztlich nur die Konsequenz aus dieser Neuorientierung hin zum späteren Hochstift als eigener kirchlicher Institution.

Mit der Umgestaltung des Domklosters ging auch die Gründung einer Kirche vor der Domburg einher, des Vorgängerbaus der heutigen Liebfrauenkirche, seit 1139 als Marktkirche belegt, die damals dem heiligen Veit geweiht wurde – ein neuerlicher Hinweis auf die dauernde Beziehung des Erzstiftes zu Kloster Corvey und möglicherweise auch auf eine ganz persönliche Verbindung des Erzbischofs mit der Weserabtei, war doch ein Bruder Unwans damals dort Mönch.

Auch die in der Zeit der Ungarn- und Wikingereinfälle zerstörte Wilhadikapelle wurde unter Erzbischof Unwan neu errichtet – diese wie die Veitskirche ließ er aus Stämmen bauen, die aus zerstörten heidnischen Hainen herbeigeschafft wurden. Diese kultischen Opferstätten pflegten „unsere

Der Verlauf der ehemaligen Bremer Domumwallung des 11. Jh.s als Spitzgrabenprofil. Anschnitt an der Ostseite der Baugrube des Domshof-Bunkers, 1940.

Sumpfbewohner“ (*paludicolae*), wie Adam maliziös formuliert, weiterhin aufzusuchen. Schließlich ging auf Erzbischof Unwan auch die weitere Verstärkung des Erd- und Palisadenwalls um die engere Domimmunität zurück – offenkundig zum wirksamen Schutz vor möglichen feindseligen Übergriffen des Billunger Herzogs Bernhard II., der sich um 1019/20 gegen den Kaiser und damit auch gegen dessen engsten Verbündeten im Nordwesten, Erzbischof Unwan, empörte, ohne dass wir in diesem Geflecht von Spannungen und gegenläufigen Interessen – hier Mission und Grenzschutz, dort Tribute – an Unterelbe und transelbischen Gebieten die Ursache dieser „Empörung“ wahrzunehmen vermögen. Vielleicht erklärt sich die Aktion des Billungers zureichend aus dessen Gefühl, angesichts des Aufstandes der mit dem Herrscher verbündeten Liutizen, zugleich der Wagrier und Obodriten, gegen den christlichen Obodritenfürsten Mistislav ohne wirksamen militärischen Rückhalt geblieben zu sein. Magister Adam jedenfalls, den Billungern wegen der schlechten Erfahrungen, die insbesondere Erzbischof Adalbert in der Schlussphase seines Pontifikates mit dem übermächtigen Geschlecht machen musste, datiert die „Erbfeindschaft“ zwischen den „Häusern“ des Erzbischofs und der Billunger bereits aus den Tagen Unwans. Um 1020 gelang es freilich Unwan, eingedenk der Tatsache, dass sein Erzstift „offensichtlich von der schützenden Hand des Kaisers weit enfernt lag“ – die oft beschworene „Königsferne“ der Unterwesermetropole –, den Herzog durch reiche Zuwendungen zu versöhnen und dem Herrscher zuzuführen. Diese wiedergewonnene Eintracht führte zu einer Befriedung des slawischen Glacis jenseits der Unterelbe mit Erneuerung der Tributpflichtigkeit der dort sitzenden Stämme. Damit konnte in Hamburg – Ausgangspunkt und Zentrum der nordischen Mission! – ein Neuanfang gewagt werden. Unwan errichtete wiederum einen Burgbezirk sowie eine Domkirche und formierte aus je drei Brüdern der „Klöster“ Bremen, Bücken, Ramelsloh und Reepsholt ein Hamburger Domkapitel, offenbar als Refugium und Ausbildungsstätte für Missionare im heidnischen Wagrien. Diese Maßnahmen können tatsächlich erst nach 1014 ins Auge gefasst worden sein, nennt doch das Diplom Konrads II. aus diesem Jahr ganz unmissverständlich als Besitz der Hamburger Kirche allein Bremen, „worin jetzt das Erzbistum besteht".

Hamburg erfuhr damals offenbar den Ausbau zu einer nicht nur erzbischöflichen, sondern gleichzeitig auch herzoglichen Residenz, hielt sich doch auch Herzog Bernhard häufig hier auf, ohne dass es damals bereits zu Rivalitäten zwischen geistlicher und weltlicher Gewalt gekommen wäre, die dann zur Errichtung der „neuen" billungischen Burg führen sollten. Hamburg wurde zugleich zum Mittelpunkt erzbischöflicher „Außenpolitik". Hier empfing Erzbischof Unwan den dänischen König Knut den Großen und kooperative Slawenfürsten mit dem entsprechenden Gepränge, das der Hochkirche und ihren adligen Repräsentaten so gut zu Gesicht stand. Der luxuriöse Aufwand, das Zeremoniell in seiner ganzen Pracht und nicht zuletzt die Gebefreudigkeit, all dies eingefangen in den bereits antiken Begriffen der Magnifizenz und Munifizenz, waren das eigentlich politische, selbst kirchenpolitische Mittel, um bei den heidnischen Fürsten oder den jüngst bekehrten Nordlandkönigen Eindruck zu machen und damit ihr Bündnis zu gewinnen. Adam umschreibt diesen Sachverhalt so schlicht wie treffend: „Er [Unwan] säte weltlich, um geistlich zu ernten." Auch Ansgar, den unser Chronist unmittelbar anspricht, hatte sich des probaten Mittels großzügiger Geschenke bedient, um zumindest Gehör, dann Verständnis und schließlich Hinneigung zum Evangelium zu erzielen.

Seit den Tagen Adaldags suchte die Hamburger Kirche ihrem *primum officium* durch Episkopalisierung der Missionsgebiete und deren Eingliederung in ihre Kirchenprovinz dauerhaft gerecht zu werden – freilich war dieses Ziel gefährdet durch die mögliche Verselbständigung dieser Kirchen in einer eigenen Nationalkirche unter der Leitung eines neugeschaffenen Erzbistums, wie dies jüngst für Polen mit Gnesen und für Ungarn mit Gran erfolgt war.

In Dänemark war nach den letzten Wikingereinfällen allein Ribe als Bischofssitz in der Hand des jüngeren Odinkar verblieben, eines eingesessenen Adligen, der über ausreichend Eigengut verfügte, während sein Amtsbruder Esiko aus Schleswig in Hildesheim Unterschlupf gefunden hatte – sich zu Hause versaß, *domi sedit*, wie Adam missbilligend vermerkt. Unwan unternahm gleichzeitig Versuche, in Norwegen und Schweden zu missionieren, zumal mit Hilfe des vertriebenen Oldenburger Bischofs, aber auch unter Hinzuziehung von Geistlichen, die in England geweiht worden waren.

Für den Fortgang der Skandinavienmission wie der weiteren kirchlichen Entwicklung in den nordischen Reichen wesentlich wurde die Rückkehr

Knuts des Großen, Sohn Sven Gabelbarts von Dänemark und König von England, 1018 in seine Heimat als Nachfolger seines Bruders. Mit Assistenz englischer Geistlicher baute er auf den dänischen Inseln kirchliche Stützpunkte auf oder wieder auf, so auf Fünen mit Schonen, Seeland kam als neues Bistum hinzu. Durch einen Zufall wusste sich Unwan der sich entfernenden Missionsregion seiner Kirche wieder zu nähern. Es gelang ihm 1022, den Bischof von Roskilde, Gerbrand, auf dessen Durchreise in seine Heimat in Bremen festzunehmen und diesen, der vom Erzbischof von Canterbury seine Weihe empfangen hatte, angeblich durch die besseren Argumente den Ansprüchen der Hamburger Kirche gefügig zu machen und ihm den Suffraganeid abzunehmen. Ebenso wichtig wurde Gerbrands Vermittlung am dänischen Königshof. Die erzbischöfliche Gesandtschaft, mit Geschenken und Vorwürfen im Gepäck, brachte den König, der offensichtlich Ruhe an der Südflanke seines kaum gefestigten Reiches wünschte, zur kirchenpolitischen Unterwerfung unter die Ansprüche der Hamburger Kirche. Ein Besuch Knuts des Großen in Hamburg besiegelte das neue Bündnis.

Mit dem Herrschaftsantritt Konrads II. 1024, der zumindest die liutizenfreundliche „Ostpolitik" seines Vorgängers beendete, verstand es Erzbischof Unwan, auch das Reich in das Bündnis zwischen seiner Kirche und dem Dänenherrscher einzubeziehen. Wenn wir Magister Adam folgen, war es Unwan, der Ende 1025 einen Friedensvertrag zwischen Knut dem Großen und dem Salier vermittelte und damit auch ein denkbares Zusammengehen des Dänen mit dem nahverwandten Polenherzog Boleslaw I. Chroby unterlief. Zehn Jahre später wurden mit der Verlobung des Thronfolgers Heinrich (III.) mit der Tochter Knuts Gunhild und der 1036 vollzogenen Heirat dieses Bündnis gekräftigt, das zugleich den dauernden Verzicht des Reiches auf die Mark zwischen Eider und Schlei mit der Stadt Schleswig zu Gunsten Dänemarks zum wesentlichen Inhalt hatte. Mit dieser Loslösung von Missionsgebieten aus dem Reichsgefüge erfuhr zwar Hamburg-Bremens kirchenrechtlicher Anspruch auf das dänische Missionsgebiet aktuell noch keine Minderung, der Einfluss der englische Kirche und die nationalkirchlichen Bestrebungen in den anderen nordischen Königreichen mussten sich auf längere Frist gleichwohl negativ auswirken.

In Norwegen erlangte Erzbischof Unwan im Streit zwischen Knut dem Großen, der sich auf ältere Thronrechte berief, und Olaf dem Heiligen († 1030) die Anerkennung der kirchlichen Suprematie, von eigentlichen Missionserfolgen, die auf Anstrengungen des hamburgisch-bremischen Erzstiftes zurückgingen, weiß Adam nichts zu vermelden. Vielmehr ist ihm noch zwei Generationen später Norwegen ein Land, das in ganz besonderer Weise voller Teufel ist: „Hier wohnen Wahrsager, Vogeldeuter, Zaube-

rer, Beschwörer und andere Diener des Antichrist, und ihre Gaukeleien und Künste machen die unglücklichen Seelen zum Spielwerk böser Geister."
Auch in Schweden gelang es Erzbischof Unwan in Zeiten König Olaf Schoßkönigs, der bei seinen Bekehrungsversuchen „diplomatisch" vorging, indem er eine Art von Toleranzabkommen mit den hartnäckigen Anhängern der alten Kulte schloss, zumindest im neu errichteten Bistum Skara in Person des seit 1013 nachweisbaren Missionsbischofs Thorgut einen Vertreter seines Metropolitananspruches einzusetzen. Den Weg in die Nationalkirche vermochten auch hier derartige Erfolge auf Dauer nicht aufzuhalten, zumal die angelsächsische Kirche deutliche Spuren hinterließ, auch wenn Adam spöttisch vom Misslingen des Missionars Wulfrad zu berichten weiß, der noch in alter, längst überholter Väterweise Jagd auf Götzenbilder machte und dabei sein Ende fand.
Über die Erfolgsaussichten im paganen Wagrien nach dem Slawenaufstand von 983 und dem versuchten Neubeginn zu Unwans Zeiten haben wir bereits Andeutungen gemacht. Wenn auch diese Region nach 1020 wieder tributpflichtig wurde, blieben Missionserfolge aus, der in Oldenburg eingesetzte Bischof Bernhard starb 1023 im sicheren Hildesheim.
Somit ergibt sich als Resultat der Missionsgeschichte, dass Unwan in engem Schulterschluss mit der „Außenpolitik" des ersten Saliers zumindest in Dänemark seine Ansprüche durchsetzte und vorerst den Aufbau einer eigenen Kirchenprovinz verhindern konnte, in Schweden wenigstens in Ansätzen bei der Episkopalisierung erfolgreich war, während Norwegen als „Teufelsreich" außerhalb engerer Beziehungen zur Metropole an der Weser bzw. an der Elbe blieb. Die Verkündigung im slawischen Osten blieb im 11. Jahrhundert weiterhin ganz von mehr als problematischen politischen Allianzen, gelegentlichen Kriegszügen und Insurrektionen der heidnischen Völker abhängig. Das Jahr 1066 setzte schließlich allen diesbezüglichen Bemühungen ein langes Ende. Erst das 12. Jahrhundert brachte unter dem harten militärischen und kolonisatorischen Zugriff Heinrichs des Löwen die zur dauerhaften Christianisierung der ostelbischen Zonen erforderliche Wende.
Unwans Wirken im Inneren seiner Diözese ist durch den institutionellen Umbau des Domklosters zum Domstift, den Ausbau der geistlichen Struktur durch Wiedererrichtung der Wilhadikapelle, gekennzeichnet und vor allem durch die Gründung der Veitskirche im Vorfeld der verstärkten Wallanlage der Immunität, die offenbar als Kaufmannskirche die religiösen Bedürfnisse der wachsenden präurbanen Bevölkerung berücksichtigte, während der Dom sich zur eigentlichen Hochkirche des Erzbischofs und seines Kapitels ausgestaltete. Nimmt man noch hinzu, dass Unwan aus seinem Eigenbesitz reiche Stiftungen an seine Kirche gemacht und nicht zuletzt

Erzbischof Unwan (1013–1029) in einer Bremer Bischofschronik, Anfang 16. Jh. (Staatsarchiv Bremen)

Hamburg als Sitz des Erzbistums im Verständnis der Zeit wiederaufgebaut und zur „Zentrale" für die transelbische „Außenpolitik" gemacht hat – und dies trotz zeitweiliger Störungen offenbar im Einvernehmen mit den billungischen Herzögen –, so hinterließ dieses Pontifikat in seiner abgewogenen Umsichtigkeit ein durchaus positives Bild, wie es Magister Adam zu Recht zeichnet.

Insgesamt zeigt die ottonisch-frühsalische Epoche mit Unwan auch in Hamburg-Bremen tüchtige Exponenten der Adelskirche im engen Bündnis mit der Krone, vor allem im gemeinsamen außenpolitischen Koordinatensystem, das Grenzsicherung und Abstützung der Metropolitanansprüche in gleicher Weise berücksichtigte. Der König beherrscht die Kirche mit Hilfe des Adels, nicht gegen ihn, seine Mitglieder garantieren auch als Bischöfe und Erzbischöfe ein reiches Netz informeller Kontakte und personaler Beziehungen, seine reichen Schenkungen setzten erst, wie das Beispiel Bremen zu Zeiten Unwans oder Paderborn unter Meinwerk lehrt, die Bischofskirche instand, den Königsdienst materiell leisten zu können. Auch wenn der Raum zwischen Weser und Elbe niemals wie etwa das Rhein-Main-Gebiet oder Thüringen zur sogenannten „Königslandschaft" wurde, so war die Verdichtung zwischen Reichskirchen, Adelsfamilien (Immedinger, Widukinde, Billunger, Udonen, dann Nordheimer) und Reichsgewalt bis zum Tode Heinrichs III. († 1056) stark genug, um die Verfolgung bestimmter gemeinsamer und übergeordneter Interessen zu gewährleisten, auch wenn die aus Itineraren ablesbare häufige „Königsferne" der hamburgisch-bremischen Amtsträger Beziehungslosigkeit oder gar widerlaufende Interessen suggerieren könnte.

Literatur:

Althoff, Billunger in der Salierzeit (1991). – Ehlers, Früh- und hochmittelalterliches Sachsen (1995). – Finck von Finckenstein, Bischof und Reich (1989). – Gams, Series episcoporum (1873–1886). – Glaeske, Erzbischöfe (1962). – Goetz, Herzogtum der Billunger (1994). – Heine, Burgenbau (1995). – Johanek, Erzbischöfe von Hamburg-Bremen (1991). – Möhlmann, Güterbesitz des Bremer Domkapitels (1933). – Pischke, Herrschaftsbereiche der Billunger (1984). – Reinecke, Series episcoporum (1984). – Schieffer, Entstehung von Domkapiteln (1976). – Schieffer, Adnotationes (1986). – Schieffer, Der ottonische Episkopat (1989). – Schubert, Reichsepiskopat (1993). – Schulze, Grafen von Stade (1995). – Wenskus, Soziale Entwicklung (1986).

III. Die Salierzeit

1. Vorspiel: Die Erzbischöfe Libentius (Liawizo) II. (1029–1032), Hermann (1032–1035) und Bezelin (Alebrand) (1035–1043)

Erzbischof Libentius (Liawizo) II. (1029–1032) war ein Neffe seines gleichnamigen Onkels im Bischofsgewand und wurde auf Betreiben der Kaiserin Gisela zum Erzbischof erhoben. Für ihn sprachen sicherlich seine Erfahrung in der Verwaltung des Spitalvermögens und seine Tätigkeit als Dompropst. Um die wirtschaftliche Lage des entstehenden Domkapitels zu kräftigen, übertrug Liawizo II. an den Konvent mit Zustimmung Konrads II. zwei Güter in der heutigen Bremer Neustadt und Bockhorn bei Vegesack gelegen, womit Magister Adam wohl zu Recht die Stiftung von 30 Mahlzeiten für die *mensa communis* in Verbindung bringt. Bockhorn war über die Gräfin Emma an die Bremer Kirche gelangt, vermutlich aus Lesumer Amtsgut der Billunger, das bei seiner Weitervergabe der königlichen Zustimmung bedurfte. Das politisch enge Verhältnis zu den Immedingern-Billungern erhellt auch aus der Tatsache, dass die verwitwete Gräfin die Bremer Kirche reich mit Sakralgegenständen, Paramenten und Büchern ausstattete, die freilich 1041 ein Opfer der Flammen wurden bzw. der Finanzmasse einverleibt wurden, die Erzbischof Adalbert am Ende seines Pontifikates zur Tilgung seiner Schulden dringend benötigte. Der adligen Munifizenz der Immedingerin entsprach auch die geistliche Gegengabe der Kirche: Emma fand ihr Grab in der Bremer Kathedrale.
Libentius ist wie sein Onkel vor allem als Seelsorger und Ökonom um seine Kirche bemüht gewesen, auch wenn er die Skandinavien- und Slawenmission nicht aus den Augen verlor und, unterstützt durch das dänisch-deutsche Bündnis, das durch die Vermählung Heinrichs III. mit der Königstochter Gunhild 1036 besiegelt wurde, für Seeland und Skara Bischöfe weihte und einen Missionsbischof nach Island entsandte. Adam rühmt, dass Libentius II. häufig Hamburg aufsuchte. Auch das wagrische Oldenburg erhielt einen neuen Hirten – wie wenig freilich die Glaubensverkündigung unter die Haut ging, zeigt die Geschichte, die von dem obodritischen Fürstensohn Gottschalk (!) handelt, der im billungischen Hauskloster St. Michael zu Lüneburg ausgebildet, auf die Nachricht von der Ermordung seines Vaters durch einen „sächsischen Überläufer" – so Magister Adam – „mit den Büchern auf den Glauben verzichtete", über die Elbe zog, sich den heidnischen Stammesgenossen anschloss und Tausende von Sachsen erschlagen haben soll. Nach der Gefangennahme durch den Billunger

Bernhard, der ihn wegen seiner Tapferkeit sehr schätzte und dem es politisch nicht opportun erschien, den weitgespannten Clan Gottschalks gegen sich aufzubringen, wurde er nach Bündnisschluss aus der Haft entlassen und konnte sich König Knut von England anschließen.
Am 24. oder 25. August 1032 verstarb Erzbischof Libentius II. Sein Nachfolger Hermann (1032–1035) mit ebenfalls ungewöhnlich kurzem Pontifikat, unbekannter, vermutlich adliger Herkunft, setzte in seiner Person die Kontakte zur Halberstädter Kirche fort, die bereits seit Erzbischof Unwan bestanden und schon bald in der Gestalt des großen Adalbert gipfelten. Hermann war Dompropst in dieser ostsächsischen Bischofsstadt und wurde von Kaiser Konrad II. in der zweiten Jahreshälfte 1032 in sein hohes Amt berufen; sein Umkreis in Bremen bestand nicht zuletzt aus Halberstädter Getreuen, zu denen der Kaplan Switger, der nachmalige Bischof von Bamberg und spätere Papst Clemens II., aber auch der Subdiakon Adalbert, der übernächste Nachfolger Hermanns, zählten. Von Adalbert weiß Magister Adam zu berichten, dass er bereits damals durch sein elitäres Verhalten unangenehm aufgefallen ist.
In Reichsdiensten oder gar Königsnähe ist Erzbischof Hermann nicht bezeugt, seinen Sprengel mied er, wenn irgend möglich. Auch mit Hamburg hatte der Oberhirte wenig im Sinn, hier fiel er lediglich einmal mit Heeresmacht ein und plünderte, wie er sich auszudrücken pflegte, die „Salzwüste" aus – auf Anstiften seines Vizedominus. Etwas von dieser ablehnenden Haltung gegenüber Land und Leuten ist auch bei Adalbert, zunächst unterschwellig, dann ganz offen zu spüren.
In Bremen bemühte sich Hermann freilich um wirtschaftlichen Zugewinn und ließ es sich vor allem angelegen sein, erstmals die Domimmunität mit einer Mauer zu umgeben, während er die östlich dem Dom angelagerte Michaelskapelle abreißen und die sterblichen Überreste seiner Vorgänger Adalgar, Hoger und Reginward in der Kathedrale bestatten ließ.
Der Erwähnung wert ist auch sein Engagement für die Kirchenmusik, auch wenn der von ihm an den Dom berufene Guido nicht mit dem berühmten Meister Guido aus Arezzo gleichzusetzen ist. Erzbischof Hermann starb am 18. September 1035 und wurde im Chor seiner Bischofskirche beigesetzt.

Mit Bezelin mit dem Beinamen Alebrand bestieg ein Angehöriger der Kölner Kirche, der zu den Hofkapellanen zu zählen ist, den Stuhl des heiligen Ansgar.
Bereits vor seiner Priester- und Bischofsweihe am 20. bzw. 21. Dezember 1035 im Metropolitansitz und Missionszentrum Hamburg durch seine Suffragane und sieben sächsische Bischöfe empfing er aus der Hand Kaiser Konrads II. mit dem Datum 16. Oktober 1035 aus Magdeburg das berühm-

Erzbischof Libentius II. (1029–1032) in einer Bremer Bischofschronik, Anfang 16. Jh. (Staatsarchiv Bremen)

te Privileg, das in Ergänzung der Urkunden von 888 und 965 auf Bitten der Kaiserin Gisela und „unseres geliebten Erzbischofs der heiligen Bremer Kirche“ einen Markt in Bremen konzessioniert mit „Zoll, Münzen und allen Nützlichkeiten“. Überdies gestattet die Urkunde allen, „die um zu handeln hierher kommen“, einen Jahrmarkt in der Woche vor Pfingsten und einen zweiten in der Woche vor dem Festtag des heiligen Willehad – 8. November – abhalten dürfen. Das war in der Tat die Geburtsstunde des heutigen Bremer „Freimarktes“!
Die Banngewalt über die Kaufleute, denen auf der An- und Rückreise „Friedensschutz“ (Geleitschutz) zugesichert wird, soll nur der Erzbischof haben und seine Nachfolger im Amt. Das bischöfliche Gericht vor Ort erstreckt sich mithin auch auf die Besucher dieses doppelten Jahrmarktes, die Immunität des Erzstiftes, die auch den Markt umfasst, wird erweitert um eine personale Zuständigkeit über Auswärtige – die Präsentationspflicht des Erzbischofs bzw. seines Vogtes an das zuständige Grafengericht entfällt. Aus der Gesamtheit der Gerechtsame, die das Grafenamt ausmacht, wird ein Teil zu Gunsten der Bremer Kirche als Marktprivileg herausgeschnitten. Im Zusammenhang mit diesem wichtigen Dokument, das zugleich auch eine Spitze gegen die umsitzenden Adelsfamilien enthalten haben mag, ist das Doppelprivileg Konrads II. für Erzbischof Bezelin von 1038 zu sehen, das eine indirekte Kampfansage an die Billunger Herzöge und die Stader Grafen enthält. Der verstorbene Herzog Bernhard I. war mit einer Angehörigen dieser Grafenfamilie verheiratet gewesen, ihr gemeinsamer Sohn Bernhard II. vereinigte seit 1021 die Interessen beider Häuser in seiner Hand. Mit dem Diplom von 1038 wurde der bereits vorhandene Jahrmarkt am Veitstage (15. Juni) in Heeslingen bestätigt mit der Maßgabe, dass der Vogt der dortigen erzbischöflichen Kirche zwar das Recht haben solle, über alle „dort Zusammenkommenden“ Gericht zu halten, der Zoll aber und sonstige dem Reich zustehende Gefälle den dortigen Kanonissen zufallen müssten. Auch hier wird der Immunitätsbereich der Kirche auf Auswärtige ausgedehnt, die Einnahmen im Wesentlichen dem Stift vor Ort zugesprochen – möglicherweise als Affront gegen die Udonen, die um Heeslingen wahrscheinlich Besitz hatten, vielleicht sogar mit der Vogtei betraut waren. Kombiniert wird diese erweiterte Immunität auf Marktbesucher in Heeslingen mit der Erlaubnis, in Stade „von Grund auf“ einen Markt – ähnlich wie 888 bzw. 965 in Bremen – zu begründen, der mit Bann, Zoll und Münze ausgestattet und als erzbischöflicher Immunitätsbezirk in Konkurrenz zu Hafen, Markt und Burg der Udonen treten musste, zumal die künftigen Anwohner und Marktbesucher in allem, also auch in der Gerichtsbarkeit, allein dem erzbischöflichen Vogt unterstehen sollten. Das Areal dieser Marktsiedlung – lediglich als kirchlicher Besitz ange-

sprochen – stammte aller Wahrscheinlichkeit nach aus Heeslinger Klostergut, was die Kompensation mit Einnahmen aus dem jährlichen St. Veits-Markt verständlich macht. Damit versuchte das Erzstift auch erstmals in Stade Fuß zu fassen und den alleinigen Einfluss der Grafen zu begrenzen. Die Forschung hat immer wieder ganz zu Recht betont, dass Stade seit sächsisch-karolingischer Zeit der einzige leistungsfähige Elbübergang mit Hafenfunktion innerhalb des sächsischen Siedlungsgebietes war, der über Haithabu bzw. Schleswig nach Skandinavien führte. Dass diese erzbischöfliche Marktsiedlung letztlich nicht prosperierte, auch wenn sehr wahrscheinlich sogar eine Münze eingerichtet worden war, hängt mit dem Umstand zusammen, dass die wirtschaftliche Bedeutung Stades zu Gunsten Hamburgs zurückging und dass nicht zuletzt eine umfangreiche Schenkung aus Privatbesitz in Stade den angestrebten Markt als erzbischöfliches Standbein überflüssig machte.
Zu diesen Versuchen Erzbischof Bezelins, die eigene Herrschaft in der Diözese zu intensivieren, gehört höchstwahrscheinlich auch der Einzug des vor den Toren Bremens gelegenen Lesum für die Krone bzw. dessen sofortige Wiederausgabe als Wittum für die Kaiserin Gisela unmittelbar nach dem Tode der Gräfin Emma am 3. Dezember 1038. Aus nicht mehr nachvollziehbaren Gründen – so soll sich die Tochter der Gräfin eines Vergehens schuldig gemacht haben – verloren die Billunger einen höchst wichtigen Stützpunkt an der Weser. Das Attentat, das der billungische Graf Thietmar auf König Heinrich III. geplant haben soll, als dieser 1047 Lesum aufsuchte, dürfte seine Ursache in dieser Enteignung haben. Mit anderen Worten: Seit Antritt seines Pontifikates suchte Bezelin-Alebrand nicht nur die wirtschaftliche Kraft seiner Kirche, ihre ökonomischen Ressourcen zu vermehren, die Immunitätsbezirke durch einzelne gräfliche Befugnisse, insbesondere die Gerichtsbarkeit über neue und bestehende Märkte und Marktansiedlungen, zu erweitern, sondern auch wie in Stade und indirekt in Lesum konkurrierende adlige Herrschaft zu beschneiden oder gar auszuschalten. Damit wurde zugleich die Basis für die langandauernden und letztlich für die Bremer Kirche ruinösen Auseinandersetzungen mit den mächtigen Adelsclans gelegt. Dies spürten bereits die Miterlebenden, denn mit Erzbischof Bezelin verschwinden die Namen der Bremer Erzbischöfe aus dem Nekrolog des billungischen St. Michaelisklosters in Lüneburg.
Der Herrschaftssicherung des Bremer Erzstiftes gegen die dominanten Billunger entsprachen auch die Baumaßnahmen Bezelins in Hamburg. Die von Erzbischof Unwan und Herzog Bernhard nach der Zerstörung Hamburgs von 983 errichteten Holzbauten ließ er abreißen und ließ aus Quadersteinen – in fortschrittlicher Kölner Manier – eine Kirche zu Ehren der Jungfrau Maria und zugleich ein burgähnliches Bauwerk mit Türmen und

Wehranlagen aufführen. Als Antwort darauf setzte der Billunger Herzog „provoziert“, wie Adam meint, „auf der anderen Seite des Platzes ein Steinhaus für die Seinen“, auch wenn das gute Einvernehmen zwischen beiden Gewalten fortdauerte, wie unser Chronist betont, der damals in dem „Übeltäter“ Udo in Stade den Hauptfeind seiner Kirche erkannte. Die Feindseligkeiten zwischen Herzog und Erzbischof kündigen sich bereits an, die dann um 1060 zur Gegengründung der „Neuen Burg“ führen sollten. Die Feindschaft war, abgesehen von regional-machtpolitischen Gegensätzen, vor allem in der je verschiedenen Interessenlage begründet. Lag dem geistlichen Oberhirten an der „Stärkung des christlichen Glaubens“ bei den wendischen Heiden, so „dem Herzog am Tribut!“. Hamburg hielt jedenfalls zu Bezelins Zeiten den Rang eines geistlich-weltlichen Mittelpunktes für die Skandinavienmission und blieb eine Art von Empfangszentrale für die nordischen Herrscher und heidnischen Magnaten.

Mehr noch als in Hamburg war der Erzbischof in Bremen als Bauherr gefragt. Als Folge einer Priesterfehde brannte am 11. September 1041 der Dombezirk ab: Der St. Petri Dom, das Stiftsgebäude mit den Werkstätten, der Wilhadi-Komplex, der Schatz der Kirche mit Büchern, Gewändern und Ziergerät gingen verloren. Damit war es mit der gemeinsamen Lebensführung für die Domkleriker nach der Regel vorbei – nicht zum Missvergnügen aller, wie Adam kritisch anmerkt.

Der Erzbischof, zur Zeit des Unglücks auf Inspektionsreise in Friesland, kehrte sofort heim und widmete sich dem Neubeginn. Der Grundstein zum Dom wurde im Sommer 1042 gelegt. Zum Vorbild der neuen Kathedrale erwählte sich Bezelin eingedenk seiner Herkunft den damaligen Kölner (romanischen) Dom, eine dreischiffige Pfeilerbasilika mit zwei Chören und zwei darunterliegenden Krypten. Aber auch aktuelle salische Großbauten wie die Klosterkirche zu Limburg a.d. Haardt sind deutlich als Muster zu erkennen. Vor Bezelins Tod stiegen bereits die Säulen, Arkaden und die Seitenwände der Ostkrypta empor. Nur wenige Spolien dieses Bauwerks, das Adalbert nach verändertem Plan in großer Eile hochziehen ließ und das gleichfalls 1089 weitgehend ein Opfer der Flammen wurde, sind erhalten, so das wahrhaft monumentale Christusrelief im Zentrum des Tympanons der Westfassade, dessen Gestaltung auf die Kölner Bauhütte verweist.

Des Weiteren errichtete Bezelin das Stiftsgebäude neu und drang auf gemeinsame Mahlzeiten der Geistlichen, stockte dazu die täglichen Rationen beträchtlich auf, u.a. durch Darreichung von Wein, den er wahrscheinlich in Köln zukaufen ließ, besaß er doch in Stiepel – heute ein Stadtteil von Bochum – aus dem Legat der Gräfin Emma einen Hof als Stützpunkt auf dem Wege zum Rhein – ob auch zum Zwecke des Eisenerwerbs aus dem südlichen Westfalen mag dahingestellt bleiben.

Thronender Christus, Relieffragment, St. Petri Dom, Mitte 11. Jh. Die monumentale Christusdarstellung ist das imposanteste Kunstwerk aus dem hochmittelalterlichen Bremer Dom.

Ferner unterstützte Bezelin bedürftige Geistliche mit Geldzuwendungen und ahndete Angriffe auf den Klerus durch Laien mit Leibesstrafen – Hinweise auf die zumeist nichtadlige Abkunft der Kanoniker und damit das soziale Level des damaligen Domstiftes.

Grabplatte mit drei Bischofsstäben und Kreuz, einem erzbischöflichen Sammelgrab zugeschrieben. 11. Jahrhundert, Westkrypta St. Petri Dom.

Die neue Bremer Domburg umgab der Pontifex mit einer Mauer, deren Fundamente bereits sein Vorgänger gelegt hatte. Zum Markt hin – auf St. Veit zu – befand sich ein großes Tor mit einem daraufgesetzten Turm in „italienischer Technik“ (*opus reticulatum*) mit sieben Speicherräumen – als Vorsorge vor feindlichen Belagerungen. Der allgemeine Aufschwung vor Ort bzw. in Hamburg und der Zugewinn für das Erzstift waren unübersehbar – im Hinblick auf das tragische Ende seines Nachfolgers Adalbert, fern seiner Kirche, erschien Magister Adam und seinen älteren Zeitgenossen die Ära Bezelin-Alebrands als Goldenes Zeitalter: „Zum Lobe dieses seligen Mannes reichen alle meine Worte nicht aus!“
Was die Mission angeht, so wusste Bezelin durch geschicktes, im Übrigen am diplomatischen Geschick seines Vorgängers Unwan orientiertes Verhal-

ten zumindest die Oberservanz seiner nordischen Suffragankirchen zu festigen bzw. diese zu gewinnen.
Nach dem Tode Knuts des Großen 1035 war die Gesamtlage in Skandinavien unsicher und unübersichtlich; die drei überlebenden Söhne Knuts – Harald in England, Sven in Norwegen und Hardeknut in Dänemark – gerieten, unterstützt von Adelsfraktionen, miteinander in Konflikt. Sven Estridsen, Sohn des Hardeknut, landete auf einer Fahrt nach England im Lande Hadeln, wurde gefangen genommen und nach Bremen gebracht, hier aber ehrenvoll empfangen und vom Erzbischof „königlich“ beschenkt entlassen, was bei Sven einen bleibenden Eindruck hinterließ und das zukünftige gute Verhältnis als dänischer König zur Hamburger Kirche vorbereiten half. In Schweden regierten die Erben des 1020 verstorbenen Olaf Schoßkönig, verstärkter Einfluss ließ sich hier nicht gewinnen. In Norwegen hatte, nach dem Tode des Knutsohnes Sven 1034, ein Nachfahre Olafs des Heiligen, Magnus, die Herrschaft an sich gebracht und 1040/42 auch Dänemark erobert. Bezelin nahm Verhandlungen auf, es kam zu einem Treffen in Schleswig, König Magnus vermählte seine Schwester mit dem Billunger Ordulf. Als Folge dieser weitgespannten Koalition vermochte Bezelin zumindest das vakante Bistum Ribe mit dem Bremer Domkanoniker Wal zu besetzen, während im Wendenland der aus England heimgekehrte Renegat Gottschalk die Gewalt ergriff und damit dem neu ernannten Bischof von Oldenburg einen gewissen Rückhalt bieten konnte, bis er selbst und das Bekehrungswerk dem großen Aufstand von 1060 zum Opfer fielen.

Literatur:
Blum, Frühe mittelalterliche Neumen (1986). – Glaeske, Erzbischöfe (1962). – Heine, Burgenbau (1995). – Johanek, Erzbischöfe von Hamburg-Bremen (1991). – Möhlmann, Güterbesitz des Bremer Domkapitels (1933). – Reinecke, Series episcoporum (1984). – Schulze, Urkunde Kaiser Konrads II. (1991/92).

2. Die Bremer Kirche im Zenit ihrer Bedeutung und ihrer Machtentfaltung: der Fast-Patriarch Adalbert (1043–1072)

Erzbischof Adalbert gilt als bedeutendster, wohl eher bemerkenswertester Nachfolger des heiligen Willehad. Im Gegensatz zu anderen historischen Persönlichkeiten schwankt sein Charakterbild keineswegs in der Geschichte; seit Magister Adam als Zeitgenosse und Zeitzeuge in einem bedeutsamen Wurf die geistige Physiognomie auf Pergament gebannt hat, wird dem „Patriarchen des Nordens“ gleichzeitig hohe Bewunderung und scharfe Kritik zuteil.

Adam widmete seinem Helden ein ganzes Buch seiner Kirchengeschichte mit 71 bzw. 78 Kapiteln. Er maß ihn letztlich an den bleibenden Resultaten des Erzbischofs für das Erzstift, mehr noch am Fortschritt der Skandinavien- und Wendenmission, wobei die Zerrüttung der wirtschaftlichen Grundlagen des Erzstifts im Reichsdienst einerseits und in den Auseinandersetzungen mit der sächsischen Adelsopposition, insbesondere den Billungern, sein kritisches Urteil ebenso bestimmt wie die brennende Sorge um das rechte Verhalten des Nachfolgers im Amt, Liemar, dem er mit der Vita Adalberts einen Spiegel vorhält. Das Meinungsbild späterer Zeiten, zumal des 19. und 20. Jahrhunderts, ist hingegen von Idealvorstellungen bischöflicher Amtsführung geprägt, die postreal gemessen an den Möglichkeiten des 11. Jahrhunderts ihre teils laizistische, teils protestantische, aber auch nachtridentinische Herkunft nicht verleugnen können. Diese Urteile verfehlen sowohl den Kern von Adalberts Wesen als auch seine durchaus zeitgemäße Ausformung salischer Kirchenherrschaft. Was zunächst als konstanter Defekt eines Charakters aufscheint, erweist sich bei näherem Hinsehen als Essenz hochadliger Kirchenherrschaft – freilich gesehen mit den Augen eines kritischen Zeitgenossen, der vom Ende der schwierigen Amtszeit seines Helden dessen gesamten Pontifikat kritisch beurteilt. Gewiss gibt es ganz persönliche Defizite: spitze Zunge, Unduldsamkeit, übermäßiges Misstrauen und Vertrauen, mangelnder Realitätssinn und Leichtgläubigkeit sowie Rachsucht. Dem stehen als Positiva gegenüber: untadelige Lebensführung, unbedingte Treue zu den Fixsternen seines politischen Handelns, Kaiser und Papst, Generosität und Einfallsreichtum. In Adalbert konzentrieren sich Möglichkeiten und Gefahren auf dem Scheitelpunkt einer Epoche, die unmittelbar nach seinem Ableben 1072 ihr Ende fand. Sein Pontifikat umspannt die Glanzzeit Kaiser Heinrichs III. und den Übergang von der Regentschaft der Kaiserin Agnes zu dem tastenden Neubeginn unter Heinrich IV. Noch einmal bilden Kirchenführung, Reichsdienst und Mission eine tatsächliche Einheit, bevor der sogenannte Investiturstreit den abendländischen Kosmos erschütterte und auch dem Reichsepiskopat eine veränderte Hierarchie der Loyalitäten aufzwang, die der Universalgeltung des Reformpapsttums entsprach, das Königtum aber seiner wesentlichen Stützen beraubte.

In der Trias der Funktionen für Erzstift, Königtum und Glaubensverkündigung liegt Adalberts Bedeutung beschlossen, die auch von der überregionalen Geschichtsschreibung seiner Zeit durchaus wahrgenommen wurde.

Adalberts eigentlicher Lebensnerv wurzelt in seinem hochadligen Selbstverständnis, das sich sowohl im erzbischöflichen Kirchenregiment als auch im angespannten Reichsdienst entfaltete. Dieses Selbstgefühl war schrankenlos und duldete keinerlei Abstriche. Aus ihm speisen sich sein Hoch-

Erzbischof Adalbert (1043–1072) mit einem Modell des Domes in einer Bremer Bischofschronik, Anfang 16. Jh. (Staatsarchiv Bremen)

mut, die Prunksucht seiner Hofhaltung, seine byzantinischen Vorbildern nachempfundene Feier der Liturgie, seine auf Repräsentation ausgerichtete Bautätigkeit in Bremen und Hamburg, nicht zuletzt seine Ambitionen als Legat des Papstes und als dessen Vikar, die Metropole Hamburg-Bremen und die skandinavischen Kirchen mit einem Patriarchat zu überwölben. Dieses „noble“ Selbstgefühl erklärt nicht nur seine Munifizenz und Großzügigkeit, sie verbot ihm auch, anders als seinem Erzrivalen Anno von Köln, der aus kleinen Verhältnissen stammte, für sich und die Seinen Protektion und Posten zu erbitten. Diese elitäre Haltung machte ihn verletzbar und reizbar mit entsprechenden Auswirkungen auf seine Umgebung. Der Mord an seinem Bruder Dedi gar – begangen durch einen Bremer Geistlichen – vergiftete das Verhältnis des Oberhirten zu seiner Herde nachhaltig und irreparabel.

Entsprechend schwankt Magister Adams Urteil zwischen höchster Bewunderung und tiefem Abscheu.

Adalbert, um 1000 geboren, entstammte dem hochadligen Geschlecht der Grafen von Goseck, seine Mutter Agnes aus der Familie der Grafen von Weimar war im Reichsstift Quedlinburg von der Schwester Kaiser Ottos III., Adelheid, erzogen worden. Während Adalberts Bruder Dedi seinem Vater zugleich als sächsischer Pfalzgraf nachfolgte, war Adalbert für die geistliche Laufbahn bestimmt worden – bereits 1032 finden wir ihn als Subdiakon in der Umgebung Erzbischof Hermanns in Bremen zusammen mit dem späteren Papst Clemens II., Switger, die ihrem Dompropst aus Halberstadt an die Weser gefolgt waren. Bereits damals fiel Adalbert – so Magister Adams Nachrede – durch sein hochfahrendes Wesen und giftige Eloquenz auf. Um 1036 an die Spitze des Halberstädter Domstifts berufen, gehörte er auch der Hofkapelle Heinrichs III. an.

Vom König zum Erzbischof ausersehen – ohne Wahl oder Rückfrage in Bremen – wurde Adalbert wohl im Mai 1043 an prominentem Ort – in Aachen – in Gegenwart Heinrichs III. von zwölf Bischöfen ordiniert und geweiht, eine Zeremonie in der Grabeskirche Karls des Großen, die sein ohnehin nicht gering entwickeltes Selbstgefühl aufs Höchste steigern musste. Erfahrung vermittelnd in der Leitung einer Diözese bzw. zumindest bei deren Mitregierung, wurde das Amt des Dompropstes als Vorstufe zum Bischofsamt immer wichtiger, wozu noch die Ausbildung und Tätigkeit in der königlichen Kapelle trat, die zugleich ein enges, fast ständisches Zusammengehörigkeitsgefühl ihrer Mitglieder konstituierte und eine besondere Loyalität zum Herrscher schuf. Auch Adalbert – wie später auch Liemar – ist niemals in dieser Treue zu den Saliern schwankend geworden. Allerdings begegnete der Bremer Erzbischof mit dieser bedingungslosen Hingabe auch dem römischen Pontifex als Haupt der Christenheit an der Seite

Der thronende König Heinrich III. nimmt eine Schrift entgegen. Widmungsbild eines Echternacher Evangelistars für Heinrich III. Die Handschrift kam im 17. Jh. nach Bremen und wird heute in der Staats- und Universitätsbibliothek verwahrt.

des Kaisers – man ahnt die Schwere des Treuekonfliktes, den Liemar (und andere) im gregorianischen Zeitalter zu bestehen hatten.
Bereits unter Heinrich III. nimmt Adalbert von 1043 bis zum frühen und verhängnisvollen Tod des Herrschers die erste Stelle bei Hofe ein, vermutlich auch als Kanzler für Italien, und insbesondere bei dessen Romzug 1046. Im Jahre 1047 empfängt er Heinrich III. in Bremen – dies ist der einzige Besuch eines Königs in der Wesermetropole während des Mittelalters! – und geleitet ihn nach Lesum, wo der rachsüchtige Billunger Graf Thietmar, dessen Familie schon von Konrad II. um den Besitz des begehrten reichen Lesum gebracht worden war, ein Attentat auf den Salier plant, das freilich entdeckt wird. Ein Zweikampf zwischen Thietmar und seinem Ankläger endet mit dem Tode des Grafen und hat weitere Racheakte zur Folge. Bereits hier werden erstmals Formen der Auseinandersetzung zwischen Königtum und sächsischem Adel in Konturen sichtbar, die das bisherige „Ritual der Konfliktbewältigung“ – milde Bestrafung, rasche Versöhnung und Wiedereinsetzung in Güter und Ämter – unter Heinrich IV. beenden sollten.
Auf der Synode von Mainz, in Gegenwart von Heinrich III. und Papst Leo IX., wirft das römische Reformprogramm bereits seinen langen Schatten auch auf die deutsche Kirche: Priesterehe und Ämterschacher (Simonie) sind wesentliche Kritikpunkte der Versammlung. Im Jahr 1055 ist Adalbert erneut an der Seite des Kaisers in Italien. Sein Ruhm ist weit verbreitet, so würdigen der griechische Kaiser Konstantin X. Monomachus, aber auch König Heinrich I. von Frankreich seine staatsmännischen Talente.
Es steht freilich zu vermuten, dass dieser ausgedehnte Reichsdienst, der aber durchaus Adalberts Vorstellungen einer hochadligen Amtsführung entsprochen haben dürfte, die materiellen Ressourcen seiner Diözese überfordert hat, da entsprechende Klagen aus Köln und Trier überliefert sind. Auf die höchste Stufe in seiner Bedeutung für die Geschicke des Reiches sollte Adalbert als Vormund des minderjährigen Heinrich IV. in den Jahren 1063 bis 1065 aufsteigen, als es ihm gelang, seinen Hauptrivalen im Regiment, Erzbischof Anno von Köln, bei Hofe kaltzustellen und das alleinige Vertrauen des jungen Königs zu gewinnen. Umso mehr geriet dann sein Sturz nach den Tagen von Tribur im Januar 1066, als er der Stärke seiner versammelten Widersacher weichen musste, zur persönlichen Katastrophe: Ein Macht- und Ansehensverlust, von dem sich Adalbert nicht zu erholen wusste, auch wenn er nach 1069 als Vizedominus des königlichen Palastes gerühmt wird, überdies das Bündnis des Königs mit dem Dänenkönig gegen die sächsische Opposition einfädelte und gar noch 1071 zwischen Otto von Northeim bzw. Herzog Magnus und dem König vermittelte. Dieser Abstieg führte letztlich in die zerstörerische, hektische Endphase seines

Pontifikates. Von den Gegnern aufgerieben, seiner Machtmittel beraubt, mit der ihm anvertrauten Herde zerfallen, sein Kathedralsitz Bremen ausgeplündert und verarmt, zudem enttäuscht in allen hochfliegenden Hoffnungen, fand er sein Ende – fern seiner Diözese – in der Pfalz Goslar. Nur der König, dem er bis zuletzt unverbrüchlich die Treue gehalten hatte, fand noch Zugang zu ihm. Nach Adalberts Tod brachte Heinrich IV., dem Spolienrecht entsprechend, den Nachlass des Erzbischofs an sich, darunter die Privilegien der Bremer Kirche und Reliquien, so auch den Arm des hl. Jacobus.

Mit dem Tode Adalberts, dessen sterbliche Überreste aus dem Vorharz nach Bremen geleitet und dort in der neuen, von ihm erbauten Westkrypta des Domes beigesetzt wurden, endet die Hochphase des ottonisch-salischen Kirchenregiments als Herrschaft des Reiches mit der Kirche. Der Kampf zwischen deutschem Königtum und römischem Papsttum um die Vorherrschaft im Abendland gestaltete auch die Rolle der Reichskirche neu und stellte Erzbischöfe, Bischöfe und Äbte dem sich herausbildenden weltlichen Reichsfürstenstand als geistliches Pendant an die Seite, das aber hinfort der universalen Autorität des Pontifex maximus in Rom unterworfen war. Der Reichsdienst verflachte, die Bemühungen galten wesentlich dem Auf- und Ausbau der Territorialherrschaft in Konkurrenz mit den weltlichen Machthabern.

Adalberts scharfes Urteil, seine Vorgänger im Amt seien insgesamt „obscur" und „unedel" gewesen, hatte nicht zuletzt praktische Konsequenzen für seine eigene Bautätigkeit: Um den „Riesenbau" des Domes fortführen zu können, ließ er die jüngst von Erzbischof Bezelin um die engere Immunität hochgezogene Umfassungsmauer als überflüssig abbrechen, um Baumaterial zu gewinnen, denn, so pflegte der Pontifex häufig zu sagen, „es mangele (in seinem Bistum) außer an Priestern auch an Steinen". So fiel nicht nur der stattliche Turm an der Westseite, sondern auch das Domstift diesem Abbruch zum Opfer, was nicht nur die relative Schutzlosigkeit der Domdüne, sondern vor allem den Verfall der kirchlichen Zucht des Domklerus zur Folge hatte. Das Modell des Kölner Domes wurde verlassen, Adalbert orientierte sich nach seinem ersten Italienaufenthalt 1046/47 an der Kathedrale von Benevent. Vom Adalbertbau, der 1089 durch einen Brand fast gänzlich vernichtet und von Erzbischof Liemar von Grund auf neu hochgezogen wurde, sind wesentlich die Krypten erhalten, die vorzügliche lombardische Steinmetzarbeiten aufweisen. Um 1066 ist die dem heiligen Andreas gestifte Krypta fertiggestellt worden, Magister Adam, der damals die Domschule übernahm, war Zeuge, wie die Wände geweißt wurden. In dieser Zeit nimmt auch die erzbischöfliche „Kanzlei" in Gestalt einer sehr bescheidenen Schreibstube ihren Anfang – bescheiden auch inso-

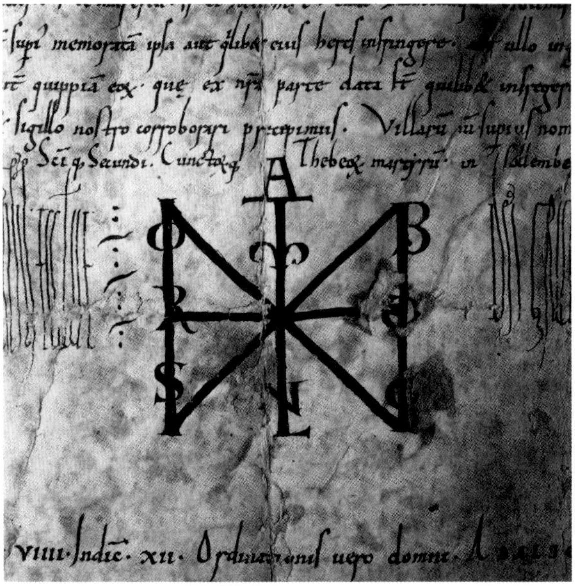

Monogramm des Erzbischofs Adalbert. Mit der sog. Riquor-Urkunde (1059 Juli 16) wurden Schenkungen zu Gunsten der hamburgisch-bremischen Kirche bestätigt. Monogramm und Formular der erzbischöflichen Urkunde orientieren sich am Vorbild kaiserlicher Urkunden. (Landesarchiv Schleswig)

fern, als Erzbischof Adalbert selbst ein leider im Original nicht erhaltenes Dokument verfasst und geschrieben hat. Aus Adalberts Zeit stammt auch die erste original überlieferte Bischofsurkunde von 1059, die sog. Riquor-Urkunde. Das Schriftstück zeigt – hierin wird die Nähe Adalberts zu Königtum und Reichskanzlei besonders deutlich – die Nachahmung des kaiserlichen Monogramms und die Gegenzeichnung durch den Erzkapellan. Das Domkapitel, das unter Adalberts mächtigem Zugriff offensichtlich nur wenig Bedeutung hatte, erhielt anlässlich des Aufenthaltes Heinrichs III. in Bremen und Lesum 1047 den Balgehof – kaum als Ersatz für den Verlust zu bezeichnen, den Kapitel und Kirche insgesamt nach 1066 als Folge des Zusammenbruchs der erzbischöflichen Politik vor Ort hinzunehmen hatten. Selbst das seit Ansgars Zeiten wohldotierte Armenspital wurde seiner Mittel beraubt. Ein Reflex auf diese Verarmung dürfte in der Lizenz zu sehen sein, die Adalbert den Domkanonikern erteilte, nämlich ihr Privatvermögen dem Stift bzw. einem der Mitgeistlichen zu vermachen bzw. bei fehlendem Testament das Vermögen für die Kirche einzuziehen. Dieser Erlaubnis schloss sich eine Seelgerätstiftung Adalberts auf den Hof Bramstedt an, die es gestatten sollte, am Tage seiner Vorgänger seit Willehad und zur Feier des eigenen Gedächtnisses, das er auf den Tag nach dem Willehadfest an-

St. Petri Dom, Ostkrypta.

setzte, an die Stiftsgeistlichen bzw. die Armen 30 Weizenbrote bzw. 300 Brote samt Zukost auszugeben – auch hierin wird man ein Zeugnis für die aktuelle Not in Bremen zu sehen haben, der Adalbert gegensteuern wollte. Somit verband sich in den Tagen Magister Adams für Bremen mit dem Namen Adalbert vor allem Mangel und die Zerrüttung der inneren Verhältnisse. Der exzessive Reichsdienst und die Auseinandersetzungen mit dem landsässigen Adel, insbesondere mit den Billungern und Udonen, beim Versuch des Aufbaus einer erzbischöflichen Territorialherrschaft, hatten zum Niedergang des Erzstiftes geführt.

Bei seinem Amtsantritt 1043 hatte sich der hochadlige Pontifex geschworen: „Kein Herzog, kein Graf oder irgendeine mit Gerichtsbefugnissen ausgestatte Person solle in seinem Bistum irgendwelche Befehlsgewalt haben." Vielmehr wolle er die frühere Freiheit der Kirche (*libertas ecclesiae*) unter Anknüpfung an Adaldag wiederherstellen. Da Adaldags Bestreben laut Ausweis der Herrscherurkunden der Sicherung kirchlicher Immunitätsbezirke um die *monasteria* mit Bremen an der Spitze unter Einschluss der Gerichtsbarkeit galt, dürfte auch Adalberts Stoßrichtung in dieser Weise zu interpretieren sein, denn an die Ausschaltung jedweder laikaler, gräflicher Gewalt im Erzstift war nicht zu denken. Vielmehr sollte der verstreute Kirchenbesitz und seine vielfältige Gerechtsame von jeglicher weltlicher Herrschaft frei sein und damit grafenähnliche Qualität besitzen – ins Visier der erzbischöflichen Ambitionen gerieten hierbei vor allem die Stader Grafen, seit 1056 Markgrafen der Nordmark, und die Billunger Herzöge, denen bereits Alebrand-Bezelin durch das Marktgründungsprivileg für Stade bzw. durch den Ausbau des gemeinsamen Vorortes Hamburg konkurrierend zur Seite getreten war, ganz zu schweigen von dem sicherlich mit Wissen der Kirche erfolgten Entzug des reichen Lesum vor den Toren Bremens.

Kam es bereits 1047 zu dem Zwischenfall in Lesum, der Heinrich III. das Leben hätte kosten können, so ging Herzog Bernhards II. Sohn Ordulf massiv gegen Kircheninteressen in Ostfriesland vor, erzwang die Beteiligung des Erzbischofs an einem Kriegszug und baute schließlich um 1060 in offener Abkehr von der früher gepflegten „Cohabitation" die „Neueburg" in Hamburg. Das Verhältnis zu den Billungern blieb indessen prekär.

In der Zeit der Regentschaft der Kaiserin Agnes nach 1056 und der eigenen Dominanz bei Hofe in den Jahren 1063 bis 1065 gelang es Adalbert, fast nach Plan seine Territorialpolitik durchzusetzen. Dies unter Hinweis auf die Stellung des Würzburger Bischofs – vielleicht vermittelt durch den Franken Adam, denn im nachmaligen staufischen „Herzogtum" Würzburg war der Erzbischof bestrebt, alle Grafschaften seiner Diözese in die Hand zu bekommen, insbesondere deren Jurisdiktionsgewalt. Den Anfang machte zwischen 1047 und 1057 die Grafschaft im friesischen Hunesga und Fivelga. Zur Abrundung dieses „küstenbezogenen Dukats" ließ sich Adalbert auf dem Zenit seines Einflusses bei Hofe 1063 die Stader Grafschaft der Udonen, konzentriert im Gebiet zwischen unterer Weser und niederer Elbe, im Lar- und Ammergau zuschreiben sowie die Grafschaft des Grafen Bernhard von Werl im Emsgau, im osnabrückischen und im südlichen Westfalen als Brücke zum Niederrhein. Allerdings verblieben diese Gebiete in den Händen Markgraf Udos bzw. des Werler Grafen als Bremer Kirchenlehen. Für den Erwerb der friesischen Grafschaften hatte der Erzbischof dem König nicht weniger als 1000 Mark Silber zahlen müssen, von denen der Brunone Graf Ekbert 200 Mark aufzubringen hatte, wofür diesem der Komitat als Lehen zugestanden werden musste.

Im Jahr 1096 erhielt Erzbischof Liemar den Komitat im Emsgau bestätigt, während Hunesga und Fivelga wohl schon 1066 der Herrschaft der Kirche gänzlich entglitten waren. Markgraf Udo II. erhielt für die Übergabe seiner Grafschaft 1061 an die Bremer Kirche den gleichen Wert in Kirchengut, d.h. seine als Lehen wiedererworbene Grafschaft wurde um beträchtlichen Besitz angereichert, der freilich im Obereigentum des Erzstiftes verblieb. Auch der Billunger Graf Hermann, Bruder Herzog Ordulfs, wurde Lehnsmann der Kirche, allerdings gerieten sich die Parteien über die Größe des Lehens in die Haare, was mit einem Plünderungsfeldzug gegen Bremen und mit der Zerstörung der erzbischöflichen Burgen seitens der Billunger beantwortet wurde.

Zur Grafschaft als Institution sind Gerechtsame wie Gerichtsgewalt, Heeresaufgebot und einzelne Rechte wie etwa Zoll, Münze, Markt und das Amtsgut aus königlicher Verleihung zu rechnen. Einnahmen aus diesen Rechten, die dem König bzw. dem Grafen zustanden, konnten zumindest der Theorie nach „gesplittet" werden, wie dies im Falle von Heeslingen bezeugt ist.
Bis zu Adalberts Sturz konnten die Großen gezähmt werden, zumal der Bremer Erzbischof die ihm zugefallene Grafschaft Dithmarschen an den Stader Udo weitergab und Herzog Ordulf sich 1064 zu einer Sühne mit 50 Hufen Land verstehen musste. Der Fall Adalberts eröffnete aber den Kampf gegen dessen „tyrannische Herrschaft", wie seine Gegner zu formulieren beliebten, die ihn jetzt offen als königlichen Spitzel verdächtigten. Besonders der Billunger Magnus, Sohn Herzog Ordulfs, tat sich als Feind der Bremer Kirche hervor, so erpresste er von Adalbert mehr als 1000 Hufen Lehnsbesitz. Adalbert, der sich angesichts der bedrohlichen Situation auf sein Gut Lochtum bei Goslar zurückgezogen hatte, musste sich zu einer Art Gebietsaufteilung seines Sprengels verstehen: „So wurde das ganze Bistum in drei Teile zerschlagen, einen besaß Udo, den zweiten Magnus, kaum ein Drittel blieb dem Erzbischof." Im Jahr 1071 unterwarf sich Magnus zusammen mit seinem wichtigsten Verbündeten im Kampf gegen Kirche und Reich, Otto von Northeim, Heinrich IV. Erzbischof Adalbert verwandte sich besonders eifrig für den Northeimer – vielleicht auf Wunsch der Stader Udonen und damit auch im eigenen Interesse. Während Otto bald aus der Umgebung des Königs entlassen wurde, geriet Magnus in unbegrenzte Beugehaft. Die Auseinandersetzungen nahmen eine bislang ungewohnte Schärfe an, die letztlich das Verhältnis zwischen dem Salier und dem sächsischen Adel endgültig ruinierten. Diesem Dauerkonflikt steht freilich die Tatsache gegenüber, dass die Jahrzehnte bis 1106, als das Haus der Billunger im Mannesstamm ausstarb, so weit wir sehen können, von größeren Konflikten zwischen der Bremer Kirche und Herzog Magnus freiblieben. Herzog Magnus hielt sich bei den Auseinandersetzungen mit dem König weitgehend zurück, ohne dass wir die Ursachen dieser Haltung erkennen können.
Zur Intensivierung der erzbischöflichen Territorialherrschaft als besonders günstig erwies sich der Erwerb des Komplexes Lesum 1063, wofür Adalbert allerdings – und dies zeigt die Bedeutung dieses Herrschaftssitzes – der Kaiserinwitwe Agnes neun Pfund Gold übergeben musste. Zuvor war bereits 1059 mit dem reichen Landerwerb in Dithmarschen und vor allem in und um Stade ein konkurrierendes Potential zur Machtausübung in Konkurrenz zu den Udonen gewonnen worden, das die Bremer Kirche fest an der Unterelbe verankerte. Die mehrfachen Schenkungen von Waldgebieten,

Goldbulle mit Porträt des Königs Heinrich IV. an einer Urkunde von 1065, Oktober 19, mit der Erzbischof Adalbert den Ort Zinzig mit dem Rheinzoll an die hamburgisch-bremische Kirche übertragen ließ: + HEINRICUS REX. (Staatsarchiv Stade)

Bruchländereien und Ödland, zumeist in Verbindung mit dem Forstbann, aus königlichem Besitz, auch und nicht zuletzt im Bremer Umland (Vieland, Kirchhuchting, Brinkum), im Stedingerlande und bei Altenesch, lassen bereits in Ansätzen den im 12. Jahrhundert sich verstärkenden innerstiftischen Landesausbau erkennen, der im Gegensatz zum Lehnsbesitz in der Verfügungsgewalt der Kirche blieb und letztlich deren ökonomisches Fundament bilden sollte.
Hingegen ist der spektakuläre Erwerb von Reichsgut als Fernbesitz an Oberweser und Rhein, so der Pfalzen Sinzig und Duisburg, aber auch der alten Reichsabteien Corvey und Lorsch, nur kurzfristig gewesen. Diese Übertragungen auf Pergament konnten nicht als wirklicher Besitz erworben werden – der Sturz Adalberts machte diesen Illusionen ein Ende.
Der kirchliche Ausbau des Bremer Sprengels war hingegen von gewissen beachtlichen Erfolgen gekrönt: So konnte das Saalekloster Goseck, die Hausabtei der sächsischen Pfalzgrafen, 1061 dem Erzbistum inkorporiert werden, gleichsam als Klammer zwischen Familie und Erzstift. Der bedeutende ökonomische Aufschwung Bremens in der ersten Hälfte des 11. Jahrhunderts dokumentiert sich nicht nur in dem Neubau der Kathedrale, sondern auch in der Stiftung von nicht weniger als drei Propsteien in der Stadt bzw. dem engeren Stadtgebiet zwischen 1043 und 1049 mit St. Willehadi, St. Stephani und St. Pauli, Letztere aus den Gütern des Hospitals, und eine weitere zu Lesum aus dortigem Grundbesitz. Ferner erfolgte im Hamburgischen die Errichtung der Propstei auf dem Süllberge, die bereits 1059 mit Zehnten bewidmet wurde.

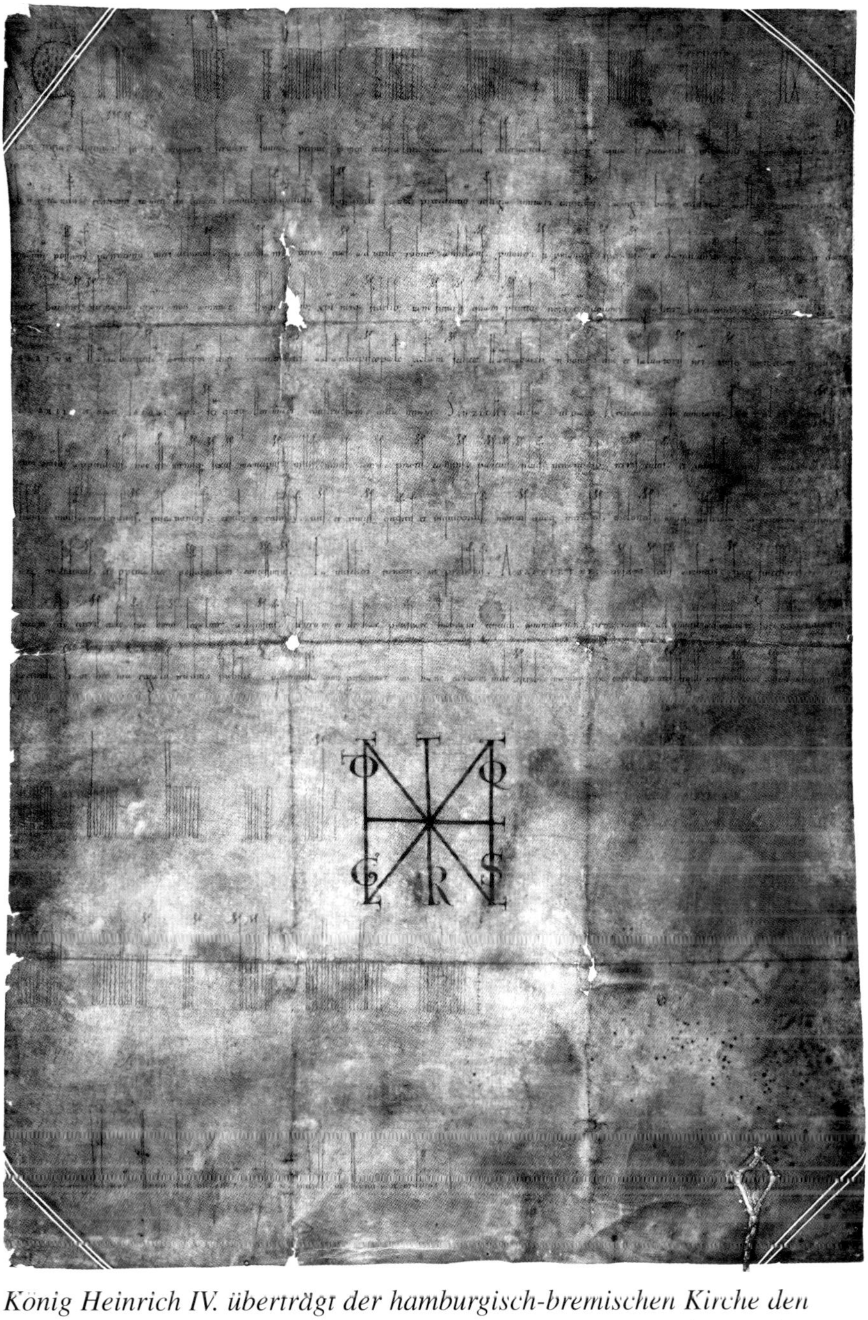

König Heinrich IV. überträgt der hamburgisch-bremischen Kirche den Ort Zinzig mit dem Rheinzoll. 1065, Oktober 19. (Staatsarchiv Stade)

Nach Adam gelang eine zusätzliche Ausweitung der Kirchenherrschaft mit dem Erwerb des Stiftes Wildeshausen im Larigau und des Stader Stiftes Harsefeld, die im Kontext mit den großen, noch zu erörternden kirchenpolitischen Plänen Adalberts stehen, nur „fast".
Im Jahr 1059 bestätigte Erzbischof Adalbert – so wie seine Vorgänger anderswo auch – die Gründung einer Pfarrkirche im ammerländischen Rastede durch den rüstringischen Grafen Huno und seine Gattin Willa, die dieser Kirche – als Wittum der Gräfin? – einen Nonnenkonvent angliederten, wie die späte Rasteder Lokalgeschichte zu berichten weiß. Diese Stiftung geschah in Konkurrenz zur Kirche zu Wiefelstede, bildete aber im flachen, institutionell wenig erschlossenen Gebiet ein zusätzliches geistliches Zentrum sowohl der Pastoralisation als auch religiöser Studien unter dem Schutz adliger Zuwendung, das später der Vogtei der Oldenburger Grafen unterstand. Von der Umwandlung des Nonnenkonvents in ein Männerkloster in Parallele zu den Vorgängen in Harsefeld um 1100, die sich zugleich als gregorianische Reformabteien etablierten, wird noch zu reden sein.
Über dem angespannten Reichsdienst, den Bau- und Ausbauplänen sowie der Intensivierung seiner Territorialherrschaft verlor Erzbischof Adalbert die Skandinavien- und Wendenmission nicht aus den Augen, vielmehr gedachte er das „kleine Bremen" zum geistlichen Rom des Nordens werden zu lassen. So schlug er 1046 die ihm nach den Synoden von Sutri und Rom von Heinrich III. zugedachte päpstliche Würde aus und ließ seinem ehemaligen Halberstädter Mitbruder und jetzigen Bamberger Bischof Switger den Vortritt. Dieser Schritt muss nun freilich aus der äußerst prekären Lage, in der sich das Papsttum damals im Zentrum innerstädtischer Auseinandersetzungen von römischen Adelsfraktionen befand und das noch keinesfalls über die nachgregorianische faszinierende Strahlkraft verfügte, verstanden werden – demgegenüber mochte die an die nördlichen Grenzen der Ökumene vorstoßende Skandinavienmission, die unter Erzbischof Adalbert mit Bischof Isleif Island und Grönland erreichen sollte, den Vorzug verdienen, zumal auch im östlichen Obodritenlande eine deutliche Hinwendung zum Besseren zu erkennen war. Der bereits mehrfach erwähnte Fürstensohn Gottschalk hatte mit dänischer Unterstützung die Herrschaft an sich gerissen und predigte selbst seinen Landsleuten als wiederbekehrter Renegat mit glühendem Eifer das Evangelium. Voll Freude weiß Magister Adam zu berichten: „Überall im Slavenlande gab es Priester und Kirchen!" Klöster bzw. Stifte wurden in Mecklenburg, Alt-Lübeck, Oldenburg, Lenzen und Ratzeburg gegründet. Vielleicht in Verbindung mit seinem Patriarchatsplan und mit dem organisatorischen Ausbau seiner Erzdiözese teilte er das Bistum Oldenburg in drei Sprengel (Oldenburg, Mecklenburg, Ratzeburg) auf, denen nach der Mitte des 12. Jahrhunderts und un-

ter teilweiser Verlegung – von Mecklenburg nach Schwerin und von Oldenburg nach Lübeck – als Bremer Suffraganen Zukunft beschieden war. Der große heidnische Aufstand des Jahres 1066 zwischen Elbe und Oder, wohl kaum zufällig im Jahr von Adalberts Sturz, in dem auch Gottschalk sein Ende fand, machte freilich diesen Neubeginn völlig zunichte, auch Hamburg wurde 1068 wiederum fast gänzlich ausgelöscht.

Was die eigentliche Skandinavienmission anging, so fühlte sich Adalbert nach der Aussage seines Biographen sogar bemüßigt, nach Ansgar, Rimbert und Unni als „vierter Evangelist" in eigener Person verkündigend in die nördlichen Regionen aufzubrechen. Dank diplomatischer Maßnahmen der aufzusuchenden Könige blieb es freilich bei diesem Vorsatz des großen Politikers und Organisators. So gelang es Adalbert immerhin, Norwegen und Schweden – Adalward von Bremen wurde 1051/56 Bischof von Skara – noch zu einer gewissen Unterordnung unter die hamburgisch-bremische Kirche anzuhalten und die Mission sogar nach Island und Grönland zu tragen. Zu Recht ist deshalb die Länderkunde des Nordens, die Magister Adam dem dritten Buch seiner Kirchengeschichte anfügt, als eine Art von „Werbeprospekt" für die Nordlandmission, vor allem auf den Inseln, bezeichnet worden. Indessen traten zunehmend die Eigeninteressen der nordischen Königreiche und ihre kirchlichen Emanzipationsbestrebungen vom Erzstuhl an Elbe und Weser hervor, trotz einvernehmlicher Beziehungen zwischen deutschem Erzbischof und skandinavischen Herrscherhöfen. Zum auslösenden Moment der Trennung bedurfte es der „bilateralen" Interessen des Reformpapsttums, um Skandinavien von der Bindung an Hamburg-Bremen zu befreien und auch kirchlich zu verselbständigen.

Während Adalberts Pontifikat bestand nach einem kurzen negativen Zwischenspiel ein besonders gutes Einvernehmen zu Dänemarks König Sven Estridsen, einem Neffen Knuts des Großen, dem nach dem Tode des über Norwegen und Dänemark herrschenden Magnus Letzteres zugefallen war. Der König ist nicht nur für vieles Zeitgenössische Adams Gewährsmann, vielmehr war er bereits unter Adalberts Vorgänger Bezelin in einen erfreulichen Kontakt mit der Bremer Kirche gekommen. Damit bestand eine der wesentlichen Konstanten ottonisch-salischer Außenpolitik fort, die seit den Tagen Adaldags nicht nur die deutsch-dänische Grenze entlastete, sondern auch die häufig militärischen Aktionen im Wendenland jenseits der Elbe erlaubte. Dieses Bündnis hielt auch nach Adalberts Sturz 1066, so kam es zu einem Treffen zwischen Sven Estridsen und Heinrich IV. 1069 gegen die sächsische Opposition in Lüneburg.

Gleichwohl ließen sich Loslösungsbestrebungen der dänischen Kirche, die auf einen eigenen Metropolitanverband abzielten, nicht übersehen. Zwar bestätigte bereits Papst Clemens II. 1047 den Besitzstand der norddeut-

St. Petri Dom, Westkrypta.

schen Metropole, die kirchliche Oberhoheit über die Schweden und Dänen sowie über den Bereich zwischen Elbe und Peene, sowie die dauerhafte Zusammenfügung der Hamburger und Bremer Diözesen – doch konnte damit auf Dauer den Bestrebungen der dänischen Suffragane nicht begegnet werden. Nicht zuletzt deswegen verfiel Adalbert auf den sogenannten, in der älteren Forschung zumeist mit großer Emphase ausgebreiteten „Patriarchatsplan". Dazu sei er zuerst, wie Adam ausführt, „durch die Notwendigkeit geführt worden, als der König der Dänen in seinem Reich ein Erzbistum errichten wollte". Dieses Vorhaben, an Kühnheit jedes andere Projekt Adalberts übertreffend, fußte auf pseudo-isidorischen Dekretalen und sollte für den norddeutschen Pontifex zwischen einem demnächst zu befürchtenden dänischen Erzbistum und dem römischen Papsttum eine Zwischeninstanz schaffen, die damit auch die Verselbständigung von ehemaligen Suffraganbistümern zu eigenen Kirchenprovinzen unter ihrem breiten Dach aufnehmen konnte. Diese Form eines länderübergreifenden Patriarchats ist zunächst eine gedankliche Neuschöpfung Adalberts, weder die überkommenen Primatensitze noch gar die fünf Hochkirchen der Alten Kirche konnten für diese Konstruktion als Vorbilder dienen. Möglicherweise ist aber der westliche Patriarchat in Aquileja, der friaulische und istrische Bistümer, freilich ohne dazwischengeschaltete Metropolen umfasste, Muster gewesen – auch sollte Adalberts Vorliebe für griechische Liturgie und byzantinischen Pomp nicht vergessen werden. Zur Stabilisierung und Fundierung seiner eigenen Kirchenprovinz – die dänische Kirche war von zwei auf neun Bistümer erweitert worden – bestimmte Adalbert, einer falschen Dekretale auf Papst Pelagius folgend, für sein Erzbistum insgesamt zwölf Bistümer. Diese sahen, zum Teil gegen ein noch jüngst geäußertes päpstliches Verbot, Pfarrkirchen und kleine Dörfer als Sitz der neuen Suffragane vor: so neben Ratzeburg, Oldenburg, Mecklenburg, Ramelsloh, Stade, Lesum auch Pahlen an der Eider und Heiligenstetten das osnabrückische Wildeshausen sowie das Mainzer Bistum Verden und einen weiteren Sitz in Ostfriesland. Die gesuchte Symbolik der Zahl 12 (Suffragane) wird über den Wortlaut des Pseudo-Pelagius hinaus deutlich erfahrbar an der gleichen heiligen Zahl der Apostel, der Väter der Apokalypse, der Tore der heiligen Stadt Jerusalem und nicht zuletzt der zwölf Bischöfe, die bei der Ordination und Weihe Adalberts in Aachen zugegen gewesen waren. Diese Aufteilung in zwölf Bistümer hätte das Erzstift freilich in Kleinstdiözesen ohne ausreichende wirtschaftliche Basis zerstückelt und bereits im Vorgriff mit Köln bzw. Osnabrück und Mainz in heftigste Debatten verwickelt. Aus beiden Vorhaben wurde bekanntlich nichts – die Päpste ließen sich auf diese Konstruktion nicht ein. Als gewissen Ausgleich erlangte Adalbert von Papst Leo IX. ein Privileg, das nicht nur die Missionsansprüche Hamburg-Bremens über die drei skandinavischen Königreiche hinaus auf Island, Finnland und Grönland fortschrieb sowie über das Slawengebiet zwischen Elbe und Peene, ferner die bleibende Vereinigung von Hamburg und Bremen zusicherte, sondern auch die Bischöfe von Halberstadt, Hildesheim, Paderborn, Minden und Verden zur Unterstützung der Glaubensverkündigung anhielt, die Neubekehrten allesamt dem Bremer Erzstuhl unterwarf und Adalbert und seine Nachfolger nach dem Beispiel des *legatus Germanicus* Bonifatius zum Legaten des apostolischen Stuhles und Vikar des Papstes bei allen Völkern des Nordens ernannte. In dieser Funktion erhielt er zudem das Recht der Bischofsordination in seiner Diözese und für die genannten Provinzen unter Vorbehalt des dem heiligen Stuhl geschuldeten Gehorsams. Zudem erweiterte Leo IX. den Palliengebrauch, gestattete das Tragen der Mitra und die Verwendung des *naccum*, eines purpurnen Sitzkissens, um den Bremer Pontifex mit den westlichen Metropoliten und dem Magdeburger Amtsbruder zumindest in der Verwendung geistlicher Herrschaftszeichen gleichzustellen. Damit war das Papsttum den Wünschen Adalberts weit entgegengekommen, ohne doch auf originäres Recht und künftige Möglichkeiten des eigenständigen Zugangs und kirchenrechtlichen Einwirkens in dem noch fernen Norden grundsätzlich zu verzichten. Wenn sich auch Adalbert ausweislich seiner wenigen auf uns gekommenen Urkunden mit dem neuen Legatentitel schmückte und Ma-

Der Traum Kaiser Heinrichs III.: Hildebrand ist Papst (Gregor VII.) und Heinrich IV. wird durch ihn seiner Herrschaft beraubt. Bremer Handschrift der Sächsischen Weltchronik, um 1280/90. (Staats- und Universitätsbibliothek Bremen)

gister Adam an der Erfüllung dieser Legation als *primum officium* der Bremer Kirche die Erzbischöfe maß, so hat das Reformpapsttum im letzten Viertel des 11. Jahrhunderts rasch und bereitweillig Kontakt nach Skandinavien aufgenommen, und es war schließlich nur eine Frage der Zeit, wann das Erzbistum an Weser und Elbe die skandinavischen Kirchen in die römische Freiheit entlassen musste. Dies geschah dann allerdings erst im Jahr 1104.

Wie in einem Brennspiegel fasst der Tod Adalberts am 16. März 1072 fern von seiner Diözese in Goslar, aber in der Nähe seines geliebten Königs die geschichtliche Existenz dieses hochadligen Erzbischofs an der Schwelle des Umbruchs des ottonisch-salischen Zeitalters zusammen: Scheitern der Territorialherrschaft und Distanz zur eigenen Kirche auf der einen, unbedingte Treue zum König, in dessen Dienst Adalbert kein Opfer zu aufwendig, keine Mühe zu groß war, auf der anderen Seite. An ihm, der sich der gleichen Treue zum Papst rühmte, ging der schwere Loyalitätskonflikt seines unmittelbaren Nachfolgers im Spannungsfeld zwischen Heinrich IV. und Gregor VII. noch vorbei. Ob er vielleicht die zerstrittenen *capita mundi* ein letztes Mal hätte versöhnen können angesichts seiner Stellung und seiner Erfahrung, wissen wir nicht. Im Scheitern blieb ihm diese Zerreißprobe wenigstens erspart. Bei einer Gesamtwürdigung von Adalberts Wirken und Charakter wird freilich zu fragen sein, ob sein adliges Selbstverständnis und seine prägende Erziehung andere Aktivitäten als jene im Dienste des Reiches, den er zugleich als Dienst an seiner Kirche empfand, überhaupt zugelassen hätten. Konnte ihm die mönchische Bescheidenheit eines Rimbert abverlangt werden? Erwartete das Reich nicht den hohen, wenn nicht gar den höchsten Einsatz seiner Prälaten? Letztlich beruht die geschichtliche Wertigkeit der Bremer Kirche für alle Zeiten nicht zuletzt auf den Pontifikaten eines Adaldag und Adalbert, in denen die mittelalterliche *ecclesia*, Weltliches und Geistliches umfassend, noch ungeschieden präsent war und in denen die moderne Ausdifferenzierung von Kirche und Staat allenfalls in Ansätzen erkennbar wird. Der Maßstab zur Beurteilung einer historischen Epoche und ihrer handelnden Personen muss, soweit es sich nicht um Kapitalverbrechen und Machtmissbrauch handelt, in ihr bzw. in ihnen gefunden werden, nicht im Urteil späterer Generationen.

Literatur:
Althoff, Billunger in der Salierzeit (1991). – Bosse und Lamotte, Dom zu Bremen (1989). – Brandt, Gräber (1988). – Fuhrmann, Adalberts von Bremen Mahnung (1992). – Fuhrmann, Patriarchatsplan Erzbischof Adalberts (1967). – Giese, Reichsstrukturprobleme (1992). – Glaeske, Erzbischöfe (1962). – Goetz, Geschichtschreibung und Recht (1993). – Goetz, Herzogtum der Billunger (1994). – Hägermann, Buten und Binnen (1985). – Hoffmann, Grafschaften in Bischofshand (1990). – Johanek, Erzbischöfe von Hamburg-Bremen (1991). – Reinecke, Series episcoporum (1984). – Reinecke, Vogtei- und Territorialentwicklung (1971). – Schmidt, Frühgeschichte Rastede (1993). – Schmidt, Skandinavien (1989). – Schulze, Grafen von Stade (1995). – Schulze, Urkunde Konrads II. (1991/92). – Seegrün, Erzbistum Hamburg (1976). – Zotz, Pallium et alia (1982).

3. Bremen im Investiturstreit: Die Erzbischöfe Liemar (1072–1101) und Humbert (1101–1104)

Erzbischof Liemars Pontifikat (1072–1101) in der Nachfolge des großen Adalbert ist eine gewisse Tragik nicht abzusprechen. Ungeachtet der guten Ratschläge, sich vom Hofe, der Quelle allen Übels für die Bremer Kirche, fernzuhalten und der eigentlichen Aufgabe seines Erzstiftes, der Skandinavienmission, mit aller Kraft nachzugehen, die ihm Magister Adam in der Widmung seiner Kirchengeschichte zuteil werden lässt, geriet Liemar mehr noch als sein Vorgänger in den Sog der sich verschärfenden Gegensätze zwischen der sächsisch-thüringischen Fürstenopposition und der auftrumpfenden Machtpolitik Heinrichs IV. und, diesen regionalen Konflikt weit überlagernd, in die epochale Auseinandersetzung zwischen *regnum* und *sacerdotium*, Staat und Kirche, personifiziert in Heinrich IV. und Papst

Gregor VII. (1073–1085), aus der das Papsttum universal gestärkt hervorging, während das Königtum das eigentliche Fundament seiner Herrschaft, den Zugriff auf die Adelskirche, weitgehend einbüßte. Die Linie zwischen den beiden Lagern war nicht etwa durch königstreue Anhänger der Kirchenreform und ihre reichsfeindlichen Gegner bestimmt. So war etwa Liemar für die Ziele der Reform, insbesondere das Verbot der Priesterehe, die letztlich über den Nachwuchs kirchlichen Besitz in Mitleidenschaft zog, und die Beseitigung der Simonie, des Schachers mit geistlichen Ämtern, wozu nur allzu bald auch die Investitur der Bischöfe und Reichsäbte durch den König zählen sollte, durchaus offen und vertrat kompromisslos diese Reformlinie auch vor dem König. Sein erklärter Widerstand galt – und dies betraf weite Kreise des Episkopates – den römischen Bestrebungen, die deutsche Kirche und ihre Führung dem Papsttum als allein ordnende und richtende Instanz, auch in Form der durch Legaten geleiteten Generalsynoden, zu unterwerfen. So sagt Liemar in einem berühmten Brief an seinen Amtsbruder Hezilo von Hildesheim von Anfang 1075: „Der gefährliche Mensch [gemeint ist Papst Gregor VII.!] will den Bischöfen seinen Willen kundtun wie seinen Pächtern." Der Ausgang des sogenannten Investiturstreites ist bekannt. Aus stadtrömischen Niederungen stieg das Papsttum zur führenden geistig-moralischen Instanz des Abendlandes auf, dessen Binde- und Lösegewalt sich allgegenwärtig alle Bereiche kirchlicher, staatlicher und privater Existenz unterwarf, während das deutsche Königtum nach dem schalen Ergebnis des Wormser Konkordates von 1122 tatsächlich auf die Kirchenherrschaft verzichten und im Auf- und Ausbau von Königslandschaften, Hochvogteibezirken und in der forcierten Italienpolitik der Staufer Machtersatz und neue finanzielle Quellen suchen musste.

Dies sind freilich Ergebnisse eines halben Jahrhunderts, die bei Amtsantritt Erzbischof Liemars Ende Mai 1072 nicht abzusehen waren – Heinrich IV. übte wie selbstverständlich ohne Befragen der Bremer Geistlichkeit sein Ernennungsrecht aus – und bestimmte einen seiner Ministerialen bayerischer Herkunft, also einen zuvor ständisch Unfreien, Liemar, zum Nachfolger des hochadligen Adalbert! Liemar war freilich sowohl Mitglied der Hofkapelle, der „Pflanzschule des Reiches" als auch Kanoniker im Reichsstift St. Simon und Juda in Goslar gewesen. Auch dieser königliche Akt stellt einen scharfen Bruch mit der bisherigen Tradition dar, die nicht nur in Bremen, sondern fast durchgängig im Reich Angehörige mächtiger Familien – auch zur ökonomischen Besserstellung der von ihnen dann geführten Kirchen – an die Spitze der Bistümer und großen Abteien gestellt hatte. So hielt der standesbewusste Adalbert zu seinem Amtsbruder Anno von Köln, der obendrein durch Ämterpatronage seine Familie zu fördern wusste, nicht zuletzt wegen dessen Herkunft aus einem schwäbischen

König Heinrich IV. in der Bremer Handschrift der Sächsischen Weltchronik, 1280/90. (Staats- und Universitätsbibliothek Bremen)

Dienstmannengeschlecht, Distanz. Ein Verhalten, das der Bremer Erzbischof als unedel, ja plebejisch ansah.
Heinrich IV. nutzte diese Personalpolitik als Mittel zur Herrschaftssicherung und -intensivierung im aufgewühlten und opponierenden Sachsen: So sind auch Bischof Benno II. von Osnabrück (1068–1088) und Erzbischof Hildolf von Köln (1076–1078) ministerialer Herkunft gewesen. Karl Bosl sprach zu Recht von einer „sozialen Umwälzung", die Königtum und Aufsteiger aufs Engste aneinander fesselte. Ohne Rückhalt im regionalen Adelsgeflecht, auch ohne Eigenbesitz, ohne Vertraute im einheimischen Klerus, ohne Orts- und Personenkenntnis blieb ihnen nur der enge Schulterschluss mit dem Herrscher, dem sie alles verdankten. Dies gilt in besonderem Maß für Liemar, der wegen seiner Ergebenheit und Treue von Heinrich IV. am 23. Juni 1083 aus Rom in höchsten Tönen gepriesen wurde. Selbst in den grauen Tagen von Canossa im Januar 1077 war Erzbischof Liemar an der Seite seines Königs, zusammen, wohl nicht zufällig, mit Bischof Benno von Osnabrück. Trotz dieser über alle Zweifel erhabenen königstreuen Haltung vermitteln selbst die spärlichen Quellen einen Hinweis

auf die Tragik des Bremer Oberhirten: Einerseits dem Salier verpflichtet, dem er alles schuldete, andererseits durch Erziehung, Bildung und Zugehörigkeit zur obersten kirchlichen Hierarchie den Zielen der geistlichen Reform zugeneigt und dem sich erneuernden Papsttum als oberster Instanz zum Gehorsam verpflichtet, konnte er in seiner Person nicht Diener zweier zerstrittener Herren als Repräsentanten der Universalmächte sein, wessen sich Adalbert noch am Ausgang seines Lebens rühmen konnte.
Liemar war offenbar zunächst bestrebt, den entstehenden Konflikt zwischen König und Papst auch für sich zu entschärfen, so ließ er sich auch nach der ersten Exkommunikation, die ihn wegen Versäumnis der römischen Fastensynode 1075 traf, noch im Laufe des Sommers wieder in den Schoß der Kirche aufnehmen; der Reichssynode von Worms im Januar 1076, die Gregor VII. des Stuhles Petri für verlustig erklärte, blieb er bezeichnenderweise fern und noch 1080 versuchte er vergeblich, den Papst zu Schritten gegen Rudolf von Rheinfelden zu bewegen. Erst als diese Mission scheiterte, brach er endgültig mit Gregor VII. Aber auch in Sachsen suchte der Bremer Erzbischof vor allem in den Jahren 1074 und 1075 zwischen dem König und der Fürstenopposition Frieden zu stiften.
Verwickelt in die Händel des Reiches mit Adels- und Kirchenfraktionen und in die Auseinandersetzungen der Universalmächte, die ihn meist fern seines Sprengels sahen, ist Liemars Bedeutung für das Erzstift trotz seines fast 30-jährigen Pontifikates vergleichsweise gering, freilich mit einer bedeutenden Ausnahme: Wenn nicht alle Zeugnisse – Schriftquellen, Grabbeigaben und vor allem der Grabungsbefund – täuschen, muss Liemar als (unfreiwilliger) Bauherr des heutigen romanischen Bremer St. Petri Domes gelten. Nach den späten Bremer, Stader und Harsefelder (Rosefelder) Annalen brannte das von Adalbert errichtete Gotteshaus, dessen Dach Liemar noch mit Blei und Kupfer anstelle des vorhandenen Strohs hatte decken lassen wollen, bei einer Feuersbrunst 1089 ab, wobei die Wände barsten. Die Chronisten aus Harsefeld fahren fort: „Vom Fundament aus wurde dieses, was jetzt zu sehen ist, hochgezogen.“ Des Weiteren wissen wir, dass Liemar aus Asbeke in der Rehburger Feldmark um 1091 Kalk zum Mörteln seines Dombaus aus den dortigen Steinbrüchen gewinnen ließ. Schließlich müssen wohl der hochrotgebrannte Estrich der sogenannten Dombauperiode VI und die Bankette des gegenwärtigen Domes aus der Liemar-Epoche datiert werden. Ein letztes und schlagendes Zeugnis für Liemars Bautätigkeit liefert indessen die seinem Grab einst beigegebene Bleitafel mit der Inschrift: *constructor huius ecclesie*.
Liemar hielt sich, wie bereits betont, in den knapp drei Jahrzehnten seiner Amtszeit nur sehr sporadisch in seinem Bistum auf, so Ende 1074 / Anfang 1075 – wohl durch Krankheit aufs Lager geworfen – und in den Jahren

Bleitafel aus dem Grab von Erzbischof Liemar. Der Text nennt nicht nur das Todesdatum, sondern weist auch auf Liemars Bautätigkeit hin: XVII K(a)L IVNII LIEMARUVS ARCHIEP(i)S(copus) OBB(iit) C(on)STRUCTOR HVIVS AECL(esi)AE – 17 Tage vor den Kalenden des Juni starb Erzbischof Liemar, der Erbauer dieser Kirche. (Focke-Museum)

1091/92 und wohl am Ende seines Pontifikates, ohne dass wir mangels Quellenüberlieferung Näheres wüssten.
Auch war er bedacht, den Besitz seines Erzstiftes zu mehren. So gewann er aus der Hand des Königs 1083 als Fernbesitz die Abtei Elten am Niederrhein und das westfälische Vreden, die freilich so wenig wie die einstigen Erwerbungen Adalberts (Corvey und Lorsch) für Bremen zu halten waren. Im Jahr 1085 wird ihm erneut der Besitz des überaus wichtigen Lesum bestätigt. Sonst ist der Zugewinn für die Bremer Kirche in all den Jahren mehr als bescheiden: So schließt er mit zehn namentlich genannten Friesen eine Art Prekarievertrag. Diese haben für Güter, die von ihnen der Kirche aufgetragen und von dieser vermehrt zurückerstattet worden sind, einen jährlichen Zins zu zahlen. Ferner lässt er sich von Gerhard von Stumpenhausen als Entschädigung einige Hufen und Leibeigene übertragen, was freilich nicht ohne Schwierigkeiten abgegangen zu sein scheint. Immerhin verdanken wir diesen Dokumenten den Hinweis auf die Kalkgewinnung im südlichen Bistum für den Dombau.

Erstmals werden in dieser Zeit in Urkunden des Erzbischofs vier Ministeriale (hier *servientes* genannt) bezeugt, während die ebenfalls genannten „Ritter" (*milites*) auch seine Verwandten umfassen. Eine rege Diskussion gilt in der Forschung auch der Frage über die Ausgestaltung der Bremer Vogtei bzw. der Vogteien. Sicherlich macht sich um 1100 ein Konzentrationsprozess von vielfältiger Kirchengerechtsame in Gestalt der Hochvogtei in der Hand mächtiger Adelsgeschlechter bemerkbar, die als Institution in der Epoche Heinrichs des Löwen nachweisbar bezeugt ist. Die wenigen Belege für Vögte (einmal auch für einen Untervogt) um die Wende vom 11. zum 12. Jahrhundert verweisen eher noch auf ältere Strukturen von Vogteibezirken, die sich mit Stiftsbesitz, vor allem um die ehemaligen *monasteria* wie Bremen, Ramelsloh oder Bücken verbanden. Lediglich in Bremen selbst dürfte es in institutioneller Ausgestaltung der Konradurkunde von 1035 zu einer Art „Marktvogtei" als Vorläuferin der späteren, seit 1159 belegten Stadtvogtei gekommen sein, werden doch die erwähnten Friesen bei Beschwerden an diese und an den Stiftsvogt verwiesen, deren Gericht am Markt (*ad forum*) vor Pfingsten und zum Willhadifest tagte. Und wenn Liemar als Preis für seine Entlassung aus der Gefangenschaft, in die ihn seine Teilnahme an einer Art von Reichsexekution gegen den Markgrafen Ekbert von Meißen vor der Burg Gleichen gebracht hatte, an den Grafen Lothar, höchstwahrscheinlich von Süpplingenburg, den nachmaligen Kaiser, nicht nur 300 Mark Silber, sondern auch die Übergabe der *advocatia Breme* zu leisten hatte, dürfte damit sehr wahrscheinlich diese bifunktionale Vogtei über den Bremer Kirchenbesitz vor Ort gemeint gewesen sein. Weitere sporadische Erwähnungen von Vögten aus diesem Zeitraum verweisen vermutlich auf anderes bremisches Stiftsgut unter Vogtverwaltung. So wenig das Territorium des Bremer Erzbischofs ein geschlossenes war, so wenig dürfte die Institution des adligen Hochvogtes bereits ausgebildet worden sein.

Während die Auseinandersetzungen zwischen Kaiser und Papst in der zweiten Hälfte des 11. Jahrhunderts ein neues Zeitalter heraufführten, gelang es der kirchlichen Reformbewegung auch im Erzstift Bremen Fuß zu fassen, die Kirchenfreiheit – *libertas ecclesiae* – zu postulieren und zugleich die Zugriffsrechte des damals antigregorianischen Ortsbischofs auf religiöse Einrichtungen zu beschränken oder gar zu beseitigen – zugleich ein hochpolitischer Akt, der mächtige Adelsfamilien eng mit den Reformbestrebungen in Berührung brachte und damit auch an Rom band.

So wurde das ammerländische Rastede, nachmals über seine Vogtei mit den Oldenburger Grafen verbunden, zunächst ein Kanonissenkonvent, dann ein Kanonikerstift adliger Tradition, gegen 1091 in ein Mönchskloster umgewandelt, das in seiner intendierten Loslösung nicht nur adlige Dis-

tanz zum Erzbischof, sondern auch zur königstreuen Fraktion in Sachsen zum Ausdruck brachte.
Bezeichnenderweise weihte der „Gregorianer“ Hartwig von Verden anstelle des abwesenden Liemar, aber wohl mit dessen Einverständnis, die Klosterkirche. Vorbild für diese Umwandlung dürften die Vorgänge in Stade bzw. in Harsefeld gewesen sein, von denen noch zu reden sein wird und die uns besser dokumentiert sind als das Ereignis von 1091 in der späten Rasteder Chronistik. Jedenfalls erwirkte das Ammerländer Reformkloster von Papst Calixt II. 1124 „Romfreiheit“ gegen einen jährlichen Rekognitionszins, das Recht der freien Abtwahl. Die Befugnisse des Ortsbischofs werden auf bestimmte Weihehandlungen begrenzt und diese auch nur insofern gestattet als dieser „rechtgläubig“ ist. Trotz weiterer päpstlicher Bestätigungen von 1158 und 1190 und widersprechender Beurkundungen, die der Bremer Erzbischof 1158 und 1160 vom kaiserlichen Gegenpapst zu erlangen wusste, ging im Laufe des 13. Jahrhunderts Rastede unter dem energischen Zugriff Erzbischof Gerhards II. zurück unter erzstiftische Observanz.
Bei der Umwandlung des Stiftes Harsefeld in ein Benediktinerkloster lässt sich ein Zusammenspiel durchaus verschiedener Kräfte beobachten. Die Initiative ging offenbar von der verwitweten Stader Markgräfin Oda aus, einer Stieftochter Ottos von Northeim, und vermutlich von Abt Herrand vom Kloster Ilsenburg, der bereits dem mit einer Tochter der Markgräfin verheirateten Grafen Ludwig II. von Thüringen bei der Gründung des Reformklosters Reinhardsbrunn zur Seite gestanden hatte. Der 1083 verstorbene Otto von Northeim wiederum ist als frühester Förderer der Hirsauer Klosterreform mit antiepiskopaler Tendenz und Rombindung in Sachsen nachzuweisen, so in Corvey und Helmarshausen. Des Weiteren ist vielleicht auch als Hinweis auf die königsfeindliche Grundstimmung der Geschehnisse in Harsefeld zu werten, dass Adelheid von Rheinfelden, die Tante des Gegenkönigs, in der dortigen Nikolauskapelle ihre letzte Ruhestätte fand.
Ließen der Tod Ottos von Northeim und des Markgrafen Udo II. (1082) die Umwandlungspläne zunächst ins Stocken geraten, so erfüllte die Flucht des antigregorianischen Abtes von Ilsenburg, der sich als Bischof von Halberstadt gegen den kaisertreuen Bischof Friedrich nicht durchzusetzen vermocht hatte, und des gesamtes Konventes nach Harsefeld das Vorhaben mit neuem Leben. In Begleitung Herrands befand sich auch Abt Hildebold aus Kloster Berge, der aus Hirsau stammte wie der Ilsenburger Abt aus Gorze. Damit flossen Hirsauer und Junggorzianer Reformbestrebungen über Ilsenburg in Harsefeld zusammen. Der spätere Harsefelder Chronist stellt dieses Vordringen der klösterlichen Kirchenreform in das nördliche Sachsen auf eine Stufe mit der Eroberung des Heiligen Landes und der Stiftung

Löwenkapitell, St. Petri Dom, Westkrypta, 11. Jahrhundert.

des Zisterzienserordens. Wie Rastede empfing auch Harsefeld bereits 1102 „Romfreiheit“, freie Abts- und Vogtwahl, letztere freilich erst nach dem Aussterben der Stader Grafen, die Rechte des zuständigen Erzbischofs wurden auf Weihefunktionen beschränkt. Diese nahezu exempte Stellung blieb zwar nicht unangefochten, konnte aber im Gegensatz zu Rastede bis 1418 bewahrt werden.

Die von Magister Adam so eindringlich in seiner Widmung vorgetragene Sorge um die Legation der Bremer Kirche in den skandinavischen Königreichen – die Wendenmission war seit dem großen Aufstand von 1066 ohnehin obsolet geworden – geriet angesichts der gegenläufigen Tendenzen zum Stillstand, die Auseinandersetzungen des Erzbischofs an der Seite des Königs mit dem Papsttum und die überaus häufige Abwesenheit Liemars von seinem Sprengel, ließen Missionsaktivitäten nicht zu, zumal Liemar selbst seine dänischen Suffragane als „Ausländer“ ansah und den pompösen Legatentitel nicht in den wenigen überlieferten Urkunden und Briefen benutzte. Wichtiger aber als diese Gegebenheiten erwies sich das Bestreben Papst Gregors VII. und seiner Nachfolger, unterstützt insbesondere von Anselm von Canterbury, kirchenpolitisch und kirchenrechtlich selbst unmittelbar mit den Königreichen des Nordens und ihren Kirchen in Beziehung zu treten und damit die Zwischeninstanz der norddeutschen Metropole auszuschalten. Als Erzbischof Liemar obendrein noch mit dem dänischen König in Streit geriet, kam es auch als Strafe für den kaisertreuen Erzbischof zur faktischen Loslösung der dänischen Kirchenprovinz vom hamburgisch-bremischen Erzstift, möglicherweise verfügt auf dem Konzil von Bari 1098. In Konsequenz dieser Maßnahme wurde 1104 durch einen päpstlichen Legaten das Erzbistum Lund als skandinavische Metropole errichtet, und trotz aller Bemühungen der Bremer Kirche mussten die nordischen Königreiche in die kirchliche Unabhängigkeit entlassen werden.

Wenn Johann Renner († 1583) in seiner Chronik anmerkt: „Alse nu Liemaro also de Suffraganeen weren afgetagen inn norden landen, do schreff he sich nicht mehr Ertzbischop to Hamborch, sonder: Ertzbischop tho Bremen", so trifft diese in ihrer zeitlichen Einordnung nicht ganz stimmige Aussage aber doch den Kern der Sache. Das Erzstift war nach dem Verlust seiner nordischen Kirchenprovinz im Kern trotz der Versuche Erzbischof Adalberos (1123–1148) auf die Metropole an der Unterweser beschränkt, der eine Dependance in Hamburg mit zweitem Domkapitel zugeordnet blieb. Die an sich zur Metropolitanfunktion kirchenrechtlich erforderlichen Suffraganbistümer – Oldenburg, Ratzeburg und Mecklenburg – überdauerten zunächst nur auf dem Pergament und mit Oberhirten *in partibus infidelium*. Der ausgreifende Patriarchat Erzbischof Adalberts als Zwischeninstanz zwischen der norddeutschen Metropole und den skandinavischen Kirchen war tatsächlich zu einem Bistum mittlerer Größe und Bedeutung geschrumpft, das in Konkurrenz mit anderen Kräften die Intensivierung seiner Territorialherrschaft im Landesausbau, nicht zuletzt sogar vorrangig in der Besiedlung der Elb- und Wesermarschen suchen musste. Die großen Zeiten im Dienste des Reiches waren endgültig vorüber, Königsferne und ausgeprägter Regionalismus bestimmten hinfort die Grundzüge bremischer Kirchenpolitik. An dieser Situation vermochten auch die kurzfristigen Erfolge der Livlandmission am Ausgang des 12. Jahrhunderts nichts zu ändern, auch wenn ein letztes Mal die Legation zu den heidnischen Völkern neues Leben gewann.

Wie wenig Bedeutung dem Erzbistum an der Weser nach dem Tode Erzbischof Liemars zukommt, zeigt die erstaunliche Tatsache, dass von seinem Nachfolger nicht viel mehr als sein Name bekannt ist. Wir fühlen uns in die „Dark Ages" der frühottonischen Epoche zurückversetzt, die uns mit den Erzbischöfen Hoger oder Reginward auch nur Namen überliefert. Humbert (1102–1104), so hieß der Nachfolger Liemars, ist von 1084 bis 1101 als Kanzler Heinrichs im Königsdienst nachzuweisen und wurde von diesem zum Erzbischof von Bremen bestimmt. Er war freilich nur zweite Wahl, eigentlich war der Kapellan Otto als Liemars Nachfolger vorgesehen, der aber Ring und Stab zurückstellte, dem Bistum Bamberg den Vorzug gab und später als Apostel der Pommern und als Heiliger zu den großen Kirchenführern des Hochmittelalters zählt. Humbert hinterließ hingegen so gut wie keine Spuren, mit Ausnahme einer Fürsprache zu Gunsten Bambergs in einer aus Lüttich datierten Königsurkunde und in der Stiftung von drei *servitien*, also von Tagesrationen, für das Domkapitel zur Feier seines Jahresgedachtnisses.
In das letzte Jahr seines Pontifikates fällt die Erhebung Lunds zum Erzbistum und damit zur ersten Metropole der nordischen Reiche. Damit fand eine wichtige Epoche der mittelalterlichen Kirchengeschichte ihr Ende.

Literatur:
Gams, Series episcoporum (1873–1886). – Glaeske, Erzbischöfe (1962). – Goez, Erzbistum Hamburg-Bremen im Investiturstreit (1983). – Leyser, 11. Jahrhundert als Umbruchszeit (1993). – Nyberg, Kirche in Skandinavien (1986). – Reinecke, Series episcoporum (1984). – Schmidt, Skandinavien (1989). – Schulze, Grafen von Stade (1995). – Schulze, Gründung des Prämonstratenserstiftes (1986). – Schulze, Umwandlung des Stiftes Harsefeld (1984). – Seegrün, Erzbistum Hamburg (1976). – Vogtherr, Reichsklöster (1991).

4. Exkurs: Die Bremer Erzbischöfe auf Reichsheerfahrt im ottonisch-salischen Zeitalter

Wir haben bisher in unserer Darstellung die überregionalen bzw. internationalen Aktivitäten und Verbindungen der hamburgischen bzw. bremischen Kirche und ihrer Bischöfe, soweit sie nicht das *primum officium*, die Skandinavienmission, betrafen, ausgespart. Es ist sinnvoll, gleichsam in einem Längsschnitt die Beziehungen von Erzbistum und Reich in der vom einträchtigen Zusammenwirken beider Institutionen geprägten Epoche offenzulegen. Freilich bleibt angesichts der exponierten Lage Bremens am Rande der Ökumene im Verhältnis zu den Metropolen an Rhein, Main, Mosel, Salzach und später an der Elbe der Eindruck einer gewissen „Königsferne". So hat nach Heinrich III. kein deutscher Herrscher mehr Bremen aufgesucht, die Nordseeküste hatte überhaupt nur Karl der Große einmal erreicht.

Dieses „auswärtige" Beziehungsgeflecht zwischen König, auch Papst und Erzbischof auszubreiten, und auf „Importe" von außerhalb mit Rückwirkung auf das politisch-kulturelle Innenleben der Bremer Kirche hinzuweisen, soll am Beispiel von drei Pontifikaten erfolgen, die jeweils ein oder gar mehr als ein Menschenalter umspannten. Als wesentlicher Bezugspunkt gilt uns vor allem die Teilnahme des Bremer Oberhirten an der Reichsheerfahrt, zumal der *expeditio Romana* des Königs zur Erlangung der Kaiserkrone seit den Tagen Ottos I., um davon regionale Aktivitäten, Teilnahme an Synoden oder gar Interventionen in Königsurkunden abzuheben.

Was die sogenannte Reichsheerfahrt angeht, so umfasst dieser Begriff zunächst die Teilnahme des Lehnsaufgebotes der „Kronvasallen", zu denen im ottonisch-salischen Zeitalter auch die Bischöfe und Reichsäbte zählten. Bereits am Ausgang der Karolingerzeit war das sogenannte Volksaufgebot von Fußsoldaten weitgehend durch ein Vasallen- oder Lehnsheer, insbesondere schwerbewaffnete Reiterschwadronen, ersetzt worden. An der Spitze dieser Verbände standen die „Großen" aus Adel und Kirche. Auf dieses Heeresaufgebot konnte der König zählen; insbesondere der Zug über die Alpen – die *expeditio Romana* – gehörte zu den unabweisbaren Pflichten auch der geistlichen Führungsschicht und deren eigener Vasallität.

Die Schlacht bei Cotrone / am Kap Colonna am 13. Juli 982: Wendepunkt der Süditalienpolitik zur Zeit Adaldags. Die Sarazenen schlugen vernichtend das kaiserliche Heer – Otto II. entkam nur knapp dem Feind. Die Bremer Handschrift der Sächsischen Weltchronik zeigt den Moment der Niederlage, als Otto II. sich zur Flucht wendet. (Staats- und Universitätsbibliothek Bremen)

Zum Jahr 981 ist der Anschlag für den Romzug Ottos II. bekannt – hier für das zweite Aufgebot. Aufgeführt wird die jeweils zu entsendende Anzahl von Panzerreitern; die Anforderungen an die geistlichen Adressaten schwanken zwischen 100 für die Bischöfe bzw. Erzbischöfe von Straßburg, Mainz, Köln, Augsburg und zwölf für den Bischof von Cambrai, während in einem breiten Mittelfeld von 40 und 60 Reitern etwa Worms und die großen Abteien Fulda und St. Gallen zu finden sind. Die Zahl für das bremische Erzstift fehlt, dieses hatte offenbar schon das erste Aufgebot beschickt. Vermutlich lag die Anforderung im skizzierten Mittelfeld.

Damit ist der Rahmen angedeutet, in dem die Aktivitäten der Bremer Oberhirten in ottonisch-salischer Zeit angesiedelt sind, die zugleich bedeutsame Ereignisse berühren und nicht zuletzt Spuren, vielleicht auch dauerhafte Resultate dieser „Fernreisen“, vor Ort in Bremen hinterlassen haben.

Als vorzüglicher Repräsentant des königsnahen, in den Reichsdienst eingebundenen Pontifikates in ottonischer Zeit ist Erzbischof Adaldag (937–988) aus dem Geschlecht der Immedinger hervorzuheben. Das ideell-politische Bündnis zwischen Krone und Kirche materialisierte sich im regelmäßigen Besuch der Hof- und Reichstage und nicht zuletzt in der ständigen, zumindest häufigen Teilnahme am Heeresaufgebot, insbesondere der Reichsheerfahrt, die, mit Otto I. anhebend, der Erlangung der Kaiserkrone aus der Hand des Papstes und der Ordnung der ober- und mittelitalienischen Verhältnisse galt.

So findet sich Erzbischof Adaldag, abgesehen von seiner Teilnahme an der sog. „heiligen Generalsynode" von Ingelheim von 948, auch 959 involviert in die große Politik, als er das Weihnachtsfest in der Pfalz Frankfurt mit Otto I. feiert und in diesen Tagen auf Bitten der Kiewer Großfürstin Olga einen Mönch aus St. Maximin in Trier zum Missionsbischof für Russland weiht. Diese sakrale Handlung gehört zweifellos in den Kontext ottonischer Slawenmission, deren Zentrum 968 das neugegründete Erzbistum Magdeburg werden sollte. Freilich blieb dem Missionsbischof der Erfolg versagt – ein Ergebnis von wahrhaft welthistorischer Bedeutung bis heute. Russland wurde von der Ostkirche missioniert, blieb Byzanz verbunden und erbte nach der Eroberung Konstantinopels durch die Türken 1453 seine Traditionen als „Drittes Rom".

Herausragende Bedeutung für die Bremer Kirche und Bremen selbst gewann Adaldags Teilnahme am zweiten Italienzug Ottos I., der ersten nachkarolingischen *expeditio Romana* zur Erlangung der Kaiserkrone und zur Wiederaufrichtung bzw. Neubegründung des Imperiums Karls des Großen. Mehr als drei Jahre, von August 961 bis Anfang 965, hielt sich der Erzbischof in der Umgebung des Königs auf und war Zeuge großer Momente abendländischer Geschichte. Dies gilt für die eigentliche Kaiserkrönung in St. Peter am 2. Februar 962 durch Papst Johannes XII., der gerade 17-jährig 955 zu dieser Würde gelangt war und nicht gerade als Muster geistlicher Lebensführung gelten konnte. Dieser Papst bestätigte auf einer Synode zu St. Peter das neue Erzbistum Magdeburg und empfing als Gegengabe am folgenden Tage das sogenannte Ottonianum, die Handfeste des späteren Kirchenstaates. Diese Urkunde im Längsformat in Goldschrift auf pururgetränktem Pergament wird nach dem Zeichen des Kaisers von Erzbischof Adaldag als erstem Würdenträger bezeugt, was dessen außergewöhnliche Wertschätzung illustriert. So wird er damals auch mehrfach in kaiserlichen Diplomen als *summus regnorum nostrorum consiliarius* hervorgehoben – als „höchster Ratgeber unserer Königreiche (Deutschland und Italien)".

Das Zusammenspiel zwischen Kaiser und Papst währte nicht lange, aus dem Zerwürfnis und der Absetzung Johannes' XII. wurde ein Laie aus der päpstlichen Kanzlei als Leo VIII. im November 963 von Otto I. auf die *cathedra S. Petri* berufen. Adaldag war Zeuge dieser Ereignisse. Auch nahm

Das Privilegium Ottonianum vom 13. Februar 962. Mit der im Stile byzantinischer Prachthandschriften mit Gold auf Purpurgrund geschriebenen Urkunde bestätigte Kaiser Otto I. Papst Johannes XII. den Kirchenstaat und den Schutz des Kaisertums. Unter den Zeugen nennt die Urkunde Erzbischof Adaldag als ersten kirchlichen Würdenträger des Reichs. (Archivio Segreto Vaticano)

er an dem Festgottesdienst in San Clemente teil, in dessen Verlauf Leo VIII. dem Kaiser einen Arm der heiligen Felicitas überreichte. Diese fromme Gabe führt uns wieder in die unmittelbare Nähe Bremens nach Wildeshausen, hatte doch vor mehr als einem Jahrhundert ein anderer Sachse, der Widukindenkel Waltbert den kompletten Körper des heiligen Alexander feierlich aus Rom in sein kurz zuvor gegründetes *monasterium* in Wildeshausen geleitet – und Bremen damit in schwere sakrale Bedrängnis gebracht. Sagenhafte Mutter dieses ebenso sagenhaften Blutzeugen Alexander war eben die heilige Felicitas, deren einen Arm der Kaiser jetzt aus der Hand des *Pontifex maximus* empfing.

Papst Leos Tage in der Ewigen Stadt waren freilich gezählt, nach dem Abzug Ottos I. wurde Johannes XII. restituiert und nach dessen Tod im Mai 964 ein neuer Papst gewählt: Benedikt V.

Im Juni des gleichen Jahres eroberte Otto I. Rom erneut. Auf einer Synode im kaiserlichen Lateranspalast wurde der neue Papst abgesetzt und vermutlich schon damals in die Obhut des zuverlässigen Bremer Oberhirten gegeben, der den seiner Würde entkleideten Pontifex bei seiner Rückkehr nach Bremen bzw. Hamburg in seinem Gefolge mit sich führte. Magister Adam berichtet über die Heimkehr Adaldags und die Geschenke, die er vor allem der Domkirche darbrachte, Folgendes: „Seine Reise hat der Bremer Kirche sehr beträchtlichen Gewinn gebracht. Damals soll er nämlich die heiligen Reliquien zusammengetragen haben, deren sich unser Bistum jetzt und in Ewigkeit freut." Und er fährt fort: „Der Erzbischof aber teilte die Märtyrerreliquien, die er aus der Stadt Rom mitgebracht hatte, voller Umsicht an seine Pfarreien aus", die damit, so dürfen wir ergänzen, zu sakralen Anziehungspunkten wurden, weil sie den Gläubigen zeitliches Gut und ewigen Gewinn verhießen. Ein Zusatz zum Werk Adams aus der Zeit um 1100 präzisiert diese pauschalen Angaben: „Das sind die Heiligenreliquien, die Herr Adaldag aus Italien mitbrachte, die Leiber des Cyriacus und Caesarius, des Victor und der Corona, des Felix und Felicianus, des Cosmas und Damianus." Der erzbischöfliche Heimkehrer beglückte die kirchlichen Einrichtungen seines Sprengels, indem er Partikel der heiligen Leiber am Altar niederlegen ließ – so auch Überreste des hl. Mauritius in dem von ihm selbst gestifteten Männerkonvent Reepsholt in Friesland. Mit Mauritius verbinden sich Hinweise auf die thebaische Legion und auf das uralte burgundische Kloster St. Maurice-d'Agaune im Wallis, vor allem aber auf den besonderen Kult, den Otto I. diesem Ritter-Heiligen widmete, der sich besonders im 937 gegründeten Magdeburger Moritzkloster, der Keimzelle des Erzstiftes, manifestierte. Im Jahr 960 hatte Otto I. in Regensburg aus St. Maurice Reliquien des Namenspatrons erhalten – vielleicht bekam Adaldag aus dieser kostbaren Sendung einen bescheidenen Anteil. Glei-

Die Übertragung der Gebeine des hl. Stephanus nach Jerusalem: Geistliche tragen in einer Lade die Reliquien. Krüppel und Kranke flehen am Wegrand um Heilung. Das Bild zeigt eine hochmittelalterliche Reliquienprozession, es entstammt einem um 1030 entstandenen Echternacher Evangelistar, das bis zum Spätmittelalter im Bremer Dom verwahrt wurde und dort u.a. Motivvorlagen für das Domgestühl lieferte. Das Buch befindet sich heute in Brüssel.

ches gilt vielleicht auch für die Partikel des heiligen Cyriacus. So erhielt Kaiser Otto eine Armreliquie, das 961 erbaute ottonische Stift Gernrode trägt gar den Namen dieses Heiligen. So hatte der Reichsdienst dem Erzbischof und seiner Kirche reichen geistlichen Gewinn gebracht und die Bremer Kirche aus ihrer Notlage befreit, die, abgesehen vom Petrus-Patrozinium und den Leibern ihrer heiligen Bischöfe Willehad, Ansgar und Rimbert, über keinerlei attraktive Heiltümer gebot, um gläubige Massen anzuziehen und damit segensreicher Stiftungen, aber auch zeitlicher Güter teilhaftig zu werden. Die blutleere Abstraktion moderner Theologie und Liturgie steht in starkem Kontrast zur mittelalterlichen Frömmigkeit, für die sich das Überirdische in zumeist verborgenen Reliquien der Heiligen und in Wundern, die von diesen bewirkt wurden, materialisierte. Die Nähe dieser geistlichen Athleten – heute allenfalls noch ahnbar in den Relikten des Marienkultes – verband sich mit der Erwartung wirksamen Beistands hier und jetzt wie auch künftigen Heils im Jenseits – so wurden stets die Reliquien als kostbarster Kirchenschatz bei Naturereignissen oder feindlichen Überfällen als Erste in Sicherheit gebracht.
Damit hatte die Teilnahme Adalgars an der *expeditio Romana* Ottos I. ihm Königsnähe und Bremen Königsgnade gebracht – noch 965 erhielt der Bremer Oberhirte das berühmte Marktprivileg. Der aus Italien transferierte Gnadenschatz hingegen lässt die höchste Wertschätzung des Bremer Metropoliten durch die beiden Universalgewalten erkennen, andere Prälaten mussten bei ihrer „Schatzsuche“, etwa Bischof Ortwin von Hildesheim, zum Mittel des Raubes greifen.
Wenn zudem der abgesetzte Papst Benedikt V. der Obhut Adaldags anvertraut wurde, so musste dies als besonderer Vertrauensbeweis gelten. Der deponierte Papst starb, durchaus hochgeehrt, wie uns Magister Adam wissen lässt, bereits am 4. Juli 965 oder 966 in Hamburg, womit Deutschland, sofern seine Ruhestätte noch erhalten geblieben wäre, über ein weiteres Papstgrab verfügen würde. Das einzige noch erhaltene befindet sich im Bamberger Dom, der Ruhestätte Papst Clemens’ II., des vormaligen Bischofs Switger von Bamberg und Mitbruders Adalberts aus Halberstädter und Bremer Zeiten.
Erzbischof Adalberts (1043–1072) Wirken füllt wie erwähnt ein ganzes Buch in Magister Adams Kirchengeschichte. Auf Bremen und die Bremer Kirche strahlt nur weniges aus Adalberts reicher Vita dauerhaft. Was Adalberts Dienste für das Reich angeht, so eröffnet sein Biograph hingegen nicht ohne Grund eines der ersten Kapitel folgendermaßen: „Groß ist die Zahl der Feldzüge, die der Bischof im Gefolge des Kaisers nach Ungarn, ins Slawenland, nach Italien und nach Flandern mitmachte. Jeder einzelne verlangte vom Bistum hohe Aufwendungen und von seinen Vasallen

schwere Opfer.“ So ist Adalbert 1045 am Feldzug gegen die heidnischen Liutizen beteiligt, deren Bündnis mit Heinrich II. Jahrzehnte zuvor die christlichen Gemüter beunruhigt hatte. Bereits im folgenden Jahr – 1046 – ging er mit dem König über die Alpen; erstmals seit den 60er Jahren des 10. Jahrhunderts betrat wieder ein Bremer Metropolit Italien. Die wesentlichen Begebenheiten des Herbstes sind hinlänglich bekannt: Auf die Versammlung von Pavia im Oktober folgten im Dezember die Synoden von Sutri und Rom mit den Absetzungen von drei rivalisierenden Päpsten. Die vom König initiierte Kirchenreform erreichte endlich auch den Stuhl Petri. Auf diesen wurde der Bischof Switger von Bamberg gesetzt, wohl auch auf Rat seines alten Freundes Erzbischof Adalbert, der das Angebot, selbst Papst zu werden, ausschlug. Dass Adalbert bei der Kaiserkrönung des Saliers am 26. Dezember in St. Peter anwesend war, kann als sicher angenommen werden.

Auf diesem Italienzug dürfte Adalbert auch der Kathedrale von Benevent ansichtig geworden sein, deren Gestalt und Schmuck ihn derart beeindruckte, dass er, nach den Worten Adams, statt den Bremer Dom nach dem Muster der Hauptkirche Kölns fortzuführen, jetzt die Beneventer Kirche als Vorbild wählte.

Das Jahr 1049 sieht Adalbert auf dem Feldzug seines Königs gegen Herzog Gottfried von Lothringen und Graf Balduin von Flandern, wobei er den dänischen König zur Stellung einer Flotte gegen die Reichsfeinde bewegen konnte, was nicht zuletzt zum militärischen Erfolg und der Unterwerfung der Aufrührer beitrug. Im Oktober des gleichen Jahres nahm er an der Mainzer Synode unter Leitung von Heinrich III. und Leo IX., des ehemaligen Bischofs von Toul, teil, die sich vor allem gegen Simonie, den Schacher mit geistlichen Ämtern und gegen den Nikolaitismus, die Priesterehe, wandte – Themen mit Sprengkraft für die mittelalterliche Gesellschaft.

Im Frühjahr 1055 zog der Erzbischof abermals im Gefolge Kaiser Heinrichs III. nach Italien und ist auf Gerichtssitzungen und Synoden nachzuweisen.

Mit dem Tode Heinrichs III., aber auch Leos IX. im folgenden Jahr zerbrach der mittelalterliche Kosmos, ein Zeitalter ging zu Ende, wie auch Magister Adam in Bremen empfand: „Ihr Hinscheiden führte nicht nur zu Wirren in der Kirche, sondern auch für das Reich schien das Ende gekommen.“ Die Anfänge Heinrichs IV. unter der Regentschaft der Kaiserin Agnes im Spannungsfeld des dominierenden Einflusses Annos von Köln, dann seit 1062 Adalberts von Bremen, sind oft erzählt worden. Sie zeigen den Bremer Erzbischof im Zenit seiner Bedeutung.

Über die baulichen Aktivitäten hinaus, die nicht zuletzt durch seine Italienfahrten befruchtet wurden, gewann der Reliquien- und Bücherschatz

der Bremer Kirche durch Adalberts Verbindungen zum Königshof wichtigen Zuwachs: So erhielt der Bremer Oberhirte in den 60er Jahren des 11. Jahrhunderts aus der Hand Heinrichs IV. den sogenannten Dagulf-Psalter, so benannt nach dem Namen des Schreibers, besser Kalligraphen, geschaffen einst im Auftrage Karls des Großen und als Gabe für Papst Hadrian I. († 794) bestimmt, was aber unterblieben war. Dieser kostbare Besitz aus der königlichen Schatzkammer findet noch im Diplomatar Johann Hemelings von 1415/20 als Karlsreliquie Erwähnung. Die kostbaren Elfenbeinreliefs des Einbandes gelangten in nachreformatorischer Zeit in den Besitz des Pariser Louvre, der wundervoll illuminierte Pergamentcodex in die österreichische Nationalbibliothek. Im Jahr 1041, das muss in diesem Zusammenhang erwähnt werden, war bei einem verheerenden Brand nicht nur der Dom, sondern auch dessen Bibliothek zerstört worden. Daher dürften nicht nur der Dagulf-Psalter, sondern auch andere, heute in Manchester, Hannover und München aufbewahrte Zimelien ihren Weg zur Zeit Adalberts nach Bremen gefunden haben.
Aber auch der Reliquienschatz des Domes und anderer Kirchen im Bistum gewann durch Adalberts hochkarätige auswärtige Kontakte. So stiftete er um 1060 der von ihm gegründeten, Hamburg benachbarten Propstei auf dem Süllberge das Haupt des heiligen Secundus – ein Geschenk Bischof Cuniberts von Turin. Adalbert selbst befand sich im Besitz einer dem Mittelalter unschätzbar wertvollen geistlichen Trophäe, nämlich einer Hand des älteren Jacobus, dessen Wallfahrtsort Santiago de Compostela in Nordspanien bereits im Frühmittelalter mit den Hauptstätten der Christenheit Rom, Jerusalem und dem Michaelsheiligtum am Monte Gargano wetteiferte, zählte doch Jacobus als Bruder des Evangelisten Johannes zu den frühesten Blutzeugen. Dieses kostbare Objekt der Verehrung, ein Geschenk des Bischofs von Torcelli, befand sich sozusagen im Handgepäck Adalberts – wir kennen zahllose Tragebehälter für Reliquien in Form kleiner Altäre, Bursen und hand- bzw. armförmiger Behälter –, als dieser 1072 in Goslar verstarb. Der König ließ sich diesen Schatz nicht entgehen und nahm die Hand an sich. Über den Thesaurus der Salier gelangte diese Kostbarkeit bei der Rückkehr der Witwe Heinrichs V., der Kaiserin Mathilde, auf die Insel an den englischen Königshof und wurde später der Abtei Reading vermacht. Weder ein zeitgenössischer Protest noch die Bemühungen Friedrichs I. Barbarossa konnten die Reliquie auf den Kontinent oder gar nach Bremen zurückholen. Nach wechselvollem Geschick gelangte das Heiligtum – die Abtei Reading war 1549 zerstört worden – in die Kirche von Marlow, wo es noch heute hinter Glas verwahrt wird. So verbindet diese Armreliquie Bremen noch vor den Hansezeiten mit England – dem Domschatz fehlte freilich eines seiner hochheiligen *ornamenta*.

Dagulf- bzw. Goldener Psalter (Nationalbibliothek Wien). Der mit Gold geschriebene Codex wurde als Geschenk Karls des Großen für Papst Hadrian I. angefertigt, aber nie übergeben. Er gelangte im 11. Jh. über König Heinrich IV. an den Bremer Dom und ging nach der Auflösung des Erzstifts (1648) nach Wien. Im Mittelalter war das Buch eine der wertvollsten Reliquien der Bremer Kirche.

Was ein gnädiger Tod Adalbert noch erspart hatte, die direkte Verwicklung in die Auseinandersetzungen von Königtum und Papsttum im sogenannten Investiturstreit, wurde Liemars Schicksal, dem er sich umso weniger entziehen konnte, als er seine Stellung als Bremer Oberhirte allein der Gunst des Königs verdankte, aus dessen bayerischer Dienstmannschaft er stammte. Selbst hochgebildet und verwaltungserfahren, neigte er durchaus der Kirchenreform zu, hielt aber den universalen Machtanspruch Gregors VII., den er als „gefährlichen Menschen“ apostrophierte, zumal über die Reichskirche, für unangemessen. Der 1074/75 in aller Schärfe ausbrechende Konflikt sah den norddeutschen Metropoliten an der Seite des Königs, auch wenn sich Liemar selbst um ein zumindest bereinigtes Verhältnis zum Papst bemühte und nicht zu denen gehörte, die in Worms 1076 zum Generalangriff auf den verhassten römischen Pontifex übergingen und seine Absetzung bzw. die Ungültigkeit seiner Wahl aussprachen. Diese noch relativ unbelastete Distanz zu den streitenden Parteien dürfte den Bremer Erzbischof veranlasst haben, in Begleitung des Bischofs Benno von Osnabrück, bezeichnenderweise ebenfalls ministerialischer Herkunft, dem gebannten Heinrich IV. im Januar 1077 über die schneebedeckten Alpen zu folgen und vereint mit der Großgräfin Mathilde von Tuszien, Abt Hugo von Cluny und Bischof Atto von Vercelli, den Papst zum Nachgeben zu bewegen und den reuigen König wieder in den Schoß der Kirche aufzunehmen. An einer Bruchstelle der mittelalterlichen Geschichte, vergleichbar nur der Erneuerung des abendländischen Kaisertums durch Otto I. in Gegenwart Erzbischof Adaldags im Jahr 962 und den kaiserlichen Reformsynoden von Sutri und Rom mit dem Papabile Adalbert 1046, war wiederum ein Bremer Oberhirte Zeuge eines welthistorisch bedeutsamen Ereignisses.

Die Versöhnung von 1077 zwischen König und Papst war nicht von langer Dauer, die Wahl eines Gegenkönigs durch die deutsche Fürstenopposition ließ nicht lange auf sich warten und sorgte für neue Spannungen auch mit Rom. Diese entluden sich, als Liemar von Bremen und Rupert von Bamberg 1080 auf Geheiß Heinrichs IV. von Gregor VII. die Exkommunikation des Gegenkönigs Rudolf von Rheinfelden verlangten. Sie erfuhren eine schimpfliche Behandlung. Man ließ sie nicht vor und zwang sie zur baldigen Abreise. Auf der folgenden Fastensynode wurden der König und seine Anhänger, also auch Erzbischof Liemar, gebannt. Liemar und Rupert beantworteten diese kirchliche Zensur mit subversiver Tätigkeit, indem sie auf ihrer Heimreise die Bevölkerung der Gräfin Mathilde, der Hauptstütze des Papstes in Mittelitalien, abspenstig zu machen suchten, Unfrieden in den lombardischen Städten stifteten und einen Fürstentag zu Brixen – am sicheren Schnittpunkt von Deutschland und Italien – einberiefen. Im Gegensatz zum Absetzungsschreiben von Worms findet sich jetzt Liemars Na-

Gegenkönig Rudolf von Rheinfelden erlag nach der Schlacht von Hohenmölsen vom 15. Oktober 1080 seinen Verletzungen – u.a. verlor er die rechte Hand. In der Bremer Handschrift der Sächsischen Weltchronik wird 1280/90 der Verlust der Schwurhand als gerechtes Gottesurteil dargestellt. (Staats- und Universitätsbibliothek Bremen)

me unter dem Brixener Synodalsdekret vom 25. Juni 1080, das die Amtsenthebung Gregors VII. und die Wahl Wiberts von Ravennna als Clemens III. publizierte – Liemar ist übrigens der einzige deutsche Erzbischof auf dieser Versammlung. Der frühere Loyalitätskonflikt ist zu Gunsten des Königs gelöst, dem seine ganze Treue ohne Schwanken gilt. So bleibt er auch fortan an der Seite des bedrängten Saliers, der im Jahr 1083 nach der Einnahme Roms und der Inthronisation seines Papstes und der eigenen Kaiserkrönung die Verdienste des Bremer Erzbischofs mit einer rauschenden Eloge auf den „vorzüglichen Verehrer unseres Namens, der sich um uns höchst verdient gemacht hat", feiert, der mit ihm nicht weniger als dreimal zur Einnahme Roms und zur Bekämpfung Hildebrands (Gregors VII.), des „Störers des Erdkreises", ausgezogen sei. In Quedlinburg wurde Liemar 1085 durch päpstliche Legaten erneut mit anderen Anhängern des Königs in den Bann getan, was den Erzbischof noch enger an Heinrich IV. band.

Kelch und Patene aus dem Grab von Erzbischof Liemar. Die Grabbeigaben wurden 1895 zusammen mit einer Bleitafel (S. 117) an der Südmauer der Ostkrypta geborgen. (Focke-Museum)

Im Jahr 1091 ist Liemar wiederum an der Seite des Saliers in Italien nachzuweisen, für 1096 sind Verona und Padua auf seinem Reiseweg verzeichnet. Im Gegensatz zum sonstigen sächsischen Episkopat feiert er 1099 das Weihnachtfest mit dem königlichen Hof zu Mainz. Bestimmender Einfluss auf die Reichspolitik, kirchenpolitische Initiativen gehen von ihm nicht mehr aus, zumal weder der Tod Papst Urbans II. noch des kaiserlichen Gegenpapstes Clemens III. die verhärteten Fronten aufweichen kann. In der Krise der Kirchenspaltung ist Erzbischof Liemar am 16. Mai 1101 in Bremen gestorben – noch weniger als Adalbert vermochte er in seiner Person Hirtenamt und Reichsdienst zu versöhnen, nicht weniger als sechsmal ist er nach Italien gezogen, eine Entfremdung von seiner Diözese und eine Überforderung der kirchlichen Ressourcen mussten die unausbleibliche Folge sein. Der helle Glanz, den Adalbert noch durch Königsnähe und Reichsdienst für sein Erzbistum zu gewinnen wusste, was auch sein ernster Kritiker, Magister Adam, unwillig einräumen musste, wich trübem Zwielicht von Fraktionskämpfen und ideologischen Auseinandersetzungen, in denen es für die Beteiligten im zweiten Glied nichts mehr zu gewinnen, aber alles zu verlieren gab. In relativer Reichs- und Königsferne konnte in Bremen für Hirten und Herde nur ein Neuansatz Gewinn tragen.

Literatur:
Althoff, Billunger (1991). – Fuhrmann, Patriarchatsplan Erzbischof Adalberts (1967). – Gattermann, Reichsheerfahrt (1956). – Giese, Reichsstrukturprobleme (1992). – Göbell, Christianisierung des Nordens (1977). – Goetz, Herzogtum der Billunger (1994). – Goez, Erzbistum Hamburg-Bremen im Investiturstreit (1983). – Hägermann, Bremer Stifter und Mäzene (1995). – Hägermann, Buten und Binnen (1985). – Hoffmann, Grafschaften in Bischofshand (1990). – Nyberg, Kirche in Skandinavien (1986). – Reinecke, Vogtei- und Territorialentwicklung (1971). – Zotz, Pallium et alia (1982). – Zufferey, Mauritius-Kult (1986).

5. Zwischen Region und Reich: Die Erzbischöfe Friedrich (1104–1123) und Adalbero (1123–1148)

Auch Humberts Nachfolger im Amt des Bremer Oberhirten, Erzbischof Friedrich (1104–1123), ist trotz seines verhältnismäßig langen Pontifikates als gestaltende Persönlichkeit kaum wahrzunehmen. Unbekannter Herkunft, sicherlich mit Zustimmung Heinrichs IV. erhoben, ist er ganz gelegentlich in der Nähe des Kaisers und des billungischen Herzogs und seines Amtsnachfolgers nachzuweisen. So wenig wie Humbert hat er als Parteigänger des Saliers das Pallium aus Rom erhalten. Friedrichs Name verbindet sich dauerhaft mit einem Vorgang, der in seiner Bedeutung weit über Bremen hinausreichen sollte und dem gleichsam europäische Maßstablichkeit eignet: die von diesem Erzbischof propagierte und auch realisierte Ansiedlung von „Holländern“ im Kirchspiel Horn im Osten Bremens als Auftakt zur Entwässerung, Aufteilung und Besiedlung der Marschengebiete und Bruchländereien von Unterweser und Niederelbe. Bereits nach wenigen Jahrzehnten konnte sie in der rechtlichen Ausgestaltung de facto freier Bauerngemeinden auf die sog. Ostkolonisation jenseits der Elbe ausstrahlen, die jetzt freilich vorwiegend von den weltlichen Machthabern, Herzögen und Grafen, aber auch den neuen Orden, Zisterziensern und vermehrt auch Prämonstratensern, in Angriff genommen wurde. Dass dieser Landesausbau an der Weser zugleich den Urbanisierungsprozess der kirchlichen Metropole begünstigte, steht außer Zweifel. Insofern kommt dem Pontifikat Erzbischof Friedrichs als Phase des (zweiten) Landesausbaus eine außerordentliche Bedeutung zu. Dieser Anfang verbindet sich mit einer wohl zu 1113 datierenden Urkunde des Erzbischofs, die unter einem seiner Nachfolger, Siegfried, 1181 für Oberneuland und Rockwinkel eine bedeutsame Erweiterung erfuhr.

Erzbischof Adalbero (1123–1148), der für ein Vierteljahrhundert der Bremer Kirche vorstand, entstammte wohl dem adligen Umfeld seiner langjährigen Wirkungsstätte, besaß doch seine Mutter Riclindis ein in Baden an der Weser liegendes Gut. Im Januar bzw. Februar 1123 vom Bremer Domkapitel, dem er selbst seit den Tagen Liemars angehörte, zum Erzbischof gewählt, hätte er nach den Bestimmungen des unlängst zwischen Papst und Kaiser abgeschlossenen sogenannten „Wormser Konkordates" vor seiner Weihe die Investitur mit den Temporalien aus der Hand des salischen Herrschers empfangen müssen. Adalbero zog aber unmittelbar nach seiner Wahl, ohne dass wir Nachrichten über ein Treffen des Pontifex mit Heinrich V. haben, nach Rom, wo er im März an den Verhandlungen der Lateransynode teilnahm und die Bischofsweihe und das erzbischöfliche Pallium aus der Hand Calixt II. empfing. Dieser rasche Aufbruch über die Alpen noch in den beschwerlichen Wintermonaten, der am Kaiserhof keineswegs als Brüskierung des Herrschers und als Verletzung der Absprachen empfunden wurde, galt vor allem dem Ziel, die mit dem Erzbistum Lund beseitigten Metropolitanrechte Bremens über Dänemark und den Norden wiederzubeleben, die unliebsame Konkurrenz zu beseitigen und damit die skandinavischen Königreiche erneut der Bremer Obödienz zu unterwerfen. Der Papst stimmte diesem Vorhaben zu, ein Begleiter Adalberos wurde zum sichtbaren Zeichen des Kurswechsels der Kurie zum Bischof für Dänemark geweiht, ein Kardinallegat gar begleitete Adalbero auf seiner Rückreise mit der Maßgabe, den nordischen Prälaten den schuldigen Gehorsam gegenüber ihrer alten Metropole einzuschärfen, auch Kaiser Heinrich V. erhielt eine entsprechende Mitteilung. Diesen Aktionen blieb allerdings der Erfolg versagt, zumal dem Bremer Oberhirten mit Erzbischof Asgar von Lund ein Rivale gegenüberstand, von dem ein Nachgeben nicht zu erwarten war. Das offenkundige Misslingen päpstlicher und kaiserlicher Diplomatie führte im Jahr 1130 zu einer zweiten Romreise Erzbischof Adalberos – im Gepäck führte er zur Bekräftigung seiner Ansprüche eine ganze Serie gefälschter Urkunden.

Im Papstschisma des gleichen Jahres schlug sich der anwesende Bremer Pontifex zunächst auf die Seite des nachmaligen Verlierers, Anaclets II., der seinem norddeutschen Anhänger zumindest in Aussicht stellte, die Forderungen der Bremer Kirche nachhaltig zu unterstützen und die eingereichten Privilegien zu erneuern. Bereits 1132 wechselte Adalbero, wohl unter dem Einfluss König Lothars von Süpplingenburg, des ehemaligen sächsischen Herzogs, zu Papst Innozenz II. über. Im Gefolge des Herrschers erlangte der Bremer Erzbischof auf seiner dritten Romreise die Restitution als Metropolit des Nordens samt Zuständigkeit für die „Slawen". Dies blieb Pergament, zumal die Kurie seit 1137 ihre Skandinavienpolitik neu orientierte. Eine letzte Intervention Erzbischof Adalberos auf der Lateransynode von 1139 blieb erfolglos – das von päpstlichen Legaten mitveranstaltete Nationalkonzil in Lund unter Asgars Nachfolger Eskil, das von

Vertretern aller nordischen Reiche besucht wurde, setzte den Schlussstrich unter die vergeblichen Bremer Bemühungen auf Wiederherstellung der alten kirchenrechtlichen Suprematie über den Norden und bestätigte die Existenz der selbständigen Nationalkirchen Skandinaviens.

Im Zusammenhang mit diesen Restitutionsversuchen steht nicht nur die von Adalbero seit 1134 überwiegend verwandte Titulatur „Erzbischof von Hamburg“ – deutlicher Hinweis auf das mit dem fiktiven Erzstift an der Elbe verbundene *primum officium* der Mission –, sondern auch die Wiedererrichtung des in den Slawen- und Dänenstürmen vergangener Jahrzehnte untergegangenen Hamburger Domkapitels um 1140 und seine Ausstattung mit Liegenschaften und Gerechtsame. Damit schuf sich die hamburgisch-bremische Kirche erneut einen Stützpunkt für die Mission – allerdings vorwiegend östlich der Elbe und im Ostseeraum. Diese Restitution des Domkapitels an der Elbe sollte unter Adalberos Nachfolgern im ersten Viertel des 13. Jahrhunderts zu heftigen Auseinandersetzungen zwischen der Bremer Domgeistlichkeit und ihren Hamburger Amtskollegen, vor allem um die Wahlmodalitäten des gemeinsamen Oberhirten, führen – Auseinandersetzungen, die als „Kapitelstreit“ in die Geschichte des Erzstifts eingegangen sind.

Der Pontifikat Erzbischof Adalberos ist auch sonst gekennzeichnet durch sein offenkundiges Bemühen, durch Neueinrichtung oder Kräftigung kirchlicher Einrichtungen die Infrastruktur der Erzdiözese und ihres engeren Umfeldes in Bremen zu ordnen und zu stabilisieren. So wandelte er die Kapelle des hl. Paulus vor der Stadt auf Bitten seines *familiaris* Thrutbert, der reiches Stiftungsgut einbrachte, in ein Kloster um, für das er Mönche berief und einem gräflichen Verwandten des Thrutbert als Vogt unterstellte. Die Anfänge des nachmaligen Paulsklosters gehen noch auf Erzbischof Adalbert zurück, der aus den Gütern des ehemaligen, von Ansgar gegründeten Hospitals der Domimmunität, eher wohl aus dessen verbliebenen Resten, St. Paul gestiftet hatte, dem aber kein Aufschwung beschieden war. Ebenso verlegte Adalbero 1139 das gleichfalls von seinem großen Vorgänger ins Leben gerufene St. Wilhadistift aus der Enge der Domimmunität auf den sogenannten Steffensberg, wo die Bremer Bürger bereits ein *Sanctuarium* zu Ehren des verehrten Protomärtyrers errichtet hatten und sich damals anschickten, einen Kirchenbau in Angriff zu nehmen. Mit dieser Kirche erhielt das Stift, das in seinem Doppelnamen beiden verehrungswürdigen Heiligen die geschuldete Reverenz erwies und dessen Kirche zur Tauf- und Mutterkirche erhoben wurde, zugleich Pfarreirechte, auch für die Bewohner von Utbremen und Walle. Damit wird ein weiterer Pfarrbezirk aus der Gesamtpfarrei des Dompropstes ausgegliedert und der Propstei auf dem Steffensberg unterstellt – ein Vorgriff auf die nachmalige

Viertelung der städtischen Parochie im Jahr 1229. Noch freilich verbleibt auch für die neue Pfarrei das geistliche Sendgericht zuständig, das der Dompropst als Archidiakon bei der St. Veitskirche, der Marktkirche (später Unser Lieben Frauen), einberuft. In diesen beiden erzbischöflichen Urkunden von 1139, deren erste original im Staatsarchiv Bremen überliefert ist, wird erstmals in Rechtsdokumenten deutlich im Gegensatz zu den Ministerialen des Bischofs und der Domimmunität von den „Bürgern" – *cives* – Bremens und der „Stadt" – *civitas* – Bremen als Rechtsgemeinschaft gesprochen. Diese waren in älteren Texten lediglich als Kaufleute oder gar nur als „Einwohner" (*incolae*) in das Blickfeld der Urkundenaussteller oder Chronisten geraten. Damit deutet sich die Genese der „Stadt" als eigener Rechtsbereich und der Bürger als eigener Rechtsgemeinschaft an, auch wenn diese Vorstufe zur verfassten Stadtgemeinde weiterhin unter der Herrschaft des Erzbischofs bzw. seines Vogtes (oder seiner Vögte) steht, der den Immunitätsherrn vor allem im Gericht vertritt und über entsprechende Bann- und Befehlsgewalt verfügt. In der Urkunde für das St. Wilhadistift sind zwei Vögte genannt – vielleicht die zuständigen Vertreter des Domes und des jüngst auf den Steffensberg verlegten Stiftes – ein Stadtvogt ist ausdrücklich erstmals 1159 in der Bürgerweideurkunde belegt und verweist damit auf innerstädtische Konzentrationsprozesse, die auf das rechtliche Verhältnis zum geistlichen Stadtherrn nicht ohne weitreichenden Einfluss blieben. Doch wird man dem Pontifikat Erzbischof Adalberos für die präurbane Entwicklung Bremens mit der Schaffung einer neue Parochie eine durchaus gewichtige Rolle einräumen müssen.

Mit dem kraftvollen Süpplinburger Lothar, dem nach 1106 das sächsische Herzogtum der Billunger zugefallen war und der als König letztmalig auch als Herrscher im Nordwesten seines Reiches verwurzelt blieb, schien sich eine neue Allianz der Krone und des Bremer Erzstifts wie in den Zeiten der Ottonen und der ersten Salier anzubahnen, zumal sich der Sohn des berühmt-berüchtigten Gottschalk, Heinrich, seit Ausgang des 11. Jahrhunderts in den transelbischen Wendengebieten als Herrscher, als König gar, hatte etablieren können und sein Einflussgebiet mit Hilfe Adolfs von Schauenburg, des Grafen von Stormarn, und Herzog Lothars bis nach Rügen zu erweitern gesucht hatte. Mit diesem Ausgriff konnte die Hamburg-Bremer Kirche einen Neuanfang ihrer Slawenmission wagen. „Damals", so sagt unsere Hauptquelle, die Slawenchronik des Bosauer Pfarrers Helmold, „gab es weder Kirche noch Priester im ganzen Volke der Liutizen, Obodriten und Wagrier, außer in der Burg Lübeck, weil dort Heinrichs häuslicher Wohnsitz war." Diesen Neuanfang wagte Vizelin, aus Hameln gebürtig, in Paderborn ausgebildet, spätestens seit 1118 Domherr in Bremen, wenig später auch Schulmeister, der sich freilich bei seinen Zöglingen durch über-

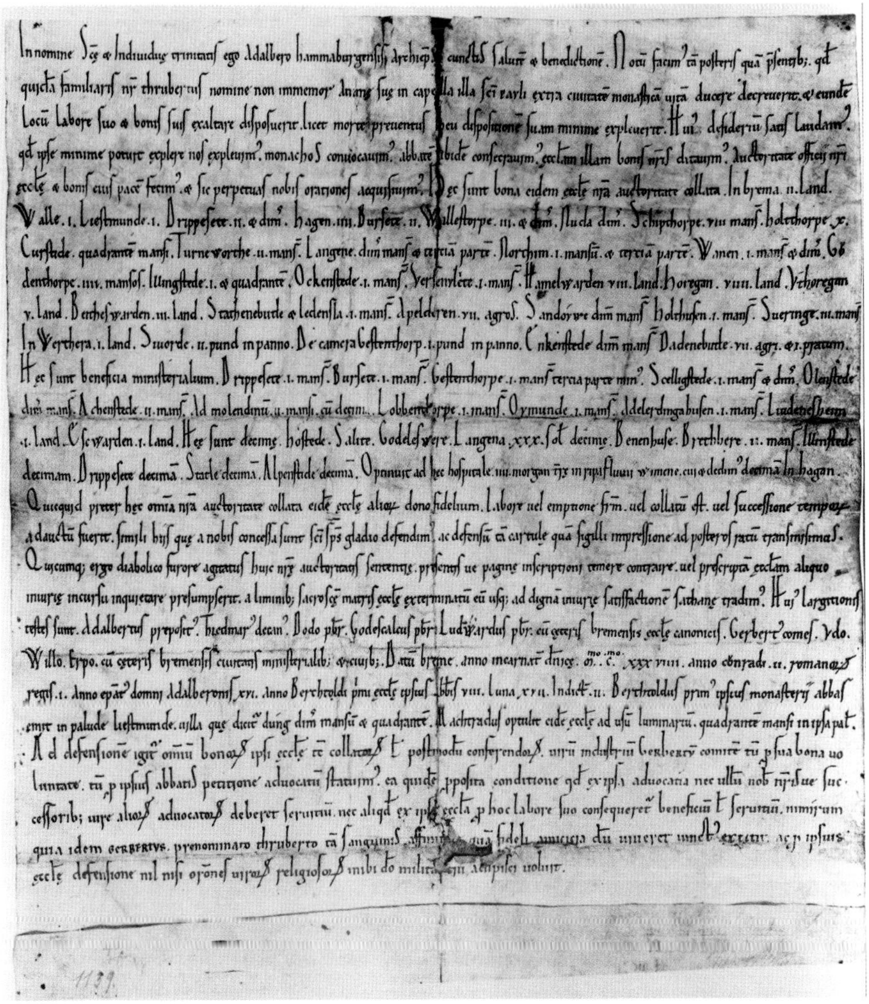

Die Gründungsurkunde des Erzbischofs Adalbero für das Paulskloster vom Jahr 1139. (Staatsarchiv Bremen)

große Strenge verhasst machte, später sogar zur „Weiterbildung" an der berühmten Domschule von Laon weilte. Ein fast anachronistischer Nachfahre des heiligen Ansgar, konnte er sich bei seinen Bekehrungsvorhaben jenseits der Elbe auch der Unterstützung des großen Norbert von Xanten, Erzbischofs von Magdeburg und Stifters der Prämonstratenser, versichern. Erzbischof Adalbero schickte Vizelin 1127 zunächst nach Faldera, dem späteren Neumünster, als Stützpunkt seiner Mission. Die Auseinandersetzungen der Söhne des um diese Zeit verstorbenen *rex* Heinrich um die väterliche Herrschaft versprachen freilich für das Glaubenswerk nichts Gutes,

Porträt von Lothar von Süpplingenburg in der Sächsischen Weltchronik. (Staats- und Universitätsbibliothek Bremen)

auch die folgende Herrschaft Knut Lawards, eines Sohnes König Erichs von Schweden, in den Jahren 1128 und 1129 brachten keinen entscheidenden Fortschritt für die Christianisierung angesichts der slawischen Opposition im Lande, auch wenn er die Investitur durch König Lothar vorweisen konnte. Die Herrschaft Knuts blieb ein Zwischenspiel, zumal dieser bereits 1131 einer Familienintrige zum Opfer fiel. Drei Jahre später kam es in Wagrien, Polabien und im Gebiet der Obodriten zu einer heidnischen Reaktion unter den einheimischen Fürsten Pribislaw und Niklot, „zwei wilde Bestien, erbitterte Feinde der Christen“, wie Helmold zu berichten weiß, und damit zu neuen Christenverfolgungen. Dies zumal nach dem Ableben Kaiser Lothars (1137), den Vizelin noch angeregt hatte, den Segeberg zur befestigten Burganlage auszubauen und Lübeck seine besondere Beachtung als Zentrum der Bekehrung zu leihen.

Mit dem Tode Lothars geriet die Krise der Wendenmission zum Desaster. Der Streit um die Nachfolge im sächsischen Herzogtum zwischen dem Bayernherzog Heinrich dem Stolzen, Schwiegersohn des verstorbenen Kaisers, und Albrecht dem Bären, beides Söhne von Töchtern des letzten Billungers Magnus, und ihrer Satrapen, Adolfs von Schauenburg bzw. Heinrichs von Badwide, beraubte die Grafschaft Nordalbingien, die Elbe

und das transelbische Gebiet des notwendigen Schutzes und provozierte geradezu pagane Einfälle.
Prompt kam es zu Aufruhr und Überfällen auf den christlichen Vorposten in Neumünster. Erst der unerwartete Tod Heinrichs des Stolzen 1139 ermöglichte einen Ausgleich unter den verfeindeten Adelsfraktionen, indem Heinrichs gleichnamiger Sohn – der Löwe – Sachsen als Herzogtum erhielt, Heinrichs Anhänger Adolf von Schauenburg mit Wagrien und Heinrich von Badwide mit dem östlichen Gebiet sowie mit Ratzeburg und Polabien entschädigt wurde. Mit dem Wiederaufbau Segebergs und dem Zuzug von Bauern aus Flandern, Holland, Utrecht, Westfalen und Friesland, aber auch aus Holstein und Stormarn begann unter Graf Adolfs Leitung das vielversprechende Werk der Kolonisation, das auch ansiedlungswillige Slawen einschloss und die Christianierung Ostelbiens. In diese Jahre fällt auch die Gründung (Alt-)Lübecks an einem Ort namens Bukow. Diese friedliche Landeserschließung und Glaubensverkündigung fand ihr abruptes Ende durch den berüchtigten Wendenkreuzzug des Jahres 1147, an dem auch der Bremer Erzbischof Adalbero, gleichsam als Vasall des Löwen, gegen seine geistlichen Interessen, aber in Hoffnung auf territorialen Gewinn, teilnahm.
In seinem engeren Sprengel war der Erzbischof bestrebt, die bisherigen religiös-administrativen Zentren soweit möglich in seiner Verfügungsgewalt zu halten bzw. Neugründungen seiner Oberhoheit zu unterwerfen, nicht zuletzt als Ersatz einer umfassenden „Strukturpolitik“, womit schon Erzbischof Adalbert gescheitert war. Zwar gelangte das kurzfristig zum päpstlichen Hauskloster mutierte Harsefeld erst nach dem Aussterben der Udonen mit Erzbischof Hartwig wieder in bremische Subordination, das benachbarte Alexanderstift Wildeshausen gar erst im 13. Jahrhundert unter erzbischöfliche Oberhoheit, auf Neugründungen vermochte Adalbero aber sofort Einfluss zu nehmen. So auf die 1142 in der Vorstadt Stades gestiftete Marienkirche, die der Erzbischof weihte; möglicherweise hing deren Vogtei über Harsefeld mit den Udonen zusammen, so dass später die Welfen als deren Erben auch hier Rechte reklamierten. Von besonderem Interesse und als besonderer Hinweis auf den Aufschwung Stades als regionales Machtzentrum zu werten sind die Vorgänge um die Gründung von St. Georg in Stade als frühestes Prämonstratenserstift im Nordwesten, vielleicht unter Mitwirkung Norberts von Xanten bzw. von Magdeburg. An sich hatte der Udone Rudolf (II.) erwogen, das Vorbild Harsefelds nach seiner Umwandlung und Umwidmung vor Augen, auch das 1132 ins Leben gerufene Stift dem Papst zu unterstellen und damit jedenfalls dem Zugriff des Amtsgrafen Friedrich zu entziehen. Dieser hatte mit seiner Familie, insbesondere seinem Bruder, einen durchaus bemerkenswerten Lebensweg als Aufstei-

ger verzeichnet und zunächst als Ministerialer im Auftrag der udonischen Markgrafen der Nordmark deren Komitat Stade verwaltet. Er war nach dem Tode des jungen Markgrafen Heinrich IV. 1128 vom Oberlehnsherrn für Stade, dem Bremer Erzbischof, mit dieser Grafschaft selbst belehnt worden. Die Gründung einer weiteren udonischen geistlichen Dependance – in Stade mit St. Georg – musste die starke Position des ehemaligen Hausministerialen und des Bremer Erzbischofs konterkarieren. Der Tod dieses Friedrich, der sich bereits der Gunst Kaiser Heinrichs V. erfreut hatte, welcher wie sein Vater in der Schicht der Ministerialen ein Gegenwicht zum unbotmäßigen Adel gesehen hatte, schuf freilich im Jahr 1135 eine neue Lage und führte zur Annäherung des Erzbischofs Adalbero zum weitgesponnenen Familiengeflecht der Udonen. Diese, unterstützt von Kaiser Lothar, der damit einen Seitenwechsel vollzog, ließen von dem Plan ab, St. Georg als päpstliches Eigenstift Rom zu unterstellen, verlangten und erhielten ihrerseits von der Bremer Kirche bedeutsame Zugeständnisse, so die Einsetzung Markgraf Rudolfs als Grafen in Stade und die Übertragung aller Pfarrrechte in Stade auf ihre Stiftung. Zugewinn und Verlust mochten sich in den Augen Adalberos die Waage halten, zumal die Annäherung zwischen Udonen und Erzstift von Dauer zu werden versprach.
Nach dem Tod Kaiser Lothars 1137, der Erhebung des Staufers Konrad III. 1138, nicht zuletzt auf Betreiben Roms und der päpstlichen Partei im Reich, und nach dem Entzug des Herzogtums Sachsen aus der Hand Heinrichs des Stolzen, des allzu mächtigen Schwiegersohns des verstorbenen Herrschers, schlug sich Erzbischof Adalbero auf die Seite des neuen sächsischen Herzogs, Albrechts des Bären, zumal er sich 1139 zum dritten Mal während seines Pontifikats nach Rom begab, um gegen die Neubesetzung des dänischen Erzbistums Lund zu protestieren und seine Rechte als Metropolit in einem neuen Anlauf zu restituieren. Rudolf Markgraf der Nordmark und Graf von Stade, Konkurrent Albrechts des Bären, eroberte und plünderte Bremen, wo sich der neue Herzog nicht zu halten wusste. Die Lage blieb labil.
Wie einst bei der strittigen Papstwahl des Jahres 1130 hatte Adalberos politischer Instinkt ihn erneut getrogen, wieder hatte er auf das falsche Pferd gesetzt. Im Jahr 1142 erhielt der junge Heinrich der Löwe das väterliche Herzogtum Sachsen zurück, Albrecht hingegen die Nordmark und damit Optionen jenseits der Elbe. Die Verlierer des Friedens waren die Udonen.
Das endgültige Scheitern seiner Restitutionspolitik in Skandinavien, aber auch seiner Territorialpolitik ließen Adalbero nachhaltig die keineswegs ausgeschöpften Möglichkeiten der Wendenmission umso dringlicher vor Augen treten. Erfolge, die von Bestand waren, konnten freilich nur im Bündnis mit der welfischen Partei, zu der nicht zuletzt Adolf von Schauen-

Siegel des Bremer Erzbischofs Adalbero an einer Urkunde von 1136, Juli 26. (Landesarchiv Schleswig)

burg zählte, erzielt werden, und in Eintracht mit den Udonen, d.h. den drei Söhnen der 1124 verwitweten Gräfin Richardis. Die Hinwendung des Erzbischofs Adalbero zu den Udonen und die Sicherung des Stader Erbes für die Bremer Kirche als Teil seiner Territorialpolitik sollte freilich das Erzstift für die nächsten Jahrzehnte in heftigste Bedrängnis bringen. So hatte Hartwig, Bruder Rudolfs II. und seit 1144 letzter Udone im Mannesstamm, wahrscheinlich schon vor 1142 als Domherr an der Weser tätig, mit der Bremer Kirche einen Vertrag des Inhalts geschlossen, dass nach dem Tode seines Bruders die udonischen Stader Eigengüter samt Lehnsbesitz an das Bremer Erzstift fallen bzw. zurückfallen sollten, während die Grafschaft Stade an ihn selbst bzw. an den verwandten Pfalzgrafen Friedrich II. von Sommerschenburg zu Lehen gehen sollte. Dieser Fall trat am 15. März 1144 mit dem Ableben Rudolfs II. ein und rief sofort den jungen Herzog Heinrich den Löwen auf den Plan, der nicht im Entferntesten daran dachte, Erbe und Lehen der Udonen samt der Grafschaft Stade der Bremer Kirche zu überlassen. Ein Fürstengericht entschied zwar Weihnachten 1144 zu Gunsten der Bremer Kirche, Heinrich der Löwe verstärkte aber seinen Widerstand und erreichte die Aufhebung des für ihn ungünstigen Spruches und einen Termin für eine neue Verhandlung der Angelegenheit Ende 1145. Bei Verhandlungen in Ramelsloh wurde Adalbero aber von Truppen des Herzogs gefangen genommen und nach Lüneburg gebracht. Hier verzichtete er unter Druck auf seine Rechte, belehnte den Löwen mit den Grafschaften Stade und Dithmarschen und musste zudem den udonischen Allodialbesitz als Erbe dem sächsischen Herzog überlassen. Dass Hartwig als Dompropst und präsumptiver Nachfolger des gescheiterten Adalbero dieses erzwungene Ergebnis nicht auf sich beruhen lassen würde, war mehr als wahrscheinlich.

Mit diesem Zerwürfnis geriet die gesamte Kirchenpolitik der Bremer Erzbischöfe in eine schwere Krise: Anders als im Zeitalter der ersten Ottonen, Konrads II., aber auch Lothars III., zielte die staufische Politik auf die Mitte und den Süden Deutschlands, vor allem auf Italien, so dass der Bremer Pontifex, seines *primum officium* in Skandinavien beraubt, sich nur im Bündnis mit den führenden regionalen Kräften, an erster Stelle den Welfen, in der Region zwischen Weser und Elbe und im wagrischen Missionsgebiet behaupten konnte. Für Jahrzehnte musste sich die Bremer Kirche faktisch der königsgleichen Stellung des Löwen im Norden und Osten beugen. Der Schritt vom Reich in die Region blieb unumkehrbar, dies auch nach dem Sturz des Löwen, zumal die Bürgerstadt Bremen ihre wachsenden Kräfte mit dem geistlichen Stadtherrn maß.

Auch Erzbischof Adalbero blieb keine andere Wahl, wollte er seine Missionspolitik jenseits der Elbe nicht gefährden oder gar zum Abbruch bringen, als das Bündnis mit dem Löwen zu suchen. So finden wir ihn an prominenter Stelle beim berüchtigten Wendenkreuzzug des Jahres 1147, der von den sächsischen Großen, an ihrer Spitze der sächsische Herzog, als Äquivalent zum Zweiten Kreuzzug ins Heilige Land zur Befreiung des Grabes Christi unternommen wurde. Beide Unternehmungen schlugen bekanntlich fehl. Bereits die Zeitgenossen sahen ganz deutlich, dass der militärische Zug über die Elbe keineswegs der Ausbreitung des Glaubens, sondern materiellem Zugewinn galt. So resümiert Helmold von Bosau die Aktivitäten des Löwen und seiner Anhänger über das Einzelunternehmen von 1147 hinaus dergestalt: „Aber auf allen Feldzügen, die der noch junge Mann ins Slawenland hinein unternahm, war keine Rede vom Christentum, sondern nur vom Gelde." Die Bekehrung war erneut gescheitert, slawische Aufstände die Folge, in deren Verlauf auch Alt-Lübeck vernichtet wurde. Die Missionierung konnte nur im langfristigen Konzept von friedlichem Landesausbau und gleichzeitiger Christianisierung gelingen, die auch eine neue Gestaltung der kirchlichen Struktur in den ostelbischen Gebieten zur Voraussetzung hatte. Diesen Weg ist der Löwe in den 50er Jahren des 12. Jahrhunderts mit Unterstützung Friedrichs I. Barbarossa erfolgreich gegangen – die Bremer Kirche blieb fortan nahezu am Rande des Geschehens.

Literatur:
Glaeske, Erzbischöfe (1962). – Hofmeister, Stader Elbmarschen (1981). – Hohmann, Erzstift Bremen (1969). – Luckhard und Niehoff, Heinrich der Löwe (1995). – Michaelsen, Paulskloster (1959). – Reinecke, Series episcoporum (1984). – Reinecke, Vogtei- und Territorialentwicklung (1971). – Schmidt, Kirchenbau und „Zweite Christianisierung" (1987). – Schulze, Die Grafen von Stade (1995). – Schulze, Erzbischof Adalbero von Bremen (1993). – Schulze, Gründung des Prämonstratenserstiftes St. Georg (1986).

IV. Die Stauferzeit

1. Bremen und Heinrich der Löwe: Von Hartwig I. (1148–1168) zu Hartwig II. (1185–1207)

Die rund ein halbes Jahrhundert währende Beziehung zwischen der Metropole an der Unterweser und dem Herzog von Sachsen und Bayern, die zuallermeist in feindliche Auseinandersetzungen gipfelte, ist insbesondere für die Genese der Stadt bzw. der Stadtgemeinde Bremen von herausragender Bedeutung gewesen, insofern sie erstmals angesichts der rivalisierenden Interessen von Erzbischof bzw. Stadtherr und sächsischem Herzog der Kommune Einflussnahme und Repräsentanz verschaffte.

Was die Partner dieser Beziehung angeht, so ist eine Seite mit der Person und Persönlichkeit des Herzogs scharf und eindeutig umrissen: Dieser, geboren um 1130, Sohn Herzog Heinrichs des Stolzen von Bayern und der Süpplinburgerin Gertrud, einziger Tochter Kaiser Lothars III., die ihrem Gemahl nicht nur das reiche väterliche Erbe, sondern auch das Herzogtum Sachsen mit in die Ehe einbrachte, stand nach dem frühen Tode des Vaters 1139 wie dieser in ständiger offener oder latenter Konkurrenz zu seinem Onkel Albrecht dem Bären. Dieser, wie Heinrich der Stolze aus der Ehe einer der Töchter des letzten Billungers, Herzog Magnus († 1106), hervorgegangen, beanspruchte seinen Teil am reichen Erbe der sächsischen Herzöge. Kurzfristig als Herzog von Sachsen eingesetzt, musste Albrecht 1142 zu Gunsten seines Neffen verzichten, behielt aber die Markgrafschaft des 1130 verstorbenen letzten Stader Markgrafen Udo an der mittleren Elbe. Die ererbte Rivalität der Welfen und Askanier und ihres jeweiligen Anhanges, auch im hohen Klerus, bestimmte Richtung und Gestalt der Auseinandersetzungen im Nordwesten des mittelalterlichen Reiches. Für die Gesamtbeurteilung des Löwen und seiner Politik ist ferner von Bedeutung, dass sich dieser bereits in sehr jungen Jahren – kaum volljährig – die Herrschaft in seinem Doppelherzogtum – Bayern wurde ihm 1156 übertragen – behaupten musste.

Auf der anderen Seite steht Bremen, womit um die Jahrhundertmitte keineswegs oder nur herausragend die „Stadt“ als *civitas*, als verfasste Bürgergemeinde, verstanden werden kann, diese gab es als Rechtskörper, als Rechtssubjekt noch gar nicht, sondern ein Konglomerat vielfaltiger Institutionen und deren Träger, so das Erzstift, Stifter und Klöster mit ihren Immunitätsgebieten, zu denen auch das seit 1160 erneuerte Domkapitel in Hamburg zählte. Dazu gehörten ferner die im 10. Jahrhundert eingerichte-

ten, nach dem großen Wendensturm von 1066 aber vorerst aufgegebenen Suffraganbistümer Oldenburg, Ratzeburg und Mecklenburg im transelbischen Missionsgebiet. Mit dem Erzbistum Bremen verbanden sich ferner Ansprüche der Erzbischöfe auf die kirchliche Unterordnung der nordischen Königreiche, die mit der Errichtung der Metropole Lund für Dänemark bereits 1104 ein Ende gefunden hatten, auch wenn die Bremer Oberhirten zahllose Anstrengungen bei Papst und Kaiser unternahmen, den alten Zustand wiederherzustellen.
Und schließlich ist Bremen nicht zuletzt als Chiffre für ein geistliches Territorium zu sehen, das seit den Tagen des großen Adalbert die Grafschaften zwischen Unterelbe und Unterweser in Lehnsabhängigkeit zu halten wusste, wozu noch elbüberschreitend Dithmarschen als Zubehör der Grafschaft Stade hinzuzufügen ist.
Im Gegensatz zu diesem eher abstrakten Herrschaftsanspruch suchten die Bremer Oberhirten seit Beginn des 12. Jahrhunderts – ein berühmtes Zeugnis gibt der Vertrag Erzbischof Friedrichs mit den „Holländern" von ca. 1113 – durch Trockenlegung, Rodung und Besiedlung der Sümpfe und Brüche an Unterweser und Niederelbe einen unmittelbaren Zugriff auf die Landschaft zu gewinnen, ohne Rücksicht auf ältere Strukturen und konkurrierende Gewalten.
Die dabei praktizierten Formen der Entwässerung, Urbarmachung, Ansiedlung, Dorfbildung und Rechtsentwicklung sind Vorbild für die wenig später einsetzende sog. Ostkolonisation in den transelbischen, slawischen Gebieten gewesen, die erfahrene Neusiedler aus Holland, Flandern, den Küstengebieten und Westfalen ins Land führte. Aber nicht nur die Bremer Erzbischöfe, auch sonstige Herrschaftsträger, einschließlich der Ministerialen, treten wie die Schauenburger in Holstein und die Udonen an der Niederelbe in einen Wettstreit der Landnahme, der die verkrusteten feudalen Strukturen aufbricht und zur „Territorialisierung" des Landes beiträgt.
Zu diesen mittelfristigen Entwicklungen tritt als weiteres Phänomen des 12. Jahrhunderts der Aufstieg der Städte an der Rheinschiene von Basel bis Köln, an Maas und Schelde, am Main und an der Donau, der schließlich auch den nordwestdeutschen Raum erreicht, hier sich zuvörderst im erzbischöflichen Bremen und im erzbischöflich-gräflichen Stade als Schnittpunkten des regionalen und interregionalen Verkehrs zeigt, auch wenn die Herausbildung der Kommunen als verfasster Rechtskörperschaften noch auf sich warten lässt.
Nur das ostelbische Lübeck verband als Gründerstadt des Löwen bereits Handel, Befestigung und Bürgergemeinde als Konstituanten der Stadt nach der bekannten Definition Max Webers von Anfang an miteinander und

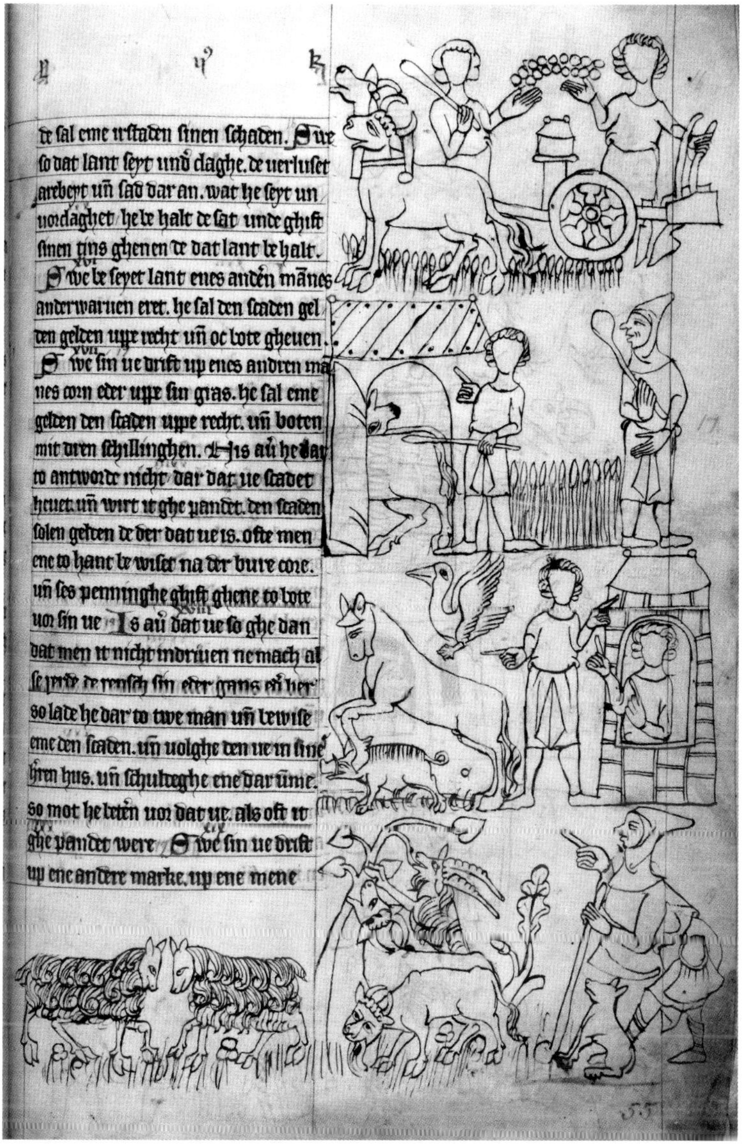

Die Binnenkolonisation durch die Erzbischöfe brachte ab dem 12. Jahrhundert wichtige Impulse in den Landesausbau. Erst die Ausweitung agrarischer Anbauflächen ermöglichte das Aufblühen von Wirtschaft und Gesellschaft im hohen und späten Mittelalter. Hier eine Darstellung von Ackerbau, Viehzucht und Weidewirtschaft in der um 1330 in der Diözese Bremen (Kloster Rastede) entstandenen illustrierten Handschrift des Sachsenspiegels. (Landesbibliothek Oldenburg)

konnte sich auch der feudalen Herrschaft bereits in den 80er Jahren des 12. Jahrhunderts erfolgreich und auf Dauer entziehen.

Das Herzogtum Sachsen schließlich, um den Wirkungskreis des Löwen kurz zu charakterisieren, weist spezifische Besonderheiten auf: Das alte Stammesherzogtum der Ottonen war mit Heinrich II. untergegangen, der Dukat der Billunger kann letztlich nur als Ehrenvorrang im politischen Geflecht erkannt werden. Zwar ausgestattet mit Militärbefugnissen und markgräflichen Kompetenzen jenseits der Elbe, vermochte das Herzogtum keine Oberherrschaft über die Grafschaften der Süpplinburger, Northeimer, Catlenburger, Plötzkauer, Winzenburger oder der sächsischen Pfalzgrafen gar, der Stader Udonen, zu erringen – erst das Aussterben fast aller dieser Familien und der Heimfall des größten Teils des Erbgutes und der Lehen an den Welfen gab dem sächsischen Herzogtum erneut und letztmalig scharfe machtpolitische Konturen und eine zuvor nicht erlebte politische Dominanz.

Vor diesem Zuerwerb und Machtgewinn fiel das sogenannte Stader Erbe an, das Erzbischof und Erzstift auf Engste berührte. Diese Hinterlassenschaft bestand aus dem Allodialbesitz der Udonen um Stade und Harsefeld und aus den Grafschaften Stade und elbübergreifend Dithmarschen und bildete im alten Gau Wigmodien zwischen Unterweser und Niederelbe den bedeutendsten Herrschaftskomplex. In der Hand des Welfen als Haupterben der Billunger an der mittleren Elbe musste diese Besitz- und Machtzusammenballung die Stellung des Bremer Oberhirten als Territorialherrn nicht nur beschränken, sondern de facto beseitigen. Einschränkend muss freilich gesagt werden, dass die Herrschaftstechnik des 12. Jahrhunderts noch keineswegs die Durchsetzung des „institutionellen Flächenstaates" anstelle des älteren „Personenverbandsstaates" erlaubte. Der sogenannte „Staat" des Löwen ist eine Fiktion, tatsächlich unterstanden die Grafen und Edelfreien Sachsens nicht seiner Weisung, vielmehr musste auch er Vasallen und Ministeriale mit Dienstlehen und Gütern ausstatten, tatsächlich musste er sich im Wesentlichen mit militärischem Zuzug und Burgenbau begnügen. Dies war nicht wenig und hat ihn für Jahrzehnte über seine Gegner triumphieren lassen.

Allein in den neubesiedelten Gebieten diesseits und jenseits der Elbe war ein radikaler Bruch mit feudalen Traditionen zunächst möglich, dem im Altsiedelland reicher Zugewinn aus hochadliger Erbmasse sekundierend hinzutrat.

Im Kontext dieser Erb- und Erwerbpolitik stand sogleich die Stader Erbschaft. Hier setzt unsere eigentliche Geschichte ein. Erzbischof Adalbero, der sowohl mit der Herzoginwitwe Gertrud als auch mit den *principes Stadenses*, den Udonen, einen Interessenausgleich erzielt hatte, verband sich

Das Siegel des Bremer Erzbischofs Hartwig I. (1148–1168), 1162. (Landesarchiv Schleswig)

mit den Letzteren noch enger. Insbesondere mit dem dritten Sohn der frommen Gräfin Richardis, Hartwig, der, zum Dienst am Altar bestimmt, zunächst in Magdeburg Domherr geworden war, wohl Ende 1142 / Anfang 1143 nach Bremen übersiedelte und bald zum Dompropst bestellt wurde mit der sicheren Anwartschaft auf die Nachfolge Adalberos im Bremer Bischofsamt. Nach dem gewaltsamen Tod seiner Brüder 1130 bzw. 1144 verblieb als nächster männlicher Erbe der Udonen allein Hartwig. Dieser überließ in einer Absprache der Bremer Kirche sein im Erzstift gelegenes Eigengut und erhielt im Gegenzug die Grafschaften Stade und Dithmarschen als Lehen, wobei sein Schwager, der Pfalzgraf von Sommerschenburg, den Blutbann, d.h. die hohe Gerichtsbarkeit, an seiner Stelle ausüben sollte. Zugleich gingen Besitzungen an der mittleren Elbe an das Bistum Havelberg und an Magdeburger Kirchen über, was indirekt zur Stärkung der Askanier beitrug und den welfischen Besitz um Haldensleben (Burg und Kaufmannssiedlung) gefährdete.
Gegen die Übertragung der Grafschaften an Dompropst Hartwig erhob der junge Heinrich sofort Einspruch nach Erb- und Lehnrecht, wie Helmold von Bosau, Chronist und Zeitgenosse am Plöner See, uns wissen lässt. Klarheit lässt sich hierüber mangels anderweitigen Quellen nicht gewinnen.
Aus der Rechtsfrage wurde eine Machtfrage. Auf einem Fürstentag zu Weihnachten 1144 wurde unter Vorsitz König Konrads III., Intimfeind des Welfen, der Vertrag bestätigt. Der Löwe gab indessen nicht auf und setzte beim König einen neuen Gerichtstermin durch, der in Ramelsloh stattfand bzw. stattfinden sollte. Angesichts der Urteiler, an ihrer Spitze Albrecht der

Bär, schwand offenbar der welfischen Partei die Zuversicht, auf prozessualem Wege den Sieg zu erringen, man griff zu den Waffen, verschleppte den anwesenden Bremer Erzbischof nach Lüneburg, der für seine Freilassung auf das Stader Erbe Verzicht leisten musste, während Dompropst Hartwig nur knapp dem Tode entging. Dieser brutale Gewaltakt, ein massiver Angriff auf die mittelalterliche Rechtsordnung, eröffnete die Karriere des jungen Herzogs. Das Königtum in seiner Schwäche, überdies mit den Vorbereitungen zum Zweiten Kreuzzug beschäftigt, war weder in der Lage noch willens, diesen flagranten Rechtsbruch zu sühnen. Das ohnehin ausgeprägte Hochgefühl des Welfen dürfte sich ins Unermessliche gesteigert haben. Bremer Erzbischof und Dompropst fügten sich zunächst in ihr Geschick – so sind sie gar an Heinrichs missglücktem Wendenkreuzzug von 1147 beteiligt, Erzbischof Adalbero auch an einem Zug gegen die Dithmarscher – vielleicht in der trügerischen Hoffnung auf Teilrestitution des Stader Erbes.

Erwartungsgemäß, und dies kam unter den obwaltenden Umständen einer Kampfansage gleich, wurde nach Adalberos Ableben Ende August bzw. Anfang September 1148 Dompropst Hartwig zum neuen Bremer Erzbischof gewählt. Mit der Wahl eines der „Stader Fürsten", der an hochadligem Selbstverständnis dem Welfen keineswegs nachstand, musste der Kampf um das Stader Erbe und damit um die Machtkonstellation zwischen Weser und Elbe, aber auch in den östlichen Missionsgebieten, mit aller Schärfe ausbrechen. Zunächst ging Hartwig 1149 freilich nach Rom, empfing dort Bischofsweihe und Pallium und war offenkundig bemüht, seine verlustig gegangene Metropolitangewalt über die skandinavischen Königreiche und deren kirchliche Sprengel wiederherzustellen – vergeblich. Das Papsttum war nicht gewillt, seine internationalen Kontakte zu Gunsten der Wesermetropole einzuschränken.

Zum Ersatz und als Notbehelf für die fehlenden nordischen Kirchenprovinzen erneuerte Hartwig die im großen Aufstand von 1066 verwaisten ostelbischen Bistümer Oldenburg und Mecklenburg – an Ratzeburg war noch nicht zu denken – bzw. bemühte sich um deren Restitution. So weihte er am 15. September 1149 den seit mehr als zwei Jahrzehnten in Wagrien missionierenden Vizelin zum Bischof von Oldenburg und einen Emmehart zum Amtskollegen in Mecklenburg, und zwar im udonischen Zentrum Harsefeld.

Wie nicht anders zu erwarten, gerieten Hartwig und seine Bischöfe mit Herzog Heinrich aneinander, wobei es dem Löwen, wie Helmold lakonisch anmerkt, keineswegs um die Religion, sondern um Geld ging. Ohne Zustimmung und materielle Hilfe des Welfen und seiner Verbündeten jenseits der Elbe, vor allem der Schauenburger Grafen, ließ sich die kirchliche Neuorganisation nicht ins Werk setzen, ohne Grundausstattung und damit ökonomische Basis war an einen Neuanfang nicht zu denken. Vizelin wurde selbst in seinem projektierten Sprengel der Kirchenzehnt vorenthalten. Seine Beschwerden wurden vom Herzog zurückgewiesen, Hilfe nur dann in Aussicht gestellt, wenn der Bischof der Belehnung mit seinem Amt aus der Hand des Welfen zustimmen sollte. In Bremen riet man Vizelin verständlicherweise ab, diesem unerhörten Ansinnen zu entsprechen, das einer Mediatisierung gleichgekommen wäre und die östlichen Bistümer auf die Stufe herzoglicher Patronatskirchen gestellt hätte. Vizelin, zwischen kirchlichem Rechtsgebot und Aufgaben der Mission lange schwankend, unterwarf sich schließlich im Gegensatz zu Emmehart den Bedingungen des Herzogs und empfing aus der Hand Graf Adolfs von Holstein Grundbesitz und Zehntrechte.

Im Kontext dieser macht- und kirchenpolitischen Auseinandersetzungen ist ein wesentlicher Umstand zu erwähnen, der nicht zuletzt die Erfolge des Löwen für mehr als zwei Jahrzehnte ausschlaggebend gefördert oder zugelassen hat: die „Große Politik". Die Wahl Friedrichs I., eines Vetters des Herzogs, 1152 bedeutete eine Wendemarke im staufisch-welfischen Verhältnis. Der neue König konnte für seine Vorhaben, vor allem für seine Italienpolitik, auf die militärische Unterstützung durch den Löwen nicht verzichten, dem er in jeder Weise entgegenzukommen suchte und dem er alle Hindernisse aus dem Wege räumte – schlaglichtartig erkennbar an der endgültigen Übertragung des Herzogtums Bayern 1156 und der Bestätigung der widerrechtlichen Gründung Münchens 1158 gegen die Interessen seines Oheims, des Freisinger Bischofs. Im Ergebnis bedeutete diese Politik, dass der Herzog für lange Jahre insbesondere im Nordwesten des Reiches de facto freie Hand hatte, seine zahlreichen Gegner bis weit in die 70er Jahre kein Gehör beim König fanden, gar mit geballten Vergeltungsschlägen rechnen mussten. Zwar griff Barbarossa nicht selten schlichtend in diese Auseinandersetzungen ein, aber stets mit deutlicher Sympathie für den Welfen.

Erst als dieser Schutzschild über Herzog Heinrich nach dem Tag von Chiavenna 1176 barst, als der Löwe den Bogen überspannte und für weitere Heerfolge die Reichsvogtei Goslar, das wichtigste verbliebene Krongut am Harzrand, forderte und der Kaiser sich dieser Nötigung verweigerte, brachte eine neue Konstellation aus Reichsoberhaupt und vorwiegend sächsisch-thüringischer Fürstenopposition den Sturz des verhassten Herzogs, der mit dem Prozess in Gelnhausen besiegelt wurde.

Als wesentliches Zugeständnis von Seiten des Reiches ist bereits das Privileg Friedrichs I. von 1154 einzuschätzen, mit dem er dem Löwen und seinen Nachfolgern das Recht zugestand, an Stelle des Königs die ostelbi-

Friedrich I. bittet in Chiavenna Heinrich den Löwen auf Knien um Unterstützung. Die Bremer Handschrift der Sächsischen Weltchronik unterstreicht die demütige Geste des Kaisers und den selbstbewussten Auftritt des Löwen. (Staats- und Universitätsbibliothek Bremen)

schen Missionsbischöfe in ihre Besitzungen und Rechte einzuweisen, sie zu investieren. Der Herrscher gestattete des Weiteren, – ohne Rücksicht auf den zuständigen Bremer Metropoliten! – dort weitere Bistümer und Kirchen einzurichten, diese mit Reichsgut auszustatten und für ihr Auskommen Sorge zu tragen. Erzbischof Hartwig wird bezeichnenderweise nicht unter den Zeugen dieses weitgehenden Privilegs genannt. Damit war die transelbische Kirchenprovinz allerdings nicht mediatisiert worden, denn die Bistümer blieben reichsunmittelbar, der König bestand im Übrigen auf der Lehnsabhängigkeit dieser Ostgebiete vom Reich. So handelte der Herzog im Namen des Herrschers, dennoch fasst der Chronist Heldmold das politische Ergebnis dieser „Öffnungsklauseln“ zu Recht so zusammen: „In unserem Lande gilt allein der Wille des Herzogs!“ Mit wenigen Ausnahmen berief fortan der Löwe die dortigen Bischöfe und stattete ihre Kirchen mit Grundbesitz aus, zumeist mit 300 Hufen, die allein kirchliche Immunität genießen sollten. Herzog Heinrich nahm Lehnshuldigung und Mannschaft der Prälaten entgegen, er stattete sich mit Vorrechten aus, 1160 verlegte er gar den Bischofssitz von Oldenburg nach Lübeck. Der Löwe bestimmte das Gesetz des Handelns, auch wenn gelegentlich der Mitwirkung des Bremer Oberhirten gedacht wird und päpstliche Urkunden sein Vorgehen absegnen. So nahm etwa 1163 auf Bitte des Herzogs Erzbischof Hartwig an der Einweihung der Lübecker Kathedrale teil. Als kontraproduktiv für die erzstiftischen Interessen erwies sich auch, dass Hartwig zur Absicherung seiner transelbischen Rechte das von seinem Vorgänger erneuerte Domkapitel in Hamburg 1160 und 1165 privilegierte – mit dem langfristigen Ergebnis einer Sonderrolle der nordelbischen Kirchenprovinz mit dem Zentrum an der Niederelbe.

Unterminierten praktische Politik und herausgehobene Stellung des Löwen bereits entscheidend die Position des Bremer Oberhirten, so ließ der Herzog keine Gelegenheit aus, seinen Erzfeind und Rivalen in Bremen selbst und der engeren Region zu treffen, zumal sich Hartwig unklugerweise 1151 in das Lager der antiwelfischen Fronde hatte ziehen lassen. Wenig später nutzte er gar die Abwesenheit Heinrichs, bedingt durch dessen Teilnahme am ersten Italienzug Barbarossas 1154, seine Burgen in Stade, Vörde, Harburg und Freiburg zu befestigen und ließ sich erneut in eine Verschwörung ein, die freilich im Sande verlief und den Prälaten für mehr als ein Jahr am Betreten seines Bistums hinderte. Wesentlich schwerwiegender war für den Bremer Metropoliten der Huldentzug des Königs, verbunden mit einer Maßnahme, die Friedrich I. Anfang Dezember auf den Feldern von Roncaglia traf: Erzbischof Hartwig und ein weiterer Opponent des Löwen, Bischof Ulrich von Halberstadt, wurden in einem lehnsrechtlichen Verfahren wegen Nichterfüllung ihrer Lehnspflichten, insbesondere wegen des unentschuldigten Fehlens auf dem angesagten Romzug zur Erlangung der Kaiserkrone, ihrer kirchlichen Lehen, d.h. ihres Gutes und ihrer Gerechtsame, für verlustig erklärt und der Temporalienbesitz für den Fiskus eingezogen. Mit der Vollstreckung dieses Urteils wurde offenbar kein anderer als ihr ärgster Feind, nämlich der Herzog von Sachsen, beauftragt.

So sagt Albert von Stade späterhin: „Er verfügte über das Bischofsgut nach Belieben und erachtete den Erzbischof für seinen Kaplan." Am 1. November, dem traditionellen Gerichtstag im Umkreis des Wilhadi-Festes bzw. -Marktes erschien der Herzog in Bremen; alles spricht dabei dafür, dass er die Marktvogtei in Anspruch nahm, insbesondere deren Erträge aus Münze, Zoll und Gerichtsbarkeit. Möglicherweise verpflichtete er damals die Bürger – *cives* und *civitas* sind seit 1139 belegt – wie wenige Wochen zuvor die Bürger von Regensburg, dem Vorort seines bayerischen Herzogtums, mit einem Treueid auf seine Person.

Damit trat der Löwe in ein bestimmtes Verhältnis zur Stadt an der Weser. Der allgemeine Aufschwung von Handel und Verkehr im Verbund mit der tiefgreifenden Binnenkolonisation seit Anfang des 12. Jahrhunderts hatte auch in Bremen zu demographischem Wachstum und zunehmendem Wohlstand der Stadtbevölkerung geführt. Bereits 1157 ist von einem Wall, einer frühen Stadtumfassung im Verlauf der Obernstraße, die Rede, 1167 gar datiert Erzbischof Hartwig I. eine Urkunde *in civitate Bremensi*. So wird verständlich, dass sich der Löwe anschickte, das lukrativste Element der Stadtherrschaft, die Markt- oder Stadtvogtei, aus dem kaiserlichen Lehnsentzug für sich zu nutzen.

Herzog Heinrich ist oftmals als Förderer des Städtewesens gerühmt worden. Dies gilt sicher uneingeschränkt für Ausbau von Handel und Verkehr, insbesondere des Fernhandels im Ostseeraum – Lübeck liefert hierfür ein prägnantes Beispiel –, aber auch München, weniger Lüneburg oder Braunschweig. Aber es ist vorab der fiskalische Nutzen, der den Herzog mit den Städten verbindet, während das selbstbewusster werdende Bürgertum und seine Emanzipationsbestrebungen aus kirchlich-feudalem Umfeld kaum seinen Zuspruch gefunden haben dürften. So sind vom Löwen, so wenig wie von anderen weltlichen Fürsten aus dieser Zeit, eigentliche Stadtrechtsverleihungen überliefert, auch wenn das 13. Jahrhundert sich gern auf derartige Privilegierungen berief.

Ein weiteres Element der welfischen Städtepolitik, die zunächst der Förderung der finanziellen Ertragskraft der Kommunen galt, ist die Anlage von Befestigungen bzw. der Ausbau von bewehrten Plätzen zu Burgen: Dies gilt für Braunschweig und Lüneburg, aber auch für Stade und Lübeck. Inhaber städtischer Burglehen wie in Stade oder Präfekten wie in Schwerin sind dabei die vorzüglichsten Herrschaftsstützen.

Wir raffen den Gang der Ereignisse im Geflecht der Beziehungen zwischen Bremen und dem Herzog von Sachsen: Im Jahr 1158 – unmittelbar vor dem zweiten Italienzug Barbarossas – kommt es zu einer Verständigung zwischen Friedrich I. und Erzbischof Hartwig I. und damit zugleich auch mit dem Löwen, und zwar dergestalt, dass der Kaiser ältere Königsurkunden mit der Verleihung der Marktgerechtsame und der Immunität für die kirchlichen Zentren bestätigend wiederholt. Überdies gestattet der Staufer die Urbarmachung der bei Bremen gelegenen Brüche zum Nutzen der Kirche und stärkt damit zugleich die Position des Siedlungsunternehmers vor Ort. Ferner bestätigt Barbarossa den Besitz des Hofes Lesum, den Forst bzw. Wildbann im Gau Wigmodien und weiterer Marschenländereien am südlichen Weserufer. In direkter Umkehr seiner Strafmaßnahmen entbindet er überdies den Erzbischof von sonstigen Leistungen für die Krone, insbesondere von der Teilnahme an den Reichsheerfahrten. Schließlich bestimmt der König, dass bei Streitigkeiten zwischen dem Prälaten und dem sächsischen Herzog sein Gericht als Instanz anzurufen ist.

Über das Stader Erbe, den Hauptzankapfel zwischen den verfeindeten Parteien, verlautet freilich nichts. Die Bestellung Adolfs von Nienkerken, ei-

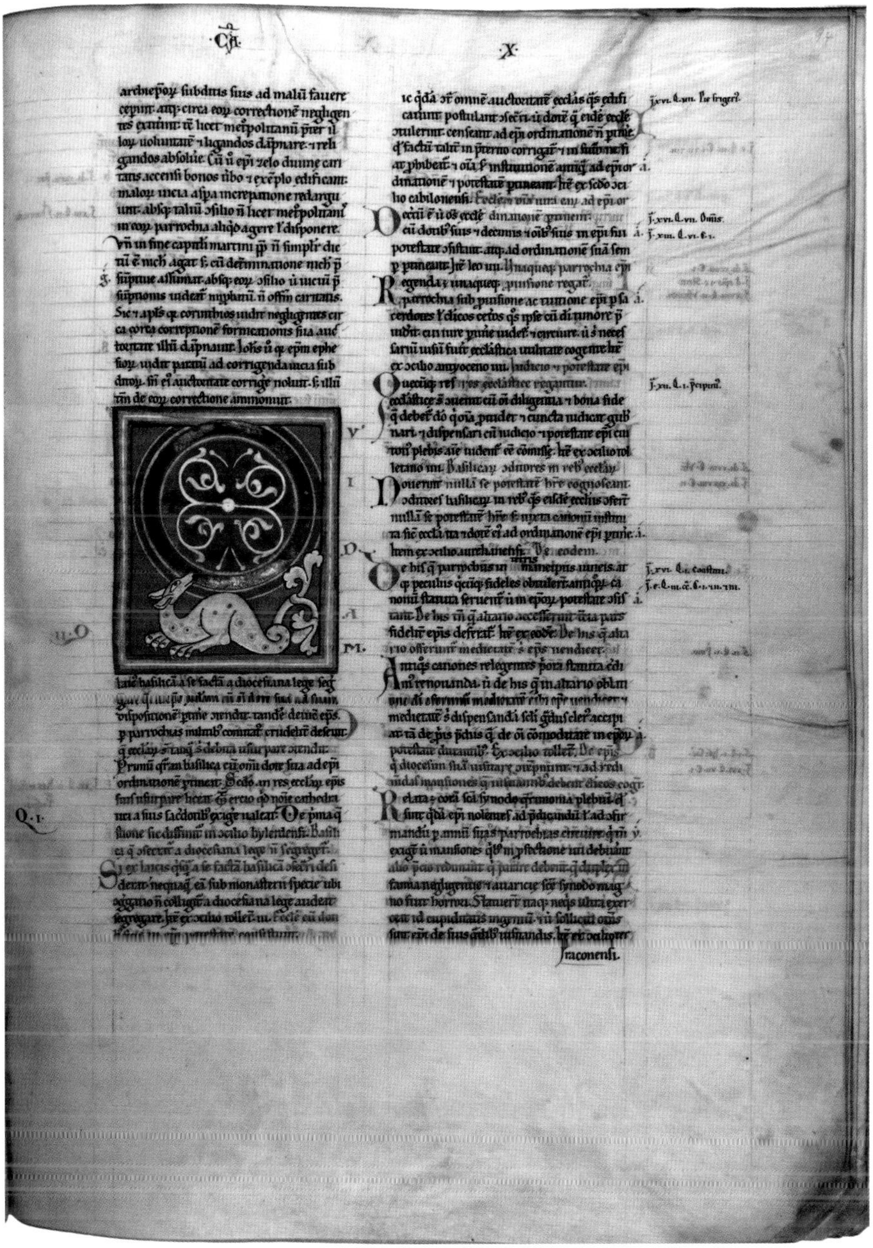

Seite des Decretum Gratiani aus der Schenkung Hartwigs I. (1148–1168) für den Dom. Die wohl in Frankreich entstandene Handschrift ist ein ungewöhnlich frühes Zeugnis für die Rezeption dieser wichtigsten Sammlung des Kirchenrechts in Norddeutschland. (Staats- und Universitätsbibliothek Bremen)

nes welfischen Vasallen und Repräsentanten herzoglicher Macht, zum Stadtvogt – *advocatus civitatis* –, wohl mit Zustimmung des Erzbischofs, lässt eine gewisse Übereinkunft zwischen den Parteien vermuten. Später bezeugte Stadtvögte – Alard und sein gleichnamiger Sohn – sind hingegen eindeutig als erzstiftische Ministeriale zu identifizieren.

Immerhin – das scheint für die Genese der Bürgergemeinde in Bremen von Bedeutung zu sein – eröffnete der Konkurrenzkampf zwischen geistlichem Stadtherrn und Welfenherzog der aufstrebenden Kommune einen gewissen politischen Handlungsspielraum, wie dies bereits die auf 1159 datierte berühmte „Bürgerweide-Urkunde“ sichtbar dokumentiert.

Das relative Einvernehmen zwischen Erzbischof und Herzog blieb freilich ein Zwischenspiel. Anfang der 70er Jahre bildeten sich erneut Oppositionskreise gegen die erdrückende Dominanz des Sachsen, von denen sich Hartwig I. zunächst fernhielt, auch als Graf Christian von Oldenburg bereits 1167 das herzogliche Weyhe zerstörte und, offenbar begrüßt von den Einwohnern, Bremen besetzte. Im Gegenzug eroberte der Löwe bald darauf die Wesermetropole, die eine Plünderung hinzunehmen hatte und deren Bewohner in die nächstgelegenen „Sümpfe“ geflohen waren. Heinrich der Löwe ächtete die Bürger, „weil sie gegen ihn gefehlt und Christian Eide geschworen hätten“. Er ließ sich erst nach Intervention des Erzbischofs und der Zahlung von 1000 Mark Silber – ein erneuter Hinweis auf die wirtschaftliche und finanzielle Kraft der Stadtgemeinde – zu einem Friedensschluss herab. So kam Bremen im Gegensatz zu Halberstadt, das 1177 in Flammen aufging, glimpflich davon. Im Krisenjahr 1167 saß Erzbischof Hartwig freilich in Hamburg und ließ sich nicht offen unter die Feinde des Herzogs einreihen, denn er war durch schlechte Erfahrungen belehrt und hütete sich vor dem Kriegsglück des Löwen. Möglicherweise als Ersatz der damals verbrannten oder vom Herzog veschleppten Dombibliothek stiftete Hartwig nicht weniger als 26 kostbare Codices, darunter die Schlüsselhandschrift der von Gratian gegen 1140 in Bologna zusammengestellten Sammlung des Kirchenrechtes, der *Concordantia Discordantium*, und der nicht weniger bedeutsame illustrierte Lombardus-Psalter. Diese Zimelien legen zugleich Zeugnis ab für das Niveau der erzbischöflichen Bibliothek und für die juristischen Interessen des in seiner Gerechtsame so bedrängten bremischen Pontifex.

In Bremen kam es 1168 bei der Nachfolge Hartwigs im Bischofsamt zu einer Doppelwahl, aus der der Magdeburger Kanoniker Siegfried, der dritte Sohn des Askaniers Albrecht, und Otbert, Dekan des Bremer Domkapitels, wohl ebenfalls kaum ein Anhänger des Welfen, als Elekten hervorgingen. Auf Geheiß des Herzogs griff Graf Gunzelin in Bremen ein, die Erwählten flohen. Auf einem Bamberger Hoftag im Juni 1169 erklärte Barbarossa die

Miniatur mit Kreuzigungsszene aus dem Lombardus-Psalter, der 1166 im Auftrag Hartwigs I. (1148–1168) für den Bremer Dom angefertigt wurde. Unten das von Schlangen heimgesuchte Volk Israel (mit Judenhüten). Nicht zuletzt das Schriftband sanguis eius super nos (sein Blut komme über uns, Mt. 27,25) macht das Bild auch zu einem Dokument antijüdischer Polemik im Zeitalter der Kreuzzüge. Auf dem unteren Teil dieser Seite wurden Hartwigs 26 (!) Buchstiftungen zugunsten des Doms vermerkt. (Staats- und Universitätsbibliothek Bremen)

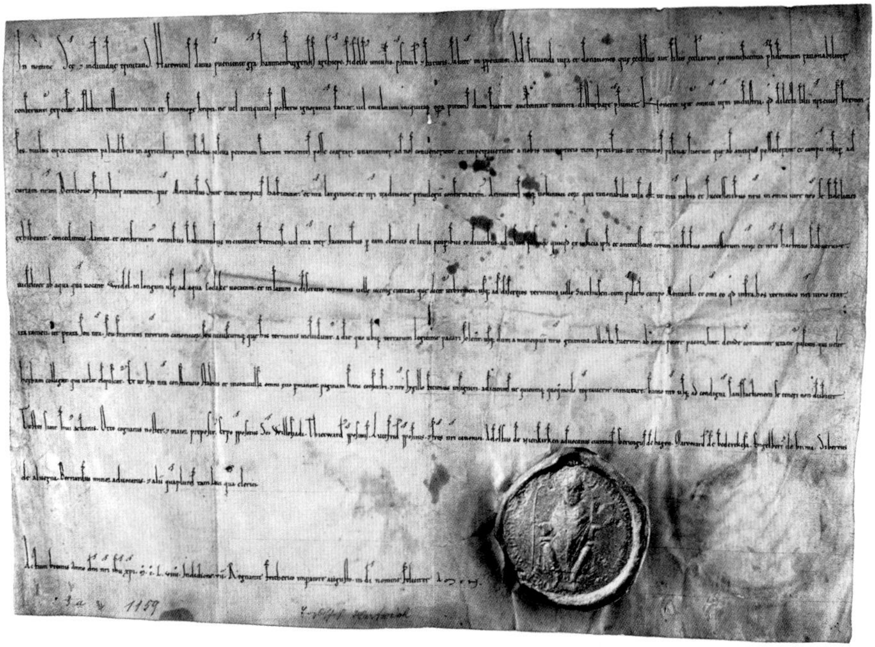

Die Bürgerweide-Urkunde vom Jahr 1159. Mit ihr bestätigte Erzbischof Hartwig I. die Grenzen zwischen der städtischen Allmende und dem erzbischöflichen Landesausbau. Die Urkunde ist der erste Vertrag zwischen den Bremer Bürgern (cives Bremenses) und ihrem Stadtherrn. (Staatsarchiv Bremen)

Wahlen für ungültig und bestimmte den betagten Dompropst von Halberstadt, Balduin, einen Günstling des Herzogs, zum neuen Erzbischof.
Wie zu erwarten, war Balduin ein gefügiges Werkzeug in der Hand seines Promotors, überließ diesem die Grafschaft Stade und weiteres umfangreiches Kirchengut. Aber bereits im Vorfrieden von Anagni und im Frieden von Venedig 1176 bzw. 1177 verlangte Papst Alexander III. nicht nur eine neuerliche Untersuchung der Bremer Wahl von 1168, sondern vor allem die Restitution all dessen, was Balduin veräußert und vergabt hatte – zumal an den Löwen. Der umstrittene Prälat starb freilich vor Ausgang des Verfahrens im Juni 1178. Der Chronist Arnold von Lübeck schickt ihm folgendes Epitaph nach: „Es starb der Bremer Erzbischof Balduin, der seine Kirche stark venachlässigt hat, von dessen Amtsführung besser zu schweigen als zu reden ist.“
Als Nachfolger war ein gelehrter Kölner Geistlicher ausersehen, der zwar vom Kaiser, aber nicht von Papst Alexander III. bestätigt wurde, wohl auf Intervention des bereits 1168 gewählten ehrgeizigen Askaniers Siegfried,

Siegel des Bremer Erzbischofs Balduin I. (1169–1178). Das nur schlecht erhaltene Stück zeigt den thronenden Balduin mit Stab und Segensgeste.

der sich 1173 einstweilen mit der Übernahme des Bistums Brandenburg in der Mark seines Vaters hatte begnügen müssen. Es kam zu einem neuerlichen Wahlgang in Bremen, der eindeutig zu Gunsten Siegfrieds ausfiel. Die herrscherliche Bestätigung des Welfenfeindes als neuer Erzbischof der nordwestdeutschen Kapitale und zugleich der Prozess gegen den Löwen im Jahr 1180 mit dem Ergebnis seiner Absetzung und Verbannung, dem Entzug seiner Lehen und zunächst auch seines Allodialbesitzes, machten der dominierenden Stellung des gefürchteten Doppelherzogs ein unwiderrufliches Ende. Das Herzogtum Sachsen ging teils an den Askanier Bernhard, der niemals die Rolle des Löwen zu spielen vermochte, teils als neues Herzogtum Westfalen an den Kölner Erzbischof, während der Staufer im Ostseeraum mit dem Zentrum Lübeck zunächst seine eigenen politischen Ziele energisch verfolgte. Die Zukunft im Nordosten, aber auch im Nordwesten gehörte letztlich den Partikulargewalten unter Einschluss der Kirchenfürsten.

Nach seinem Sturz suchte Herzog Heinrich auf der Flucht vor dem Angriff seiner zahlreichen Feinde bezeichnenderweise Schutz in Stade, das sein Getreuer Gunzelin von Schwerin befestigt hatte, auch unter Niederlegung störender Kirchentürme. Der Widerstand war zwecklos: Ende 1181 unterwarf sich der Löwe dem Urteil der fürstlichen Standesgenossen, die in Erfurt den bleibenden Verlust seiner Reichslehen, insbesondere des Doppelherzogtums, bestätigten. Was das umkämpfte Stader Elbe, zumal Stade selbst als Vorort der gleichnamigen Grafschaft, anlangte, so durchschlug Friedrich I. Barbarossa den gordischen Knoten um strittige Rechte und Besitzungen mit einem Schlag, indem er *castrum Stadii et burgum*, Stadt und

Burg Stade, dem Bremer Erzbischof aus freier kaiserlicher Munifizenz übergab und damit der Verfügungsmasse eines künftigen Ausgleichs mit dem Welfen entzog.

Der Versuch Erzbischof Siegfrieds freilich, den Stader Besitz mit der Grafschaft Dithmarschen zu vereinigen, stieß auf den Widerstand des Holsteiner Grafen, der eine Umklammerung durch die Askanier befürchtete. Bei den Bremer Bürgern wusste sich Erzbischof Siegfried ins rechte Licht zu setzen, indem er 1181 – auch dies ein Hinweis auf den expandierenden Handel auf der Weser – auf den sog. *sleichat* und auf die *hansa* von anlegenden Schiffen verzichtete, also den Nachlass einer Schiffsabgabe bzw. einer Art von Gewerbesteuer gewährte. Dieses Privileg gehört wie der erwähnte Bürgerweidebrief von 1159 zu den ältesten im Bremer Ratsarchiv überlieferten Urkunden und dokumentiert den Weg vom Markt zur Kommune. Im Bremer Umland, so in Oberneuland, Rockwinkel, Osterholz und im Vahrer Feld setzte Siegfried durch Verkäufe von Land an Siedler, wohl Nachfahren der ersten „Holländer", die erfolgreichen Erschließungsmaßnahmen seiner Amtsvorgänger, die auch neue Pfarreien umfassten, fort. Im Bündnis mit der Bürgergemeinde suchte der Erzbischof möglicherweise welfischen Umtrieben in der Stadt zuvorzukommen, wie sie schlaglichtartig zu 1183 vermeldet werden. Siegfried starb 1184 – sein Tod wurde als herber Verlust empfunden.

Am 25. März 1185 wurde vom Bremer Domkapitel einstimmig der Domkanoniker Hartwig, aus stiftischer Ministerialität derer von Uthlede stammend und ehemals als Notar Heinrichs des Löwen nachzuweisen, zum Nachfolger Siegfrieds gewählt. Er empfing im April 1185 in Verona die Regalien seines Stiftes aus der Hand Barbarossas, die Weihe und das Pallium durch Papst Lucius III. Zunächst mied Hartwig II. jeden Kontakt zu seinem früheren Herrn, förderte die Stiftungen seines Vorgängers, so in Heiligenrode, rief selbst das St. Ansgariikapitel ins Leben und wusste sich der Bürgerschaft zu verpflichten, indem er bei Friedrich I. jenes noch heute zu Recht gerühmte Privileg erwirkte, das der Stadtgemeinde unter Rückgriff auf Karl den Großen unter dem Datum des 28. November 1186 das Weichbildrecht als Vorstufe späterer kommunaler Autonomie mit Freiheit der Person und des Besitzes erwirkte: Stadtluft macht frei!

Als Territorialherr setzte sich der Erzbischof mit Graf Adolf III. von Holstein ins Benehmen, der von der Sorge einer askanischen Umklammerung befreit, Siegfrieds Nachfolger die Grafschaft Dithmarschen gegen den jährlichen Zins von 200 Scheffeln Hafer überließ – vermutlich auch deshalb, weil der Rechtstitel bis dahin nicht durch tatsächliche Herrschaft eingelöst werden konnte, wie Hartwig II. zu seinem Leidwesen bald erfahren sollte. Auch jetzt hielt er sich vom Löwen fern, der 1185 aus dem englischen Exil

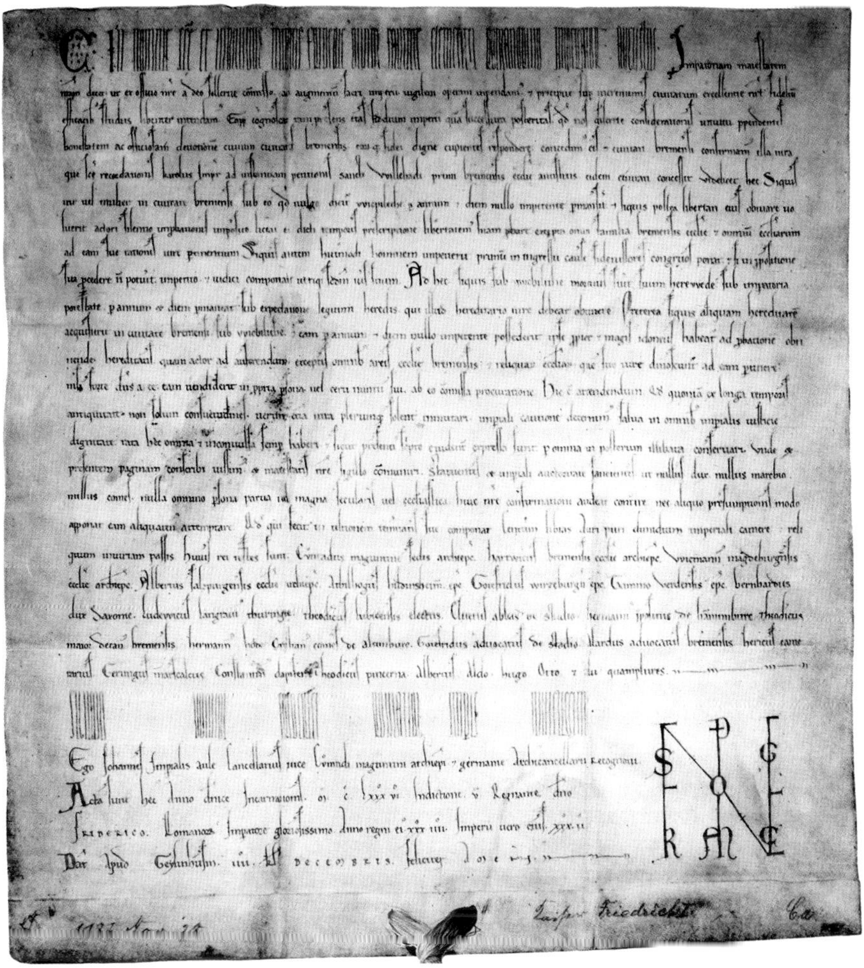

Das Barbarossa-Diplom. Mit dieser Urkunde erlangten die Bremer Bürger – auf Bitten ihres Erzbischofs – erstmals unmittelbar verbriefte Rechte und Freiheiten aus der Hand des Kaisers. Vorkriegsfoto des verschollenen Originals. Gelnhausen, 1186 November 21.

ins Reich zurückgekehrt, in den Besitz seiner Allodialgüter, vor allem Lüneburg und Braunschweig, gesetzt worden war. In den Jahren 1187/88 unternahm der Bremer Erzbischof einen Kriegszug nach Dithmarschen, unterstützt von den Grafen von Holstein und Oldenburg, der freilich mit einem Fiasko endete. Die Dithmarscher zahlten den vereinbarten Tribut nicht, sondern unterstellten sich dem dänischen Herzogtum Schleswig und Hartwig II. sah sich zudem dem Drängen seiner Mitkämpfer auf Soldzahlungen ausgesetzt. In seiner finanziellen Bedrängnis versetzte er stiftische

Einnahmen und belegte die Stadtgemeinde mit einer Steuer von 200 Mark Silber, wogegen die Bürger beim Kaiser Protest einlegten, der daraufhin ihren Stadtherrn zu maßvollem Verhalten riet. Die Stadt stand im Einvernehmen mit dem Kaiser, als sie für den anstehenden Kreuzzug Barbarossas Koggen ausrüstete und zusätzliche Hilfsgelder in Aussicht stellte. Da knüpfte der Erzbischof Verbindungen zu Heinrich dem Löwen, der gegen sein Versprechen bereits Ende September 1189 aus seinem normannischen Exil in seine Heimat zurückgekehrt war, und belehnte diesen mit den Grafschaften Stade und Dithmarschen, offenbar in der Erwartung, dass dem waffengeübten Fürsten gelingen müsste, die widerspenstige Region zu unterwerfen. Diese Hoffnungen trogen, Heinrich der Löwe musste bereits 1190 eine Übereinkunft mit Heinrich VI. schließen, die nichts weniger als die Preisgabe seines Bremer Verbündeten signalisierte. Der König erklärte Hartwig II. für abgesetzt, übertrug die erzbischöflichen Einkünfte der Stadtgemeinde an Graf Adolf von Holstein, der sich noch auf dem Kreuzzug befand. Hartwig floh nach England, kehrte aber bereits im Sommer oder Herbst 1191 an den Hof des Löwen in Lüneburg zurück. Die Bremer Geistlichkeit aber wählte im Herbst 1192 im Einverständnis mit Heinrich VI. Bischof Waldemar von Schleswig, einen außerehelichen Sohn des 1157 ermordeten Knut V. von Dänemark und Vetter des regierenden Knut VI., auf den Erzstuhl. Der eigentliche – politische – Zweck dieser Erhebung war offensichtlich, die Verbindung der welfischen Opposition mit dem nördlichen Nachbarn zu konterkarieren und vielleicht die Lehnsbindung Dänemarks an das Reich zu erneuern, sofern Waldemar, ein Abenteurer im geistlichen Gewand, von Bremen aus die dänische Königsgewalt an sich zu reißen vermochte. Dieses Vorhaben wurde bereits 1193 vereitelt, als Waldemar in die Gefangenschaft seines Widersachers geriet.
Im folgenden Jahr fand eine erneute Versöhnung zwischen Staufern und Welfen statt. Heinrich der Jüngere, Sohn des Löwen, hatte heimlich Agnes, eine Cousine des Kaisers, geehelicht – eine Verbindung, der Heinrich VI. nur mit Zögern zustimmte. Der Löwe erhielt wiederum sein Hausgut zurück, und auch für Hartwig II. eröffnete sich die Möglichkeit der Rückkehr nach Bremen. Dies freilich erst nach Abschluss eines demütigenden Unterwerfungsvertrages, der auch von Bürgern der Stadt bezeugt wird. So musste er sich verpflichten, über das Stader Erbe, vor allem die Grafschaften Stade und Dithmarschen, aber auch über Vogtei, Münze und Zoll in Bremen, über Erträge seiner Tafelgüter und sonstigen Lehen nicht ohne Zustimmung seines Domkapitels zu verfügen.
Damit hatte allerdings der Zwist noch keineswegs ein Ende. Hartwig geriet erneut mit Domkapitel und Stadtgemeinde aneinander, die er mit Bann und Interdikt belegte, ganz zu schweigen von den Auseinandersetzungen um

Das Siegel des Bremer Erzbischofs Hartwig II. (1185–1207) an einer Urkunde von 1206. (Staatsarchiv Bremen)

die Stader Grafschaft. Erst nach dem Tode des Löwen im August 1195 kam ein allgemeiner Friedensschluss im Nordwesten zustande, schriftlich garantiert von Kaiser Heinrich VI., der hinsichtlich der umstrittenen Grafschaft einen Status quo herstellte, der letztlich erst 1219 bzw. 1236 endgültig zu Gunsten erzstiftischer Ansprüche aufgehoben werden konnte.

Mit der Person des Löwen verbanden die Bürger Bremens noch im ausgehenden Mittelalter vorwiegend negative Erinnerungen, teilt uns doch der Dombaumeister Johann Hemeling in seinem um 1415 geschriebenen sog. Diplomatar des St. Petri Domes mit, die Bremer hätten aus Sorge um den Zugriff des Herzogs ihren Reliquienschatz in seinen wertvollsten Teilen in den Mauern ihrer Kathedrale verborgen – diese gaben erst 1334/35 wenigstens die zufällig wiederangefundenen Gebeine der Heiligen Cosmas und Damian wieder frei.

Immerhin erwies sich das Stader Erbe als ein ganz wesentliches Moment im spannungsvollen und wechselhaften Verhältnis des Löwen zu Bremen, zum Erzbischof, zum Erzstift und zur Stadtgemeinde. Insbesondere fand die Letztere in den Konflikten ihres Oberhirten, der zugleich der Stadtherr war, gleichsam zu sich selbst und wusste die offene bzw. latente Konfliktsituation zur Stärkung ihrer eigenen Rechte, zum Ausbau der städtischen „Freiheit" zu nutzen. Nicht zuletzt der Wechsel in der Stadtvogtei während der 50er Jahre des 12. Jahrhunderts musste ihren Autonomiebestrebungen von Nutzen sein.

Literatur:
Althoff, Heinrich der Löwe (1985). – Freytag, Nordosten des Reiches (1969). – Hagermann, Barbarossa-Diplom (1987). – Hägermann, Heinrich der Löwe (1997). – Hofmeister, Erbe der Stader Grafen (1995). – Hucker, Friedrich Barbarossa (1987). – Luckhardt und Niehoff, Heinrich der Löwe (1995). – Reinecke, Holländerurkunde Erzbischofs Friedrich I. (1972). – Schulze, Grafen von Stade (1995). – Schwarzwälder, Entstehung und Anfänge (1955).

Die zweite Phase von Hartwigs Pontifikat stand im Schatten des sog. Deutschen Thronstreits zwischen dem Staufer Philipp und dem Sohn Heinrichs des Löwen, Otto. Hartwig befand sich gleichsam in einem machtpolitischen Dreieck: Die fast gegebene Position eines welfischen Parteigängers stand im doppelten Gegensatz zum fortwährenden Kampf um das Stader Erbe und zur wesentlich stauferfreundlichen Position der aufstrebenden Kommune Bremen. Ob aus Überzeugung oder nicht, Hartwig II. schloss sich bereits im Mai 1199 der Partei Philipps an und erhielt 1200 erwartungsgemäß den Besitz von Burg und Grafschaft Stade bestätigt. Dies blieb freilich Pergament, da eine dänisch-welfische Koalition nach dem Sieg Herzog Waldemars von Schleswig über den Grafen Adolf von Holstein und der Besetzung Nordalbingiens, einschließlich Hamburgs, auch auf Stade übergriff, das von Waldemar dem Pfalzgrafen Heinrich überlassen worden war. Im Jahr 1202 geriet Hartwig bei der Verteidigung Stades in die Gefangenschaft Heinrichs, aus der er sich nur gegen erneute Verlehnung des umstrittenen Besitzes an den Welfen zu befreien wusste. Bereits 1204 wird der Seitenwechsel zu Otto IV. sichtbar, auf den der Bremer Pontifex jetzt seine Hoffnung beim Rückerwerb Stades setzte. Doch auch diese Erwartung trog. Am Ende seines Lebens stand die nachhaltige Zerrüttung des Bremer Erzstiftes. Von einem Aufstieg zur Landesherrschaft oder gar von deren Konsolidierung konnte keine Rede sein. Die Bremer Kirche war zum Spielball machtpolitischer Interessen geworden, die sie nicht oder nur kaum beeinflussen konnte.

Gleichwohl fallen in Hartwigs Amtszeit einige wichtige Entscheidungen, die sowohl vor Ort in der *civitas* Bremen als auch für das Erzstift von weitreichender Bedeutung sein sollten. So sollte das von Hartwig II. 1187 gestiftete Ansgariikapitel für die Entwicklung der stadtbremischen Kirchengemeinden höchst bedeutsam werden. Ihm war zunächst als Kirche die alte Wilhadikapelle zugewiesen worden. Durch seine Ambitionen auf städtische Pfarreirechte gab es aber nach dem Bau einer Kirche in den 20er Jahren des 13. Jahrhunderts den Anstoß zur dauerhaften Kirchspieleinteilung von 1229 und damit zur Entstehung der vier städtischen Parochien – Kirchengemeinden und Stadtviertel – mit Unser Lieben Frauen (ehemals St. Veit), St. Ansgarii, St. Martini und St. Stephani-St. Willehadi, das bereits seit 1139 bestand. Das neugegründete Ansgariikapitel erhielt als Grundausstattung u.a. die Kirche zu Horn (die älteste Holländerkolonie der Erzbischöfe) zugewiesen.

Auch außerhalb Bremens hinterließ Hartwigs Wirken Spuren. So hatte der Bremer Erzbischof den in Livland an der unteren Düna auf den Spuren lübischer Kaufleute missionierenden Segeberger Kanoniker Meynard zum Bischof geweiht; 1188 bestätigte Papst Clemens III. die neue Diözese

Papst Alexander III. nimmt das Kapitel von St. Stephani und Willehadi in seinen Schutz und bestätigt dessen Güter und Rechte. Im unteren Drittel der Urkunde die päpstliche Rota und das Benevalete-Monogramm, anhängend die päpstliche Bleibulle mit den Köpfen der hl. Paulus und Petrus (SPASPE). Lateran, 1179 Mai 29. (Staatsarchiv Bremen)

Kampfszene mit Kreuzrittern und Muslimen im Heiligen Land. Bremer Handschrift der Sächsischen Weltchronik, 1280/90. (Staats- und Universitätsbibliothek Bremen)

Üxküll an der Düna, wo der Bischof eine erste Kirche erbaut hatte. Nach Meynards Tod folgte der Abt Berthold von Loccum, der aber von den aufständischen Liven erschlagen wurde. Sein Nachfolger, Hartwigs Stiefneffe Albert von Buxhöven, hatte das Bischofsamt dann 30 Jahre inne.
1201 hatte Bischof Albert Riga als Bischofssitz gegründet, das spätestens nach 1253 Zentrum einer Metropole wurde. Zum Missvergnügen des Bremer Erzbischofs, der in Livland und der Ostseeküste einen gewissen Ersatz für den Verlust seiner skandinavischen Position gefunden zu haben glaubte, eximierte bereits das Vierte Laterankonzil von 1215 das Bistum Riga bzw. Livland aus dem bremischen Kirchenverbund, 1253/55 errang es seine Eigenständigkeit als Erzbistum – freilich in heftigem Kampf mit dem Deutschen Orden, der insbesondere die Herrschaft über die Stadt Riga anstrebte.

Von einigem dauerhaften Wert blieb ferner Hartwigs wohl erzwungene Teilnahme am Kreuzzugsvorhaben von 1197, dem Dritten Kreuzzug. Als Resultat dieser Schiffsreise – Vergleiche mit Halberstadt bieten sich an, dessen Bischof Konrad wesentliche Teile des gerühmten Domschatzes vornehmlich als Beutegut aus dem Vierten Kreuzzug und der zweimaligen

Plünderung von Byzanz 1203/04 nach Ostsachsen mitgebracht hatte – erfolgten Reliquienstiftungen an das Domkapitel, darunter das Schwert des heiligen Petrus und Purpurgewänder, der wohl letzte bedeutende Zugewinn des Bremer *Thesaurus*.

Für das Selbstverständnis der Stadt Bremen bedeutsamer war freilich die Tatsache, dass Bremer Bürger – wie auch Lübecker Kaufleute – bereits 1189 zur Belagerung von Akkon einige Koggen ausgerüstet hatten, deren Segel bei Ausbruch einer Seuche als Zelte für die Kranken benutzt werden konnten. Da diese Lazarette vom nachmaligen Deutschen Orden übernommen wurden, konnte sich die für Bremer und Lübecker schmeichelhafte Erzählung entwickeln, Bürger dieser Städte hätten sozusagen bei der Stiftung des mächtigen Ordens im Heiligen Land Pate gestanden.

Was die Verwaltung und Hofhaltung des Erzbischofs anlangt, so weiteten das Skriptorium und die Kanzlei ihre Tätigkeit beachtlich aus: Es sind nicht weniger als 47 Urkunden Hartwigs II. auf uns gekommen. Neben Vogt, Kämmerer und Ministerialen finden wir seit 1203 auch *pincerna* und *marescalcus*, Schenk und Marschall, als Hofämter.

Für die nachmalige Stadtwerdung Stades wichtig ist Hartwigs Privileg von 1204 und für die Kommune Bremen die Urkunde von 1206, die in Anlehnung und Erweiterung der Barbarossa-Urkunde von 1186 unter Weichbildrecht, dem späteren Stadtrecht, über den Nachlass verstorbener Frauen, die „Gerade" (Kleider und Schmuck) zu Gunsten von Ehemann und Kindern verfügt. Bedeutsam an diesem Dokument ist das Zeugnis von 16 *burgenses*, Bürgern, deren Familien in den 20er und 30er Jahren des 13. Jahrhunderts wesentlich den Rat stellten.

Das Todesjahr Hartwigs II. 1207 zeigt ferner zum einen das Vordringen der Edelvogtei auch im Bremer Umland – so finden wir den Oldenburger Grafen Moritz als Vogt des Stiftes Bassum – ein Angehöriger dieses Hauses folgte Hartwig auf den Bischofsstuhl. Des Weiteren sind erstmals als Vorboten kommender Erschütterungen Auseinandersetzungen der Bremer Kirche mit unbotmäßigen Stedingern überliefert, die freilich noch den erzbischöflichen Geldforderungen, insbesondere auf den Kirchenzehnten, nachkamen.

Literatur:
Diestelkamp, Welfische Stadtgründungen (1964). – Ehlers, Heinrich der Löwe (1992). – Gams, Series episcoporum (1873–1886). – Germania Pontificia 6 (1981). – Glaeske, Erzbischöfe (1962). – Hellmann, Livland (1989). – Hofmeister, Erbe der Stader Grafen (1995). – Hucker, Friedrich Barbarossa (1987). – Jordan, Heinrich der Löwe (1973). – Petersohn, Series episcoporum (1984). – Prüser, Bremische Stiftskirchen (1937). – Prüser, Güterverhältnisse des Ancharikapitels (1931). – Reinecke, Series episcoporum (1984). – Schwarzwälder, Kirchspiele Bremens (1960).

2. Intermezzo: Waldemar (1207–1217), Burchard von Stumpenhausen (1208) und Gerhard I. (1210–1219)

Nach Hartwigs II. Tod geriet die Wiederbesetzung des Bremer Erzstuhls vollends zum Spielball der „Großen Mächte". Das in seiner Mehrheit staufisch gesinnte Domkapitel, verbündet mit der an Zahl und Bedeutung wachsenden Stiftsministerialität und der Bürgerschaft, bestimmte Ende 1207 / Anfang 1208 den wohl 1206 aus dänischer Gefangenschaft entlassenen, bereits 1192 einmal zum Erzbischof gewählten Bischof Waldemar von Schleswig erneut zu seinem Oberhirten, eine Wahl, die König Philipp in der Hoffnung unterstützte, das welfisch-dänische Bündnis zerschlagen zu können. Freilich geriet Waldemar in heftigen Gegensatz zu Papst Innozenz III., der auf Klagen des Hamburger Domkapitels wegen Nichtbeachtung seines althergebrachten Wahlrechtes die Bestätigung Waldemars als Bremer Erzbischof aussetzte und diesem lediglich die Rückgabe des Bistums Schleswig in Aussicht stellte. Die Hamburger Klagen wurden be-

Die Ermordung König Philipps von Schwaben im Jahr 1208 in Bamberg hatte Auswirkungen bis in den Norden des Reichs, wo in Bremen zwei Kandidaten um den Erzstuhl stritten. Bremer Handschrift der Sächsischen Weltchronik, 1280/90. (Staats- und Universitätsbibliothek Bremen)

Porträt von König Otto IV., dem einzigen Welfen auf dem deutschen Thron. Bremer Handschrift der Sächsischen Weltchronik, 1280/90. (Staats- und Universitätsbibliothek Bremen)

zeichnenderweise seitens des Propstes von Roskilde im Auftrag König Waldemars von Dänemark vorgetragen. Gegen päpstliches Verbot zog Waldemar 1208 bejubelt in Bremen ein, der Bannstrahl aus Rom und Interdikt waren die Folge. Wohl in Hamburg wurde als Gegengewicht zur Aufnahme Waldemars in Bremen das Haupt der unterlegenen Partei im bremischen Domkapitel, der Dompropst Burchard von Stumpenhausen, zum Erzbischof gewählt, der sich die Investitur seiner Regalien durch den König von Dänemark erteilen ließ und damit zu dessen Vasallen herabsank – ein einmaliger Vorgang!

Kurzfristig konnte sich Burchard sogar in den Besitz Stades setzen, allerdings wurde er bald von Waldemar und den Stedingern vertrieben. Die Ermordung König Philipps 1208 aus Privatrache in Bamberg ließ die Lage der nordwestdeutschen Metropole endlich noch verworrener werden: War der eine Aspirant auf den Erzstuhl im päpstlichen Bann, so war der andere nicht approbiert, zudem bröckelten die politischen Mehrheiten in Bremen, dort gewann der Welfe Otto IV. immer mehr Anhänger – auch in den Reihen der Geistlichkeit.

Innozenz III. durchschlug den gordischen Knoten – Waldemar war erneut gebannt worden, Burchard hatte auf seine Würde verzichtet – und bestellte einen Angehörigen des Oldenburger Grafengeschlechts, Gerhard, zum neuen Erzbischof. Dieser war bereits seit 1191 Bischof von Osnabrück, sein Bruder Bischof von Paderborn, sein Neffe Bischof von Münster. Wie brisant die Kurie die Lage in Bremen einschätzte, zeigt eben diese Erhebung, die auch nicht vor der kirchenrechtlich verbotenen Kumulation hoher Kirchenämter zurückschreckte, denn Gerhard behielt zunächst als Basis seines Wirkens sein altes Bistum, was auch in seinem Titel bis 1217 deutlich zum Ausdruck kommt. Offenkundig versuchte der Papst durch Rückgriff auf das Machtpotential in der Region und den adlig-kirchlichen Verbund den völligen Niedergang Bremens als geistlichen Vorort aufzuhalten.

Zunächst war damit freilich wenig gewonnen. Der Bruch zwischen Innozenz III. und Otto IV. führte gar zu einer Annäherung zwischen den Welfen und Waldemar von Schleswig, der erneut 1211 seinen Einzug in Bremen halten konnte. Waldemar konnte sich dabei auf die Stadtbürger und nicht zuletzt die Stedinger, die nicht zu Unrecht in dem Grafensohn Gerhard einen Vertreter oldenburgischer Machtbestrebungen sahen, stützen. Der Tag von Bouvines am 27. Juli 1214, der Sieg des französischen Königs Philippe Auguste als Verbündeter der Staufer über den welfischen Kaiser Otto IV., machte den Ambitionen Waldemars ein Ende, auch das Bündnis Friedrichs II. mit Waldemar II. von Dänemark, das diesem die transelbischen Gebiete erneut überließ, signalisierte sein Scheitern. Waldemar starb schließlich 1235 oder 1236 verlassen im Kloster Loccum.

Gerhard I. – noch als Bischof von Osnabrück an der Aachener Krönung Friedrichs II. 1215 beteiligt – konnte 1217 in Bremen Fuß fassen, nachdem er in einer *concordia* – Übereinkunft – bezeichneten Urkunde den Bürgern die „Rechte der Stadt" (*iura civitatis*) Hartwigs II. bestätigt, dem politisch-juristischen Handlungsspielraum eines Bürgerausschusses zugestimmt und nicht zuletzt die Straffreiheit wegen Vergehen gegen die kirchlichen Instanzen in der Vergangenheit garantiert hatte. Des Weiteren suchte er einen der weiteren Konfliktherde zu beseitigen, indem er mit König Waldemar II. 1218 ein Bündnis schloss, das Gerhard ohne Rücksicht auf Reichsinteressen zu Hilfeleistungen, selbst gegen die eigenen Stiftsministerialen, verpflichtete.

Im Begriff, auf einem Reichstag zu Frankfurt auch die leidige Stader Frage mit Pfalzgraf Heinrich unter den Augen des Kaisers zu bereinigen, starb Gerhard I. im August 1219 fern seiner Diözese. Zweifellos geht die Übereinkunft von 1219, die zunächst die Lehnsrührigkeit der Stader Grafschaft von der Bremer Kirche feststellte und damit den Rückgewinn Stades für 1236 vorbereite, noch auf die Initiative Gerhards I. zurück.

Literatur:
Dehio, Erzbistum Hamburg-Bremen (1876). – Glaeske, Erzbischöfe (1962). – Hofmeister, Erbe der Stader Grafen (1995). – Lammers, Schlacht von Bornhöved (1981). – Schwarzwälder, Geschichte (1995). – Schwarzwälder, Kirchspiele Bremens (1960).

3. Gerhard II. (1219–1258) und das Ende des Kapitelstreits

Mit der Erhebung des Nachfolgers von Gerhard I., des letzten großen hochmittelalterlichen Bremer Erzbischofs, Gerhards II. aus dem Geschlecht der Edelherren von Lippe, Sohn (!), Bruder und Onkel von Bischöfen und Äbtissinnen, trat nicht nur das Verhältnis zwischen Stadt und Stadtherrn in ein neues Stadium. In Gerhards II. Pontifikat fallen die Konstituierung der Ratsverfassung in den 20er Jahren, die Neuausrichtung der Balance zwischen erzbischöflicher Gewalt und städtischer Autonomie und nicht zuletzt die Errichtung neuer kirchlicher Sprengel, verbunden mit zahlreichen kirchlichen Baumaßnahmen u.a. am St. Petri Dom und in Unser Lieben Frauen. Hinzu kamen die Auseinandersetzungen mit den unbotmäßigen, vor allem zahlungsunwilligen Landesgemeinden, an ihrer Spitze die Stedinger, die zugleich für die weitere Entwicklung der Landesherrschaft des Bremer Erzbischofs mit entscheidend waren. Auch kam es in den ersten Jahren Gerhards zu einer endgültigen Klärung des Verhältnisses zwischen Bremer und Hamburger Domkapitel und damit zwischen den Aufgaben und Kompetenzen der Kirchen an Weser und Elbe im sogenannten „Kapitelstreit".

Dieser war zunächst ein Reflex auf die langanhaltenden Auseinandersetzungen Hartwigs I. und Siegfrieds mit der ostelbischen Politik Heinrichs des Löwen, die mehr und mehr den Radius bremisch-erzbischöflichen Einflusses auf den Raum zwischen Unterweser und Niederelbe begrenzte. So nannte sich Erzbischof Siegfried nach 1180 nur noch „Erzbischof von Bremen" und verband fortan Titel und Dignität allein mit dem Sitz an der Weser.

Im Verlauf des staufisch-welfischen Thronstreites war Hamburg 1201 unter dänische Herrschaft geraten, auch Dithmarschen ging direkt an die dänische Krone. Damit war im transelbischen Bereich eine Lage entstanden, die die Integrität des Erzstiftes aufs Höchste bedrohte: König Waldemar II. gebot über eine Metropole in Lund; Lübeck, Ratzeburg und Schwerin gehörten faktisch zu seinem Herrschaftsgebiet, Hamburg war zur dänischen Landstadt herabgesunken. So dürfte es für den König nahegelegen haben,

über tatsächliche oder vermeintliche Metropolitanrechte der Hamburger Kirche die wendischen Suffragane rechtlich ausschließlich an diese zu binden und damit der Krone Dänemarks zu unterstellen. Als Vorbote dieser Ansprüche und Auseinandersetzungen, die zwischen den Domkapiteln von Hamburg und Bremen ausgefochten wurden, ist ein Schreiben von Papst Innozenz III. vom 5. April 1204 an den Bischof von Hildesheim zu werten. Dieses vermeldet, das Bremer Domkapitel habe die Privilegien der Hamburger Kanoniker kassiert und den Bruch der alten Kirchenunion betrieben – Bemerkungen, die sich vermutlich auf die verlangte Beteiligung der Hamburger am Wahlgang für den nächsten Erzbischof beziehen dürften.
Nach dem Tode Hartwigs II. 1207 kam es zu einer Doppelwahl in Bremen und Hamburg. Die eine Seite bestimmte Waldemar von Schleswig erneut, die Gegenseite, an ihrer Spitze der dänische König, mobilisierte Papst Innozenz III. Im Frühjahr 1208 wurde vermutlich der opponierende Dompropst Burchard aus Bremen zum Erzbischof von Hamburg erhoben. Aus der umfänglichen Korrespondenz geht jedenfalls hervor, dass das Hamburger Domkapitel behauptete, die Kirche an der Elbe erfreue sich jeher *olim* der Metropolitanwürde, Bremen hingegen nur der bischöflichen, doch hätten beide Kirchen bzw. deren Kapitel bis heute den Erzbischof zusammen einträchtig gewählt. Der Papst wird aufgefordert, den alten Rechtszustand wiederherzustellen, ein Verlangen, dem sich der dänische König aus verständlichen Gründen nur zu gern anschloss.
Bereits 1208 forderte Innozenz III., der sowohl Waldemar von Schleswig als auch Burchard die Approbation versagt hatte und der nun seinerseits die Schiedsrolle übernehmen wollte, eine Neuwahl unter Beteiligung all derer, „die an der Wahl zu beteiligen sind“ – eine wahrhaft meisterliche Formulierung.
Bei der Wahl Bischof Gerhards von Osnabrück zum Bremer Oberhirten 1210 verlautet nichts von einer Reklamation oder gar Bestätigung hamburgischer Ansprüche auf Mitwirkung. Innozenz III. stimmte dem Bremer Wahlvorgang zu und übersandte dem Gewählten zum Zeichen seiner neuen Würde das Pallium.
Erst die nächste Wahl 1219 – Hamburg befand sich noch immer unter dänischer Herrschaft – führte zum sogenannten Kapitelstreit, der sich über vier Jahre hinzog. Gerhard aus dem Geschlecht der Edelherren zur Lippe wurde durch das gemeinsame Wirken des Bremer Domkapitels und des Wilhadikapitels gewählt – die Hamburger Domkanoniker blieben jedenfalls außen vor. Diese fuhren bereits am 31. Dezember 1219 schweres Geschütz auf: Ihre Kirche, wie jetzt das Argument lautete, glänze in der Ehre des Metropolitansitzes, während Bremen nur einen niederen Rang habe – also sei es eine Prärogative des Hamburger Kapitels bei einer Wahl des Erz-

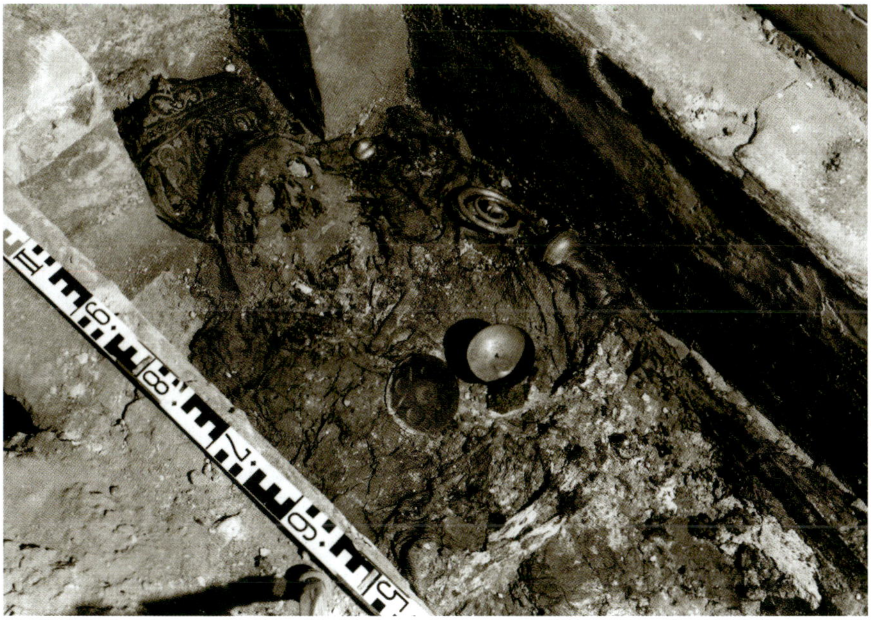

Die ungestörte Grablege eines Bremer Erzbischofs im St. Petri Dom nach der Öffnung. Grab 19 – wohl Erzbischof Gerhard II. (1219–1258) – mit Mitra, Stab, Kelch und Patene.

bischofs als Erstes seine Stimme abzugeben, dies zumal sich der Erzbischof nach der Hamburger Kirche benenne. Das zweite Votum gebühre den Bremern. Somit werde der Pontifex von beiden Kapiteln gemeinsam gewählt. Papst Honorius III. solle daher die Wahl Gerhards für ungültig erklären, die Bremer zur Aushändigung der unterdrückten Hamburger Privilegien anhalten, ihr *ius eligendi* erneuern und in Konsequenz einen rechtsgültigen Wahlakt ansetzen. Die Sprache war schärfer geworden, das Hamburger Kapitel arbeitete jetzt mit einer Fiktion, die weitgehend von der neueren Literatur kritiklos übernommen worden ist, nämlich mit der unbewiesenen und unbeweisbaren Behauptung, es habe einschlägige Wahlprivilegien für die Hamburger Kirche gegeben, die von der Bremer Konkurrenz unterschlagen worden seien. Dafür gibt es nicht die Spur eines Zeugnisses, auch wenn 1223 die Beteiligung der Hamburger Kanoniker an dem Wahlvorgang in Bremen festgeschrieben wurde – ohne Rückgriff freilich auf irgendwelche Rechtsdokumente.

Die vom Papst geforderten Untersuchungen zogen sich über mehrere Jahre hin und drohten mit Interdikt und Exkommunikation der beklagten Partei zu enden, als Erzbischof Gerhard II., ein großes politisches Talent, selbst eine Übereinkunft mit den Hamburger Klägern suchte, die freilich in

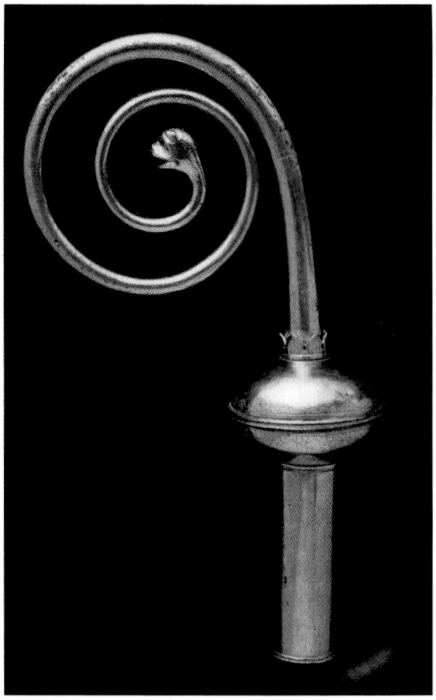

Bischofskrümme mit Löwenkopf-Motiv aus Grab 19 im St. Petri Dom. (Dom-Museum)

Bremen – nicht zu Unrecht – helle Empörung auslöste. Gerhard II. sagte nämlich am 21. Mai 1221 als „Bischof von Bremen" Folgendes zu: In den überelbischen Gebieten werde er sich Hamburg-Bremer Erzbischof oder im Besonderen nur Hamburger Erzbischof schreiben, wenn nicht die vom Papst bestellten Richter es für besser hielten, dass er sich im ganzen Bereich seiner Diözese gleichmäßig Hamburg-Bremer Erzbischof nennen solle. Ihm bliebe es vorbehalten, sich einen der Titel zu wählen, falls keine der beiden Kirchen im Gericht vollständig obsiege. Bei seiner Aufnahme in die Hamburger Kirche werde er sofort ein entsprechendes Siegel beschaffen, dieses und kein anderes führen. Die Rechte und Gewohnheiten der Hamburger Kirche werde er unverletzlich hüten und sie gleich in Ehre, Recht und Würde mit der Bremer Kirche halten, ihre Privilegien erneuern und bestätigen, desgleichen ihre Besitzungen, Schenkungen und alle für sie von seinen Vorgängern getroffenen Maßnahmen. Die Provinzialsynoden werde er gemäß den Bestimmungen von Papst Innozenz III. bald in Hamburg, bald in Bremen abhalten, die Generalsynoden und -kapitel zu gehöriger Zeit in Hamburg – wie herkömmlich! Mit allem Nachdruck werde er sich für die Rückgewinnung der von den Bremern einbehaltenen Privilegien einsetzen, in Hamburg einige größere Kirchenfeste feiern und dies alles zeitlebens treu einhalten. Damit war die faktische Zweiteilung der Diözese, den politischen Grenzen entsprechend, ja der Metropole erreicht, Hamburg gar als erster Sitz des Erzstiftes hervorgehoben, da in seinem Bereich die Generalsynoden abgehalten werden sollten. Über die Wahlmodalitäten des Erzbischofs war es offenbar noch zu keiner Absprache gekommen – nur der Hinweis auf die angeblich unterdrückten Privilegien deutet in eine Richtung. Papst und Prozessdelegierte bestätigten diese Abmachung – zum verständlichen Zorn des Bremer Domkapitels, das seinen Oberhirten als Fremdling, umgarnt von den Hamburger Konkurrenten, charakterisierte, der nicht um die Rechte der Bremer Kirche wisse. Besonders aufgebracht war man an der Weser über die doppelte Titulatur diesseits und jenseits der Elbe.

Honorius III., durch diesen Widerspruch verunsichert, beauftragte bereits Ende 1221 Kölner Geistliche als Richter in dieser Sache, die fast ein Jahr später Zusagen Gerhards als „Bremer Bischof“ für ungültig erklärten und ihre Rücknahme verlangten. Zum Ärger der Hamburger zog der Gemaßregelte seine großzügigen Offerten zurück – der Rechtsstreit war mithin wieder völlig offen.

Schließlich machte ein politisches Ereignis dem Streit ein Ende, als sich nämlich das Hamburger Domkapitel 1223 durch die überraschende Gefangennahme König Waldemars II. von Dänemark durch den Grafen Heinrich von Schwerin seiner wichtigsten Stütze beraubt sah.

Mit Willen ihres gemeinsamen Oberhirten suchten Hamburgs und Bremens Domkapitel nach einer gütlichen Regelung, die zwar von den Maximalforderungen Hamburgs weit entfernt, gleichwohl den kirchenpolitischen Gegebenheiten Rechnung trugen und über das Wahlrecht des Kapitels an der Unterelbe befriedigende Zusagen enthielten. Am Weihnachtsfest 1223 wurde feierlich Frieden geschlossen, sein Inhalt ist kurz folgender: Die Hamburger Kirche erkennt an, dass Titel und erzbischöfliche Würde bei der Bremer Kirche verbleiben. Beide Kirchen verzichten auf alle in dieser Angelegenheit veranlassten gerichtlichen Maßnahmen und sonstige Entscheidungen. Der Erzbischof von Bremen soll Synode, Kapitel und kirchliche Amtshandlungen in der Bremer und Hamburger Kirche abhalten wie seine Vorgänger. Die überelbischen, zur Hamburger Propstei gehörigen Diözesanen sollen nur bei Appellationen vor Synode und Kapitel nach Bremen gezogen werden. Drei Hamburger Kanoniker, der Propst, der Dekan und der Scholaster, sollen bei Erledigung des Erzstuhles zu gehöriger Zeit in Bremen erscheinen und das Recht haben – auf alte, angeblich unterschlagene Rechtsdokumente wird nicht rekurriert! –, im Namen der Hamburger Kirche den Erzbischof von Bremen zu wählen, und zwar die Hamburger Dignitäre jeweils nach den entsprechenden Bremer Würdenträgern. Die Kirchen sollen „Mitschwestern“ sein und ein inniges Verhältnis wahren.

Damit war der Rang der Metropole, der Titel des Erzbischofs, von dem aller Glanz ausging, endgültig und auch der geschichtlichen Entwicklung entsprechend, auf die Bremer Kirche übergegangen. Das Hamburger Kapitel aber, die Propstei, hatte ein hohes Maß an Eigenständigkeit und Unabhängigkeit gewonnen, der transelbische Kirchenbezirk wurde mit Hamburg, Lübeck, Schwerin und Ratzeburg zu einer administrativen Einheit zusammengefügt, die noch auf die Konturen der Hanse prägend wirkte.

Das Nebeneinander Hamburgs und Bremens unter dem Dach einer gemeinsamen Metropole ist zumindest im weiteren Verlauf des 13. Jahrhunderts weitgehend konfliktfrei geblieben. Mit dem Weihnachtsfest 1223 ist Hamburg als Sitz eines Erzbistums bis in die 90er Jahre des 20. Jahrhunderts erloschen. Letztlich dürfte dieses Ende mit dem Verlust der Skandinavienmission, die auch durch das kurze Zwischenspiel in Livland am Ausgang des 12. Jahrhunderts nicht behoben werden konnte, in direkter Beziehung stehen, hatte dieser doch den nördlichen Stützpunkt seiner ausgreifenden Aufgaben, dem *primum officium*, beraubt.

Literatur:
Dehio, Erzbistum Hamburg-Bremen (1877). – Elmshäuser, Territorialstaat der Erzbischöfe (1995). – Hofmeister, Erbe der Stader Grafen (1995). – Schmidt, Hermann II. zur Lippe (1990). – Schöffel, Kirchengeschichte Hamburgs (1929).

Die Beilegung des Kapitelstreits markiert nicht nur formal den Zeitpunkt, mit dem der kirchenrechtlich im Reich einmalige Doppelerzsitz Hamburg-Bremen endete und der Primat des Bremer Erzsitzes und damit auch die Zukunft einer nun rein bremischen Kirchengeschichte bestimmt sein sollte, sondern es ist ebenso eine Zäsur in der Geschichte Bremens selbst zu erkennen. Diese sollte ab nun nicht mehr vor allem die Geschichte des Erzbistums Bremen sein, das seine Hauptkathedrale und seinen wichtigsten Sitz in der Metropole an der Weser hatte, aber weit über ihre Grenzen hinaus agierte, sondern es ist ab nun auch zu reden von einer eigenen Kirchengeschichte der aufstrebenden Kommune, die in sich zwar weiterhin den Sitz eines Erzbistums beherbergte, aber sich zunehmend als Ort der Bürger und Händler definierte und als solcher auch eigene kirchliche Institutionen und Einrichtungen ausbildete. War bislang neben dem Dom als Bremer Kathedrale vor allem die Markt- und Parochialkirche Unser Lieben Frauen für die Kommune von Bedeutung gewesen und waren die Stifte und Klöster wie St. Stephani, St. Ansgarii und St. Pauli auf Initiativen und zum Nutzen des Adels, der hohen Geistlichkeit und der Stiftsministerialität entstanden, so bildete sich mit der Einrichtung der vier städtischen Kirchensprengel (1229) und mit dem Einzug der dominikanischen bzw. franziskanischen Konvente der Bettelorden in der ersten Hälfte des 13. Jahrhunderts, später noch vielfach ergänzt um weitere Kapellen und Spitäler, in Bremen nun auch eine parochial und monastisch vielschichtig gegliederte religiöse Landschaft, die vor allem den Bürgern diente und von ihnen wirtschaftlich und ideell bestimmt und getragen wurde.
Diese bereits in Vorgängen des ausgehenden 12. Jahrhunderts angelegte Machtverschiebung vermochte bis in die Mitte des 13. Jahrhunderts die herrschaftlich außergewöhlich engagierte und erfolgreiche Person des Bremer Erzbischofs Gerhard II. ein letztes Mal zu überdecken. In seinem Pontifikat drückte noch einmal ein Erzbischof Stadt und Land sein Siegel auf. Dies nicht nur sprichwörtlich: Das ausdrucksstarke Thronsiegel von Ger-

Das Siegel des Bremer Erzbischofs Gerhard II. (1219–1258). (Staatsarchiv Stade)

hard II. markiert als authentisches Abbild seiner Person einen Höhepunkt dieser Kleinplastiken, die zugleich Mittel von Herrschaft, Rechtsprechung und Repräsentanz waren. Seine ambitionierten hochgotischen Bauvorhaben in Dom und städtischer Hauptkirche Unser Lieben Frauen, sein Bemühen um die Territorialisierung des Erzstifts, augenfällig erkennbar im Engagement um das Stader Erbe im sog. „Nassen Dreieck", dem Kernterritorium des Stifts, aber auch an der Unterweser, wo er selbst um das Kampfmittel des Kreuzzugsaufrufs nicht verlegen war, um die widersetzliche Landesgemeinde der Stedinger Bauern der Botmaßigkeit seiner Landesherrschaft zu unterwerfen, machen dies nur allzu deutlich. In der bürgerlichen Stadt Bremen sollten mit seinem Namen die „Gerhardschen Reversalen" in dauerhafter zwiespältiger Erinnerung bleiben, zögerte diese von ihm ausgesprochene Widerrufung städtischer Statuten und Rechtsgewohnheiten doch die Entwicklung der autonomen Kommune in einem zentralen Bereich – dem der Rechtsprechung – bis zur ersten geschlossenen Zusammenstellung des Bremer Stadtrechts im Jahr 1304 hinaus. Doch macht all dies bei näherer Betrachtung nur deutlich, dass selbst dieser machtbewusste und adelsstolze Erzbischof, in dem wir den wohl letzten Kirchenfürsten auf dem Bremer Stuhl ansprechen dürfen, faktisch schon längst zu einem innerstädtischen Akteur geworden war, dessen politischer Aktionsradius kaum noch den Raum zwischen Unterweser und Niederelbe überschritt. Insofern war selbst dies gemessen an der reichen Geschichte des Bremer Stuhls bis zum 13. Jahrhundert nur noch institutionelle Erinnerung und nicht mehr gelebte herrschaftliche Tradition. Die politische Potenz und die historische Wirkungsmacht, die ein Ansgar, Adaldag oder Liemar erlangt hatten – von einem Adalbert ganz zu schweigen –, haben Gerhard II. und kein Bremer Erzbischof nach ihm je wieder erreicht.

Das Erzstift sollte nun dauerhaft – im Kern gilt dies bis zu seinem Untergang 1648 im Ergebnis des Friedenschlusses von Osnabrück und Münster

Das Erste Stadtsiegel der Stadt Bremen von um 1230. Kaiser Karl der Große und Bischof Willehad halten zwischen sich den Dom, den wichtigsten Sakralbau der Stadt – darunter Tor und Zinnen der Stadtmauer. (Staatsarchiv Bremen)

– nur noch ein Schatten, ja vielleicht sogar nur eine vage Erinnerung seiner selbst und seiner vergangenen Größe bleiben. Zugleich vollzog sich ein hochinteressanter Paradigmenwechsel: Man wird sogar sagen dürfen, dass, wenn überhaupt eine Institution Rang und Idee des ehrwürdigen Bremer Erzsitzes in die Zukunft weitertragen sollte, dies nun die ihrerseits um Rang und Ansehen zunehmend bemühte Stadt Bremen selbst war. Die *civitas Bremensis* trat nun als kommunaler Verband aus dem Schatten des geistlichen Stadtherrn und ergriff nicht mehr nur gelegentlich, sondern dauerhaft die politische Initiative. Als sich die kommunale Vertretung der *cives*, der aus *consules* gebildete Rat, formiert hatte und begann, selbständig mit Auswärtigen rechtsverbindliche Verträge abzuschließen und im Innern eine eigene Verwaltung auszubilden, musste auch er sich um 1230 ein erstes repräsentatives Stadtsiegel zulegen. Dieses zeigte neben einem Tor der Stadtmauer – wehrhaftes Kennzeichen des Weichbildes – die karolingerzeitlichen Gründerväter Bremens, den heiligen Willehad und Karl den Großen mit einem Modell des St. Petri Domes! Diese ganz selbstverständliche Aneignung der kirchlichen Frühgeschichte und des karolingischen Missionsauftrages durch die Stadtgemeinde sollte Bestand haben und sogar schwerste spätmittelalterliche Differenzen zwischen Erzbischof und Kommune überstehen. Mit den Erzbischöfen mochte die Stadt später wohl brechen, nicht aber mit ihrer Herkunft aus kirchlichen Anfängen. So entfernte man im zweiten Bremer Stadtsiegel von 1366 zwar mit Willehad die konkrete Person des ersten Bischofs aus dem Siegelbild, machte aber mit dem heiligen Petrus neben der Gestalt des Kaisers den Haupheiligen der Bremer

Bischofsmitra, 1. Hälfte 13. Jahrhundert. Die ungewöhnlich prachtvolle Mitra aus Grab 19 ist wohl Erzbischof Gerhard II. zuzuweisen. (Dom-Museum)

Kathedrale zum Stadtpatron. Ein zugleich erstmals angeschafftes Sekretsiegel für kleinere Beurkundungen und Verschlusssachen zeigte zudem neben der Figur des Petrus erstmals das seither weitgehend unverändert gültige Bremer Schlüsselwappen. Es kündet bis heute unmissverständlich vom stadtbremischen Selbstverständnis einer Herkunft aus christlicher Wurzel. All dies ist mehr als bloßer Ausdruck von Symbolik und politischer Repräsentation. Es war nach einer längeren Schwächephase des Erzbistums und in einem ersten machtvollen Entwicklungsschub der bürgerlichen Stadt der Versuch, den Akteuren der neuen Zeit – den Bürgern – das zuzueignen, was ihnen gegenüber den geistlichen Herrschaftsträgern im mittelalterlichen Verständnis mangelte – Herkunft und Ansehen der Institution und Segens- und Heilsgewissheit ihrer Herrschaft. Letztere war auf Dauer für jede Form mittelalterlicher Herrschaft unabdingbar, denn außerhalb des Handlungsrahmens und der Werte und Symbole der christlichen Gemeinschaft gab es kein Heil.

Teil 2:
Spätmittelalter

I. Einleitung: Thema, zeitlicher Rahmen, Quellen, städtische Kirchenverfassung

Geschichte, auch Kirchengeschichte, bedarf, um übersichtlich, greifbar und bewertbar zu sein, des ordnenden, strukturierenden Zugriffs. Dem dient nicht zuletzt die Periodisierung geschichtlicher Abläufe zur Kenntlichmachung der inneren Zusammenhänge und der übergreifenden Konstanten bestimmter als historische Einheit wahrgenommener Zeiträume. Für die allgemeine deutsche Kirchengeschichte stellen etwa der Investiturstreit (1075–1122) mit seiner folgenschweren Trennung von *regnum* und *sacerdotium* oder der rasch zunehmende Einfluss der römischen Kurie in der Zeit um 1350 solche tief einschneidenden, epochegliedernden Zäsuren dar. Für die zeitliche Untertcilung der mittelalterlichen Kirchengeschichte Bremens kommen hingegen, so sehr Investiturstreit oder wachsender kurialer Einfluss sich selbstverständlich auch hier bemerkbar machten, vor allem herausragende lokale Ereignisse, die die kirchengeschichtliche Entwicklung vor Ort langfristig beeinflussten und festlegten, als epochegliedernde Zäsuren in Betracht. Ein derartiger markanter Orientierungs- und Wendepunkt in der mittelalterlichen bremischen Kirchenentwicklung liegt zweifelsohne in der städtischen Kirchspieleinteilung von 1229 vor. Damals gelangte die organisatorische Ausbildung des stadtbremischen Pfarrsystems zu ihrem Abschluss, die in jenem Jahr vollzogene Aufteilung des Stadtgebiets in die vier Pfarrsprengel von Liebfrauen, St. Martini, St. Ansgarii und St. Stephani hat, von der kriegsbedingten Zerstörung der Ansgariikirche abgesehen, im Wesentlichen bis auf den heutigen Tag Bestand. 1229 wurde der äußere Rahmen für die weitere Entwicklung des stadtbremischen Kirchenwesens in den nächsten Jahrhunderten geschaffen, das Jahr markiert deshalb wie kein anderes die Trennungslinie zwischen den früh- und hochmittelalterlichen kirchlichen Verhältnissen Bremens und denjenigen des Spätmittelalters. Ein vergleichbarer tiefer Einschnitt erfolgte dann erst wieder durch die Umformung der kirchlichen Verhältnisse in der Reformationszeit.

Dieser Übergang vom früheren zum späteren Mittelalter geht zugleich mit einem grundsätzlichen Perspektivwechsel einher. Stand im Früh- und Hochmittelalter mit dem Bremer Erzbistum eine kirchliche Institution im Mittelpunkt, die über Bremen hinaus weit in den nordeuropäischen Raum ausstrahlte, so konzentriert sich der Blick seit 1229 im Wesentlichen auf die vier städtischen Kirchspiele, neben denen der Dom und seine Erzbischöfe zwar weiterhin eine bedeutsame, aber eben doch nicht mehr eine alles beherrschende monopolartige Stellung einnahmen. An die Stelle einer mit Immunitätsrechten, hoher Gerichtsbarkeit, Grafschaftsrechten, reichem Grundbesitz und Regalien ausgestatteten Bistumskirche, die als festes Glied der Reichskirche unmittelbar in die Macht- und Herrschaftsstrukturen des Reiches eingebunden war, treten nunmehr also die kirchlichen Strukturen einer spätmittelalterlichen norddeutschen Hansestadt. Dieser Verengung des Blickfeldes auf die lokal geprägten kirchlichen Verhältnisse einer mittelgroßen spätmittelalterlichen Stadt steht auf der anderen Seite eine ungeheure Erweiterung des Themenspektrums gegenüber, das nun eine Vielfalt religiös-kirchlicher Aspekte enthält, wie es sie in der Zeit vor 1200 in dieser Form noch nicht gab: Das Spektrum kirchlicher Institutionen umfasst neben den vier städtischen Pfarrkirchen auch noch viele kleinere Nebenkirchen und Kapellen, die beiden Chorherrenstifte, die städtischen Klöster sowie die ebenfalls dem kirchlichen Bereich zuzurechnenden zahlreichen Spitäler, Gast- und Armenhäuser; des Weiteren entstanden im späteren Mittelalter eine eigene stadtbürgerliche Frömmigkeit und ein in sich differenziertes geistlich-religiöses Leben mit seinen spezifischen Riten, Kulten und Assoziationen; nicht zuletzt gab es selbstverständlich auch noch den Dom mit einem an Bedeutung und Einfluss gewinnenden Domkapitel und einem Erzbischof, der nicht nur der Kirche in Stadt und Diözese vorstand, sondern zugleich auch die politische Funktion eines Stadt- und Landesherrn innehatte, was fast zwangsläufig zu Konflikten mit der immer selbstbewusster auftretenden Stadtgemeinde führte. Kirche und religiöses Leben in der Stadt unterscheiden sich damit im 13., 14. und 15. Jahrhundert ganz wesentlich von den kirchlichen Verhältnissen des noch keine oder allenfalls rudimentäre städtische Züge aufweisenden Bischofssitzes des Früh- und Hochmittelalters.

Was die Quellenlage anbelangt, so ist der Zeitraum seit der Kirchspieleinteilung 1229 vor allem dank des reichlich fließenden Urkundenmaterials, das zudem bis zum Jahr 1447 in den sieben Bänden des Bremischen Urkundenbuchs gedruckt vorliegt, verhältnismäßig gut dokumentiert. Insbesondere für das Domkapitel und für das Ansgariikapitel liegen für diesen Zeitraum Urkunden in Hülle und Fülle und in einer Dichte vor, von der man ansonsten kaum zu träumen wagt. Von herausragender Bedeutung ist daneben noch Johann Hemelings um 1415/20 entstandenes „Diplomatarium fabricae ecclesiae Bremensis“, das hochinteressante Einblicke in die Formen spätmittelalterlicher stadtbürgerlicher Frömmigkeit ermöglicht und auch den fragwürdig gewordenen Ablasshandel jener Zeit in wünschenswerter Klarheit offenlegt; auch das „Diplomatarium“ liegt seit einiger Zeit in gedruckter Form vor. Die mittelalterliche Stadtchronik von Rinesberch und Schene liefert vor allem die Hintergrundfolie für die städtische Entwicklung jener Zeit (bis ca. 1430) und ist, wie auch die auf ihr fußende, weiterführende Rennerchronik von 1583, für die konfliktreichen Auseinandersetzungen zwischen der Stadt und ihrem erzbischöflichen Stadtherrn unentbehrlich. Dagegen vermögen die Sachquellen in Form der mittelalterlichen Kirchenausstattungen wegen der hohen Verluste der kirchlichen Kunst- und Gebrauchsgegenstände in der Reformations- und Nachreformationszeit, in der zum Teil regelrechte „Bilderstürme" wertvolles Kulturgut vernichteten, nurmehr sehr beschränkt Auskunft zu erteilen.

Charakteristisches Kennzeichen spätmittelalterlicher Religiosität und Kirchlichkeit ist sicherlich eine Intensität der gelebten Frömmigkeit, wie sie kaum jemals zuvor und hernach wieder erreicht wurde. Insbesondere das 15. Jahrhundert erlebte eine Steigerung der Frömmigkeit bis hin zu Zuständen epidemischer Erregung, wie sie sich etwa auf den großen Wallfahrten immer wieder einstellten. Aber diese bis zur religiösen Ekstase gesteigerte Frömmigkeit machte andererseits auch vor monströsen Äußerlichkeiten, bizarrem Aberglauben und eitler Bigotterie nicht Halt, und neben tief empfundener Religiosität finden sich zahllose Beispiele einer oberflächlichen, ja geradezu verliederlichten Religionsausübung. Der spätmittelalterlichen Frömmigkeit ist somit bei allem Impetus eine gewisse Doppelgesichtigkeit nicht abzusprechen, sie changierte zwischen den Polen innigen Heilsstrebens und trivial-vulgärer Volksphantasien. Die ständige Vermischung, ja Untrennbarkeit der religiösen und weltlichen Sphäre, die der spätmittelalterlichen Frömmigkeit zu eigen war, führte so letztendlich immer wieder zu unwürdigen Auswüchsen des religiösen Lebens und einer Überladung des Glaubens an sich.

Die intensive Zuwendung der Menschen zu Kirche und Glauben war dabei keineswegs Privatsache, vielmehr bildeten Religion und deren alltägliche Praktizierung im kirchlichen Rahmen das integrierende Band der Gesellschaft. Kirche, Religion und Glaube waren das tragende Fundament auch der städtischen Gemeinschaft, die mittelalterliche Stadt verstand sich als christliches Gemeinwesen, als *corpus Christianum* im Kleinen. Politische und kirchliche Gemeinde waren daher nicht trennscharf geschieden, sondern bildeten eine in sich gegliederte Einheit: So wie die städtischen Kirchspiele weltliche Aufgaben im Steuerwesen, in der Wehrverfassung und im Auflassungswesen übernahmen, so trugen die politische Gemeinde und die ihre Macht unmittelbar auf Gott zurückführende städtische Obrigkeit ihrem Selbstverständnis nach gleichfalls Verantwortung für die Kirche und das Seelenheil der Bürger. Dies hatte weitreichende Folgen: Um ihr Mitspracherecht in den religiös-kirchlichen Belangen sicherzustellen, nahmen Bür-

ger und Rat mit Hilfe des Patronatsrechts sowie mittels des Instituts der Kirchenpflegschaft massiven Einfluss auf das städtische Kirchenwesen. Nicht selten vermochte der Rat seinen so gewonnenen Einfluss auf die Kirche sogar zu einer Art städtischem Kirchenregiment auszubauen, wobei er sich von geistlich-seelsorgerischen – Sorge um das Seelenheil der Bürger – wie von politischen – Festigung seiner Machtstellung – Beweggründen gleichermaßen leiten ließ.
Die den vorherrschenden agrarischen Verhältnissen angepassten, weitgehend adelskirchlich geprägten früh- und hochmittelalterlichen Kirchenstrukturen gerieten im Spätmittelalter mit der sich entwickelnden urbanen Welt zunehmend in Konflikt. Es kam deshalb in den Städten zur Ausbildung einer städtischen Kirchenverfassung, die stark vom wirtschaftlich führenden Patriziat beeinflusst wurde und die in den Klöstern der Bettelorden als der der Urbanität gemäßen Form monastischen Lebens ihren vielleicht sinnfälligsten Ausdruck fand. Wichtige Merkmale der spätmittelalterlichen, städtisch geprägten Kirchenstrukturen, die diese von den kirchlichen Verhältnissen des Früh- und Hochmittelalters deutlich abhoben, waren etwa das zur vollen Ausbildung gelangte Pfarrsystem, das Vorhandensein des aus dem germanischen Eigenkirchenrecht hervorgegangenen Patronatsrechts, welches das Recht der Stellenbesetzung insbesondere bei den niederen kirchlichen (Mess-)Pfründen beinhaltete, sowie die zahlenmäßige Zunahme und innere Differenzierung des niederen Klerus. Gerade der zuletzt genannte Aspekt, die soziale Ausdifferenzierung eines stark anwachsenden niederen Weltklerus und die damit einhergehende Entstehung eines oft nicht einmal das Existenzminimum erwirtschaftenden Klerikerproletariats, steht in einem unmittelbaren kausalen Zusammenhang mit dem Aufblühen des Städtewesens. Diese städtische Kirchenverfassung bildet auch das Substrat der im Folgenden darzulegenden Kirchengeschichte Bremens im Spätmittelalter (1229–1522).

Literatur:
Angenendt, Geschichte der Religiosität (1997). – Bookmann, Stadt (1994). – Huizinga, Herbst (1975). – Isenmann, Stadt im Spätmittelalter (1988). – Kurze, Niedere Klerus (1976). – Schreiner, Frommsein (o.J.). – Schubert, Kirche und der gemeine Mann (1998).

II. Die erzbischöfliche Kathedrale

Von der Kirchspieleinteilung des Jahres 1229, die das städtische Gebiet in die vier Pfarrbezirke von Liebfrauen, St. Martini, St. Ansgarii und St. Stephani aufteilte, war die erzbischöfliche Kathedrale nicht unmittelbar betroffen. Trotzdem war diese Kirchspieleinteilung auch für den St. Petri Dom nicht völlig belanglos. Indem die Kirchspieleinteilung nämlich den schon 1135 mit der Gründung des Stephanikirchspiels eingeleiteten Zerfall der vom Dom abhängigen Großpfarre endgültig besiegelte, ließ sie die regionale, die gesamte Kirchenprovinz umfassende Ausrichtung der Bischofskathedrale umso deutlicher hervortreten und unterstrich dadurch deren Sonderstellung gegenüber den im Wesentlichen auf das städtische Territorium beschränkten Stadtpfarrkirchen. Die immer stärkere Hinzuziehung des Domkapitels, das in jener Zeit einen erheblichen Kompetenz- und Vermögenszuwachs verzeichnete, zu Regierung und Verwaltung des Stifts wirkte in dieselbe Richtung. Trotz seiner weit über die Stadtmauern hinaus weisenden Sonderstellung war der Dom jedoch allein aufgrund seiner exponierten Lage im Zentrum der Stadt auch weiterhin ein fester Bestandteil der städtischen kirchlichen Topographie, er war nach wie vor die zentrale Hauptkirche der Stadt, die er aufgrund seiner Größe und repräsentativen Bauweise allein schon optisch dominierte.

1. St. Petri Dom: Baugeschichte, Ausstattung, Domschatz, Domfabrik

Die im Wesentlichen in der zweiten Hälfte des 11. Jahrhunderts während der Regierungszeit der Erzbischöfe Adalbert (1043–1072) und Liemar (1072–1101) erbaute dreischiffige Basilika mit ihren zwei Westtürmen, zwei Chören samt zugehörigen Krypten sowie ihrem einschiffigen Querhaus gab dem St. Petri Dom Maß und Struktur vor, insbesondere die Pfeiler, Kapitelle und Bogen im Kircheninneren haben sich bis auf den heutigen Tag erhalten. Freilich hat die Kathedrale im Verlauf des späteren Mittelalters einige grundlegende Umgestaltungen erfahren, die den einfachen, schmucklosen romanischen Kirchenbau gewissermaßen künstlerisch vollendeten, und dabei hielt nun erstmals auch die Gotik ihren Einzug im St. Petri Dom. Wichtigste Baumaßnahme war zunächst die Einwölbung der bis dahin flachgedeckten Pfeilerbasilika, die unter Erzbischof Gerhard II. (1219–1258) nach westfälisch-rheinischen Vorbildern in Angriff genommen wurde. Ein Ablassbrief Papst Honorius' III. von 1224, in dem vom ausbesserungswürdigen Zustand des Domes die Rede ist und der die erfor-

derlichen Baumittel aufbringen sollte, bezieht sich vermutlich auf diese bauliche Umgestaltung.
Die Einwölbung des Domes erfolgte im gebundenen System, so dass auf jedes quadratische Mittelschiffsjoch zwei quadratische Seitenschiffsgewölbe kommen. Bei der vermutlich um 1220 begonnenen – neuesten Forschungen zufolge ist auch ein früherer Baubeginn, etwa um 1207, möglich – Einwölbung des Domes lassen sich drei unterschiedliche Bauphasen erkennen: Der Anfang der sich ca. 30 Jahre hinziehenden Baumaßnahmen wurde, wie nicht zuletzt aus der Verwendung des Tuffsteins anstelle des späteren Backsteins hervorgeht, mit einem einfachen, vierteiligen Kreuzgratgewölbe aus breiten Bandrippen im ehemaligen Westchor über der jetzigen Orgelempore sowie in den beiden anschließenden Jochen des südlichen Seitenschiffs gemacht. Anschließend wurden nach 1224 die beiden Seitenschiffe – das ehemalige Nordschiff dürfte vor seinem Umbau im frühen 16. Jahrhundert dem bis heute erhaltenen Südschiff weitgehend geglichen haben – mit einem achtteiligen Rippengewölbe samt Schlussring und zapfenförmigen Schlusssteinen versehen. Im Unterschied zum fast noch romanisch anmutenden Übergangsstil der beiden ersten Baumaßnahmen war dann bei den leichteren sechsteiligen Kreuzrippengewölben des Mittel- und Querschiffs sowie des Ostchores die aufstrebende Tendenz der Gotik bereits unübersehbar; insbesondere bei den Birnstabrippen der beiden Kreuzarme des Querschiffs, deren Einwölbung den Abschluss des Umbaus um 1250 markiert, kam die von gotischen Formvorstellungen beeinflusste Gewölbetechnik nun voll zum Tragen. Bei der Einwölbung des Domes lässt sich somit ein bautechnisches Fortschreiten vom einfachen Kreuzgratgewölbe (Westchor, westliches Südschiff) über schwere Rippengewölbe (Seitenschiffe) bis hin zu hochgotischen leichteren Kreuzrippengewölben (Mittel- und Querschiff, Ostchor) verzeichnen. Zur Aufnahme des Gewölbeschubs wurden den Pfeilern des Mittelschiffs jetzt Pilaster und Halbsäulen – sog. Dienste – vorgelegt und die Außenwände mit Strebebögen und -pfeilern verstärkt.
Durch die Einwölbung von Langhaus, Querschiff und Chören erhielt die in ihrer Grundform frühromanische Basilika nunmehr einen (früh-)gotischen Aufbau. Untergeschoss und Obergeschoss der Kathedralkirche zeichnen sich deshalb durch zwei unterschiedliche Stilprinzipien aus: Während der Unterbau mit seinen mächtigen Rundbögen noch ganz von der wuchtigen Gedrungenheit der Romanik beherrscht wird, stehen alle Linienführungen oberhalb der Kapitelle einschließlich der Wandgliederung des Ostchors mit ihrer pyramidal gestaffelten Dreifenstergruppe eindeutig im Zeichen des Spitzbogens. Der monumentale Kirchenraum wird durch einen die Raumhöhe unterteilenden Umgang, der über einem Rundbogenfries entlang des

Der Bremer St. Petri Dom, Blick aus dem Mittelschiff nach Nordwesten, vor 1945.

Mittelschiffs, des Querhauses und des Ostchores verläuft, sowohl vertikal als auch horizontal gegliedert. Über diesem Umgang werden die Wände durch weite Spitzbogenfenster geöffnet.

In derselben Bauperiode, in der die Einwölbung der Kirche erfolgte, wurde auch das zweitürmige Westwerk des Domes neu gestaltet. Die beiden hochromanischen Kirchtürme wurden damals verstärkt und mit einer rundbogigen Blendnischenarchitektur aus grobkörnigem Porta-Sandstein gegliedert. Vor allem aber wurde der Westchor nunmehr ca. 5 m vorverlegt, so dass die beiden Türme mit dem geraden Chorabschluss jetzt im Westen eine einheitliche Flucht bildeten. Über den Portalen der beiden Türme wurde über die gesamte Länge der Westfassade ein gedeckter hölzerner Laufgang mit fensterartigen Öffnungen angebracht; auf diesen „Laubengang" gelangt man über einen zweigeschossigen Treppenturm am westlichen Ende des Nordschiffs. Unter Gerhard II. waren zunächst nur die unteren drei Stockwerke der Domtürme aufgeführt worden, so dass diese damals nur etwa halb so hoch wie heute waren. Ende des 13. Jahrhunderts wurde unter Erzbischof Giselbert (1275–1306) jeweils ein viertes Turmgeschoss, jetzt bereits mit gotischen Spitzbogenendungen der Blendnischen, hinzugefügt. 1340–1346 ließ Dombaumeister Hinrich Doneldey den Nordturm um zwei weitere Geschosse erhöhen und mit einem achteckigen gotischen Helm bekrönen. Nach der Zerstörung der Turmspitze infolge eines Brandes (1482) wurden das oberste Geschoss und der gotische Helm bereits 1490 wieder neu aufgesetzt. Der Südturm trug die ganze Zeit hindurch nur ein einfaches Notdach, bis er 1638 schließlich ganz einstürzte.

Im 14. und 15. Jahrhundert erfuhr der Dom durch die Angliederung von Seitenkapellen und durch weitere Anbauten eine Erweiterung. Den Anfang machte bereits 1299 der Ratsherr Hinrich Gerberti, indem er an der Nordseite des Ostchores eine zweigeschossige Kapelle erbauen ließ, deren zweischiffiges Untergeschoss und einschiffiges Obergeschoss jeweils mit Kreuzgewölben ausgestattet waren. Seit dem Ende des 14. Jahrhunderts wurde dann dem südlichen Seitenschiff zwischen den Strebepfeilern, die dadurch nur noch mit ihren oberen Strebebögen sichtbar blieben, eine komplette Kapellenreihe in Backstein angefügt. So wurde 1388 oder kurz zuvor im äußersten Westen des Südschiffes – möglicherweise als erste derartige Kapelle – eine dem Apostel Johannes geweihte zweijochige Kapelle errichtet. Diese Kapelle war von dem Domkantor Friedrich Odilie und dem Magister und Propst von Bramsche Konrad von Wenninghausen gestiftet und mit zwei Altären ausgestattet worden. Am entgegengesetzten östlichen Ende der südlichen Domfront, an der Südseite des Ostchores, war anfangs die Dombibliothek in einem spätromanischen Anbau untergebracht. Zu Beginn des 15. Jahrhunderts ließ der Dombaumeister Johann Hemeling diesen Anbau in eine zweigeschossige gotische Marienkapelle umbauen. Alle Seitenkapellen des südlichen Kapellenkranzes besaßen ein einfaches Kreuzgewölbe aus kapitelllosen Gewölberippen sowie große hochgotische Maßwerkfenster. Ob auch dem Nordschiff, wie häufig vermutet, vor dessen Erneuerung einst ein derartiger Kapellenkranz angefügt

Der Bremer Dom vor 1638. Abbildung in einer Bremer Chronik (Peter Koster) des 17. Jahrhunderts.

war, lässt sich wegen der dort später vorgenommenen Umbauten nicht mehr eindeutig feststellen.
Schließlich wurde Anfang des 16. Jahrhunderts unter den beiden Erzbischöfen Johann Rode (1496–1511) und Christoph von Braunschweig (1511–1558) eine völlige konzeptionelle Neugestaltung der erzbischöflichen Kathedrale in Angriff genommen. Geplant war vermutlich der Umbau der romanisch-gotischen Basilika zu einer spätgotischen Hallenkirche unter Beibehaltung wesentlicher Teile des bisherigen Baus wie des Mittel- und Querschiffs sowie der frühromanischen Pfeilerarkaden. Die Umgestaltung gelangte indes nicht zur Vollendung, 1522 wurden die Bauarbeiten unter dem Eindruck der Reformation eingestellt. So blieb es bei der völligen Erneuerung des nördlichen Seitenschiffs unter dem aus Osnabrück stammenden *structuarius* (Baumeister) Cord Poppelken, der das nördliche Langhaus über seine gesamte Länge um das Doppelte auf ca. 10½ m verbreiterte und dessen Höhe derjenigen des Mittelschiffs nahezu anglich. Bemerkenswert ist, dass Poppelken bei seinem radikalen, vom spätgotischen Baugedanken getragenen Umbau die Säulen, Konsolen, Basen und Kapitelle des alten, abgebrochenen Nordschiffs wiederverwendete, so dass der Kapitellschmuck auch nach der Umgestaltung weitgehend mit demjenigen des älteren erhalten gebliebenen Südschiffes übereinstimmte. Ob Poppelken sich bei diesem Vorgehen von einer bewussten Archaisierung mit dem Ziel einer möglichst einheitlichen, harmonischen Raumgestaltung leiten ließ oder ob es ihm dabei vor allem um die Einsparung von Zeit und Geld ging, mag offenbleiben. Prunkstück des neuen, hallenartigen Nordschiffs aber wurde das durchgehende feingliedrige Netzgewölbe, dessen Birnstabrippen sich im Scheitel des Gewölbes zu einem engmaschigen Netz von gleichen rhombischen Feldern (Rauten) vereinigen und so die Wirkung einer baldachinähnlichen Tonne ausüben. Das neugestaltete Nordschiff stellt eine bedeutende spätgotische Raumschöpfung dar, und durch das Herausbrechen der von Diensten und Schildbogen umrahmten Wandfelder aus den Obermauern des Mittelschiffs und des anstoßenden nördlichen Kreuzflügels wurde eine Verbindung mit den übrigen Kirchenräumen hergestellt. Auf diese Weise entstand eine großräumige, trotz unterschiedlicher Bauperioden und Baustile relativ einheitliche Kirchenhalle. Lediglich das Südschiff verblieb in seiner alten, frühgotischen Gestalt, weshalb der Dom in gewisser Weise asymmetrisch ist.
Im Gefolge des Baumeisters Cord Poppelken, zum Teil auch schon kurz vorher, gelangten westfälische Bildhauer nach Bremen, die der Domkirche nun auch hinsichtlich ihrer künstlerischen Ausstattung den ihrer Größe und Ausstrahlung angemessenen Glanz verliehen. Besondere Bedeutung erlangten dabei die in Münster ansässige, nach ihrer ursprünglichen Herkunft

Das spätgotische Netzgewölbe im Nordschiff des St. Petri Domes (um 1520).

aus Brabant als „Brabender“ bezeichnete Bildhauerfamilie sowie der gleichfalls aus Münster stammende Evert van Roden. Diese „Beldensny der“ (Bildschneider), wie sie auch genannt wurden, hatten Anregungen aus der niederländischen Bildhauerkunst erhalten, die sie nun auch in Bremen zur Anwendung brachten. Dem Frühwerk der Brabender, in dem die Aus-

Monumentalplastik des kreuztragenden Christus von um 1490, ehemals an der Westfassade des St. Petri Domes, heute im Kircheninnern, vor dem Altar.

drucksgewalt des Mittelalters noch präsent ist, gehört etwa die Monumentalplastik des kreuztragenden Christus (um 1490) an, die sich heute am Mittelpfeiler hinter dem Hauptaltar befindet, die einst jedoch die Westfassade über den Portalen schmückte. Ob auch die gleichfalls zum einstigen plastischen Zyklus des Westwerks zählenden Skulpturen des hl. Christophorus, des Kirchenvaters Hieronymus und der hl. Anna aus dieser Bildhauerwerkstatt stammen, ist unsicher, die bildhauerische Zuordnung ist hier nicht eindeutig geklärt. Prunkstück des jüngeren, eleganteren Stils aus der Werkstatt der Brabender, der mit dem 1511–1518 in Bremen nachweisbaren Heinrich Brabender d.J. in Verbindung gebracht wird, ist ein

Madonnenstandbild vom Bildtyp der „Schönen Madonna". Die in sich versunkene Muttergottes mit dem unbekleideten Kind in den Händen besticht durch ihre Anmut und ihre lieblichen Züge und zählt zu den schönsten Plastiken des ausgehenden Mittelalters im nordwestdeutschen Raum. Die Madonnenfigur war einst wohl am Lettner vor dem Ostchor angebracht, wo sie gemeinsam mit weiteren – möglicherweise ebenfalls aus der Werkstatt der Brabenter stammenden – Bildwerken wie dem hl. Dionysius, dem hl. Rochus (bzw. Jacobus) und einem hl. Papst (vermutlich Gregor d. Gr.) einen Zyklus von Heiligendarstellungen – eventuell in Verbindung mit einem Tabernakel – bildete; heute befindet sie sich am östlichsten Mittelpfeiler der Nordseite. Ebenfalls den Brabender „Beldensnydern" zugeschrieben wurde bisher zumeist ein ca. 8 m breites Relief aus der Zeit um 1500, das die beiden Bistumsgründer Karl den Großen und Willehad mit dem Dommodell zeigt, die zur Linken und zur Rechten von jeweils fünf vollplastischen Standfiguren, bei denen es sich um für die Bremer Kirche besonders bedeutsame Heilige handeln soll, eingerahmt werden. Doch meint man heute, darin eine Arbeit aus der Werkstatt des Evert van Roden sehen zu können. Wie die Monumentalplastik vom Typ der „Schönen Madonna" war auch dieses figurenreiche spätgotische Relief, das die Darstellung der geistlichen und weltlichen Macht zum Inhalt hat, intergraler Bestandteil des Bildprogramms der ehemaligen Chorschranke vor dem Ostchor; im heutigen Dom schmückt es die Orgelbalustrade vor der Westempore. Evert van Roden wird des Weiteren ein aus der gleichen Zeit stammendes, heute an der Südwand der nördlichen Turmhalle angebrachtes Kastenrelief zugeordnet, das die hl. Anna mit Maria und dem Christuskind in ihrem familiaren Umfeld (zwei weitere Töchter mit deren Kindern sowie ihren jeweiligen Ehemännern) abbildet und deshalb die Bezeichnung „Heilige Sippe" trägt. Dagegen ist der Künstler der um 1500 wahrscheinlich in Bremen entstandenen Figurengruppe der Anna Selbdritt (heute Dom-Museum) unbekannt, auch wenn diese häufig mit der Bildhauerfamilie der Brabender in Verbindung gebracht wird.

Die Arbeiten aus den Werkstätten der älteren und jüngeren Brabender sowie Everts van Roden stellen einen letzten Höhepunkt plastischen Schaffens am Dom dar. Doch verfügte die Kathedrale auch schon vorher über eine ganze Anzahl bedeutsamer Schätze und Kunstwerke, die hier – ohne Anspruch auf Vollständigkeit – zumindest kurz Erwähnung finden sollen. Schon allein aufgrund seines hohen Alters verdient ein wohl um 1225 entstandenes Bronzetaufbecken Beachtung. Der flache, runde Taufkessel wird von vier Löwenreitern getragen, die, so wird vermutet, die Überwindung der in den Löwen verkörperten todbringenden dämonischen Kräfte durch das Christentum symbolisieren. Auf der äußeren Schale des Kessels kom-

Spätgotisches Relief vom ehemaligen Lettner des Domes, heute an der Westempore: Karl der Große und Bischof Willehad umgeben von Heiligen, um 1500.

men in zwei von Palmettenfriesen eingerahmten Arkadenreihen Christus, die Apostel und zahlreiche Heilige zur Darstellung. Das Taufbecken, ein Meisterwerk spätromanischer Bronzegießerkunst, war im Mittelalter im Mittelschiff unmittelbar vor dem Westchor aufgestellt, heute befindet es sich in der Westkrypta. Die Bronzegusstradition des Domes wird des Weiteren durch zwei spätromanische Löwenkopftürzieher (um 1230), die um 1900 in die bronzenen Portaltüren der Westfassade eingearbeitet wurden, sowie durch die 1433 von Ghert Klinghe gegossene Glocke „Maria Gloriosa" repräsentiert (s. S. 463).
Unter den plastischen Darstellungen sind die fünf überlebensgroßen Figuren von einem Zyklus der klugen und törichten Jungfrauen aus der ersten Hälfte des 13. Jahrhunderts zu nennen, die einst wohl zu einem Portal am Westgiebel gehörten (heute Nordwand des Nordschiffs). Dort befand sich einst auch, vermutlich als Teil eines Tympanons, das Steinfragment eines majestätisch thronenden Christus mit dem Evangelium in der linken und dem Doppelschlüssel als Zeichen himmlischer und irdischer Macht in der rechten Hand. Dieses Christusrelief symbolisiert den an die Bremer Erzbischöfe gerichteten Missionsbefehl. Es entstand bereits um ca. 1050 und zählt zu den herausragenden Werken frühromanischer Plastik in Nordwestdeutschland (heute Ostwand der Westkrypta). Wesentlich jüngeren Datums, nämlich aus dem frühen 15. Jahrhundert, sind die heute im Bremer Landesmuseum aufbewahrten gotischen Holzskulpturen der hll. Petrus, Maria, Paulus, Corona und eines Bischofs (1410–1420), die einst vermutlich in den Schrein eines Altarretabels gehörten, sowie die hll. Petrus und Jakobus aus einer Ölberggruppe (1420–1440). Derselben Zeit, nämlich dem frühen 15. Jahrhundert, gehört ein stark beschädigtes Kalksteinrelief

in Form eines Tympanons an, das in seiner kielbogengerahmten Rundung das Abendmahl Christi mit seinen Jüngern wiedergibt (s. S. 487). Heute im Dom-Museum aufbewahrt, wird das möglicherweise aus der Werkstatt eines unbekannten Bremer Steinmetzen stammende gotische Abendmahlsrelief einst wahrscheinlich als Verzierung einer Sakramentsnische gedient haben. Gleichfalls im Dom-Museum befindet sich ein Sandsteinrelief, das in zwei rahmenden Spitzbögen Szenen aus dem Leben und Wirken der in Bremen einst hochverehrten heiligen Ärzte Cosmas und Damian zeigt (um 1400). Aller Wahrscheinlichkeit nach war dieses Relief ursprünglich auf der Südseite der Umfassungsmauer des Ostchores an der Stelle angebracht, wo man 1334 die Reliquien der beiden Arztheiligen wiederentdeckte. Schließlich sind noch zwei eng zusammengehörige steinerne Hochreliefs aus der Zeit um 1500 zu nennen, die Mariä Verkündigung und die Taufe Jesu im Jordan darstellen. Beide Reliefs lehnen sich in ihrer figurenreichen Wort-Bild-Komposition eng an die um 1300 entstandene Armen- bzw. Bilderbibel an, sie befanden sich in dem Mitte des 19. Jahrhunderts abgerissenen Kreuzgang südlich des Domes.

Fast nichts hat sich von den einst sicherlich reichlich vorhandenen Tafelmalereien im Dom erhalten, lediglich zwei hochformatige Tafelgemälde aus der Zeit um 1500, bei denen es sich wahrscheinlich um Teile eines spätmittelalterlichen Klappaltars handelt, zählen zum heutigen Dominventar. Dargestellt werden die Geißelung Christi sowie die Kreuztragung Christi, in die auch die legendenhafte Szene mit dem Schweißtuch der hl. Veronika eingearbeitet ist. Beide Altargemälde basieren hinsichtlich der Motivauswahl und der Bildkomposition auf Stichvorlagen von Martin Schongauer, der anonyme Meister der Tafeln stammte deshalb eventuell aus dem oberdeutschen Bereich. Allerdings ist nicht sicher, ob die beiden Altartafeln bereits zum Zeitpunkt ihrer Entstehung an den St. Petri Dom gelangten oder ob sie eine spätere Übernahme aus nachmittelalterlicher Zeit darstellen. Seit 2001 gehören sie zum Bestand des Dom-Museums. Die mittelalterliche Glasmalerei der Domfenster ging im Laufe der Jahrhunderte vollständig verloren, und auch von der Wandmalerei im Kircheninneren blieben, etwa an den Pfeilern des Mittelschiffs, nur geringfügige Reste. Immerhin wurden 1984/85 in einem im Winkel von Ostchor und südlichem Querschiff gelegenen Anbau des Domes, der heute das Dom-Museum (Erdgeschoss) beherbergt, fragmentarische Reste von Wandmalereien entdeckt und freigelegt. Diese gotischen Fresken entstanden höchstwahrscheinlich um 1414, als der bislang als Bibliothek genutzte Raum, über dem sich die Schatzkammer des Domes befand, zu einer Marienkapelle umgestaltet wurde. Die das niedrige Gewölbe überziehenden, zum Teil nur schwachfarbigen Malereien enthalten u.a. vier figürliche Szenen, die eini-

ge Stationen des Lebens und Leidens Christi bildlich festhalten (Taufe im Jordan, Verspottung vor der Geißelung, Kreuzigung, Christus in Mandorla als Weltenrichter). Die Gewölbefresken hatten somit die Funktion, der leseunkundigen Bevölkerung das biblische Geschehen in bildhafter Darstellung zu vermitteln.
Eine besondere Würdigung aus der reichen mittelalterlichen Ausstattung des Domes verdienen das leider nur noch fragmentarisch erhaltene Chorgestühl der Domherren sowie der seit 1649 in der St. Michaelskirche in München aufbewahrte Reliquienschrein der beiden Arztheiligen Cosmas und Damian. Das wahrscheinlich zwischen 1360 und 1380 entstandene Chorgestühl war im östlichen Hochchor in jeweils zwei einander gegenüberstehenden Sitzreihen aufgestellt. Insgesamt boten die vier Sitzreihen etwa 50 Plätze – die sog. Stallen –, auf denen die Domgeistlichkeit während der Messe und den täglichen Chorgebeten Platz nahm, wobei die beiden rückwärtigen, etwas erhöhten Reihen den 24 Domherren vorbehalten blieben, während der rangniedere Klerus mit den vorderen Sitzplätzen vorliebnehmen musste. Der hohe künstlerische Wert des Chorgestühls liegt in seinen reich ausgestalteten geschnitzten Wangen, deren Bildfülle einen Höhepunkt mittelalterlicher Schnitzkunst darstellt. Das opulente Bildprogramm umfasst die gesamte Heilsgeschichte: Die rückwärtigen hohen Wangen enthalten verschiedene Szenen aus dem Neuen Testament (z.B. Weihnachts-, Oster- und Pfingstszenen, Himmelfahrt, Wunderheilungen), die niederen Pultwangen hingegen ausschließlich solche aus dem Alten Testament (z.B. Sündenfall, Vertreibung aus dem Paradies, Geschichte der Makkabäer). Interessant ist, dass sich bei der Darstellung der Makkabäer-Geschichte mit dem Hinweis auf den Verrat der Stadt unter Erzbischof Albert (1366) ein direkter Bezug auf das aktuelle politische Tagesgeschehen findet. Das Gestühl wurde 1822 aus dem Hochchor entfernt, dabei konnten im letzten Moment sieben der einst zwölf Eichenholzwangen gerettet werden; diese befinden sich heute in der zweiten Seitenkapelle des Südschiffs. Die Stallen mit ihren Klappsitzen sind vollkommen verloren.
Der in den Jahren 1400 bis 1420 unter dem Dombaumeister Johann Hemeling angefertigte Reliquienschrein für die am Bremer Dom aufbewahrten Überreste der beiden Arztheiligen Cosmas und Damian zählt zweifellos zu den schönsten und kostbarsten bremischen Goldschmiedearbeiten (s. S. 201 und S. 460). Der Schrein besteht aus einem kirchenschiffartigen Holzkasten, der mit vergoldetem Silberblech beschlagen und mit Halbedelsteinen und blauem Email verziert ist und dessen vier Ecken Strebebögen und Fialen in reicher gotischer Verzierung aufweisen. Ebenso wie die Wangen des Chorgestühls enthält auch der Cosmas und Damian-Schrein mit seinen insgesamt 36 Heiligenfiguren an den Wänden und auf

Biblische Szenen auf den Wangen des Chorgestühls im St. Petri Dom, um 1360/80: Vertreibung aus dem Paradies und Sündenfall.

dem Dach ein in seiner Aussage allerdings nicht eindeutig zu bestimmendes ikonographisches Programm. Cosmas und Damian nehmen auf den Figurenfriesen der beiden Längsseiten jeweils die mittlere Position ein und sind auch auf den beiden Schmalseiten noch einmal dargestellt, so dass die beiden Arztheiligen den Schrein gewissermaßen von vier Seiten einrahmen. Von besonderer Bedeutung ist sicherlich, dass die beiden Bistumsgründer Karl der Große und Willehad auf der Schauseite die beiden Endpunkte der Figurenreihe bilden. Auch die übrigen in Arkadenfeldern dargestellten Heiligen, die sich nicht in jedem Fall eindeutig identifizieren lassen, standen wohl in einer besonderen Beziehung zur Bremer Kirche. Der Reliquienschrein sollte daher in seinem Bildprogramm möglicherweise die *ecclesia Bremensis* selbst versinnbildlichen. Auf seiner Schauseite ließ sich der Schrein mittels einer Doppeltür öffnen, so dass die Gläubigen dann einen Blick nicht nur auf die ansonsten verborgenen Reliquien, sondern auch auf die bemalten Innenseiten der Flügeltüren werfen konnten, auf denen zwei der bekanntesten Wunderheilungen des verehrten Arztpaares dargestellt waren. Der Cosmas und Damian-Schrein war, bevor er 1648/49 vom Domkapitel aus Geldnöten an den bayrischen Kurfürsten Maximilian I. verkauft wurde, wahrscheinlich auf dem den beiden Arztheiligen geweihten Nebenaltar oder sonst an einer zentralen Stelle des Kirchenraumes aufgestellt.

Kirchen waren seit jeher auch ein Ort der Begräbniskultur, und so haben sich im Dom ca. 100 Grabdenkmäler in unterschiedlichem Zustand erhalten. Der älteste erhaltene Grabstein im Dom ist die mit drei Krummstäben und einem Bandornament verzierte Deckplatte eines Bischofsgrabes (heute Ostwand der Westkrypta); sie wird zumeist mit dem 1035 eingerichteten Sammelgrab für die Erzbischöfe Adalgar, Hoger und Reginward in Verbindung gebracht, ohne dass diesbezüglich letzte Gewissheit besteht. Im Mittelschiff des Domes unweit der Orgelempore war einst die heute im Dom-Museum befindliche Messinggrabplatte des 1477 verstorbenen Dompropstes Johann Rode – des Onkels des gleichnamigen Erzbischofs – waagerecht liegend eingelassen. Die Gravur der fein gearbeiteten Messingplatte zeigt den Toten in seinem Messgewand und mit dem Messkelch auf der Brust auf einem Kopfkissen ruhend. Die einst wohl vorhandene rahmende Inschrift ist verloren (s. S. 235). Neben die herkömmlichen Grabplatten traten seit dem 15. Jahrhundert die Epitaphe als neue Form von Grabdenkmälern. Diese unabhängig von der Grabstätte im Kirchenraum angebrachten Gedenkplatten in Form zumeist aufwendig gestalteter Reliefs enthalten neben einer bildlichen Darstellung mit biblischen Gestalten und Szenen in der Regel auch einen kurzen Text, der die Verdienste des Verstorbenen hervorhebt. Indem sie die Fürbitte der Lebenden für das Heil der Toten miteinbezogen, generierten die Epitaphe eine neue Art des Totengedenkens. Als frühes, noch dem gotischen Stilprinzip verhaftetes Epitaph lässt sich ein dem Stiftsherrn und Propst in Buxtehude, Berthold Rantzau († 1489), gewidmetes kleines Steinbildwerk im südlichen Querschiff ansprechen, bei dem bildliche Darstellung – Pietà unter einem Baldachin von Laubwerkspitzbögen – und Inschriftentext schon eine Einheit bilden. Ein

Der Cosmas und Damian-Schrein, das Hauptwerk der Bremer Goldschmiedekunst im Spätmittelalter, Stirnseite. Bremen um 1400, ehemals St. Petri Dom, heute München, St. Michael.

Das Epitaph des Domherrn Gerhard Brandis im St. Petri Dom, Bremen 1518.

besonders anmutiges Werk der späten Gotik stellt das am ersten südlichen Vierungspfeiler angebrachte Epitaph für den Domherrn Gerhard Brandis († 1518) dar. In der Mitte der durch die Säulenstellung in drei Abschnitte geteilten Bildfläche steht, eingerahmt von den Aposteln Petrus und Matthäus sowie den hll. Hieronymus und Benedictus, die Muttergottes mit dem Kind auf dem Arm, ihr zu Füßen der verstorbene Domgeistliche mit dem Spruchband „Sancta Maria, ora pro me". Dieses kurz vor der Einführung der Reformation entstandene spätgotische Epitaph trägt bereits Züge der sich anbahnenden Renaissance, der auch die Mehrzahl der Epitaphe des St. Petri Domes angehören.

Wertvolle Pretiosen enthielten auch die zahlreichen Bischofsgräber des St. Petri Domes, wurden die Prälaten doch in ihrem vollständigen Bischofsornat und unter Hinzufügung charakteristischer Grabbeigaben bestattet. In den Jahren 1973 bis 1976 wurde im Mittelschiff anlässlich einer grundlegenden Domrestaurierung eine archäologische Grabung durchgeführt, in deren Verlauf kostbare Seidengewänder und andere mittelalterliche Textilien sowie Grabbeigaben aus Metall und Holz wie etwa Kelche, Hostienteller, Bischofsstäbe, Bischofsringe etc. ans Tageslicht befördert und geborgen wurden. Zumindest die bedeutendsten Grabfunde, die heute großenteils im Dom-Museum zu besichtigen sind, seien hier kurz angeführt.
Zwei außerordentlich sehenswerte Prunkstücke enthielt Grab 19, das mit allergrößter Wahrscheinlichkeit Erzbischof Gerhard II. (1219–1258) zuzuordnen ist: Eine reich geschmückte Mitra aus der Mitte des 13. Jahrhunderts mit figürlichen Seidenstickereien, die auf der Vorderseite Christus zwischen Maria und Johannes dem Täufer (sog. Deesis) und auf der Rückseite die Apostel Petrus und Paulus darstellen, war das wichtigste Zeichen der Bischofswürde; den unteren Teil der herabhängenden Mitrabänder – die sog. Infulae – schmücken zwei oval geschliffene Bergkristalle als Symbol der Reinheit und Lauterkeit der christlichen Lehre. Dem Toten – höchstwahrscheinlich Gerhard II. – war ein vermutlich um 1200 in England hergestellter Bischofsstab aus Eschenholz beigegeben, dessen vergoldete Krümme spiralförmig eingerollt ist und in einem Tierkopf – möglicherweise einem Pantherkopf – endigt (s. S. 174). Zu den bischöflichen Insignien zählte auch ein Bischofsring mit ovalem Amethyst in breiter Goldfassung. Künstlerisch wertvoller ist aufgrund seines figuralen Schmuckes ein vermutlich um 1230/35 in Limoges angefertigter Krummstab, den das Grab 18 preisgab. Die blau emaillierte, mit einem filigranen Rautenmuster überzogene und mit Krabben besetzte Krümme dieses Bischofsstabes umschließt die in freiplastischer Form dargestellte Verkündigungsszene zwischen Maria und dem Erzengel Gabriel; den durch eine Kalotte in eine obere und untere Hälfte geteilten Knauf zieren jeweils vier inein-

Bischofsstab mit Verkündigungsszene aus einem Erzbischofsgrab (18) im St. Petri Dom. Limoges, 13. Jahrhundert. (Focke-Museum)

ander verschlungene Drachen. Der Besitzer dieses Prachtstücks, das im Bremer Landesmuseum zu besichtigen ist, konnte bisher nicht ermittelt werden, eventuell könnte es Erzbischof Hildebold (1258–1273) gewesen sein. Wesentlich jüngeren Datums sind ein aus Holz geschnitzter, bemalter und vergoldeter Krummstab, dessen Krümme in ein die Volute füllendes, fünflappiges Blatt mündet (Grab 5), sowie ein hölzerner Krummstab, dessen scheibenförmige Krümme ein gemaltes Dreiblatt umgibt (Grab 10); beide Objekte gehören der ersten Hälfte des 15. Jahrhunderts an (Bremer Landesmuseum). Unter den zahlreichen Textilfunden des Bremer Domes stechen vor allem zwei pontifikale Kleidungsstücke besonders hervor, deren Herkunft aus dem islamischen Kulturkreis (Orient, maurisches Spanien) als gesichert gelten kann: Auf einer seidenen Dalmatik aus der Zeit um 1200, deren Muster aus mehreren Reihen unterschiedlich großer Kreise samt dazugehörigen Vögeln (Falken, Doppeladler) besteht, findet sich das Wort „Gott“ in arabischen Schriftzeichen eingewebt (Grab 18). Und eine nur wenig jüngere Dalmatik mit Kreisen, Löwen und stilisierten Pflanzenornamenten hat im unteren Bereich einen andersartigen Besatz, auf dem in arabischen Schriftzeichen die Worte „Der großmächtige Sultan“ zu lesen sind (Grab 7). Erwähnenswert und vergleichsweise gut erhalten sind des Weiteren die seidenen Pontifikalstrümpfe aus Grab 5 (13. Jahrhundert) und die ebenfalls gänzlich aus Seide hergestellten Pontifikalschuhe aus Grab 13 (um 1000). Letztere zeichnen sich vor allem dadurch aus, dass ihr Stoffmuster aus einem Perlstabdoppelkreis besteht, in dessen Zentrum ein Elefant zu erkennen ist. Als Träger dieser Seidenschuhe mit Elefantenmuster kommt eventuell Erzbischof Hartwig I. (1148–1168) in Frage.

Wertvolles, aus Edelmetall hergestelltes liturgisches Gerät fand sich nicht nur als Grabbeigabe in den Bischofsgräbern, sondern war auch Teil des sorgsam gehüteten Domschatzes. Vor allem durch Stiftungen und Schenkungen gelangten immer wieder kostbare Kelche in Pokalform mit den dazugehörigen Hostientellern (Patenen) an die Domkirche. So hat der 1518 verstorbene Domherr Gerhard Brandis, an den auch sein Epitaph im Dom erinnert, seiner Kirche einen silbernen, teilweise vergoldeten Eucharistiekelch mit sechsblättrigem Fuß und kunstvoll gestaltetem Knauf gestiftet. Ein besonders wertvoller Kelch war der Domkirche bereits Ende des 14. Jahrhunderts durch den Dompropst Johann Monik († 1397) vermacht worden. Der silbervergoldete, zum Teil emaillierte Kelch, der sich heute in Schweden befindet, besticht durch reichen Schmuck und klare Gliederung, sehenswert ist vor allem die reiche Architektur des Nodus mit seinem Figurentabernakel und seinen Statuetten. Aus derselben Zeit stammen vermutlich auch der Kelch und die Patene, die der Dombaumeister Hinrich Gröning († 1376) und seine Frau Alheydis dem Dom geschenkt haben, so-

Biblische Szene auf den Wangen des Chorgestühls im St. Petri Dom, um 1360/80: Christus heilt den Aussätzigen.

wie ein Kelch, dessen Fuß mit Blattranken und einer aufgenieteten Kreuzigungsgruppe bedeckt ist.

Eine ungefähre Vorstellung von der Beschaffenheit und vom Umfang des mittelalterlichen Domschatzes vermittelt ein um 1420 durch den Domherrn Dodo von Norden zusammengestelltes Schatzkammerverzeichnis des St. Petri Domes, das die Kleinode (*clenodia*) der Kirche in 128 Positionen auflistet. Auch dieses Schatzverzeichnis enthält eine Vielzahl wertvoller Paramente, insbesondere kostbarer liturgischer Seidengewänder, aber auch von Fahnen und Altarbehängen. An priesterlichen Gewändern für den liturgischen Gebrauch nennt das Inventar insgesamt 50 Chormäntel, 19 Dalmatiken, 14 Kaseln, 16 Alben, 15 Amikten, neun Diasper-Gewänder, acht Stolen (davon sechs aus Diasperstoff), drei Manipel, zwei mit vergoldeter Seide verzierte Handschuhe sowie drei Bischofsornate; selbst ein goldener Pontifikalring mit blauem Saphir und die Mitra des Narrenbischofs werden aufgeführt. Zwölf mit (zum Teil vergoldetem) Silber, Perlen und aufgestickten Kreuzen verzierte (Prozessions-)Fahnen gehörten ebenso zu den textilen Kostbarkeiten wie acht offensichtlich besonders schöne Antependien zum Behängen des Hochaltars an den höchsten Festtagen oder zehn Kissen (davon neun aus Seide) und mehrere Corporale. Neben diesen zahl-

reichen Textilien bilden dann vor allem die kostbaren Altargerätschaften sowie die Reliquien und die dazugehörigen Reliquiare den eigentlichen Domschatz im engeren Sinn. An Altargerätschaften werden u.a. Kelche und Patenen, Kreuze und Monstranzen, Weihrauchpfannen, Trinkhörner, Flaschen für Salböl und Abendmahlswein und ein Weihwasserwedel aufgelistet. All diese Gegenstände bestanden aus hochwertigem, edlem Material, in der Regel aus – zumeist vergoldetem – Silber, und waren häufig mit Edelsteinen und Kristallen verziert. An Reliquien besaß die Domkirche u.a. die Ketten des hl. Petrus im Kerker zu Rom, zwei Schuhe und zwei Handschuhe Karls des Großen, den Leib des hl. Caesarius und den Kopf des hl. Cosmas; weitere, nicht näher gekennzeichnete Reliquien waren in 14 kleinen Reliquienschreinen aufbewahrt. Seltsamerweise findet der berühmte, kurz zuvor fertiggestellte Cosmas und Damian-Schrein keine Erwähnung. Diese Schätze waren in mehreren Schränken in der Tresekammer des Domes untergebracht, die sich in einem schmalen Raum auf der Südseite des Hochchores befand, von wo aus sie über eine Tür zugänglich war. Der um 1420 verzeichnete Domschatz lässt so trotz der vielen Verluste die ungeheure Prachtentfaltung erahnen, die bei feierlichen Gottesdiensten, Prozessionen und Kirchenfesten von der Metropolitankirche ausging.
Das Schatzkammerverzeichnis enthält auch eine umfassende Inventarliste der Dombibliothek mit weit über 50 Titeln überwiegend liturgischen und theologischen Inhalts. Zu Recht wurden zumindest die Zimelien der Bibliothek dem „Domschatz" zugerechnet. Insbesondere der berühmte Goldene Psalter (sog. Dagulfpsalter, s. S. 131) mit seinem – heute im Louvre befindlichen – kostbaren elfenbeingeschnitzten Bucheinband, das um 1030–1050 im Kloster Echternach entstandene sog. Brüsseler Evangelistar (Perikopenbuch) mit seiner prächtigen Buchmalerei (s. S. 127) – beide vermutlich kaiserliche Geschenke an Erzbischof Adalbert (1043–1072) – sowie der unter Erzbischof Hartwig I. angeschaffte Große Lombarduspsalter mit seinen kunstvoll gemalten Initialen auf gepunztem Goldgrund (s. S. 157, 208) besaßen aufgrund ihrer künstlerisch anspruchsvollen Gestaltung bzw. kostbaren Ausstattung mit edelsteingeschmücktem Einband durchaus den Charakter eines bibliothekarischen Kleinods. Unter Erzbischof Hartwig I. (1148–1168), der gut zwei Dutzend Werke hauptsächlich kirchenrechtlichen Inhalts im Skriptorium des Domstifts abschreiben ließ, erfuhr der Handschriftenbestand der Dombibliothek eine umfangreiche Erweiterung. Neben dem schon genannten Großen Lombarduspsalter (Psalmenkommentar des Petrus Lombardus) gehörten dazu auch der Pauluskommentar und ein scholastisches Lehrbuch (*libri quattuor sententiarum*), beide ebenfalls von Petrus Lombardus verfasst, sowie Gratians Zusammenstellung des geltenden kanonischen Rechts von ca. 1140 (*Decretum Gra-*

tiani). Gegenüber dieser produktiven Zeit unter Hartwig I. war der Zuwachs des Bibliothekbestandes in spätmittelalterlicher Zeit eher bescheidener Natur. Besonders hervorzuheben wären etwa eine Ende des 13. Jahrhunderts in Frankreich zusammengestellte Sammlung der bei Gratian noch nicht enthaltenen kirchenrechtlichen Verordnungen (*Gregorii pontificis compilatio constitutionum et decretalium*), die kommentierende Bearbeitung dieser Dekretaliensammlung durch Henricus de Segusia (1289), die Abschrift eines Teils des justinianischen *Corpus Juris Civilis* vom Ende des 14. Jahrhunderts (*Institutiones Justiniani*), Teile des Hiobkommentars Papst Gregors I. (540–604) in einer Handschrift des 15. Jahrhunderts (*Moralia Gregorii*) sowie ein niederdeutsches Sakramentar mit Gebeten für die Messfeier (1492). Alle diese Pergamenthandschriften zeichnen sich durch ihre kunstvolle Gestaltung mit reich verzierten Miniaturen und – häufig goldgeschmückten – Initialen aus. Als einziges vorreformatorisches Buch der Dombibliothek hat sich ein 1511 von Erzbischof Johann Rode in Straßburg in Auftrag gegebenes Missale erhalten. Dieses Messbuch, das biblische Texte, Gebete und Gesänge für den Gottesdienst enthält, war offensichtlich nur in der Diözese Bremen und auch hier nur wenige Jahre in Gebrauch. Insgesamt war der Bestand der Dombibliothek an Handschriften und Frühdrucken bis zum Ende des Mittelalters auf ca. 300–350 Exemplare angewachsen, wobei unter den späteren Erwerbungen die juristischen Titel insbesondere aus der kirchenrechtlichen Literatur dominierten. Die Bibliothek befand sich zunächst im Erdgeschoss eines im Winkel von Hochchor und südlichem Querhaus gelegenen Anbaus des Domes unterhalb der Tresekammer (heute Dom-Museum). Nachdem dieser Anbau Anfang des 15. Jahrhunderts in eine Marienkapelle umgebaut worden war, ließ Dombaumeister Johann Hemeling (1390–1421/22) eine neue Bibliothek mit fünf kleinen Giebeln und fünf Fenstern erbauen.

Die vielen Funde der Domgrabung 1973 bis 1976 sowie der überkommene Bestand an Malerei, Bildhauer- und Goldschmiedekunst dürfen jedoch nicht darüber hinwegtäuschen, dass ein Großteil der mittelalterlichen Ausstattung des St. Petri Domes unwiederbringlich verloren ist. Auch die erhaltenen bzw. geborgenen Kunstwerke, Kultgegenstände und Handschriften können deshalb nur einen bescheidenen Eindruck von der einstigen reichhaltigen künstlerischen Ausstattung des Domes und vom Prunk der einst vorhandenen liturgischen Gewänder und Altargeräte vermitteln. So manches war dem nachreformatorischen Ansturm des bilder- und kunstfeindlichen Calvinismus zum Opfer gefallen. Verloren gegangen sind nicht zuletzt auch die zahlreichen Neben- und Seitenaltäre, die mit ihren gemalten und skulptierten Altarschreinen und Flügelretabeln das Bild mittelalterlicher Kirchen so nachhaltig prägten. All diese Altäre waren mehr oder

Großer Lombarduspsalter, um 1166 im Auftrag von Erzbischof Hartwig I. für den Dom angefertigt. Detail: Initiale mit Fabelwesen. Ehemals Dombibliothek, heute Staats- und Universitätsbibliothek Bremen.

weniger reichlich mit bildlichem Schmuck, liturgischen Geräten und Paramenten ausgestattet.

Der frühromanische Dom des 11. Jahrhunderts aus der Zeit Adalberts und Liemars besaß einen der hl. Maria geweihten Altar im Ostchor und einen dem hl. Petrus geweihten Altar im Westchor sowie einen weiteren Marienaltar in der Ostkrypta und einen Andreasaltar in der Westkrypta, insgesamt also vier Altäre. Durch die Stiftung einer Vielzahl weiterer Altäre durch Kleriker und Laien, die sich auf diese Weise einen sicheren Zugang zum ewigen Seelenheil erhofften, erhöhte sich die Zahl der Domaltäre in den folgenden Jahrhunderten immens, so dass es schließlich 1522 bei Ausbruch der Reformation ca. 50 Altäre im St. Petri Dom gab. Auf die vier Altäre aus der Anfangszeit folgte um 1200 zunächst ein Johannes dem Evangelisten geweihter Altar auf der Nordseite des Westchores, der von Magister Alexander und Propst Friedrich gestiftet worden war und der Domküsterei unterstand. In größerem Umfang setzte die Errichtung privater Altäre dann aber erst in der zweiten Hälfte des 13. Jahrhunderts ein. In den 40 Jahren zwischen 1260 und 1300 kam es zur Neugründung von fünf Nebenaltären, die Liborius (1263), Maria Magdalena (1268, Westchor), Martinus (1270), Secundus (1284) sowie Thomas und Dionysius (1297) geweiht waren, so dass es im Jahre 1300 zehn Altäre im Dom gab. Die eigentliche Blütezeit der Altarstiftungen aber lag im 14. Jahrhundert, als zu den bereits bestehenden zehn Altären mindestens 29 weitere Nebenaltäre hinzukamen: 10 000 Märtyrer (1313), Paulus (1316), Heilig Kreuz (1317), Willehad (1317), Nikolaus (1325, untere Krypta), Silvester und Gangolf (1330), Johannes der Täufer, Georg und Agnes (1337), Pankratius und Katharina (1337), Matthias und Willehad (1349), Gregor (1352), Cäcilia (1355), Philipp und Jakobus (1357), Jakobus (1360), Magnus (1361), Evangelist Johannes (1365, neuer Anbau), Simon und Judas (1370), 11 000 Jungfrauen (1377), Bartholomäus und Magnus (1378), Bernardus (1378), Martha (1378), Cosmas und Damian mit Wolfhart und Corona (1379), Christophorus (1382), Suitbert und Caecilia (1382), Crispin und Crispinian mit Juliana (1388, Johanniskapelle im Westen des südlichen Kapellenkranzes), Trinitas mit Ignatius und Erasmus (1388, ebendort), Felix und Adauctus mit Udalrich (1390), Corporis Christi mit Adelgundis (1393), Ansgar (um 1400). Die Zahl der Altäre hatte sich in den 100 Jahren seit 1300 also nahezu vervierfacht. Es ist deshalb wenig verwunderlich, dass man im 14. Jahrhundert, als es in zum Teil kürzesten Abständen zur Neugründung von Altären kam, zum Anbau eines Kapellenkranzes entlang des südlichen Seitenschiffs schritt, dessen wichtigste Funktion darin bestand, Platz für die zahlreichen Seitenaltäre zu schaffen. Um 1400 war der Höhepunkt der Altargründungen dann aber schon überschritten, im ersten Drittel des 15. Jahrhunderts war die Zahl der Neugründungen bereits rückläufig, bevor diese Mitte der 30er Jahre vorerst ganz aufhörten (Gangolf, 1410; Maria in der neuen Marienkapelle unter der Tresekammer, 1414; Fabian und Sebastian in der neuen Kapelle, 1418; Matthias in der oberen Krypta, 1421; Thomas und Maria Aegyptiaca, 1421; Andreas und Thomas, 1433; Katharina, 1434). Der 1434 erstmals genannte Katharinenaltar ist für lange Zeit die letzte Ersterwähnung eines Altars. Erst kurz vor der Reformation hören wir dann wieder von der Existenz zweier neuer, bisher unbekannter Altäre, nämlich des Michael und Matthias-Altares (1520) und des Laurentius und Maternianus-Altares (1521), die aber wohl schon seit längerer Zeit bestanden. Im Mittelpunkt des Domes aber stand während der gesamten Zeit der der hl. Maria geweihte Hauptaltar auf dem Hochchor. Dieser wurde um 1400 mit einem reich geschmückten silbernen Altaraufsatz versehen, in dessen Nischen sechs bis acht silbervergoldete, mit Reliquien gefüllte Heiligenfiguren standen.

Tatsächlich scheint spätestens Mitte des 15. Jahrhunderts der Platz für die Aufstellung neuer Altäre knapp geworden zu sein, denn bei den Pfründen-

stiftungen jener Zeit handelte es sich überwiegend um Kommenden und Vikarien, bei denen die Messen an schon bestehenden Altären gelesen wurden (Vikarie am Andreas und Thomas-Altar, 1433; Kommende am Altar in der neuen Marienkapelle, 1485; zwei Kommenden am neuen Altar, 1513; Kommende am Katharinenaltar, 1516; Kommende am Caecilienaltar, 1518; Kommende am Andreasaltar, 1520; Kommende am Michaels und Matthias-Altar, 1521; Vikarie an einem neuen Altar, 1522). Vereinzelt gab es derartige Kommenden auch schon in früherer Zeit, so hören wir beispielsweise 1371 von einem Benefizium Johannes des Täufers am Paulusaltar oder 1368 von einer Vikarie der hll. Rembert und Benedikt am Petrusaltar. 1516 wurde eine Kommende am Weihrauchfass des Domes gestiftet, diese Kommende kam also ganz ohne Bindung an einen Altar aus.
Vermutlich im 13. Jahrhundert war am St. Petri Dom die Stelle eines Dombaumeisters (*buwmester*, *structurarius*) als verantwortlicher Leiter der sog. Domfabrik (*fabrica ecclesiae Bremensis*) eingerichtet worden, der für sämtliche Baumaßnahmen an der Kathedrale – egal ob sie der Erhaltung, der Verbesserung oder der Veränderung der Bausubstanz dienten – zuständig war. Doch war der Aufgabenbereich des Dombaumeisters nicht auf das Bauwesen beschränkt, auch Beleuchtung, Geläut und Reinigung zählten zu seinem genuinen Verantwortungsbereich, und so mancher Strukturar hat sich auch um die Ausschmückung des Domes mit wertvollen Kunstwerken verdient gemacht, wurden doch kostbare Kunstobjekte wie der Cosmas und Damian-Schrein oder die große silberne Altartafel im Auftrag und auf Kosten der Domfabrik angeschafft. Die Dombaumeister handelten zwar im Auftrag des Domkapitels, das sie auch förmlich einsetzte und dem sie rechenschaftspflichtig waren, doch war die Domfabrik ihrem Wesen nach eine eigenständige Rechtsperson. Das Fabrikgut, das sich aus Pacht-, Renten- und Mieteinkünften sowie aus Kollekten, Ablassgeldern und Abgaben der Domherren speiste, war daher eine selbständige Vermögensmasse, über die die Strukturare die alleinige Verfügungsgewalt besaßen.
Vieles spricht dafür, dass das Dombaumeisteramt in der ersten Hälfte des 13. Jahrhunderts zur Zeit des aufwendigen Domumbaus unter Erzbischof Gerhard II. (1219–1258) geschaffen wurde. Das hilfsbedürftige und wohl auch verschuldete Erzstift konnte die enormen Baukosten damals vermutlich nicht allein tragen und war deshalb auf die finanzielle Unterstützung des zu Wohlstand gelangten städtischen Bürgertums angewiesen. Bürger und Rat der Stadt aber stellten die dringend benötigten Geldmittel wahrscheinlich nur unter der Bedingung bereit, dass ihnen durch die Stellung eines *buwmesters* aus ihren Reihen eine verstärkte Einflussnahme auf den Bauprozess und die Verwendung der Baugelder eingeräumt wurde. Urkundlich bezeugt ist das Baumeisteramt erstmals 1310, als der Ratsherr Ei-

Christus als Weltenrichter: Gewölbemalereien von um 1410 in einem Anbau des St. Petri Domes, heute Dom-Museum.

lard Winman in seiner Eigenschaft als *procurator fabricae nostrae* einen der Domfabrik gehörigen Stall in der Buchtstraße an den Vikar Bolco verkaufte. Der nächste namentlich bekannte Dombaumeister war dann der Ratsherr und Bürgermeister Hinrich Doneldey, der das Amt etwa von 1330 bis 1360 innehatte. Doneldey erwies sich im Auftreiben von Geldmitteln für die Domfabrik als besonders erfinderisch: 1335 ließ er sich während des Pfingstfestes auf dem Domshof aus einem großen Fass herausopfern,

das er mit Spendengeldern in klingender Münze zum Besten der Struktur füllen ließ. Die reichlich geflossenen Spenden verwandte Doneldey großenteils für die Aufstockung des nördlichen Domturmes um zwei Stockwerke. Nach Hinrich Doneldey amtierten dann mehrere Mitglieder des Domkapitels, darunter der Propst von Hadeln, Berthold Witte (1368 bezeugt), als Baumeister ihrer Kirche. Doch verzeichnete die Domfabrik unter der Leitung geistlicher Strukturare aufgrund deren nachlässiger Amtsführung und der zweckwidrigen Verwendung von Baugeldern einen wirtschaftlichen Verfall, weshalb nach 1371 mit dem Ratsherrn Hinrich Gröning wieder ein Laie aus dem städtischen Bürgertum zum Baumeister ernannt wurde. Nach dem Zwischenspiel des Domvikars Hinrich von Haren (1382–1385), der jedoch aus einer vornehmen Bremer Bürgerfamilie stammte, kamen dann mit Wilken Wigert (nach 1385), dem Ratsherrn Arnd Doneldey (1389), dem Ratsherrn und Bürgermeister Johann Hemeling (1390–1421/22) sowie dem Ratsherrn und Bürgermeister Nikolaus Groning (1422) durchwegs bürgerliche Laienpfleger zum Zuge. Erst seit 1427 gab es mit Meinhard Petershagen (1427–1440), Remwert Reborch (um 1445), Heinrich Steding (1456 belegt) und Hinrich Stederdorp (1479–1490), allesamt Domvikare, wieder Dombaumeister geistlichen Standes. Für den Neubau des Nordschiffs in den Jahren 1502–1520 war dann der aus Münster stammende Cord Poppelken zuständig.
Als Dombaumeister amtierten also sowohl Geistliche aus dem Kreis des Domkapitels (Domherren, Vikare) als auch Vertreter der städtischen Obrigkeit (Ratsherren, Bürgermeister), die Standeszugehörigkeit der Amtsinhaber war nicht verbindlich festgelegt. Zu einem Wechsel der Standeszugehörigkeit kam es vermutlich immer dann, wenn das Domkapitel den bürgerlichen Einfluss auf die Domfabrik erfolgreich zurückzudrängen bzw. auszuschalten vermochte, was vor allem wohl der Fall war, wenn die Stadt sich in einer krisenhaften Situation (z.B. Pest, Fehden, innerstädtischer Aufruhr) befand und deshalb den Dombau nicht in gewohnter Weise fördern konnte. Durch die Tätigkeit bürgerlicher Baumeister aus den Reihen des Rates war das Institut der Laienpflegschaft, durch das das städtische Bürgertum seine Interessen gegenüber dem Klerus zur Geltung brachte, auch am Dom fest verankert. Der hauptsächliche Zweck dieser Laienpflegschaft bestand in der Sicherung des Bauvermögens der Kirche vor einer zweckfremden Inanspruchnahme seitens kirchlicher Instanzen. Insbesondere wendete sich die Tätigkeit der bürgerlichen Pfleger gegen die anders gerichteten Interessen der Erzbischöfe, die nicht abgeneigt waren, sich der Baugelder zu ihrem eigenen Vorteil bzw. im Interesse Dritter zu bemächtigen. So kam es in der zweiten Hälfte des 14. Jahrhunderts zwischen der Domfabrik und Erzbischof Albert II. (1361–1395) zu einem erbitterten

Das Bremer Missale, Straßburger Buchdruck von 1511. Kreuzigung Christi, Holzschnitt. (Staatsarchiv Bremen)

Rechtsstreit über die Kollektenerträge des Antoniusboten, weil Albert den durch seinen Vorgänger Burchard Grelle (1328–1344) verbrieften Anspruch der Fabrik auf den dritten Teil dieser Erträge ignorierte. Erst unter dem Dombaumeister Johann Hemeling wurden die diesbezüglichen Ansprüche der Fabrik durch die Festsetzung einer bestimmten, jährlich zu zahlenden Summe vertraglich gesichert. Doch brach dann Alberts Nachfolger Otto II. (1395–1406) erneut einen Streit über die Höhe der vereinbarten Zahlung vom Zaun, so dass Hemeling den Rechtsanspruch der Struktur mit Hilfe einer aufwendigen Zeugenbefragung, die die Berechtigung und den alten Brauch dieser Zahlungen einwandfrei bestätigte, sicherstellen ließ. Die Begehrlichkeiten der Erzbischöfe stellten also wiederholt eine Bedrohung der Integrität des Bauvermögens dar und erforderten deshalb die stetige Wachsamkeit der Dombaumeister als rechtmäßiger Vertreter der Domfabrik.

Bedeutendster Dombaumeister war zweifellos Johann Hemeling, der von 1390 bis 1421/22 über 30 Jahre lang leitender Verwalter der Domfabrik war. Hemeling ließ vermutlich zwischen 1415 und 1420 das *Diplomatarium fabricae ecclesiae Bremensis* anfertigen, eine durch chronistisches Material erweiterte Urkundensammlung, die interessante Einblicke in die rechtlichen Verhältnisse der Domfabrik sowie in die Tätigkeiten und Aufgabenbereiche eines Dombaumeisters gewährt. Dabei wird deutlich, dass Hemeling sein Handeln am Gebot der Nützlichkeit (*nutticheyt*) ausrichtete und stets darauf bedacht war, die Einkünfte der Domfabrik zu erhöhen. So gab es damals einen St. Peters-Boten, der regelmäßig zu Gunsten der Domstruktur (*buw sunte Peters*) Spenden einsammelte und Ablässe verkaufte. 1395 veranlasste Hemeling Erzbischof Albert II. zur Gewährung eines Fastendispenses, der dessen Nutznießer zur Zahlung eines Schwaren an die Domfabrik verpflichtete, und 1400 ließ er sich von Erzbischof Otto II. das Recht erteilen, Beichtväter zum Besten der Fabrik zu ernennen. Ganz besonders aber lag Hemeling die Vermehrung des Kirchenschatzes am Herzen: Er gab die Arbeiten für den künstlerisch wertvollen Cosmas und Damian-Schrein sowie für die große silberne Altartafel mit ihren Reliquien auf dem Hochchor in Auftrag und er ließ im südlichen Querarm nahe der Marienkapelle ein Standbild zur Verehrung des heiligen Rockes anbringen sowie weitere Heiligenfiguren vor den Chorschranken aufstellen. Nicht zuletzt hat Hemeling auch seine Hauptaufgabe als Dombaumeister, die Durchführung von baulichen Maßnahmen, nicht vernachlässigt. In seiner Amtszeit wurde die alte an die Südwand des Ostchores grenzende Bibliothek in eine Marienkapelle umgebaut und deren Marienaltar auf Kosten der Domfabrik mit zwei Vikarien ausgestattet. Gleichzeitig ließ Hemeling am südlichen Querarm eine neue Bibliothek anbauen. Höhepunkt in Hemelings Amtszeit war sicherlich die große Heiltumsweisung am Peter-und-Pauls-Tag 1395, auf der er den von ihm sorgsam gehüteten Kirchenschatz der Öffentlichkeit präsentieren ließ.

2. Die Erzbischöfe als kirchliches Oberhaupt von Stadt und Diözese

Wie die Kathedrale Hauptkirche nicht nur der Stadt, sondern auch der Kirchenprovinz Bremen war, so erstreckte sich auch der Wirkungsbereich der Metropoliten auf das gesamte Gebiet der Diözese, die städtische Bevölkerung machte also nur einen Teil des der Obhut der Erzbischöfe anvertrauten Kirchenvolkes aus. Allerdings bestand zwischen Stadt und Metropoliten allein schon dadurch ein besonders enges Band, dass diese zunächst auch am Ort der Kathedrale residierten. Zwar fiel das alte Palatium Ende des 13. Jahrhunderts den Flammen zum Opfer, als eine aufgebrachte Menschenmenge die Gewalttat eines in die Domburg geflüchteten erzbischöflichen Dienstmannes rächte. Doch ließ Erzbischof Giselbert von Brunckhorst direkt gegenüber dem Dom im Bereich des heutigen Neuen Rathauses 1293 einen neuen erzbischöflichen Palast errichten (s. S. 217). Zu den Kosten des Wiederaufbaus scheinen nicht zuletzt auch die Kirchspiele der Stadt – so etwa die Ansgariikirche mit einer Beisteuer von 4 Mk. – einen finanziellen Beitrag geleistet zu haben. Gleichzeitig wurde unter Giselbert jedoch auch die seit 1218 zum Erzstift gehörige Burg (Bremer-)Vörde durch Errichtung eines steinernen Turmes (1285) ausgebaut. Tatsächlich erwählten die Bremer Erzbischöfe die Burg Vörde im 13./14. Jahrhundert immer häufiger zu ihrem ständigen Aufenthaltsort und bauten diese schließlich seit dem 15. Jahrhundert zum erzbischöflichen Residenzschloss aus. Die Bremer Metropoliten verlegten ihre Residenz somit im Verlauf des Spätmittelalters sukzessive in das etwa 50 km von Bremen entfernte (Bremer-)Vörde und suchten den Kathedralort nurmehr sporadisch zu bestimmten Anlässen auf.

Solche Anlässe für einen Besuch Bremens waren etwa die durch das Kirchenrecht vorgeschriebenen bischöflichen Visitationen der städtischen Pfarrkirchen, wie sie beispielsweise Erzbischof Albert II. 1363 in der Ansgariikirche vornahm, sowie die Feier der großen Kirchenfeste (Weihnachten, Ostern, Pfingsten, Patronatstag Peter und Paul, Domweihtag) im St. Petri Dom. Herausragende Bedeutung kam vor allem dem Fest des Kirchenpatrons Petrus am 29. Juni zu. Im 14./15. Jahrhundert fand an diesem Tag eine prachtvolle Bittprozession sowie eine reichlich mit Ablässen ausgestattete Heiltumsweisung statt. Diese Heiltumsweisungen – besonders bekannt ist die seit 1238 in siebenjährigem Turnus veranstaltete Aachener Heiltumsfahrt – dienten der demonstrativen Schaustellung des reichen, normalerweise in Altarschreinen, kunstvoll verzierten Reliquiaren und Schatzkammern verborgenen Reliquienschatzes. Die im Dom gefeierten Kirchenfeste verbreiteten einen besonderen Glanz über die ganze Stadt, nicht zufällig war die Teilnahme an diesen Festlichkeiten bis 1370 auch für das Wilhadi- und Ansgariikapitel verpflichtend. Neben diesen großen Kirchenfesten gab es am Dom auch noch viele kleinere, häufig durch private Stiftungen begründete Feierlichkeiten, wie etwa das Fest der 10 000 Märtyrer, das 1369 vom Domthesaurar Johann von Zesterfleth eingerichtete Fest des hl. Franziskus, eine aus Rentengeldern des Vikars Johann Knypestute finanzierte Feier zu Ehren des hl. Rimbert oder das von Bürgermeister Johann Brand gestiftete, jährlich am 6. Mai zu feiernde Fest *St. Johannis ante portam latinam*. Doch werden die Erzbischöfe ihre Residenz in Vörde wohl kaum für den Besuch dieser im kleineren Rahmen gefeierten Domfeste verlassen haben.

Der Rückzug der Erzbischöfe aus der Stadt hing auf das Engste mit der fortschreitenden Verselbständigung der städtischen Politik zusammen, die die erzbischöfliche Stadtherrschaft weitgehend ignorierte und immer mehr zur puren Formalie degradierte. Die daraus resultierenden Spannungen fanden 1420 in den von Erzbischof Johann II. verfassten Klageartikeln gegen die Stadt Bremen ihren sichtbaren Niederschlag. Die Liste der Anklagen

Johanns gegenüber der Stadt war lang: Bemächtigung des erzbischöflichen Gerichts sowie der diesem Gericht zustehenden Heergewäte (Kriegsausrüstungen) und Brüche (Strafzahlungen); Zahlungsbetrug; Abhaltung des städtischen Gerichts auf erzstiftischem Gebiet (Hollerland, Vieland, Grasland); Aneignung von Gütern des Erzstifts; schließlich Verletzung der erzbischöflichen Fischereirechte auf der Weser.

Amtierender Erzbischof zur Zeit der Kirchspieleinteilung 1229 war der aus der einflussreichen Familie der Edelherren zur Lippe stammende ehemalige Dompropst von Paderborn Gerhard II. (1219–1258), dessen Wahl durch das Domkapitel gegen den Protest des Hamburger Kapitels erfolgte. Gerhard II. gilt als der letzte wirklich bedeutende Bremer Erzbischof. Tatsächlich konnte Gerhard nach Erlass der nach ihm benannten Reversalen (1246) als letzter Amtsinhaber den erzbischöflichen Macht- und Herrschaftsanspruch gegenüber der Bürgergemeinde noch einmal ungeschmälert zur Geltung bringen und 1227 entzog er den Welfen die Grafschaft Stade, die nunmehr endgültig – 1236 war es darüber zur Verständigung mit Otto von Braunschweig gekommen – zum Bremer Erzstift gehörte. Unter Gerhard II. kam es also zu einer Konsolidierung des Erzbistums, das die in den vorangegangenen Jahren verloren gegangenen Rechte großenteils wieder zurückgewann. In Gerhards fast 40-jähriger Amtszeit wurde das große Bauvorhaben der Einwölbung des St. Petri Domes ins Werk gesetzt, und vieles spricht dafür, dass Gerhard dabei Baumeister aus seiner lippischen Heimat zu Rate gezogen hat. Aus kirchlicher Sicht war vor allem Gerhards Gründung des Zisterziensernonnenklosters Lilienthal vor den Toren der Stadt in der Wümmeniederung im Jahr 1232 bedeutsam. Diese familienbezogene Stiftung des Erzbischofs aus bremischem Kirchenbesitz erfolgte um des Seelenheils seiner Angehörigen – insbesondere seines 1229 im Kampf gegen die Stedinger gefallenen Bruders Hermann – willen; Hermann sei, so heißt es, für die Freiheit der Bremer Kirche gestorben. In dieser Klostergründung gelangt das adelskirchliche, die familiären Bande betonende Kirchenverständnis Gerhards, bei dem sich geistliches, sakrales und adligherrschaftliches Wesen durchdrangen und einander bestätigten, zum Ausdruck. Dieses erzbischöfliche Selbstverständnis stand auch bei einigen Personalentscheidungen in den letzten Jahren von Gerhards Amtszeit Pate, als Gerhard II. zwei nahen Verwandten zu hochrangigen Ämtern in der Bremer Kirche verhalf: Sein gleichnamiger Neffe Gerhard zur Lippe wurde Dompropst, Bischof Simon von Paderborn, ein weiterer Neffe, war seit 1251 Verweser des Erzstifts. Letzterer war es dann vor allem, der, wiederum in den Kategorien adligen Familienbewusstseins denkend, den Dompropst als Nachfolger seines verstorbenen Onkels – sogar mit Waffengewalt – erzwingen wollte.

Das gotische Palatium der Bremer Erzbischöfe zwischen Rathaus und Dom, erbaut unter Erzbischof Giselbert, ab 1293. Zeichnung von E. Dalberg, 1695.

Die Wahl fiel 1258 aber nicht auf den Dompropst Gerhard zur Lippe, sondern auf den mütterlicherseits aus dem oldenburgischen Grafenhaus stammenden Domherrn und Archidiakon von Rüstringen, Hildebold von Wunstorf (1258–1273). Von der Mehrheit des Bremer Domkapitels gewählt – das Hamburger Domkapitel hatte sich mehrheitlich für Gerhard zur Lippe entschieden –, setzte sich Hildebold mit der militärischen Unterstützung seiner Oldenburger Verwandten durch und erhielt ein Jahr später auch die Bestätigung durch Papst Alexander IV. (1254–1261). Verdienste erwarb sich Hildebold in seiner 15-jährigen Amtszeit vor allem durch die Verteidigung der sog. Sieben Kirchspiele auf dem rechten Elbufer gegenüber den Holsteiner Grafen sowie durch die Gewinnung der Stadt Wildeshausen für das Erzstift.
Mit der Wahl Giselberts von Brunckhorst (1274–1306), der seit 1267 als Mitglied des Bremer Domkapitels belegt ist, setzte sich 1274 erneut die ol-

denburgische Partei im Domkapitel durch, Giselbert war Vetter seines unmittelbaren Vorgängers Hildebold. Sogleich nach seiner Wahl besuchte Giselbert das durch Papst Gregor X. (1271–1276) einberufene Konzil zu Lyon (1274). An der Elbe hatte sich Giselbert der aufsässigen Marschenbauern zu erwehren. Durch Feldzüge nach Kehdingen, ins Alte Land, in die Haseldorfer Marsch und nach Dithmarschen sicherte er, insbesondere durch die siegreiche Schlacht bei Uetersen (1306), dem Erzstift die Marschländer an der Niederelbe. Und durch den Neubau (Thedinghausen, Ottersberg, Rempe am Balksee) sowie Ausbau (Bremervörde, Langwedel) von Burgen trieb der über 30 Jahre regierende Giselbert die Territorialisierung des Erzstifts entscheidend voran. In Bremen ließ Giselbert 1293 das neue erzbischöfliche Palatium mit der Maria-Magdalenen-Kapelle an der Stelle des heutigen Neuen Rathauses errichten. Der Neubau eines repräsentativen Wohnsitzes des Metropoliten war notwendig geworden, weil das alte Palatium im Verlauf eines Volkstumultes, der durch den handgreiflichen Übermut eines erzbischöflichen Ministerialen ausgelöst worden war, in Schutt und Asche gelegt worden war. Auf die kirchenrechtliche Entwicklung nahm Giselbert durch Maßregeln zum Schutz des Klerus und der Kirchengüter Einfluss (1282).
Mit dem aus einer Hildesheimer Ministerialenfamilie stammenden Heinrich von Golthorn (1306/07) wurde 1306 ein betagter Kompromisskandidat zum Erzbischof gewählt, der damals bereits 36 Jahre dem Domkapitel angehörte und seit zehn Jahren das Amt des Domdekans innehatte. Nach dem Tod Heinrichs, der nur ein halbes Jahr im Amt war, kam es 1307 zu einer Doppelwahl: Die beiden Elekten, der bisherige Domscholaster Florenz von Brunckhorst (1307/08) und der bisherige Dompropst sowie Propst des Bremer Wilhadikapitels Bernhard von Wölpe (1307–1310), die nahe Verwandte Giselberts von Brunckhorst (Florenz) bzw. Hildebolds von Wunstorf (Bernhard) waren, konnten jeweils nur einen Teil des Domkapitels hinter sich bringen. Interessant ist, dass Florenz die Unterstützung der Ministerialen des Erzstifts, Bernhard hingegen diejenige des städtischen Bürgertums zuteil wurde. Beiden Konkurrenten um die Erzbischofswürde blieb indes die päpstliche Bestätigung versagt: Während Florenz auf der Reise zu Papst Clemens V. (1305–1314) in Poitiers verstarb, kehrte Bernhard, der schon nach seiner Wahl zum Erzbischof von Magdeburg (1279) nicht von der Kurie bestätigt worden war, von dort ohne die gewünschte päpstliche Approbation zurück. In Anbetracht der unklaren, verworrenen Lage war schließlich sogar der Bremer Domherr Otto aus dem Haus der Edelherren von Diepholz an den päpstlichen Hof aufgebrochen, um sich dort das Pallium verleihen zu lassen; doch war auch Otto während seines Aufenthalts an der Kurie verstorben.

Nachdem die drei Bewerber auf den Erzstuhl entweder aufgrund ihres plötzlichen Todes (Florenz, Otto) oder wegen vorzeitiger Resignation (Bernhard) nicht zum Zuge gekommen waren, bestimmte Papst Clemens V. kraft seines päpstlichen Provisionsrechts Johann I. Grand (1310–1327) zum Erzbischof von Bremen. Doch sollte sich diese fernab in Avignon getroffene Entscheidung mehr als problematisch erweisen. Schon Johanns bisheriger unsteter, von Höhen und Tiefen gekennzeichneter Lebensweg ließ erahnen, dass man es mit diesem Metropoliten nicht leicht haben würde: Spross einer dänischen Adelsfamilie und über seine Mutter mit dem dänischen Königshaus verwandt, war Johann zunächst Dompropst in Roskilde und seit 1289 sogar Erzbischof von Lund gewesen, geriet jedoch 1294 aufgrund eines Zerwürfnisses mit König Erich Menved in Gefangenschaft, aus der er sich 1296 durch Flucht befreien konnte. Sein weiterer Weg führte ihn über Rom nach Paris, wo er gelehrte Studien betrieb. Tatsächlich hatte sich Johann Grand auch im Erzbistum Bremen, das ihm als Ersatz für das ihm verlustig gegangene Erzbistum Lund zugewiesen wurde, sogleich nach Amtsantritt viele Feinde gemacht: Binnen kürzester Zeit hatte Johann infolge seiner herrschsüchtigen, unnachgiebigen Haltung – u.a. beharrte er auf der Erhebung eines *subsiduum charitativum*, d.h. einer zehnprozentigen Abgabe auf alle Einkünfte des Klerus – nahezu die gesamte Stiftsgeistlichkeit sowie seine ostelbischen Suffragane in Ratzeburg, Schwerin und Lübeck gegen sich aufgebracht, so dass an der Kurie schon bald eine Reihe von Prozessen gegen ihn anhängig war. Aus seiner Burg Bremervörde vertrieben, irrte der Oberhirte, seine Residenzpflicht außer Acht lassend, rastlos und so mancher Demütigung ausgesetzt – u.a. soll er in Norden/Ostfriesland öffentlich von einer Frau verprügelt worden sein –, seit 1315 in seiner Kirchenprovinz umher. Nachdem Johann Grand seine Diözese endgültig in Richtung Avignon verlassen hatte, wo er sich Rückendeckung für sein weiteres Vorgehen erhoffte, erklärte ihn das Bremer Domkapitel 1316 öffentlich für wahnsinnig, ernannte den bisherigen Domscholaster Johann – einen Sohn Herzog Ottos von Lüneburg – zum Koadjutor und beauftragte diesen mit der Verwaltung des Stifts. Auch wenn die Kurie in Avignon Johann Grands Absetzung für ungültig erklärte und dessen Wiedereinsetzung in sein erzbischöfliches Amt anordnete, kehrte Johann nie mehr nach Bremen zurück, sondern vertraute die Wahrnehmung seiner Amtsgeschäfte häufig wechselnden – Generalvikaren an. Johanns Tod 1327 in Avignon, wo er auch bestattet wurde, wurde in Bremen mit großer Erleichterung zur Kenntnis genommen.

Mit Johann Grands Nachfolger Burchard Grelle (1327–1344) wurde dann erstmals ein Spross aus einer stadtbremischen bürgerlichen Ratsfamilie auf den Erzstuhl erhoben. Auch Burchard, der nach einem Studium in Paris seit

Das Siegel von Erzbischof Burchard Grelle, 1328. (Staatsarchiv Stade)

1311 Propst in Wildeshausen und Archidiakon von Rüstringen war, war nicht vom Domkapitel gewählt worden, sondern von Papst Johannes XXII. (1316–1334), allerdings auf Vorschlag des Bremer Kapitels hin, zum Erzbischof von Bremen ernannt worden. Bei seiner Ernennung war Burchard, der viele Visitationsreisen in seiner Diözese unternommen haben soll, persönlich in Avignon anwesend, wo er die Interessen des Erzstifts gegenüber Johann Grand vertreten hatte. In den ersten Jahren seines Pontifikats war Burchard vor allem mit der Bereinigung des Flurschadens beschäftigt, den sein umstrittener Vorgänger hinterlassen hatte. Der Wiederherstellung der Ordnung im geistlichen Bereich diente nicht zuletzt eine am 1. Juni 1328 in Bremen abgehaltene Generalsynode, auf der Probleme wie die Beerdigung auf entweihten Friedhöfen, Konkubinate der Priester, die Residenzpflicht der Geistlichen und die Forderung nach einem außerordentlichen *subsiduum charitativum* behandelt wurden. Durch die Einrichtung einer neuen Vikarie am Dom, die er reichlich mit Gütern vor der Stadt und in Hemelingen ausstattete, leistete Burchard auch einen Beitrag zur sakralen Infrastruktur seiner Kathedralkirche (1339). Höhepunkt in Burchards 17-jähriger Amtszeit aber waren sicherlich die Wiederauffindung der eingemauerten Reliquien der hll. Cosmas und Damian an Ostern 1334 und die feierliche Erhebung der Gebeine der beiden Arztheiligen an Pfingsten des darauffolgenden Jahres. Tagelang fanden damals im Dom und im bischöflichen Palatium üppige Festlichkeiten statt und auf dem Domshof wurden Tänze und ein Turnier veranstaltet, an dem neben Adligen und Ministerialen auch Bürger und Ratsherren teilnahmen. Kirchlicher Glanz und weltliches Treiben gingen damals eine enge Verbindung miteinander ein.

Der Nachfolger Burchard Grelles, der Erzbischof Otto I. von Oldenburg (1344–1348), jüngster Sohn des Grafen Christian von Oldenburg, konnte angesichts seines fortgeschrittenen Alters allenfalls als Übergangslösung gelten. Seit über 40 Jahren Mitglied des Domkapitels – seit 1323 in der Funktion des Thesaurars, seit 1332 als Domdekan –, war Otto bei seinem Amtsantritt bereits alt, krank und gebrechlich. Das eigentliche Regiment führte deshalb sein Neffe Moritz von Oldenburg, der Otto im Amt des Domdekans nachgefolgt war. Wie sein Vorgänger Burchard zeichnete sich auch Otto I. durch Errichtung und Dotierung einer Vikarie im Dom aus (1348).

Nach dem Tod Ottos I. kam es dann zu einer Doppelbesetzung des Bistumsstuhles, die zu Turbulenzen und schließlich auch zu kriegerischen Auseinandersetzungen (sog. Erzbischofsfehde) führte. Das Bremer und Hamburger Kapitel hatten im Februar 1348 tatsächlich, wie nicht anders zu erwarten war, den Domdekan und Neffen Ottos I., Moritz von Oldenburg (1348–1350), der schon unter seinem Onkel die Amtsgeschäfte des Stifts geführt hatte, mit überwiegender Mehrheit zum Nachfolger Ottos gewählt. Nahezu gleichzeitig brachte jedoch der Bischof von Osnabrück, Gottfried von Arnsberg (1348–1360), am päpstlichen Hof zu Avignon Papst Clemens VI. (1342–1352) mittels Insinuation, vermutlich aber auch aufgrund entsprechender Geldzahlungen, dazu, ihn mit dem Metropolitenamt zu belehnen und als Erzbischof von Bremen zu bestätigen. Alles schien unter den gegebenen Umständen für den rechtmäßig gewählten Oldenburger Moritz zu sprechen, der sich vielseitiger Unterstützung in Stadt und Land sicher sein konnte. Tatsächlich gelang es Moritz nach einem kurzen militärischen Schlagabtausch im Sommer 1350, seinen Widersacher Gottfried zu besiegen und aus dem Erzstift zu verdrängen. Trotzdem durfte der unterlegene Gottfried das Amt des Erzbischofs behalten. Die im September 1350 mittels eines Schiedsverfahrens erzielte Einigung sah nämlich vor, dass Gottfried nominell weiterhin Erzbischof bleiben sollte, wohingegen Moritz von Oldenburg als Amtmann des Erzstifts über die Burgen verfügen und damit die eigentliche Macht in den Händen behalten sollte. Die 1350 vorgenommene Neuregelung der Machtverteilung war damit eindeutig zu Gunsten des siegreichen Oldenburgers erfolgt, der als Amtmann die politische Richtung im Erzstift vorgab, während Gottfried von Arnsberg im Wesentlichen auf die geistlichen Befugnisse seines Amtes beschränkt blieb. Der nominelle Erzbischof Gottfried blieb, seiner Machtbasis beraubt, weitgehend blass und vermochte kaum aus dem übermächtigen Schatten seines Stiftsamtmannes hervorzutreten. Er begab sich zunächst nach Stade, wo er vermutlich im St. Georgskloster der Prämonstratenser lebte, um sich später völlig in die Abhängigkeit seines wichtigsten Unterstützers, des Grafen Gerhard III. von Hoya, zu begeben, der ihm Schutz gewährte. 1360 dankte der inzwischen alt und krank gewordene Gottfried von Arnsberg unter dem Druck seines Gönners, des Hoyaer Grafen, und mit päpstlicher Zustimmung ab, er starb 1363 in Stade, wo er in der Stiftskirche St. Georg begraben wurde.

Die Resignation Gottfrieds von Arnsberg war von Graf Gerhard III. von

Hoya und Herzog Magnus I. von Braunschweig-Wolfenbüttel gemeinsam betrieben worden, um Magnus' Sohn Albert, der seit 1359 Propst zu St. Paul in Halberstadt war, mit der Bremer Erzbischofswürde versorgen zu können; im Juli 1360 stimmte Papst Innozenz VI. (1352–1362) der Einsetzung Alberts II. von Braunschweig-Wolfenbüttel (1360–1395) zu. Die Erhebung Alberts auf den Bremer Bischofsstuhl war indes gegen den Widerstand der mächtigen Oldenburger Partei und deren Hauptexponenten, den Stiftsprovisor Moritz von Oldenburg, erfolgt, und auch das Domkapitel – dieses stimmte der Ernennung Alberts erst 1361 nach langwierigen Verhandlungen zu – und die Stadt Bremen verhielten sich zunächst ablehnend. Es bedurfte daher eines militärischen Kraftaktes des braunschweigischen Herzogs, um dessen Sohn Albert endlich doch noch ans gewünschte Ziel zu bringen: Nach einer Belagerung der erzbischöflichen Hauptfeste Bremervörde Anfang 1362 verzichtete Moritz auf alle Ansprüche und wurde daraufhin mit Burg und Amt Hagen (ca. 20 km südlich Bremerhaven) abgefunden. Nun endlich konnte Albert II. sich des Erzstifts bemächtigen, am 30. April 1362 hielt er feierlich und mit großem Geleit Einzug in die Stadt Bremen. Das Verhältnis zwischen Erzbischof und der Stadt wurde freilich schon wenig später durch einen als „Verrat“ empfundenen Umsturzversuch, an dem Albert aktiv beteiligt war (1366), einer schweren Belastung unterzogen. Auch in der Regierung des Erzstifts agierte Albert II. mehr oder weniger glücklos, belastend war vor allem die hohe Verschuldung, die dazu führte, dass nahezu alle Stiftsburgen und ein Großteil der erzbischöflichen Güter und Rechte verpfändet werden mussten; damals gelangten auch die erzbischöfliche Münze und Wechselstube in den Pfandbesitz der Stadt Bremen (1369). Der Ansehensverlust, dem sich Albert in der Öffentlichkeit ausgesetzt sah, war infolge dieser politischen Misserfolge enorm. Im innerkirchlichen Bereich bemühte sich Albert II. um eine Regelung seines Verhältnisses zum Domkapitel: 1363 erließ Albert Bestimmungen über die Dienste, die von den neu in das Kapitel aufgenommenen Domherren zu leisten waren, 1366 setzte er sich gegen die Anmaßung von Kanonikern, die sich für das Domkapitel ausgaben, durch Appellation an die römische Kurie zur Wehr. Eine Bulle Papst Bonifaz' IX. von 1392, die sich gegen die Beeinträchtigung geistlicher Freiheiten durch Weltliche richtete, soll sogar auf ausdrückliches Ansuchen Alberts hin erlassen worden sein.

Nach der mit vielen Misserfolgen behafteten Amtszeit Alberts II. war es mehr als verständlich, dass die wahlberechtigten Domherren einen Neuanfang befürworteten. Teile des Kapitels wählten deshalb 1395 den aus einer stiftsritterlichen Familie stammenden Johann Monik, der seit 1372 Propst in Zeven und seit 1390 Dompropst in Bremen war, zum Erzbischof. Doch konnte sich Johann Monik gegen den durch die Braunschweiger Partei in

Vorschlag gebrachten Bischof von Verden, einen Sohn Herzog Magnus' II. und Neffen Erzbischof Alberts II., letztendlich nicht durchsetzen; dieser erlangte als Otto II. von Braunschweig-Wolfenbüttel (1395–1406) im Oktober 1395 die Bestätigung durch Papst Bonifaz IX. (1389–1404) und danach allgemeine Anerkennung. Nach der desaströsen Politik seines Vorgängers und in Anbetracht der zerrütteten Finanzen war Otto nun bestrebt, erzstiftische Güter und Rechte wieder einzulösen. Auch setzte sich Otto, der seit 1404 krank war, wiederholt für seine Kathedralkirche ein, so etwa durch öffentliche Sammlungen zum Besten des Domes (1396), durch Unterstützung der Domfabrik (1396, 1400) oder durch Ausstellen eines Ablassbriefes (1400) zu Gunsten der Domkirche.

Die Politik der Revindikationen wurde auch von Ottos Nachfolger Johann II. Slamstorp (1406–1420) mit Erfolg fortgeführt. Johann, dessen Herkunft sich nicht eindeutig klären lässt – ob er tatsächlich, wie oft behauptet, bürgerlicher Herkunft war, ist unsicher –, war seit 1391 Archidiakon von Hadeln und Wursten und unter Otto II. zuletzt auch Vicedominus der bremischen Kirche. Nach seiner einstimmigen Wahl durch das Kapitel erlangte Johann auch die Bestätigung durch Papst Gregor XII. (1406–1415). Die von Johann II. 1420 verfassten Klageartikel gegen die Stadt Bremen werfen ein äußerst bezeichnendes Schlaglicht auf das sich immer schwieriger gestaltende Verhältnis zwischen dem Metropoliten und der wichtigsten Stadt seines Herrschaftsbereichs. 1415 ließ Johann in allen Pfarrkirchen Messen des hl. Petrus zur Abwendung von Sturm- und Unwetterschäden lesen.

Der Wahl Nikolaus' von Delmenhorst (1421–1434), eines Sohnes Graf Ottos IV. von Delmenhorst, zum Erzbischof von Bremen war – noch zu Lebzeiten Johanns II. Slamstorp – eine Abmachung vorausgegangen, der der Charakter eines Deals nicht ganz abzusprechen war: Die hoch verschuldete Grafschaft Delmenhorst, eine Nebenlinie des Oldenburger Grafenhauses, sollte zunächst an das Erzstift Bremen verpfändet und nach Erhebung des erbberechtigten Grafensohnes Nikolaus auf den Bischofsstuhl diesem vollständig überlassen und eingegliedert werden. In der Wahlkapitulation wurde diese Verabredung noch einmal ausdrücklich bekräftigt, und nach seiner Wahl im Januar 1421 erhielt der erst 20-jährige Nikolaus, der vorher keine geistliche Laufbahn absolviert hatte, dann die Grafschaft vom Domkapitel zu treuen Händen. Die Übernahme Delmenhorsts brachte dann aber doch nicht die erhoffte Konsolidierung des Erzstifts, ganz im Gegenteil sah sich Nikolaus infolge seiner auf kriegerische Konfrontation ausgerichteten Politik – Nikolaus führte eine Fehde mit den Herzögen von Braunschweig-Lüneburg (1425/27), zog mit fürstlichen Verbündeten gegen den Friesenhäuptling Focke Ukena von Leer zu Felde (1426) und bekriegte den Gra-

fen von Hoya (1430) – zur neuerlichen Verpfändung von Stiftsbesitz in größerem Umfang gezwungen. Die Rückgewinnungsaktionen seiner beiden unmittelbaren Vorgänger wurden durch diesen leichtfertigen Umgang mit erzbischöflichen Rechten mehr als konterkariert. 1432 wurde Nikolaus, da sich die Misserfolge in seiner Politik häuften, mit dem Grafen Otto von Hoya ein Koadjutor zur Seite gestellt, der das Erzstift verwalten sollte. Schließlich dankte Nikolaus von Delmenhorst, von einer Koalition aus Domkapitel, Stadt Bremen und Herzögen von Braunschweig-Lüneburg unter Druck gesetzt, 1434 ab, nachdem man ihm zuvor die Vogtei Hagen und die Grafschaft Delmenhorst als Leibgedinge überlassen hatte.
Ursprünglich war Nikolaus' Administrator Otto von Hoya auch für die Nachfolge im Erzbischofsamt vorgesehen, doch formierte sich gegen diesen Plan schon bald Widerstand seitens der Stadt Bremen und eines Großteils der Geistlichkeit. Anstelle Ottos von Hoya wurde deshalb auf Vorschlag der Herzöge von Braunschweig-Lüneburg der gelehrte Jurist und Abt des Michaelisklosters in Lüneburg (seit 1419), Balduin II. von Wenden (1435–1441), zum Erzbischof gekürt. Balduin, der bereits bei den Verhandlungen über die Resignation Erzbischof Nikolaus' als Schiedsrichter vermittelt hatte, empfahl sich vor allem deshalb für das Amt, weil er sich bereit erklärte, die nicht unerheblichen Stiftsschulden zu übernehmen. Er gewann deshalb auch die Zustimmung Papst Eugens IV. (1431–1447) und Kaiser Sigismunds (1410–1437). Freilich kam es in der Frage der Schuldentilgung schon bald zum Zerwürfnis zwischen Nikolaus und Balduin, weil Letzterer nach seiner Wahl plötzlich nurmehr für die mit Zustimmung des Kapitels gemachten Verbindlichkeiten einstehen wollte. Auf kirchlichem Gebiet lag Balduin vor allem die Reform der Benediktinerklöster am Herzen, er versuchte, die diesbezüglichen Beschlüsse des Baseler Konzils von 1436 durchzusetzen; in Stade stand er 1437 sogar einer Reformsynode der Benediktiner der Kirchenprovinzen Bremen und Magdeburg vor. Balduin von Wenden, der mit päpstlicher Genehmigung die Abtswürde auch nach seiner Ernennung zum Erzbischof beibehielt, starb im Juli 1441 im Kloster St. Michaelis in Lüneburg, wo er auch bestattet wurde.
Mit Gerhard III. von Hoya (1442–1463), der seit 1438 Propst des Bremer Domkapitels war, kam 1442 ein Repräsentant der neben den Oldenburger Grafen und den Braunschweiger Herzögen dritten wichtigen Partei – Gerhard III. war der Sohn Ottos III. von der (Nieder-)Grafschaft Hoya – im Bremer Domkapitel zum Zuge. Im Unterschied zu dem in allerhand Fehdehändel verstrickten Nikolaus von Delmenhorst versuchte Gerhard III. sich aus den kriegerischen Auseinandersetzungen seiner Zeit, so gut es ging, herauszuhalten, was ihm vor allem durch den Abschluss von Landfriedensbündnissen gelang. 1446 mischte sich Gerhard III. in die großen

Vikariatssiegel von Erzbischof Gerhard III., 1445. (Staatsarchiv Bremen)

Auseinandersetzungen der europäischen Kirchenpolitik ein, als er anlässlich der Bestellung des Schleswiger Domkantors Johannes Weghener zu seinem Prokurator die Zugehörigkeit von Stadt und Diözese Bremen zur Obedienz Papst Eugens IV. erklärte. Eugen IV. hatte mit dem Gegenkonzil von Ferrara/Florenz seit 1438 dem Papalismus wieder zu neuer Stärke verholfen, musste sich aber des Reformpapstes und letzten Gegenpapstes Felix V. (1439–1449) erwehren. Die Erklärung Gerhards III. für Papst Eugen IV. war somit zugleich eine Stellungnahme des Bremer Metropoliten gegen den Konziliarismus und für ein wiedererstarktes verweltlichtes Papsttum. Die von Eugen IV. 1439 auf dem Konzil von Florenz betriebene Union mit der griechischen Ostkirche wurde damals denn auch in der Kirchenprovinz Bremen durch Geldsammlungen unterstützt. Doch blieben diese Ausflüge in die Höhen der europäischen Kirchenpolitik für Gerhard III. wie allgemein für die Bremer Metropoliten eher Episoden. Die Grenzen, die seiner Amtsführung gesetzt waren, wurden gerade Gerhard III. sogleich nach seiner Wahl zum Bremer Erzbischof drastisch vor Augen geführt, als er sich eidlich verpflichten musste, bei der Bestellung seiner Generaloffiziale künftig besser als seine Vorgänger auf deren Eignung für dieses Amt zu achten. Damals erließ Gerhard auch eine Anordnung zur Vermehrung des Bremer Kirchenschatzes, er war sich also über die Anziehzungskraft, die die Pretiosen und Kleinodien auf die Gläubigen aus nah und fern ausübten, durchaus im Klaren.

Als geborener Nachfolger Gerhards III. galt vielen der äußerst gelehrte und hoch angesehene Dompropst Johann Rode. Tatsächlich gab es nach dem Tode Gerhards III. 1463 Bestrebungen innerhalb des Kapitels, diesen zum Erzbischof zu wählen. Doch überlegte es sich Johann Rode anders, er verzichtete auf die Erzbischofswürde und wurde später Professor und Rektor der Universität Erfurt. Statt seiner wurde nun, nicht zuletzt auf Empfehlung Johanns, der Sohn des Grafen Heinrich XXVIII. von Schwarzburg auserkoren. Ihn zeichnete aus, dass er die militärische Macht eines respektablen Grafenhauses hinter sich hatte, so dass man ihm am ehesten eine wirkungsvolle Bekämpfung des ganz Norddeutschland verunsichernden „Raubgrafen" Gerd von Oldenburg zutraute. Indessen war Heinrich II. von Schwarzburg (1463–1496), der schon im Kindesalter die Würde eines Dompropstes in Würzburg (seit 1451) und Köln (seit 1453) bekleidete, bei seiner Wahl zum Erzbischof von Bremen erst 23 Jahre alt und hatte deshalb das nach dem kanonischen Recht vorgeschriebene Alter noch nicht erreicht. Trotzdem bestätigte Papst Pius II. (1458–1464) die Wahl, Heinrich sollte zunächst bis zum Erreichen des 27. Lebensjahres den Titel eines Administrators des Erzstiftes tragen. Doch behielt Heinrich II. diesen Titel auch für den Rest seines langen, 33-jährigen Pontifikats bei, denn 1466 wurde ihm zusätzlich auch noch das Bistum Münster zugesprochen, für dessen Interessen er sich seitdem vorrangig – so wurde das 1481 von den Oldenburgern zurückgewonnene Delmenhorst nicht mit dem Erzstift Bremen, sondern mit dem Stift Münster verbunden – einsetzte. Zum Statthalter in Bremen ernannte Heinrich stattdessen seinen jüngeren Bruder Günther, der 1486 auch offiziell als Provisor des Erzstifts eingesetzt wurde. Das Hauptverdienst Heinrichs bestand sicherlich darin, dass er dem ruhelosen Grafen Gerd von Oldenburg Paroli bot und an dessen endgültiger Vertreibung maßgeblich beteiligt war. Andererseits waren am Ende seiner Regentschaft die Stiftsfinanzen weitgehend zerrüttet und viele erzstiftische Rechte verloren gegangen. Auf kirchlich-geistlichem Gebiet trat Heinrich, der seit 1466 Münster zu seiner Residenz nahm, hingegen so gut wie nicht in Erscheinung.

Nachfolger Heinrichs II. von Schwarzburg und zugleich letzter mittelalterlicher Erzbischof war Johann Rode (1497–1511). Als Sohn des Ratsherrn Heinrich Rode, genannt Wale, entstammte Johann einer Bremer Ratsherrenfamilie, die mit den führenden Familien der Stadt verschwägert war und mehrere Mitglieder des Domkapitels stellte. Der gelehrte Kirchenrechtler Johann Rode war Neffe des gleichnamigen Dompropstes und bekleidete, nachdem er zuvor schon über zehn Jahre Domdekan gewesen war, gleichfalls das Amt eine Dompropstes der Bremer Kirche. Sogleich nach seiner durch den berüchtigten Borgia-Papst Alexander VI. (1492–1503) bestätigten Wahl ließ Johann in einem *Registrum Bonorum* sämtliche – zum Teil schon längst verloren gegangene – Güter und Rechte des Erzstifts verzeichnen und gab somit kund, dass ihm an einer (Re-)Aktivierung der rechtlichen Ansprüche gelegen war. 1500 ernannte Erzbischof Johann dann den damals gerade 13-jährigen Christoph von Braunschweig-Wolfenbüttel – seinen späteren Nachfolger – zum Koadjutor des Erzstifts, eine Maßnahme, die hauptsächlich die Absicht verfolgte, den Braunschweiger Herzog Heinrich I. für die geplante Eingliederung des Landes Wursten in das erzstiftische Territorium als Bundesgenossen zu gewinnen. Bis 1505, als

Grabstein von Erzbischof Johann Rode im St. Petri Dom. Sandstein, nach 1511.

Christoph 18 Jahre alt wurde, führte das Domkapitel an seiner Stelle die Regierungsgeschäfte. Ein besonderes Glanzlicht in Johann Rodes 14-jährigem Pontifikat, in dem 1502 auch der Umbau des nördlichen Seitenschiffs der Kathedrale in Angriff genommen wurde, bildete sicherlich der „Staatsbesuch" des Kardinals Raimund Peraudi im Frühjahr 1503, als der päpstliche Legat sich anlässlich einer Ablasskampagne vier bis fünf Tage in Bremen aufhielt. Johann Rode starb im Dezember 1511 in seiner Residenz

Bremervörde. Er war der letzte Erzbischof, der im Bremer Dom bestattet wurde, sein Grabstein, auf dem der Bischof mit Krummstab und segnender Hand dargestellt ist, befindet sich heute im nördlichen Querschiff. Johanns unmittelbarer Nachfolger, der bereits 1500 zum Koadjutor des Erzbischofs bestellte und 1502 zum Bischof von Verden gewählte Christoph von Braunschweig-Wolfenbüttel (1511–1558), dem 1511 aufgrund seines noch jungen Alters von 24 Jahren ein fast 50-jähriges Pontifikat bevorstand, ist sowohl hinsichtlich der Zeitstellung – seine Amtszeit fällt überwiegend in die Reformations- bzw. sogar Nachreformationszeit – als auch in Bezug auf seine Geisteshaltung eher als frühneuzeitlicher denn als mittelalterlicher Kirchenfürst anzusprechen.

Auf das kirchliche Geschehen nahmen die Erzbischöfe vor allem mittels der von ihnen einberufenen und geleiteten Provinzialsynoden Einfluss. Wichtige Beschlüsse, die vor allem den Lebenswandel und die Lebensgewohnheiten von Klerikern betrafen, erließ eine im Herbst 1266 in Bremen tagende Provinzialsynode. Die 21 von Kardinal Guido publizierten Artikel listen eine ganze Reihe schwerwiegender Verfehlungen ordinierter Kleriker wie Götzendienst, Beischlaf, Aufruhr, Zusammenleben mit Frauen, Ämter- und Pfründenhäufung, simonistische Praktiken etc. auf und geben damit zu erkennen, dass die Lebenspraxis vieler Geistlicher nicht immer mit den diesbezüglichen Vorschriften des Kirchenrechts übereinstimmte. Auch vor einer missbräuchlichen Benutzung der Kirchen als Handelshäuser, Räuberspelunken und Waffenkammern wird gewarnt, was darauf schließen lässt, dass dergleichen vorgekommen ist. Neben der Anklage kirchenrechtlicher Verfehlungen ließ sich die Synode von 1266 jedoch auch den Schutz rechtmäßig lebender Kleriker angelegen sein, indem sie für deren Verletzung, Bestehlung oder Gefangennahme harte Strafen androhte. Gewalttätigkeiten gegen Bischöfe und Geistliche bzw. deren Verhaftung waren noch öfter, so etwa 1292 und 1328, Gegenstand von Synodalbeschlüssen. Die Generalsynode von 1277 sah für die unrechtmäßige Aneignung von Kirchengütern sowie die Verunglimpfung von Kirchhöfen die Verhängung des Interdikts vor. Im 14. Jahrhundert fassten mehrere Synoden Beschlüsse über den Kirchenzehnten, wobei ausdrücklich klargestellt wurde, dass auch das Heu brachliegender Äcker der Zehntpflicht unterlag. Weitere Synodalbeschlüsse betrafen Meineid und Wucher (1281), die Wiederherstellung der Schulen durch die Kirchenbauherren (1300), die Verteilung der an den Altären, in den Opferblöcken und bei den Reliquien gespendeten Opfergaben (1332), die Zahlung des *Subsidium charitativum* an den Erzbischof (1350), die Rechte der Pfarrer sowie die Pflichten der Pfarrleute und Kirchgeschworenen (1351) sowie die Erteilung eines Fastendispenses für Aschermittwoch zum Besten der Domfabrik (1396).

Im ausgehenden Mittelalter übten die Erzbischöfe die gerichtsherrlichen Funktionen zum großen Teil nicht mehr persönlich aus, sondern ließen diese durch ihren Offizial wahrnehmen. Daraus entwickelte sich das Offizialat als eine besondere, mit eigenem Siegel ausgestattete Kurialbehörde für den Bereich der Justiz. Gleichzeitig entstand das Amt des Generalvikars, der während der Abwesenheit der Erzbischöfe die Verwaltungsgeschäfte weiterführte. Auch das Generalvikariat, das im Laufe der Zeit immer häufiger auch bei Anwesenheit des Erzbischofs tätig wurde, verfügte über ein eigenes Vikariatssiegel.

3. Domkapitel

Je mehr sich die Erzbischöfe aus dem Metropolitansitz Bremen nach Bremervörde zurückzogen, umso stärker trat das aus den ranghöchsten Geistlichen der Kathedralkirche gebildete Domkapitel in den Vordergrund. Zwar hatten die Domherren die in der kanonischen Regel vorgesehene Lebensgemeinschaft, die *vita communis* im *claustrum*, schon seit Langem aufgegeben und lebten, seit das alte Domstift 1041 durch einen verheerenden Brand eingeäschert worden war, zunehmend in Einzelwohnungen und eigenen Stadthäusern, den sog. Kurien, die ausschließlich für den Gebrauch der Domherren bestimmt waren und die deshalb auch nicht an Laien verpfändet werden durften. Diese Kurien aber befanden sich im Bereich der sog. Domimmunität, insbesondere nördlich und südlich des Domes, so dass für die Kanoniker – im Unterschied zum Erzbischof – der räumliche Bezug zur Kathedralkirche weiterhin gewahrt blieb. Von diesen ausschließlich von Geistlichen des Domkapitels bewohnten Kurien sind jene 14 Freikurien des Kapitels zu unterscheiden, über die die Domherren freier verfügen konnten. Diese waren im Laufe der Zeit wenigstens zum Teil in Laienhand geraten, weshalb Erzbischof Albert II. 1379 Bestimmungen erließ, die sicherstellen sollten, dass auch diese Freikurien im Besitz des Kapitels verblieben.

Das Dritte Siegel des Bremer Domkapitels. Petrus und Maria mit dem Kind, Ende 13. Jahrhundert, Abguss. (Staatsarchiv Bremen)

Beim Domkapitel handelte es sich um einen Verband von Klerikern, denen – in enger Zuordnung bzw. Unterordnung gegenüber der bischöflichen Amtsgewalt – gegen die Übernahme bestimmter liturgischer Aufgaben eine rechtliche und wirtschaftliche Sonderstellung in der Kirche eingeräumt wurde. Wichtigste Aufgabe der Domherren, denen als Weltklerikern der Besitz von Privateigentum erlaubt war und ein gewisser individueller Handlungsspielraum zugestanden wurde, war die möglichst feierliche Gestaltung des kirchlichen Lebens an der Bischofskathedrale. Durch gemeinsamen Gesang und gemeinsames Gebet sollten die in schmückenden Gewändern auf dem Hochchor versammelten Domkanoniker den gottesdienstlichen Handlungen ein sinnenberauschendes, festliches Gepräge verleihen. Dieser als *officium divinum* verstandene Chordienst umfasste die täglichen Kapitellesungen, das für alle verpflichtende Stundengebet (*horae canonicae*), die sonntägliche Hauptmesse (*missa conventualis*) sowie alle sonstigen Gottesdienste; aber auch den privaten Seelenmessen und Anniversarfeiern sollten die Kapitelherren durch möglichst zahlreiches Erscheinen zu einem feierlichen Rahmen verhelfen. Die im Domkapitel verbundenen Kleriker waren also einem fest vorgegebenen liturgischen Rhythmus unterworfen. Die Leitung des kollektiven Chordienstes unterlag einem internen wöchentlichen Wechsel, so dass jeder Domherr in regelmäßigen Abständen die Verantwortung für die feierliche Ausformung der Liturgie mittels Gebet, Lesung, Psalmenrezitation, Hymnengesang und optischer Prachtentfaltung trug.

Das kirchliche Leben der Domkanoniker spielte sich somit fast ausschließlich auf dem durch die Chorschranke vom Gemeinderaum abgegrenzten Hochchor ab, und dementsprechend hatte jeder vollberechtigte Domherr Anspruch auf einen festen, durch das Anciennitätsprinzip vorgegebenen Platz im Chorgestühl der Kirche (*stallum in choro*). Des Weiteren stand den Kapitelherren Sitz und Stimme in der Kapitelversammlung (*votum et vox in capitulo*) zu. Wichtigstes Vorrecht der Domherren aber war der Bezug einer Präbende (*perceptio praebendae*) in Form eines fest bestimmten Jahreseinkommens. Diese Präbende (*praebenda maior*) bestand zunächst aus regelmäßigen, tagtäglich zur Austeilung kommenden Naturalien (Fisch, Fleisch, Getreide etc.), wurde aber in der ersten Hälfte des 14. Jahrhunderts wenigstens zum Teil in vierteljährliche Geldzahlungen umgewandelt. Durch die Einrichtung eines sog. Gnadenjahres im 12. Jahrhundert blieben die Domherren nach ihrem Ableben de jure ein weiteres Jahr Nutznießer ihrer Präbende, deren Einkünfte in der Regel durch testamentarische Verfügung des Verstorbenen für fromme Stiftungen, gegebenenfalls aber auch zur Schuldentilgung verwendet wurden. In der ersten Hälfte des 14. Jahrhunderts kam es zur Einführung zunächst eines zweiten, dann sogar eines

Biblische Szenen auf den Wangen des Chorgestühls im St. Petri Dom, um 1360/80. Der Tod des Jonathan Makkabäus. Das Opfer Eleazars.

dritten Gnadenjahres. Die Einkünfte dieser weiteren Gnadenjahre waren für die Anschaffung von Kleinodien und für die Schuldentilgung des Kapitels (2. Gnadenjahr) sowie als Kompensation für die von den Domherren zu leistenden Abgaben an die Domfabrik (3. Gnadenjahr) gedacht. Die den Präbendenbezug über den Tod hinaus verlängernden Gnadenjahre gingen also zu Lasten der neu in den Kreis der Domherren aufzunehmenden Mitglieder, die erst dann in den Genuss ihrer Präbenden gelangten, nachdem zuvor den Ansprüchen des verstorbenen Kanonikers bzw. der Gesamtheit des Kapitels Genüge geleistet war.

Das Stiftsvermögen, aus dem die Präbenden der Domherren ausbezahlt wurden, war seit dem 11. Jahrhundert durch Schenkungen und Memorienstiftungen aus privater Hand (*oblationes, elemosynae*), aber auch durch Zuwendungen etlicher Erzbischöfe (Libentius II., Bezelin, Adalbert, Liemar) und weltlicher Herrscher (Kaiser Heinrich III., Herzog Heinrich der Löwe) entstanden. Für seinen Güterbesitz hatte das Kapitel das Recht der freien Vermögensverwaltung erhalten und diese daraufhin dem Propst als dem Leiter des Kapitels anvertraut, der damit für die Lieferung der täglichen Präbenden bzw. die entsprechenden Geldzahlungen verantwortlich war. Der Propst besaß daher zunächst die volle Verfügungsgewalt über das sog. Präbendal- bzw. Propsteigut, bis ihm die Verwaltung des Kapitelbesitzes im Verlauf des 14. Jahrhunderts wegen schwerer Verfehlungen sukzessive zu Gunsten des Kapitels unter der Führung des Dekans entzogen wurde. Die Verwaltung der Präbendalgüter (*bona communia*) in Lankenau, Seehausen, Oslebshausen, Arsten und Habenhausen wurde 1385 durch Kapitelbeschluss zwei jährlich wechselnden Domherren übertragen, die für ihre Mühewaltung mit dem Schmalzehnten und gewissen Abgaben (*servitia*) entlohnt wurden. Der Güterbesitz des Kapitels war in Streulage über das gesamte Gebiet der Erzdiözese – im Süden vereinzelt sogar darüber hinaus – verteilt, doch lässt sich unschwer eine Konzentration der Besitzungen beiderseits der Weser von Nienburg im Süden bis nach Langen und Debstedt (nördlich Bremerhaven) im Norden ausmachen. Die zehn wichtigsten Meierhöfe des Präbendalgutes, die vermutlich immer der zentralen Verwaltung des Propstes unterstanden, waren Arsten, Bramstedt, Eggestedt, Hammelwarden, Hastedt, der „Hemm", Ketsche/Syke, Lunsen, Medem/Achim und Ostendorpe/Bremen.

Zu diesen Propsteigütern, die auch im 14. Jahrhundert noch den Hauptbestandteil des Kapitelbesitzes ausmachten, waren im Verlaufe der Zeit weitere Güterkomplexe getreten, die einer gesonderten Einzelverwaltung unterlagen. Hier sind zunächst die Dignitätsgüter zu nennen, die den Inhabern der Kapitelämter und den Archidiakonen unter den Domherren zugeteilt wurden und von diesen – gegen bestimmte Abgaben an das Kapitel – einzeln verwaltet wurden. So standen dem Domkämmerer einem Einkunftsverzeichnis aus der Zeit um 1300 zufolge beispielsweise umfangreiche Natural- (Fleisch, Fisch, Speck) und Geldabgaben aus acht Meierhöfen des Domkapitels zu; außerdem waren neu aufgenommene Domschüler sowie Domherren anlässlich ihrer Emanzipation ihm gegenüber zu Kleiderspenden verpflichtet. Das Schatzmeisteramt des Kapitels besaß laut Auskunft eines Besitzverzeichnisses von ca. 1360/70 Güter- und Zehntbesitz an insgesamt neun Orten. Der Domküster bezog Wachs- und Öllieferungen – letztere vom Rat der Stadt – und verfügte über Einkünfte aus dem Königszins. Die wichtigsten der im Laufe der Zeit neu hervorgetretenen Einzelverwaltungen aber waren die sog. Obedienzen. Diese waren dadurch entstanden, dass bestimmte Kapitelgüter nicht dem allgemeinen Propsteigut zugeordnet wurden, sondern einzelnen Domherren – wiederum gegen Entrichtung bestimmter Abgaben an das Kapitel (*servitia*) – zu selbständiger Bewirtschaftung überlassen wurden. Den Grundstein für das Obedienzenwesen legte 1072 Erzbischof Adalbert, als er dem Kapitel den Hof Bramstedt vermachte. Der Hof sollte, so die genauen Schenkungsbestimmungen, einem besonders zuverlässigen Kanoniker anvertraut werden, der dafür an den Todestagen Adalberts und seiner Vorgänger genau fixierte Abgaben an die Domgeistlichen leisten und Armenspenden verteilen musste. Zur Obedienz Bramstedt kamen bald weitere Obedienzen hinzu, so dass das Domkapitel um 1200 schon im Besitz von fünf Obedienzen war.

Die Inhaber von Kapitelämtern sowie die altgedienten Domherren, die sich besondere Verdienste erworben hatten, verfügten also neben der *praebenda maior*, die allen Kanonikern gleichermaßen zustand, über weitere Einkunftsquellen. Zusätzliche Verdienstmöglichkeiten boten zudem die zahlreichen Anniversarien und Seelenmessstiftungen am Dom, denn die Überschüsse aus den Erträgnissen des für eine Jahrtagfeier gestifteten Gutes kamen dem Kapitel zugute, das diese wiederum in Form sog. Präsenzgelder an die einzelnen Domherren verteilte. Ein rudimentäres Memorienverzeichnis aus dem Anfang des 14. Jahrhunderts enthält allein 17 Anniversarfeiern, die von Ratsherren, Domherren, Grafen etc. gestiftet wurden, und diese Liste ist alles andere als repräsentativ, denn die Masse der Seelenmessstiftungen kam aus dem einfachen städtischen Bürgertum.

Zu den Pflichten der Domherren zählte im weiteren Sinn auch die Bereitschaft zur Übernahme von Ämtern. Diese lassen sich in die mit besonderen Vorrechten verbundenen Prälaturen wie Propstei und Dekanat sowie die einfachen Dignitäten unterteilen. Allen Kapitelämtern war jedoch gemeinsam, dass ihren Inhabern, da diese die dauernde Verwaltung kirchlicher Angelegenheiten und eventuell auch jurisdiktionelle Aufgaben übernahmen, zusätzliche Einkünfte zuteil wurden, die ihnen aus den jeweiligen Dignitätsgütern zuflossen. Allerdings besorgten die Dignitäre ihre Amtsgeschäfte in aller Regel nicht mehr selbst, sondern delegierten diese an ihnen unterstellte, weisungsabhängige Diener, so dass die Kapitelämter immer mehr den Charakter reiner Pfründen annahmen.

Oberster Würdenträger des Domkapitels war der Propst (*praepositus maior*), er war Vorsteher und Leiter des Kapitels und in dieser Funktion zugleich erster Gehilfe des Erzbischofs und dessen Vertreter. Nicht selten war das Amt des Dompropstes, das überwiegend mit Personen adliger oder ministerialer Abstammung besetzt wurde, auch Durchlaufstation zur Erlangung der (Erz-)Bischofswürde. Zur Zeit der Kirchspieleinteilung war Burchard von Stumpenhausen (1205–1230) Propst des Domkapitels. Burchard war 1208 in Stade von der welfischen Partei des Domkapitels gegen den staufischen Erzbischof Waldemar (1207–1217) zum Bremer Erzbischof gewählt worden, resignierte jedoch noch im gleichen Jahr. Burchards Nachfolger war Heinrich von Beckeshövede (1230–1238), zu dessen Gedächtnis 1241 eine Anniversarfeier im Dom eingerichtet wurde. Zum Erzbischof wurde 1258 nach dem Tod seines Großonkels Gerhard II. von einem Teil des Kapitels auch der Dompropst Gerhard zur Lippe (1250–1260) gewählt, doch konnte er sich gegen Hildebold von Wunstorf nicht durchsetzen. Mit ca. 42 Jahren hatte der mit Erzbischof Hildebold verwandte Bernhard von Wölpe (1266–1308) die längste Amtszeit eines mittelalterlichen Dompropstes aufzuweisen. Bernhard war Inhaber zahlreicher Pfründen, er war u.a. auch Propst von St. Wilhadi in Bremen, Propst in Zeven und Dompropst in Magdeburg. 1307 wurde Bernhard von einem Teil des Domkapitels mit Unterstützung der Bremer Bürger zum Erzbischof (1307–1310) gewählt, erlangte jedoch bis zu seinem Tod keine päpstliche Bestätigung. Aus dem 14. Jahrhundert sind etwa die Pröpste Otto von Lauenburg (1327–1336), Giselbert von Holstein (1338–1343), Heinrich Olde (1363–1368), Arnold Gruter (1377–1387) und Johann Monik (1390–1397) zu nennen. Heinrich Olde machte später als Bischof von Schleswig und Oesel Karriere, während Johann Monik, der zugleich Propst in Zeven war, 1395 von einem Teil des Domkapitels zum Erzbischof von Bremen gewählt wurde, sich jedoch gegen Otto II. von Braunschweig-Wolfenbüttel nicht durchsetzen konnte. Für den von 1400–1421 amtierenden Propst Konstantin von Vechta ließ der Ansgariischolaster Reiner Reclocke 1428 eine Jahrtagfeier im Dom einrichten. Um 1430 war das Grafenhaus von Hoya mit mehreren Mitgliedern im Bremer Domkapitel vertreten. Drei von ihnen brachten es zum Dompropst, doch war dieses Amt für sie nur Durchgangsstation zur Erlangung der Bischofswürde: Albert von Hoya (1435–1436) wurde 1436 Bischof von Minden, Erich von Hoya (1436–1438) 1437 Bischof von Osnabrück und Gerhard von Hoya (1438–1442) 1442 Erzbischof von Bremen. Gerhards Nachfolger als Dompropst war Johann Hellingstede (1443–1458), der dem Kapitel seit ca. 1410 angehörte und schon in den 30er Jahren als Bückener Propst nachweisbar ist. In der zweiten Hälfte des 15. Jahrhunderts wurde die Politik des Domkapitels dann wesentlich von der Bremer Ratsherrenfamilie Rode mitbestimmt. Unter den drei Brüdern Johann, Dietrich (zugleich Propst von Ramelsloh) und Lüder, die allesamt dem Bremer Domkapitel angehörten, stach vor allem Johann Rode hervor, der 1460 Dompropst wurde und dieses Amt bis zu seinem Tode 1477 innehatte, nachdem er 1463 auf die Wahl zum Bremer Erzbischof zu Gunsten

Grabplatte des Dompropstes Johann Rode, Messing, 1477, heute Dom-Museum.

Heinrichs II. Schwarzburg verzichtet hatte. Propst Johann Rode galt als großer Kirchenrechtler und wurde 1468 zum Professor, 1470 sogar zum Rektor der Universität Erfurt ernannt; außerdem war er noch Protonotar an der päpstlichen Kurie in Rom und Propst am Hamburger Domstift. Noch zur Amtszeit Johann Rodes wurde sein gleichnamiger Neffe 1474 Domdekan und dieser folgte seinem Onkel 1485 auch im Amt des Dompropstes, nachdem zwischenzeitlich der gelehrte *Doctor et literarum apostolicarum abbreviator* Albert Kock (1477–1485) acht Jahre lang dieses Amt innegehabt hatte. Im Unterschied zu seinem Onkel, der der Würde eines Erzbischofs entsagte, ließ sich Johann Rode d. J. 1497 zum Leiter der Bremer Erzdiözese wählen. Eine außerordentlich lange Amtszeit von 38 Jahren war schließlich dem Dompropst Franz Grambeck (1498–1536) beschieden, der

dem Kapitel bis weit in die Reformationsära hinein vorstand und damit bereits der Übergangszeit zur frühen Neuzeit angehört.
Wichtigste Aufgabe der Pröpste waren die geistliche Jurisdiktion sowie die Verwaltung des Stiftsvermögens – der sog. Propsteigüter –, aus dem die Präbenden der Domherren verteilt wurden. Beide Aufgaben erfüllten die Pröpste jedoch nicht unbedingt zur Zufriedenheit der ihnen unterstellten Domherren. Ihre jurisdiktionellen Pflichten übten die Pröpste zumeist ohnehin nicht selbst aus, sondern ließen diese von den mit ihrer Vertretung beauftragten Offizialen wahrnehmen. Für die Ernennung zum Offizial spielten geistlicher Rang und Würde keine Rolle, entscheidend war, dass die ernannten Geistlichen das volle Vertrauen der Pröpste genossen. Offiziale des Dompropstes waren beispielsweise der Pfarrer von Hilgenwurt (1346), der Propst zu Bücken (1354), der Archidiakon von Hadeln und Wursten (1391) oder der Domvikar Johannes Cautus (1417). Auch bei der Verwaltung der Propsteigüter gab es immer wieder Ärger mit dem Domkapitel. Die Domherren unterstellten den Pröpsten, dass sie sich durch widerrechtlichen Bezug und beliebige Verwendung der Präbenden auf Kosten des Kapitels bereichern würden, so dass sich 1358 sogar Papst Alexander IV. einschaltete und die unbedingte Beachtung der kirchlichen Bestimmungen bei der Austeilung der Präbenden anmahnte.
Die Unzufriedenheit der Domherren mit der Amtsführung der Pröpste führte schließlich dazu, dass diesen die Jurisdiktion und die Verwaltung des Kapitelvermögens im Verlauf des 14. Jahrhunderts ganz entzogen wurde. 1340 musste Propst Giselbert einem Vergleich mit dem Domkapitel zustimmen, der die Verwaltung der Präbenden und des Kirchenzinses dem Kapitel übertrug und ihm nurmehr die geistliche Jurisdiktion beließ; für den damit einhergehenden Verlust an Einkünften wurde dem Propst eine jährliche Entschädigungssumme von 150 Br. Mk. – zur Hälfte in bar, zur Hälfte aus der Zuweisung von Zehnten bestehend – zugestanden. Doch auch dieser, zunächst auf fünf Jahre geschlossene Vertrag beseitigte die vorhandenen Missstände nicht. Vor allem monierte das Kapitel, dass immer wieder auswärtige, mit den lokalen Verhältnissen wenig vertraute Personen zu Pröpsten ernannt würden, die sich zudem häufig außerhalb Bremens aufhielten und deshalb ihre Amtspflichten eklatant vernachlässigten. In einer weiteren, 1379 vereinbarten Abmachung nötigte das Domkapitel deshalb den Propst Arnold Gruter gegen eine Abfindung von jährlich 100 Goldgulden zum Verzicht nicht nur – wie bereits vorübergehend vor knapp 40 Jahren – auf die Verwaltung der Präbenden, sondern nun auch auf die bisher uneingeschränkt ausgeübte geistliche Jurisdiktion; beide sollten, und zwar, wie es jetzt ausdrücklich hieß, *für ewige Zeiten*, auf das Kapitel übergehen. Durch dieses Abkommen gingen die Pröpste im Grunde ge-

nommen ihrer sämtlichen Amtsbefugnisse verlustig, so dass die Präpositur, wie nicht zuletzt die immense Abfindungssumme deutlich zeigt, zur reinen Pfründe verkam.

Spätestens seit der Vereinbarung von 1379 fiel die eigentliche Leitung des Domkapitels dem Dekan zu, der ursprünglich zur Entlastung des Propstes eingesetzt worden war und damit als dessen Stellvertreter fungierte. Die Dekane, die bei ihrer Wahl durch das Kapitel ein Mindestalter von 25 Jahren aufweisen mussten, waren mit der Jurisdiktions- und Disziplinargewalt über sämtliche Mitglieder des Domkapitels (Domherren, Vikare, Schüler) ausgestattet, insbesondere waren sie für die Aufrechterhaltung der Disziplin, die Beachtung der Statuten und die ordnungsgemäße Durchführung des Gottesdienstes zuständig. Zur Behandlung der anstehenden Fragen beriefen sie die Kapitelversammlungen ein, in denen sie den Vorsitz führten. Seit 1243 verwaltete der Dekan gemeinsam mit den sechs ältesten Domherren auch die laufenden Geschäfte des Domkapitels, und die Beschlüsse dieser siebenköpfigen Kommission waren für alle Domherren verpflichtend.

Ähnlich wie beim Propst war auch die Amtsführung der Dekane innerhalb des Kapitels nicht unumstritten, vor allem deren uneingeschränkte Disziplinargewalt stieß auf den zunehmenden Widerstand der Domherren. Das eigenmächtige Vorgehen des Dekans Gottschalk, der 1410 mehrere Vikare scheinbar grundlos, auf jeden Fall aber ohne vorherige Ermahnung vom Kirchendienst suspendiert hatte, aktivierte die untergründig sicherlich schon länger vorhandene Widerstandshaltung der Domherren: Gottschalk musste damals die zu Unrecht erlassenen Strafmandate zurücknehmen und eine spürbare Einschränkung seiner Disziplinargewalt hinnehmen, er durfte fortan nurmehr kleinere Vergehen ohne Zustimmung des Kapitels ahnden. Problematisch war auch, dass die Dekane, die die Anwesenheit der Kapitelmitglieder zu kontrollieren hatten (sog. *licentia abessendi*), es mit ihrer eigenen Residenzpflicht offensichtlich nicht sonderlich genau nahmen. Ein Beschluss des Domkapitels von 1436 verpflichtete die Dekane – wie auch die Pröpste – daher zur Residenznahme in der Stadt Bremen, die sie ohne Zustimmung des Kapitels nicht länger als zwei Monate am Stück verlassen durften; diesen Verpflichtungen durften sie sich auch nicht durch Dispens oder Absolution entziehen.

Dekan Hermann (1225–1230) war 1229 zusammen mit Propst Burchard und weiteren Vertretern des Domkapitels Zeuge der Kirchspieleinteilung. Hermanns Nachfolger Gernand (1230–1245) unterstützte 1233 gemeinsam mit Propst Heinrich den Stedingerkrieg Erzbischof Gerhards II. Wie Gernand hatte auch der Dekan Engelbert von Seehausen (1267–1282) eine 15-jährige Amtszeit aufzuweisen. Heinrich von Golthorn, Dekan von 1296–

1306, erlangte schon allein deshalb einige Bedeutung, weil er 1306 in betagtem Alter zum Bremer Erzbischof (1306–1307) gewählt wurde. Nach dem knapp 20 Jahre amtierenden Friedrich Boch (1312–1328) war für einige Zeit der Einfluss der oldenburgischen Partei im Domstift vorherrschend. Otto von Oldenburg, zuvor schon Kustos, stand dem Kapitel von 1331–1344 als Dekan vor und nach seiner Wahl zum Erzbischof wurde sein Neffe Moritz von Oldenburg (1344–1348/68) zu seinem Nachfolger im Amt des Domdekans gewählt, der dann 1348 gleichfalls die Erzbischofswürde anstrebte. Der aus einer Altländer Adelsfamilie stammende Johann von Zesterfleth behielt sein bisheriges Amt als Domküster auch bei, als er zum Domdekan (1374–1380) gewählt wurde. Johann fungierte 1374 als Schiedsrichter in einem schon seit Langem andauernden Streit zwischen dem Domkapitel und den Kapiteln von Wilhadi und Ansgarii, bei dem es um die Frage der Teilnahme an gewissen Domfeierlichkeiten ging. 1376 beschuldigte Johann den Bremer Erzbischof Albert II. „beides, Mann und Frau" – also Hermaphrodit – zu sein, was allerdings durch dreimalige Beschauung des Prälaten widerlegt wurde. Anschließend führte Johann eine offene Fehde gegen seinen erzbischöflichen Widersacher, bis Graf Christian V. von Oldenburg vermittelnd in den Streit eingriff und die beiden Exponenten der Bremer Kirche wieder miteinander versöhnte. 1380 wurde Johann von Zesterfleth zum Bischof von Verden gewählt. Außerordentlich lange im Amt war dann Gottschalk von Kampen (1385–1417), doch musste er 1410 aufgrund seines fehlerhaften Verhaltens die schon erwähnte Beschneidung seiner Disziplinargewalt hinnehmen. Unter Gottschalks Leitung fasste das Domkapitel 1406 den Beschluss, dass die Domherren in der Stadt kein weiteres geistliches Lehen besitzen durften und dass die Vikare vor ihrer Einsetzung 5 Mk. für die Tilgung der Kirchenschuld zahlen sollten. Gottschalks Nachfolger Erpo von Lüneburg (1417–1418) gab 1418 bekannt, dass ab sofort im Dom nurmehr von der Kanzel herab gepredigt werden solle. Durch letztwillige Verfügung hat Erpo eine Vikarie beim Fabian und Sebastian-Altar gestiftet und dort mit dem Priester Reimbert von Ride seinen eigenen Kaplan als Vikar eingesetzt. Heinrich von der Molen (1424–1434) war bereits Kustos des Domkapitels und Propst des Ansgariikapitels, als er 1424 zum Domdekan gewählt wurde. Unter Heinrichs Amtsführung kam 1431 das gegen Erzbischof Nikolaus (1421–1434) gerichtete Bündnis des Domkapitels mit dem Rat der Stadt zustande. Nach Heinrich von der Molen scheint der Senior des Domkapitels Hermann von Wersebe (1434–1439) einige Jahre lang die Aufgaben eines Domdekans wahrgenommen zu haben, jedenfalls erscheint Hermann, der auch als Propst von Ramelsloh und als Archidiakon von Rüstringen bezeugt ist, in den einschlägigen Urkunden jener Zeit als offizieller Vertreter des Domkapitels. Mit dem Doktor der Rechte Dethard Sleter (1438–1466) bestimmte dann seit 1438 wieder ein regulärer Dekan die Politik des Domkapitels. Dethard verstand sich in der Anhäufung von Pfründen, er war zusätzlich noch Dekan der Johanniskirche in Osnabrück und Kanoniker in Deventer. Auch der spätere Erzbischof Johann Rode (1474–1482) bekleidete für einige Zeit das Amt des Domdekans, das ihm offenbar als Sprungbrett seiner kirchlichen Karriere diente. Wie Johann Rode vertauschte auch Franz Grambeck (1494–1497) das Amt des Dekans nach einigen Jahren mit demjenigen des Propstes. Letzter mittelalterlicher Domdekan war dann Konrad von Klencke (1498–1518), der 1518 im Lande Wursten erschlagen wurde.

Der Domküster (*custos*) oder Thesaurar, wie er seit der Mitte des 13. Jahrhunderts vornehmlich genannt wurde, trug die Verantwortung für den recht umfangreichen Kirchenschatz des Domes sowie für die beim Gottesdienst benötigten Utensilien wie Kerzen, Weihrauch und Öl. Allerdings verkam auch das Amt des Thesaurars im Laufe der Zeit mehr und mehr zur Pfründe, indem die Küster die damit verbundenen Tätigkeiten zumeist nicht mehr persönlich wahrnahmen, sondern damit einen *subcustos* beauftragten. Für etliche Domthesaurare war dieses Amt nur die Vorstufe für höhere Ämter und Ausgangspunkt für eine glänzende kirchliche Karriere. Den Thesauraren Gernand (1218–1231), Otto von Oldenburg (1323–1331), Johann von Zesterfleth (1365–1380) und Heinrich von der Molen (1420–1428) gelang der Aufstieg ins Dekanat, für Otto von Oldenburg war auch das nur eine Zwischenstation, er wurde später noch Erzbischof. Längere Zeit im Amt waren die Thesaurare Bernhard von Seehausen (1235–1263), Johann von Bremen (1342–1365) und Dietrich von Bersen (1428–1441); Gerhard Mule (1292–1300) zeichnete sich als Stifter des Thomas und Dionysius-Altars im Dom aus. Dem Küster unterstellt waren auch die Glöckner (*campanarii*). Diese hatten ihre Schlafstelle im Dom, damit sie notfalls auch nachts die Kirchenglocken bedienen konnten, und zu ihren Aufgaben gehörte es, den Dom zweimal im Jahr – vor Ostern und vor dem Domweihfest – gründlich zu reinigen.

Den täglichen Unterhalt der Kanoniker besorgte der Cellerar bzw. Kellner, er führte die Aufsicht über das Dienstpersonal in Küche und Keller. Im 13. Jahrhundert zeichneten sich die beiden Cellerare Heinrich (1231–1254) und Albert (1257–1275) durch ihre überdurchschnittlich langen Amtszeiten aus. Hingegen amtierte der Cellerar Johann von Zesterfleth (1365–1367) Mitte des 14. Jahrhunderts zwar nur einige wenige Jahre, stieg jedoch anschließend zunächst zum Kustos und später sogar zum Dekan des Kapitels auf. Weitaus bedeutendster Domkellner war zweifelsohne Herbord Schene (1377–1413). Herbord, der auch Chorherr des Ansgariikapitels war, erwies sich aufgrund seiner vielen Schenkungen und Stiftungen als großzügiger

Förderer der bremischen Kirchen und erlangte darüber hinaus als Mitverfasser der Bremer Stadtchronik einige Berühmtheit. Die Cellerare Martin (Mauricius) Marschalk (1418–1441) und Johannes Mindelmann (1441–1457) waren typische Vertreter des spätmittelalterlichen Pfründnertums: Marschalk war zugleich Propst in Ramelsloh und Archidiakon von Rüstringen, Mindelmann war seit 1433 auch Propst zu Hamburg.
Der Scholaster (*scholasticus*) oder Schulmeister unterrichtete die Schüler des Kapitels in der Domschule und bereitete diese auf ihre künftige Tätigkeit als Kleriker vor, sofern er diese Aufgabe nicht an einen ihm unterstellten *Scholemester* delegiert hatte. Nach dem Ende ihrer Ausbildung musste er den in das Kapitel aufzunehmenden Schülern die hierfür nötige Lizenz erteilen. Aufgrund ihres höheren Bildungsstandes wurde den Scholastern, denen auch das Domarchiv unterstellt war, häufig die Schlichtung von Streitfällen anvertraut. Der Magister Albert Sauerbeer (1229–1235) wurde später Erzbischof von Armagh und Primas von Irland. Florenz von Brunkhorst, Scholaster von 1301–1308, wurde 1307 von einem Teil des Domkapitels zum Erzbischof gewählt, starb aber, ohne die päpstliche Bestätigung erlangt zu haben. Besser erging es in dieser Hinsicht dem Schulmeister Johann Slamstorp (1373/74), der nach seiner Wahl 1406 noch 14 Jahre auf dem Bremer Erzstuhl saß. Der Scholaster Johann von Lüneburg, Sohn des Herzogs Otto der Strenge, wurde 1316 zum Koadjutor und Administrator des für wahnsinnig erklärten Erzbischofs Johann Grand ernannt. Längere Zeit im Amt waren ferner die Scholaster Wilbrand (1241–1263), Otto von Diepholz (1267–1281), Magister Wulbern de Stadis (1385–1395), dem 1395 vorübergehend die Administration des Erzstifts infolge dessen Sedisvakanz übertragen wurde, und Heinrich Crampe (1426–1436). Gottschalk Hellingstede, der spätestens seit 1453 das Amt eines Scholasticus am Dom bekleidete, wurde später Propst von St. Ansgarii. Der Domscholaster Heinrich Rode (1508–1511) entstammte möglicherweise der Bremer Ratsfamilie Rode, der auch der damalige Erzbischof Johann Rode angehörte. Bei Ausbruch der Reformation war Simon von Drochtersen (1517–1523) Domscholaster.
Die Befugnisse des Scholasters überschnitten sich wenigstens teilweise mit denjenigen des Kantors, weshalb die Aufgabenbereiche beider Ämter 1244 unter Erzbischof Gerhard II. genau festgelegt wurden. Seither war der Kantor bzw. *Sangmester* für den Kirchengesang, das Orgelspiel und die feierliche Ordnung bei den Prozessionen verantwortlich. Doch nahmen die Kantoren, ähnlich ihren anderen Amtskollegen, ihre diesbezüglichen Verpflichtungen schon bald nicht mehr persönlich wahr, sondern beauftragten damit Gehilfen wie etwa den Organisten oder den *succentor*, der die Kapitelschüler im Chorgesang unterrichtete. 1230 wurde die Domkantorei

durch den in Bremen weilenden Kardinallegaten Otto neu geschaffen, nachdem sie in den Jahren zuvor offenbar zu weitgehender Bedeutungslosigkeit herabgesunken war. Erster *Sangmester* nach dieser Neukonstituierung war wohl der Magister Otto, der 1232–1263 in diesem Amt bezeugt ist. Für Bernhard von Wölpe (1260–1266) und Erpo von Lüneburg (1392–1411) war die Domkantorei nur Durchgangsstation auf dem Weg an die Spitze des Kapitels, Bernhard wurde später langjähriger Dompropst – 1307 wurde er von einem Teil des Kapitels sogar zum Erzbischof gewählt –, Erpo wurde Domdekan. Die Kantoren Friedrich Odilie (1356–1375), Rembert von Münchhausen (1385–1388) und Johann Homerson (1431–1442) erwarben sich vor allem durch ihre großzügigen kirchlichen Stiftungen zu Gunsten der Domkirche (Friedrich, Rembert) bzw. der Nikolaikirche in Lemgo (Johann) Verdienste. Besondere Beachtung verdient der Fall des Domkantors Otto Spade. Otto blieb als Domherr wegen der fehlenden Sehkraft seines linken Auges zunächst die Priesterweihe versagt, so dass er mit der Stellung eines Subdiakons vorliebnehmen musste. Diese Beschränkung seiner kirchlichen Laufbahn infolge eines körperlichen Makels wurde zwar 1442 nach zwei diesbezüglichen Bitten Otto Spades durch päpstlichen Dispens aufgehoben, doch durfte der behinderte Domherr seine priesterliche Tätigkeit zunächst nur unter Ausschluss der Öffentlichkeit wahrnehmen. Auf abermalige Bitte Ottos erlaubte Papst Eugen IV. diesem dann aber ein Jahr später, die Messe am Altar nun auch öffentlich zu zelebrieren. Die geistliche Laufbahn Ottos unterlag seither keinen Beschränkungen mehr, auch der Weg für die Übernahme höherer kirchlicher Ämter war nunmehr frei. Tatsächlich muss Otto Spade schon bald darauf das Amt des Domkantors erlangt haben, als welcher er 1446 anlässlich eines Hausverkaufs erstmals bezeugt ist. Ottos kirchliche Karriere war damit noch nicht beendet, der Domkantor, der so lange um die Zulassung zur Priesterweihe kämpfen musste, wurde auch noch Propst von Bücken, vermutlich hochbetagt starb er im Jahre 1488. Mit dem Onkel des Erzbischofs Johann Rode, Lüder Rode, der 1490 als Domkantor bezeugt ist, kam schließlich ein weiteres Mitglied der stadtbremischen Ratsfamilie Rode im Domkapitel zu Amt und Würden. Anfang des 16. Jahrhunderts hatte schließlich mit dem promovierten Theologen Martin Gröning († 1521) ein hochgebildeter Gelehrter das Amt des Domkantors inne. Gröning, der mit dem Humanisten Johannes Reuchlin befreundet war, hat u.a. auch in Rom Vorlesungen gehalten und soll in einer norwegischen Bibliothek die unbekannten Dekaden des Livius entdeckt haben.

Schließlich hatte das Domkapitel noch das Amt des Kämmerers (*camerarius*) zu vergeben, das allerdings in der Regel wohl von einem Laien verwaltet wurde. Der *camerarius* stand dem Propst in der Güterverwaltung zur

Seite, ihm oblag u.a. die Beleuchtung und Beheizung der Kapitelräume, wofür ihm vom Propst jährlich 15 Fuder Holz zugewiesen wurden. In der zweiten Hälfte des 14. Jahrhunderts hatte der Bremer Bürger Engelbert Kusel dieses Amt längere Zeit inne (1352–1388). Obwohl sie Laien waren, speisten die Kämmerer gewöhnlich gemeinsam mit den Domherren im Refektorium.
Im Jahre 1434 wurde durch den Kardinallegaten Julian eine Lektur am Bremer Dom errichtet, die stets mit einem Kanonikat verbunden sein sollte. Die Domlektur wurde 1489 vom Domkapitel erneuert und mit Einkünften aus dem Testament des Dompropstes Albert Kock dotiert. Seit 1492 erhielt der Lektor zudem aus dem Nachlass Albert Kocks eine jährliche Rente von 30 Gulden. Der Lektor hatte die Geistlichen des Domes sowie die Bevölkerung in der Heiligen Schrift zu unterweisen. Zu diesem Zweck musste er einmal in der Woche vor dem Domklerus und einmal im Monat vor dem Volk (*ad populum*) predigen. Erster Lektor am Dom wurde 1434 der Magister Heinrich Toke, der sich später in Magdeburg als Kritiker des Wilsnacker Blutwunders einen Namen machen sollte. Einer seiner Nachfolger war der vermögende Domherr Doktor Gerhard Brandis, der 1518 als letzter mittelalterlicher Domlektor starb.
Entscheidend für die weitere Entwicklung des Domkapitels im Hoch- und Spätmittelalter war dessen innere Erneuerung durch die grundlegenden Reformen des Kardinallegaten Otto von St. Nicolai in carcere Tulliano. Der Kardinallegat hielt sich in der ersten Novemberhälfte des Jahres 1230 vorübergehend einige Zeit in Bremen auf und traf hier ein völlig dem Verfall preisgegebenes Domstift an, dessen Mitglieder es mit ihren kirchlichen Verpflichtungen nicht mehr allzu genau nahmen und die nötige Disziplin vermissen ließen. Otto von St. Nicolai, der die Reformbedürftigkeit des Kapitels offenbar sogleich erkannte, setzte hier mit sicherem Gespür für die notwendigen Reformmaßnahmen den Hebel an. Zunächst legte Otto die Anzahl der Kanoniker, die in der Anfangszeit wohl erheblichen Schwankungen unterlag, auf 24 fest, so dass das Domkapitel nunmehr zum *capitulum clausum* wurde. Die zahlenmäßige Begrenzung hatte vor allem die Sicherstellung des standesgemäßen Unterhalts der Domherren zum Ziel, denn ein zu starkes Anwachsen des Kapitels musste notgedrungen eine Verkleinerung der einzelnen Präbenden nach sich ziehen. Durch diese Neuregelung kam es nur noch bei Vakanz einer Domherrenstelle zu Neuaufnahmen durch die Kapitelversammlung, was zur Folge hatte, dass sich oft Anwartschaften mehrerer Exspektanten bildeten, die alle auf eine freiwerdende Stelle warteten; in der Regel wurde diese dann dem am längsten wartenden Kandidaten übertragen. Wenn 1230 des Weiteren bestimmt wurde, dass neue Kapitelmitglieder das 14. Lebensjahr, Inhaber eines Kapitelam-

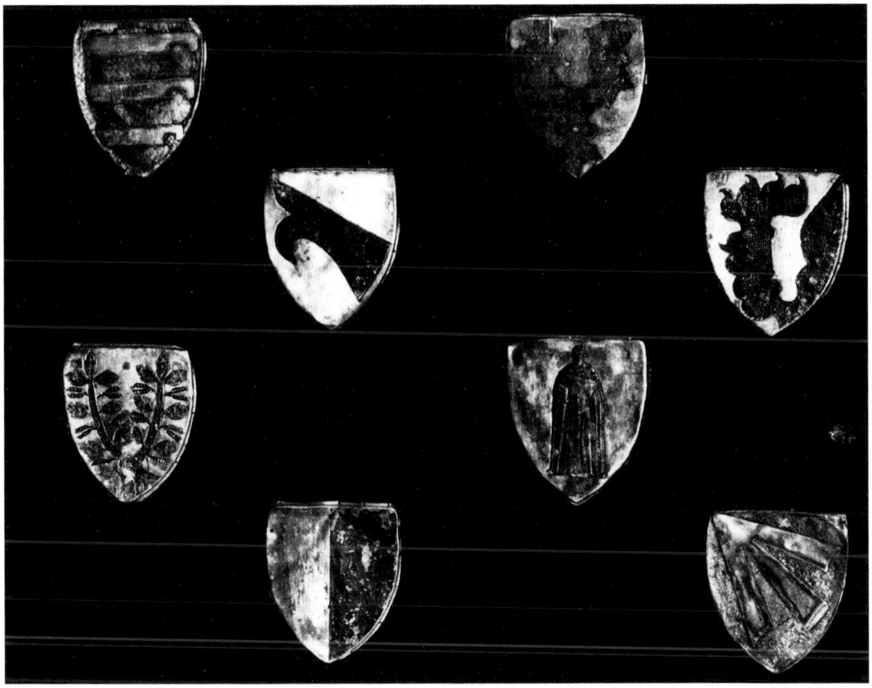

Wappenschilde von Mitgliedern des Bremer Domklerus. Email auf Silber, Bremen um 1370/80. (Focke-Museum)

tes das 25. Lebensjahr vollendet haben mussten, dann ist dies sicherlich ein versteckter Hinweis dafür, dass diese Mindestaltersgrenzen in der Vergangenheit nicht unbedingt immer beachtet wurden. Endgültig rechtsgültig wurde die Mitgliedschaft erst, nachdem der neu in die Gemeinschaft aufgenommene Kanoniker einen Eid auf die Satzungen des Kapitels abgelegt und bestimmte Abgaben in Form von Wein und Geld geleistet hatte.
Mit Verweis auf die diesbezüglichen Kapitelstatuten machte sich der Kardinallegat sodann an die Wiederherstellung von Disziplin und (Arbeits-) Moral. Die Domherren sollten sich auf dem Chor, im Refektorium und im Dormitorium – hier wird offenkundig auf das längst im Verfall begriffene Gemeinschaftsleben der *vita communis* Bezug genommen – ehrbar, bescheiden und diszipliniert verhalten – Tugenden, die sie in letzter Zeit offensichtlich zunehmend vernachlässigt hatten. Vor allen Dingen aber legte Otto von St. Nicolai allergrößten Wert auf die Einhaltung der Residenzpflicht, denn nur wenn alle Kapitelangehörigen möglichst vollzählig anwesend waren, ließ sich beim Chordienst die gewünschte Prachtentfaltung in vollem Umfang erzielen. Die Entfernung vom Kapitel war deshalb ab sofort von der ausdrücklichen Einwilligung des Dekans (*licentia abessendi*)

abhängig, unerlaubte Abwesenheit sollte unweigerlich den Verlust der Präbende nach sich ziehen; allerdings hatte jeder Kanoniker Anspruch auf einen sechswöchigen Urlaub. Um seinen Forderungen hinsichtlich Disziplin, Moral und Pflichterfüllung den nötigen Nachdruck zu verleihen, stattete Otto den Dekan des Kapitels mit einer umfassenden Disziplinar- und Strafgewalt aus, das dem Dekan zur Verfügung stehende Arsenal an Strafen reichte vom leichten Tadel über das Kürzen der Präbende und die zeitweise Inhaftierung bis hin zum Ausschluss aus der Gemeinschaft.
Auch dem Ämterwesen des Kapitels widmete der Kardinallegat seine Aufmerksamkeit. So schuf er das Amt eines Beichtvaters für die Diözesangeistlichkeit, das er sogleich zwei Kapitelbrüdern übertrug. Und indem Otto bestimmte, dass die Propsteien der Kollegiatkapitel in Wildeshausen, Bücken und Ramelsloh sowie von St. Ansgarii und St. Wilhadi zu Bremen in Zukunft stets von Mitgliedern des Bremer Domkapitels zu besetzen seien, verschaffte er diesen zusätzliche einträgliche Pfründen und ermöglichte manchem Domherrn auf dem Umweg über diese Niederstifte den Aufstieg in den Prälatenstand. Als besonders zukunftsträchtig sollte sich die institutionelle Verbindung der Sendgerichtsbarkeit mit dem Domkapitel erweisen. Otto wies vier Archidiakonate ranghohen Domkanonikern zu, wobei die ostfriesischen Bezirke Wangerland und Östringen dauerhaft mit dem Amt des Domdekans verbunden sein sollten. Durch diese Verwaltungsmaßnahme legte der päpstliche Abgesandte den Grundstein für die Ausbildung einer bremischen Archidiakonatsverfassung, die jetzt erstmals konkrete Gestalt annahm. Die Domherren, die ein Archidiakonat verwalteten, mussten sich verpflichten, ihren Gerichtssprengel regelmäßig zu bereisen und bei der Besetzung vakanter Pfarrstellen unter keinen Umständen Geldgeschenke anzunehmen. Einige spätere Erzbischöfe hatten sich zunächst im Amt des Archidiakons bewährt, so waren Hildebold von Wunstorf (1250–1258), Florenz von Brunckhorst (1298–1306) und Burchard Grelle (1311–1320) mehrere Jahre Archidiakone von Rüstringen, und Johann Slamstorp (1378–1406) sowie wiederum Florenz von Brunckhorst (1289–1291) hatten, ebenso wie der spätere Domdekan Friedrich Boch (1289), das Archidiakonat von Hadeln und Wursten inne. Weitere langjährige Archidiakone von Rüstringen waren Erich von Bederkesa (1261–1289), Otto von Gröpelingen (1410–1426), Hermann von Wersebe (1431–1439), Moritz Marschalk (1450–1473) und Lüder Bramstede (1483–1498), unter den Archidiakonen von Hadeln und Wursten stachen außerdem Heinrich (1267–1280) – möglicherweise der spätere Domdekan Heinrich von Golthorn –, Diederich Mulo (1310–1335), Berthold Witte (1336–1370), Johann von Büren (1421–1444), Berthold Rantzau (1473–1489) und Otto Bramstede (1496–1517) hervor.

Otto von St. Nicolai war sich offensichtlich darüber im Klaren, dass die innere Erneuerung des Domkapitels nur dann dauerhaft Bestand haben würde, wenn ihr wohlgeordnete Besitzverhältnisse zugrunde lagen. Otto richtete sein Augenmerk daher auch auf den materiellen Besitzstand des Kapitels. Regelungsbedürftig war vor allem der Umgang mit dem Sondervermögen der Obedienzen. Da nicht eindeutig festgelegt war, welcher Domherr Anspruch auf den Besitz und die Verwaltung einer Obedienz erheben durfte, war dieses Sondervermögen immer wieder Anlass für Neid, Missgunst und Streit unter den Kapitelherren. Um diesen ständigen Querelen ein Ende zu bereiten, ließ Otto 1230 eine Neuordnung der Obedienzverwaltung vornehmen. Damals wurde der gesamte Obedientialbesitz des Kapitels in zwölf Anteile (*porciones*) aufgeteilt (Lühe, Utbremen, Grolland, *parvae scabiei*, Redingstede, Baden, Bramstedt, Rade, *album officium* – sog. Weißamt, das dem Kapitel Weißbrot zu liefern hatte –, Krögerdorf, Lamstedt, *magnae scabiei*) und anschließend den zwölf ältesten Domherren (einschließlich des Dekans) jeweils eine dieser Obedienzen zur Verwaltung übergeben. Da jedoch Umfang und Ertrag der *porciones* recht unterschiedlich ausfielen, hielten die Streitigkeiten um den Besitz der Obedienzen weiterhin an. Die Regelung Ottos wurde deshalb bereits 1249 dahingehend abgeändert, dass bei Vakanz einer Obedienz die verbliebenen elf Obedientiare sich entsprechend dem Anciennitätsprinzip der Reihe nach die jeweils für sie günstigste Obedienz aussuchen konnten. Es war klar, dass bei dieser Verfahrensweise für den jeweils nachrückenden Kapitelherrn stets nur die kleinste Obedienz übrig blieb. Da auch diese Zuteilung der Obedienzen verständlicherweise nicht auf ungeteilte Zustimmung stieß, rückte man 1370 schließlich von dem bisherigen System der Zwölfteilung völlig ab und wies die vier oberen, ertragreichsten Obedienzen den vier ältesten Kanonikern als gemeinsames Gut zu, dessen Einkünfte ihnen zu gleichen Teilen zustanden; ebenso verfuhr man mit den vier mittleren und den vier kleineren Obedienzen. In diesem Fall war die Verwaltungsreform Ottos also nur von kurzem Bestand.

Kardinallegat Otto hatte in der kurzen Zeit, die er Anfang November 1230 in Bremen verbrachte, also ganze Arbeit geleistet und er vergaß auch nicht, den Kanonikern und Vikaren des Domkapitels genaue Anweisungen für die liturgische Gestaltung des Gottesdienstes an den Fest- und Feiertagen mit auf den Weg zu geben; die Anweisungen betrafen etwa das Deklamieren von Versen, das Singen der Antiphonien, das Tragen des Kreuzes, das Aufstellen der Kerzen, das Versprühen von Weihrauch und das Läuten der Glocken. Um nun seinem Reformwerk – ähnliche Maßnahmen wie beim Domkapitel wurden zum Teil auch beim Wilhadikapitel durchgeführt – Beständigkeit und Dauer über den Tag hinaus zu verleihen, ernannte Otto kurz vor

seiner Abreise aus Bremen den Dominikanermönch Johannes zu seinem Stellvertreter, dieser sollte künftig als päpstlicher Pönitentiar (Bußpriester) den Fortbestand der Reformen sichern.
Der Pönitentiar Johannes stellte seinen Reformeifer denn auch sogleich unter Beweis. Unter ausdrücklicher Bezugnahme auf die ihm von Otto von St. Nicolai verliehene Vollmacht ordnete Johannes noch im November 1230 eine spürbare Ermäßigung des Kirchenzinses an, den die drei städtischen Pfarrkirchen dem Dompropst als dem für die Stadt zuständigen Archidiakon zu zahlen hatten, so dass der jährliche Zins für die Liebfrauenkirche jetzt auf 7 Mk. (zuletzt 13 Mk.), für die Martinikirche auf 6 Mk. und für die Ansgariikirche auf 5 Mk. zurückgeführt wurde. Durch die nachhaltige finanzielle Entlastung sollte den drei Pfarrkirchen offensichtlich eine bessere Wahrnehmung ihrer seelsorgerisch-parochialen Aufgaben ermöglicht werden. Und durch die ausdrückliche Bestätigung des umstrittenen Ansgariidekans Konrad, dem von einer Minderheit der Stiftsbrüder der Gehorsam verweigert worden war, sorgte Johannes dafür, dass auch im Ansgariikapitel wieder Ruhe und Ordnung einkehrten.
Die umfassenden Reformen des Kardinallegaten Otto von St. Nicolai bezogen sich sowohl auf die innere Verfassung als auch auf die materiellen Besitzverhältnisse des Domkapitels. Ihr vordergründiges Ziel bestand darin, den Domherren eine Wiederbesinnung auf ihre eigentliche Aufgabe – das *officium divinum* des Chordienstes – zu ermöglichen und dem auf abschüssiger Bahn befindlichen Kapitel zu einem prinzipiellen Neuanfang zu verhelfen. Indem die Reformpolitik Ottos jedoch einen wichtigen Beitrag zur Stärkung und inneren Erneuerung des Kapitels leistete, legte sie zugleich den Grundstein für den Kompetenz- und Machtzuwachs des Domkapitels, das im Verlauf des 13. Jahrhunderts zur einflussreichen, an Regierung und Verwaltung des Erzstifts zentral beteiligten kirchlichen Institution aufstieg.
Der Aufstieg des Domkapitels zu Macht und Einflussnahme weit über seinen eigentlichen geistlich-kirchlichen Wirkungsbereich hinaus ist darauf zurückzuführen, dass es das Kapitel verstand, andere kirchliche Institutionen von den für die Verfassung und Verwaltung des Erzstifts entscheidenden Rechtspositionen Stück für Stück zurückzudrängen und diese schließlich ganz auszuschließen. Zunächst gelang es dem Kapitel, sich in der Frage des Wahlrechts gegen die nicht ganz unberechtigten Ansprüche des Hamburger Domstifts sowie des Bremer Wilhadikapitels in zum Teil erbitterten Auseinandersetzungen durchzusetzen, so dass die Wahl des Bremer Erzbischofs spätestens Mitte des 13. Jahrhunderts zur internen Angelegenheit des Bremer Domkapitels – unter Hinzuziehung dreier Hamburger Kanoniker – wurde. Es liegt in der Natur der Sache, dass der Erwerb des

Das Vierte Siegel des Bremer Domkapitels. Petrus und Maria mit dem Kind, Ende 14. Jahrhundert. (Staatsarchiv Bremen)

ausschließlichen Wahlrechts dem Domkapitel eine außerordentlich starke Machtstellung gegenüber den von ihnen abhängigen Erzbischöfen verschaffte. Exemplarisch zeigt sich dies im Verhältnis des Kapitels zu Erzbischof Johann Grand (1310–1327), als die Domherren sich gegen die wiederholten Übergriffe des Metropoliten 1314 mit einer Reihe benachbarter Grafen sowie den Städten Bremen und Stade zu einem Schutz- und Trutzbündnis zusammenschlossen und zwei Jahre später die Absetzung des zuvor für wahnsinnig erklärten Erzbischofs betrieben. Auch in der sog. Erzbischofsfehde spielte das Domkapitel, das zunächst in seiner Mehrheit Moritz von Oldenburg unterstützte, später jedoch auf die Seite Gottfrieds von Arnsberg (1348–1363) wechselte, eine gewichtige Rolle. Die starke Stellung des Kapitels fand nicht zuletzt in den mancherlei Zugeständnisse enthaltenden Wahlkapitulationen der künftigen Erzbischöfe ihren Niederschlag, wofür insbesondere die großzügige Eventualkapitulation Erzbischof Nikolaus' von Delmenhorst (1421–1434) – dieser hatte u.a. versprechen müssen, nach seiner Wahl die Grafschaft Delmenhorst dem Erzstift zu überlassen – ein beredtes Zeugnis liefert. Bereits 1306 hatten sich die Domherren für den Fall, dass einer von ihnen zum Erzbischof gewählt werden sollte, selbst eidlich zur Einhaltung gewisser Bestimmungen verpflichtet.

Wichtigster Bestandteil der Wahlkapitulationen wie auch jener Selbstverpflichtung von 1306 war die Beachtung des Konsensrechtes, das die notwendige Zustimmung des Domkapitels bei Güterübertragungen, Belehnungen, Privilegienerteilungen sowie sonstigen Regierungshandlungen und Diözesanangelegenheiten beinhaltete. Auch das alleinige Konsensrecht hatte sich das Kapitel erst im Laufe der Zeit gegenüber einem zunächst größeren Kreis von Konsensberechtigten (Pröpste der Niederstifter, Ministerialen etc.) mühsam erkämpft. Seither, d.h. seit Ende des 13. Jahrhunderts enthalten viele erzbischöfliche Urkunden anstelle langer Zeugenreihen oft nurmehr den pauschalen Konsensvermerk des Domkapitels. In engem Zusammenhang mit dem Konsensrecht ist auch das Recht des Domkapitels auf Administration der Diözese im Falle der Sedisvakanz des erzbischöfli-

chen Stuhles zu sehen. In der Regel übte das Kapitel die interimistische Verwaltung des Erzstifts nicht in seiner Gesamtheit aus, sondern übertrug die administratorische Vollmacht – wie etwa 1395 nach dem Tode Alberts II. an den Magister Wulbern – an einen Kapitelherrn aus seiner Mitte.
Von besonderer Bedeutung war schließlich die Ausbildung einer unmittelbar auf das Domkapitel bezogenen Archidiakonatsverfassung. Die Archidiakone übten, gleichsam als *oculi episcopi* (Papst Innozenz III.), die geistliche und richterliche Leitungsgewalt vor Ort aus, ihre wichtigsten Aufgaben waren die Überwachung der Rechtgläubigkeit sowie – eng damit verbunden – die geistliche Gerichtsbarkeit im Sendgericht. Noch Anfang des 13. Jahrhunderts war die Sendgerichtsbarkeit innerhalb der Erzdiözese allenfalls provisorisch geregelt, erst die dauerhafte und feste Verbindung der Archidiakonate – der kirchlichen Gerichts- und Verwaltungssprengel also – mit dem Domkapitel durch Kardinallegat Otto, der neben den bereits mit Dompropstei und Domdekanat verbundenen Sprengeln drei weitere Archidiakonate „klugen und zuverlässigen Domherren" zuteilte, ließ 1230 erstmals klare Strukturen und eine gewisse Systematik in der Ämtervergabe erkennen. Die damals in die Wege geleitete Abgrenzung der Archidiakonate und deren Besetzung mit Amtsträgern und verdienstvollen Mitgliedern des Domkapitels wurde in der Folgezeit weiter vorangetrieben, so dass die Erzdiözese schließlich in zwölf Archidiakonate aufgeteilt wurde, die den zwölf ranghöchsten Domherren zugewiesen waren.
Durch die Wahrnehmung der Jurisdiktionsgewalt im Erzbistum machte sich das Domkapitel zu einer für die Verwaltung des Erzstifts unentbehrlichen Instanz und durch Wahlrecht, Konsensrecht und Administration bei Sedisvakanz hatte das Kapitel auch an der Regierung des Erzstifts mittelbar oder – zumindest vorübergehend – unmittelbar Anteil. Das Domkapitel war also seit dem 13. Jahrhundert keineswegs nur eine rein geistliche Institution zur Wahrnehmung bestimmter kirchlicher Aufgaben, sondern stellte darüber hinaus einen politischen Machtfaktor von eminenter Bedeutung dar.
Neben den Kanonikern bildete sich im Domkapitel im Laufe der Zeit mit den Vikaren ein zweiter Kreis von Geistlichen niederen Standes und Rechts. Die Vikare befanden sich den Domherren gegenüber in einer abhängigen Stellung und waren deshalb in jurisdiktioneller und disziplinarischer Hinsicht den Domherren subordiniert; an der Verwaltung des Domkapitels hatten sie keinen Anteil.
Grundsätzlich gab es zwei Arten von Vikaren, die sich aufgrund ihrer Stellung und ihres kirchlichen Dienstes voneinander unterschieden: die *vicarii maiores* und die *vicarii minores*. Die *vicarii maiores* vertraten die Domherren beim Chordienst – daher die Bezeichnung *vicarius*, i.e. Stellvertre-

Sekretsiegel (ad causas) des Bremer Domkapitels. Seit dem Anfang des 13. Jahrhunderts wurde vom Domkapitel ein Geschäftssiegel verwendet. Das vorliegende Siegel wurde im 14. Jahrhundert eingeführt. (Staatsarchiv Bremen)

ter –, seitdem diese sich ihrer Verpflichtungen aus den unterschiedlichsten Gründen immer häufiger entzogen und diese gegen entsprechende Bezahlung von einfachen Priestern verrichten ließen. Derartige geistliche Stellvertreter waren wohl schon im 12. Jahrhundert vereinzelt im Dom anzutreffen. Anfangs vermutlich nur befristet auf Kündigung angestellt, wurde ihre Stellung bei zunehmender Nachfrage nach ihren Diensten schon bald in ein dauerhaftes Arbeitsverhältnis umgewandelt, sie wurden zu *vicarii perpetui*. 1254 waren zwei Subdiakone und ein Diakon als *vicarii perpetui* fest im Dom angestellt. Da diese Chorvikare (*vicarii chori*) oder Kapläne, wie sie auch genannt wurden, mehr oder weniger regelmäßig an den Chormessen und an der Feier des Chor- und Breviergebets teilnahmen, stand ihnen auch ein Sitz im Chorgestühl des Kapitels zu. Ihr Gehalt bezogen die *vicarii maiores* ebenfalls aus einer – sicherlich vergleichsweise kleinen – Präbende des Kapitelgutes. Seit 1406 mussten sie vor ihrer festen Anstellung 5 Br. Mk. zur Tilgung der Kirchenschuld bezahlen.

An Anzahl wurden die Vikare des Chores schon bald von den sog. Altaristen, den *vicarii minores*, übertroffen, die ihre Existenz den seit dem späten 13. Jahrhundert immer mehr in Mode gekommenen privaten Altargründungen verdankten. Denn jeder dieser zahlreichen Nebenaltäre besaß einen eigenen Vikar, dessen Hauptaufgabe darin bestand, die ihm durch die Altarstiftung auferlegten Messen mehrmals in der Woche – unter Umständen sogar täglich – zu lesen. Mitunter wurde, vor allem in späterer Zeit, an bereits bestehenden Altaren eine zweite Messpfründe gestiftet, so dass an ein und demselben Altar zwei Vikare bzw. Kommendisten ihr Auskommen fanden. Ihren Lebensunterhalt bestritten die Altaristen hauptsächlich aus dem Ausstattungsgut ihres Altares bzw. ihrer Vikarie, deren Erträge ihnen exklusiv zuflossen, dazu kamen anteilige Zahlungen aus den Chorpfennigen und Memoriengeldern. Da die *vicarii minores* oder Benefiziaten, wie sie aufgrund ihrer lehensartige Züge annehmenden Altarpfründe auch genannt wurden, zum Messelesen befugt und verpflichtet waren, mussten sie die Priesterweihe und das hierfür erforderliche Mindestalter von 24 Jahren besitzen; sie verfügten damit über einen höheren Weihegrad als viele der ihnen übergeordneten Kanoniker, die als Geistliche höheren Rechts gleichwohl oft nur Diakone oder Subdiakone waren. Da viele der aus dem familiären Umfeld der Altarstifter stammenden Benefiziaten noch nicht zum Priester geweiht waren, wurde erwartet, dass sie dies innerhalb eines oder zweier Jahre nachholten.

Um 1400 verrichteten am Dom ca. 40 Benefiziaten ihren Altardienst, berücksichtigt man, dass es sicherlich auch noch eine nicht näher bekannte Anzahl von Chorvikaren gegeben hat, dann betrug die Gesamtzahl der Vikare damals gut und gerne um die 50. Ihre große Bedeutung für die Gestaltung und Ordnung des kirchlichen Lebens am Dom steht außer Frage. 1254 teilte eine aus vier Mitgliedern des Domkapitels bestehende Kommission die dienstlichen Verpflichtungen der drei *vicarii perpetui*, offensichtlich weil es darüber zu Zwistigkeiten gekommen war, neu ein. Der Diakon unter den Vikaren sollte demnach die Hälfte der Wochen, in denen ein im Diakonsrang stehender Domherr den Hebdomadardienst zu versehen hatte – *in legendo pariter in cantando* –, übernehmen; in der gleichen Weise sollten sich die beiden Subdiakone den Wochendienst der Domherren im Subdiakonsrang teilen. Die Vikare entlasteten die Kanoniker damals also schon um die Hälfte ihrer Dienstverpflichtungen. Indes reichten die drei fest angestellten Chorvikare in Anbetracht ihrer immer stärkeren Inanspruchnahme durch die Kanoniker schon bald nicht mehr aus. Die Zahl der *vicarii maiores* wurde in der Folgezeit anscheinend kontinuierlich aufgestockt, so wurden etwa 1328 durch Kapitelbeschluss zwei mit der Präbende eines Hebdomadars sowie weiterem Güterbesitz in Suderbrok, in der Vahr und in Schwachhausen dotierte Vikarien zur Regulierung des Domgottesdienstes neu eingerichtet. Diese Maßnahme war notwendig geworden, weil es wegen der häufigen Abwesenheit der den Wochendienst versehenden Domherren zu vielen Verwirrungen auf dem Chor gekommen war und der Chordienst dadurch offensichtlich wiederholt völlig daniederlag. 1410 haben sich die inzwischen zu einer Genossenschaft zusammengeschlossenen Vikare bereit erklärt, sechs Jahre lang in den Frühgottesdiensten der Matutin, d.h. frühmorgens um drei Uhr, die Benediktionen zu sprechen, obwohl ihnen dies, wie sie nicht vergaßen zu betonen, eigentlich gar nicht zustand. 1423 haben die Vikare außerdem dem Bürgermeister Klaus Groning zugesichert, bei den jährlichen Prozessionszügen über die zwölf Stationen der Kreuztragung Christi dem Sakrament in feierlichen Messgewändern und mit einem Kelch in der Hand voranzuschreiten. Diesen Dienst ließen sie sich mit 15 Br. Mk. „zur Vermehrung und Verbesse-

rung ihrer Chorpfennige" entlohnen, ihre Teilnahme an der Prozession war offensichtlich nicht selbstverständlich.
Was die Altaristen anbetrifft, so waren auch diese wegen ihrer umfangreichen Messverpflichtungen so gut wie ständig im Dom präsent. Bei bis zu 50 Nebenaltären, die es im 15. Jahrhundert im Dom gab, mussten Woche für Woche – bei durchschnittlich drei Messen pro Altar – bis zu 150 private Messen zelebriert werden. Da diese Privatmessen nur bis zum Ende der Hauptmesse gelesen werden durften, ließ es sich nicht vermeiden, dass oft an mehreren Altären gleichzeitig Messen gefeiert wurden, auch wenn die ersten Messen schon in den frühen Morgenstunden stattfanden. Dies mag auch der Grund dafür sein, dass die Messen zuallermeist gelesen und nicht gesungen wurden, da man sich beim Lesen gegenseitig weniger störte als beim allseitigen Singen. Bei den auf Wunsch der Altarstifter regelmäßig abzuhaltenden Votivmessen unterschied man anhand mittelalterlicher Messformulare verschiedene Arten von Messen, die zum Teil mit bestimmten Wochentagen verbunden waren; so wurde die Dreifaltigkeitsmesse (*de trinitate*) üblicherweise am Sonntag, die Totenmesse (*pro defundis*) am Montag, die Messe zu Ehren des hl. Kreuzes (*de sancta cruce*) am Freitag und die Marienmesse (*de beata virgine*) am Samstag gefeiert. Zu diesen wöchentlich wiederkehrenden Messen kamen noch die besonders feierlich gestalteten Messen am Dedikationstag und am Patronstag des Altares sowie die Seelenmessen und Vigilien am Todestag des Altar- bzw. Vikariestifters und möglicherweise auch seiner Anverwandten.
In Anbetracht der unzähligen Messen war es unumgänglich, die Verteilung der Gottesdienste zu strukturieren und deren Abfolge zu koordinieren. Eine erste Messordnung für den Dom scheint spätestens unter dem Dekan Friedrich Boch (1312–1328) eingeführt worden zu sein, doch erwies sich dessen Ordnung, die nicht überliefert und daher in ihren Einzelheiten nicht bekannt ist, als zu wenig flexibel und war deshalb schon bald überholungsbedürftig. Dekan Gottschalk von Kampen (1385–1417) erließ deshalb eine neue Gottesdienstordnung, die eine gut organisierte Verteilung der Messen der Altaristen erkennen lässt. Gottschalk, dessen Ordnung auf einen vierjährigen Turnus angelegt war, teilte die Altarpriester in vier Gruppen zu je zwölf Vikaren ein. Die erste Zwölfergruppe musste im ersten Jahr frühmorgens – im Sommer bei Sonnenaufgang, im Winter bei Anbruch des Tages – mit dem Zelebrieren beginnen, und zwar in der Form, dass jeweils vier Messen – vermutlich an relativ weit auseinanderliegenden Altären – gleichzeitig gelesen wurden. Diese zwölf ersten Messen mussten spätestens mit Beginn der Prim im Chor, also um sechs Uhr morgens, beendet sein. Die restlichen Vikare konnten ihre Messe anschließend nach freiem Ermessen halten, doch mussten auch sie bis zum Ende der Hauptmesse fer-

tig sein. In den folgenden drei Jahren wechselte dieser Turnus dann, so dass jedes Jahr eine andere Gruppe von Vikaren den Anfang mit den zwölf Frühmessen machen musste. Da es zum Zeitpunkt des Erlasses dieser Messordnung 41 Altaristen im Dom gab, musste die letzte Gruppe im vierten Jahr durch sieben Vikare der ersten Gruppe ergänzt werden, so dass sich die Zusammensetzung der vier Zwölfergruppen nach vier Jahren veränderte. Der Vorteil dieses Systems lag darin, dass durch Neugründung von Altären neu hinzukommende Vikare ohne Weiteres integriert werden konnten, die Gottesdienstordnung Dekan Gottschalks wies also genau die Flexibilität auf, die die Ordnung seines Vorgängers Friedrich Boch vermissen ließ.
Nach dem Vorbild des ihnen übergeordneten Kapitels der Domherren schlossen sich auch die Vikare des Domes um oder kurz vor 1300 – der früheste Beleg stammt aus dem Jahre 1301 – zu einer Gemeinschaft genossenschaftlichen Charakters zusammen. Diese Vikargemeinschaft (*societas/congregatio/communio vicariorum*) ermöglichte es den Vikaren, trotz ihrer Zugehörigkeit zum Kapitel und ihrer Abhängigkeit von den Domherren einen eigenen, auf sie selbst bezogenen Lebenskreis auszubilden, der gemeinsamen Besitz und eine selbständige Wirtschaftsverwaltung mit einschloss. Die Entstehung dieser Genossenschaft ist vor allem darauf zurückzuführen, dass die Vikare im gemeinsamen Besitz von Memorienstiftungen waren, aus deren Zinsen den an den Seelenmessen und Vigilien teilnehmenden Vikaren bestimmte Beträge auszubezahlen waren. Ein Memorienbuch der Domkirche von 1428 mit Nachtragungen bis ins 16. Jahrhundert, das die im Jahresablauf zu feiernden Anniversarien und Konsolationen sowie die dafür an die Vikare ausgesetzten Gelder verzeichnet – deshalb auch die Bezeichnung *Kalendarium* –, enthält die Namen von 950 bis 1000 Stiftern; für das Jahr 1442 betrug die Summe der jährlichen Auszahlungen aus den Memorienstiftungen an die Vikare 134 Mk. und 1 Groschen. Bei der Verwaltung dieses Stiftungskapitals sowie bei den täglichen Geld- und Naturalzahlungen kam man nicht ohne ein Mindestmaß an organisatorischen Strukturen aus, was wiederum den Zusammenschluss zur festgefügten Gemeinschaft begünstigen musste. Die Vermögensverwaltung sowie die täglichen Auszahlungen der Chorpfennige (für die Anwesenheit beim täglichen Stundengebet) und der Memoriengelder (für die Teilnahme an den Anniversarfeiern) wurden einem – vermutlich jährlich wechselnden – Verwalter, dem sog. Prokurator, überantwortet, der auch die regelmäßigen Versammlungen der Genossenschaft einzuberufen hatte und im Schlafhaus der Vikare als Vertrauensmann fungierte. Die Auszahlungen erfolgten auf dem Chor, was nicht ganz unproblematisch war, kam es dabei doch an einem Ort der Stille und des Gebets regelmäßig zu lautem Stimmengewirr, Gelächter und Schwatzereien. Neben dem Prokurator an der Spitze der Ge-

meinschaft gab es noch einen Ausschuss von Vertrauensmännern aus dem Kreis der Vikare, der bei allen wichtigen Geschäften – insbesondere bei Käufen und Verkäufen – beteiligt werden musste und die Amtsführung des Prokurators überwachen sollte.

Es scheint so, dass die Initiative zur Gründung der Vikargemeinschaft auf die Altaristen unter den Vikaren zurückging und dieser deshalb anfänglich auch nur die *vicarii minores* angehörten. Jedenfalls kam es schon 1302 – nur ein Jahr nach dem frühesten Beleg über die Existenz dieser Gemeinschaft – zu einem Streit zwischen den Vikaren im Priesterrang – also vermutlich den Altaristen – und den Lektoren des Chores im Rang von (Sub-) Diakonen, weil Letzteren bis dahin die Teilnahme an gewissen Memoriengeldern verweigert worden war. Damals einigte man sich dahingehend, dass ab sofort auch die im Chordienst tätigen Diakone und Subdiakone – die *vicarii maiores* – nach Zahlung einer Rente von 1 Br. Mk. Aufnahme in die Gemeinschaft der Vikare finden sollten. Mit diesem Entschädigungsgeld, das in Zukunft jedem neu aufzunehmenden Vikar abverlangt wurde, mussten die neuen Vikare gleichsam ihren künftigen Anteil an den täglichen Verteilungen der Memoriengelder selbst vorschießen, weshalb die Höhe dieser Aufnahmegebühr sich nach dem beim Eintritt jeweils vorhandenen gemeinsamen Vermögen richtete. 1381 kostete den Vikar Johann Knypestute vom Altar der hll. Rimbert und Benedikt die Aufnahme in die Gemeinschaft immerhin schon 4½ Mk., das aus Memorienstiftungen gebildete Vermögen der Vikargemeinschaft hatte sich in den 80 Jahren seit deren Gründung offensichtlich beträchtlich vermehrt. Neben diesem Entschädigungsgeld hatte jedes neue Mitglied der Gemeinschaft außerdem ein einmaliges Eintrittsgeld für die Zulassung zum gemeinsamen Schlafhaus und für alle Unkosten aufzubringen, das unter allen Vikaren verteilt wurde; 1502 hat man dieses Eintrittsgeld auf 9 Br. Mk. erhöht. Zu den Aufnahmegebühren im weiteren Sinn zählte schließlich auch das Festmahl, das jeder neu aufgenommene Vikar seinen künftigen Genossen auszugeben hatte. 1465 wurde dieses *convivium*, da es immer mehr zu einem äußerst kostspieligen Gelage ausartete, zu Gunsten einer einmaligen Abgabe von 1 Mk. abgeschafft, die für den Kauf von Brot zu gottesdienstlichen Zwecken verwendet wurde. Jeder Vikar musste vor seiner endgültigen Aufnahme in die Gemeinschaft, für die es überdies der Einwilligung von Dekan und Kapitel bedurfte, außerdem einen Treueid auf die Statuten der Gemeinschaft leisten.

Die stattlichen Aufnahmegebühren, insbesondere das mit dem anwachsenden Vermögen der Genossenschaft sich stetig erhöhende Entschädigungsgeld, verbauten indes vielen ärmeren Vikaren, die nicht aus wohlhabendem Hause stammten und deshalb nicht über die entsprechenden finanziellen

Mittel verfügten, die Möglichkeit, sich in die Vikargemeinschaft einzukaufen. Die „Benefiziaten, die keinen Teil an den Chorpfennigen haben", prozessierten deshalb Ende des 14. Jahrhunderts gegen diesen in ihren Augen unhaltbaren Zustand, und es ist ihnen nach einigen Jahren tatsächlich gelungen, ein Urteil des Domkapitels zu erwirken, das auch ihnen einen Anteil an den ohne besondere Bestimmung zugewiesenen Legaten und Geschenken zusprach. Doch hatte dieses Urteil nur kurzen Bestand. 1410 appellierte die Vikargemeinschaft – die „Vikare, die Teil an den Chorpfennigen haben" – an der römischen Kurie mit Erfolg gegen dieses ihr missgünstige Urteil, so dass die ärmeren Vikare wiederum von den Auszahlungen der Vikargemeinschaft ausgeschlossen blieben. Diese schlossen sich daraufhin zu einer eigenen, zweiten Gemeinschaft innerhalb des Domkapitels zusammen. Diese „neuen" Vikare sind erstmals 1431 quellenmäßig bezeugt, die zweite Vikargemeinschaft muss also wohl in der Zeit zwischen 1410 und 1430/35 entstanden sein. Die neue Vikargemeinschaft der ärmeren, minderbemittelten Domvikare war zwar deutlich kleiner als die alte Gemeinschaft – zur Zeit der Reformation hatte sie nur etwa halb so viele Mitglieder –, doch besaß sie wie diese ein eigenes Schlafhaus und ein eigenes Vermögen.

Das Leben der Domvikare war bis gegen das Ende des 14. Jahrhunderts durch das nahezu monastische Zusammenleben im Schlafhaus – einem Gebäude, das aus gemeinsamem Schlafraum, Betsaal, Bibliothek sowie vermutlich noch weiteren Räumlichkeiten bestand – gekennzeichnet. Die Vikare fühlten sich damals überwiegend noch dem Ideal der *vita communis* verpflichtet und lebten in großer Gebundenheit, ihr Lebenswandel und ihr Verhalten im Schlafhaus waren einer strengen Kontrolle unterworfen. Dieser enge Zusammenhalt prägte noch den Geist der statuarischen Bestimmungen von 1373, die die Vikare zu einem sittlichen Lebenswandel, gegenseitiger Hilfeleistung, Wahrung des gemeinsamen Nutzens sowie einträchtigem Zusammenleben verpflichteten. Doch kündigte sich gerade damals das Aufkommen eines neuen Geistes und einer anders gearteten Gesinnung unter den Vikaren an. 1378, also nur fünf Jahre nach Erlass jener Statuten, zerstritten sich 15 Benefiziaten des Domes wegen der Einkünfte aus ihren gemeinsamen Gütern heillos untereinander, so dass von einem einträchtigen Miteinander nicht mehr die Rede sein konnte. Eine aus vier Vikaren (Bernhard Herke, Gerd Schene, Helmerich von Tungeln, Heinrich von Haren) gebildete Schiedskommission konnte damals die Gemüter einigermaßen besänftigen, indem sie für die nächsten sechs Jahre einen Ausgleich der Einkünfte vornahm. Doch häuften sich gegenseitige Beleidigungen und Ehrenhändel unter den Vikaren seither in einem erschreckenden Ausmaß, wie überhaupt die idealistische Gesinnung – einst das

Bronzetaufbecken in der Westkrypta des St. Petri Domes, Bremen um 1230.

hauptsächliche Bindeglied des inneren Zusammenhalts – und die Zucht innerhalb der Gemeinschaft im Verlauf des 15. und 16. Jahrhunderts immer mehr auf der Strecke blieben – beides wohl nicht zuletzt eine Folge der zunehmenden Verrohung der Vikare infolge ihrer schlechten sozialen Lage und geringen Bildung. Der weitgehende Verfall der sittlichen Ordnung machte schließlich eine Neuformulierung der den Vikaren abverlangten Eide notwendig und schlug sich in diversen Synodalerlassen nieder, in denen – früher unvorstellbar – das offenbar weit verbreitete Konkubinenwesen, Völlerei sowie Trunk- und Spielsucht gebrandmarkt wurden.
Es verwundert nicht, dass unter diesen Umständen auch die *vita communis* – das gemeinsame Zusammenleben im Schlafhaus – mehr und mehr in Auflösung begriffen war. So besaß der Domvikar Bernhard von Nienkirchen schon Mitte des 14. Jahrhunderts – vor Erlass der Statuten von 1373 also – in der Buchtstraße sein eigenes Wohnhaus, und dieses ging nach seinem Tod 1352 in den Besitz des Vikars Johann von Rethem über. Im 15. Jahrhundert lebte ein Großteil der Domvikare dann nicht mehr im gemeinsamen Schlafhaus. Auch die Vikare legten sich jetzt immer häufiger Kurien zu, 1498 hatten ca. zwei Drittel der Domvikare ihre eigene Wohnung. Pfründenbesitz, wirtschaftliche Betätigung sowie individuelle, zunehmend

verweltlichte Lebensformen sorgten im Spätmittelalter also auch bei den Vikaren dafür, dass, je länger je mehr, sittliche Verwahrlosung, vordergründiges ökonomisches Denken und allgemeine Degenerationserscheinungen Einzug hielten, wie sie ja auch für das Domherrenkollegium typisch waren.

Stellvertretend für die vielen, zuallermeist – wenn überhaupt – nur namentlich bekannten Domvikare seien hier nur einige wenige Benefiziaten erwähnt. Christian von Nortlede etwa, seit 1370 erster Priester der vom Hadeler Archidiakon Bertold Witte errichteten Dreifaltigkeitskapelle des Domes, vermachte 1382 den Beginen von St. Katharinen und St. Nicolai 50 Gulden zur Einlösung ihrer verpfändeten Ländereien; dafür mussten sie sich verpflichten, jährlich eine Tonne schonischer Heringe unter ihren Glaubensschwestern zu verteilen. Christian, der 1375 und 1377 Landbesitz in Oslebshausen käuflich erworben hatte, stammte offensichtlich aus vermögenden Verhältnissen, der kostspielige Einkauf in die Vikargemeinschaft war ihm sicherlich problemlos möglich. Ähnliches lässt sich allein aufgrund der umfangreichen Testamente, mit denen sie ihre Vikarsbrüder, die Armen der Stadt, die Domkirche und zum Teil noch weitere kirchliche Institutionen in der Stadt überaus reichlich bedachten, auch von den Vikaren Gerhard von Gröpelingen (1385), Johann von Rethem (1367) und Gerhard Schene (1366) – dem Bruder des Chronisten Herbord Schene – sagen. Johann von Rethem, der Benefiziat des Philipp und Jakobus-Altars und Besitzer eines Wohnhauses in der Buchtstraße war, resignierte offensichtlich nach Abfassung seines Testaments, vermutlich weil er wegen einer auf seinem Altar lastenden jährlichen Abgabe von ½ Mk. in heftigen Streit mit seinen Vikargenossen geraten war. Seinem Nachfolger, dem Benefiziaten Konrad von Oldenburg, wurde daraufhin die jährliche Abgabe gegen eine einmalige Zahlung von 4 Mk. an die Vikargemeinschaft erlassen. Der Vikar des Marien-Magdalenen-Altars Johannes Cautus erwarb sich bleibende Verdienste, indem er der Vikargemeinschaft seinen *liber viaticus* (Buch der letzten Wegzehrung) zuzüglich 12 Mk. als Geschenk vermachte.

Schließlich gab es mit den Schülern (*scolares*) der Kapitelschule, die vom Scholaster unterrichtet und auf ihre spätere geistliche Laufbahn vorbereitet wurden, noch einen dritten Personenkreis innerhalb des Domkapitels. Man unterschied bei den Kapitelschülern die zwei Gruppen der Chorschüler (*scolares chori*) und der noch in Ausbildung befindlichen Kanoniker (*canonici infra scolas*). Die *scolares chori*, die hauptsächlich zum Chordienst herangebildet wurden, waren zu einem gemeinschaftlichen Leben im *dormitorium* verpflichtet, von dem die *canonici infra scolas*, möglicherweise im Hinblick auf ihre spätere Würde, befreit waren. Grundsätzlich waren die Scholaren in die liturgischen Handlungen der Domgottesdienste fest mit-

Der St. Petri Dom um 1885. Blick auf den Nordturm und das spätmittelalterliche Nordschiff.

einbezogen, sie mussten ministrieren, singen und vorlesen und auch bei den großen städtischen Prozessionen nahmen sie als Träger von Kerzen und Weihrauchfässern einen festen Platz ein. Ihren Lebensunterhalt bestritten die Domschüler aus verschiedenen Einnahmequellen. Die *canonici infra scolas* konnten auf eine *praebenda puerilis* zurückgreifen, die ihnen so lange zur Verfügung stand, bis für sie – nach erlangter Emanzipation und Erledigung einer Kapitelstelle – eine *praebenda maior* frei wurde. Den im Dormitorium lebenden *scolares chori* wurden 1369 Güter in Borgfeld verkauft, aus denen sie regelmäßig Abgaben bezogen. Außerdem flossen den Domschülern Einnahmen aus freiwilligen Spenden und Zuwendungen in Testamenten zu, und die Domherren waren verpflichtet, den Schülern am Nikolaustag, an Weihnachten und anlässlich ihrer Aufnahme ins Kapitel Mahlzeiten zu verabreichen, ein Brauch, der allerdings 1363 zu Gunsten einer Geldabgabe zum Besten der Schüler abgeschafft wurde. Aufsehen erregte 1370 der Fall des Scholaren Johann Halle, der wegen Beleidigung des Bückener Propstes Hermann von Rostock auf Antrag des erzbischöflichen Generaloffizials verhaftet wurde. 1512 brannte die Kapitelschule am Dom ab.

Literatur:
Abramzik, St.-Petri-Dom (1989). – Angenendt, Geschichte der Religiosität (1997). – Bippen von, Untersuchungen zur Baugeschichte (1888). – Bosse, Lamotte, Dom zu Bremen (1989). – Brandt, Ausgrabungen (1979). – Dehio, Handbuch (1992). – Dietsch, Dom St. Petri (1978). – Dietsch, Einige Untersuchungen (1954). – Ehrhardt, Baugeschichte (1935). – Ehrhardt, Inventar (1922). – Elmshäuser, Erzbischöfe als Landesherren (1995). – Fliedner, Baugeschichte (1951). – Habicht, Tafelbilder (1930). – Katz, Altarpfründen (1926). – Klink, Diplomatarium (1988). – Kloft, Reliquien und Volksfrömmigkeit (1993). – Kohlmann, Verzeichnisse (1859). – Krummwiede, Kirchen- und Altarpatrozinien (1960). – Löhr, Chorgestühl (1974). – Löhr, Kult und Herrschaft (1979). – Löhr, Reliquienschrein (1984). – Mindermann, Johann von Zesterfleth (2008). – Möhlmann, Güterbesitz (1933). – Müller, Domkapitel (1908). – Nockert, Stand und Aufgaben (1979). – Nockert, Mittelalterliche Textilfunde (1977). – Rode, Registrum Bonorum (1926). – Rosenau, Baugeschichte (1931). – Rudloff/Rohmeyer, Kunstschätze (1973). – Schieffer, Entstehung von Domkapiteln (1976). – Schlegel, Bronzetaufbecken (1995/1996). – Schumacher, Älteste Geschichte (1864). – Schwarzwälder, Geschichte der Freien Hansestadt (1989). – Schwarzwälder, Bischöfe und Erzbischöfe (1996/1997). – Stabenau, Dom zu Bremen (1982). – Stein, Renaissance-Baukunst (1962). – Ueffing, Gestalt des frühromanischen Domes (1981). – Weibezahn, Abendmahlsdarstellung (1989). – Weibezahn, Grabgewänder (1989). – Weibezahn, Grabsteine und Epitaphien (1998). – Weibezahn, Schätze (2005). – Weibezahn, Schatzkammerverzeichnis (2000). – Weibezahn, Wandmalereien (1993). – Wieck, Verwaltung (1959).

III. Das Verhältnis zwischen erzbischöflichem Stadtherrn und städtischer Kommune

Der Stadt Bremen traten die Metropoliten der Bremer Kirchenprovinz nicht nur in ihrer geistlichen Funktion als Oberhirten der Erzdiözese, sondern auch als Stadtherren mit weltlichem Machtanspruch entgegen. Dieser erzbischöfliche Anspruch auf das Stadtregiment und die Zurückdrängung dieses Anspruchs durch den bürgerlichen Rat waren es vor allem, die im späteren Mittelalter die gegenseitigen Beziehungen zwischen Erzbischof und Stadt nachhaltig prägten. Zur Zeit der Kirchspieleinteilung vollzog sich auch im Verhältnis des erzbischöflichen Stadtherrn zur bürgerlichen Kommune seines Kathedralsitzes ein tiefgreifender, folgenschwerer Wandel. Im Früh- und Hochmittelalter verfügten die Bremer Erzbischöfe zunächst über eine ausgesprochen starke Machtposition, es war ihnen gelungen, nahezu sämtliche relevanten Herrschaftsrechte wie Immunität, Markt-, Münz- und Zollrechte sowie Banngewalt in ihrer Hand zu vereinigen. In der Ausübung ihrer Herrschaftsgewalt wurden sie auch von den örtlichen Gaugrafen und anderen Herrschaftsträgern nicht entscheidend beeinträchtigt. Dieser massiven Konzentration von Herrschaftsrechten auf Seiten der Erzbischöfe stand lange Zeit ein äußerst schwaches, wenig selbstbewusstes städtisches Bürgertum gegenüber, das noch in der Mitte des 11. Jahrhunderts der despotischen Willkür des machtbesessenen Metropoliten Adalbert (1043–1072) wenig entgegenzusetzen hatte und dessen Demütigungen mehr oder weniger schutz- und hilflos ausgeliefert war. An Widerstand oder gar an eine Revolte gegen den geistlichen Stadtherrn – andernorts zu jener Zeit durchaus an der Tagesordnung – war damals in Bremen nicht zu denken. Zwar lassen sich seit der Mitte des 12. Jahrhunderts erste bescheidene Ansätze zur Ausbildung einer verfassten städtischen Rechtskörperschaft erkennen, wobei der Konstituierung eines autonomen städtischen Rechtsbereiches („Weichbildrecht") im Barbarossa-Privileg von 1186 – und damit den Anfängen eines eigenständigen Stadtrechtes – sicherlich ein besonders hoher Stellenwert beizumessen ist. Doch wurde zur gleichen Zeit Erzbischof Hartwig I. (1148–1168) durch Kaiser Friedrich I. noch einmal in seiner ganzen, von seinen Vorgängern ererbten Machtfülle bestätigt (1158), und auch noch Ende des 12. Jahrhunderts war die machtpolitische Vorrangstellung der Erzbischöfe, die sich nicht zuletzt im Zugriff auf die einträglichen Hoheitsrechte äußerte, nahezu ungebrochen.

Nach der Jahrhundertwende jedoch, in den ersten Jahrzehnten des 13. Jahrhunderts, vollzog die durch einen dauerhaften handelspolitischen Aufschwung sichtlich gestärkte Bürgergemeinde in ihrem Bemühen um politische Autonomie, Autokephalie und Selbstverwaltung den entscheidenden, letztendlich nicht mehr rückgängig zu machenden Durchbruch. Das neu gewonnene Selbstbewusstsein des vom wirtschaftlichen Erfolg beflügelten städtischen Bürgertums bekam als Erster Erzbischof Gerhard I. (1210–1219) zu spüren, der die verfasste Bürgergemeinschaft 1217 in einem Vertrag, dem langjährige Wirren um die Besetzung des Erzbischofstuhles vorausgegangen waren, als gleichberechtigten Verhandlungspartner anerkennen musste und ihr ausdrücklich die ihr zustehenden Rechte (*iura civitatis*) bestätigte. Beim Amtsantritt des äußerst machtbewussten Erzbischofs Gerhard II. (1219–1258) ließ sich somit rein äußerlich ein Gleichgewicht der Kräfte zwischen dem geistlichen Stadtherrn und der verfassten Stadtgemeinde konstatieren: Dem in seiner überkommenen Machtstellung bedrohten und deshalb zu Kompromissen gezwungenen Erzbischof stand ein wirtschaftlich potentes, nunmehr auch nach politischer Selbstbestimmung strebendes Stadtbürgertum gegenüber. In dieser labilen, durch zwei nahezu gleich starke Kontrahenten gekennzeichneten Machtkonstellation, die durch das erstmalige Hervortreten des Domkapitels als eigenständige dritte politische Kraft – 1194 hatte das Kapitel Erzbischof Hartwig II. gezwungen, die Unveräußerlichkeit erzstiftischer Güter und Rechte zuzusichern – noch zusätzlich erschwert wurde, waren Konflikte nahezu zwangsläufig vorprogrammiert. Die Zukunft musste zeigen, ob die mühsam austarierte Machtbalance von Bestand war oder ob es einer der Parteien gelingen sollte, im Kampf um die Machtausübung den jeweiligen Konkurrenten – Erzbischof bzw. städtischen Rat – dauerhaft klein zu halten.

1. Stedingerkrieg

Die bürgerliche Stadtgemeinde demonstrierte ihr unter Gerhard I. gewonnenes Selbstbewusstsein zunächst auch unter dessen Nachfolger: Gerhard II. musste mit ansehen, wie die Stadt ihre auswärtigen Angelegenheiten jetzt weitgehend selbständig, d.h. ohne zustimmende Genehmigung ihres Stadtherrn, ordnete, und er musste in einem Vertrag mit dem Pfalzgrafen Heinrich die formal der Herrschaft des Krummstabes unterstehende Bürgerschaft – neben Domkapitel und Stiftsritterschaft – sogar als Garanten seiner Vertragstreue akzeptieren. Auch scheiterte Gerhard II. bei seinem Versuch, die heillos zerrütteten Stiftsfinanzen – eine Folge der langjährigen Wirren um die Besetzung des erzbischöflichen Stuhles – auf Kosten des bürgerlichen Gemeinwesens zu sanieren. Zwar ist es höchst unwahrscheinlich, dass sich die Anbringung einer Zollschranke in der Weser nahe dem erzbischöflichen Schloss Witteborg bei Farge sowie deren anschließende spektakuläre Beseitigung durch eine eigens für diesen Zweck gebaute große Kogge in der durch die Rinesberch-Schene-Chronik zum Jahr 1220 mitgeteilten Form zugetragen hat; wahrscheinlich handelt es sich hier um eine Legendenbildung aus späterer Zeit. Doch enthält diese anekdotenhafte Erzählung der Stadtchronik vermutlich einen wahren Kern und versinnbildlicht damit sowohl das Bestreben des Metropoliten, sich am immer mehr zu Tage tretenden wirtschaftlichen Erfolg der Stadt in Form von Zöllen, Wegegeldern und Steuern zu bereichern, als auch die bürgerliche Kampfbereitschaft, derartigem Ansinnen entschlossen entgegenzutreten. Hatte die Stadt den Erzbischof in diesem Fall zur Aufgabe seiner Zollerhebungspläne gezwungen, so stand diese wenige Jahre später schon wieder auf der Seite ihres durch den Pfalzgrafen Heinrich bedrohten Oberhirten (1226). Gegen die Zusicherung von Zollfreiheit war man sogar bereit, Gerhard II. beim Bau einer neuen Feste in Langwedel, die das Erzstift nach Süden hin absichern sollte, tatkräftig zu unterstützen. Schon im Jahr zuvor hatten Stadtherr und Stadtgemeinde bei der Befreiung Bremer Bürger vom Durchgangszoll in der erzbischöflichen Burg Bremervörde einvernehmlich gehandelt. Konfrontation und Kooperation zwischen den beiden Machtpotenzen lagen zur Zeit der Herrschaftsanfänge Gerhards II. also dicht beieinander und waren unmittelbarer Ausdruck eines sich gerade erst ausgebildeten, äußerst labilen Gleichgewichts der Kräfte.

Das konfliktbeladene, nur wenig belastbare Verhältnis zwischen dem erzbischöflichen Stadtherrn und der bürgerlichen Stadtgemeinde wurde einer schweren Belastungsprobe ausgesetzt, als Gerhard II. den Entschluss fasste, das sich zunehmend seinem Herrschaftsanspruch entziehende Bauernvolk der Stedinger mit brachialer militärischer Gewalt zu unterwerfen, und dabei auch auf die Unterstützung seiner städtischen Untertanen zählte. Der Konflikt zwischen feudaler geistlicher Herrschaft und genossenschaftlich strukturierter, nach landesgemeindlicher Autonomie strebender Bauernschaft hatte sich an den Zins- und Zehntforderungen des Bremer Erzbischofs entzündet, der seit den Tagen Kaiser Heinrichs IV. in den Marschlanden unterhalb Bremens nicht nur geistliches Oberhaupt, sondern auch weltlicher Landesherr war. Die durch Freiheits- und Selbstverwaltungsrechte verwöhnten und im Zuge der Marschenkolonisation zu wirtschaftlichem Erfolg und bäuerlichem Selbstwertgefühl gelangten Stedinger hatten nämlich, das nahe Vorbild der „friesischen Freiheit" vor Augen, seit Anfang des 13. Jahrhunderts die mit ihrem Freiheitsstreben unvereinbaren Abgabenzahlungen weitgehend eingestellt. Der auf den ersten Blick alltäglich anmutende Streit um die Berechtigung einer Steuererhebung gewann indes rasch an Eigendynamik und eskalierte in einer anfangs kaum vorstellbaren Weise zu einem prinzipiellen Gegensatz von Adelsherrschaft und genos-

senschaftlicher Bauernfreiheit. Zwar vermochte Erzbischof Hartwig II. 1207 die fälligen Zinsen und Zehnten unter Ausübung militärischen Drucks noch einmal einzutreiben. Doch waren die Fronten zu diesem Zeitpunkt bereits viel zu verhärtet und das Selbständigkeitsgefühl der Stedinger schon zu stark entwickelt, als dass der Konflikt sich damals noch dauerhaft hätte eindämmen lassen. Im Gegenteil: Indem sie sich die Wirren des Bremer Erzbistumsstreits (1207–1217) zunutze machten und zunächst für den Dänen Waldemar, dann nach einer Kehrtwende für Gerhard I. von Oldenburg-Wildeshausen Partei ergriffen, konnten die Stedinger ihre Position nicht unerheblich verbessern, vermutlich nahm man seitens der Erzbischöfe die unterlassenen Tributzahlungen infolge der geleisteten Hilfsdienste damals sogar billigend in Kauf.
Auch Gerhard II. hielt sich im ersten Jahrzehnt seines Pontifikats auffällig zurück, er war zunächst mit der (Wieder-)Gewinnung von Dithmarschen und der Grafschaft Stade für die Bremer Kirche beschäftigt. Durch den Tod seines Bruders Otto, des Bischofs von Utrecht, in einem ähnlich gelagerten Konflikt mit den aufständischen Bauern der niederländischen Provinz Drenthe bis aufs Blut gereizt, mobilisierte Gerhard dann jedoch seit 1228 alle ihm zur Verfügung stehenden Kräfte gegen die Stedinger. Dem um Rückgewinnung erzbischöflicher Machtpositionen bemühten Gerhard II. stellte sich die Aufsässigkeit der Stedinger damals wohl prinzipiell als gotteslästerlicher Frevel dar. Jedenfalls traf die ungehorsamen Bauern an der Unterweser 1228 oder 1229 der Bannstrahl der Exkommunikation, und ein Jahr später, Ende 1229, griff ein Ritterheer unter Führung von Gerhards Bruder Hermann die Stedinger an. Die Marschenbauern setzten sich jedoch erfolgreich zur Wehr, Hermann II. zur Lippe fand auf dem Schlachtfeld den Tod. Spätestens jetzt muss Gerhard II. bewusst geworden sein, dass er im Kampf gegen die von unwegsamen Sümpfen und Wasserwegen umgebenen, durch ihr natürliches Umfeld bestens geschützten „Insulaner", allein auf sich gestellt, wohl wenig auszurichten vermochte. Dem Geist der Zeit folgend, der die allgemeine Kreuzzugsbegeisterung zunehmend auch für die Bekämpfung innerkirchlicher Häresien instrumentalisierte, betrieb Gerhard II. deshalb seit 1230/31 zielstrebig die Verketzerung der Stedinger, ließen sich die dringend benötigten Hilfstruppen so doch am ehesten beschaffen. Papst Gregor IX. (1227–1241) gab dem Ansinnen des Bremer Metropoliten nach anfänglichem Zögern nach und gestattete diesem die Kreuzzugspredigt, zunächst, 1232, noch unter gewissen räumlichen und sachlichen Einschränkungen, dann, im Juni 1233, durch Verkündigung eines großen Kreuzzugablasses, der „alle Christgläubigen", die bereit waren, gegen die Stedinger ins Feld zu ziehen, mit den Kreuzfahrern ins Heilige Land gleichstellte. Der päpstliche Kreuzzugsaufruf verfehlte seine Wir-

kung nicht und ließ kampferprobte Ritter von weither in die Bremer Erzdiözese strömen, zumal inzwischen auch Kaiser Friedrich II. die Reichsacht über die widerspenstigen Marschenbauern verhängt hatte.
Ob Gerhard II. bei seinen Bemühungen, zusätzliche militärische Hilfstruppen zu rekrutieren, letztendlich Erfolg beschieden war, hing nicht unwesentlich davon ab, welche Haltung die Stadt Bremen zum geplanten Vernichtungskreuzzug gegen die Stedinger einnehmen würde. Das wirtschaftliche Potential der Kommune war im Verlauf der letzten Jahrzehnte so stark angewachsen, dass die Stadtgemeinde inzwischen auch im politischen Kräftespiel einen nicht zu vernachlässigenden Machtfaktor darstellte. Sollte die Stadt sich im Kampf gegen die Stedinger neutral verhalten oder sollte sie – noch schlimmer – gar versuchen, mit den in Bedrängnis geratenen Marschenbauern gemeinsame Sache zu machen, würde das geplante erzbischöfliche Unternehmen sicherlich deutlich an Stoßkraft einbüßen. Es war für Gerhard II. deshalb von unschätzbarem Wert, als seine städtischen Untertanen im März 1233 ihre Hilfe bei der Bekämpfung der ketzerischen Stedinger vertraglich zusagten; der Sieg über die unbotmäßigen Marschenbauern schien nun zum Greifen nahe. Freilich erhielt Gerhard II. die Zusage der Stadt nicht umsonst, er musste diese mit einer ganzen Reihe von Zugeständnissen regelrecht erkaufen: Der Erzbischof erklärte sich bereit, alle unrechtmäßigen, handelsschädigenden Zölle wie auch alle schlechten Münzen innerhalb seiner Diözese zwischen Elbe und Weser abzuschaffen; er erkannte die Besitzungen und Rechte der Stadt in vollem Umfang an, wobei im Zweifelsfall der Eid zweier städtischer Wichmannen beweiskräftig sein sollte; die Bremer Kaufleute sollten künftig von der lästigen Heerfolgepflicht befreit sein; der Burgenbau entlang der Weser – von der Stadt wegen der damit verbundenen Beherrschung des zentralen Schifffahrts- und Handelsweges seit jeher kritisch beäugt – sollte nur mit dem ausdrücklichen Einverständnis der Bürger erlaubt sein. Als besonderer Anreiz, sich der Kreuzzugskoalition anzuschließen, wurde der Stadt schließlich noch der dritte Anteil an den nach Abschluss des Feldzuges zu beschlagnahmenden stedingischen Gütern sowie an den dann von dort zufließenden Steuern in Aussicht gestellt. Entgegen einer allgemeinen Tendenz zur fürstlichen Einschränkung städtischer Rechte hatte Gerhard II. der Stadt Bremen damit erhebliche Freiheiten gewährt, und es ist offensichtlich, dass der den wirtschaftlichen Aufschwung maßgeblich tragende Kaufmannsstand Hauptnutznießer der erzbischöflichen Privilegierungen war.
Nachdem ein letzter Vermittlungsversuch des päpstlichen Legaten Wilhelm von Modena gescheitert war, kam es im Frühsommer 1234 dann zum entscheidenden Feldzug der Kreuzfahrer gegen die Stedinger. In der Schlacht bei Altenesch mussten sich die der Ketzerei beschuldigten Bauern aus der

Wesermarsch nach erbitterter Gegenwehr der Übermacht des feindlichen Ritterheeres unter Führung des Herzogs Heinrich von Brabant geschlagen geben, Tausende von Toten sollen den zeitgenössischen Chroniken zufolge das Schlachtfeld gesäumt haben. Der bremische Beitrag zum Erfolg der Kreuzfahrer war allem Anschein nach relativ bescheiden: Das auf dem Land- und Wasserweg vorrückende Kreuzfahrerheer wurde durch Bremer Schiffe, die auf der Weser als Truppentransporter zum Einsatz kamen, unterstützt, und auch bei der Errichtung einer Schiffsbrücke über die Ochtum, die den Einfall der Truppen in stedingisches Gebiet ermöglichte, waren bremische Schiffe maßgeblich beteiligt. Möglicherweise hat die Stadt darüber hinaus auch noch einen finanziellen Beitrag zum Gelingen des Kreuzzuges geleistet, belegt ist dies allerdings nicht. Trotz dieser eher bescheidenen Beihilfe war die Erinnerung an den Kreuzzugsieg von 1234 jedoch fest im kollektiven Gedächtnis der städtischen Gemeinde verankert: Bis ins 16. Jahrhundert fand in Bremen am Jahrestag der Alteneschener Schlacht (27. Mai) eine glanzvolle Gedächtnisfeier mit Festgottesdiensten, feierlicher Prozession und Verkündigung eines 20-tägigen Ablasses statt. Erzbischof Gerhard II. aber vermochte durch den mit Unterstützung der Stadt errungenen Sieg seine Landesherrschaft in den Wesermarschen erfolgreich zu festigen, viele der in Stedingen konfiszierten Ländereien gelangten in die Hand erzstiftischer Ministerialen. Hauptnutznießer des Ketzerkreuzzuges waren auf lange Sicht gesehen indessen die Grafen von Oldenburg, die nicht nur ihre Herrschaft in Niederstedingen wieder erneuerten, sondern darüber hinaus jetzt auch in Oberstedingen südlich der Hunte und im Land Würden rechts der Weser Fuß fassten.
Wie ist das Verhalten der Stadt Bremen in der Auseinandersetzung Gerhards II. mit den Stedingern zu bewerten? Das Einschwenken der Stadt auf den machtpolitisch motivierten Kurs des Bremer Metropoliten war keineswegs selbstverständlich, genaugenommen war es der städtischen Interessenlogik sogar zuwiderlaufend. Schließlich war dem auf Stärkung seiner landesherrlichen Machtstellung bedachten Erzbischof das immer unverhohlener zutage tretende städtische Freiheitsstreben mindestens ebenso ein Dorn im Auge wie die am friesischen Freiheitsideal genährte Unbotmäßigkeit der Stedinger Bauern, und es war keineswegs auszuschließen, dass der Landesfürst, sollte er aus der Auseinandersetzung mit den Stedingern gestärkt hervorgehen, schon bald den nächsten Schlag gegen die renitenten Bewohner seiner Kathedralstadt führen würde. Die Stadt Bremen und die Stedinger waren also gewissermaßen natürliche Bündnispartner, die durch denselben politischen Gegenspieler, nämlich den erzbischöflichen Stadt- und Landesherrn, an der Verfolgung ihres – bürgerlichen respektive bäuerlichen – Freiheitsdranges gehindert wurden. Ein Zusammengehen zwi-

Tod des Grafen von Oldenburg im Kampf gegen die Stedinger 1234. Darstellung in der Bremer Handschrift der Sächsischen Weltchronik, 1280/90. (Staats- und Universitätsbibliothek Bremen)

schen den Städtern und den Marschenbauern war umso naheliegender als beide schon seit Längerem intensive, zum Teil auch schon vertraglich geregelte Wirtschaftsbeziehungen miteinander unterhielten.
Trotz dieser weitgehenden Interessenübereinstimmung fanden die Bremer sich im entscheidenden Moment der Auseinandersetzung dann aber auf der Seite des ihnen keineswegs immer wohlwollend gesinnten Erzbischofs wieder. Welche Beweggründe haben die Stadt zu diesem ihren Interessen scheinbar zuwiderlaufenden Schritt bewogen? Die Stedinger waren auf der vermutlich am 21. März 1231 in Bremen stattgefundenen Provinzialsynode mit dem Bannstrahl der Häresie gebrandmarkt worden, und Papst Gregor IX. hat dieses vernichtende Verdikt später ganz offiziell bekräftigt. Waren es also religiös-kirchliche Motive, die die Stadt in die Arme ihres Metropoliten trieb und am Kreuzgang teilnehmen ließ? Die Frage, ob die Stedinger damals zu Recht – und das heißt: nach den damals gültigen Regeln des Kirchenrechts – zu Ketzern verurteilt wurden, bewegte schon seit jeher die Gemüter. Fest steht, dass allenfalls die hartnäckige Ignorierung der Exkommunikationssentenz und die damit einhergehende Missachtung der kirchlichen Schlüsselgewalt häresieverdächtig waren, wohingegen die überwiegende Mehrzahl der vorgebrachten Anklagepunkte – z.B. Gefan-

gennahme und Tötung von Klerikern, Verwüstung von Kirchen und Klöstern, Meineide, Hostienfrevel, abergläubische Praktiken – entweder unbelegbare Unterstellungen oder doch zumindest maßlose Übertreibungen darstellten, die zudem in den meisten Fällen nicht dem Häresieverdacht unterlagen. Alles in allem waren die Stedinger wohl keine schlechteren Christen als ihre bäuerlichen Standesgenossen in anderen Gegenden Deutschlands. Es liegt daher auf der Hand, dass Gerhard II. den Ketzervorwurf in erster Linie als kirchliche Waffe im Kampf gegen die Stedinger benutzte, um deren Ungehorsam und Widerstand wirkungsvoller bekämpfen zu können. Kaum zu glauben ist, dass die in regem Kontakt mit ihrer bäuerlichen Umwelt stehenden Stadtbürger dieses durchsichtige, primär taktisch motivierte Manöver ihres Erzbischofs nicht durchschaut haben. Die Bremer werden die den Stedingern zur Last gelegten religiösen Verfehlungen deshalb kaum für bare Münze genommen haben, zumal ihnen die kirchliche Alltagspraxis der Marschenbauern einigermaßen vertraut gewesen sein dürfte. Es ist daher wohl auszuschließen, dass die Bürger Gerhard II. aus tiefer innerer Überzeugung zur Seite gestanden haben, eher dürfte die Befürchtung eine Rolle gespielt haben, im Fall der offenen Parteinahme für die gebannten Bauern selbst in den Verdacht der Häresie zu kommen und dann gleichfalls als Ketzer verfolgt zu werden. Vorsichtige Zurückhaltung war nicht zuletzt auch deshalb geboten, weil sowohl Papst Gregor IX. als auch Kaiser Friedrich II. die Stadt ausdrücklich zur Hilfeleistung im anstehenden Ketzerkreuzzug aufforderten; diese politisch-moralischen Appelle der Oberhäupter von Kirche und Reich verhallten gewiss nicht ungehört in der Stadt.
Letztendlich entscheidend für die aktive Unterstützung des Kreuzzugunternehmens durch die Stadt Bremen aber war sicherlich das verlockende Angebot Gerhards II., der die Kommune mit einer ganzen Reihe großzügiger Versprechungen regelrecht köderte. Die Konzessionen Gerhards, die ohne Zweifel weitgehend mit der städtischen Verhandlungsposition identisch waren, kamen den Wünschen der Bremer Kaufleute so sehr entgegen, dass es aus Sicht der Stadt absolut fahrlässig gewesen wäre, dieses Angebot nicht anzunehmen. Anstelle eines auf partieller Interessenübereinstimmung beruhenden strategischen Bündnisses mit den Stedingern, dessen Erfolgsaussichten äußerst ungewiss waren, entschieden sich die Bremer damals aus allzu verständlichen Gründen für ein taktisches Zweckbündnis mit dem Erzbischof, das kurzfristigen und überdies mehr als verlockenden Gewinn versprach. Dass Gerhard II. bereit war, für das Zustandekommen dieses Zweckbündnisses einen solch hohen Preis zu zahlen, zeigt, in welcher Notlage er sich damals befand und für wie gefährlich er ein Zusammengehen der beiden sich seiner Herrschaftsgewalt entziehenden potentiellen Bündnispartner hielt. Die Bremer haben diese Bedrängnis des Erzbischofs, der

der widerspenstigen Stedinger bislang nicht recht Herr geworden war, kaltblütig ausgenutzt, indem sie ihre Hilfszusage so teuer wie möglich verkauften: Im Unterschied zu den übrigen, zumeist von weither angereisten Kreuzfahrern begnügten sie sich nicht mit einem allgemeinen Sündenerlass, sondern bestanden auf der Gewährung handgreiflicher materieller Vorteile und Vergünstigungen.
Doch hatten die Bremer offensichtlich erhebliche Zweifel an der Zuverlässigkeit und Vertragstreue des Erzbischofs: Man ließ die für die Stadt so günstigen Abmachungen nicht nur von mehr als 100 Zeugen – darunter vier Oldenburger Grafen und die Edelherren von Stotel – eidlich bekräftigten, sondern legte die Vertragsurkunde sowohl dem Domkapitel als auch den Dominikanern von St. Katharinen und – vermittels eines Transsumptes – den Brüdern des Deutschordenshauses zur Beglaubigung vor. Den Bremer Ratsherren konnten die Garantien für eine Erfüllung des Vertrages offensichtlich gar nicht hoch genug sein, was in Anbetracht der bisherigen Rivalitäten zwischen den beiden nunmehrigen Bündnispartnern auch nur allzu verständlich war. Tatsächlich war das Misstrauen der Bremer nur allzu berechtigt, denn Gerhard II. scheint sich nach der erfolgreichen Niederringung der Stedinger nur mehr sehr ungern an seine großzügig gewährten Versprechungen erinnert zu haben. Die Stadt sah sich deshalb drei Jahre nach dem gemeinsam errungenen Sieg bei Altenesch veranlasst, die ihr vertraglich zustehenden Rechte bei Papst Gregor IX. einzuklagen, der den Erzbischof daraufhin nachdrücklich ermahnte, sich an die vertraglichen Abmachungen zu halten. Doch lässt sich die im Vertrag von 1233 in Aussicht gestellte Übernahme von Ländern und Rechten in Stedingen durch die Stadt nicht nachweisen, die diesbezüglichen Zusagen von einst sollten sich schon bald als leere Versprechungen erweisen.

2. Reversalen Gerhards II.

Zunächst aber war den Bürgern 1233 von ihrem Stadtherrn ein außerordentliches Maß an städtischen Freiheiten eingeräumt worden, wie es damals seinesgleichen suchte. Tatsächlich hat die Stadtgemeinde ihren durch die Teilnahme am siegreichen Stedingerkreuzzug erweiterten Handlungsspielraum sogleich zum konsequenten Ausbau ihrer autonomen Rechtsstellung genutzt. Von zukunftsweisender Bedeutung war vor allem die erstmalige – wenn auch verloren gegangene – Aufzeichnung des städtischen Gewohnheitsrechts, der sog. „wilcore“ (Willkür). Auch trat das städtische Gericht nunmehr als Appellationsinstanz gegenüber dem erzbischöflichen Vogtgericht in Erscheinung und zog zudem immer häufiger Rechtsangelegenheiten der Ministerialen an sich.

Es war klar, dass Gerhard II., der soeben erst unter Aufbietung aller Kräfte der Selbständigkeitsbestrebungen der Stedinger Bauern Herr geworden war, den ungezügelten Freiheitsdrang der Stadtbürgerschaft auf Dauer nicht hinnehmen würde. Schließlich gedachte der Metropolit, den mit Hilfe der Stadt errungenen Sieg über die Stedinger zur Stärkung seiner landesherrlichen Herrschaftsbefugnisse und zur Erweiterung seiner Machtbasis zu nutzen. Dies wurde bereits 1243 deutlich, als die Stadt Bremen mit den Oldenburger Grafen einen Vertrag zur gegenseitigen Unterstützung abschloss. Obwohl er selbst überhaupt nicht Vertragspartner war, verlangte Gerhard damals, dass sich eventuelle Hilfsdienste der Bremer für die Grafen unter keinen Umständen gegen ihren Stadt- und Landesherrn richten durften. Mit aller Entschiedenheit machte der Erzbischof hier deutlich, dass er nicht gewillt war, Macht- und Bündniskonstellationen hinzunehmen, die ihm in irgendeiner Weise gefährlich werden konnten.
Drei Jahre später, im Sommer 1246, holte Gerhard II. dann zum entscheidenden Schlag gegen die aufmüpfig gewordene, allzu selbstbewusst agierende Kommune aus, der Stadtherr sah nun den Zeitpunkt gekommen, der immer weiter fortschreitenden Ausbildung städtischer Freiheits- und Selbstverwaltungsrechte entschlossen entgegenzutreten. In den sog. Gerhardischen Reversalen, einem der Kommune am 31. Juli in Lesum oktroyierten Vertrag, zwang er die Bürger zum Offenbarungseid, diese mussten alle in der Zwischenzeit errungenen Rechte und Anmaßungen, „die zum Nachteil unseres Herrn des Erzbischofs und der ganzen Bremer Kirche" ergangen waren, wieder preisgeben: Die eigenmächtig erlassenen Statuten des städtischen Willkürrechts – der Kern der neu gewonnenen Autonomie und daher dem erzbischöflichen Stadtherrn besonders verhasst – wurden wieder abgeschafft, in Zukunft sollten nur noch ausdrücklich vom Erzbischof genehmigte Satzungen Rechtskraft erlangen. Auch die in letzter Zeit immer mehr abhandengekommene Gerichtshoheit des Erzbischofs wurde in vollem Umfang wiederhergestellt, so dass jetzt das Gericht des Vogtes wiederum für sämtliche bürgerliche Rechtsangelegenheiten die zuständige Rechtsinstanz darstellte. Appellationen hatten direkt an den Erzbischof als den obersten Gerichtsherrn zu erfolgen und dieser war auch für Rechtsverfahren der erzstiftischen Ministerialen zuständig. Die kirchlichen Gebäude wurden ausdrücklich aus dem weltlichen Gerichtsbereich herausgenommen und damit der städtischen Gerichtsbarkeit entzogen. Das städtische Ratsgericht wurde so zu weitgehender Bedeutungslosigkeit degradiert und blieb im Wesentlichen auf Rechtsstreitigkeiten in Handels- und Marktangelegenheiten beschränkt. Auch die Eigenleute der Kirche wurden wieder uneingeschränkt der Botmäßigkeit des Erzbischofs unterstellt, und die mit Billigung, wenn nicht gar Förderung des Rates vorangeschrittene Verselb-

Erzbischof Gerhard II. befreit die Bremer Bürger vom Zoll in Bremervörde. Erzbischöfliches Privileg mit der ersten Erwähnung des Bremer Rats (consules) 1225. (Staatsarchiv Bremen)

ständigung der Handwerkerämter wurde wieder rückgängig gemacht. Diese massive Beschneidung von Rechten und Herrschaftsbefugnissen musste den Rat umso mehr schmerzen, als der Erzbischof zu guter Letzt auch noch darauf bestand, dass die Ratsmitglieder wieder wie früher jährlich, und zwar von allen Burgern – dabei war wohl vor allem an eine Einbeziehung der stadtsässigen Stiftsministerialen gedacht –, neu gewählt werden sollten, womit dem offensichtlich schon seit Längerem praktizierten Selbstergänzungsrecht jeglicher Boden entzogen war. Die einstigen Verbündeten, die vor gut einem Jahrzehnt Seite an Seite gegen die vermeintlichen Ketzer der Unterwesermarsch gekämpft hatten, standen sich jetzt, 1246, als erbitterte Gegner gegenüber, wobei der vor Machtbewusstsein strotzende Erzbischof die Stadtbürger sichtlich in die Defensive drängte.

Man vermutet, dass dem Konflikt um das autonome städtische Satzungsrecht nicht zuletzt divergierende Anschauungen über die anzuwendenden Strafrechtsbestimmungen zugrunde lagen: Während der Erzbischof, da er in erster Linie an den fiskalischen Einkünften aus der Rechtsprechung interessiert war, wohl die Beibehaltung des älteren Kompensationsverfahrens befürwortete, bei dem Rechtsbrüche durch Bußgeldzahlungen geahndet wurden, favorisierte die Stadtgemeinde eine „modernere", den Rechtsfrieden in der Stadt besser gewährende Form des Strafrechts, die die Verhängung peinlicher Körperstrafen, eventuell ergänzt um Verbannung und Gütereinzug, vorsah. Das vom Erzbischof beanstandete städtische „Willkür"-Recht hatte demzufolge die finanziell einträglichen Bußgeldzahlungen wohl schon weitgehend durch die Bestrafung an Hals und Hand ersetzt. Welche Motive auch immer das Vorgehen des Erzbischofs bestimmt haben, fest steht, dass die Gerhardischen Reversalen dem Emanzipations- und Autonomiestreben der Stadt einen schweren Schlag versetzt haben. Die Stimmung innerhalb der Bürgerschaft war dementsprechend gereizt, in der historischen Überlieferung findet sich sogar der versteckte Hinweis auf gewalttätige Unruhen im Gefolge des erzbischöflichen Vertragsdiktats, die dann allerdings folgenlos geblieben wären.

Ohnehin waren Stadtherr und Kommune im politischen Tagesgeschäft aufeinander angewiesen, so dass es unabhängig von der allgemeinen Konfrontationshaltung auch nach 1246 immer wieder zu punktueller Zusammenarbeit zwischen den beiden politischen Instanzen kam. So zeigte sich Gerhard II. bereits ein Jahr später durchaus kooperationswillig, als er den Bürgern der Stadt bereitwillig einen Uferstreifen an der Weser zur Besiedlung überließ, der sich in der Folgezeit zum Kernstück des Bremer Uferhafens, der sog. Schlachte, entwickeln sollte. So gesehen hatte die geistliche Herrschaft sicherlich ihren Anteil am wirtschaftlichen Aufschwung der Handels- und Hafenstadt. Und 1248, gerade zwei Jahre nach Erlass der Reversalen, war Gerhard zumindest insofern bereits wieder kompromissbereit, als er zwar nicht das Kompensationsverfahren als solches in Frage stellte, aber doch immerhin zur Teilung der nicht unbeträchtlichen Bußgeldeinnahmen mit der Stadt bereit war. Die aus den Reversalen sprechende unversöhnliche Haltung war also schon zwei Jahre später der Bereitschaft zum Einlenken gewichen. Schließlich kam es einen Monat vor dem Ableben des mächtigen Kirchenfürsten aus dem lippischen Geschlecht im

Das Siegel des Erzbischofs Giselbert von Brunckhorst, 1289. (Staatsarchiv Bremen)

Juni 1258 auf Betreiben von dessen Koadjutor, des Bischofs Simon von Paderborn, zwischen der Bremer Kirche, den Grafen von Oldenburg und der Stadt Bremen zu einem vertraglichen Friedensbündnis mit dem Ziel der gegenseitigen Unterstützung, das sich vornehmlich gegen die rüstringischen Friesen richtete. Zu Ende von Gerhards Kirchenregiment war die Stadt also schon wieder als gleichberechtigter Bündnispartner anerkannt.

Die Gerhardischen Reversalen markieren einen letzten Höhepunkt in der Machtentfaltung der Bremer Erzbischöfe, nie wieder sollte die Stadt der Herrschaft des Krummstabs so ausgeliefert sein wie unter Gerhard II. Schon unter den unmittelbaren Nachfolgern Gerhards ließ sich die scheinbar so fest gefügte Machtstellung der Bremer Kirche nicht mehr aufrechterhalten, die Stadt vermochte in entscheidenden Punkten ihren politischen Willen zur Geltung zu bringen. Die Burgenpolitik Erzbischof Hildebolds ist hierfür exemplarisch. Hildebold von Wunstorf (1258–1273), der der Stadt sogleich nach Amtsantritt ihre Rechte bestätigte, hatte entgegen älteren Zusagen und entgegen einer 1260 von ihm selbst gebilligten und konfirmierten Abmachung, derzufolge ohne die Einwilligung Bremens zwischen Blexen und Bremen an den Ufern der Weser keine Befestigung angelegt werden dürfe, eigenmächtig mit dem Ausbau der verfallenen Burg Versfleth bei Blumenthal begonnen. Damit hatte er einen wunden Punkt der Stadt berührt, für die die Freihaltung des Stromes von Befestigungswerken jeglicher Art stets oberste politische Priorität besaß; nicht umsonst hatte man einst von der Erfüllung dieser Forderung die Teilnahme am Stedingerkrieg abhängig gemacht. Die Stadt warf dem vertragsbrüchigen Erzbischof denn auch unverzüglich den Fehdehandschuh zu und machte die im Wiederaufbau begriffene Weserburg mit Unterstützung der Oldenburger Grafen und der rüstringischen Friesen dem Erdboden gleich. Hildebold musste klein beigeben und der Stadt 1262 abermals, jetzt aber im Anklagestand, feierlich geloben, künftig jeden Burgenbau an der Weser zu unterlassen. Welch ein Unterschied zwischen der demütigenden Form, in der Hildebold für seinen fehlgeschlagenen Versuch des Burgenbaus Abbitte leistete, und der selbstherrlichen, ja herrischen Art, in der Gerhard II. vor gerade einmal 16 Jahren der Bürgergemeinde seine Reversalen aufnötigte!

Der Erosionsprozess erzbischöflicher Macht setzte sich auch unter Hildebolds Nachfolger Giselbert von Brunckhorst (1272–1306) fort. Unter der Regentschaft Giselberts wurden die Reversalen von 1246 endgültig Makulatur: Anstelle sich, wie von Gerhard gefordert, alljährlich der Wahl zu stellen, regenerierte sich das Ratsherrengremium inzwischen wieder im Kooptationsverfahren; die Handwerksämter waren, schon seit 1271, im Besitz eigener Zunftgerichte und waren der Hoheit des Rates unmittelbar unterstellt; entgegen der bisherigen Praxis wurden nunmehr auch Kirchenhörige neu in die Bürgerschaft aufgenommen. Vor allem aber legte sich die Stadt durch Ratsbeschluss vom 1. Dezember 1303 ein neues, jetzt erstmals auch kodifiziertes Stadtrecht zu, das im Bereich des Strafrechts weitgehend zu jener Bestrafung nach Hals und Hand übergegangen war, die Gerhard einst um jeden Preis verhindern wollte. Von den Reversalen Gerhards und der auf ihnen aufbauenden Machtstellung des erzbischöflichen Stadtherrn war so nicht allzu viel übrig geblieben. Auch wenn Giselbert wohl kaum, wie der Chronist Johann Renner zu berichten weiß, 1289 mittels eines förmlichen Vertrags aller weltlichen Macht in der Stadt entsagte, so war er doch allein durch die faktische Entwicklung der Verhältnisse eines Großteils der ehemaligen Rechte des Stadtherrn entkleidet. Unter diesen Umständen war es für den als bürgerfreundlich geltenden Giselbert wohl am klügsten, unnötigen Konfrontationen aus dem Weg zu gehen und den engen Schulterschluss mit der Kommune zu suchen: 1288 verbriefte er den Bürgern für die Instandsetzung des Kuhgrabens eine Reihe wertvoller Vergünstigungen; im selben Jahr verwandte sich Giselbert mit der gesamten bremischen Geistlichkeit für die Interessen der städtischen Fernhändler in Norwegen; 1301 schloss er mit der Stadt ein Landfriedensbündnis, in dem beide Seiten sich gegenseitig Schutz und Unterstützung zusagten; 1305 schließlich machte sich der geistliche Herr, nachdem es infolge eines ruchlosen Mordes zuerst zu Ausschreitungen und Gewalttätigkeiten in der Stadt, dann sogar zu kriegerischen Auseinandersetzungen unter Einbeziehung benachbarter Territorialherren gekommen war, als Vermittler eines Friedens verdient, der die am Konflikt Beteiligten miteinander aussöhnte. Die Stadt Bremen hat ihrem Erzbischof denn auch ein überwiegend freundliches Andenken bewahrt. Unter dem Strich aber bleibt, dass Giselbert trotz seiner bürgerfreundlichen Haltung eine beträchtliche Einbuße an Autorität hinnehmen musste. Es zeigte sich, dass die Reversalen Gerhards II., so sehr sie auch kurzfristig das Pendel zu Gunsten der erzbischöflichen Macht ausschlagen ließen, das Rad der Zeit doch nicht dauerhaft zurückzudrehen vermochten, die Stadt Bremen war schon unter Gerhards beiden unmittelbaren Nachfolgern wieder ein gleichberechtigter Partner, den seine wachsende wirtschaftliche Stärke im Laufe der Zeit immer selbstbewusster auftreten ließ.

3. Erzbischofsfehde und Verrat Alberts II. von Braunschweig-Wolfenbüttel

Der unter den beiden unmittelbaren Nachfolgern Gerhards II. einsetzende Autoritätsverfall der kirchlichen Macht hielt auch im 14. Jahrhundert an, die Bremer Metropoliten wurden inzwischen immer weniger als politischer Machtfaktor wahrgenommen. Ein vorläufiger Tiefpunkt wurde in dieser Hinsicht während des Pontifikats des Dänen Johann Grand (1310–1327) erreicht. Die Stadt Bremen fand sich, da so mancher ihrer Bürger sich wegen nichtiger Anschuldigungen der geistlichen Strafverfolgung ausgesetzt sah, schon bald im Lager der vielen erzbischöflichen Gegner ein und schloss sich einem gegen die willkürlichen Übergriffe des unberechenbaren Erzbischofs gerichteten Bündnis benachbarter Territorialherren an. Ein daraufhin angerufenes Schiedsgericht mahnte am 6. Dezember 1314 die unverzügliche Rückkehr zu den Rechtszuständen an, wie sie zur Zeit Erzbischof Giselberts geherrscht hatten. Dieses Urteil kam einer Anerkennung der in den letzten Jahrzehnten errungenen städtischen Rechtspositionen gleich und trug damit dem inzwischen weit fortgeschrittenen Machtverlust der Metropoliten Rechnung. Die Situation verbesserte sich indessen erst grundlegend, nachdem Johann Grand im Mai 1316 abgesetzt und der vom Domkapitel zum Koadjutor ernannte Johann von Lüneburg mit der Verwaltung des Stifts beauftragt worden war; dieser bestätigte der Stadt Bremen sogleich ihre hergebrachten Rechte und Freiheiten. Mit zwei von Johann Grand im fernen Avignon eingesetzten Generalvikaren, dem Bischof Nikolaus von Verden und dem Kölner Chorherrn Dietrich von Xanten, kam es am 26. Mai 1325 sogar zum Abschluss eines auf zwei Jahre befristeten Landfriedensbündnisses, dem außer der Stadt Bremen auch das Domkapitel, die Grafen von Hoya und Delmenhorst, die Edelherren von Diepholz sowie etliche Stiftsritter angehörten.

Das weitgehend spannungsfreie Verhältnis zwischen Erzbischof Burchard Grelle (1327–1344) und der Stadt war sicherlich nicht zuletzt darauf zurückzuführen, dass Burchard aus dem städtischen Bürgertum stammte und sein Vater Volkmar Grelle als Ratsherr jahrelang an maßgeblicher Stelle Einfluss auf die Geschicke der Stadt genommen hatte. Die guten gegenseitigen Beziehungen wurden auch durch den Streit um das Besitzrecht der Weserfähre bei Bremen nicht wesentlich getrübt, der 1339 durch Schiedsspruch zweier Kämmerer zu Gunsten der Stadt entschieden wurde. Höhepunkt des gütlichen Einvernehmens zwischen städtischer Bürgerschaft und geistlichem Stadtherrn waren ohne Zweifel die Festlichkeiten, die an Pfingsten 1335 aus Anlass der feierlichen Erhebung der Gebeine der heiligen Cosmas und Damian veranstaltet wurden. Geistlichkeit und Bürgerschaft waren damals, so scheint es jedenfalls, tagelang in ständeübergreifender Harmonie miteinander vereint. Noch im letzten Jahr von Burchards Pontifikat schloss die Stadt in einem Bündnisvertrag mit den Edelherren von Diepholz eine eventuelle Stoßrichtung dieses Paktes gegen den erzbischöflichen Stadtherrn kategorisch aus und gab damit zu erkennen, wie sehr ihr die guten Beziehungen zum Metropoliten am Herzen lagen. Trotz günstiger äußerer Bedingungen blieb jedoch auch Burchard Grelle die Wiedergewinnung der Machtfülle vergangener Zeiten versagt.

Mit der Doppelbesetzung des Bremer Erzbistumsstuhles im Jahr 1348 – das Domkapitel hatte Moritz von Oldenburg gewählt, wohingegen Papst Clemens VI. Gottfried von Arnsberg ernannt hatte – eröffnete sich der Stadt dann sogar die Möglichkeit einer direkten Einflussnahme auf die Angelegenheiten des Erzstifts. Der Rat der Stadt Bremen, wo Moritz schon seit Längerem mancherlei freundschaftliche Bande zu den ratsfähigen Geschlechtern unterhielt, stellte sich sogleich auf die Seite des Oldenburgers, dem auch durch das Oldenburger und Delmenhorster Grafenhaus, das Domkapitel, die Stiftsgeistlichkeit und die Stiftsritter sowie die Herzöge von Braunschweig und Lüneburg Unterstützung zuteil wurde. Noch im November 1348 wurde das Zweckbündnis zwischen Moritz von Oldenburg und der Stadt Bremen durch einen Landfriedensvertrag, dem auch die Delmenhorster Grafen und die Rüstringer Friesen beitraten, feierlich besiegelt. Doch war die Stimmungslage in der Bürgerschaft keineswegs so einheitlich, wie es zunächst schien, viele Bürger trugen die Befürchtung, dass der mächtige Moritz mit dem Rückhalt seiner gräflichen Verwandten die Rechte und Freiheiten der Stadt beschneiden würde und hätten daher lieber den vermeintlich schwächeren Gottfried auf dem Erzbischofsstuhl gesehen. Auch der Rat und die damals etwa 50 Personen umfassende Wittheit waren in sich uneins und vermochten sich nur schwer auf eine einheitliche Linie zu verständigen. Bereits 1349 hatte der Rat seine zunächst entschiedene Parteinahme für den Oldenburger Moritz zu Gunsten einer neutralen Haltung zwischen den beiden streitenden Kandidaten aufgegeben. Offenbar hielt man es inzwischen für sinnvoller, sich völlig aus dem sich anbahnenden Konflikt herauszuhalten.

Doch ging die Rechnung des Rates nicht auf. Der päpstliche Prätendent Gottfried von Arnsberg vermochte nämlich die innere Zerrissenheit von Rat und Bürgerschaft seinen persönlichen Zwecken nutzbar zu machen. Angeblich gelang es ihm, einige Wortführer der Gemeinde für sich einzunehmen, und diese übte daraufhin so starken Druck auf den ohnehin uneinigen, wankelmütigen Rat aus, dass dieser seine Neutralität aufgab und endgültig mit Moritz brach. Gottfried von Arnsberg wurde in die Stadt eingelassen und bestätigte ihr am 6. Januar 1350 ihre Privilegien. Bald darauf wechselte auch das Domkapitel, das Moritz zwei Jahre zuvor noch einstimmig gewählt hatte, die Fronten und lief zu Gottfried über. Es war klar, dass Moritz von Oldenburg, der inzwischen von seinem Widersacher mit dem Kirchenbann belegt worden war, in Anbetracht des großen Rückhaltes, den er bei fürstlichen Freunden und Verwandten nach wie vor besaß, nicht bereit war, kampflos aufzugeben. In der nun ausbrechenden sog. Erzbischofsfehde zeigte sich, dass der Rat, dem auch die Anlage einer Burg am Lesumübergang nicht die erhoffte Rückendeckung gewährte, mit seiner von der Mehrheit der Bürgerschaft erzwungenen Entscheidung auf den falschen Kandidaten gesetzt hatte. Moritz von Oldenburg, der von vielen Seiten Zulauf erhielt und so binnen kurzem ein 900 Mann starkes Heer auf die Beine stellte, setzte sich fast mühelos durch. Nach einem siegreichen Scharmützel an der Landwehr in der Nähe des Rembertihospitals zwang er die durch den fast gleichzeitigen Ausbruch der Pest zusätzlich geschwächte Stadt am 13. Juli 1350 zur Annahme eines Waffenstillstandes. Wenn Moritz in den anschließenden Ausgleichsverhandlungen auch zu Gunsten Gottfrieds auf den Titel des Erzbischofs verzichtete, so war er doch als Amtmann des Erzstifts der eigentliche Machtinhaber, der u.a. auch über die stiftischen Burgen gebot. Am 12. September 1350 wurden die neuen Machtverhältnisse dann durch ein Bündnis zwischen Moritz und der Stadt Bremen besiegelt.

Der wankelmütige, uneinige Rat fand sich in der Erzbischofsfehde auf der Verliererseite wieder und hatte sich damit der Möglichkeit beraubt, verstärkten Einfluss auf die Angelegenheiten des Stifts zu nehmen. So blieb denn auch der gleich zu Beginn des Konflikts am 28. September 1349 gefasste Beschluss, dass der erzbischöfliche Vogt künftig grundsätzlich nicht mehr Bürger der Stadt sein dürfe – eine eindeutig gegen die Interessen des Erzbischofs gerichtete Maßnahme –, im Wesentlichen folgenlos. Nach Beendigung der Fehde musste die Stadt diese Bestimmung dahingehend abschwächen, dass das Bürgerrecht des Vogts lediglich während dessen Amtsausübung ruhen sollte. Aufgrund ihrer Parteinahme für den unterlegenen Gottfried von Arnsberg konnte die Stadt somit die Erzbischofsfehde nicht dazu nutzen, in der Machtauseinandersetzung mit den Erzbischöfen weiteren Boden gutzumachen.

Mit Erzbischof Albert II. von Braunschweig-Wolfenbüttel (1360–1395) unternahm dann zum letzten Mal ein Bremer Metropolit den ernsthaften

Versuch, die unangefochtene Stadtherrschaft des Krummstabs, wie sie zuletzt Gerhard II. über seine Kathedralstadt ausgeübt hatte, wiederherzustellen: 1366 ließ sich Albert durch eine ihm günstig erscheinende Konstellation innerhalb der Stadtgemeinde zu einem Anschlag gegen die städtische Verfassung verleiten. Allerdings endete dieser Komplott Alberts in einem politischen Fiasko.

Dabei sah es in den ersten Jahren von Alberts Pontifikat noch durchaus so aus, als ob zwischen erzbischöflichem Stadtherrn und seiner Bürgergemeinde ein leidliches Auskommen auf der Basis geregelter Beziehungen möglich sein sollte. Nachdem er sich Anfang 1362 endlich gegen seinen Widersacher Moritz von Oldenburg – diesen hatte anfangs auch die Stadt Bremen unterstützt – durchgesetzt hatte, wurde Albert II. feierlich in Bremen empfangen, worauf er der Stadt ihre hergebrachten Privilegien bestätigte und einen Schutzbrief ausstellte. Noch im August 1363 hatte Albert ein allgemeines Landfriedensbündnis unter Einschluss der Stadt Bremen gestiftet. Als jedoch zwei Jahre später bürgerkriegsähnliche Zustände in der Stadt herrschten, sah der Metropolit eine günstige Gelegenheit, das erzbischöfliche Stadtregiment noch einmal in seinem vollen Umfang zu restituieren. In der Stadt hatte sich aufgrund von Lösegeldforderungen der Hoyaer Grafen, möglicherweise auch wegen des ungelösten Ratswahlproblems eine aufrührerische Stimmung aufgestaut, die sich im Spätsommer 1365, als der Rat einen „Schoß" zur Aufbringung des Lösegelds forderte, in allgemeinen innerstädtischen Unruhen entlud. Zwar wurde der Rat der zumeist als „Bannerlauf" bezeichneten aufrührerischen Umtriebe rasch Herr und ließ die Anführer der Revolte vom Stadtvogt – das Organ der erzbischöflichen Gerichtsbarkeit war zu diesem Zeitpunkt also noch durchaus kooperativ – zu Verlust von Leben und Eigentum verurteilen. Doch loderte die Flamme des Aufruhrs offenbar im Verborgenen weiter und machte auch vor den Reihen des städtischen Rats nicht Halt: Am 10. Januar 1366 dankten vier Ratsherren unfreiwillig ab und nahmen, aus der Stadt verwiesen, unverzüglich Verbindung mit Erzbischof Albert auf. Der Erzbischof muss offensichtlich – nur so ist die rasche Übereinkunft zu erklären – insgeheim schon länger Kontakte zur innerstädtischen Opposition unterhalten haben und sah nun, nachdem die Missstimmung selbst Teile des Rates erfasst hatte, die Zeit für ein umfassendes Revirement der Machtverhältnisse gekommen. An der Rückkehr zum alten Rechtszustand als dem eigentlichen Ziel der Verschwörung ließ auch Johann Hollemann, einer der Hauptprotagonisten des „Verrats", wie jener Umsturzversuch sogleich nach seiner Niederschlagung offiziell gebrandmarkt wurde, keinen Zweifel, wenn er öffentlich verkündete: „Wer bei seinem alten Recht bleiben will, der trete her zu uns", denn es sei der ausdrückliche Wille des Erzbischofs,

„dass jeglicher bei seinem alten Recht bleibe". Die einstige Herrschaft des Krummstabs wurde hier als glanzvolle Ära längst vergangener Tage beschworen, und insofern die jetzige Revolte die Wiederherstellung des alten Ratswahlrechtes und die Mitbestimmung der Gemeinde bei der kommunalen Rechtssetzung proklamierte, mochte so mancher Bürger darin tatsächlich eine Verbesserung gegenüber den derzeitigen Verfassungsverhältnissen erblicken. Dass Albert II. die Restitution der erzbischöflichen Stadtherrschaft im Unterschied zu Gerhard II., der sich hierfür – zumindest rein formal – rechtlicher Mittel bedient hatte, nurmehr gewalttätig und unter Zuhilfenahme der innerstädtischen Opposition bewerkstelligen zu können glaubte, zeigt in aller Deutlichkeit, wie sehr sich die Verhältnisse gegenüber der Zeit der Gerhardischen Reversalen verändert hatten.
Was Erzbischof Albert indessen unter der Rückkehr zum alten Recht verstand, wurde sogleich deutlich, als er das Stadtregiment – die erzbischöfliche Soldateska war am 29. Mai in einer Nacht-und-Nebel-Aktion in die Stadt eingedrungen und hatte sich diese, auch unter Mithilfe übergelaufener Bürger, gewaltsam unterworfen – übernommen hatte: Entgegen der erzbischöflichen Zusicherung von Frieden und Sicherheit hielten Brandschatzungen, Plünderungen und willkürliche Gefangennahmen Einzug in der Stadt; Rathaus und Tresekammer wurden unter Entnahme von Siegel, Urkunden, Waffen, Stadtbuch und Stadtkasse erbrochen; die Einschränkung städtischer Freiheit fand symbolisch im Niederbrennen des hölzernen Rolands, praktisch in der Errichtung zweier Zwingburgen inmitten der Stadt (Ostertor und Hollemannsburg) ihren sichtbaren Niederschlag; die im Pfandbesitz der Stadt befindlichen Burgen Stotel und Thedinghausen mussten ausgeliefert, weitere Beschlagnahmungen städtischen und bürgerlichen Besitzes hingenommen sowie die Pachteinnahmen der Schiffsmühlen unter der Weserbrücke verschrieben werden; zu guter Letzt musste die Stadt ihrem neuen, hoch verschuldeten Herrn auch noch einen Kredit über die ungeheure Summe von 20 000 Br. Mk. ausstellen. Es half der Bürgerschaft auch nicht viel, dass der Erzbischof sogleich nach seiner Machtübernahme einen neuen, mehr als 100 Personen umfassenden Rat installieren ließ, in dem nunmehr vermutlich die Handwerker eine Mehrheit besaßen, denn dieser Rat war nur ein williges Vollzugsorgan des neuen Machthabers. Die scheinbare „Demokratisierung" der Machtverhältnisse diente also nur dazu, den absoluten Machtanspruch Alberts zu kaschieren und den Willen des geistlichen Stadtherrn zu exekutieren; die eigentliche Macht in der Stadt lag in den Händen des erzbischöflichen Stadtkommandanten, des Ritters Hans von Vreden. Es verwundert daher nicht, dass die Bürger dieser so verstandenen Rückkehr zum „alten Recht" wenig abgewinnen konnten. Als am 27. Juni 1366 Kriegsknechte des Grafen Konrad II. von Ol-

Das Zweite Bremer Stadtsiegel von 1366. Der Kaiser und Petrus auf einer Bank. (Staatsarchiv Bremen)

denburg, den die ausgewichenen Mitglieder des alten Rates als Verbündete gewonnen hatten, in Bremen eindrangen, stießen sie auf nicht allzu viel Gegenwehr, zumal der erzbischöflichen Besatzung freier Abzug gewährt wurde. Rasch wurden die Verräter, so weit man ihrer habhaft wurde, hingerichtet, und sodann der alte Rat wieder in vollem Umfang – also auch mit dem Recht der Selbstergänzung – in Amt und Würden eingesetzt. Drei Monate später, am 26. September, fügte sich schließlich auch Erzbischof Albert II. in das Unvermeidliche und fand sich zum Friedensschluss mit der Stadt, der einer totalen Kapitulation gleichkam, bereit. Alle unter dem Druck der revolutionären Verhältnisse erfolgten Abmachungen und Zusagen wurden rückgängig gemacht, der Landfriede von 1363 trat wieder in Kraft.

Ganze vier Wochen dauerte die Schreckensherrschaft Alberts II. und seiner Komplizen in Rat und Bürgerschaft an. Der Versuch, das Rad der Geschichte gewaltsam und unter völliger Missachtung der tatsächlichen Machtverhältnisse noch einmal um ein Jahrhundert zurückzudrehen, war endgültig gescheitert. Albert II. fügte sich nolens volens in den ihm noch verbliebenen Spielraum, zu einer nochmaligen Auflehnung gegen den machtpolitischen Status quo ist es während seiner noch nahezu 30 Jahre währenden Regentschaft nicht mehr gekommen. Im Gegenteil, beim Bau einer befestigten Brücke über die Lesum durch die Stadt zeigte er sich durchaus kooperativ und 1391 willigte er in einen großen Landfrieden mit den Herzögen von Braunschweig-Lüneburg, dem Domkapitel sowie den Städten Bremen und Buxtehude ein. Sieger der Auseinandersetzung war letztendlich die alte Ratsoligarchie der Stadt, die nach 1366 fester im Sattel saß als je zuvor und deren Regiment sich bis zum Ende des Mittelalters nun nicht mehr wesentlich erschüttern ließ. Dementsprechend blieb der Tag der Befreiung vom Joch des Erzbischofs im kollektiven Gedächtnis der Stadt tief verankert: Der 28. Juni wurde zum städtischen Festtag erklärt, an dem die Armen der Stadt mit je einem Weizenbrot verköstigt und die Geistlichen des Domes und der wichtigsten städtischen Kirchen für die Durchführung der Feierlichkeiten mit großzügigen Geldspenden versehen werden sollten. Das von einigen Bürgern in der Stunde der Not feierlich geleistete Gelübde, für den Fall der Wiedergewinnung der Stadt aus Dankbarkeit jedes Jahr einen Pilger nach Santiago de Compostela zu senden, wurde allerdings schon 1369 mit päpstlicher Zustimmung dahingehend umgewandelt, dass in der Liebfrauenkirche mit städtischen Mitteln ein mit jährlichen Einkünften von 30 Goldgulden dotierter Altar zu Ehren des heiligen Jakobus gestiftet wurde.

4. Die Stadt als Pfandnehmer des Erzbischofs

Durch die Niederschlagung des Aufstandes von 1366 konnte die Stadt den Anschlag Alberts II. auf ihre hergebrachten Rechte und Freiheiten vereiteln und ihre im Laufe der Zeit errungene autonome Herrschaftsstellung innerhalb des Erzstifts behaupten. Darüber hinaus aber gelang es der Stadt, sich die andauernde wirtschaftliche Schwäche des Stifts unter Albert II. zunutze zu machen. Erzbischof Albert hatte, nicht zuletzt durch das fehlgeschlagene Unternehmen gegen die Stadt Bremen, die Stiftsfinanzen gründlich ruiniert und im Verlauf der Jahre einen riesigen Schuldenberg angehäuft. Um die Schulden abbezahlen zu können, sah er sich gezwungen, Herrschaftsrechte und Besitzungen an potente Geldgeber zu verpfänden. Wichtigster Kreditgeber aber war allein schon aufgrund ihrer enormen Wirtschafts- und Finanzkraft die Stadt Bremen, die nach Überwindung einer durch Erzbischofsfehde, Pest und Hoyaer Fehde ausgelösten Krise einen lang anhaltenden Handelsaufschwung zu verzeichnen hatte und in der zweiten Hälfte des 14. Jahrhunderts wirtschaftlich außerordentlich prosperierte. Die Stadt erwarb so sukzessive Pfandanteile an erzbischöflichen Gütern und Rechten und befand sich schließlich gegen Ende der Regierungszeit Alberts im Pfandbesitz der wichtigsten Stiftsburgen.
Die erste größere Erwerbung aus der Besitzmasse des Erzstifts war die am rechten Wesernebenfluss Lune gelegene Burg Stotel. Das Bremer Domkapitel hatte der Stadt vermutlich kurz nach 1350 einen Pfandanteil an der Burg eingeräumt, nachdem diese dem Kapitel beim Erwerb der erledigten Grafschaft Stotel finanziell zu Hilfe gekommen war. Zwar war die Stadt in der Zeit des „Verrats“ ihres Burganteils vorübergehend verlustig gegangen, doch verpfändete Erzbischof Albert, der inzwischen auch den Anteil des Domkapitels in einem Tauschgeschäft erworben hatte, ihr 1375 infolge seines großen Geldbedarfs die gesamte Grafschaft Stotel. Bremen war am Besitz Stotels vor allem deshalb interessiert, weil sich die relativ nahe am rechten Weserufer gelegene Burg vorzüglich als Operationsbasis für die Befriedung des Wesermündungsgebiets eignete. So musste sich schon 1365

der von Kapitel und Stadt gemeinsam eingesetzte Amtmann Karsten Nagel ausdrücklich zum Schutz des städtischen Handelsverkehrs verpflichten, und der städtische Vogt Hermann von Wersebe spielte 1384 bei der Bekämpfung des der Stadt feindlich gesonnenen Friesenhäuptlings Haye Husseken eine herausragende Rolle. Sein Nachfolger Curd von Aumund vertrat dann 1386/87 die Interessen der Stadt in deren Fehde gegen die Herren von Elmlohe und Luneberge.

Das städtische Interesse an den beiden südlich von Bremen gelegenen erzstiftischen Burgen Thedinghausen und Langwedel lag vor allem in den dortigen Handelsstraßen, die es von Behinderungen und ungebührlicher Zollerhebung freizuhalten galt, sowie in der Sicherung des im Umfeld der Burgen gelegenen bürgerlichen Grundbesitzes begründet. Die Burg Thedinghausen, zwischen 1273 und 1285 als Eckpfeiler der erzstiftischen Besitzungen südlich der Weser errichtet, in der ersten Hälfte des 14. Jahrhunderts jedoch zumeist an die Grafen von Hoya verpfändet, gelangte erstmals an Bremen, als der Stadt während der sog. Hoyaer Fehde im Juni 1358 mit der Rückendeckung des mächtigen Stiftsamtmannes Moritz von Oldenburg die Einnahme der Burg gelang; Stadt und Domkapitel teilten sich daraufhin den Besitz der Pfandrechte. Die erzwungene Auslieferung des städtischen Pfandanteils zur Zeit des „Verrats" blieb folgenlos, nach der Wiedererlangung ihrer Burgrechte setzte die Stadt 1367 Dietrich von Wersebe als Vogt auf der städtischen Schlosshälfte mit der ausdrücklichen Verpflichtung zur Beschirmung von Rat und Bürgern ein. 1377 verpfändete dann der wieder einmal in großer Geldnot befindliche Erzbischof Albert die ganze Vogtei Thedinghausen für 900 Br. Mk. an die Stadt, städtischer Amtmann wurde jetzt Dietrich Amendorp, der das Schloss als Afterpfand erhielt.

Die 3 km nördlich der Allermündung gelegene erzstiftische Burg Langwedel wurde zwischen 1223 und 1226 mit der ausdrücklichen Zustimmung und mit der finanziellen Unterstützung der Stadt Bremen erbaut. Für ihre Hilfe ließ sich die Stadt schon damals bestimmte Privilegien wie den Verzicht auf Zollerhebung sowie auf eine Beschwerung der Stadt von der Burg aus einräumen. Da Langwedel während des „Verrat"-Aufstandes ein wichtiger Stützpunkt des Erzbischofs war, betrieb der wieder in seiner ganzen Machtfülle bestätigte Rat im September 1366 die zunächst zehnjährige Anpfändung der Burg durch die Stadt für die nicht unbedeutende Summe von 1050 Br. Mk. Zur Abwehr von Ansprüchen der braunschweigisch-lüneburgischen Herzöge wurde die Pfandsumme später noch einmal zuerst um 280 Br. Mk. (1373), dann sogar um 1090 Br. Mk. (1376) erhöht. Mit der Ernennung des Ritters Meinrich Schulte und seiner Söhne Geverd und Friedrich Schulte zu Amtsleuten erfolgte 1380 die erste nachweisliche Einset-

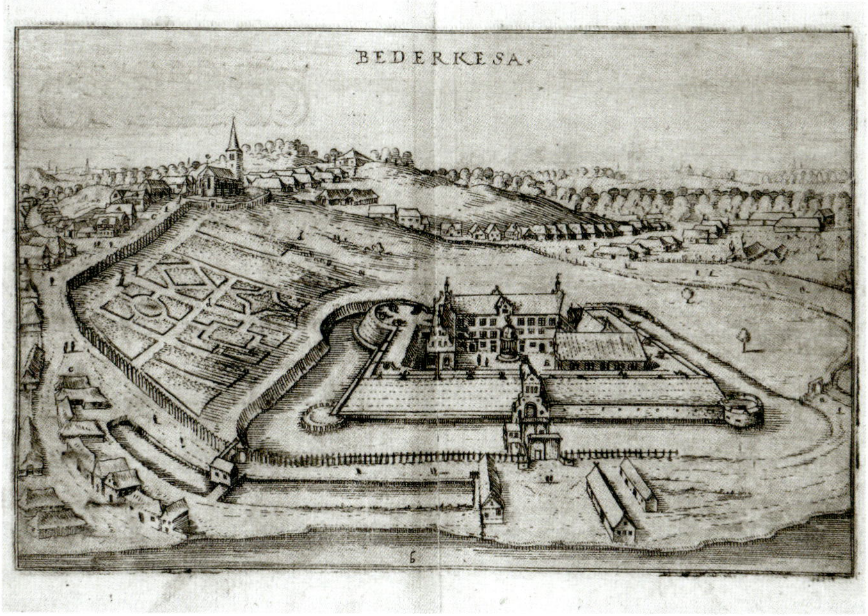

Blick auf Burg und Dorf Bederkesa, Kupferstich in der Dilichchronik, 1601. (Staatsarchiv Bremen)

zung eines städtischen Vogtes auf Langwedel. Die solchermaßen verfestigte Bindung der Burg an die Stadt geriet dann 1380/81 in der sog. Mandelsloher Fehde in Gefahr, als die Herren von Mandelsloh, Burgmannen der Drakenburg bei Nienburg aus einem an Aller und Leine reich begüterten Adelsgeschlecht, Besitzansprüche an erzstiftischen Burgen, darunter auch Langwedel, anmeldeten. Doch konnten die Brüder von Mandelsloh im Frühjahr 1381 mit vereinten Kräften von Stadt, Stiftsrittern, Stiftsstädten und Domkapitel aus dem Erzstift vertrieben werden, so dass die Gefährdung des städtischen Pfandrechts in Langwedel erfolgreich abgewehrt wurde.

Die Brüder von Mandelsloh hatten sich mit verbündeten Rittern u.a. auch in der erzstiftischen Burg Bederkesa festgesetzt und dort pfandweise Anteile an Burg und Herrschaft erworben. Nach ihrer Vertreibung aus dem Erzstift 1381 fiel die bisher der Mandelsloher Partei zustehende Hälfte von Schloss und Herrschaft Bederkesa nun nach Kriegsrecht an die Stadt. Diese setzte bereits im folgenden Jahr den Administrator des Erzstifts, Bernhard von Schaumburg, als Amtmann ein und übertrug ihm den städtischen Anteil zur Verwahrung, nicht ohne vorher für eine Sicherung der bremischen Interessen gesorgt zu haben. Zu diesem Zeitpunkt übte Bremen bereits seit einigen Jahren in Wildeshausen an der Hunte, das am Kreuzungspunkt zweier wichtiger Handelsstraßen lag, das Pfandrecht aus. Um die drohende Verpfändung Wildeshausens an die Grafen von Hoya zu verhindern, hatten sich der Rat der Stadt und das Domkapitel 1376 von Erzbischof Albert Schloss, Vogtei, Amt und Weichbild Wildeshausen gemeinsam für 2600 Br. Mk. verpfänden lassen. Drei Jahre später übertrugen Rat und Kapitel die Vogtei Wildeshausen an den Knappen Friedrich von Schagen und dessen Sohn Hugo. Hugo von Schagen stand der Stadt in der Mandelsloher Fehde denn auch hilfreich zur Seite.

Nach und nach wurde die Stadt Bremen somit unter Erzbischof Albert II. zum wichtigsten Pfandinhaber erzbischöflicher Güter und Rechte und gelangte in den benachbarten Stiftsterritorien in den Besitz von Burgen, Vogteien und Zöllen. Eine für Handel und Wandel der Stadt besonders bedeutsame Erwerbung war Bremen überdies im Jahre 1369 geglückt, als Erzbischof Albert ihr das Münzrecht pfandweise übertrug. Unter der fortschreitenden Verschlechterung der Münzen durch die fürstlichen Münzherren hatten Handelsstädte wie Bremen besonders schwer zu leiden, mit der Aufsicht über das Münzwesen ließ sich nun dem schädlichen Seigern und den häufigen Münzverrufungen Einhalt gebieten. Die Stadt stellte denn nach der Übernahme der Münze auch sogleich einen neuen Münzmeister an, ließ neue Münzen schlagen und ordnete das Münzwesen neu. Die Gewichtung der Machtanteile zwischen dem erzbischöflichen Metropoliten und der Stadt Bremen hatte sich so unter Albert II. in einem bisher nicht gekannten Ausmaß zu Gunsten Letzterer verschoben: Während der hoffnungslos verschuldete Erzbischof mehr und mehr zum Statisten auf der politischen Bühne degradiert wurde, gelang der im Besitz von Pfandschaften und Gerichtsrechten im Erzstift befindlichen Stadt in ersten Ansätzen die Ausbildung eines Territoriums.

In Anbetracht der weitgehenden Verschleuderung erzbischöflicher Rechte und Besitzungen unter Albert II. besaß unter dessen Nachfolgern die Rückgewinnung des entfremdeten Pfandbesitzes oberste Priorität. Dies gelang wenigstens zum Teil, wenngleich es in Einzelfällen sogar zu neuerlichen Verpfändungen kam. Im Grunde genommen setzte die erzbischöfliche Revindikationspolitik sogar schon in den letzten Jahren Alberts II. ein, als die Stadt Einschränkungen an ihren Pfandrechten in Thedinghausen und Langwedel hinnehmen musste. So wurde das städtische Pfandrecht in Thedinghausen 1385 auf die eine Vogteihälfte beschränkt, welche die Stadt in den folgenden Jahren dann in raschem Wechsel an Johann Korlehake (1386), Hugo von Schagen (1388) und Statius von Mandelsloh (1389) weiterverpfändete. Und in Langwedel musste Bremen dem damaligen Archidiakon von Rüstringen, Johann Slamstorp, im Juni 1386 ein Afterpfandrecht an der Burg einräumen; immerhin vermochte die Stadt dabei ihre Interessen durch

eine Vielzahl von Bestimmungen – z.B. Verbot der Zollerhöhung, Einschränkung des Fehderechts – sicherzustellen.
Als im Jahre 1395 dann Otto II. (1395–1406) den Bremer Erzbistumsstuhl bestieg, hat dieser der Stadt nicht nur wie üblich ihre Privilegien, sondern ausdrücklich auch den städtischen Pfandbesitz über die Stiftsgüter bestätigt. Dies hielt Otto, dessen Unmut über die Dominanz der Stadt sich in dem ihm zugeschriebenen Ausspruch „de stadt van Bremen were dat ganse stichte" äußerte, indessen nicht davon ab, in der Folgezeit energisch die Einlösung erzstiftischer Güter und Rechte zu betreiben: Burg und Vogtei Stotel scheinen nach 1400 für längere Zeit mit dem erzbischöflichen Tafelgut verbunden worden zu sein. Und die Burg Langwedel, die bisher im alleinigen Pfandbesitz der Stadt war, wurde nach deren Einlösung durch Otto II. 1399 von diesem zu gemeinsamen Händen an Rat und Domkapitel verpfändet. Rat und Kapitel setzten daraufhin gemeinsam Johann Clüver und Arnd von Weyhe als Vögte ein, die sowohl dem Erzbischof als auch dem Kapitel und dem Rat ein Öffnungsrecht einräumen mussten. Die Stadt Bremen musste also auch hier eine Einschränkung ihres Pfandrechts hinnehmen und sich mit der Pfandhälfte an Langwedel begnügen. In Bederkesa trat die Stadt ihren Besitzanteil, der zuletzt von dem Amtmann Cord von Aumund verwaltet worden war, 1396 auf acht Jahre an Erzbischof Otto ab, der damit die städtischen Rechte übernahm. Lediglich in Wildeshausen kam es damals nicht zu einer Stärkung der erzbischöflichen Position, doch musste die Stadt auch hier mitansehen, wie der von ihr und dem Domkapitel gemeinsam eingesetzte Amtmann Hugo von Schagen nach 1390 den Edelherren von Diepholz eigenmächtig Rechte in Wildeshausen einräumte, so dass Bremen auch hier in seiner Rechtsstellung beschädigt wurde. Wie erfolgreich Otto II. bei der Wiedergewinnung erzstiftischer Rechte und Besitzungen war, lässt sich am besten daraus ablesen, dass die sich bei seinem Amtsantritt noch auf 7000 Br. Mk. belaufende Pfandsumme, welche er der Stadt damals schuldete, sich während seiner Regierungszeit auf etwa 2000 Br. Mk. verringerte.
Hauptinitiator der Revindikationspolitik Ottos II. war der Archidiakon von Hadeln und Wursten, Johann Slamstorp, es war daher abzusehen, dass dieser nach seiner Wahl zum Bremer Erzbischof (1406–1420) die Politik einer Stärkung der erzbischöflichen Rechte weiterverfolgen würde. Tatsächlich verlor Bremen nach 1410 auch die restliche Pfandhälfte von Langwedel an das Erzstift. Ähnlich verlief die Entwicklung in Wildeshausen, wo seit 1405 nur noch Rechte des Domkapitels bezeugt sind, die Stadt ihres Anteils also offensichtlich verlustig ging. In Thedinghausen hingegen vermochte sich die Stadt die ihr verbliebene Pfandhälfte vorerst zu sichern, 1415 wurde hier der Knappe Wulfhart von Bersen mit der Wahrnehmung

der städtischen Rechte beauftragt, was sich vor allem auf die Instandsetzung der allmählich verfallenden Burg bezog. Doch kam es auch hier im Laufe der Zeit vermehrt zu Spannungen mit dem erzbischöflichen Vogt. Die mit dem Tod Ottos II. eigentlich fällige Rückgabe der städtischen Hälfte von Bederkesa an Bremen schließlich geriet zu langwierigen Auseinandersetzungen zwischen dem erzbischöflichen Landesherrn und der Stadt. Johann Slamstorp verweigerte die Herausgabe mit der Begründung, dass der Bremer Anteil ursprünglich erzstiftisches Eigengut darstelle. Dagegen erhob der Rat 1408 Klage vor einem Schiedsgericht, weil er sich als den rechtmäßigen Besitzer der Schlosshälfte betrachtete. Die Angelegenheit zog sich jahrelang hin und wurde erst 1412 durch einen Vergleich geregelt: Erzbischof Johann gab das Schloss an die Stadt zurück, erhielt es jedoch von dieser umgehend zur Nutzung auf Lebenszeit zurück. Rat und Erzbischof bestellten daraufhin den Bremer Ratsherrn Martin von der Lesum gemeinsam zum Amtmann des Schlosses. Damit wahrte Johann Slamstorp auch im Wesermündungsgebiet den Einfluss des Erzstifts, nachdem sein Versuch einer weiteren Burgengründung an der Geeste (Stintburg) nicht zuletzt am Widerstand Bremens gescheitert war, während die Stadt zu dieser Zeit ohnehin mehr am linken Weserufer engagiert war. Insgesamt vertrat Erzbischof Johann Slamstorp die erzstiftischen Interessen so entschieden wie schon lange kein Amtsinhaber mehr vor ihm, Bremen besaß am Ende seiner Regierungszeit nur noch Pfand- und Besitzanteile in Thedinghausen und Bederkesa.

Obwohl der Nachfolger Johanns, der mit Unterstützung des Rates zum Erzbischof gewählte Nikolaus von Delmenhorst (1421–1434), sich in seiner Wahlkapitulation ausdrücklich zur Revindikation des entfremdeten Stiftsbesitzes verpflichten musste, vermochte er die von seinem Vorgänger praktizierte Politik nicht weiterzuverfolgen, im Gegenteil kam es unter ihm erstmals seit längerer Zeit wieder in größerem Umfang zu Verpfändungen an die Stadt. Sogleich zu Beginn seiner Amtszeit musste Nikolaus den Rückfall des ältesten städtischen Anteils an Bederkesa an die Stadt Bremen hinnehmen. Dies war zwar vertraglich so vereinbart, doch hatte Johann Slamstorp die Ansprüche des Erzstifts auf Bederkesa stets vehement verfochten; diese konnten jetzt erfolgreich zurückgewiesen werden. Der eigentliche Einbruch erfolgte jedoch erst in den Jahren 1425/26 infolge einer die Kräfte des Erzstifts übersteigenden Außenpolitik Nikolaus'. Dieser benötigte damals für seine exzessive Kriegsführung sowohl finanzielle Unterstützung als auch Verbündete. Beides konnte ihm die Stadt Bremen bieten, die dafür wiederum verpfändetes Stiftsgut in Empfang nahm. Im September 1425 schlossen Erzbischof und Rat einen Bündnisvertrag, welcher der Stadt ein Eventualpfandrecht an der Burg Langwedel sowie an der durch die Wahl Nikolaus' soeben erst an das Erzstift gelangten Grafschaft Delmenhorst einräumte. Während der Rat sein Eventualpfandrecht in Delmenhorst jedoch niemals realisierte, nahm er in Langwedel dem dortigen Amtmann Eggerd von Bordeslo mit Hilfe des Domkapitels, das seit 1427 zusehends die Stelle des durch seinen fehlgeschlagenen Friesland-Feldzug stark geschwächten Erzbischofs einnahm, die Burg gewaltsam ab. Rat und Domkapitel verpfändeten daraufhin im Februar 1430 die Hälfte der Burg für 500 Br. Mk. an die beiden Knappen Gise und Alverich Clüver weiter, die zu einer engen Abstimmung ihrer Politik mit den Interessen der Stadt verpflichtet wurden. Doch stellte sich die Lage in Langwedel in jenen Jahren sehr verworren dar, weil auch Erzbischof Nikolaus dort eigenmächtig Verpfändungen vornahm. Schließlich einigte man sich 1432 dahingehend, dass Nikolaus mit der ausdrücklichen Zustimmung von Rat und Kapitel den Knappen Segebodo Kust als Vogt von Langwedel einsetzte. Langwedel verkam in einer für alle Beteiligten schwierigen Zeit, das zeigt nicht zuletzt der häufige Wechsel der Burginhaber, zum Sicherungsobjekt für übernommene Verbindlichkeiten. Die Stadt Bremen aber, die nach 1410 zunächst jeglichen Einfluss auf Langwedel verloren hatte, konnte ihre einstigen dortigen Rechte aufgrund der überspannnten Politik Erzbischof Nikolaus' wenigstens zum Teil wieder erneuern. Ähnliches gelang Bremen auch in Stotel. Noch Anfang 1428 wird hier Hinrich von der Lith als alleiniger erzbischöflicher Pfandinhaber der Vogtei genannt. Da Hinrich jedoch der Bremer Handelsschifffahrt auf der Weser von seiner Burg aus immer wieder Schaden zufügte, warf ihm die Stadt den Fehdehandschuh zu, vertrieb ihn aus Stotel und setzte unter Reaktivierung ihrer alten Rechte die ihr treu ergebenen Brüder Wilken und Giseke Nagel als neue Vögte ein. Erzbischof Nikolaus, bei seinen waghalsigen auswärtigen Unternehmungen auf die Unterstützung der Stadt angewiesen, musste die Beschneidung seiner Rechte und die Begründung einer zweiten Bremer Pfandherrschaft in Stotel tatenlos mitansehen. Und in Thedinghausen vermochte die Stadt das ihr seit 1385 zustehende halbe Pfandrecht auch unter Nikolaus zu behaupten, hier vertrat noch 1432 Heineke Klenk als Amtmann die städtischen Interessen. Unter Erzbischof Nikolaus kam es somit zu einer weitgehenden Entfremdung von Stiftsgut zu Gunsten der Stadt, was nicht zuletzt dazu führte, dass Nikolaus mit dem Hamburger Dompropst Graf Otto von Hoya 1432 ein Koadjutor zur Seite gestellt wurde. Diesem wurde, da er sich verpflichtete, die unter Nikolaus angehäuften Schulden des Erzstifts zu übernehmen, die Burg Langwedel mit Zustimmung der Stadt vorübergehend als Pfand übertragen.

Diese Weiterverpfändung Langwedels an den Stiftskoadjutor führte dann allerdings beim nächsten Wechsel auf dem Erzbistumsstuhl zu erheblichen

Komplikationen. Otto von Hoya verweigerte nach der Wahl Balduins von Wenden (1434–1441) zum Erzbischof die Herausgabe der ihm anvertrauten Burg Langwedel. Zwar konnte die Stadt Bremen Otto Ende 1434 im Bündnis mit den Herzögen von Braunschweig-Lüneburg aus Langwedel vertreiben, doch war die Stadt aufgrund ihrer schwierigen Finanzlage offenbar nicht in der Lage, die Anteile ihrer Bündnispartner verabredungsgemäß abzulösen. Anstatt wie vorgesehen in Bremer Verwaltung überzugehen, wurde Langwedel daher im April 1435 an die Stadt Lüneburg verpfändet, und Bremen lehnte auch nach Ablauf der sechsjährigen Pfandzeit 1441 die Auszahlung der Pfandsumme ab. Die Zurückhaltung der Stadt Bremen in Langwedel war kein Einzelfall, sondern in gewisser Weise symptomatisch für einen allgemeinen Wechsel in der Politik der Stadt gegenüber dem Erzstift. Die städtische Pfandpolitik hatte nach den neuerlichen Anpfändungen unter Erzbischof Nikolaus ihren Höhepunkt überschritten, unter den Nachfolgern Nikolaus' ließ Bremen fast alle ihm noch verbliebenen Pfandrechte verfallen. Nachdem Stotel im Jahr 1435 noch einmal für zehn Jahre an den Ratsherrn Daniel Brand für 600 rhein. Gulden weiterverpfändet worden war, wurde das dortige städtische Pfandrecht unter Balduins Nachfolger Gerhard III. von Hoya (1442–1463) wieder vom Erzstift zurückerworben. Und in Thedinghausen war der noch zur Zeit Nikolaus' eingesetzte Heineke Klenk wohl der letzte städtische Vogt, bald darauf kam es auch hier zum Verlust der Bremer Rechte, 1450 befand sich Thedinghausen im Pfandbesitz des Bischofs von Verden. Schließlich fiel auch Langwedel nach seiner Wiedereinlösung durch den Rat der Stadt Bremen 1465/66 an das Erzstift zurück.

Die Stadt Bremen hatte spätestens seit dem zweiten Drittel des 15. Jahrhunderts nicht mehr das unbedingte Interesse, ihren erzstiftischen Pfandbesitz überall und um jeden Preis zu halten. Das Hauptinteresse der Stadt konzentrierte sich im Verlauf des Spätmittelalters immer stärker auf die Unterweser als der eigentlichen Lebensader des städtischen Handels und Verkehrs; demgegenüber waren die großen binnenländischen Handelsstraßen von untergeordneter Bedeutung, weshalb die hier gelegenen erzstiftischen Burgen – Langwedel, Thedinghausen, Wildeshausen, zeitweise auch Delmenhorst – vernachlässigenswert erschienen. Aufwand und Kosten drohten hier mitunter den militärischen Nutzen zu übersteigen, auch bestand die ständige Gefahr einer Verwicklung in militärische Konflikte. Und der Verlust der nur 6 km von der Weser entfernten Vogtei Stotel war deshalb verschmerzbar, weil auf dem rechten Weserufer schon bald die Herrschaft Bederkesa zum territorialen Zentrum des stadtbremischen Einflusses ausgebaut wurde. Zwischen der Mitte des 14. und der Mitte des 15. Jahrhunderts jedoch, als Bremen eine aktive Pfandpolitik verfolgte und zum wichtigsten Pfandnehmer der oft hochverschuldeten Erzbischöfe wurde, konnte die Stadt ihre wirtschaftlichen, verkehrspolitischen und militärischen Interessen auf Kosten des geschwächten Erzstifts befördern. Die Erzbischöfe, einst Hauptwidersacher der Kommune beim Aufbau autonomer städtischer Strukturen, waren der Stadt als ihrem Hauptgläubiger oft regelrecht ausgeliefert. Das Kräfteverhältnis zwischen Stadt und Erzbischof hatte sich so eindeutig zu Gunsten der Stadt verschoben, deren Kapitalkraft den Metropoliten überhaupt erst eine gewissse finanzielle Beweglichkeit erlaubte.

5. Pragmatische Bündnispolitik am Ende des Mittelalters

Die Frage des Pfandbesitzes und der daraus sich ergebenden Herrschaftsrechte spielte somit seit spätestens 1450 in den Beziehungen zwischen den Erzbischöfen und der Stadt Bremen keine Rolle mehr. In den Vordergrund traten vielmehr nun die Gefahren, die durch auswärtige Mächte in den Unterweserraum getragen wurden. Sowohl das Erzstift als auch die Stadt Bremen waren zu unbedeutend, als dass sie den sich zu Territorialstaaten entwickelnden Mittelmächten der Region – dem Herzogtum Braunschweig-Lüneburg, den Grafschaften Oldenburg und Ostfriesland – im Konfliktfall ernsthaft Paroli hätten bieten können. Beide waren gewissermaßen natürliche Bündnispartner, wenn es darum ging, sich der Zumutungen und Übergriffe auswärtiger Potentaten gemeinsam zu erwehren. Tatsächlich kam es unter den letzten mittelalterlichen Erzbischöfen immer wieder zu derartigen Zweckbündnissen mit der Stadt Bremen.
Zunächst ging die Hauptgefahr von Graf Gerd von Oldenburg aus, der seit ca. 1450 wiederholt Raubzüge gegen benachbarte Territorien unternahm und den Handelsverkehr durch Straßen- und Seeraub schwer beschädigte. Hauptwidersacher des Oldenburger Grafen wurde dann aber der im Juli 1463 zum Bremer Erzbischof gewählte Heinrich von Schwarzburg (1463–1496). Erste Kontakte zwischen dem Erzbischof und der Stadt gab es bereits 1465, als diese – in Umkehrung ihrer früheren Politik! – Heinrich von Schwarzburg bei der Einlösung von Langwedel und Wildeshausen mit Krediten behilflich war. Als Heinrich 1471 dann die alten Ansprüche des Erzstifts auf die Herrschaft Delmenhorst durchzusetzen versuchte, die sich inzwischen im Besitz Gerds von Oldenburg befand, fiel ihm gleichsam von selbst die Führung der breit gestreuten antioldenburgischen Koalition zu. Heinrich von Schwarzburg schloss ein Kriegsbündnis mit der Stadt, das dieser bei erfolgreichem Ausgang den Erwerb von Hammelwarden, Line und Elsfleth sowie die Umwandlung des Pfandbesitzes von Landwürden in städtischen Eigenbesitz in Aussicht stellte. Zwar vermochte die durch eine

Der hl. Willehad mit Bischofsstab und Dommodell, sog. Willehad-Taler des Erzbischofs Christoph, nach 1511.

schwere Niederlage 1476 in Moorriem – die sog. „Bremer Taufe" – geschwächte sowie finanziell weitgehend ruinierte Stadt diese reiche Ernte dann doch nicht einzufahren, doch immerhin wurde dem gräflichen Raubgesellen aus Oldenburg mit vereinten Kräften und nach jahrelangen Fehden schließlich sein Handwerk gelegt, er musste 1482 abdanken.

Die Zeit um die Jahrhundertwende stand dann im Zeichen der territorialen Eingliederung der Marschen an der Wesermündung. Auch in dieser Frage gab es Interessenübereinstimmungen zwischen den Erzbischöfen und der Stadt, die beide an einer zu starken Stellung etwa der Braunschweiger Herzöge bzw. der Oldenburger Grafen wenig Gefallen finden konnten. Anfängliche Reibungen zwischen der Stadt und Erzbischof Johann Rode (1497–1511) wurden im April 1499 mittels eines Schiedsverfahrens bereinigt. Als dann Herzog Magnus von Sachsen-Lauenburg noch im selben Jahr Anstalten machte, das Land Wursten am rechten Ufer der Außenweser seiner Herrschaft einzuverleiben, da schmiedeten Johann Rode und die Stadt Bremen, die durch ein solches Vorgehen ihre ureigensten Interessen in dieser Region bedroht sahen, ein Bündnis zum Schutz des Landes Wursten, dem sich auch das Domkapitel und die Stadt Hamburg anschlossen.

Tatsächlich konnte die drohende Gefahr beseitigt werden, das Land Wursten unterstellte sich im August 1500 mit ausdrücklicher Billigung Bremens – der diesbezügliche Vertrag wurde auch von der Stadt besiegelt – der schutzgewährenden Landesherrschaft des Erzbischofs. Und als nach der Erhebung Butjadingens und Stadlands vom oldenburgischen Joch neben den Oldenburgern und Braunschweigern auch das Erzstift Ansprüche auf die beiden Marschländer anmeldete, da kam die Kommune dem Metropoliten wiederum zu Hilfe, indem sie nach einer fehlgeschlagenen militärischen Operation im Januar 1502 maßgeblich an der Schlichtung des schwer entwirrbaren Konflikts mitwirkte. Dabei ging es auch um die Frage, inwieweit die erzbischöflichen Ansprüche auf die linksseitigen Wesermarschen historisch legitimierbar waren.

Auch Johann Rodes Nachfolger Christoph von Braunschweig-Wolfenbüttel (1511–1558), der sich später zum entschiedensten Gegner städtischer Vorrechte und Freiheiten aufschwingen sollte, profitierte zunächst von der damals noch weitgehend gleichgerichteten Interessenlage der beiden stärksten politischen Kräfte des Erzstifts. Als nämlich die Butjadinger und Stadländer Bauern 1512 erneut – zu Recht, wie sich bald zeigen sollte – ihre Freiheit bedroht sahen und sich deswegen hilfesuchend an den Bremer Rat wandten, da verwies dieser sie an den Bremer Erzbischof, dessen Landesherrschaft sie sich, dem Wurster Beispiel folgend, freiwillig unterwerfen sollten. Erzbischof Christoph wird das nicht ungern gehört haben, wenngleich er sich in dieser Sache weitgehend passiv verhielt. Butjadingen und Stadland wurden so nicht zuletzt aufgrund der Zurückhaltung von Stadt und Erzstift Bremen eine Beute des Oldenburger Grafenhauses. Dafür holte Erzbischof Christoph im Winter 1517/18 zum entscheidenden Schlag gegen das Land Wursten aus. Wiederum kam ihm dabei die Stadt Bremen, diesmal sogar gegen ihre eigene Überzeugung, die mit der Bauernfreiheit der Wurster durchaus sympathisierte, zu Hilfe und leistete vor allem finanzielle Unterstützung. Die Wurster mussten sich der Hoheit des Bremer Krummstabs unterwerfen und dem Bau der Burg „Morgenstern" zustimmen. Freilich war diese erste Herrschaft der Bremer Kirche über das Land Wursten nur von kurzer Dauer. Bereits ein halbes Jahr später konnten sich die friesischen Bauern aus der Herrschaft des Erzbischofs lösen und unterstellten sich der Landesherrschaft des Herzogs von Sachsen-Lauenburg. Erst im Sommer des Jahres 1524 konnte sich Erzbischof Christoph die Herrschaft über das Land Wursten dann endgültig sichern. Damals allerdings konnte Christoph nicht mehr auf die Hilfe der Stadt zählen: In Bremen hatte inzwischen die Reformation Einzug gehalten, Stadt und Erzbischof standen sich seitdem in unversöhnlichem Gegensatz einander gegenüber.

Literatur:
Allmers, Herrschaft Bederkesa (1933). – Bippen von, Geschichte der Stadt Bremen (1892). – Bippen von, Zwei Schreiben (1900). – Bock, Pontificat Borchards (1957). – Boeselager von, De bischup (2004). – Elmshäuser, Erzbischöfe als Landesherren (1995). – Elmshäuser, Handschriften (2003). – Epperlein, Bündnisse (1962). – Gericke, Universitas Stedingorum (1960). – Hägermann, Recht und Verfassung (2003). – Hofmeister, Kampf um das Erbe (1995). – Köhn, Verketzerung (1979). – König, Biographie (1986). – Lübbing, Stedinger (1977). – Meiners, Stedingen (1987). – Schönecke, Personal- und Amtsdaten (1915). – Schmidt, Geschichte der Stedinger (1983). – Schumacher, Stedinger (1865). – Schumacher, Erzbischofsfehde (1872). – Schwarzwälder, „Bannerlauf" (1975). – Schwarzwälder, Geschichte der Freien Hansestadt (1989). – Willmanns, Landgebietspolitik (1973).

IV. Pfarrkirchen und Kirchspiele

Über 200 Jahre lang nahm die Domkirche St. Petri für die Bevölkerung des Ortes Bremen zugleich die Funktion einer Pfarrkirche wahr, weil es eine Parochialkirche im engeren Sinn zunächst nicht gab; der Klerus des noch kaum städtische Züge aufweisenden Ortes war also lange Zeit mit dem Domklerus identisch. Erst um ca. 1020 kam es unter Erzbischof Unwan mit dem Bau der St. Veitskirche – der späteren Liebfrauenkirche – zur Errichtung einer ersten Pfarrkirche außerhalb der Domimmunität. Seither versorgte die Veitskirche als Großpfarre die Bevölkerung des sich zur Stadt entwickelnden Ortes sowie der umliegenden Dorfschaften mit den notwendigen kirchlichen Dienstleistungen und ermöglichte dadurch die Ausformung des St. Petri Domes zur reinen Kathedralkirche und die Formierung der Stiftsgeistlichen an der Kathedrale zum Domkapitel. Eine weitere Differenzierung der kirchlichen Verhältnisse erfolgte dann 1139 mit dem Bau der dem Wilhadikapitel inkorporierten Stephanikirche, die nun parochiale Aufgaben für die Bewohner der westlichen Vorstadt um den Stephansberg sowie für die Dörfer Utbremen und Walle übernahm. Dieser Zustand einer zweigliedrigen Pfarrorganisation – St. Veit als städtische Großpfarre, St. Stephani als Vorstadtpfarre – hatte knapp 100 Jahre Bestand, bis 1229 – Bremen hatte sich inzwischen zur Stadt im eigentlichen Sinn mit Mauerring, Markt, städtischem Recht und eigenem Rat entwickelt – die Einteilung des Stadtgebiets in insgesamt vier Kirchspiele völlig neue kirchliche Verhältnisse schuf.

1. Kirchspieleinteilung von 1229

Unmittelbarer Anlass der Kirchspieleinteilung von 1229 war das durch die Binnenkolonisation des 12. und frühen 13. Jahrhunderts ausgelöste, durch einen lang anhaltenden wirtschaftlichen Aufschwung zusätzlich beschleunigte überaus rasche Wachstum der Bevölkerung in der Stadt selbst wie auch im näheren ländlichen Umfeld der Stadt. Die Liebfrauenkirche als nach wie vor einzige städtische Pfarrkirche – die 1139 errichtete Stephanikirche lag damals noch außerhalb des städtischen Weichbildes – war deshalb wohl schon seit Längerem nicht mehr in der Lage, die kirchliche Grundversorgung der sich rasant vermehrenden Stadtbevölkerung in dem nötigen und gewünschten Ausmaß sicherzustellen, zumal deren Pfarrsprengel auch eine ganze Anzahl kleinerer Dörfer aus der nächsten Umgebung der Stadt mit einschloss. Um den offenkundigen Missstand zu beheben, wandte sich die städtische Bürgerschaft vermutlich im Frühjahr 1227 in einer Eingabe an Papst Gregor IX. (1227–1241) als dem geistlichen Oberhaupt der Kirche. Die Bürger hielten dem Papst eindringlich vor Augen, dass die Versorgung der Stadt mit kirchlichen Dienstleistungen durch die drei Geistlichen der Liebfrauenkirche – ein Pfarrer und zwei ihm unterstehende Priester – nicht mehr gewährleistet sei, wo doch bei der gegenwärtigen Bevölkerungszahl hierfür kaum zehn Kleriker ausreichen würden. Sie schlugen daher vor, die Großpfarre der Liebfrauenkirche in drei Sprengel aufzuteilen und diese mit jeweils einem Pfarrer – und vermutlich ebenfalls mit den entsprechenden Hilfsgeistlichen – zu versehen. Papst Gregor IX. verweigerte dem Ansinnen umso weniger seine Zustimmung, als er dadurch seine Prärogative gegenüber dem kirchenrechtlich eigentlich zuständigen Bremer Erzbischof, den die Bürger in Anbetracht der nicht immer zum Besten stehenden gegenseitigen Beziehungen offenbar bewusst übergangen hatten, augenscheinlich zur Geltung zu bringen vermochte. Da er mit den örtlichen Verhältnissen selbstverständlich nicht vertraut war, überließ er die konkrete Durchführung und Ausgestaltung des Vorhabens jedoch dem ortsansässigen Bremer Metropoliten. Erzbischof Gerhard II., dem dadurch gleichsam die Rolle des päpstlichen Handlangers zufiel, stellte sich ebenfalls nicht quer, benötigte er in dem sich immer deutlicher abzeichnenden Entscheidungskampf gegen die renitenten Stedinger doch die hilfreiche Unterstützung seiner städtischen Untertanen. Gerhard machte sich den von der Stadtgemeinde propagierten Vorschlag einer Dreiteilung des Liebfrauenkirchspiels zu eigen und erließ Ende 1227 oder Anfang 1228 ein Dekret, demzufolge die neu zu gründenden Pfarrkirchen von St. Martini und St. Ansgarii mit Teilen des bisherigen Pfarrbezirks der Liebfrauenkirche auszustatten seien. Die gegenseitige Abgrenzung der drei Parochien sollte eine Kommission unter der Leitung des Domdekans Wilbrand vornehmen.

Wiederholt wurde die Vermutung geäußert, dass die Einteilung der städtischen Kirchspiele im Jahre 1229 maßgeblich auf eine entsprechende Initiative des Ansgariikapitels zurückzuführen sei. Dies lässt sich letztendlich nicht belegen, doch befand sich das Kapitel damals tatsächlich in einer Lage, die seine aktive Mitwirkung in diesem Prozess nicht unwahrscheinlich erscheinen lässt. Das 1185 gegründete Ansgariikapitel besaß inmitten der Stadt einen Kirchenbauplatz, doch kam der geplante Bau der Stiftskirche wegen der fehlenden materiellen Mittel nicht recht voran, die Stiftsherren mussten weiterhin mit der ihnen zugewiesenen Wilhadikapelle vorliebnehmen. Die Verleihung der Pfarrgerechtigkeit an das Kapitel wäre hier sicherlich äußerst hilfreich gewesen, denn dann konnte man sich beim Kirchenbau der großzügigen finanziellen Unterstützung durch die Bürger-

Erzbischof Gerhard II. bestimmt die Kirchspielgrenzen in Bremen. Urkunde mit Beschreibung der Grenzen des Kirchspiels St. Ansgarii, 1229 vor März 20. (Staatsarchiv Bremen)

schaft sicher sein. Doch wurden dem Ansgariikapitel noch 1221, als es in den Besitz der ca. drei Jahrzehnte zuvor durch private Stiftung errichteten Jakobikirche gelangte, die Pfarrechte verweigert. In der Aufteilung des Pfarrbezirks der Liebfrauenkirche, wie sie 1229 zustande kam, eröffnete sich dann aber für das Kapitel eine Möglichkeit, doch noch in den Genuss der begehrten Pfarrgerechtigkeit zu gelangen, die Stiftsherren von St. Ansgarii werden deshalb die diesbezüglichen Pläne sicherlich mit Nachdruck und mit Verve unterstützt haben. Doch ist wohl davon auszugehen, dass die Neueinteilung der Pfarrsprengel 1229 auch ohne das aktive Zutun des Ansgariikapitels erfolgt wäre, weil die kirchliche Notsituation, in der die rasch

anwachsende Stadtgemeinde sich damals zweifelsohne befand, eine derartige Lösung nachgerade erzwang.
Die Beurkundung der Kirchspieleinteilung einschließlich der genauen Festlegung der Parochialgrenzen erfolgte dann Anfang 1229 durch Erzbischof Gerhard II. Die Urkunde ist in einer Ausfertigung für St. Ansgarii überliefert – vermutlich besaßen die anderen Pfarrkirchen ähnlich lautende Ausfertigungen – und bestimmt die Grenzen des Ansgariikirchspiels wie folgt: Nach Osten hin bilden die Sögestraße und in deren Verlängerung die Kleine Waagestraße die Grenze zum Sprengel der Liebfrauenkirche; im Süden bezeichnet die Balge – ein damals noch schiffbarer Nebenfluss der Weser – den Grenzverlauf zu St. Martini; im Westen verläuft die Grenze zum Stephanikirchspiel entlang einer Querstraße, die sich vom sog. Ethelindesten – ein vermutlich an der Ecke Langenstraße/Kranpforte gelegenes Steinhaus – nordwärts in Richtung Ansgariitor erstreckte; im Norden begrenzt dann der Stadtmauerverlauf zwischen Ansgarii- und Herdentor den Sprengel der Ansgariikirche. Daraus lassen sich für die übrigen Kirchspiele die folgenden Stadtbezirke erschließen: Das Martinikirchspiel umfasste im Wesentlichen die zwischen Weser und Balge sich ausbreitende, erst seit einigen Jahrzehnten aufgesiedelte Flussinsel (sog. Balgeinsel). Dem Liebfrauenkirchspiel wurde der östlich der Linie Sögestraße–Kleine Waagestraße–obere Balge gelegene Teil der Stadt und damit das städtische Zentrum rund um den Marktplatz zugeteilt. Allerdings bildete die dem erzbischöflichen Herrschaftsbereich unterstehende Domimmunität innerhalb des Liebfrauen-Pfarrsprengels eine Art Enklave, für deren Bewohner der Dom bzw. die Wilhadikirche als Pfarrkirche fungierte. Das im Westen der Stadt gelegene, bereits 1139 begründete Stephanikirchspiel nahm in gewisser Weise eine Sonderstellung ein: Die Stephanikirche selbst lag außerhalb des um oder kurz nach 1200 errichteten Mauerrings, der damals im Westen dem heutigen Straßenzug Fangturm–Wenkenstraße–Hankenstraße–Jakobistraße folgte, und war in erster Linie für die auf und um den Stephansberg entstandene vorstädtische (Fischer-)Siedlung zuständig. Doch übersprang das Kirchspiel von St. Stephani im Osten den Stadtmauerverlauf und umfasste hier einen bis zu ca. 200 m breiten Streifen im Westen des städtischen Siedlungsbereichs. Insofern war das Stephanikirchspiel auch schon vor seiner vollständigen Einbeziehung in den städtischen Mauerring Anfang des 14. Jahrhunderts ein fester Bestandteil der städtischen Kirchenorganisation. Das Stadtgebiet Bremens war somit seit 1229 in die vier Pfarrbezirke von Liebfrauen, St. Ansgarii, St. Martini und St. Stephani eingeteilt, die kirchliche Organisation übernahm damit das für Ratswahlbezirke und Wehrgemeinschaften schon seit Längerem übliche Einteilungsprinzip nach Stadtvierteln.

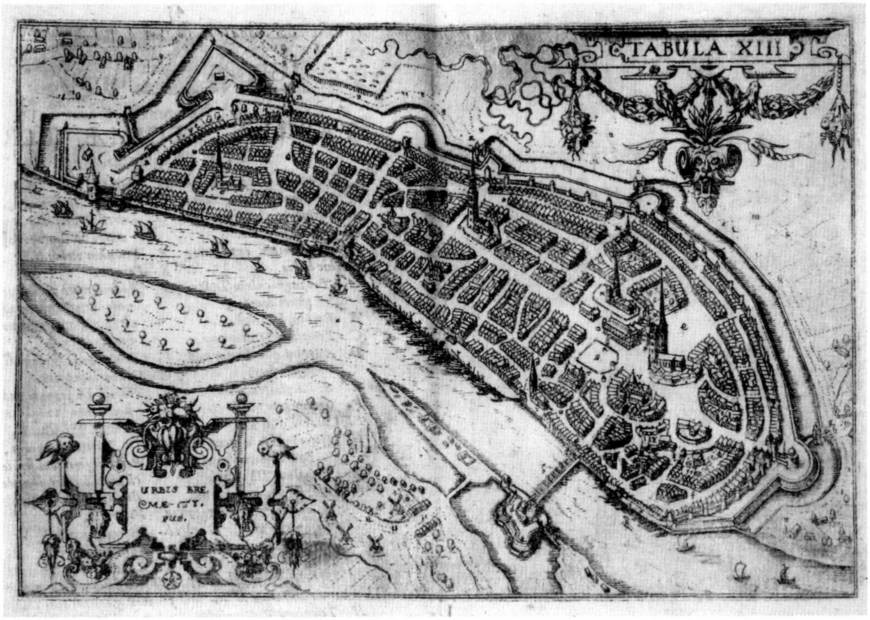

Blick auf Bremen mit seinen Kirchspielen. Vogelschau aus der Dilichchronik, 1604. (Staatsarchiv Bremen)

Die vier städtischen Pfarrkirchen hatten die kirchliche Grundversorgung in dem ihnen jeweils zugewiesenen Pfarrsprengel zu gewährleisten. Dieser Pfarrsprengel konnte über das jeweilige Stadtviertel hinaus auch noch nahegelegene Dörfer miteinschließen, so nahm etwa die Liebfrauenkirche auch in den Dörfern Schwachhausen, Jericho und Hastedt, die Stephanikirche in den Dörfern Utbremen und Walle die Pfarrrechte wahr. Ihrem Inhalt nach umfassten die Pfarrgerechtsame in mittelalterlicher Zeit in erster Linie die sakramentale Heilsvermittlung (Eucharistie, Taufe, Firmung, Eheschließung, Krankensalbung), Predigt und Katechese traten demgegenüber sichtlich zurück. Liebfrauenkirche, Martinikirche und Ansgariikirche waren zudem auch im Besitz des geistlichen Sendgerichts, auf dem die gegen das Kirchenrecht verstoßenden, von Amts wegen zu verfolgenden strafbaren Handlungen der Gläubigen verhandelt wurden. Lediglich die Stephanikirche verfügte in ihrem Sprengel nicht über das Sendgericht, die Bewohner des Stephanikirchspiels hatten deshalb regelmäßig auf dem Sendgericht vor der Liebfrauenkirche zu erscheinen.

Unter den nunmehr vier städtischen Pfarrkirchen befanden sich mit St. Ansgarii und St. Stephani auch zwei sog. Stifts- oder Kapitelkirchen, die sich hinsichtlich ihrer Organisationsstruktur deutlich von den normalen, einfachen Stadtpfarrkirchen unterschieden. Während bei Letzteren ein Gemeindepfarrer – eventuell unterstützt von einigen Hilfsgeistlichen – die ihm zugewiesene Pfarrgemeinde kirchlich betreute, wurden diese pastoralen Aufgaben bei den Stiftskirchen von einem Kollegium von Weltgeistlichen – den Kanonikern oder Chorherren – wahrgenommen, die eine nach eigenen Statuten und Gewohnheiten lebende Klerikergemeinschaft bildeten. Charakteristisches Kennzeichen dieser geistlichen Kapitel war ein ausgeprägtes Gemeinschaftsleben (*vita communis*), das – zumindest in der Anfangszeit – im gemeinsamen Schlafsaal und in gemeinsamen Mahlzeiten, in einem alle Stiftsherren gleichermaßen verpflichtenden Chordienst sowie im gemeinsamen Güterbesitz seinen sichtbaren Ausdruck fand. Gleichwohl verfügte der einzelne Chorherr, da ihn weder eine starre Ordensregel noch ein Gelübde oder überhaupt eine generelle asketische bzw. zönobitische Zielrichtung einengten, über einen vergleichsweise großen Handlungsspielraum, der auch eigenen Besitz und Testamentierfähigkeit mit einschloss. Die Pflichten und Rechte der Stiftsherren entsprachen im Wesentlichen denjenigen der schon an anderer Stelle behandelten Domherren: Vornehmste Pflicht der Chorherren war das *officium divinum*, d.h. die gemeinsame Erfüllung bestimmter liturgischer Aufgaben zur feierlichen Gestaltung des Gottesdienstes sowie ein Tag und Nacht umspannender liturgischer Gebetsdienst; wichtigstes Vorrecht aber war der Bezug einer Präbende, die die eigentliche Basis des stiftischen Lebens bildete. Und auch im Hinblick auf ihren organisatorischen Aufbau waren die Stiftskapitel dem älteren und größeren Domkapitel weitgehend nachgebildet, es gab mit Propst, Dekan, Cellerarius, Scholaster, Kantor sowie Thesaurar dieselben Kapitelämter, wie sich im Laufe der Zeit mit den an den Seitenaltären dienenden, den Chorherren unterstellten Vikaren auch ein zweiter Kreis minderberechtigter Geistlicher herausbildete, die sich nach dem Vorbild der Stiftsherren zu einer eigenen (Vikar-)Gemeinschaft zusammenschlossen.

Mit seinen beiden Kollegiatstiften St. Wilhadi und St. Ansgarii entsprach Bremen der idealtypischen „Kirchenfamilie" einer mittelalterlichen Bischofsstadt, die neben dem Dom mindestens noch ein oder zwei Stiftskirchen umfasste. Die Pflege aufwendiger gottesdienstlicher Formen als ursprünglicher Bestimmungszweck schloss indessen nicht aus, dass die Stifte daneben auch für andere Zwecke instrumentalisiert wurden. Sie konnten etwa für den Landesausbau und die Pfarrorganisation in Anspruch genommen werden, und ihre Kapitel stellten für Stadt- und Landesherren ein schier unerschöpfliches Personalreservoir für vielfältige Aufgaben dar – bekanntermaßen beruhten im Spätmittelalter die Stellen von Juristen und Universitätslehrern in hohem Maße auf Stiftskirchenpfründen. Nicht zuletzt wurden die Stiftskirchen auch zur praktischen Seelsorge und zum Gemeindedienst herangezogen. Letzteres geschah 1229 durch die Übertragung von Pfarrgerechtsamen im Zuge der Kirchspieleinteilung auch mit den beiden Bremer Kapitelkirchen.

2. Liebfrauenkirche

Die Liebfrauenkirche, die wohl um 1200 im Zuge der aufkommenden Marienverehrung ihr ursprüngliches Veitspatrozinium in ein Marienpatrozinium umgewidmet hatte, nahm unter den vier städtischen Pfarrkirchen sowohl aufgrund ihres Alters als auch aufgrund ihrer Lage eine Sonderstellung ein: Sie war die mit Abstand älteste Pfarre, zum Zeitpunkt der Kirchspieleinteilung besaß sie schon über 200 Jahre den Status einer Pfarrkirche. Vor allem aber lag die Marienkirche im Zentrum der Stadt, zu ihrem Pfarrsprengel gehörten auch der Markt und das – zunächst noch alte, am Schnittpunkt von Obern- und Sögestraße gelegene – Rathaus. Die Liebfrauenkirche selbst befand sich in der Nordwest-Ecke des zur Zeit der Kirchspieleinteilung noch wesentlich größeren, sich weit nach Norden hin ausdehnenden Marktplatzes, sie lag hier direkt gegenüber dem alten Rathaus. Nicht umsonst wurde die Liebfrauenkirche im Mittelalter deshalb lange Zeit – erstmals belegt 1139 – als Marktkirche (*ecclesia, que est forensis*) bezeichnet. Die Marienkirche bildete also – neben Dom und Rathaus – allein schon wegen ihrer exponierten Lage inmitten der Stadt einen der Kristallisationspunkte städtischen Lebens.
Marktkirche war die Liebfrauenkirche aber nicht nur aufgrund ihrer Lage am bzw. auf dem Marktplatz, sondern auch weil sie allem Anschein nach Funktionen –Versammlungsraum, Warenlager, Fremdenfriedhof – wahrnahm, wie sie für die in hoch- und spätmittelalterlicher Zeit weit verbreiteten Kaufmannskirchen typisch waren. So wird vermutet, dass der unter dem nordöstlichen Teil der Kirche befindliche Beinkeller, der wohl bereits an die ältere, möglicherweise noch hölzerne St. Veitskirche als zweigeschossiges Steinhaus angebaut worden war, den Fernhändlern wegen seines fortifikatorischen Charakters ursprünglich als Warenlager oder Kaufgewölbe gedient hat. Das Obergeschoss über dem Lagerraum bot sich dann für eine Nutzung als Versammlungsraum an, von dem aus man einen direkten Zugang zur Kirche besaß. Und dass der Kirchhof der Liebfrauenkirche u.a. auch die Funktion eines Fremdenfriedhofes hatte, auf dem die in Bremen verstorbenen Fremden ihre letzte Ruhestätte fanden, geht recht deutlich aus einer Vereinbarung zwischen den Pfarrern der Marienkirche und der Wilhadikapelle aus dem Jahre 1287 hervor, derzufolge die „Markt kirche“, die bisher das Begräbnisrecht für alle vor Ort verstorbenen Fremden (Pilger, Kaufleute etc.) besaß, künftig nurmehr die – der gehobenen so-

zialen Schicht zugehörigen – Fernhändler bestatten sollte, während alle übrigen Fremden bei der Wilhadikapelle beigesetzt werden sollten.
Der die Liebfrauenkirche umgebende Friedhof, auf dem – neben den Gemeindemitgliedern – bis 1287 alle Fremden, seither aber nur noch die auswärtigen Kaufleute beerdigt wurden, war wohl schon in mittelalterlicher Zeit auf seiner Ost-, Nord- und Westseite dicht mit Grabstellen belegt. Auf dem Kirchhof standen aber auch, an die Kirche angebaut, einige Altaristenhäuser, die zum Teil erst 1896 abgebrochen wurden. Der Kirchhof selbst war auf allen Seiten von beweglichen und festen Marktständen und Verkaufsbuden umgeben, der Marktbetrieb reichte im Mittelalter also direkt bis an die Mauern des Kirchhofes heran. Und seitdem den städtischen Kramern 1339 für die Zeit des Pfingst- und Herbstmarktes – vermutlich weil dann die Verkaufsplätze auf dem Markt nicht ausreichten – ausdrücklich zugestanden wurde, auch die Kirchen und Kirchhöfe zum Zweck des Warenverkaufs zu nutzen, waren sogar der innerhalb der Friedhofsmauern gelegene Kirchhof sowie die Kirche selbst zweimal im Jahr unmittelbar in das Marktgeschehen mit einbezogen. Während dieser zwei Wochen im Frühjahr und im Herbst war die Liebfrauenkirche tatsächlich „Marktkirche" im wahrsten Sinn des Wortes. Mit der Mitte des 14. Jahrhunderts einsetzenden, durch den Rathausneubau abgeschlossenen Neugestaltung des Marktplatzes ging der Liebfrauenkirche ihr ursprünglicher Charakter als Marktkirche dann jedoch immer mehr abhanden, sie lag nun auch räumlich gesehen nicht mehr am Markt, vielmehr entwickelte sich der Liebfrauenkirchhof zum eigenständigen Platz. Bezeichnenderweise erscheint die Liebfrauenkirche 1372 zum letzten Mal in einer Urkunde unter der Bezeichnung „Marktkirche" (*ecclesia s.M. apud forum Bremense*). Ganz verloren hat sich ihre merkantile Prägung jedoch auch im Spätmittelalter nicht, noch 1420 ist die Marienkirche als Ort, an dem Geschäftsbeziehungen gepflegt wurden – in diesem Fall ein Viehhandel des Grafen Otto von Hoya mit einem Bremer Bürger –, bezeugt.
Im Zuge der Ausbildung eines städtischen Rates und der Festigung der Ratsherrschaft im Verlauf des 13. Jahrhunderts nahm die Liebfrauenkirche dann immer mehr den Charakter einer Ratskirche an. Die enge Beziehung des städtischen Rates zur Liebfrauenkirche äußerte sich in verschiedener Weise: Bei seiner Amtseinsetzung und vor wichtigen Ratsversammlungen begab sich das versammelte Ratsherrenkollegium in die Marienkirche, um sich hier des himmlischen Beistandes für die im nahen Rathaus zu führenden Amtsgeschäfte zu versichern. Auch in mindestens drei Altarstiftungen (St. Annen, St. Jacobi, St. Trinitatis et Corporis Christi) kam die enge Verbundenheit des Rates mit der Liebfrauenkirche zum Ausdruck. Indem der Rat oder einzelne Ratsherren über diese Altäre das Patronatsrecht ausübten,

Der Liebfrauenkirchhof und die älteste Pfarrkirche Bremens Unser Lieben Frauen um 1890.

vermochten sie ihren Einfluss auf die kirchlichen Belange nachhaltig zur Geltung zu bringen. Wie wichtig dem Rat das Patronatsrecht und das damit verbundene Verfügungsrecht über die Altäre waren, zeigt ein Vorfall aus dem Jahre 1392 in aller Deutlichkeit. Damals war es zwischen dem Rat und dem Domherrn Johann Hotnatel zum Streit über die Besitzrechte an einem Altar der Liebfrauenkirche – welcher wird nicht gesagt – gekommen. Die aus Ratsherren und Bürgern bestehende Schiedskommission bestätigte die Ansprüche des Rates auf der ganzen Linie, Johann Hotnatel wurde verpflichtet, alle Urkunden über den Altarbesitz sowie alle zum Altar gehörigen Schlüssel, Bücher und Kleinodien dem Rat auszuhändigen. Mitunter kam es bei der Wahrnehmung des Patronatsrechtes durch den Rat zu einer regelrechten Verquickung kirchlicher und städtischer Interessen. So bestimmte der Rat 1372 anlässlich der Neubesetzung der Vikarie des Jakobialtars beispielsweise, dass diese ab sofort stets einem Notar der Stadt, der den nötigen Weihegrad besaß, übertragen werden sollte. Auf diese Weise sparte die Stadt das Gehalt für einen Stadtschreiber, denn der betroffene Notar bezog seine Subsistenz selbstverständlich aus den regelmäßigen Einkünften der Altardotierung. Tatsächlich tritt die Marienkirche oder deren Kirchhof wiederholt als Ausstellungsort von Urkunden in Erscheinung, die jeweiligen Schreiber erledigten ihre Amtsgeschäfte also wenigstens zum Teil an Ort und Stelle ihrer kirchlichen Dienstverpflichtung. Auch als Stifter einer Turmglocke zeigte sich der Rat erkenntlich. Ihren sichtbarsten Niederschlag fand die Indienstnahme der Marienkirche durch den Rat sicherlich darin, dass die städtische Tresekammer im Untergeschoss des Nordturmes der Liebfrauenkirche eingerichtet war, wo sie sich bis 1909 befand. Liebfrauenkirche und Rat verband somit eine enge Beziehung, es ist daher nur folgerichtig, dass die Marienkirche im Volksmund auch die *Ratskarken* genannt wurde.

Zur Zeit der Kirchspieleinteilung präsentierte sich die Liebfrauenkirche noch als dreischiffige, querschifflose Basilika aus quadratischem Langhaus und einjochigem Chor. Doch wurde dieser Kirchenbau aus dem 12. Jahrhundert schon bald nach 1229 durch einen nahezu kompletten Neubau ersetzt: An die Stelle der romanischen Basilika trat jetzt eine dreischiffige frühgotische Hallenkirche mit einem quadratischen Langhaus aus dreimal drei Gewölbejochen und einem die Breite des Mittelschiffs ausfüllenden, zunächst zweijochigen, später um ein drittes Joch verlängerten Chor mit geradem Schluss. Im Zuge dieses Umbaus zur Hallenkirche erfuhr jetzt auch der Nordturm seine Vollendung, wohingegen der ältere, unvollendet gebliebene Südturm vom Vorgängerbau übernommen wurde. Als Initiator dieses Neubaus aus der Zeit um 1240 gilt der damalige Erzbischof Gerhard II., der damit westfälische Bau- und Stilelemente nach Bremen transferier-

Unser Lieben Frauen. Blick in die Hallenkirche des 13. Jahrhunderts, vor 1945.

te. Ende des 14. Jahrhunderts wurde auf der Südseite der Kirche dann ein viertes, durch Strebepfeiler verstärktes Schiff mit vier breiten Maßwerkfenstern vorgebaut, denen bald darauf auch die Fenster des Nordschiffs angeglichen wurden. Spätestens jetzt erhielt das Langhaus auch seine drei charakteristischen Querdächer. Ihrer ausgewogenen Raumproportionen und qualitätsvollen Steinmetzarbeiten wegen zählt die Liebfrauenkirche zu den bedeutendsten Hallenkirchen Norddeutschlands.
Neben dem der Gottesmutter Maria geweihten Hauptaltar besaß die Liebfrauenkirche im Mittelalter weitere Nebenaltäre, die mit entsprechenden Altarpfründen ausgestattet waren. Ältester Nebenaltar war vermutlich der 1355 erstmals erwähnte Annenaltar, dessen Gründung jedoch schon um etliches früher erfolgt sein dürfte, zumal es seit 1328 auch schon eine St. An-

nenbruderschaft an der Marienkirche gab. Der Altar der hl. Anna wurde wahrscheinlich vom Rat der Stadt gestiftet, der demzufolge auch das Patronatsrecht über den Altar ausübte. In der Folgezeit wurde der Annenaltar durch weitere Schenkungen aus dem Bürgertum reich dotiert, besonders die Familie des Bremer Bürgers Heinrich Willekini tat sich als Wohltäter der hl. Anna hervor. Die Dotationsgüter des Annenaltars lagen u.a. in Hemme, in Walle und im Neuenlande. Auch die Stiftung des 1369 als Ersatz für eine gelobte Wallfahrt nach Santiago de Compostela in der Liebfrauenkirche errichteten Jakobialtars ging auf eine Initiative des Rates zurück. Die Ratsherren hatten die Vikarie des Altares St. Jacobis majoris, die 1372 fest mit dem Amt des Stadtschreibers verknüpft wurde, reichlich mit jährlichen Einkünften von 36 Goldgulden dotiert. Schließlich waren mit Bernard Merk und Arnold Balleer auch an der Gründung des Altares St. Trinitatis et Corporis Christi im Jahr 1396 zwei Ratsherren beteiligt. Zur Altarpfründe des Dreifaltigkeitsaltars gehörten Güter im Stedingerland sowie ein Drittel des Zehnten im Feld zu Sandstedt. Die Gründer des 1420 urkundlich belegten, im Norden des Kirchenschiffs gelegenen Altars zu Ehren Johannes' des Täufers und Johannes' des Evangelisten gehörten wahrscheinlich zum Kreis der stadtbürgerlichen Familie Cornepaghe, denn diese befand sich damals im Besitz des Patronatsrechtes. Die Stifter des 1367 erwähnten Erasmus und Eligius-Altares und des 1437 erstmals genannten Erardialtares sind unbekannt; vermutlich gehörten sie ebenfalls dem städtischen Bürgertum an. In der zweiten Hälfte des 15. Jahrhunderts wurden in zwei an das erweiterte Südschiff angebauten Kapellen zwei weitere Altäre errichtet: Der vom Pfarrherrn Johann Oldebeer gestiftete Altar zum hl. Kreuz sowie ein Maria, dem Evangelisten Johannes und dem hl. Erasmus geweihter Altar; die Gründung des letztgenannten Altares ging auf einen 1474 gefassten Beschluss der gesamten Gemeinde zurück.
Die bereits kurz erwähnte, 1378 vom Rat gestiftete Turmglocke wird ausdrücklich als Stundenglocke (*campana ad distinguendum hora*) bezeichnet. Mit dem stündlichen Glockenschlag vom Turm der Marienkirche hielt die mechanische Zeitrechnung nunmehr auch in Bremen Eingang, die Uhren und Glocken der Kirchtürme leisteten bei dieser das Alltagsleben der städtischen Bevölkerung umwälzenden Neuerung sichtlich Schrittmacherdienste. Für die Ausschmückung von Gottesdienst und liturgischen Feiern war der feierliche Orgelklang unerlässlich. Die Liebfrauenkiche verfügte in spätmittelalterlicher Zeit über zwei Orgelwerke: Die 1437 erwähnte kleine Orgel, *das lutteken orgelen werke*, gelangte wohl hauptsächlich bei privaten Seelenmessen zum Einsatz, wohingegen die große Kirchenorgel vor allem bei den sonn- und feiertäglichen Gottesdiensten ertönte. Für die Instandhaltung der Orgeln musste der am St. Jakobialtar seinen Dienst ver-

sehende Priester von den Einkünften seiner Altarpfründe jährlich ½ Turnose zur Verfügung stellen. Auch ein Taufbecken, *de dope*, 1317 in der Rennerchronik erwähnt, sowie eine Kanzel (*ambo*) durften in der Pfarrkirche natürlich nicht fehlen. Weniger selbstverständlich war es da schon, dass die Kirche auch über eine eigene Bibliothek verfügte, in der u.a. regelmäßig Messen gelesen wurden. Und die große Bedeutung des Kerzenlichts für Beleuchtung und Ausschmückung der Kirche geht nicht zuletzt daraus hervor, dass sich die Zunft der Riemenschneider 1300 bereit erklärte, von den zwei Schilling Aufnahmegebühr der Marienkirche jeweils einen Schilling dem Kauf von Kerzen zugute kommen zu lassen. Es waren eben nicht nur Ratsherren und vermögende Kaufleute, sondern auch einfache Handwerker, die sich der Liebfrauenkirche verbunden fühlten.
Das geistliche Personal, das an der Liebfrauenkirche tätig war, lässt sich für die mittelalterliche Zeit nur sehr lückenhaft erschließen. Die Kirche wurde von einem Pfarrer (*plebanus*) geleitet, der in den Quellen häufig auch als „Rektor“ der Kirche oder als „Kirchherr“ bezeichnet wird. Zur Zeit oder kurz nach der Kirchspieleinteilung war ein gewisser Heinrich als Pfarrer an der Marienkirche tätig, der zwischen 1232 und 1235 wiederholt als Zeuge von Beurkundungen fassbar ist. Als nächster Amtsinhaber tritt dann erst 1287 der Rektor Otto anlässlich seines Streites mit dem Pfarrer der Wilhadikapelle wegen der Bestattung der in Bremen verstorbenen Fremden in Erscheinung. Otto war auch im Besitz einer Pfründe des Wilhadikapitels (1296), was für die Kirchherren von Liebfrauen nicht ganz untypisch gewesen zu sein scheint, denn auch einer seiner Nachfolger, der zwischen 1344 und 1353 mehrmals als Urkundenzeuge tätige Rektor Albert wird 1356 als Mitglied des Wilhadikapitels genannt. Albert hatte auch das Amt eines Offizials der Bremer Kirche inne (1347). Den Titel eines Generalprokurators führte der *plebanus* Heinrich, der 1368 im Zusammenhang mit der Gründung des Jakobialtars erwähnt wird. Heinrich wurde in Ausübung seiner Dienstpflichten durch den Vizerektor Meinhard Spadegast, der das Amt eines stellvertretenden Pfarrers innehatte, spürbare Entlastung zuteil. Meinardus war ebenfalls Chorherr des Wilhadikapitels und er war zudem auch noch als Priester an der Ansgariikirche tätig (1377). Eine verhältnismäßig lange, weit über 30 Jahre währende Amtszeit war dem Pfarrer Nicolaus Ossenwerder beschieden. Nicolaus trat 1396 erstmals in Erscheinung, als er seine Zustimmung für die Errichtung des Dreifaltigkeitsaltars gab, und er war 1429 immer noch im Amt, als er mit dem Pfarrer der Wilhadikapelle einen Rechtsstreit ausfocht. Der *kerkherr* Johann Oldebeer schließlich war, bevor er Rektor der Marienkirche wurde, zunächst Domvikar gewesen und hatte der Vikargemeinschaft am Dom um 1410 als deren Sprecher vorgestanden. Johann Oldebeer war während seiner Amtszeit

bei Liebfrauen auch zweimal auf dem Immobilienmarkt tätig (1437, 1445), das Grundstücksgeschäft von 1437 war dabei an die Schenkung einer Rente für Seelenmessen zu Gunsten der Liebfrauenkirche gekoppelt.
Zur Zeit der Kirchspieleinteilung von 1229 standen den Pfarrern der Liebfrauenkirche zwei Kapläne als Hilfsgeistliche zu Diensten. Trotz der rigorosen Verkleinerung des Liebfrauensprengels im Zuge der Kirchspieleinteilung scheinen auch nach 1229 zunächst immer zwei Kapläne die Rektoren in ihren geistlichen Aufgaben unterstützt zu haben, jedenfalls ist bei geldwerten Zuwendungen an das geistliche Personal der Kirche in der Regel von zwei Kaplänen die Rede. Namentlich sind die Kapläne Sybern de Stadis (1344) und Reyner (1357) bekannt. In der ersten Hälfte des 15. Jahrhunderts scheint man sich dann aber vorübergehend mit nur einem Kaplan begnügt zu haben, denn die Rennerchronik rechnet es dem Pfarrer Johann Oldebeer als Verdienst an, dass er 1445 wieder die Zahl von zwei Kaplänen verbindlich vorschrieb.
An den Nebenaltären der Kirche versahen die Vikare ihren Messdienst. Am besten bekannt sind die Vikare des 1369 gegründeten Jakobialtars: Erster Inhaber der Vikarie des Jakobialtars war Heinrich Brüning, der bereits die Altarpfründe des St. Magnusaltars im Dom innehatte. Heinrich erlangte die Zustimmung Erzbischof Alberts, der den gleichzeitigen Besitz zweier Vikarien an verschiedenen Kirchen ausdrücklich erlaubte. Als Heinrich Brüning 1372 aus freien Stücken als Vikar des Jakobialtars abdankte, präsentierte der das Patronatsrecht ausübende Rat den Priester Johann Papendorp als dessen Nachfolger. Auch Johann Papendorp scheint über zwei Altarpfründen gleichzeitig verfügt zu haben, denn er ist wenige Jahre später auch als Vikar des Wilhadikapitels bezeugt; als solcher musste er sich 1377 in Lübeck wegen der Verletzung des über Bremen verhängten Interdikts rechtfertigen. Ca. 60 Jahre später wird Sweder Korte als Vikar des Jakobialtars genannt. Der Vikar Sweder war zugleich als Notar und Stadtschreiber tätig und verfasste u.a. 1430 eine Appellation von Rat und Gemeinde an die päpstliche Kurie sowie 1431 ein Schreiben des neuen Rates an den ausgewichenen alten Rat. 1433 gelangte Sweder Korte gegen Zahlung von 1 Mk. jährlicher Rente an die Stadt in den Besitz einer Bude auf dem Liebfrauenkirchhof und ein Jahr später wurde ihm die Erlaubnis erteilt, 60 Br. Mk. in Grundstücksgeschäfte zu investieren. Der Vikar Sweder Korte war also wohl nicht ganz unvermögend. Die an den anderen Nebenaltären der Liebfrauenkirche tätigen Vikare haben kaum Spuren hinterlassen. Am Dreifaltigkeitsaltar las nach dessen Gründung 1396 der Vikar Heinrich Jürgens die Messen, der noch ca. 30 Jahre später als Testamentsvollstrecker (1422) sowie als Zeuge (1429) in den Quellen fassbar ist. Der Vikar des Erasmus und Eligius-Altars Andreas Caghe schließlich machte dadurch auf

sich aufmerksam, dass er dem Pfarrer von Nordleda 6 Br. Mk. schuldete und diesem dafur 1367 sein in der Domimmunität gelegenes Haus verpfänden musste.
Die Geistlichen von Liebfrauen wurden nicht nur in kirchlichen Angelegenheiten aktiv, etwa wenn sie Appellationen des Erzbischofs (1366) oder des Domkapitels (1397) an die päpstliche Kurie in Rom unterstützten oder erzbischöfliche Exkommunikationsmandate von der Kanzel verkündeten (1370, 1444), sondern nahmen daneben durchaus auch weltliche Aufgaben wahr: Sie machten sich, wie 1354 Pfarrer Albert, als Streitschlichter verfeindeter Parteien nützlich, fungierten wiederholt als Testamentsvollstrecker und wurden regelmäßig als Zeugen von Beurkundungen benötigt. Aufgrund ihrer Schreibfertigkeit wurden der Pfarrer Nicolaus Ossenwerder und der Vikar Heinrich Jürgens in Anspruch genommen: Der Pfarrer verfasste um 1420 den *liber viaticus* des vermutlich schreibunkundigen Domvikars Johannes Cautus, der Vikar war als Urkundenschreiber der Annenbruderschaft tätig.
Neben den geistlichen Funktionsträgern gab es weiteres Personal, das für die Abwicklung des Kirchenbetriebs zuständig war: Der Glöckner (*offermann*) besorgte das regelmäßige und sicherlich häufig anfallende Läuten der Kirchenglocken. Der Organist (*organista*) brachte die beiden Kirchenorgeln zum Erklingen. Der Küster hatte für den geordneten Ablauf des Gottesdienstes zu sorgen; offensichtlich war er bisweilen so sehr beschäftigt, dass ihm zumindest zeitweise ein Unterküster zur Seite stand. Das zugehörige Küsterhaus befand sich im Norden der Kirche zwischen Querenstraße und Liebfrauenkirchhof (1377). Sowohl die Geistlichen als auch die Bediensteten der Liebfrauenkirche wurden des Öfteren aus bestimmten Anlässen mit besonderen Gratifikationen bedacht. So ließ beispielsweise der Rat bei der jährlichen Siegesfeier zur Erinnerung an den 1305 über die Stiftsritterschaft errungenen Sieg dem Pfarrer und dem Küster der Marienkirche 1 Groten, den Kaplänen und Vikaren jeweils 3 Pfennige sowie dem Unterküster ½ Groten zukommen. Und wegen der Rückgewinnung der Stadt im Jahre 1366 kamen der Pfarrer der Marienkirche wie auch seine beiden Kapläne jährlich am Peter-und-Pauls-Tag in den Genuss von jeweils 1 Groschen aus den städtischen Renten. Auch die Annenbruderschaft der Marienkirche bedachte anlässlich der Feier ihres Brudermahls den Pfarrer und den Organisten mit jeweils 4 Groschen, den Küster mit 6 Groschen – davon 2 Groschen für Brot und Wein – und den Kaplan mit 1 Groschen (1428).
Wie der Dom so hatten auch die Pfarrkirchen jeweils ihre eigene Kirchenfabrik (*fabrica sive structura ecclesiae*), die für alle Bau-, Umbau- und Renovierungsmaßnahmen sowie für die Ausstattung der Kirche mit den nöti-

gen liturgischen Gerätschaften zuständig war. Die Leitung der Kirchenfabrik und die damit verbundene Verwaltung des Kirchenvermögens oblag zwei Laien aus der Pfarrgemeinde, die als Bauherren bzw. „Strukturare" für dieses Amt auserkoren wurden. Bei der Liebfrauenkirche haben sich u.a. die Namen der folgenden Bauherren aus mittelalterlicher Zeit erhalten: Die Strukturare Johann von Hasbergen und Wiggher von Holtorp ermöglichten 1378 durch Gewährung eines Darlehens von 30 Mk. die Anbringung der vom Rat gestifteten Turmglocke. Die neue Glocke ging als Teil des Kirchenbaus in den Besitz der Kirchenfabrik über. Die Bauherren Johann Twistrinck und Hinrich Syrenberch hatten 1414 eine Memorienstiftung von 24 Br. Mk zu Gunsten der Marienkirche beurkundet. Und die *buwmesteren* Hinrick Snucker und Hermann van Buren mehrten das Vermögen ihrer Kirche, indem sie 1435 ein vorteilhaftes Pfandgeschäft abschlossen. Bereits 1316 hatten zwei namentlich nicht genannte Prokuratoren der Liebfrauenkirche eine strittige Auseinandersetzung um Liegenschaften vor dem Ostertor durch die Zahlung von 3 Mk. Silber zu Gunsten ihrer Kirche geregelt.

Die Liebfrauenkirche war die reichste der vier Bremer Pfarrkirchen, was in Anbetracht der Sozialstruktur ihres Kirchspiels und ihrer Nähe zu Markt, Kaufmannschaft und städtischem Rat auch nicht weiter verwundert. Nicht nur die Altäre der Kirche waren reichlich mit Liegenschaften dotiert, auch die Kirche selbst verfügte über Haus- und Grundbesitz u.a. in der Stadt, in der Ostertorvorstadt sowie in Oslebshausen und Seehausen. Sogar einige Wandschneiderbuden am alten Rathaus waren im Besitz der Marienkirche, die sie gegen gutes Geld an Gewerbetreibende weitervermietete. Als zuverlässiger Gradmesser für Reichtum und Wohlhabenheit der einzelnen Kirchspiele kann sicherlich der an den Dompropst zu zahlende *census ecclesiarum* gelten. Schon 1230, unmittelbar nach der Kirchspieleinteilung, war die Liebfrauengemeinde mit 7 Mk. – gegenüber 6 Mk. der Martinikirche und 5 Mk. der Ansgariikirche – die am stärksten belastete Pfarrgemeinde, und das Liebfrauenkirchspiel leistete auch in späteren Jahren stets die höchsten Kirchenzinszahlungen, war also offenbar die leistungsstärkste Pfarrgemeinde der Stadt.

3. Martinikirche

Das im Wesentlichen auf die Flussinsel zwischen Balge und Weser beschränkte Martinikirchspiel besaß unter den vier städtischen Parochien den bei Weitem kleinsten Pfarrsprengel. Für Verwunderung hat seit jeher die Wahl des Standorts für das im Zuge der Kirchspielgründung neu errichtete Gotteshaus gesorgt. Die Martinikirche wurde damals hart am Uferrand der

Die Martinikirche von der Weser aus gesehen, um 1905.

Weser erbaut und lag damit, stets von den Hochwasserfluten des vorbeifließenden Stromes bedroht, außerhalb der etwa 30 Jahre zuvor errichteten Stadtmauer, die hier ursprünglich dem Straßenzug der Martinistraße folgte. Diese ungewöhnliche, nicht ungefährdete Lage der Kirche am äußersten südlichen Rand ihres Gemeindebezirkes war indes wohl kaum, wie häufig vermutet, dem Mangel eines geeigneten Baugrundstücks innerhalb eines sprunghaft anwachsenden Stadtviertels geschuldet. Vielmehr wird die exponierte Lage der Martinikirche wohl mit dem ebenfalls in der ersten Hälf-

te des 13. Jahrhunderts erfolgten Ausbau des Weserufers zum neuen städtischen Seehafen in Verbindung zu bringen sein. Die in unmittelbarer Nachbarschaft zum neu entstandenen Hafenrevier gelegene Martinikirche hat deshalb von Anfang an in gewisser Weise auch den Charakter einer „Hafenkirche“ besessen. Als solche war sie dann nicht nur für die kirchliche Versorgung der in ihrem Pfarrsprengel ansässigen Gemeindemitglieder zuständig, sondern übernahm auch die Seelsorge für die reisenden Kaufleute und für das Schiffsvolk. Diese fanden hier, kaum dass sie an der Schlachte festen Boden unter den Füßen hatten und ohne die Stadttore passieren zu müssen, eine erste Zufluchtsstätte, wo sie ihren geistlich-kirchlichen Bedürfnissen – z.B. Danksagung für die glücklich überstandene Schiffsreise – Genüge leisten konnten.
Aber nicht nur die zu Schiff ankommenden Kaufleute und Schiffer betrachteten die Martinikirche als ihre „Hafenkirche“, auch die einheimische Kaufmannschaft entwickelte eine besondere Affinität zu St. Martini. Dies war sicherlich vor allem darauf zurückzuführen, dass die an der Hafennutzung interessierten Kaufleute – neben hafenorientierten Gewerbetreibenden wie Schiffbauern und Böttchern – im Martiniviertel zahlenmäßig stark vertreten waren und das kaufmännische Element in der Martinigemeinde deshalb seit jeher stark ausgeprägt war. Tatsächlich gibt es eindeutige Hinweise auf die privilegierte Nutzung der Martinikirche durch die einheimische Kaufmannschaft: So wurde etwa der Marienaltar der Martinikirche im Volksmund als Kaufmannsaltar (*altare mercatorum vulgariter nuncupatum*) bezeichnet. Offenbar nahmen die Kaufleute diesen ursprünglich von der gesamten Gemeinde gestifteten Altar schon bald für ihre eigenen partikularen Zwecke – etwa für gemeinsame gottesdienstliche Verrichtungen – in Beschlag und diese hatten sich auch spätestens 1429, vermutlich weil sie sich bei der Ausstattung des Marienaltars in besonderer Weise hervorgetan hatten, das Patronatsrecht über diesen Altar angeeignet. Im Nordschiff der Kirche besaßen die Kaufleute außerdem ihr eigenes, mit den geschnitzten Familienwappen verziertes Gestühl. Bevor die Kaufmannschaft mit dem Schütting über ein eigenes Gildehaus verfügte, mag das Kirchengestühl den Händlern auch als allgemeiner Versammlungsort für profane Zwecke gedient haben. Das Patrozinium der Martinikirche lässt ebenfalls deren Nähe zum Kaufmannsstand erkennen, pflegte dieser doch im Allgemeinen eine enge Beziehung zum hl. Martin. Die Verbundenheit der Bremer Kaufleute mit der Martinikirche ist jedenfalls nicht zu übersehen und kommt auch darin zum Ausdruck, dass diese unter Bezugnahme auf die Elterleute des Kaufmanns allgemein die *Ollermannskarken* genannt wurde.
Die Martinikirche entstand seit 1229 zunächst als dreischiffige, querschifflose Backsteinbasilika gebundener Ordnung. Das Mittelschiff bestand le-

Kirche St. Martini. Blick in das Kircheninnere vor 1945.

diglich aus zwei Gewölbejochen, diesen schloss sich im Osten ein einfaches Chorquadrat an, das ebenso wie die beiden vierjochigen Seitenschiffe einen rundapsidialen Abschluss aufwies. Der einzige Turm der Kirche war im Westen direkt an das nördliche Seitenschiff angebaut und befand sich damit in asymmetrischer Lage zum Langhaus. Die vergleichsweise bescheidenen Abmessungen des ersten Gotteshauses waren sicherlich nicht zum geringsten Teil dem schwierigen Baugrund in unmittelbarer Flussnähe geschuldet, und die Lage am Strom sollte sich auch in der Folgezeit als schicksalhaft für die Martinikirche erweisen, denn diese wurde immer wieder von schweren Überschwemmungen heimgesucht. Infolge dieser permanenten Hochwassergefahr sah man sich um 1370 schließlich genötigt, die unzulänglichen, lediglich aus einem Pfahlwerk samt dazugehörigen Erddammen bestehenden Uferschutzbauten zur Weser hin durch eine steinerne Uferstützmauer zu ersetzen, die zugleich Bestandteil der flussseitigen Stadtmauer war.

Nur wenig später, in den Jahren 1376 bis 1384, hat man dann die vermutlich schon stark hochwassergeschädigte Basilika in eine vergrößerte Hallenkirche umgebaut. Von der romanischen Basilika des 13. Jahrhunderts blieben wohl nur der Westturm und das Mittelschiff erhalten, das jetzt allerdings um ein drittes Joch – das vormalige Chorjoch – nach Osten verlängert wurde. Der Einbau großer Arkaden über den Pfeilern ermöglichte die Erhöhung und Einwölbung der gleichfalls verlängerten Seitenschiffe, wobei das Nordschiff seine endgültige spätgotische Ausgestaltung wahrscheinlich erst in der zweiten Hälfte des 15. Jahrhunderts erfuhr. Damals hat man das Mittelschiff und das südliche Seitenschiff auch im Westen so weit vorgezogen, dass sie mit dem Turm eine einheitliche Westfront bildeten. Im Osten fand der neue Kirchenbau in einem polygonalen, sechseckigen Chor seinen Abschluss. Der Hallencharakter des Gotteshauses erfuhr durch die quergestellten Satteldächer, denen auf beiden Seiten Backsteingiebel mit aufsteigenden Blendnischengliederungen vorgesetzt sind, eine zusätzliche Betonung. Spätestens um 1400 muss am Westende des nördlichen Seitenschiffs jene Kapelle vorgebaut worden sein, die den sog. Kaufmannsaltar beherbergte. Nicht zuletzt durch ihre Lage über dem Fluss bietet die Martinikirche mit der engen Reihung der Strebepfeiler und den fein gegliederten Giebeln ein ausgesprochen reizvolles, stimmungsvolles Bild.

Die Martinikirche besaß neben ihrem dem heiligen Martin geweihten Hauptaltar in spätmittelalterlicher Zeit noch mindestens fünf weitere, mit Altarpfründen versehene Nebenaltäre. Als älteste derartige Altarstiftung ist zum Jahre 1378 die Gründung des Dreikönigsaltars bezeugt. Die Errichtung dieses Altars ging auf eine Post-mortem-Stiftung des Bürgermeisters Heinrich Prindeney zurück, der den Altar mit Landgütern in der Vahr sowie in der Nähe der Bürgerweide dotierte und der seiner Familie – zunächst seinen drei Töchtern, dann dem ältesten männlichen Spross seines Geschlechts – das Patronatsrecht vorbehielt. Nachdem Erzbischof Albert II. die Altarstiftung noch im Gründungsjahr bestätigt hatte, wurde der Dreikönigsaltar im Jahr 1384 durch Bischof Hilmar von Ortosia feierlich geweiht. Bereits zwei Jahre vor jener Altarweihe war mit dem St. Johannisaltar eine weitere Altarpfründe in der Martinikirche begründet worden. Der Stifter dieses Altars, der Bremer Bürger Heinrich von Borken, stattete diesen 1382 reichlich mit Grundbesitz in Utbremen, Hemelingen und Altenesch aus. Allerdings behielt sich Heinrich die Einkünfte des Dotationsgutes zu seinen Lebzeiten nießbräuchlich selbst vor und entlohnte dafür den diensttuenden Priester jährlich mit 2 Br. Mk. Bezüglich des Vorschlagsrechts für diesen Altar traf Heinrich umfangreiche, detaillierte Regelungen, die sicherstellen sollten, dass das Patronatsrecht am Altar möglichst lange seiner Familie

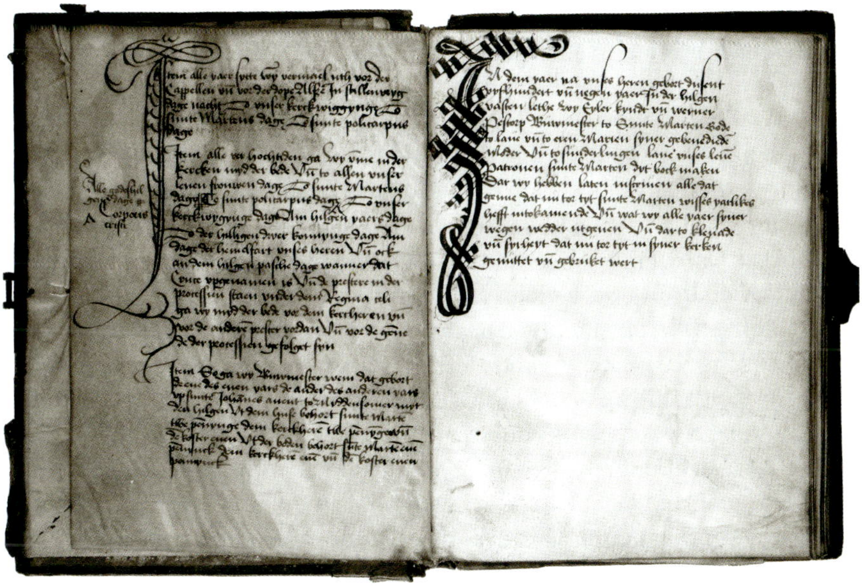

Urkundenkopiar von St. Martini, angelegt 1509. In das Buch wurden urkundlich verbriefte Schenkungen, Stiftungen und Besitztitel sowie Einnahmen von St. Martini eingetragen. (Staatsarchiv Bremen)

bzw. ihm verwandtschaftlich verbundenen Familien vorbehalten blieb. Die 1405 von Wommele, der Witwe des Bürgers Mathias von Stendorp, und deren Sohn Johannes vorgenommene Gründung des Andreas und Cäcilien-Altars war eine Seelgerätstiftung zu Gunsten Wynolds von Revele und seiner Gattin Mechthild – vermutlich der Eltern Wommeles –, aus deren Besitz auch das Dotationsgut – Besitzungen in Rekum und in Baden/Achim – stammte. Die Inhaber der zugehörigen Altarpfründe waren deshalb verpflichtet, an den Todestagen Wynolds und Mechthilds Anniversarfeiern zu zelebrieren. Wommele reservierte das Patronatsrecht in gewohnter Weise für sich und ihre Familie, erst nach 100 Jahren sollte dieses an den jeweils amtierenden Bürgermeister fallen. Wie Liebfrauen so verfügte seit 1407 auch St. Martini über einen Annenaltar. Stifter des Altars war der damalige Pfarrer der Martinikirche Friedrich Huntemann, der deshalb auch Ländereien in Bollen, Arsten und Alken als Dotationsgut beisteuerte und das Präsentationsrecht wahrnahm. Bei späteren Vakanzen sollte dann der Vikar des Marienaltars das Vorschlagsrecht besitzen, der nach dem Willen des Stifters möglichst einen armen, mit keinem weiteren Benefizium versehenen Kleriker präsentieren sollte. Bei jenem Marienaltar handelte es sich um den schon erwähnten Kaufmannsaltar der Martinikirche. Dieser Altar war 1401 von den Bauherren und der gesamten Pfarrgemeinde – vermutlich auf die

Initiative ihres Pfarrers Friedrich Huntemann hin – in einer an das Nordschiff der Kirche angebauten Kapelle errichtet worden und mit Land in der Vahr sowie weiteren Gütern, welche Einkünfte im Gesamtwert von 9 Br. Mk. abwarfen, dotiert worden. Das Präsentationsrecht für einen armen, pfründelosen Geistlichen stand den Bauherren von St. Martini zu. Der Marienaltar war spätestens ein Vierteljahrhundert nach seiner Gründung völlig unter den Einfluss der Kaufmannschaft geraten, weshalb er seit ca. 1430 umgangssprachlich als „Kaufmannsaltar" bezeichnet wurde.
Die Kapelle, in der sich der Marien- respektive Kaufmannsaltar befand, war mit einer Marienskulptur ausgestattet, der man offenbar wundertätige Kräfte zuschrieb. Eine ähnliche Wirkung hat man auch einem im Mittelbereich des Südschiffes angebrachten Bild des hl. Kreuzes zugesprochen, weshalb dort zuweilen am Freitag eine Messe zu Ehren des heiligen Kreuzes gefeiert wurde. Zu den Kirchenschätzen aus vorreformatorischer Zeit gehörten auch ein 1378 angefertigtes kupfernes Taufbecken sowie eine noch heute erhaltene plastische Weltgerichtsdarstellung an der Außenseite des Südschiffes über einer hier einst auf den Friedhof führenden Pforte. Letztere stammt vermutlich aus der Entstehungszeit der Kirche und zählt damit zu den ältesten Steinbildwerken bremischer Kunst.
Erster namentlich bekannter Pfarrer von St. Martini war ein gewisser Hardwig, der 1232 und 1235 als Urkundenzeuge für das Kloster Lilienthal in Erscheinung trat; möglicherweise war Hardwig überhaupt der erste Pfarrer der 1229 neu gegründeten Martinigemeinde. Auch von dem Pfarrer Heinrich ist nichts weiter bekannt, als dass er 1275 als Testamentsvollstrecker des Zevener Propstes tätig war. Einer der bedeutendsten Geistlichen der Martinikirche im Mittelalter war sicherlich Pfarrer Friedrich Huntemann, der sich zwischen 1376 und 1411 als Pastor der Gemeinde nachweisen lässt, demzufolge also mindestens 35 Jahre in Diensten von St. Martini stand. Huntemann war gleich zu Anfang seiner Amtszeit zweimal mit übergeordneten kirchlichen Instanzen in Konflikt geraten: 1376 handelte er sich – wie auch viele andere Geistliche der Stadt – den Vorwurf einer Verletzung des über die Stadt verhängten Interdikts ein, und ein Jahr später zog Huntemann den Zorn der päpstlichen Kurie auf sich, weil er die Zahlung des der apostolischen Kammer zustehenden Zehnten verweigert hatte. Von der daraufhin über ihn verhängten Exkommunikation wurde er erst entbunden, nachdem er seine Schuld reumütig eingestanden und die in Frage stehende Zehntzahlung von 1½ Mk. nachträglich geleistet hatte. Besondere Verdienste für die Martinikirche erwarb sich Huntemann durch die Stiftung des St. Annenaltars im Jahr 1407. Diese großzügige Stiftung lässt vermuten, dass Huntemann über ein ansehnliches Privatvermögen verfügte, das die Einkünfte aus seiner Pfarrstelle wohl bei Weitem überstieg. Dieser Ein-

druck wird dadurch erhärtet, dass Huntemann auch Geld- und Immobiliengeschäfte tätigte, etwa als er 1411 von dem Vikar der Ansgariikirche Hermann Habenhusen Ländereien in Arsten und Alken käuflich erwarb. 1417/18 und 1429 ist dann Johann Tibbing als Pfarrer von St. Martini bezeugt, er war vielleicht Johann Huntemanns unmittelbarer Nachfolger. Tibbing geriet mit den Bauherren der Gemeinde in einen von beiden Seiten in aller Schärfe geführten, noch genauer zu beschreibenden Streit. Wann Johann Tibbings Amtszeit endete, ist nicht bekannt. Einer seiner Nachfolger war der Mitte des 15. Jahrhunderts amtierende Pfarrer Seffrid; diesem wurde 1444 eine Abschrift der das Land Wursten betreffenden Exkommunikationsurkunde übergeben. Zumindest gelegentlich scheint auch an der Martinikirche dem hauptamtlichen Pfarrer ein stellvertretender Pfarrer zur Seite gestanden zu haben, denn 1370 wurde der „Vizerektor“ Detmar Halfmeger mit der Ausführung eines erzbischöflichen Exkommunikationsmandats gegen das Wilhadi- und Ansgariikapitel beauftragt.

Der Priester (*sacerdos*) Johannes, der 1267 zusammen mit einer Verwandten dem Kloster Lilienthal 40 Mk. Silber vermachte, versah vermutlich als Kaplan seinen Dienst an der Martinikirche. Dass an St. Martini auch Kapläne im Einsatz waren, geht unzweifelhaft daraus hervor, dass bei den aus bestimmtem Anlass erfolgten jährlichen Zuweisungen von Geldspenden an die Geistlichen der Stadt neben dem Pfarrer auch der Kaplan der Martinikirche mit 3 Pfennigen (1305 Sieg über die Stiftsritterschaft) bzw. 2 Schwaren (1366 Wiederbefreiung der Stadt) bedacht wurde. Wie die Kapläne so unterstanden auch die an den Nebenaltären ihren Dienst versehenden Vikare der Aufsicht des Rektors der Kirche. Dies ist zumindest beim ersten Benefiziaten des Dreikönigsaltares bemerkenswert, denn bei diesem handelte es sich um den Dekan des Ansgariikapitels Dietrich Bruchwedel. Dietrich wurde 1378 durch den Dompropst Arnold Gruter investiert. Erster Vikar des Andreas und Cäcilien-Altares war 1405 der Priester Hinrich Parvus, erster Vikar des Annenaltares 1407 Johann Vornholte (auch Johann von Uphusen genannt). Die Vikarie des Marien-(Kaufmanns-)Altares wurde 1401 erstmals dem Bremer Kleriker Alard Snepel übertragen. Einer der Nachfolger Alard Snepels, der *commendatarius* Alard Werlete, scheint seinen Dienst am Marienaltar vernachlässigt zu haben, weil er entgegen den Stiftungsbedingungen – offensichtlich andernorts noch über eine zweite Vikarie verfügte. Die Repräsentanten des gemeinen Kaufmanns, die am Kaufmannsaltar bekanntlich das Patronatsrecht ausübten, beharrten deshalb auf Alards Residenzpflicht an der Martinikirche. 1429 einigte man sich schließlich dahingehend, dass Alard Werlete für die nächsten zwei Jahre zwar die freie Residenzwahl zugestanden wurde, andererseits aber die Kaufleute während dieser Zeit einen anderen geeigneten Vikar an diesem Altar einsetzen konnten, wenn ihnen dies nützlich erschien. Über die Existenz des Vikars Johann von Lessen schließlich sind wir deshalb unterrichtet, weil er 1428 dem St. Jürgen-Gasthaus 18 Br. Mk. – für einen Vikar sicherlich eine beträchtliche Summe – für eine jährliche Ölspende vermachte. An welchem Altar der Martinikirche Johann damals seinen Dienst versah, wird nicht mitgeteilt, vier Jahre später ist er zudem als Kaplan der Ansgariikirche bezeugt. Küster der Martinikirche war im Jahre 1441 Johann von Iburg, als solcher ließ er dem Marienaltar seiner Kirche damals 2 Mk. zukommen.

Die Namen der beiden für Bau-, Finanz- und Verwaltungsangelegenheiten verantwortlichen Bauherren der Kirche sind seit der Mitte des 14. Jahrhunderts zumindest sporadisch überliefert; zumeist werden sie anlässlich der Entgegennahme von Schenkungen und Stiftungen genannt. Die ersten namentlich bekannten Strukturare der Martinikirche Meinbern von der Tiver (alias Meinbern von Borken) und Hinrich Hadermisse verhalfen ihrer Kirche 1355 zu einem vorteilhaften Geldgeschäft, indem sie eine auf ihren eigenen Wohnhäusern liegende Rente von 1½ Br. Mk. für 14 Mk. an die Kirchenfabrik verkauften. 1359 traten beide noch einmal gemeinsam in Aktion, um einen Landkauf für ihre Kirche zu tätigen. Die Errichtung der weserseitigen Ufer- und Wehrmauer zum Schutz der Kirche erfolgte 1371 unter der Leitung der beiden Bauherren Hinrich Nyggenborch und Gottfried Bolleer, die auch den dadurch entstandenen Platz zwischen dem Martinikirchhof und dem Fischertor für jährlich 1½ Verding an Diedrich Bose verpachteten. Für den seit 1376 in Angriff genommenen Umbau der Martinikirche zur Hallenkirche trug vor allem der Bauherr Arnold (Arndt) Doneldey die Verantwortung. In jenen Jahren scheinen, vermutlich wegen des enormen Arbeits- und Zeitaufwandes, den der Kirchenbau erforderte, sogar mindestens drei Bauherren gleichzeitig im Dienst der Kirchenfabrik gestanden zu haben. So werden 1378 neben Arnold Doneldey auch noch Arnold Munt und der bereits 1371 amtierende Gottfried Bolleer als Empfänger einer Geldspende zu Gunsten der Kirchenfabrik genannt, und im selben Jahr sorgten die Bauherren Johann Brant, N. Winthusen sowie erneut Arnold (Arnt) Munt für die Anschaffung eines kupfernen Taufbeckens. Entweder waren damals fünf Bauherren gleichzeitig im Amt oder aber es wurden in diesem Jahr zwei der drei Bauherren ausgewechselt. Nach dem Kirchenumbau ist man dann offensichtlich wieder zur paarweisen Besetzung des Bauherrenamtes zurückgekehrt, 1384 – der Umbau zur Hallenkirche war gerade abgeschlossen – nahmen die beiden Strukturare Arnold Munt, der also immer noch im Amt war, und Brand Winthusen die Schenkung einer Hofstelle zu Alken gemeinsam in Empfang. Die Bauherren, die im Juni 1404 die Stiftung des Marienaltares maßgeblich mit auf den Weg brachten, werden namentlich nicht genannt. Die 1417/18 in Amt und Würden stehenden Bauherren Johann Wulff und Brand Windhusen alias Seelsleger fochten mit dem damaligen Pfarrer Johann Tibbing einen erbitterten Streit aus, in dessen Folge sie vorübergehend sogar exkommuniziert wurden. Die Bauherren des Jahres 1429, Lambert von Norden und Johann Doppe, nahmen ebenso wie die namentlich nicht bekannten Bauherren des Jahres 1437 (Pfand-)Güter in Arsten in Besitz, wofür sie sich jeweils verpflichten mussten, eine ewige Lampe im Gotteshaus zu unterhalten. Vom Wirken der im Jahr 1483 gewählten Bauherren Gerdt Block und Johann Scharharr sowie des Bauherrn von 1494, Eler Kindt, zeugen u.a. deren gläserne Wappenscheiben.

Die Strukturare, zuständig und verantwortlich für das Bauwesen und die Aufbringung der hierfür benötigten Finanzmittel, waren die Hauptnutznießer einer ganzen Reihe von Ablassbriefen zu Gunsten der Martinikirche. Die erste Ablassurkunde wurde St. Martini 1290 von dem Erzbischof Petrus von Arborea/Sardinien ausgestellt. Damals war der Friedhof der Martinikirche wieder einmal durch Überschwemmungen stark in Mitleidenschaft gezogen worden, weshalb der Martinikirche für die Aufbringung der Kosten zur Erneuerung der Dammbauten der Verkauf eines 40-tägigen Ablasses gewährt wurde. Nur drei Jahre später, 1293, wurde der Kirche erneut ein 40-tägiger Ablass, diesmal von Erzbischof Johann von Riga, zuteil. Und im Jahr 1300, nur weitere sieben Jahre später, ließ der Erzbischof Basilius von Jerusalem der Martinikirche einen Ablassbrief zukommen, der allen Gläubigen, die die Kirche an bestimmten Festtagen besuchten oder mit einer Sachspende (Kerzenlicht, Gewänder, Bücher, Schmuck etc.) bedachten, einen 40-tägigen Ablass verhieß. Innerhalb eines Jahrzehnts waren der Martinikirche also kurz nacheinander drei Ablässe gewährt worden. Die Häufigkeit derartiger Ablässe Ende des 13. Jahrhunderts ist wohl darauf zurückzuführen, dass die Martinigemeinde damals infolge der andauernden Überschwemmungen in finanziellen Nöten steckte und die Kirchenleitung deshalb an der Kurie um die Erteilung der einträglichen Ablassprivilegien nachsuchte. Dieselbe Geldquelle – den Verkauf von Ablässen – zapfte man dann ein Dreivierteljahrhundert später, als der Umbau von der Basilika zur Hallenkirche anstand, erneut an: Auch 1378 – also zwei Jahre nach Beginn des Umbaus – wurde der Martinikirche, diesmal von Erzbischof Albert von Bremen, ein 40-tägiger Ablass „zur Aufbringung der Lasten der Kirchengemeinde und zum Bau und zur Wiederherstellung der Kirche“ gewährt. Schon drei Jahrzehnte zuvor hatte 1345 der Bremer Erzbischof Otto der Martinikirche einen Ablassbrief zukommen lassen, der ebenfalls einen 40 tägigen Nachlass von den auferlegten Bußstrafen in Aussicht stellte. Über die Hintergründe dieses Ablasses ist nichts Näheres bekannt.

In den Jahren 1417/18 war die Martinikirche der Schauplatz eines mit harten Bandagen ausgefochtenen Streites, bei dem sich der Pfarrer Johann Tibbing und die damals amtierenden Bauherren Johann Wulff und Brand Windhusen, genannt Seelsleger, in erbitterter, unversöhnlicher Feindschaft gegenüberstanden. Anlass der Auseinandersetzung war der Vorwurf Johann Tibbings, die Bauherren hätten sich die seit jeher ihm, dem Kirchherrn, zustehenden Opfergaben und Geldspenden insbesondere bei den von den Gläubigen tief verehrten Bildern der Jungfrau Maria und des heiligen Kreuzes widerrechtlich und gegen alle Gewohnheit angeeignet und über diese Gelder selbstherrlich und zum Schaden der Kirche verfügt. Da die Bauherren auf der Rechtmäßigkeit ihres Tuns beharrten – die frommen Gaben waren schließlich für Bau und Reparatur der Kirche gespendet worden –, eskalierte der Konflikt und nahm vorübergehend sogar gewalttätige Formen an: Ein Lesepult in der Kirche, in dem die eingegangenen Spendengelder offenbar zum Teil verwahrt worden waren, war zertrümmert, der Altar beim Bild des heiligen Kreuzes beschädigt und das Bild selbst entfernt und in einem entlegenen Winkel der Kirche versteckt worden. Der aufgebrachte Pfarrer betrieb daraufhin an der Kurie in Rom die Exkommunikation der beiden Strukturare, da sie sich der Verunglimpfung sowohl des göttlichen Kultes als auch der Andacht der Gläubigen schuldig gemacht hätten. Nur mühsam und unter Mitwirkung des weltlichen und geistlichen Führungspersonals der Stadt ließen sich der Friede und die innerkirchliche Eintracht wiederherstellen. Eine Schiedskommission unter der Leitung des Dekans des Wilhadikapitels, Theoderich Wend, erarbeitete einen für beide Seiten annehmbaren Kompromiss, dessen wichtigste Bestimmung vorsah, dass die Memoriengelder dem Kirchenherrn zustehen sollten, die Opfergaben aber zum Nutzen der Kirche und ihres Baues zu verwenden seien, mithin also der Kirchenfabrik zufließen sollten. Einer endgültigen Aussöhnung stand aber immer noch die Verhängung des Kirchenbanns über die beiden Bauherren im Wege. Deren Lösung vom Kirchenbann erfolgte schließlich am 2. Mai 1418 auf dem Kirchenkonzil zu Konstanz. Dort legte der Rechtsgelehrte Radolph Truper namens seiner beiden Mandanten Brand Windhusen und Johann Wulff vor dem päpstlichen Kaplan und Auditor Friedrich Deys ein umfassendes Schuldbekenntnis ab und bat diesen kniefällig um Wiederaufnahme seiner Mandanten in die Gemeinschaft der Gläubigen, worauf dieser die Exkommunikation der Bauherren widerrief. Nach Monaten des Zankes und Haders und einer von Hass und gegenseitigen Vorwürfen aufgeladenen Atmosphäre kehrte nun wieder Ruhe und Normalität in die Martinipfarrei ein. Sicherlich hinterließ der Konflikt zwischen Pfarrer und Bauherren auch im Alltag der Martinigemeinde tiefe Spuren, bei vielen Gemeindemitgliedern dürften sich in Anbetracht des

Romanisches Tympanon über der Südpforte von St. Martini.

verbissen geführten Streites Ärger, Verdruss und nicht zuletzt wohl auch eine tiefe Verunsicherung breitgemacht haben. Nicht auszuschließen ist, dass der Streit zu unterschiedlichen Parteinahmen unter den Mitgliedern der Pfarrei und damit zu einer inneren Spaltung der emotional aufgewühlten Kirchengemeinde führte.

Am Sendgericht vor der Martinikirche hatten neben den städtischen Gemeindemitgliedern auch die Parochiane der Landpfarreien Arsten, Huchting, Seehausen und Ochtum teilzunehmen. Der Einflussbereich der Martinikirche erstreckte sich also auf das südlich der Stadt gelegene Landgebiet links der Weser, wo die Pfarrei auch mittels Landbesitz (Arsten, Alken) verankert war. Den Vorsitz im Sendgericht hatte der Dompropst als der für die Stadt zuständige Archidiakon inne, und diesem stand auch das Recht der Belehnung und Einsetzung des Pfarrers (sog. Kollations- und Investiturrecht) zu. St. Martini blieb so in gewisser Weise eine Pfarrei des Dompropstes.

4. Ansgariikirche

Mit der Kirchspieleinteilung von 1229 waren dem Ansgariikapitel endlich die lang ersehnten Pfarrrechte zuteil geworden. Über die unter Aufbietung aller Kräfte schließlich erlangten Pfarrgerechtsame wachte das Kapitel denn auch mit Argusaugen. Von dieser Entschlossenheit legten die Kapitelherren schon sechs Jahre später eindrucksvoll Zeugnis ab, als sie 1235 unter Zuhilfenahme von Rat und Bürgern sowie des Domkapitels beim Erzbischof scharf gegen die Verletzung ihres gemeindlichen Bestattungsrechts durch das benachbarte Stephanikirchspiel protestierten und erreichten, dass Gerhard II. das die Pfarrgrenzen missachtende Vorgehen des Wilhadi-Stephani-Kapitels als „nichtswürdiges" Verhalten tadelte, das „ehrenhaften und vernünftigen Männern" schlecht anstehe.

Was den Chorherren von St. Ansgarii jetzt allerdings noch fehlte, war die Pfarrkirche als kirchliches und gemeindliches Zentrum des neu geschaffenen Sprengels. Zwar verfügte das Kapitel seit seiner Gründung 1185/87 im Zentrum der Stadt über ein entsprechendes Baugrundstück, doch musste man in Ermangelung einer eigenen Kirche zunächst mit der Wilhadikapelle, später, seit 1221, mit der vom Dompropst zur Verfügung gestellten Jakobikirche vorliebnehmen. Als Gemeindekirche für das Ansgariikirchspiel, das im Wesentlichen das rasch anwachsende Handwerkerviertel westlich der Sögestraße umfasste und zu dem auch die vor dem Herdentor gelegene Vorstadt gehörte, war die Jakobikirche jedoch bei Weitem zu klein. Nachdem es bislang an den Mitteln für die Errichtung eines eigenen Gotteshauses gefehlt hatte, konnte man nun, mit einer zahlungskräftigen Gemeinde im Rücken, endlich daran denken, den so dringend benötigten Kirchenbau in Angriff zu nehmen.

Mit den Bauarbeiten für das Gotteshaus hat man vermutlich, wie auch die Rennerchronik – entgegen der jüngeren Kosterchronik, die einen früheren Baubeginn angibt – nahelegt, unmittelbar nach Festsetzung der Parochialgrenzen im Jahr 1229 begonnen. Die Bauarbeiten zogen sich über Jahrzehnte hin, und im Jahr 1244 kam es dabei zu einem größeren Unglück, als das bereits fertiggestellte Chorgewölbe wieder einstürzte. Dieser Unglücksfall kostete dem Baumeister Adolf sowie vier weiteren Handwerkern das Leben, weshalb die Rennerchronik lapidar vermerkt, die Ansgariikirche sei „mit Blut geweiht" worden. Beim Wiederaufbau des Chores hat man dann jedoch den zunächst geplanten halbkreisförmigen Rundchor mit Umgang durch einen geräumigeren zweijochigen Chor mit geradem Abschluss ersetzt. Möglicherweise hatte sich die Chorform der Apsis mit Umgang für die liturgischen Bedürfnisse des zwölfköpfigen Kapitels als zu klein erwiesen, wohingegen der größere rechteckige Chor den Kapitelherren nunmehr eine exklusive, von der Pfarrgemeinde sichtbar abgehobene Teilnahme am Gottesdienst ermöglichte. Die Bauarbeiten waren noch 1256 nicht abgeschlossen, vermutlich war man damals mit der Einwölbung der Seitenschiffe oder mit dem Turmbau beschäftigt. Die in der zweiten Hälfte des 13. Jahrhunderts fertiggestellte Kirche war eine dreischiffige Pfeilerbasilika mit einem Westturm, dessen gewölbter Innenraum eine Fortset-

Die Kirche St. Ansgarii vor 1944. Blick auf den Turm und einen Teil des Kirchenschiffs.

zung des Mittelschiffs bildete, sowie einem zweigeschossigen Querschiff mit doppelter Arkade und rechteckigem Chor im Osten.
Gegen Ende des 14. Jahrhunderts wurde auch die Ansgariikirche, dem allgemeinen Trend der Zeit folgend, zur Hallenkirche umgebaut: Die beiden Seitenschiffe wurden um die doppelte Breite erweitert, so dass sie nun eine gemeinsame Fluchtlinie mit den Stirnwänden des Querschiffs bildeten, gleichzeitig wurden sie auf dieselbe Höhe wie das Mittel- und Querschiff aufgeführt. Da jetzt auch die beiden Joche des Langhauses wie zuvor schon das Querschiff mit quergestellten Satteldächern bedacht wurden, zierten jeweils drei sich nebeneinander erhebende dreieckige Backsteingiebel sowohl die Südseite als auch die Nordseite der Kirche; diese Giebel wurden durch gestaffelte spitzbogige bzw. – beim Südgiebel des Querschiffs – durch rechteckige und kreisrunde Blendnischen gegliedert. Das Nordschiff wurde damals um ein weiteres, bis zur westlichen Turmflucht reichendes Joch verlängert, das jedoch später durch eine Zwischenwand wieder von der Kirche getrennt wurde. Durch den spätmittelalterlichen Umbau entstand somit eine dreischiffige und dreijochige Hallenkirche, die die Querschiffsanlage des Kirchenbaus kaum mehr erkennen ließ. Der Innenraum der Hallenkirche war vermutlich um 1438 mit zahlreichen Malereien ausgestattet worden, die u.a. Szenen aus dem Leben des hl. Ansgar darstellten. In der Nordwand des Chores war Ende des 15. Jahrhunderts ein Tabernakel in Gestalt einer rechteckigen Mauernische eingefügt worden, das durch vier reliefierte Spitzbogenfenster sowie eine Darstellung des hl. Abendmahls bekrönt wurde.
Im 15. Jahrhundert wurden im Norden und Süden des Chores weitere Anbauten errichtet. So entstand im Winkel zwischen Chor und Nordflügel des Querschiffs eine kleine Kapelle, der noch in spätgotischer Zeit ein zweigeschossiger Anbau hinzugefügt wurde. In dieser Vorhalle war später die Ansgariischule untergebracht. Auf der gegenüberliegenden Südostseite der Kirche wurde zwischen 1403 und 1422 auf einem unregelmäßigen Rechteck die später sog. Zütphenkapelle erbaut, die dem Kapitel auch als Versammlungsraum diente. Die beiden Kapellenanbauten verdankten ihre Entstehung in erster Linie wohl den zahlreichen Altarstiftungen, für die in der Kirche damals kein Platz mehr war und für die deshalb zusätzlicher Raum geschaffen werden musste.
Dass sich Kirchenbau und Kirchenumbau über Jahrzehnte hinzogen, wird nicht zuletzt auch darauf zurückzuführen sein, dass das Kapitel in seiner Anfangszeit nicht gerade auf Rosen gebettet war. Die Grundausstattung Erzbischof Hartwigs II. blieb für längere Zeit der einzige nennenswerte Besitz des Ansgariikapitels, das besonders unter der reservierten Haltung zu leiden hatte, die der lange regierende Erzbischof Gerhard II., der seine

Gunst hauptsächlich dem älteren Wilhadikapitel zuteil werden ließ, ihm gegenüber an den Tag legte. Die bedrängte Lage des Kapitels erfuhr sogar amtliche Anerkennung, als den „durch die große Last der Armut bedrückten" Kanonikern mit päpstlicher Zustimmung erlaubt wurde, in der Kirchenprovinz Bremen Almosen zu erbetteln. Trotzdem rissen die Klagen über die schlechte materielle Ausstattung während des ganzen 13. Jahrhunderts nicht ab. Die liturgischen Gewänder seien bereits so abgetragen, dass sie schon zerreißen würden, wenn man sie nur anschaue, lamentierten die Kapitelherren 1271 in einer an Drastik kaum zu übertreffenden Eindringlichkeit, woraufhin Erzbischof Hildebold ihnen ein zweites Gnadenjahr bewilligte. Die desaströse Lage des Chorherrenkollegiums war wenigstens zum Teil auch dem Umstand geschuldet, dass die zu verteilenden Einkünfte in der Anfangszeit des Kapitels nahezu ausschließlich aus dem vom Propst verwalteten Propsteigut stammten, und dieser die Auskehrung der Präbenden sehr willkürlich zu seinen Gunsten – und damit zu Lasten der Chorherren – handhabte. Auch der 1217 gegen die Eigenmächtigkeiten des Propstes inszenierte Aufstand der Chorherren, in dessen Folge diese die Verwaltung ihrer Präbenden durch eigene Vertrauensleute wahrnehmen ließen, hatte die grundsätzlichen Differenzen zwischen Propst und Kapitel nicht beseitigt. 1243 musste Erzbischof Gerhard II., der vorübergehend die Verwaltung der Propsteigüter sogar in eigene Hand genommen hatte, den Propst eigens anweisen, den den Kanonikern zustehenden Getreideanteil ungekürzt in voller Höhe auszubezahlen. Erst die 1276 respektive 1285 auf Druck Erzbischof Giselberts zustande gekommene säuberliche Trennung von Propstei- und Kapitelgut – Letzterem wurden damals die (Schmal-) Zehnten zu Schlutter bei Delmenhorst, Schwachhausen und Grevenbrook/Osterstade dauerhaft zugewiesen – setzte dem langwierigen Streit ein Ende und hob die materielle Versorgung des Kanonikerkollegiums auf eine gesicherte Grundlage.

Die Zahl der Kanoniker, die aus dem Kapitelgut ihre Präbende bezogen, hat man nicht zuletzt im Hinblick auf den Versorgungsaspekt von Anfang an auf zwölf begrenzt. Trotz ihrer Verpflichtung auf das stiftskirchliche Ideal der *vita communis*, das zumindest dem Anspruch nach eine gewisse Gleichheit der Mitglieder intendierte, stellte die Gemeinschaft der zwölf Chorherren keineswegs eine gleichförmige Kommunität dar, sondern war nach Amt, geistlicher Würde und zugewiesener Funktion vielfach in sich gegliedert und abgestuft. Am sichtbarsten hoben sich naturgemäß die beiden Leiter des Kapitels, Propst und Dekan, ab, beide sind auch namentlich durch die reichhaltige Überlieferung des Kapitels gut bezeugt. Die Sonderstellung des Propstes äußerte sich nicht nur in seiner Verfügung über das Propsteigut, sondern auch darin, dass er zugleich die Würde eines Domherrn am St. Petri Dom bekleidete. Da die Pröpste auch ihren Wohnsitz am Dom hatten, verlagerte sich ihr Lebens- und Interessenschwerpunkt, je länger je mehr, hin zur Bischofskirche, so dass sie ihre Stellung als Propst des Ansgariikapitels zunehmend als reines Ehrenamt wahrnahmen. Die Reihe der Pröpste wurde 1185 von Hartwig eröffnet, von dessen Handeln ausschließlich seine wiederholte Zeugentätigkeit überliefert ist. Weitere aus der Liste der Pröpste herausragende Amtsinhaber waren dann: Burchard, der dieses Amt ca. ein halbes Jahrhundert (1247–1294) innehatte und der zumindest zeitweise gleichzeitig auch noch Propst der Stifte zu Verden, Bücken und St. Wilhadi/Bremen war, mithin ein glänzendes Beispiel für die immer mehr um sich greifende Praxis der Pfründenhäufung abgab; Alverich Klüver (1355–1377), unter dem es nach einer jahrelangen, auf die Zeit des „Verrats" zurückgehenden Verstimmung 1370 zur Aussöhnung des Kapitels mit der Stadt kam; Hinrich von der Molen (1406–1426), der zumindest zeitweise nebenbei auch als Thesaurar des Domkapitels fungierte und nach seinem Rücktritt als Propst zu St. Ansgarii das Amt des Domdekans erlangte; Johannes Rode (1430–1460), der auch päpstlicher Abbreviator war und später Propst des Domkapitels wurde. Die Leitung und rechtliche Vertretung des Kapitels ging nach dem faktischen Rückzug der Pröpste an den ursprünglich als deren Stellvertreter eingesetzten Dekan über. Als die nach Amtsdauer und Bedeutung wichtigsten Dekane des Kapitels wären zu nennen: Johannes von Ruten (1292–1308), 1292 Aussteller eines Kapitelstatuts, 1293 Stifter eines Altars; Meinard (1314–1337), zeitweise auch Offizial des Erzbischofs Burchard in geistlichen Angelegenheiten; Detmar Sture (1339–1350), dessen geplante Altarstiftung der partiellen Veruntreuung seines Besitzes zum Opfer fiel, so dass schließlich nur noch Teile seines Vermächtnisses dem Kapitel zufielen; der fast 30 Jahre amtierende Dietrich Bruckwedel (1377–1405), der um 1400 den Wildwuchs an Regeln, Statuten und Vorschriften des Kapitels in einer geschlossenen Regel zusammenfassen ließ; der wohl bedeutendste Dekan des 15. Jahrhunderts, Hinrich Groneland (1421–1439), der sich während seiner Amtszeit als großer Gönner des Stifts erwies und diesem eine Vielzahl von Schenkungen zuteil werden ließ, stets darauf bedacht, dass diese der Ausgestaltung des Gottesdienstes und der kirchlichen Feiern zugute kämen; schließlich Eler Snidewint (1439–1447), der 1444 in einem Exkommunikationsprozess gegen die Einwohner des Landes Wursten eine wichtige Rolle spielte.

Viele der von der Gesamtheit des Kapitels gewählten Dekane hatten sich zuvor schon in der Leitung eines der vom Kapitel selbst verwalteten Ämter, insbesondere als Scholaster (Schulmeister) oder Thesaurar (Kustos), ihre Meriten erworben. Der Werdegang Bernhards von Hiddingwarden, des

Blick in das Kircheninnere von St. Ansgarii, vor 1944.

sicherlich bedeutendsten Thesaurars des Kapitels, ist hierfür exemplarisch. Als Hüter des Kirchenschatzes war Bernhard auch Leiter der Stiftsbibliothek und in dieser Eigenschaft hatte er den Zugriff auf das in der Bibliothek aufbewahrte schriftliche Überlieferungsgut des Kapitels. Bernhard nutzte seine internen Kenntnisse, um den reichlich angewachsenen, jedoch völlig ungeordneten Urkundenschatz während seiner von 1354 bis 1367 währenden Amtszeit als Thesaurar in eine systematische, benutzerfreundliche Ordnung zu bringen. Auf Bernhard, der in dieser Zeit auch als erzbischöflicher Generaloffizial tätig war, geht somit die Ordnung des Kapitelarchivs zurück. Kein Wunder, dass man Bernhard von Hiddingwarden aufgrund seiner bleibenden Verdienste, die er sich als Thesaurar erworben hatte, 1367, als die Neuwahl des Dekans anstand, diese Würde anvertraute, die er dann bis 1376 bekleidete. Auch der Dekan Johann Lentemann war zuvor 13 Jahre lang als Thesaurar für das Kapitel tätig (1337–1350). Unter den Schulmeistern des Kapitels brachten es die Scholaster Detmar Sture

(1337–1339), der gemeinsam mit dem Thesaurar Johann Lentemann den Verlust dreier Pferde im Dienst des Kapitels zu beklagen hatte, und Johann von Gestele (1384–1399) später zu Dekanswürden. Aus der Reihe der Scholaster sei schließlich noch Reiner Reclocke (1412–1433) hervorgehoben, weil er sein Kapitel, ähnlich wie zur selben Zeit der Dekan Hinrich Groneland, mit Schenkungen aus seinem umfangreichen Besitz geradezu überhäufte und in seinem Testament von 1428 nahezu seine gesamten Besitztümer der Ansgariikirche vermachte. Die von ihm um 1420 auf der Südseite des Chores für über 300 Gulden errichtete und mit einer kostbaren Reliquienplatte über dem Altar ausgestattete Kapelle sollte später als sog. Zütphenkapelle Berühmtheit erlangen. Das Amt des Cellerars gab es an der Ansgariikirche nicht.

Mit der Zuteilung der Pfarrrechte an das Ansgariikapitel kam einer weiteren Differenzierung im Aufbau des Kapitels, der Unterscheidung der Chorherren nach ihrem geistlichen Weihegrad, besondere Bedeutung zu. Es wurde nunmehr verpflichtend, dass die vier oberen Kanoniker des Kollegiums die Priesterweihe empfangen hatten, weil sie nur dann die mit dem Pfarrdienst und der Seelsorge, der *cura animorum*, verbundenen Aufgaben und Pflichten – Taufe, Sakramentsspende etc. – uneingeschränkt wahrnehmen konnten. Diese vier „Priesterkanoniker", zu denen der Dekan und die drei ihm nachgeordneten Kanoniker zählten, lösten einander im wöchentlichen Turnus als Hebdomadare im Gemeindedienst ab. Die übrigen acht Chorherren, die nur die niederen Weihen haben mussten, setzten sich aus vier Diakonen und vier Subdiakonen zusammen, von denen stets einer das Amt des Lektors innehatte. Doch konnten diejenigen unter ihnen, die die höheren Weihen erlangt hatten, innerhalb des Kapitels im Rang aufsteigen.

Die die Gesamtheit der Chorherren betreffenden rechtlichen, wirtschaftlichen und organisatorischen Belange – so etwa auch die in geheimer Abstimmung erfolgte Dekanswahl – wurden unter der Leitung des Dekans in regelmäßigen Kapitelversammlungen gemeinsam beraten und entschieden. Wichtigster Termin für die Kapitelversammlungen waren die herbstlichen Tage zwischen Michaelis und Martini, weil sich dann mit dem Abschluss der Ernte und den damit verbundenen Naturalabgaben an das Stift das Wirtschaftsjahr dem Ende zuneigte. Ort der Kapitelzusammenkünfte war ursprünglich wohl der Chor als zentrale Wirkungsstätte der Stiftsherren, doch wurde seit dem 15. Jahrhundert auch die von Reiner Reclocke errichtete (Zütphen-)Kapelle von den Chorherren als gemeinsame Kapitelstube genutzt.

Der in den gemeinsamen Kapitelversammlungen noch rudimentär auflebende Gemeinschaftsgedanke hatte im Alltagsleben der Kanoniker, soweit er hier überhaupt jemals vollgültig zum Tragen gekommen war, schon bald

an Bedeutung verloren. Das lag vor allem daran, dass die zumeist aus vermögenden Verhältnissen stammenden Stiftsherren sich der *vita communis* im gemeinsamen Brüderhaus entzogen und sich stattdessen eigene Wohnstätten, sog. Kurien, zulegten, in denen sie einem zunehmend individuellen Lebensstil frönten. Diese Kurien, bei denen es sich nicht selten um regelrechte Wohnhöfe mit Stallungen, Speichern und weiteren Nebengebäuden für den landwirtschaftlichen Betrieb handelte, umgaben den Ansgariikirchhof insbesondere auf dessen Nordseite, von wo sie sich im Laufe der Zeit entlang der Papenstraße bis hin zum Wegesende erstreckten. Die meisten Chorherren vermachten, wie etwa 1422 der Dekan Hinrich Groneland und 1428 der Scholaster Reiner Reclocke, ihre Kurie mittels letztwilliger Verfügung dem Kapitel, so dass diesem stets eine Reihe von Häusern – 1425 gehörten dem Ansgariikapitel zehn Kurien – zur Verfügung stand, die es dann an andere Kanoniker oder an Vikare verkaufen oder vermieten konnte. Um den Kirchhof der Ansgariikirche war so im Laufe der Zeit ein Kranz kapiteleigener Kurien entstanden, die den Geistlichen des Kapitels ein enges Zusammenleben im geschlossenen Bezirk ermöglichten.
Die anfängliche materielle Not des Kapitels hielt, wenn sie überhaupt so krass war, wie sie von den Kanonikern empfunden und dargestellt wurde, nicht lange vor, schon bald breiteten sich Wohlstand, Reichtum und Wohlhabenheit im Kapitel und unter den Kapitelangehörigen aus. Dieser Aufschwung war eine unmittelbare Folge der Ende des 13. Jahrhunderts einsetzenden, sich rasch vermehrenden Schenkungen und Vermächtnisse des städtischen Bürgertums. Großer Beliebtheit erfreute sich vor allem die Stiftung von Memorienfeiern und Konsolationen. Die für die jährliche Feier zum Gedächtnis der Verstorbenen bzw. für die Inanspruchnahme der fürbittenden Kraft bestimmter Heiliger aufzubringenden Gelder – für eine Memorienfeier musste durchschnittlich ein Kapital von 4 Mk., für Konsolationen sogar deutlich mehr aufgewendet werden – wurden vom Kapitel in Land- und Rentenkäufen angelegt. Das Ansgariikapitel erwarb auf diese Weise umfangreichen Landbesitz sowie Renten und Zinsen, die an liegendem Gut hafteten, wobei diese Ländereien sich anfangs in der näheren Umgebung Bremens, insbesondere im Hollerland und im Niedervieland, konzentrierten, wohingegen die Erwerbungen sich später, nach 1370, zumeist in größerer Entfernung von der Stadt im Unterwesergebiet (Stedingen, Osterstade) oder weseraufwärts (Brinkum, Arbergen, Achim etc.) befanden.
An diesem scheinbar unablässig anwachsenden Güterbesitz des Kapitels hatten die einzelnen Chorherren indes recht unterschiedlich Anteil. Nur ein bestimmter Teil dieser Besitzmasse, die sog. *bona communia*, die im Wesentlichen aus den schon genannten drei Zehnten zu Schlutter, Schwach-

hausen und Grevenbrook bestanden, diente der Entnahme der Präbenden und kam damit allen Kanonikern gleichermaßen, wenngleich auch nicht unbedingt in gleichem Umfang, zugute. Doch bildete sich im Laufe der Zeit aus den zahlreichen Memorienstiftungen ein weiteres Gemeinschaftsvermögen, aus dem die Handgelder und Chorpfennige, die sog. Manualien – daher auch die Bezeichnung dieser Besitzmasse als Manualiengüter –, entnommen wurden, für deren Auszahlung allerdings die Teilnahme an den Gottesdiensten, Konsolationen und Anniversarfeiern verpflichtend war. Die nicht unbeträchtlichen Überschüsse aber, welche die Memorienstiftungen abwarfen, wurden zur Bildung von Sondervermögen für bestimmte Gruppen von Kanonikern oder für einzelne Amtspersonen verwendet, so dass das Kapitelgut zunehmend in Einzel- und Sonderverwaltungen aufgesplittert wurde. Die vier Priesterkanoniker und die vier Kanoniker im Diakonsrang kamen so neben ihrem Anteil an den *bona communia* und den Manualiengütern auch noch in den Genuss einer unterschiedlich großen Land- und Zehntbesitz umfassenden Obedienz und verfügten somit über ein nicht zu verachtendes Zusatzeinkommen. Darüber hinaus verfügten diejenigen unter ihnen, die als sog. Priesterkanoniker seelsorgerische Dienste leisteten, zusätzlich noch über eine Hofstelle bzw. deren Zinseinkünfte (sog. Priesterpräbende). Und wer als Dekan, Thesaurar oder Scholaster eines der kapitelinternen Ämter verwaltete, hatte Anspruch auf eines der sog. Dignitätsgüter, wobei hier dem Dekan aufgrund seiner hervorgehobenen Stellung das bei Weitem größte Gut mit Güterbesitz an neun verschiedenen Orten zustand. Die Ausscheidung von Gruppen- und Einzelgut aus der Gesamtmasse des Kapitelbesitzes hielt auch noch im 15. Jahrhundert an, als mit den Senioratsgütern und den sog. *portiones*, die den vier bzw. fünf ersten Mitgliedern des Kollegiums zugeteilt waren, weiterer Sonderbesitz entstand. Verwaltet wurde das allgemeine Kapitelgut – also die *bona communia* und die Manualiengüter – durch zwei jährlich aus den Reihen der Chorherren zu wählende Prokuratoren, denen als Vertrauensleuten des Kapitels die Zuteilung der Präbenden sowie die Erhebung, der Empfang und die Verteilung der Renten- und Zinserträge, der Chorpfennige und Memorien oblag.

Unschwer ist zu erkennen, dass die einzelnen Stiftskanoniker in recht unterschiedlichem Umfang an den materiellen Gütern des Kapitels partizipierten. Nutznießer der Ausscheidung bestimmten Einzel- und Gruppengutes waren vor allem die oberen, d.h. alters- und rangmäßig bevorrechtigten Mitglieder des Kollegiums, denen neben ihrer Präbende in der Regel weitere Einkünfte aus – oft mehrfachem – Sonderbesitz zustanden. Demgegenüber hatten die vorzugsweise von jüngeren Mitgliedern besetzten niederen Kanonikate an dem vielfach verzweigten Sondervermögen so gut

Das große Siegel des Kapitels von St. Ansgarii: Ansgar kniet bittend vor Maria mit dem Kind. Siegelstempel aus Messing, Ende 13. Jahrhundert. (Staatsarchiv Bremen)

wie keinen Anteil und mussten mit ihrer Präbende und den ihnen zustehenden Handgeldern vorliebnehmen. Erst durch das Ausscheiden eines Mitglieds infolge eines Todesfalls oder eines Rücktritts eröffnete sich den jüngeren Chorherren die Möglichkeit, in eine ranghöhere, materiell besser ausgestattete Position aufzurücken, der Eintritt in das Kapitel machte sich also nur auf lange Sicht bezahlt. Die Einkommensverhältnisse der Stiftsherren unterlagen dementsprechend einer großen Bandbreite, die Einkünfte des nur mehr sehr lose in die Kapitelgemeinschaft einbezogenen Propstes betrugen annähernd das Zehnfache dessen, was einem jungen Kanoniker zustand.
Zu diesen regelmäßig fließenden jährlichen Einkünften kamen noch die in ihrer Höhe nicht genau bestimmbaren Einnahmen aus den Opfergaben der Gläubigen. Wie begehrt und deshalb auch unter den Kapitelangehörigen heiß umstritten diese frommen Gaben waren, zeigt nicht zuletzt ein 1426 erlassenes Statut des Ansgariikapitels, das die gleichmäßige Verteilung der an den hohen Festtagen sowie bei Hochzeiten und Beerdigungen einkommenden Opfergaben anmahnt. Eine materielle Vergünstigung, von der die Erben eines verstorbenen Chorherrn, aber auch das Gemeingut des Kapitels profitierten, war ferner die Gewährung zunächst eines (1271), später sogar eines zweiten (1292) und dritten (1377) Gnadenjahres. Diese Regelung, die ursprünglich vor allem dafür gedacht war, Mittel für die Almosenvergabe zur Verfügung zu stellen, sicherte den erbberechtigten Angehörigen bzw. dem Kapitel die Präbende sowie sonstige Einkünfte des Verstorbenen – sofern dieser vorher testamentarisch nicht schon anderweitig darüber verfügt hatte – nach dessen Tod noch ein weiteres Jahr – bzw. zwei oder drei Jahre – zu. Freilich wurde auch diese Vergünstigung auf dem Rücken der jungen Kanoniker ausgetragen, musste der in das Kollegium nachrückende Chorherr doch entsprechend lange warten, bis er in den Genuss seiner Präbende kam.
Die Einkünfte der Stiftsherren flossen also aus vielerlei verschiedenen Quellen, so dass insbesondere bei den höheren Chargen mit ihren Mehr-

facheinkünften eine sorgenlose Lebensführung gewährleistet erschien. Dennoch machte der Dekan Johann Watervorer 1455 geltend, dass die Einkünfte und Renten des Dekanats in Anbetracht der auf dem Besitz ruhenden Lasten kaum etwas wert seien. Mit ausdrücklicher päpstlicher Zustimmung wurde dem Dekanat deshalb vorübergehend auch noch die Vikarie der 11 000 Jungfrauen inkorporiert, deren Einkünfte Johann Watervorer neben denjenigen aus seiner Präbende und aus den Obedienz- und Dignitätsgütern einen ihm angemessenen erscheinenden Lebensstandard sichern sollten. Auch wenn es im Ausgang des Mittelalters in Einzelfällen zu einer Verschlechterung und Verminderung des Kapitelgutes gekommen sein mag und die großen Stiftungen aus den bürgerlichen Kreisen so gut wie völlig versiegten, so ist der Vorstoß des Ansgariidekans doch ein sichtbarer Ausdruck für das Überhandnehmen des spätmittelalterlichen Pfründenwesens, bei dem der Gedanke an die bestmögliche persönliche Versorgung den mit der Pfründe verbundenen religiös-kirchlichen Zweck immer stärker in den Hintergrund treten und als zwar notwendiges, aber doch eher lästiges Akzidens erscheinen ließ.
Trotz ihrer zum Teil erheblichen Einkommensunterschiede hoben sich die Stiftsherren in ihrer Gesamtheit hinsichtlich materieller Versorgung und gesellschaftlichem Ansehen deutlich von den Vikaren als dem zweiten Kreis geistlicher Personen an der Ansgariikirche ab, obwohl Letztere, für die die Priesterweihe obligatorisch war, nicht selten einen höheren geistlichen Weihegrad aufwiesen als viele Kanoniker. Die Vikare, die in größerem Umfang erst seit etwa 1300 in Erscheinung traten, lebten im Wesentlichen vom Ausstattungsgut des Altares, an dem sie ihren Dienst versahen. Die Einkommensverhältnisse der Altaristen wichen deshalb je nach dem Umfang der Legate zum Teil beträchtlich voneinander ab, doch dürften in der ersten Hälfte des 14. Jahrhunderts, als die meisten Altäre gegründet wurden, die jährlichen Einkünfte wohl zwischen 4 und 6 Mk. betragen haben, wie die Beispiele des Jakobusaltares (1299: 4 Mk.), des Marien-Magdalenen-Altares (1293: 5 Mk.) und des Kreuzaltars (1319: 6 Mk.) zeigen. Demgegenüber war die 1419 gestiftete Vikarie des Fronleichnamaltares mit 14 Mk. jährlicher Einkünfte sicherlich ausgesprochen gut dotiert, doch war deren Entstehung besonderen Umständen geschuldet. Noch 1455 brachte die Vikarie der 11 000 Jungfrauen ihrem Besitzer noch nicht einmal 4 Mk. ein.
Altarpfründen dieser Größenordnung ließen ihre Besitzer sicherlich nicht auf großem Fuß leben und nährten die Vorstellung von den Vikaren als spätmittelalterliches Klerikerproletariat. Die Geringfügigkeit vieler Altarpfründen, die ihren Besitzer oft mehr schlecht als recht ernährten, war sicherlich auch der Grund, dass so mancher Altarist sich eine zweite oder dritte Pfründe übertragen ließ. Hartger von Uchte etwa ist 1378 gleichzei-

tig als Benefiziat des Zwölfapostel- und des Andreasaltares der Ansgariikirche bezeugt. Derartig karg ausgestattete Vikarien waren nach eingetretener Vakanz mitunter nur schwer zu vermitteln, so dass sie, wie die Vikarie der 11 000 Jungfrauen vor ihrer Neuvergabe im Jahre 1498, zuweilen längere Zeit unbesetzt blieben, weil sich kein Interessent für die unattraktiven Altarpfründe auftreiben ließ.

Doch würde die Annahme, alle Vikare fristeten ein Leben am Rande des Existenzminimums, den tatsächlichen Verhältnissen ebenso wenig gerecht. Dass auch unter den Vikaren der Ansgariikirche mit sehr unterschiedlichen, zum Teil weit auseinanderklaffenden Einkommens- und Vermögensverhältnissen zu rechnen ist, zeigen die Wohnverhältnisse der Benefiziare und die von so manchem von ihnen getätigten Grundstücksgeschäfte. Wer es sich leisten konnte, zog die eigene Behausung der Unterkunft im gemeinschaftlichen Schlafhaus vor und mietete sich, wie etwa 1356 der Vikar Johannes Klinge, der dem Kapitel für die ihm überlassene Hausstelle einen jährlichen Pachtzins von 5 Pfund Wachs entrichtete, in einer der kapiteleigenen Vikarskurien am Ansgariikirchhof oder an der Ostseite der Papenstraße ein. Andere erwarben sogar, nicht selten mit tatkräftiger Unterstützung des Kapitels, eigenen Haus- und Grundbesitz in der Stadt, so 1295 der Priester des Thomasaltars Johannes, der für 5 Mk. eine bebaute Hofstelle auf dem Schukamp erwarb, oder 1368 der Vikar des Bartholomäusaltars Martin Rose, der dem Kapitel ein Haus samt Hof und zwei Buden nahe beim Wegesende abkaufte. Die vor der Stadt beim Barkhof gelegene Hofstelle, die der Vikar Hermann Stock vom Altar der 11 000 Jungfrauen 1363 für 18 Mk. erwarb, war vorher im Besitz der Vikargemeinschaft, das Immobiliengeschäft wurde in diesem Fall also sogar innerhalb des Kollegiumskreises abgewickelt. Auch Land- und Rentenkäufe wurden wiederholt von Vikaren vorgenommen, und zwar als Kapitalanlage mit dem Ziel, ihre Altarpfründe – und damit ihre jährlichen Einkünfte – durch eigenes Zutun aufzubessern: Zukäufe dieser Art tätigten etwa 1369 Roland Rose für den Dreikönigsaltar, 1373 Martin Usberni mit finanzieller Unterstützung des Kapitels für den Cäcilienaltar, 1376 Johannes Klinge für den Thomasaltar, 1377 Sweder Kruse für den Katharinenaltar und 1379 Cord Bottermeter für den Bartholomäusaltar. Es gab also durchaus auch Vikare, die über ausreichendes Vermögen verfügten, um ein entsprechend sorgenfreies Leben führen zu können. Doch wird deren Wohlhabenheit in aller Regel wohl nicht auf die Einkünfte aus ihrer kirchlichen Pfründe, sondern, wie das Beispiel des Vikars Johannes vom Thomasaltar zeigt, dessen Vater als Gewandschneider zweifellos dem gutsituierten Bürgertum angehörte, auf ihre Herkunft aus dem zu Wohlstand und wirtschaftlicher Macht gelangten Bürgertum zurückzuführen sein.

Wohl Anfang des 14. Jahrhunderts schlossen sich auch die Vikare, die die Stiftsherren zahlenmäßig schon bald um mehr als das Doppelte übertrafen, nach dem Vorbild der Kanoniker zu einer festgefügten Gemeinschaft zusammen. Allerdings war die Zugehörigkeit zur Vikargemeinschaft, deren zentraler Mittelpunkt das an der Nordseite des Ansgariikirchhofs gelegene Schlafhaus (*slaphus*) war, an die Zahlung eines nicht unbedeutenden, im Laufe der Zeit immer mehr angehobenen – um 1400 waren einmalig 40 Mk. sowie eine jährliche Rente vom 1½ Mk. zu zahlen – Einstandsgeldes gebunden. Diese enormen Summen aufzubringen, waren vor allem die ärmeren, nur eine bescheidene Pfründe beziehenden Benefiziare wohl nicht in der Lage, so dass sich diese Gemeinschaft immer mehr zu einem exklusiven Kreis vermögender, besser gestellter Vikare entwickelte; 1374 gehörten ihr sechs, 1395 sieben Mitglieder, also gerade einmal ein Drittel oder ein Viertel aller Ansgariivikare, an. So hat letztendlich auch die Bildung der Vikargemeinschaft die ohnehin schon bestehenden sozialen Unterschiede unter den Vikaren der Ansgariikirche weiter verstärkt, denn mit der Zugehörigkeit zu dieser Gemeinschaft waren nicht nur ein gehobenes öffentliches Ansehen, sondern auch handfeste materielle Vorteile verbunden. Mit der Zeit hatte sich nämlich auch in den Händen der Vikare durch (Memorien-)Stiftungen und sonstige Zuwendungen verschiedenster Art ein sich rasch vermehrendes Vermögen gebildet, die Verwaltung des gemeinschaftlichen Vermögensbesitzes und die daraus zur Verteilung anstehenden Gelder haben vermutlich sogar den Hauptanstoß zur Bildung einer eigenen Vikargemeinschaft gegeben. An der Auskehrung der Einkünfte des sog. Schlafhausregisters aber hatten ausschließlich die zur Genossenschaft zählenden Vikare Anteil, die somit neben ihrer Altarpfründe über eine weitere Einnahmequelle in Form der Präsenz- und Manualiengelder verfügten und sich deshalb gegenüber ihren nicht zur engeren Gemeinschaft zählenden Kollegen deutlich besser stellten. Ähnlich den Chorherren lässt sich auch bei den Vikaren mit fortschreitender Zeit eine Auflösung des gemeinschaftlichen Besitzes in Sonderverwaltungen beobachten. So erscheint um 1400 erstmals das Sondergut der *portiones*, das unter den acht ältesten Vikaren, und zwar paarweise zu je einer Portion für zwei Vikare, aufgeteilt wurde.

Es war nicht zuletzt diese wirtschaftliche Betätigung, die der anfangs wohl eher locker zusammengefügten Vikargemeinschaft zu innerer Festigkeit und Geschlossenheit verhalf, erkennbar etwa am eigenen Urkundenwesen und am eigenen, den hl. Ansgar darstellenden Siegel der Gemeinschaft. Doch hatte dieses immer stärkere Hervortreten der wirtschaftlichen Zwecke auf Kosten der religiösen Pflichten auch hier seine Kehrseite: Seit der zweiten Hälfte des 14. Jahrhunderts hielt der bei den Chorherren schon we-

Das Grabmal des Arnd von Gröpelingen († 1304) aus der St. Ansgarii Kirche, heute im Focke-Museum.

sentlich früher auftretende Missstand der Pfründenhäufung jetzt auch verstärkt im Kreise der Vikare seinen Einzug. Die Folge war, dass immer mehr Altaristen, insbesondere wenn ihre Altarpfründen auf verschiedene kirchliche Anstalten verteilt waren, ihrer Residenzpflicht nicht mehr oder nur mehr sehr ungenügend nachkamen. 1374 sah sich Dekan Bernhard von

Hiddingwarden deshalb veranlasst, fünf Benefiziare der Ansgariikirche, die ihre Vikarien infolge langer Abwesenheit schon längere Zeit vollkommen vernachlässigt hatten, unter Androhung des Entzugs ihrer Pfründe zur sofortigen, spätestens innerhalb von 14 Tagen zu vollziehenden Rückkehr aufzufordern.

Um 1400 entstand an der Ansgariikirche neben der älteren noch eine zweite, jüngere Vikargemeinschaft. Sie war das ausschließliche Werk des damaligen zweiten Priesterkanonikers zu St. Ansgarii, des als Mitverfasser der mittelalterlichen Stadtchronik (Rinesberch-Schene-Chronik) bekannten Herbord Schene. Kurz nacheinander richtete Herbord Schene, der zuvor schon dem Ansgariikapitel und der älteren Vikargemeinschaft zahllose Stiftungen zukommen hatte lassen, damals vier reichlich mit Pfründenbesitz ausgestattete Vikarien an drei bereits seit Langem bestehenden Altären ein. Den Anfang machte 1399 die Trinitatisvikarie am Allerseelenaltar. Indem Schene für diese Vikarie seinen Neffen gleichen Namens, den Hausgeistlichen Herbord Schene *alias dictus Veye*, vorsah – bis zum Erreichen des kanonischen Alters sollte ihn der Priester Johann Sture ersetzen –, gab er bereits hier zu erkennen, dass ihm bei der Besetzung der Vikariate das Wohl nahe stehender Freunde und Verwandter besonders am Herzen lag. Bereits ein Jahr später stiftete Herbord Schene am Marienaltar eine zweite Vikarie, mit der wiederum sein gleichnamiger Neffe belehnt werden sollte. Und schließlich gründete Schene in den Jahren 1403 und 1404 am Johannisaltar zwei Vikarien, bei deren Besetzung mit Willekinus Proyt – dieser war der Sohn einer befreundeten Bürgerswitwe – und mit Johannes van den Ymmeren wiederum zwei nahe Bekannte des Stifters zum Zuge kamen. Diese vier Vikarien waren von Herbord Schene überdurchschnittlich gut mit Landbesitz ausgestattet worden, so dass deren Inhaber, die zumindest in der Anfangszeit alle aus der nahen Umgebung Schenes stammten, ein sorgenloses Leben führen konnten. Doch damit nicht genug: Herbord Schene vermachte den Benefiziaten seiner Stiftungen noch weitere Landschenkungen, die den vier Vikarien gemeinsam als Manualiengut zur Verfügung standen, aus dem die Chor- und Memoriengelder – Schenes Stiftungen waren mit Memorienfeiern zu Gunsten seiner verstorbenen Eltern und seines verstorbenen Bruders verknüpft – sowie sonstige Vergütungen für besondere Dienste entnommen werden sollten. Durch dieses Gemeinschaftsvermögen sowie durch weitere besitzrechtliche Querverbindungen zwischen den einzelnen Vikarien war eine festgefügte Vikargemeinschaft mit eigenem Prokurator entstanden, die der größeren älteren Vikargemeinschaft in vielerlei Hinsicht nachgebildet war.

Allerdings verfolgte die von Herbord Schene begründete Vikargemeinschaft – und hierin unterschied sie sich deutlich von der älteren Genossenschaft der Vikare – einen ganz besonderen kirchlichen Zweck. Denn die Altaristen der Scheneschen Stiftung hatten nicht nur den üblichen Altardienst zu verrichten, sondern waren darüber hinaus angehalten, die vier Priesterkanoniker – Schene war bekanntlich selbst einer von ihnen – in ihren seelsorgerischen Aufgaben zu unterstützen. Die Inhaber der von Schene gestifteten Vikarien sollten deshalb künftig als Kapläne die Vertretung für je einen der vier Priesterkanoniker übernehmen: So wurden der Vikar des Marienaltars dem Dekan, der Vikar des Allerseelenaltars dem ältesten Priesterkanoniker nach dem Dekan sowie die beiden Vikare des Johannisaltars dem im Grade dritten bzw. vierten Priesterkanoniker fest als Kaplan zugeteilt. Die vier Benefiziaten der Scheneschen Vikarienstiftungen waren deshalb keine Altaristen im eigentlichen Sinn, sondern sind, da sie als Kapläne der Priesterkanoniker einander regelmäßig im Wochendienst ablösten, wie diese als Hebdomadare mit Sitz im Chor anzusprechen. Aus diesem Grund hat man die zweite, durch Herbord Schene begründete Vikargemeinschaft an der Ansgariikirche auch als Hebdomadariatsgemeinschaft bezeichnet.

Die Scheneschen Hebdomadare waren indes nicht die einzigen Vikare, die Dienst auf dem ansonsten den Kanonikern vorbehaltenen Hochchor zu leisten hatten. Mit den sog. Vikaren des Chores gab es eine weitere Gruppe bevorrechtigter Vikare, die zum vollen Chordienst verpflichtet waren. Diese Chorvikare bezogen ihre Einkünfte hauptsächlich aus den zur Verteilung anstehenden Chorpfennigen. Doch scheinen diese Einkünfte zumindest zeitweise kaum zum Lebensunterhalt gereicht zu haben, jedenfalls hieß es 1328 von zwei Chorvikaren, dass sie sich „wegen der Dürftigkeit ihrer Einkünfte nicht zu ernähren vermöchten“, weshalb ihnen damals eine gerade vakante Altarpfründe zugewiesen wurde. Von diesen Vikaren des Chores unterschied sich die große Masse der übrigen Vikare, deren Hauptaufgabe im regelmäßigen Lesen der ihnen durch private Stiftungen auferlegten Messen an einem der vielen Nebenaltäre bestand. Stiftskirchen waren in aller Regel besonders häufig Adressat privater Altarstiftungen, und so besaß denn auch die Ansgariikirche nach dem St. Petri Dom die größte Zahl von Nebenaltären. Eine vermutlich 1367 zur Zeit des Thesaurars Bernhard von Hiddingwarden angefertigte Liste der Altäre der Ansgariikirche nennt – einschließlich des Hauptaltars – insgesamt 23 Altäre, doch ist dieses Verzeichnis nicht vollständig, auch wurden in der Zeit nach 1367 noch mindestens sechs weitere Altäre gestiftet. Ende des Mittelalters muss es in der Ansgariikirche demzufolge in etwa 30 Altäre gegeben haben.

Die beiden ältesten Altäre der Ansgariikirche, der Johannisaltar und der Marienaltar, wurden vermutlich Mitte des 13. Jahrhunderts gegründet. Doch nehmen diese beiden Altäre insofern eine Sonderstellung ein, als sie zunächst nicht mit einer Pfründe ausgestattet waren, sondern von den Kanonikern selbst verwaltet wurden; sie wurden erst durch die Hebdomadarstiftungen Herbord Schenes um 1400 mit einem eigenen Vikar besetzt. Um 1300 kam es dann zu einer ersten Welle von Altargründungen mit zugehöriger Vikarie und Altarpfründe: 1293 der Marien-Magdalenen-Altar – Stifter war der Dekan Johannes von Ruten –, vor 1295 der Thomasaltar des Bürgers Hinrich Doneldey, 1298 der Heilig-Kreuz-Altar, 1299 der Jakobusaltar und 1308 der Zwölfapostelaltar, Letztere ebenfalls alles bürgerliche Stiftungen. Ein zweiter, 1319 von dem Bürger Hinrich Gröning gestifteter Kreuzaltar befand sich entweder in der Krypta oder in einer Kapelle neben dem Chor. In jener Zeit, in der Mitte der ersten Hälfte des 14. Jahrhunderts, wurden auch der Altar der 10 000 Märtyrer, der Paulus und Dionysius-Altar und der Margarethenaltar, und zwar von Bürgerwitwen zum Andenken an ihren verstorbenen Mann, errichtet. Der Margarethenaltar von 1331 steht am Beginn einer zweiten Welle von Altargründungen, die in den nächsten Jahren in kurzen Abständen aufeinander folgten: ein zweiter Johannisaltar (1332), der vom Ratsherrn Dietrich Rickmers gestiftete Petrusaltar (1332), der Andreasaltar (1333 oder früher), der Bartholomäusaltar (1334), der Katharinenaltar (1337), der von den Kindern Hinrich Grönings – des Stifters des älteren Kreuzaltars – errichtete Altar der 11 000 Jungfrauen (1339 oder früher), der Dreikönigsaltar (1341 oder früher), der Cäcilienaltar (vor 1342), der Matthäusaltar (1346) sowie der Peter und Pauls-Altar (1347). Die 30er und 40er Jahre des 14. Jahrhunderts stellten eindeutig den Höhepunkt bürgerlicher Altarstiftungen dar, innerhalb von knapp 15 Jahren wurden damals elf neue Altäre in der Ansgariikirche errichtet. Nach der Mitte des 14. Jahrhunderts ließ in den wohlhabenden Bürgerkreisen das Interesse an derartigen Stiftungen dann jedoch merklich nach, das Verhältnis der Bürger zur städtischen Geistlichkeit war infolge des immer mehr ausufernden Pfründenwesens inzwischen deutlich abgekühlt. Zu einer bedeutenden bürgerlichen Altarstiftung kam es dann noch einmal im Jahr 1367 durch Johann von Borken – auf die Familie von Borken ging auch schon die Errichtung des Matthäusaltares vor gut 20 Jahren zurück –, der in der südlichen Ecke des Chores den reich ausgestatteten Allerseelenaltar aufstellen ließ. An diesem Altar, dessen erster Vikar der schon erwähnte Roland Rose war, sollten immer dann Seelenmessen gelesen werden, wenn auf dem Chor das Gedächtnis eines Verstorbenen gefeiert wurde, der Allerseelenaltar hatte also eine über die private Nutzung hinausgehende allgemeine Bedeutung. 1390 wurde dann mit dem Ansgariusaltar, gestiftet durch die Witwe Beata Swering, die vorerst letzte Altargründung aus dem Bürgertum vollzogen.

Die infolge des sich mehr und mehr zurückziehenden Bürgertums entstehende Lücke konnte aber nach 1400 durch Altarstiftungen bevorrechtigter Mitglieder des Ansgariikapitels wenigstens zum Teil ausgefüllt werden. 1422 erfolgte aus der Hinterlassenschaft des Dekans Reiner Sallun unter Mithilfe des Wildeshausener Chorherrn Johann Hazelbusch die Gründung des Cosmas und Damian-Altars, dessen Pfründeninhaber zum fünfmaligen wöchentlichen Messelesen verpflichtet waren. Der 1433 durch Dekan Hinrich Groneland gestiftete Dorotheen und Gertruden-Altar befand sich zwar nicht in der Ansgariikirche, ist aber wohl ebenfalls dem Umfeld von St. Ansgarii – einer zugehörigen Kapelle oder dem St. Jürgen-Gasthaus – zuzurechnen. Zu guter Letzt stiftete auch der Scholasticus Reiner Reclocke einen möglicherweise dem hl. Mauritius geweihten Altar in der von ihm errichteten, später sog. Zütphenkapelle. Die Errichtung des mit einer jährlichen Rente von 14 Mk. 28 Gr. ausgestatteten Fronleichnamsaltars (*Corporis Christi*) im Jahr 1436 setzte dann den Schlusspunkt in der langen Reihe von Altargründungen in der Ansgariikirche. Doch zeigen schon die äußeren Umstände, dass es sich hier um einen Sonderfall handelte. Dieser Altar wurde vom Rat der Stadt gestiftet, der dabei jedoch nicht aus freien Stücken handelte, sondern ein Sühneurteil vollzog, das den 1430 während innerstädtischer Unruhen hingerichteten Bürgermeister Johann Vasmer rehabilitieren sollte. Die Ansgariikirche war also spätestens seit der Mitte des 14. Jahrhunderts mit einer Vielzahl von Altären ausgestattet, jeder nur irgendwie verfügbare Raum – die Seitenschiffe, die Seitenkapellen, der Chor, das Turmgewölbe, die Krypta – muss für die Aufstellung von Altären genutzt worden sein, und an einigen dieser Nebenaltäre (Dreikönigsaltar, Nikolausaltar, älterer Johannisaltar, Allerseelenaltar, Marien und Magdalenen-Altar, Cosmas und Damian-Altar) waren vorübergehend oder dauerhaft sogar zwei Vikarien eingerichtet worden.

Die Messen, die die Vikare an den Altären zu lesen hatten, waren Privatmessen zu Gunsten des Seelenheils der Altarstifter, die sich durch das fürbittende Gebet der zum Dienst verpflichteten Vikare einen Ablass von ihren Sündenstrafen erhofften. Die Häufigkeit des geforderten Messdienstes war dabei von Altar zu Altar unterschiedlich geregelt und variierte zwischen einer zweimaligen wöchentlichen Messfeier am Ansgariialtar und einer täglich abzuhaltenden Messe am hl. Kreuzaltar. Am weitesten verbreitet war das dreimalige wöchentliche Lesen der Messe, so z.B. an den beiden ältesten Altären, dem Marienaltar und dem Johannisaltar. Lediglich dem Hebdomadar-Vikar des Marienaltars war, da er zugleich auch im Dienst des Dekans stand, freigestellt, wie oft er die Messe zelebrieren wollte. Ältester namentlich bekannter Vikar der Ansgariikirche war Johannes, der Sohn des Gewandschneiders Wizelus, der 1295 am Thomasaltar die Messe las. Die Gesamtzahl der an der Ansgariikirche tätigen Vikare – also

einschließlich der Chorvikare – wird Ende des Mittelalters vermutlich etwa 35 betragen haben.
Einem ähnlichen Zweck wie die Altarstiftungen diente auch die Stiftung sog. ewiger Lampen. Diese vor einem Tabernakel mit geweihter Hostie aufgestellten Wachskerzen sollten unablässig zu Ehren bestimmter Heiliger sowie der Stifterfamilie brennen, weshalb ihre Unterhaltung genau geregelt sein musste. Aus diesem Grund statteten die Stifter – zu den bekanntesten Stiftern ewiger Lampen zählten wiederum der Kanoniker Herbord Schene, der Dekan Hinrich Groneland sowie der Scholasticus Reiner Reclocke – die ewigen Lichter gleichfalls mit einer Pfründe aus, von deren Betrag die Betreuer dieser Kerzen ihren Lebensunterhalt bestritten. Die Betreuer der ewigen Lampen waren somit in gewisser Weise den Vikaren der Nebenaltäre gleichgestellt, zum Teil wurden sie sogar von den Inhabern einer bestimmten Vikarie – z.B. der Vikarie des Marienaltars – mitversehen. Ein vom Dekan des Ansgariikapitels zu vergebendes, reich ausgestattetes *Officium Lampadis* war vorübergehend mit der Vikarie des Jakobusaltars vereinigt.
Über den mittelalterlichen Kirchenschatz der Ansgariikirche geben die unter dem Thesaurar Bernhard von Hiddingwarden Mitte des 14. Jahrhunderts angefertigten Verzeichnisse Auskunft. Die Kirche besaß u.a. Reliquien der Heiligen Willehad, Ansgar, Rimbert, Nikolaus, Cyriacus, des Heiligen Grabes und der 11 000 Jungfrauen, die in besonders wertvollen Kleinodien, sog. Reliquiaren, aufbewahrt wurden. Dazu zählten etwa Standbilder verschiedener Heiliger (Maria, Blasius, Rimbert), ein Kopfreliquiar Ansgars, allesamt versilbert und vergoldet bzw. aus Alabaster angefertigt, zwei Altarschreine, sechs Gefäße mit versilberten und vergoldeten Deckeln bzw. aus Bergkristall sowie eine elfenbeinerne Büchse. Aus besonderem Anlass wurden diese Reliquiare mitsamt ihrem Inhalt den Gläubigen auf dem Hochaltar auf 13 Kissen aus purpurner Seide präsentiert. Die Ausstattung der Kirche mit gottesdienstlichen Utensilien wie Kelchen, Oblatentellern, Kelchtüchern, Flaschen, Kannen, Büchsen, Räucher- und Gießgefäßen, Bronzeleuchtern, Fahnen, Laken, Teppichen, Kissen, Vorhängen und einer Monstranz ließ scheinbar nichts zu wünschen übrig, und auch die Paramente der Geistlichen – genannt werden Chormäntel, Kaseln, Dalmatiken, Stolen, Manipeln, Alben, Gürtel – waren offanbar in der benötigten Anzahl vorhanden. Auch dieser Kirchenschatz war wenigstens zum Teil durch mildtätige Stiftungen zusammengekommen. So hatte etwa die Ratsherrenwitwe Hillegund von Haren, die vier Jahre später am Dom auch den Felix und Audauctus-Altar stiftete, der Ansgariikirche 1386 gegen die Zusicherung bestimmter Gedächtnisfeiern eine weiße Kasel samt Stola und Manipel sowie einen gestickten Seidenbehang für das Lesepult vermacht.

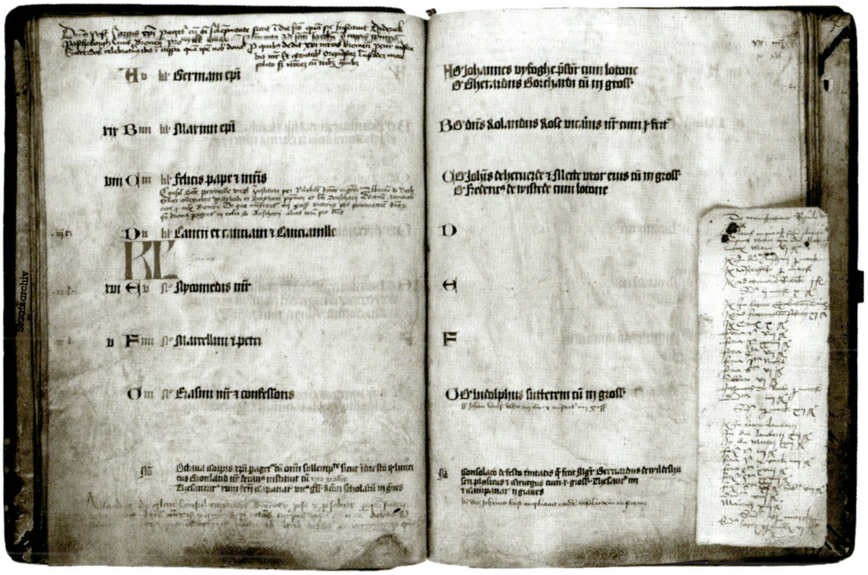

Der Nekrolog des Ansgariikapitels. In das Kalendarium wurden Gedenkfeiern und Kirchenfeste eingetragen. Die Handschrift wurde um 1435/39 als Abschrift einer älteren Vorlage mit Heiligentagen und Kirchenfesten angelegt und fortlaufend um Nachträge ergänzt. (Staatsarchiv Bremen)

Von der anfänglichen Armut des Ansgariikapitels ist zur Zeit Bernhards von Hiddingwarden nicht mehr viel zu spüren. Auch die Ausstattung des Kapitels mit Büchern für den gottesdienstlichen Gebrauch konnte sich für mittelalterliche Verhältnisse sicherlich sehen lassen: Es finden sich u.a. drei Missalien (Messbücher), zwei Matutinalien für die Frühmesse, drei Antiphonarien (Wechselgesänge), 15 Psalterien (Psalmensammlungen), acht Gradualien (Messegesänge), vier Kollekten (Versammlungsgebete), zwei Agenden (gottesdienstliche Ordnungen), zwei Plenarien (Epistellesungen), zwei Bibeln, mehrere Gesangs- und Orgelbücher, ein Votivarium (Sammlung von Votivmessen), zwei Bände Homilien (Predigtsammlungen) und zwei Passionale (Sammlungen von Heiligenlegenden). Die Bücher – auch die Regel des Kapitels sowie ein Kalendarium gehörten dazu – sowie die Kleinodien, Geräte und Ausstattungsstücke wurden in einem abgesonderten Raum der Kirche, dem *armarium*, aufbewahrt. Die gottesdienstlichen Gewänder waren in zwei Schränken – einem spitzgiebeligen Schrank zur Aufhängung der Chormäntel und einem Paramentenschrank – untergebracht, die wohl ebenfalls im *armarium* standen.

Den Gegenpol zu den kirchlichen Würdenträgern in Gestalt der Kanoniker und Vikare bildete die bürgerliche Laiengemeinde des im Handwerkermilieu angesiedelten Ansgariikirchspiels. Am Sendgericht vor der Ansgariikirche mussten auch die Gläubigen aus Gröpelingen, Büren, Burg und Grambke teilnehmen. Repräsentanten der Pfarrgemeinde waren die mit der Verwaltung des Kirchenvermögens betrauten, paarweise amtierenden Bauherren der Kirchenfabrik (*buwmester der kerken to sunte Anscharii to Bremen van des kerspels wegene*). Namentlich bekannt sind etwa die Bauherren Detward Brokwedel und Helmich von Hildensem, weil sie 1394 mit dem Kapitel einen Vergleich über die Aufbringung der Kosten für das Orgelspiel an bestimmten Festtagen aushandelten, sowie die Bauherren Luder von Verle und Alert von Glane, weil sie 1423 dem Dekan Hinrich Groneland für 100 Mk. eine jährliche Rente von 5 Mk. verkauften. Trotz seiner Verwurzelung im Handwerkerviertel der Stadt gehörten dem Ansgariikirchspiel durchaus auch hochgestellte Bürgermeister und Ratsherren der Stadt an. So gaben zu dem Kaufgeschäft von 1423 u.a. der ehemalige Bürgermeister und Dombaumeister Johann Hemeling, der Bürgermeister Klaus Groning sowie die Ratsherren Hermen Schermbeken und Diderick Schorhar als Kirchspielleute ausdrücklich iher Einwilligung. Und auch dem Vergleich von 1394 stimmten mit Johann Boller, Hinrich Duckel und Gerverd von Gropelingen drei Kirchspielleute zu, die alle gehobenen, ratsfähigen Bürgerfamilien angehörten. Schließlich war mit der Langenstraße auch diejenige Straße Teil des Kirchspielbezirkes, in der sich die wohlhabenden, zu Reichtum, Macht und Einfluss gelangten Kaufmannsfamilien bevorzugt angesiedelt hatten. Durch die an der Ansgariikirche beheimateten Bruderschaften kamen überdies auch städtische Bewohner, die nicht unmittelbar zum Pfarrbezirk von St. Ansgarii gehörten, in eine enge Beziehung zu dieser Kirche. Dem Ansgariikapitel war selbst eine Bruderschaft angeschlossen, weitere Bruderschaften der Ansgariikirche waren etwa die Dorotheenbruderschaft und die Annenbruderschaft.

Die Stiftskirchen erfreuten sich beim städtischen Bürgertum nicht zuletzt wegen ihrer prachtvollen, sinnlichen Ausgestaltung der Gottesdienste und kirchlichen Feiern besonderer Beliebtheit. Im 15. Jahrhundert gab es sogar Bestrebungen, die gottesdienstlichen Feiern in der Ansgariikirche noch großartiger und sinnenberauschender auszuschmücken, als dies ohnehin schon der Fall war. Vor allem in den 20er Jahren des 15. Jahrhunderts wurde eine ganze Reihe von Stiftungen getätigt, deren Hauptziel die Vermehrung und Verschönerung der kirchlichen Feiern war, und wiederum begegnen uns dabei die schon bekannten Namen Hinrich Gronelands und Reiner Reclockes an vorderster Stelle. So ließ beispielsweise Hinrich Groneland 1421 noch als Chorherr die nachmittäglichen Fastengottesdienste durch Wechselgesänge („Salve regina", „Tuam deus deposcimus pietatem"), Psalmenlesung („De profundis") sowie Gebete („Kyrie eleison", „Pater noster", „Et ne nos") und (Bibel-)Verse („A porta inferi", „Clamor meus", „Dominus vobiscum", „Requiescant in pace") ausgestalten. Ein Jahr später, inzwischen bereits Dekan, ließ Groneland zwischen Ostern und Pfingsten die morgendlichen Frühmessen und im restlichen Kirchenjahr die samstäglichen Frühmessen – bzw. zwischen Ostern und Pfingsten die samstäglichen Vespermessen – nach demselben Muster durch Gesang, Gebet und Lesung ausschmücken, wobei zum Teil selbst die von den Geistlichen einzunehmende Haltung („gebeugte Knie") und die Lautstärke des Gesangs („leiser werdender Ton") akribisch vorgeschrieben waren. Noch im selben Jahr 1422 verpflichtete Groneland das Kapitel als Gegenleistung für eine Rentenschuld, die dieses bei ihm hatte, zur Übernahme einer großen Fronleichnamsfeier einschließlich Vesper und Prozession sowie zur Feier von insgesamt zehn, über das ganze Jahr verteilten Konsolationen, von denen zwei – am Heiligen Abend sowie am Tag der heiligen Martha – gleichfalls mit einem feierlichen Umzug enden sollten. Vergleichbare Bestimmungen zur Ausschmückung der kirchlichen Feiern finden sich auch in dem umfangreichen Testament des Scholasters Reiner Reclocke von 1428. Reclocke ließ sogar neue Festtage – so etwa den Tag der Kreuzfindung – einführen und er ließ an allen Sonntagen von Ostern bis Pfingsten sowie an den Festtagen der Heiligen Martin, Georg und Bartholomeus bislang unbekannte Konsolationen feiern. Auch die Dekane Eler Snidewint und Diedrich Ulestede verhalfen dem Ansgariikapitel durch entsprechende Stiftungen 1441 bzw. 1475 zu prunkvollen kirchlichen Feiern, und noch am Vorabend der Reformation in Bremen ließ der Vikar Luder Kistenmaker im April 1522 eine Konsolation am Lukastage einrichten. Im 15. Jahrhundert wird somit eine Tendenz zur sinnenfreudigen, nahezu rauschhaften Gestaltung der kirchlichen Handlungen erkennbar, und damit einher ging eine sichtliche Aufwertung des Prozessionswesens. Damit auch die musikalische Ausschmückung der Gottesdienste durch Orgelklang und Gesang nicht zu kurz kam, hatte man schon früher eine feste Kantorstelle eingerichtet (1351) sowie die Aufbringung der Kosten für das Orgelspiel an gewissen Festtagen geregelt (1394).

Die aufwendige Gestaltung der kirchlichen Feiern, wie sie den Stiftskirchen zu eigen war, hatte selbstverständlich zur Voraussetzung, dass das vorhandene kirchliche Personal – Chorherren, Kapläne, Vikare – möglichst vollzählig anwesend war und seinen kirchlichen Verpflichtungen stets in vollem Umfang nachkam. Nicht zuletzt deshalb hat man auf die Residenzpflicht der Stiftsherren und Vikare so großen Wert gelegt. Die Regel des Kapitels drohte für den Fall unerlaubter Abwesenheit den Verlust aller Pfründeneinkünfte an, überschritt die Abwesenheit eines Kanonikers drei Monate, sollte er zudem ein Jahr lang sein Stimmrecht im Kapitel verlieren. Um mögliche Ausfälle rasch kompensieren und einen störungsfreien Verlauf der Messfeiern gewährleisten zu können, hat man schon 1356 durch Kapitelbeschluss angeordnet, dass die Kanoniker des Ansgariikapitels sich in ihren gottesdienstlichen Pflichten ungeachtet ihrer Rangunterschiede jederzeit gegenseitig vertreten konnten. Und weil es wegen der Vakanz von Kanonikaten sowie Krankheit und Alter einiger Kanoniker wohl wiederholt zu Engpässen gekommen war, hat man 1428 eine Bestimmung erlassen, die es den vier Kaplänen der Priesterkanoniker ermöglichte, künftig bei Bedarf sämtliche Chorherren des Kapitels – also nicht nur den ihnen jeweils zugeordneten Priesterkanoniker – beim Chordienst und in ihren sonstigen Verpflichtungen zu vertreten. Die Kapläne der Ansgariikirche waren also mit Sicherheit viel beschäftigt. 1423 wurden sie zudem mit einer Aufgabe betraut, die ihnen regelmäßig die Schattenseiten menschlicher Existenz vor Augen führte: Abwechselnd musste einer von ihnen den zu Tode verurteilten Straftätern, wenn diese auf ihrem Weg zur Richtstätte am St. Jürgen-Gasthaus – dieses lag der Ansgariikirche direkt gegenüber an der Hutfilterstraße – vorbeigeführt wurden, das Glaubensbekenntnis vorsagen und das hl. Sakrament vorzeigen. Den aus der Gesellschaft Verstoßenen sollten „so wenigstens auf ihrem letzten Gang zum Scharfrichter die Tröstungen der christlichen Religion nicht vorenthalten werden".

Als Pfarrkirche kam die Ansgariikirche auch in den Genuss von Abgaben, die die Gläubigen für bestimmte kirchliche Amtshandlungen wie Taufen, Eheschließungen, Bestattungen etc. zu bezahlen hatten. Doch hatten die Pfarrkirchen andererseits selbst Gebühren und Abgaben unterschiedlicher Art und Höhe an bestimmte kirchliche Instanzen zu leisten, die sich zu einem nicht unbedeutenden Betrag summierten. Für die Ansgariikirche sind diese Zahlungen besonders gut belegt, weshalb sie hier, beispielhaft auch für die anderen Pfarrkirchen der Stadt, angeführt werden sollen. An den Dompropst als dem für die Stadt zuständigen Archidiakon war der *census ecclesiarum*, der jährliche Kirchenzins, zu zahlen. Bei der Neufestsetzung der Kirchenzinse im Jahr 1230 wurde die Ansgariikirche auf 5 Mk. taxiert; dies war der niedrigste Jahreszins unter den städtischen Pfarrkirchen. Um 1350 waren dann in einer allgemeinen Notzeit nur noch 1¾ Mk. zu zahlen, 1368 nahm der Dompropst 7½ Verding (knapp 2 Mk.) in Empfang und 1384 belief sich diese Abgabe auf 3¾ Mk. Die Höhe des auch als Osterzins bezeichneten *census ecclesiarum* wechselte also im Laufe der Zeit, stets aber entfiel auf das Ansgariikirchspiel der niedrigste Zinssatz. Trotzdem scheint man den Kirchenzins mitunter nur nachlässig und widerwillig geleistet zu haben, wie die ultimative Aufforderung zur Zahlung des Jahreszinses durch den Verwalter der Dompropstei, Abt Heinrich von Rastede, im Jahr 1369 nahelegt. Der Erzbischof erhob das *subsidium caritati-*

vum, eine ursprünglich freiwillige, außerordentliche Abgabe, mit der die Geistlichen der Diözese bestimmte Aufwendungen der Bischofskirche mitfinanzieren sollten. So hat der baufreudige Erzbischof Giselbert das Ansgariikapitel 1293 um eine Beisteuer von 4 Mk. für die Baukosten des neuen Palatiums ersucht. Als er kurz darauf dieselbe Summe für die Baukosten der kirchlichen Häuser und Schlösser in Rechnung stellte, hielt man ihm entgegen, dass das *subsiduum caritativum* seit jeher maximal 5 Mk. betragen habe. Auch die erzbischöflichen Visitationen, bei denen der Gottesdienst, das sittliche Verhalten der Kleriker und die Vermögensverwaltung überprüft wurden, waren nicht unentgeltlich. 1363 hatte Erzbischof Albert dem Ansgariikirchspiel einen derartigen Visitationsbesuch abgestattet und er ließ sich seine Bemühungen mit einer Verwaltungsgebühr von 220 Turnosen – der *Procuratio visitationis* – vergüten. Schließlich waren auch an das Oberhaupt der Kirche, den Papst in Rom, Abgaben in Form von Kirchenzehnten, Prokurationen und Subsidien zu entrichten. Als 1364 die für Rom bestimmten zweijährigen Abgaben in der Stadt und Diözese Bremen eingesammelt wurden, leistete das Ansgariikapitel einen Beitrag von 11 Mk. 14 Gr. 1377 wurden sowohl die Kanoniker als auch die Vikare von St. Ansgarii zur Zahlung von jeweils 10 Mk. mindenscher Pfennige für den päpstlichen Zehnten verpflichtet, wobei die Vikare ihren Anteil zunächst aus dem Almosengeld vorschossen. Zu den 250 Goldgulden, die die stadt- und stiftsbremische Geistlichkeit 1380 für die römische Kurie aufzubringen hatte, steuerte das Ansgariikapitel 6 Goldgulden bei. Nicht immer war das Kapitel in der Lage, die Geldforderungen aus Rom zu erfüllen. So musste der zum Syndikus des Kapitels bestellte Chorherr Hermann von Vechta 1360 eingestehen, dass er wegen Krieg, Dürre und Überschwemmung nicht imstande war, die geforderte Prokuration an die päpstliche Kammer zu entrichten.

Zu diesen kirchlichen Abgaben und Steuern kamen dann noch die Abgaben, die der Erzbischof in seiner Eigenschaft als Landesherr forderte. Erzbischof Gottfried beispielsweise hatte 1351 die gesamte Diözesangeistlichkeit zwecks Rückkauf der verloren gegangenen Grafschaft Stotel mit einem Sechstel ihrer Einkünfte besteuert; das Ansgariikapitel hatte damals gemeinsam mit dem Wilhadikapitel gegen diese horrende Abgabenforderung Einspruch beim päpstlichen Stuhl erhoben. Auch für die Aufbringung der Kosten, die bei der Vertreibung der Knappen von Mandelsloh aus dem erzbischöflichen Schloss Vörde anfielen, wurde 1381 wiederum die Diözesangeistlichkeit mit herangezogen. Damals kam es zum Streit darüber, in welchem Umfang die Vikare des Kapitels sich an den Kosten zu beteiligen hatten. Im Allgemeinen betrug der Beitrag der Vikare ungefähr die Hälfte dessen, was die Kanoniker zu leisten hatten.

Mit der Jakobikirche, der Horner Kirche und den Kirchen zu Stuhr und Wasserhorst besaß die Ansgariikirche anfangs vier Filialkirchen. Die Kirche in Wasserhorst wurde allerdings noch im Mittelalter an den Dom abgegeben. Wegen des Besitzes der Jakobikirche war es 1229 vorübergehend zwar zu Streitigkeiten zwischen dem Kapitel und den Söhnen des Kirchenstifters, Brüning und Gerhard de Keminata, gekommen, doch konnten diese durch die Aufnahme Gerhards als Subdiakon in das Kapitel rasch beigelegt werden. Demgegenüber gab die im Nordosten vor den Toren der Stadt gelegene Filialkirche zu Horn noch lange Zeit Anlass zu Zank und Streit. 1237 erhob der Vogt Alard Ansprüche auf die Horner Vogteigerechtsame, die allerdings durch einen erzbischöflichen Schiedsspruch zurückgewiesen wurden. Kurz darauf, um 1240, musste auch der Propst des Kapitels, der gleichfalls ein Auge auf die Horner Kirche – und insbesondere auf deren Einkünfte – geworfen hatte, klein beigeben; Propst Hermann musste damals mit den Archidiakonatsrechten vorliebnehmen, der Kirche selbst wurde ein Priester des Ansgariikapitels als Pfarrer zugewiesen. 1254 bekam das Ansgariikapitel dann das Recht der freien Verfügung über die Horner Kirche, insbesondere im Hinblick auf die Pfarrbesetzung, noch einmal ausdrücklich verbrieft. Trotzdem nahm offensichtlich auch jetzt noch das Domkapitel mitunter Einfluss auf die Pfarrstellenbesetzung, jedenfalls erlangte der Sohn des Albero Doneldey zwischen 1267 und 1282 das Pfarramt zu Horn auf ausdrücklichen Wunsch des Domdekans Engelbert. Ende des 13. Jahrhunderts scheint die Beziehung zwischen St. Ansgarii und deren Horner Tochterkirche dann aber einer endgültigen Regelung unterworfen worden zu sein, damals wurde dem Horner Pfarrer eine jährliche Abgabe von 24 Solidi, zahlbar in gesetzlich gültiger Münze, an das Ansgariikapitel auferlegt.

5. Stephanikirche

Die Stephanikirche, wie die Ansgariikirche eine Stiftskirche und Sitz des vereinigten Wilhadi-Stephanikapitels, war bereits 1139 mit der Pfarrgerechtigkeit ausgestattet worden. Zur Zeit der Kirchspieleinteilung noch außerhalb des städtischen Mauerrings gelegen, hatte St. Stephani bis 1229 die westlich der Stadt auf dem Steffensberg entstandene vorstädtische Siedlung einschließlich der vorgelagerten Dörfer Utbremen und Walle kirchlich zu versorgen. Der Straßenzug Steffensweg im Westen der Stadt verweist noch heute auf den einstigen Kirchweg der Waller Bauern zu ihrer Pfarre. Bei der Neueinteilung der Kirchspiele 1229 wurde die Stephanikirche dann aber fest in die städtische Kirchspielorganisation miteinbezogen, weil der westlichste Teil der ummauerten Stadt damals dem Stephanikirchspiel zugeschlagen wurde.

Stephanikirchhof und St. Stephani um 1757. Zeichnung von Johann Daniel Heinbach.

Der 1139 auf dem Steffensberg errichtete Kirchenbau besaß vermutlich die Form einer dreischiffigen flachgedeckten Pfeilerbasilika mit Ostchor. Von diesem ältesten Gotteshaus, das im ersten Viertel des 13. Jahrhunderts einem Brand zum Opfer fiel, haben sich lediglich im Unterbau des Südturmes sowie im Sockel des Chores und des Querschiffs bescheidene Reste erhalten. Die von den Flammen zerstörte Kirche wurde wiederum als dreischiffige Basilika mit westlichem Südturm und geradlinigem Chorabschluss im Osten aufgebaut; allerdings wurde die neue Kirchen jetzt eingewölbt und mit einem Querhaus versehen. Der Wiederaufbau erfolgte im romanischen Baustil, doch machte sich bei fortgeschrittener Bauzeit die aufkommende Gotik bemerkbar – so etwa bei den Spitzbogenabschlüssen der neu eingefügten Chorfenster und beim Weiterbau des Langhauses.

Vermutlich Ende des 14. Jahrhunderts wurde die Basilika, die für die rasch anwachsende Gemeinde schon bald zu klein geworden war, dann zur großen, lichtdurchfluteten Hallenkirche erweitert, indem die Seitenschiffe bis in die Flucht der Querschiffsflügel auf das Doppelte verbreitert und nahezu auf die gleiche Höhe wie das Mittelschiff erhöht wurden. Chor, Querschiff und die Einwölbung des Mittelschiffs blieben bei diesem Ausbau zur Hallenkirche weitgehend unangetastet, allerdings erfuhren die Dachgiebel des Chores und des Querschiffs wahrscheinlich im Zuge dieses Umbaus eine Neugestaltung im Stil der Backsteingotik mit spitzbogigen Fenstern und Blendnischen. Um den Schub der höheren Seitenschiffe abzufangen, wurden die Umfassungsmauern jetzt durch Strebepfeiler verstärkt. Und da die neuen Seitenschiffe die Höhe des Mittelschiffs nach wie vor nicht ganz erreichten, erhielten die Kirchenschiffe nicht die ansonsten in Bremen vorherrschenden Querdächer, sondern jeweils ein Satteldach in Längsrichtung. Ende des 14. Jahrhunderts wurden an den Seiten des Chores Kapellen an-

gefügt, von denen die nördliche, zweigeschossige Doppelkapelle wahrscheinlich der Jungfrau Maria sowie den hll. Christophorus, Erasmus und Petronella geweiht war. Um 1400 wurde in der nördlichen Ecke des Stephanikirchhofs eine weitere Kapelle errichtet, die wegen ihrer sieben Sandsteinrosen, die in waagrechter Reihe über dem westlichen Eingang angebracht waren, Kapelle zu den Sieben Rosen genannt wurde (s. S. 373).
Als Kapitelkirche eines geistlichen Kollegiatstiftes verzeichnete St. Stephani – ähnlich St. Ansgarii – überdurchschnittlich viele Altarstiftungen, versprachen sich die reichen Bürgerfamilien von den hier besonders prachtvoll gefeierten Messen doch eine nachhaltige Beförderung ihres Seelenheils. Ende des Mittelalters gab es in der Stephanikirche insgesamt 18 Altäre. Der älteste Altar war der von Erzbischof Hildebold 1266 am Sonntag nach Ostern mitten in der Kirche zu Ehren des ersten Märtyrers der Christenheit, des hl. Stephan, geweihte Altar, er war vermutlich der Hauptaltar der Kirche. Bereits ein Jahr später wurde im nördlichen Querhaus der Altar der hl. Jungfrau Maria konsekriert, und im Jahr darauf, 1268, kamen mit dem Andreasaltar im südlichen Querhaus und dem Magnusaltar im Kirchenturm zwei weitere Nebenaltäre hinzu. Die in kurzen zeitlichen Abständen erfolgte Errichtung mehrerer Altäre an den wichtigsten Stellen des Kirchengebäudes lässt vermuten, dass die Aufstellung dieser Altäre mit der endgültigen Fertigstellung des zweiten Kirchenbaus, der hochmittelalterlichen Basilika, im Zusammenhang stand. Am Andreasaltar, aus dessen Einkünften seit 1422 jährlich Brotspenden an die städtischen Mendikantenklöster und Hospitäler verteilt wurden, wurde 1351 eine neue, eigenständige Vikarie gebildet, nachdem dem Altar zuvor vorübergehend entzogene Ländereien zurückerstattet worden waren, und 1504 wurde an diesem Altar eine Kommende gestiftet. Die Stifter der drei ältesten Nebenaltäre – Marien-, Andreas- und Magnusaltar – sind unbekannt, doch ließ Werner von Knehem, der Cellerar des Wilhadikapitels, dem Altar der Jungfrau Maria sowie dem 1293 erstmals genannten Marien-Magdalenen-Altar zweimal reichlich Geld- und Güterbesitz zuteil werden, wofür die an den beiden Altären diensttuenden Vikare sich verpflichten mussten, täglich die Messe zu lesen. Werner von Knehem wird, wenn er nicht sogar selbst der Gründer der beiden Altäre war, der Familie der Altarstifter angehört oder nahegestanden haben.
Überhaupt verdankten sich die Altargründungen in der Anfangszeit auffallend oft der Initiative der Stiftsgeistlichen, die Stifter entstammten also dem Kreis der Kapitelangehörigen. So war der 1294 geweihte Altar des Apostels Bartholomäus und der Jungfrau Katharina (Katharinenaltar) ein Werk des damaligen Wilhadidekans Heinrich (1291–1302). Heinrich hatte den Altar reichlich mit Ländereien, Hofstellen und Zinseinkünften ausge-

stattet, doch wurden Teile des Altarbesitzes noch jahrelang von namhaften Stiftsrittern in Anspruch genommen, bis die Besitzverhältnisse 1307 bzw. 1315 endgültig geklärt wurden. Zur Mehrung des Altarbesitzes trugen auch dessen erster Vikar Ditmar sowie der aus einer reichen Bremer Kaufmannsfamilie stammende Vikar Eler von Dettenhusen bei, die beide nicht unbedeutende Zukäufe zu Gunsten ihres Altares tätigten. Auch Heinrichs unmittelbarer Nachfolger, der Dekan Otto (1303–08), tat sich als Altargründer hervor, er betrieb 1303 gemeinsam mit dem Thesaurar Albert und dem Kanoniker Dudo die Errichtung des Altars des hl. Magnus und des hl. Nikolaus im westlichen Bereich des Chores. Der Landbesitz dieses Altars war ebenfalls jahrzehntelang heftig umstritten und wurde erst 1354 durch eine entsprechende Verzichtleistung dem Altar unwidersprochen zuerkannt. Der Chorherr Dudo, der Mitbegründer des Magnus-Nikolaus-Altars, hat um dieselbe Zeit, Anfang des 14. Jahrhunderts, auch noch einen Johannes dem Täufer geweihten Altar in einer Seitenkapelle der Stephanikirche gestiftet. Der Benefiziat dieses Altars Otmar von Borch hat den Altarbesitz 1341 durch den Kauf zweier vor der Stadt gelegener Hofstellen vergrößert, wohingegen der Vikar Reiner de Kamenata sich 1366 auch namens seiner Nachfolger verpflichtete, aus den Einkünften des Johannisaltares den übrigen Vikaren der Kirche sowie den Armen der Stadt jährlich jeweils 4 Turnosen zukommen zu lassen. Schließlich ging auch die Errichtung des 1319 gegründeten Margarethenaltars auf zwei hochgestellte Stiftsgeistliche, den Wilhadithesaurar Albernus und den Ansgariischolaster Ditmar, zurück, die den Altar mit Land und einer Hofstelle zu Arbergen im Wert von 60 Br. Mk. ausstatteten. Diese Grundausstattung des Altars wurde 1356 durch dessen Benefiziaten Otto Boch um weitere Ländereien erweitert. Allerdings war der Vikar nicht in der Lage, die Kaufsumme von 33 Mk. selbst aufzubringen, sondern musste diese bei den Wilhadivikaren gegen die Auszahlung einer jährlichen Rente von ½ Mk. aus dem soeben erworbenen Land aufnehmen – ein frühes Beispiel für Geld- und Rentengeschäfte der Vikargemeinschaft.

Neben den Kapitelangehörigen trat jedoch auch in der Stephanikirche schon früh – und mit fortschreitender Zeit nahezu ausschließlich – das reiche städtische Bürgertum als Stifter von Altaren in Erscheinung. Bertram, der Sohn des Bremer Burgers Reimar, zeichnete sich Anfang des 14. Jahrhunderts sogar durch die Aufstellung von zwei Altären aus: 1302 stiftete er zunächst den mit Gütern in Walle, Redingstede und Utbremen ausgestatteten Altar der Apostel Johannes und Matthäus, sechs Jahre später, 1308, dann einen – neben dem Hauptaltar – zweiten Stephansaltar, dem er Güterbesitz in Walle, Lehe und Utbremen vermacht hatte. 1337/38 kam es zur Gründung des Altars der hll. Laurentius und Gertrud (Gertrudenaltar) durch die beiden Bremer Bürger Bernhard Reme und Heinrich Smedeke, wobei die Einkünfte aus dem Ausstattungsgut – Güter in Walle, Schönemoor und Hiddigwarden – zum Teil auch den Chorherren in Form einer jährlichen Rente zugute kommen sollten. Nachdem Heinrich Smedeke zunächst den Priester Martin Slorde als Benefiziaten vorgesehen hatte, wurde nach der Beteiligung Bernhard Remes an der Stiftung diese Stelle dann für dessen Sohn Heinrich Reme reserviert. Der Altarstifter Bernhard Reme wusste die Vorsorge für sein Seelenheil also sehr wohl mit seinen materiellen irdischen Interessen zu verbinden. Der Gertrudenaltar war für längere Zeit die letzte Altargründung in der Stephanikirche, es dauerte fast 40 Jahre, bis 1375 mit dem Altar der hl. Jungfrau Maria und des Apostels Thomas (Thomasaltar) der nächste Altar errichtet wurde. Zwar hatte der Domvikar Gerhard Rinesberch die geplante Altarstiftung seines inzwischen verstorbenen Bruders Reiner Rinesberch schon 1365 durch Erzbischof Albert bestätigen und sich gleichzeitig mit dem Priesteramt an jenem Altar betrauen lassen, doch kam die endgültige Stiftung des Thomasaltars aus nicht näher bekannten Gründen dann erst zehn Jahre später zustande. Damals vollzog Friedrich Rinesberch, der Sohn und Testamentsvollstrecker des Altarstifters Reiner Rinesberch, die schon lange ins Auge gefasste Stiftung des Thomasaltars und dessen Dotierung mit Land in Grambke und einem Haus auf dem Stephanikirchhof. Die Vikarie des Altars sollte zunächst – wie schon 1365 vorgesehen – Gerhard Rinesberch innehaben und nach dessen Ableben zuerst an Gerhard Kyl und anschließend an dessen Bruder Andreas Kyl übergehen. Tatsächlich hat Gerhard Rinesberch noch 1398, also 23 Jahre später, die Messe am Thomasaltar zelebriert. Wann der Paulus und Dionysius-Altar (Paulusaltar) errichtet wurde, ist nicht überliefert, es muss aber vor 1377 gewesen sein, denn damals kaufte der – namentlich nicht genannte – Benefiziat dieses Altars für 16 Mk. von seinem Vikarskollegen Hinrich von Wilstede eine Rente von 1 Mk. Ein halbes Jahrhundert später hinterließ der Vikar des Paulusaltars Hinrich Steding Spuren, als er dem Benefizium des Dorotheen und Gertruden-Altars in der Zwölfapostelkapelle ein Missale, einen Becher und eine Patene, beide silber-vergoldet, schenkte (1422) und vertragliche Beziehungen mit den Beginen von St. Nikolai unterhielt (1430). Nach 1400 flossen die Stiftungen dann wesentlich spärlicher, die große Zeit der Altargründungen war vorüber. Für 1402 liegt eine erste Erwähnung des mit Landbesitz in der Ellhornstraße dotierten Aegidienaltars vor, doch erfolgte dessen Gründung vermutlich auch schon im 14. Jahrhundert. Als Vikar des Aegidienaltares hat vor allem Gerd Brummersete durch seine wirtschaftlichen Aktivitäten auf sich aufmerksam gemacht: 1439 hat er der Vikargemeinschaft der Stephanikirche für eine jährliche Rente von 1¼ Mk. eine steinerne Kemenate und drei Jahre später dann noch einmal ein baufälliges Haus verkauft, für dessen Verkaufserlös von 38 Br. Mk. er der Vikarie des Aegidiusaltares ein neues Haus am Doventor und eine Rente aus einem weiteren Haus gekauft hat. Letzteres Haus gehörte damals (1442) zur Vikarie des Luciaaltares, dessen Stiftungsjahr jedoch nicht überliefert ist. Unbekannt ist auch das Stiftungsjahr des Altars der zwölf Apostel und des hl. Quiriacus, der 1460 in ein Lehen für Seelenmessen im Chor umgewandelt wurde. Ein solches Seelenmesslehen auf dem Chor existierte auch schon 1388, doch scheint dieses nicht mit einem bestimmten Altar verbunden gewesen zu sein. Inhaber dieses Seelenmess-Benefiziums war damals Johann, der Sohn des Domkapitelkämmerers. Als letzter Nebenaltar der Stephanikirche wurde 1468 der Annenaltar gestiftet, der u.a. mit Gütern in Mahndorf und mit einer Rente von 60 Mk. ausgestattet war.

Die 18 Altäre waren über das ganze Gotteshaus verteilt, das religiöse Leben spielte sich gleichermaßen – und oft auch gleichzeitig – auf dem Chor, in den Seitenschiffen, im Querhaus und sogar unter dem Turm, wo sich der Magnusaltar befand, ab. An all diesen Altären wurden regelmäßig, meist mehrmals in der Woche, Messen gelesen. Um der daraus sich ergebenden Massenhaftigkeit der Altardienste einigermaßen Herr zu werden, hat man noch im 13. Jahrhundert – zu einer Zeit also, als es allenfalls vier oder fünf Altäre gab – die zeitliche Abfolge der Messfeiern genau geregelt. Demzufolge sollten die Messen an den verschiedenen Altären in der Reihenfolge der Altargründungen stattfinden, d.h. die erste Messe am frühen Morgen sollte am Magnusaltar gelesen werden, die zweite Messe dann am Andreasaltar usw. Auf diese Weise wollte man verhindern, dass an mehreren Altären gleichzeitig die Messe zelebriert wurde – eine Regelung, die sicherlich nur in der Anfangszeit bei einer noch überschaubaren Zahl von Altären Bestand hatte.

Ebenfalls an den verschiedenen Stellen der Kirche hingen die Ewigen Lampen, deren Unterhalt und Pflege oft dem Vikar eines benachbarten Altares übertragen wurde. So war der Benefiziat des Gertrudenaltars für die Unterhaltung der in der Mitte der Kirche vor einem Bild der Jungfrau Maria brennenden Kerze zuständig. In der Regel statteten die Stifter der Ewigen Lampen diese mit eigenen Einkünften aus, wie etwa der Chorherr und Magister Andreas de Dacia, der seine um 1375 gestiftete Lampe mit Landgütern in Vahr und Utbremen versah.

Auch der Kirchenschatz des Wilhadikapitels war recht ansehnlich. Einem Inventar von 1268 zufolge besaß die Stephanikirche an priesterlichen Gewändern 18 prunkvolle und 14 einfache Chorhemden (Alben), vier Messgewänder für die Schüler, fünf Priesterschärpen, elf Armtücher für die Subdiakone, zwei Tuniken, acht weite Chormäntel und 20 silberne Gürtel. An

Das Siegel des Kapitels von St. Wilhadi und Stephani. Links der heilige Stephan mit der Märtyrerpalme, rechts Willehad mit Bischofsstab, Mitte 14. Jahrhundert. (Staatsarchiv Bremen)

liturgischen Gefäßen, Geräten und sonstigen Utensilien werden genannt: 16 Altartücher und 15 purpurne Altardecken, neun Wandteppiche, 13 Leuchter, drei Kissen, elf Kirchenfahnen, fünf Antiphonarien für den Chorgesang, zwei Reliquienbehälter sowie ein umfangreicher Silberschatz (u.a. acht Krüge, sieben Messkännchen, zwei Schalen, drei Weihrauchgefäße, Löffel, zwei Kelche, zehn Kronen, fünf Kreuze). Dieser Kirchenschatz erfuhr im Verlauf des Spätmittelalters durch Kauf und Schenkung sicherlich noch mancherlei Zuwachs und wird deshalb am Ende des Mittelalters entsprechend größer gewesen sein. Über den Inhalt der beiden Reliquienbehälter wird zwar nichts mitgeteilt, doch zählte das Stück von Willehads Leichnam, das der 1139 auf dem Steffensberg errichteten Kirche übereignet wurde, ohne Zweifel zu den bedeutendsten Reliquien von St. Stephani.

Wie bei Kapitelkirchen üblich, war auch an der Stephanikirche das geistliche Personal in die zwei zwar eng aufeinander bezogenen, gleichwohl in vielerlei Hinsicht strikt voneinander getrennten Personenkreise der Stiftskanoniker und der Vikare geschieden. Das 1139 von Erzbischof Adalbero neugegründete Wilhadikapitel war eine Gemeinschaft vornehmer, hauptsächlich aus der Stiftsministerialität und dem gehobenen städtischen Bürgertum stammender geistlicher Herren, die nach kanonischer Regel an der

Stephanikirche zusammenlebten und hier ihren gottesdienstlichen Pflichten nachgingen. Das Kapitel bestand neben dem Propst, der sich aufgrund anderweitiger Verpflichtungen schon bald absonderte, aus zwölf Chorherren. Freilich pflegten die Chorherren im späten Mittelalter schon lange nicht mehr die gemeinschaftliche Form des Zusammenlebens im Brüderhaus, sondern lebten in aller Regel in ihren eigenen Kurien, die an der Außenseite des Kirchhofs, insbesondere an dessen Nordseite und an den Zufahrtsstraßen des Geerens und der Großenstraße, lagen. Typisch hierfür ist das Beispiel des Kanonikers Otmar von Huchtingen, der um 1400 in einem zwischen dem Kirchhof und der Weser gelegenen Haus, das dem Vikar des Thomasaltars Gerhard Rinesberch gehörte, zur Miete wohnte.

Über den inneren Aufbau des Kapitels informiert vor allem die um 1300 entstandene *Regula Capituli Sancti Willehadi*. Dieser altehrwürdige Kodex enthält die wichtigen Urkunden des Stifts, eine kurze Geschichte der Bremer Erzbischöfe sowie einen Festkalender, in dem die Gedenkfeiern namhafter Persönlichkeiten hauptsächlich des 9.–11. Jahrhunderts – in der Mehrzahl sind es Bischöfe, Äbte und hochgestellte Stiftsgeistliche, aber auch Könige und Päpste finden sich in der Liste – nach ihrem Fälligkeitstag verzeichnet sind. Insbesondere aber lässt die *Regula* die Besitz- und Vermögensverhältnisse des Kapitels auf dem Höhepunkt seiner wirtschaftlichen Entwicklung in hellem Licht erscheinen. Das von den Bremer Erzbischöfen Siegfried, Hartwig II. und Gerhard II. bevorzugte und mit reichlich Besitz ausgestattete Wilhadikapitel gelangte – im Unterschied zu dem anfangs eher stiefmütterlich behandelten Ansgariikapitel – schon früh zu großem materiellen Reichtum. Allerdings waren die Kapitelbesitzungen zunächst weit verstreut und lagen zum Teil in großer Entfernung, weshalb man schon 1197 die in der Lüneburger Heide gelegenen Güter an das Kloster Walsrode verkaufte und dafür Ländereien in der unmittelbaren Umgebung Bremens erwarb. Seither konzentrierte sich der 1179 und 1225 auch durch päpstliche Schutzbriefe bestätigte Güterbesitz des Stiftes auf drei Hauptgebiete: die Grafschaft Hoya, das Bremer Umland mit Besitzschwerpunkten im Obervieland und Werderland sowie den Unterweserraum nördlich der Lesum bis hinauf nach Bederkesa. Doch stellten die Besitzungen auch hier keine einheitliche Gütermasse dar, vielmehr hatte sich im Laufe der Zeit neben dem für die täglichen Präbenden der Stiftsherren bestimmten allgemeinen Propsteigut und den *bona communia* eine ganze Reihe von Sondergütern für die Dignitäten und besonders bevorrechtigte Kanoniker herausgebildet.

Unter diesen Sonderverwaltungen erlangten vor allem die Obedienzen des Kapitels, deren Verwaltung und Nutznießung dem Dekan und acht weiteren bevorzugten Chorherren zustand, eine besondere Bedeutung. 1230 nahm der in Bremen anwesende Kardinallegat Otto eine Neueinteilung des Obedientiargutes in insgesamt sieben Obedienzen (Remigestorp, Lesmona, Alken, Arsten, Dunsen, Warfleth, Hollen) vor: Die drei größeren Obedienzen sollten künftig dem Dekan bzw. jeweils zwei Kanonikern zu gemeinsamem Besitz zugewiesen werden, während die vier kleineren Obedienzen nur je einem Inhaber zustehen sollten. Über die 1230 vorgenommene Verteilung der Obedienzen kam es indes schon bald zu Streitigkeiten innerhalb des Kapitels, weil die älteren Kanoniker sich durch diese Regelung gegenüber ihren jüngeren Kollegen benachteiligt fühlten. Daraufhin wurde 1258 das Statut des Kardinallegaten Otto unter ausdrücklicher Billigung von Papst Alexander IV. (1254–1261) einer Revision unterzogen. Was die Dignitätsgüter anbetrifft, so enthält die *Regula* ausführliche Verzeichnisse über die dem Dekan zustehenden Sondereinkünfte aus Ländereien in Oslebshausen, Seehausen, Grambke und bei der Bürgerweide sowie über die Zehnten und Landzinse, die der Thesaurar aus Gütern in Ellen, Ostendorp und Arsten bezog, wobei allein der Ostendorper Besitz 24 Äcker umfasste. Die Naturallieferungen – geliefert wurden hauptsächlich Hülsenfrüchte, Korn, Fleisch, Malz und Lachs – und Geldabgaben der Meierhöfe waren nach einem genau vorgeschriebenen Plan wochenweise über das Jahr verteilt, an den hohen kirchlichen Festtagen standen zudem weitere regelmäßige Lieferungen an, so dass die Versorgung des Kapitels mit den notwendigen Gütern für den Lebensunterhalt jederzeit gewährleistet war.

Wie sehr der wirtschaftliche und der religiös-kirchliche Aspekt miteinander verwoben waren, kommt in dem 1266 durch Erzbischof Hildebold bestätigten Kapitelstatut klar zum Ausdruck: Danach standen einem Kanoniker nur dann ein Platz auf dem Chor sowie Sitz und Stimme in der Kapitelversammlung zu, wenn er auch die Einkünfte der ihm zugewiesenen Präbende genoss. Ferner sah dieses angeblich schon seit Langem angewandte Statut für jedes durch Tod eines Chorherrn vakant gewordene Kanonikat drei sog. Gnadenjahre vor, wobei die Einkünfte der betreffenden Präbende im ersten Jahr den Erben des Verstorbenen, im zweiten und dritten Jahr aber dem Kapitel zufließen sollten. Und ein 1440 erlassenes Statut schloss diejenigen Kanoniker, die den Vigilien vor einem kirchlichen Festtag und vor den Seelenmessen *in evangelio* fernblieben, vom Genuss der Chorhandgelder ausdrücklich aus.

Die Kapitelämter des Wilhadistifts entsprachen der bei Kollegiatstiften üblichen Aufgaben- und Ämterverteilung. Die Pröpste als die eigentlichen Leiter der Kanonikergemeinschaft nahmen schon bald eine Sonderstellung innerhalb ihres Kapitels ein und hatten sich diesem zunehmend entfremdet. Bereits Propst Heribert (1197–1218) geriet über die Frage der ihm zustehenden Einkünfte in heftigen Streit mit seinen Chorherren, der schließlich sogar Papst Innozenz III. (1198–1216) zum schlichtenden Eingreifen veranlasste. Entscheidend für die weitere Entwicklung der gegenseitigen Beziehungen war dann, dass der Wilhadipropst, ebenso wie sein Amtskollege von St. Ansgarii, seit 1230 stets Mitglied des Domkapitels sein musste, wo er seitdem auch seine Residenz hatte. Als Domherren aber wurden den Pröpsten auch kirchliche Verwaltungsaufgaben im Erzstift übertragen, so standen die Wilhadipröpste als Archidiakone einem großen Kirchenbezirk vor, der sich über Stuhr, Delmenhorst und Oldenburg bis ins Ammerland erstreckte. Hier führten sie die Aufsicht über das geistliche Personal und vertraten den Erzbischof in rechtlichen Angelegenheiten. Weitere Würden, die die Absonderung vom Wilhadikapitel begünstigten, kamen hinzu: Seit 1377 standen die Wilhadipröpste stets auch dem damals von den Oldenburger Grafen gestifteten Kanonikerstift von St. Lamberti in Oldenburg als Pröpste vor, später hatten sie auch noch die Propstei von St. Marien in Delmenhorst inne. Die zunehmende Entfremdung von ihrem eigenen Kapitel hatte zur Folge, dass die Zahl der namhaften Pröpste, die dauerhafte Verdienste für ihr Stift erwarben, gering blieb. Allein aufgrund ihrer vergleichsweise langen Amtszeit waren im 13. Jahrhundert die Pröpste Johannes von Diepholz (1221–1242), der 1242 Bischof von Minden wurde, und Burchard (1252–1281), der dem Grafengeschlecht von Hoya entstammte, von einiger Bedeutung. In der zweiten Hälfte des 14. Jahrhunderts fiel Propst Gottschalk von Oldenzelle (1372–1395) durch seine 23-jährige Amtszeit auf, während einer der wichtigsten Pröpste des 15. Jahrhunderts sicherlich Diedrich Balleer (1431–1452) war, der 1439 vom Domkapitel, dem er ja gleichfalls angehörte, für 150 Br. Mk. eine Rente von 12 Mk. lüb. erstand. Offizial Diedrichs oder seines Nachfolgers war der aus Oldenburg stammende, u.a. dem Ansgariikapitel angehörende Historiograph Heinrich Wolters. Zu Anfang des 16. Jahrhunderts war Albert von Varle (1502–1513) Propst zu St. Wilhadi.

Die Alltagsgeschäfte der Stiftskirche wurden infolge des weitgehenden Rückzugs des Propstes vom Dekan des Kapitels wahrgenommen, dem dadurch die Rolle des eigentlichen Leiters der Klerikergemeinschaft zufiel und der das Kapitel gleichermaßen nach innen wie nach außen vertrat. Bedeutendster Dekan des Wilhadikapitels war wohl Konrad Benne, der dem Stift seit 1436 über 20 Jahre lang vorstand. Benne hatte einen lateinischen Hymnus auf den Bremer Erzbischof Ansgar verfasst und durch eine Stiftung von 8 Mk. dafür gesorgt, dass dieser Hymnus am Tag des hl. Ansgar regelmäßig zur Aufführung gelangte. 1447 hatte Konrad Benne in seiner Eigenschaft als Richter und Subkonservator des Deutschen Ordens einen Haftbefehl gegen einen Benefiziaten des Ansgariikapitels wegen angeblicher Unterschlagung erlassen. Unmittelbarer Vorgänger Bennes war Died-

rich Wend (1404–1436/38), der das Amt des Wilhadidekans sogar über 30 Jahre lang innehatte. Wend erwarb sich vor allem durch seine wiederholte Vermittlungstätigkeit in innerkirchlichen Konflikten bleibende Verdienste: 1417 fungierte Diedrich Wend als Schiedsrichter in dem Streit zwischen dem Pfarrer und den Bauherren der Martinikirche, 1429 schlichtete er einen Rechtsstreit zwischen dem Pfarrer der Liebfrauenkirche und dem Priester der Wilhadikapelle und in demselben Jahr vermittelte er zwischen dem Altaristen des sog. Kaufmannsaltares der Martinikirche und den Vertretern des gemeinen Kaufmanns in der Frage der Residenzpflicht. Der am längsten amtierende Dekan des Wilhadikapitels war vermutlich der aus einem Ratsherrengeschlecht stammende Hermann von der Tiefer (1366–1402), der es auf eine Amtszeit von 36 Jahren brachte und der in dieser Zeit u.a. das Lektorat des Kapitels erneuern ließ. Gleichfalls aus dem ratsfähigen Bürgertum stammte der Dekan Heinrich Odilie (1338–1350), der zwölf Jahre im Amt war. Eine ähnlich lange Amtszeit hatte Dekan Johannes (1353–1366) vorzuweisen, der 1354 mit der Wiederbeschaffung der dem Ansgariikapitel entfremdeten Güter befasst war.
In der Ämterhierarchie des Kapitels folgte sodann der Thesaurar, dem der Kirchenschatz sowie die Stiftsbibliothek und das Urkundenarchiv anvertraut waren und der die Aufsicht über das nichtkirchliche Personal führte. Von 1296 bis 1319, mithin 23 Jahre lang, war Albert Doneldey, der einer einflussreichen Bremer Kaufleute- und Ratsherrensippe entstammte, Thesaurar des Kapitels. Albert Doneldey zählte 1303 zu den Mitbegründern des Magnus und Nikolaus-Altars und verkaufte 1309 dem Domkapitel Land für 80 Br. Mk. Der nur 1355 und 1356 bezeugte Thesaurar Johann Hindebeke scheint ziemlich belesen gewesen zu sein; jedenfalls besaß er eine Büchersammlung, die er 1355 der Stiftsbibliothek – wo sie weiterhin seiner Obhut unterstand – vermachte. Unter den für das Unterrichtswesen zuständigen Scholastern des Kapitels ragte vor allem Friedrich Hosingvelt hervor, der von 1374 bis 1389 mindestens 15 Jahre lang dieses Amt bekleidete. Die Vorratshaltung und die Bewirtschaftung von Küche und Keller waren das Metier des Cellerars. Vor 1296 war für einige Jahre – das Jahr der Amtseinsetzung lässt sich nicht feststellen – Werner von Knehem Cellerar (Kellner) des Kapitels und er hat in dieser Zeit entweder die Gründung oder zumindest die Güterausstattung sowohl des Marienaltars als auch des Maria-Magdalena-Altares veranlasst. Der Stiftskanoniker Johann Oldewaghen wurde 1447 trotz weiterer Pfründen am Dom, an St. Ansgarii und an St. Cosmae und Damiani in Stade auf päpstlichen Befehl hin durch den Bischof von Verden in das Kellereramt des Wilhadikapitels eingeführt, da die Rechtmäßigkeit seiner Einsetzung durch den Stiftspropst Diedrich Balleer angezweifelt wurde. Die allgemeine Güter- und Vermö-

Die Kirche St. Stephani um 1830. Blick auf den romanischen Südturm.

gensverwaltung des Kapitels schließlich – Einziehen der Abgaben, Zinsen und Renten sowie Zuteilung der Einkünfte an die Kapitelangehörigen – war gemeinsame Sache aller Kanoniker, bei denen das Amt des Prokurators jahrweise reihum ging; Rechnungslegung war jeweils am Johannistag. Auch außerhalb ihres Kapitels übernahmen die Wilhadikanoniker mitunter wichtige Aufgaben und Ämter: Der von 1374 bis 1387 als Stiftskanoniker nachweisbare Johann Hotnagel etwa erledigte in dieser Zeit als städtischer Notar wiederholt, so 1376 und 1382, Schreibdienste für die Stadtgemeinde. Das kam nicht von ungefähr. Hotnagel war früher bereits als kaiserlicher Notar tätig gewesen (1363–1367), nach seiner Sesshaftwerdung an der Stephanikirche nahm nunmehr also auch die Stadt seine Schreibfertigkeiten in Anspruch.

Wie das Ansgariikapitel war auch das Kollegium der Wilhadikanoniker entsprechend dem geistlichen Rang und den geistlichen Würden seiner Mitglieder dreigeteilt in Priesterkanoniker, Diakone und Subdiakone. Der oberste Rang kam den vier Priesterkanonikern zu, die die kirchliche Versorgung der Gemeinde mit Seelsorge, Predigt und Sakramentsverwaltung zu gewährleisten hatten und deshalb alle Weihen bis hinauf zum Priester empfangen haben mussten. Einander abwechselnd versah jeder von ihnen neben dem obligatorischen Chordienst in vierwöchigem Turnus als „Wochenpriester" (Hebdomedar) den kirchlichen Dienst für die Gemeinde. Die rangniedrigeren Diakone und Subdiakone konnten sich hingegen auf den Chordienst beschränken, sie kamen daher im Prinzip ohne priesterliche Weihen aus. Aus ihrem Kreis wurden jedoch die beiden Lektoren ernannt, die von einem an der Chorschranke angebrachten Lesepult, dem *Lectorium*, regelmäßig aus der Hl. Schrift vorzulesen hatten. Wegen dieser besonderen Beanspruchung hatte man den beiden Lektoren des Wilhadikapitels 1392 – damals hatten der Diakon Alard von Hemelingen und der Subdiakon Johann von Minden das Amt des Lektors inne – gegen einen jährlichen Zins von ½ Mk. einen Platz beim Kirchhof überlassen, den Alard anschließend sogleich bebauen ließ. Die Einkünfte der Lektoren hatten wohl schon früher häufig Anlass zu Streitigkeiten gegeben, weshalb man 1383 die Güter der Lektoren Johannes Vonel (Diakon) und Wilkinus Hoze (Subdiakon) gegen die „neue Präbende" des neu in das Kapitel eingetretenen Kanonikers Johannes Monick umgetauscht hatte. Die nach geistlicher Würde und Dienstalter unterscheidende Rangordnung des Kapitels war von allen Kapitelangehörigen vorbehaltlos zu beachten, die von Erzbischof Burchard 1332 bestätigte Kapitelordnung drohte allen Zuwiderhandelnden die Exkommunikation an. Doch erwies sich die starre Befolgung dieser Ordnung, die nur den Priesterkanonikern die Ausübung des Pfarrdienstes erlaubte, im Laufe der Zeit als wenig vorteilhaft. Ähnlich dem Ansgariikapitel erließ daher auch das Wilhadikapitel 1356 ein Statut, das es den Kapitelmitgliedern ermöglichte, sich bei gottesdienstlichen Handlungen unbeschadet ihres eventuellen Rangunterschieds gegenseitig zu vertreten. Noch 1332 hatte der Magister Andreas, als er seine Priesterwoche dem um 1330 aus unbekannten Gründen vom Ansgariikapitel zum Wilhadikapitel übergewechselten Bertram Woltmanns übertragen ließ, dafür die ausdrückliche Zustimmung des Erzbischofs Burchard benötigt.

Die Zahl der Vikare, des neben den Kanonikern zweiten geistlichen Personenkreises des Wilhadikapitels, nahm erst in der zweiten Hälfte des 13. Jahrhunderts im Zuge der nun vermehrt einsetzenden Altargründungen deutlich zu. Wie im Dom und an der Ansgariikirche gab es auch unter den Vikaren der Stephanikirche neben den Altarbenefiziaten eine bestimmte Anzahl von Vikaren, die als Stellvertreter der Stiftskanoniker Chordienst leisteten. Zu diesen „gemeinen Vikaren, die den Chorpfennig haben" (1441), gehörten wohl auch die zwei Thuribulare, deren Hauptaufgabe darin bestand, während der Messe die Weihrauchfässer zu schwingen, und die in den Frühmessen und Vigilien zur Lesung der ersten Lektionen und zum Singen der ersten Verse verpflichtet waren. Trotz ihrer Zugehörigkeit zur gemeinsamen Gruppe der Vikare hat man die Altaristen und Chorvikare meist säuberlich voneinander getrennt und zum Teil auch bei Schenkungen unterschiedlich behandelt: Empfänger einer Zehntschenkung bei Arsten sollten nach dem Willen des Spenders nur jene Vikare sein, die auf dem Chor das Evangelium und die Epistel lasen, die also an der Gestaltung der Gottesdienste mitwirkten (1385). Und die jährliche Verteilung von 16 Scheffel Roggen, die der Wilhadivikar Detward Nortorp 1402 testamentarisch verfügte, sollte – neben drei namentlich genannten Benefiziaten – ebenfalls in erster Linie den Chorvikaren zugute kommen.

Auch der Zusammenschluss der Vikare zu einer Vikargemeinschaft mit eigenem Vermögen und eigenem Siegel ging vermutlich zunächst von den Chorvikaren aus. Doch öffnete sich die Vikargemeinschaft spätestens 1353, als der Priester des Gertrudenaltars Heinrich Reme aufgrund seiner Verdienste – jedoch erst nach einer Zahlung von 24 Mk. – aufgenommen wurde, auch für die Altaristen des Kapitels. Heinrich Reme war seither zur Teilnahme an den von der Genossenschaft der Vikare verwalteten Manualien zugelassen. Es scheint, dass sich anfangs vor allem Altaristen, die sich in irgendeiner Weise verdient gemacht hatten, gegen Zahlung einer Einstandssumme in die Gemeinschaft einkaufen und dann ebenfalls an deren materiellen Vergünstigungen teilhaben konnten. Die Umstände der späteren Aufnahmen – auch dem Benefiziaten Johann Villoggen vom Gertrudenaltar wurde erst nach Einzahlung von 12 Mk. der Mitgenuss der täglichen Einkünfte zugesichert – legen nahe, dass vor allem das Vermögen der gemeinen Vikare und die daraus sich ergebenden Einkünfte den Anlass zum Zusammenschluss der Vikare gaben.

Die älteste Nachricht über gemeinsamen Landbesitz von Vikaren stammt aus dem Jahr 1283, damals verfügten die Vikare Johannes und Nikolaus – offensichtlich schon länger – über Land in Suderbrok (Stedingerland), des-

sen Vogtei sie nun käuflich erwarben. In der ersten Hälfte des 14. Jahrhunderts nahmen die Besitzungen, die der allgemeinen Verwaltung der Vikare unterstanden, dann rasch zu. Dabei ist auffällig, dass die Vermehrung des liegenden Besitzes bei den Vikaren weniger durch Schenkungen, sondern überwiegend durch Kauf erfolgte. Man betrieb also eine konsequente und zielstrebige Erwerbspolitik, und für diesen Zweck war der Zusammenschluss zu einer festgefügten Gemeinschaft sicherlich ratsam. Einen Überblick über das Vikariatsgut vermitteln die Aufzeichnungen des *Liber fundationum vicariorum* (s. S. 493), und dabei zeigt sich, dass die Besitzerwerbungen der Gemeinschaft im Wesentlichen auf die nähere Umgebung Bremens sowie auf die Stadt selbst (z.B. Michaelisstraße, Abbentor, Bornstraße, Stephanikirchhof) beschränkt blieben. Typisch für das Vikariatsland ist dessen Verteilung in kleinsten Stücken über die Feldmark einzelner Ortschaften (Walle, Arsten, Utbremen etc.).
Wie bei den Kanonikern unterschied man auch bei den Vikaren zwischen dem allgemeinen, der Gemeinschaft gehörigen Gut und dem Sondergut einzelner bevorrechtigter Vikare. Das Allgemeingut, das zum Register des Schlafhauses gehörte, stand allen Vikaren, die der Gemeinschaft angehörten, gleichermaßen zu. Es wurde vom Bursarius verwaltet, der – gleich dem Prokurator bei den Kanonikern – im jährlichen Wechsel aus dem Kreis der Mitglieder gewählt wurde. Wichtigstes Sondergut waren die *portiones*, die in etwa den Obedienzen bei den Chorherren entsprachen. Der Sonderbesitz war in drei *portiones* aufgeteilt, und da sich jeweils zwei Vikare eine *portio* gemeinsam teilen mussten, kamen insgesamt sechs Vikare in den Genuss dieses Sondergutes. Seit 1487 ist zudem auch bei den Wilhadivikaren die Einrichtung eines Gnadenjahres bezeugt.
Die zahlreichen Geld- und Rentengeschäfte, die die Gemeinschaft der Wilhadivikare im 14. und 15. Jahrhundert tätigte, lassen vermuten, dass diese schon bald einen gewissen Reichtum erlangte. Wiederholt erwarb die Genossenschaft durch Kauf jährliche Rentenansprüche, wobei die Geschäftspartner gleichermaßen Mitglieder aus dem Kreis der Wilhadivikare (Johannes von Horsebe, 1308; Otto Boch vom Margarethenaltar, 1356; Heinrich von Münster vom Stephansaltar, 1363; Hinrich Steding vom Paulsaltar, 1441) wie auch Laien aus dem städtischen Bürgertum (Radeke von Lehe, 1342) oder aus der Ritterschaft (Knappen von Gröpelingen, 1446) waren. Offensichtlich war die Gemeinschaft der gemeinen Vikare bestrebt, ihren im Laufe der Zeit beträchtlich angewachsenen Liegenschaftsbesitz durch den Erwerb jährlicher Zins- und Rentenzahlungen möglichst gewinnbringend anzulegen. Dabei kam es gelegentlich auch schon zu verwickelten Geldtransaktionen: Der Vikar Otto Boch finanzierte den Kauf eines Grundstückes im Wert von 33 Mk., indem er der Vikargemeinschaft zu ge-

nau diesem Preis eine jährliche Rente von 2 Verding (½ Mk.) verkaufte, deren Auszahlung ihm die prospektiven Einkünfte des soeben mit Hilfe der Gemeinschaft erworbenen Landes ermöglichen sollten (1356). Der Rentenkauf bzw. -verkauf nahm in diesem Fall also schon Züge eines komplizierten Darlehensgeschäfts an, das die Wilhadivikare untereinander abschlossen. Die Vikargemeinschaft erwarb indessen nicht nur Rentenansprüche, sondern verkaufte, so etwa 1439 an den Vikar des Aegidienaltars Gerd Brummersete, mitunter auch selbst Renten. Freilich hatte der vermehrte Umgang mit Geld unter den Vikaren auch seine unverkennbaren Schattenseiten: Der Vikar Dietrich Berkrege hatte sich gegenüber seinen Vikarskollegen mit 2 Mk. verschuldet, so dass sein Wohnhaus verpfändet werden musste (1338).

So mancher Vikar war auch in der Lage, Haus- und Grundeigentum zu erwerben. Das 1338 verpfändete Haus Dietrich Berkreges ist der früheste Hinweis auf privates Wohneigentum unter den Vikaren der Stephanikirche. Auch der Vikar Bernhard muss bereits vor 1350 im Besitz eines nahe der Stephanikirche gelegenen, von ihm selbst bewohnten Hauses gewesen sein, denn damals hat er dieses Haus für den Fall seines Ablebens testamentarisch der Vikargemeinschaft gegen die Verpflichtung zur Feier seines Jahrestages vermacht. Die Gemeinschaft der gemeinen Vikare war damals offenbar im Besitz noch weiterer Häuser, denn 1363 hat sie dem Vikar des Stephansaltars Heinrich von Münster für 34 Mk. einen aus Vorder- und Hinterhaus samt Kemenate bestehenden Häuserkomplex verkauft. Heinrich von Münster wurde durch diesen Grundstückskauf unmittelbarer Nachbar seines Vikarskollegen Othmar, der hier ebenfalls über Hauseigentum verfügte. Und acht Jahre später hat die Gemeinschaft dem Vikar Christian vom Andreasaltar ein in der Nähe der Stephanikirche gelegenes Haus – möglicherweise das ihr einst von Vikar Bernhard geschenkte Haus – für 9 Mk. verkauft. Der Wilhadivikar Hermann Stupator war 1374 durch eine Schenkung seiner Tante in den Besitz eines offenbar größeren Gebäudekomplexes gelangt, der auf einem Grundstück der Ansgariikirche lag. Außerhalb der Natel – dem Durchgangstor zwischen Altstadt und Stephanivorstadt – besaß der Vikar Hinrich von Wilstede in der Wilhadiparochie ein Anwesen aus Haus, Stall und Wohnung, aus dem er dem Benefiziaten des Paulsaltars 1377 eine Rente von 1 Mk. verkaufte; sein unmittelbarer Grundstücksnachbar war dort der Wilhadithuribular Johann Hadermissen, der hier ebenfalls ein Haus besaß. Im 15. Jahrhundert war der Vikar des Aegidienaltars Gerd Brummersete Eigentümer mindestens zweier Häuser, nämlich einer steinernen Kemenate sowie eines als baufällig bezeichneten Hauses. Beide Häuser hat er der Gemeinschaft der Vikare verkauft: Zunächst 1439 die Kemenate, deren Gegenwert in einer jährlichen Rente von 5 Verding (1¼ Mk.)

bestand – auch hier wurden also Immobilien- und Rentengeschäft miteinander verquickt –, drei Jahre später, 1442, dann das baufällige Haus, das ihm immerhin noch ansehnliche 38 Mk. einbrachte, wovon er sich ein neues Haus mit einem kleinen Baumgarten beim Doventor sowie eine jährliche Rente von 1 Mk. aus einem Haus, das der Lukasvikarie der Stephanikirche gehörte, kaufte. Sowohl Haus als auch Rente sollten fest mit der Vikarie am Aegidienaltar verbunden sein.

Der Besitz privaten Wohneigentums unter den Vikaren macht deutlich, dass auch diese mit fortschreitender Zeit zunehmend eine eigenständige Wohn- und Lebensform bevorzugten. Ursprünglich waren nämlich auch die Vikare des Wilhadikapitels einer gemeinschaftlichen Form des Zusammenlebens verpflichtet, als gemeinsamer Aufenthaltsort diente ihnen das sog. Schlafhaus in unmittelbarer Nähe der Stephanikirche. Jeder neue Vikar musste sich für 10 *imperiales solidos* den Schlüssel zum Schlafhaus kaufen, für einen nachgekauften Schlüssel waren noch einmal 3 rhein. Gulden zu hinterlegen. Spiegeln die Belege über Wohneigentum von Vikaren die tatsächlichen Verhältnisse einigermaßen realistisch wider, dann muss der Übergang zu einer privaten, eigenständigen Lebensform etwa in der Mitte des 14. Jahrhunderts eingesetzt haben. Die fortschreitende Auflösung der gemeinschaftlichen Lebensweise hat sicherlich dazu beigetragen, dass die allgemeine Residenzpflicht, der auch die Vikare unterlagen, immer häufiger unterlaufen wurde. Nicht zufällig hat der Vikar Detward Nortorp, als er 1402 die Verteilung bestimmter Roggenanteile unter seinen Mitvikaren vornahm, genaue Regelungen für den Fall der Abwesenheit einzelner Vikare getroffen. Offensichtlich war damals die Verletzung der Residenzpflicht unter den Vikaren bereits ein weit verbreitetes Phänomen, mit dem man rechnen musste. Trotz des Rückzugs vieler Vikare in private, individuelle Wohnverhältnisse gab es jedoch auch noch weiterhin genügend Vikare, die sich – sei es weil ihnen die Mittel für den Erwerb von Wohneigentum fehlten, sei es weil sie dies aus innerer Überzeugung taten – für ein Zusammenleben im gemeinsamen Schlafhaus entschieden. Noch Mitte des 14. Jahrhunderts wird wie selbstverständlich von den „gemeinen Vikaren, die zum Schlafhaus in Bremen gehören", berichtet, die also die ursprüngliche Form der *vita communis* weiterhin pflegten. Auch ansonsten war der Gemeinschaftsgedanke noch lebendig. So hatte sich zwischen den Vikaren von St. Wilhadi, St. Ansgarii und des Domes eine Begräbnisbruderschaft gebildet, die allerdings 1426 durch die Domvikare aufgekündigt wurde. Und am Aegidienaltar war es zur Bildung einer Gemeinschaft der alten Vikare gekommen, der u.a. auch der zweifache Hausbesitzer Gerd Brummersete angehörte.

Alles in allem werden an der Stephanikirche im Spätmittelalter 30–40

Geistliche – Chorherren, Vikare, Kapläne – tätig gewesen sein. Eine der Hauptaufgaben der Geistlichen – insbesondere der Chorherren, aber auch der „gemeinen Vikare, die den Chorpfennig haben" – war es, zu einer möglichst intensiven und reichen Gestaltung des Gottesdienstes beizutragen. Zu diesem Zweck hat man bei St. Wilhadi schon relativ früh – vermutlich in der ersten Hälfte des 13. Jahrhunderts – Statuten erlassen, die genaue Vorschriften für das Verhalten der Kleriker bei der Feier des Gottesdienstes enthielten und die Priesterkanoniker (Hebdomedare), Thuribulare, Lektoren und Chorvikare auf ihre Verpflichtungen und die mit ihrem speziellen Dienst verbundenen Aufgaben hinwiesen. Dass während des Gottesdienstes absolute Ruhe herrschen und keine gottesdienstfremden Tätigkeiten verrichtet werden sollten – genannt werden studieren und lesen, aber auch längeres Flüstern –, versteht sich eigentlich von selbst. Doch kümmerten sich viele Geistliche offensichtlich wenig um diese an sich selbstverständlichen Verhaltensmaßregeln, weshalb sie immer wieder eingeschärft werden mussten. Auch das Betreten und Verlassen des Chores unterlag genauen Regelungen, dieser durfte von den Vikaren erst nach dem Ende der Prozession der Schüler und Knaben, und zwar geordnet in Zweierreihen, betreten werden. Das An- und Ausziehen der geistlichen Gewänder erfolgte in der angrenzenden Bibliothek, die offensichtlich die Funktion einer Sakristei hatte. Auf einer Tafel, die an einem Pult in der Mitte des Chores angebracht war, wurden die von einzelnen Vikaren oder von der Gesamtheit zu singenden bzw. zu lesenden Verse und Lektionen angeschrieben. Die Elevation der Hostie während der Messe sowie die Predigt durften unter keinen Umständen durch Glockengeläut gestört werden. Und nicht zuletzt hatte auch die Aufstellung der Geistlichen in den Prozessionszügen einer genau festgelegten Ordnung zu folgen: Den Anfang machten die Kapitelschüler mit ihrem Lehrer, dann folgten in aufsteigender Linie und immer paarweise geordnet zunächst die beiden Thuribulare, dann die Lektoren, dann die übrigen Vikare, wobei die Dauer ihrer Zugehörigkeit zum Vikarkollegium über ihre Position im Prozessionszug entschied – die jüngsten Mitglieder kamen zuerst, die ältesten zuletzt –, und schließlich kamen zum Schluss die Kanoniker des Kapitels. Die Reihenfolge im Prozessionszug war also dem Rang und der Würde der Kapitelgeistlichen genau entgegengesetzt.

Welch große Bedeutung man der feierlichen Gestaltung des Gottesdienstes beimaß, zeigt auch die um 1300 vorgenommene Aufzeichnung über die Zahl der Kerzen, die an den verschiedenen Fest- und Heiligentagen des Jahres das Gotteshaus erleuchten sollten. Die Liste sieht für die Zeit von Ostern bis Pfingsten 62 Kerzen und für das restliche Kirchenjahr dann noch einmal 144 Kerzen, insgesamt also über 200 Kerzen, vor. Diese akribische

Aufzeichnung dokumentiert eindrucksvoll, dass das Kerzenlicht – trotz der manchmal nicht ganz einfachen Beschaffung des Rohstoffes Wachs – für die glanzvolle Ausschmückung der Gottesdienste als unerlässlich erachtet wurde.

Repräsentanten der Laiengemeinde waren wiederum die bürgerlichen Bauherren, die die Ansprüche der Pfarrgemeinde vertraten und als Leiter der Kirchenfabrik das kirchliche Bauvermögen verwalteten. Ältester namentlich bekannter Bauherr war Marquard Willebrod (1400). Die beiden Bauherren Volquin Ziegler und Johann Klocke verpflichteten sich 1422 vertraglich zum Bau des Giebels und der Mauer am Haus des Unterküsters Johann Volkmars, der u.a. für das Einstellen und die Instandhaltung der Kirchenuhr verantwortlich war. Der Strukturar Volquin war von bürgerlichem Beruf Ziegler und hatte der Kirchenfabrik u.a. ein Drittel seines Ziegelhauses – die restlichen zwei Drittel gingen an die Stadtmauer – vermacht. Die Stephanibauherren Hermann auf dem Berge und Hinrich Hardenberch haben 1443 ihrem inzwischen aus dem Amt geschiedenen Vorgänger Volquin Ziegler für 120 Br. Mk. eine jährliche Rente von 8 Br. Mk. als Leibzucht aus dem von ihnen verwalteten Kirchenvermögen verkauft. Auf diese Weise verschafften sie sich die aktuell benötigten, jedoch nicht vorhandenen Mittel für Kirchenbau bzw. Kirchenrenovierung. Im Laufe der Zeit entwickelten sich die Bauherren von St. Stephani zu Worthaltern der Steffenstadt, einige von ihnen lassen sich auch als kaufmännische Elterleute oder, wie der Bauherr von 1443 Hermann auf dem Berge, als Ratsherren nachweisen.

Da die Stephanikirche in einem von vielen Fischern bewohnten Stadtteil beheimatet war, war sie naturgemäß mit den Bruderschaften und Zünften des Fischereigewerbes eng verbunden. So hatten die städtischen Amtsfischer wichtige Gegenstände im Turm der Stephanikirche aufbewahrt. Auch die 1510 erstmals erwähnte Aalfängerbruderschaft zum hl. Kreuz hatte die Stephanikirche zu ihrem kirchlichen Domizil auserkoren. Die Aalfängerbruderschaft, an deren Spitze ein Schaffer und vier Älteste standen, veranstaltete jedes Jahr am Tag der Kreuzerhöhung (14.9.) eine Kreuzprozession mit großem Gepränge sowie eine Konsolation, an der man auch der heimgegangenen Brüder gedachte. Die Auskehrungsgelder aus der Stiftungssumme waren für die teilnehmenden Geistlichen bestimmt.

Die Kontakte des Wilhadikapitels zur Außenwelt jenseits der Kirchspielgrenzen waren begrenzt und durchaus überschaubar, Beziehungen bestanden vor allem zu anderen geistlichen Kommunitäten. Ausgesprochen freundschaftlich war das Verhältnis zum Kloster Harsefeld bei Stade, mit dem das Stift durch eine innige Gebetsbrüderschaft verbunden war, die seit dem Anfang des 14. Jahrhunderts belegt ist, möglicherweise aber bis in die

Anfänge der Stiftsgeschichte zurückreicht. Im Rahmen dieser Verbrüderung schlossen die Mönche in Harsefeld die in Bremen verstorbenen Stiftsherren in ihr Gebet mit ein und bereiteten ihnen mittels Nachtwachen, Messfeiern und Opfergaben ein würdiges Andenken. Als Gegenleistung verpflichteten sich die Chorherren der Stephanikirche, dem Harsefelder Abt bei etwaigen Besuchen in Bremen durch Überreichung wertvoller Kleinodien ihre Aufwartung zu machen und diesem jedwede Unterstützung zuteil werden zu lassen.

Nicht ganz so ungetrübt wie zum Kloster Harsefeld waren die Beziehungen des Wilhadistifts zum benachbarten jüngeren Ansgariistift. Für böses Blut hatte schon relativ früh der Streit beider Kapitel um eine Leichenbestattung gesorgt, der 1235 schließlich vom Vizedominus des Domkapitels – und zwar zu Gunsten des Ansgariikapitels – entschieden wurde. Hier zeigte sich bereits, dass das gegenseitige Verhältnis nicht immer ganz frei von Konkurrenzdenken und Eifersüchteleien war. Durch die anfängliche Bevorzugung des älteren Wilhadikapitels durch die Bremer Erzbischöfe, die beim Ansgariikapitel Neid- und Missgunstgefühle wecken musste, wurde die Rivalität zwischen den beiden Kapiteln sicherlich zusätzlich angestachelt. Gerade die Besitz- und Einkunftsverhältnisse gaben immer wieder Anlass zu strittigen Auseinandersetzungen. 1360 etwa legte sich das Wilhadikapitel mit dem Benefiziaten des Dreikönigaltars in der Ansgariikirche an, weil beide die Zinseinkünfte eines vor dem Herdentor gelegenen Landgutes für sich beanspruchten.

Doch unterhielten die beiden benachbarten städtischen Unterstifter trotz gelegentlicher Spannungen und Rivalitäten im Großen und Ganzen recht enge Beziehungen zueinander. Insbesondere im personellen Bereich gab es Querverbindungen verschiedenster Art, die, wie im Fall Burchards, der in der zweiten Hälfte des 13. Jahrhunderts über 20 Jahre lang beiden Kapiteln gleichzeitig als Propst vorstand, selbst die Personalunion der leitenden Führungsämter nicht ausschlossen. Der ehemalige Thesaurar des Ansgariistifts Bertram Woltmanns fand um 1330 beim Schwesterkapitel von St. Wilhadi ein neues Zuhause, möglicherweise weil er sich gegen seine ehemaligen Mitbrüder mit 38 Mk. hoch verschuldet hatte. Und der Wilhadikanoniker Meinhard Spadegast war 1377 trotz seiner Verpflichtungen an der Stephanikirche zugleich als Priester bei St. Ansgarii tätig. Verbindungen dieser Art gab es allerdings auch zur Liebfrauenkirche, an der die Wilhadikanoniker Otto (1296) und Albert (1356) den Pfarrdienst ausübten. Vor allen Dingen aber hatte das städtische Großbürgertum seine Söhne nicht selten in beiden Chorherrenstiften gleichermaßen untergebracht. Als typisches Beispiel sei hier nur die einem Ministerialengeschlecht entstammende, verbürgerlichte Familie von Gröpelingen genannt, aus deren Reihen sowohl die Wilhadichorherren Arnold (1294) und Konrad von Gröpelingen als auch der gegenüber seinem Kapitel hoch verschuldete Ansgariichorherr Gottfried (1327) und der Ansgariipropst Otto (um 1425) von Gröpelingen stammten und die damit, wie so viele Familien, ihre enge Verbundenheit mit beiden städtischen Unterstiftern demonstrierte. Diese Hinwendung vieler bürgerlicher Familien zu beiden Stadtstiften zeigte sich auch in dem ausdrücklichen Wunsch der Stifter des Paulus und Dionysius-Altares in der Ansgariikirche, von den Einkünften dieses Altares auch den Chorherren des Schwesterstifts von St. Wilhadi jährlich 3½ Fertones (knapp 1 Mk.) zukommen zu lassen (1329). Umgekehrt hat der Wilhadichorherr Konrad von Wenighausen 1356 dem Ansgariikapitel jährliche Einkünfte von ½ Mk. vermacht, um seine Memorien von den Ansgariichorherren – und nicht durch sein eigenes Kapitel – feiern zu lassen. In Anbetracht der engen Beziehungen zwischen den beiden Unterstiftern war es naheliegend, dass man die Behebung von Problemen, die eines der beiden Kapitel betrafen, gerne ranghohen Vertretern des jeweils anderen Kapitels anvertraute: 1307 wurde dem Wilhadicellerar Otto von Berne die Schlichtung eines Streites zwischen dem Ansgariikapitel und einigen Bremer Bürgern übertragen, bei der es u.a. um eine größere Summe Geld ging, 1354 hat man den Wilhadidekan Johannes mit der Rückführung der dem Ansgariikapitel entfremdeten Güter beauftragt, 1388 wurde der Scholastikus von St. Wilhadi Friedrich Hosingvelt zum Richter in einer die Ansgariivikare betreffenden Angelegenheit ernannt.

Das Verhältnis des Wilhadikapitels zum bedeutendsten Bremer Stift, dem mächtigen Domkapitel, war im 13. und 14. Jahrhundert durch zwei strittige, hart umkämpfte Auseinandersetzungen belastet. Zunächst war man im 13. Jahrhundert im Hinblick auf die Beteiligung des Wilhadikapitels an der Bremer Erzbischofswahl unterschiedlicher Ansicht. Die Kanoniker von St. Wilhadi beanspruchten ein uneingeschränktes Stimmrecht bei diesen Wahlen und verwiesen diesbezüglich auf das Gewohnheitsrecht und angebliche päpstliche Privilegien. Tatsächlich hatte das Wilhadistift 1219 bei der Wahl Gerhards II. aktiv mitgewirkt. Allerdings war man seitens des Domkapitels der Meinung, dass die Hinzuziehung des Stifts damals lediglich ein Akt des Wohlwollens *(ex gratia)* gewesen sei und deshalb für zukünftige Wahlen nicht als rechtsverbindlich anzusehen sei. Erzbischof Gerhard II. beendete den Meinungsstreit vorläufig, indem er 1231 die Beteiligung des Wilhadikapitels, dem er seine Wahl u.a. mitverdankte, für rechtens erklärte. Allerdings brachen die Streitigkeiten 1258 bei der Wahl von Gerhards Nachfolger erneut in aller Schärfe aus, Domkapitel und Wilhadistift ließen ihre Unterstützung jeweils einem anderen Kandidaten zuteil werden. Doch gelang es dem von der Mehrheit der Domherren gewählten Hildebold von Wuns-

torf durch einen geschickten Schachzug, nachträglich auch die Zustimmung des Wilhadikapitels – dieses stand zunächst auf der Seite des Dompropstes Gerhard zur Lippe – zu erlangen, indem er diesem die Anerkennung seines heftig umstrittenen Wahlrechts in Aussicht stellte. Wie lange das Wilhadikapitel seine Wahlbeteiligung in der Folgezeit aufrechterhalten konnte, ist nicht bekannt, spätestens Anfang des 15. Jahrhunderts jedenfalls zählte das Stift nicht mehr zu den Erzbischofswählern.
In der zweiten Hälfte des 14. Jahrhunderts erhitzte dann die Frage, ob die Kapitel von St. Wilhadi und St. Ansgarii an den hohen kirchlichen Festtagen, wie vom Domkapitel behauptet, zum Besuch der Domkirche verpflichtet seien, die Gemüter. Das Wilhadikapitel hatte sich bereits während der Regentschaft Gerhards II. dieser angeblichen Verpflichtung entzogen, damals hatte der in der strittigen Angelegenheit konsultierte Papst Gregor IX. (1227–1241) einige Domherren aus Münster mit der Untersuchung des Falls beauftragt. Zu welchem Ergebnis die Untersuchung damals gelangte, ist unbekannt, doch hörte man anschließend über 100 Jahre lang nichts mehr in dieser Angelegenheit. Um 1350 jedoch hatte eine Generalsynode die Chorherren des Wilhadi- und Ansgariikapitels ausdrücklich dazu verpflichtet, an den hohen Festtagen des Kirchenjahres Prozessionen zum Dom zu veranstalten. Zwar hatte Erzbischof Gottfried diesen Erlass wenig später wieder zurückgenommen, Gottfried erließ den Kapiteln die Prozessionen zum Dom, verlangte allerdings, dass die Kanoniker der beiden Unterstifter an den in Frage stehenden Kirchenfesten „nach alter Gewohnheit" die Messe und die Gottesdienste im Dom besuchten. Da die Stiftsherren der beiden Kapitel jedoch auch den einfachen Dombesuch verweigerten, kam es im April 1370 zum Eklat: Erzbischof Albert exkommunizierte die widerspenstigen Kapitel und verhängte über deren Kirchen St. Stephani und St. Ansgarii das Interdikt. Doch machte auch Erzbischof Albert schon bald darauf einen Rückzieher und erließ den beiden Kapiteln, angeblich weil er inzwischen eines Besseren belehrt worden sei, die Teilnahme an den Festlichkeiten und Prozessionen im Dom; lediglich zwei Mitglieder der beiden Kapitel sollten zum Besuch des Domes verpflichtet sein. Noch aber waren die Exkommunikations- und Interdiktserlasse in Kraft. Um auch diese Kirchenstrafen aus der Welt zu schaffen, bedurfte es langwieriger Untersuchungen und Verhandlungen, in die 1372 auch der päpstliche Auditor Galhardus de Nova ecclesia eingeschaltet wurde. Schließlich unterwarfen sich die streitenden Parteien – das Domkapitel sowie das Wilhadi- und Ansgariikapitel – am 17. März 1374 dem Schiedsspruch des Domdekans Johann von Zesterfleth und versicherten, dass sie nach geschlossenem Vergleich auf eine Fortsetzung des Prozesses verzichten wollten. Daraufhin widerrief Erzbischof Albert vier Tage später alle Exkom-

munikations-, Suspensions- und Interdiktsschriften, die er und sein Vorgänger gegen die Kapitel von St. Wilhadi und St. Ansgarii wegen deren Weigerung, den Dom an bestimmten Festtagen zu besuchen, erlassen hatten.

Literatur:
Bippen von, Anfänge des Anschariikapitels (1878). – Bölts, Baugeschichte der Liebfrauenkirche (2002). – Bookmann, Stadt (1994). – Dettmann, Ansgariikirche (1934). – Entholt, Bremische Kultur (1934). – Fliedner, Baugeschichte der Pfarrkirchen (1955). – Gleba, Unser Lieben Frauen (2002). – Katz, Altarpfründen (1926). – Kohlmann, Verzeichnisse (1859). – Kohlmann, Urkundliche Mittheilungen (1844) – Presuhn, Totengedenken (2001). – Prüser, Güterverhältnisse des Wilhadi-Stephanikapitels (1926). – Prüser, Güterverhältnisse des Anscharikapitels (1931/33/35/36). – Prüser, St. Stephanikirche (1940). – Prüser, Stiftsgeistliche (1944/51). – Prüser, Stiftskirchen (1937). – Röpcke, Stifts- und Pfarrkirche (1990). – Stein, Renaissance-Baukunst (1962). – Schwarzwälder, Kirchspiele (1960).

V. Kleinere Kirchen und Kapellen

Neben den vier städtischen Pfarrkirchen von Liebfrauen, St. Martini, St. Ansgarii und St. Stephani gab es in mittelalterlicher Zeit noch eine Anzahl weiterer kleinerer Kirchen und Kapellen, deren Einfluss auf das kirchliche Leben der Stadt recht unterschiedlich war. Zwei dieser Kirchen, nämlich St. Wilhadi und St. Michaelis, besaßen sogar den Status einer – wenn auch kleinen und armen – Pfarrkirche. Die meisten dieser kleineren Gotteshäuser, deren Gründungszeit sich nicht in jedem Fall eindeutig feststellen lässt, gingen in der Reformationszeit entweder zugrunde oder erfuhren damals eine grundlegende Nutzungsänderung.

1. Wilhadikirche

Die älteste dieser Kleinkirchen war zweifelsohne die in die Anfänge der städtischen Siedlungsentwicklung zurückreichende Wilhadikapelle. Nach einem Brand war die südlich des Domes im Bereich des heutigen Börsendurchgangs hinter dem Haus der Bürgerschaft gelegene Wilhadikapelle unter Erzbischof Unwan (1013–1029) als einschiffiger Bau mit halbrunder Apsis wieder aufgebaut worden. Als um 1300 der wohl erst später angefügte Turm niederbrannte, wurde die Kapelle im Zuge des Wiederaufbaus Anfang des 14. Jahrhunderts zur dreischiffigen Kirche mit quadratischem Westturm erweitert. An die Stelle der Apsis war nun ein mit Strebepfeilern abgestützter, verlängerter Chor mit dreiseitigem Abschluss getreten, so dass der Kirchenbau jetzt eine Länge von knapp 40 m und eine Breite von ca. 20 m aufwies. Nach der Reformation wurde die Wilhadikirche zunächst 1528 als Zeughaus, später dann als Hopfenspeicher und Weinlager zweckentfremdet.
Nachdem das Ansgariikapitel, dem das Gotteshaus 1185 zur Nutzung übertragen worden war, die Wilhadikapelle 1221 wieder an das Domkapitel zurückgegeben hatte, wurde diese drei Jahrhunderte lang von der Lateinschule des Domes unterhalten. In dieser Zeit war die Wilhadikapelle auch Pfarrkirche für die Bewohner des Domgebiets, ausdrücklich wurde deren Priestern 1319 das Recht zugestanden, sämtliche innerhalb der Domfreiheit geborenen Kinder zu taufen. Trotzdem kam es über die Frage der Pfarrgerechtigkeit Mitte des 14. Jahrhunderts zu einem Streit zwischen dem Pfarrer der Wilhadikirche und den beiden Domvikaren Roland von Hilgendorp und Seghelandus, weil Letztere der *capella sancti Willhadi* den Status einer Pfarrkirche absprachen. Die daraufhin 1348 eingeleitete Vernehmung

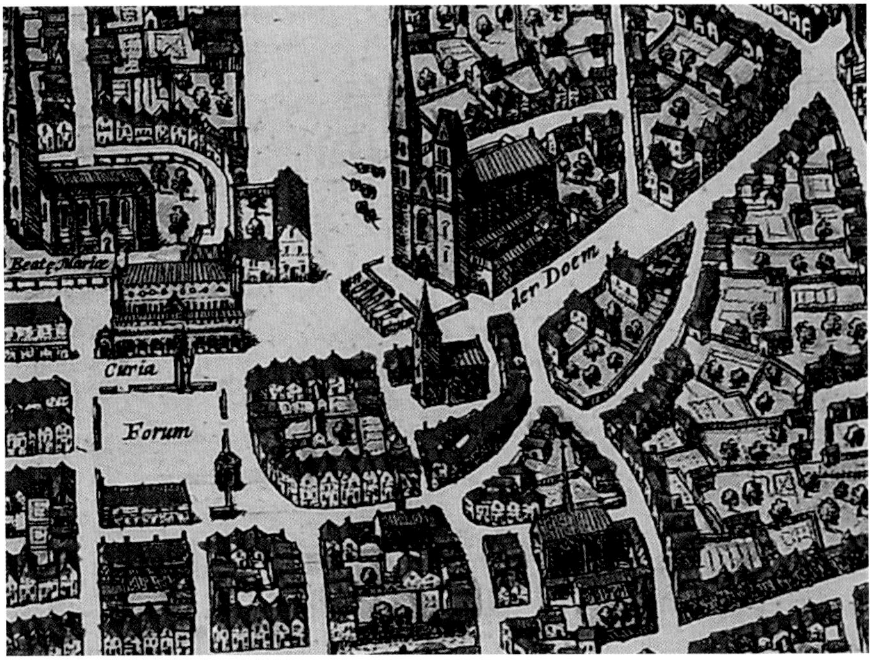

Die Wilhadikirche unterhalb des St. Petri Domes. Ausschnitt aus dem Hogenbergplan von 1588/89.

von sechs offensichtlich schon betagten Zeugen – fast alle konnten sich 40 oder 50 Jahre zurückerinnern – ergab indes übereinstimmend, dass die Bewohner der Domimmunität, und zwar Kleriker wie Laien, die kirchlichen Sakramente schon immer vom Pfarrer der Wilhadikapelle empfangen hätten und dass es im Turm der Kirche einst auch eine kleine Taufkapelle gegeben habe. Als der Turm Anfang des 14. Jahrhunderts abbrannte, seien die Taufen vorübergehend in der Krypta des Domes durch den Kaplan der Liebfrauenkirche vorgenommen worden. Hinsichtlich des Begräbnisrechts war die Mehrheit der Befragten der Ansicht, dass die Laien unter den Bewohnern der Domimmunität in aller Regel auf dem Friedhof der Wilhadikirche ihre letzte Ruhestätte fänden, wohingegen die Geistlichen dort zwar aufgebahrt, dann jedoch beim Dom beerdigt würden. Auch die in Bremen verstorbenen Fremden wurden mit Ausnahme der Kaufleute auf dem Friedhof von St. Wilhadi begraben, nachdem das Domkapitel 1287 einen diesbezüglichen Streit zwischen den Pfarrern der Liebfrauenkirche und der Wilhadikapelle zu Gunsten der Letzteren entschieden hatte.

Im Normalfall scheint der Pfarrdienst an der Wilhadikirche durch einen einzigen Pfarrer (*rector*) ausgeübt worden zu sein, nur ganz vereinzelt tritt auch ein zweiter Geistlicher in Gestalt eines Vizerektors in Erscheinung.

Das Siegel der Vikarie von St. Wilhadi. Ein Geistlicher kniet vor dem heiligen Willehad, 1363. (Staatsarchiv Bremen)

Der Wilhadipfarrer Bernhard Peeck war zugleich Generaloffizial des Dompropstes und in dieser Eigenschaft leitete er 1376 ein Tribunal gegen die mit 4 Mk. gegenüber den Ansgariivikaren verschuldete Witwe Adelheid Monick. Der Pfarrer Anton Ovenstede führte 1429 mit dem Pfarrer der Liebfrauenkirche und drei Domvikaren wegen Liegenschaften seiner Kirche einen Rechtsstreit. Zwei Jahre später spielte noch einmal die Frage des Begräbnisrechtes eine Rolle, die Domvikare erhoben dabei den Vorwurf, dass es bei der Aufbahrung von Leichen in der Wilhadikapelle zu Behinderungen und Misshandlungen gekommen sei. Den Pfarrern der Wilhadikapelle wurden wegen dieser Verstöße Strafgelder angedroht, die an die Domherren (8 Gr.) und Domvikare (4 Gr.) zu zahlen waren. In der zweiten Hälfte des 13. Jahrhunderts hatte sich eine Klausnerin namens Ermgard bei der Wilhadikapelle niedergelassen (1267), um dort ein Einsiedlerdasein zu fristen. Nach dem Tod Ermgards fand im Dom jährlich eine Feier zu deren Gedächtnis statt, für die der Pfarrer von St. Wilhadi je einen Ferto (¼ Mk.) für die Domherren und ½ Ferto für die Domvikare beisteuerte. Auch die für Verstöße bei der Leichenaufbahrung verhängten Strafgelder sollten am Gedächtnistag der Klausnerin ausbezahlt werden. Offensichtlich hatte die Einsiedlerin aufgrund ihrer heiligmäßigen Frömmigkeit bei ihrer Mit- und Nachwelt einen tiefen Eindruck hinterlassen.

2. Jakobikirche

Wie vorübergehend die Wilhadikapelle so stand auch die Jakobikirche die zwischen Obern- und Martinistraße gelegene Stichstraße Jakobikirchhof gibt ihre einstige Lage im Stadtzentrum noch heute genau wieder – in enger Beziehung zum Ansgariikapitel. Im letzten Jahrzehnt des 12. Jahrhunderts von dem Bürger Gerhard von der Kämenade als einschiffiges romanisches Bauwerk mit runder Chorapsis gegründet, war die Jakobikirche 1221 im Austausch gegen die Wilhadikapelle an das Ansgariikapitel gelangt. Das Kapitel blieb dann auch nach dem Bau der Ansgariikirche im Besitz der Jakobikirche, es konnte die patronatsrechtlich begründeten Ansprüche der Stiftersöhne Brüning und Gerhard zurückweisen, indem es Letzterem 1229 eine Kanonikerstelle und die Einkünfte der Horner Kirche zuwies. Als Filialkirche der Ansgariikirche war die dem Schutzpatron der Pilger geweihte Jakobikirche seitdem ein fester Bestandteil im kirchlichen Leben des Ansgariikirchspiels. So haben die an der Ansgariikirche dienenden Kapläne offensichtlich regelmäßig auch in der Jakobikirche die Messe gelesen und gepredigt. Die große Fronleichnamsprozession des Kirchspiels führte alljährlich von der Kapitelkirche St. Ansgarii „to der capellen to sunte Jacobe", und seit 1439 fanden infolge einer Stiftung des Ansgariidekans Hinrich Groneland auch acht Tage nach Fronleichnam sowie am Tag der hl. Martha (29.7.) jährlich derartige Prozessionszüge zur Jakobikirche statt. In Anbetracht ihrer engen Bindung an die Pfarrkirche St. Ansgarii ist es nicht verwunderlich, dass der Ansgariikanoniker Herbord Schene bei seinen vielen Schenkungen an sein Kapitel auch die Kirche des hl. Jakob mitbedacht hat: 1398 verpflichtete er die vier ältesten Chorherren seines Kapitels, denen er Landgüter in der Vahr und im Neuenlande vermacht hatte, auch dem Küster von St. Jakobi jährlich eine Weizenbrotspende im Wert von 6 Pfennigen zukommen zu lassen. Und 1412 hat Schene auch die Kirchenfabrik der Jakobikirche durch eine Spende von 1 Mk. in sein testamentarisches Vermächtnis mit einbezogen.

Kreuzigungsrelief von um 1420 aus der ehemaligen Jakobikirche, heute im Focke-Museum.

Dass die Jakobikirche fest in das kirchliche Leben der Ansgariiparochie einbezogen war, geht auch daraus hervor, dass das Kapitel das kleine Gotteshaus im 14. Jahrhundert zur dreischiffigen gewölbten Backsteinbasilika mit Westturm und dreiseitig geschlossenem Ostchor erweitern ließ. Der großzügige Ausbau bewahrte die Jakobikirche, zu der die Bruderschaften der Bergenfahrer und Brauer im Spätmittelalter enge Beziehungen unterhielten, in der Reformationszeit jedoch nicht vor dem Schicksal der Profanierung: Das Gotteshaus wurde – angeblich weil diese sich um die Zerstörung des Paulsklosters verdient gemacht hatten – den Schmieden zugewiesen, die hier 1528 ihr Amtshaus einrichteten. 1650 wurde der Turm, 1697 das Kirchenschiff eingerissen, so dass nur noch der Chor erhalten blieb.

3. Michaeliskirche

Zur selben Zeit, als im Zentrum der Stadt die Jakobikirche entstand, wird auch die vorstädtische Michaeliskirche erstmals urkundlich erwähnt. Sie muss damals allerdings schon seit einiger Zeit bestanden haben, denn es heißt von ihr, dass sie in unmittelbarer Nachbarschaft eines zum damaligen Zeitpunkt bereits nach Bergedorf bei Ganderkesee verlegten Nonnenklosters gelegen habe. Die Kirche wird daher wahrscheinlich um die Mitte des 12. Jahrhunderts, eventuell unter Beteiligung der Herren von Walle, die später in enger Verbindung zu ihr standen, gegründet worden sein und wurde zunächst möglicherweise als Klosterkirche genutzt. Die Michaeliskirche befand sich vor dem Ansgarii- bzw. Abbentor nahe der Bürgerweide, wo die Straßenbezeichnung Beim Alten Michaeliskirchhof noch heute ihren einstigen Standort angibt; hier lag im Spätmittelalter die kleine, später wieder aufgegebene Siedlung Redingstede.

Bei der Neueinteilung der städtischen Kirchspiele 1229 wurde die Kirche St. Michaelis samt dem Dorf Walle, das bisher zum Sprengel von St. Stephani gehört hatte, zunächst dem neuen Ansgariikirchspiel zugewiesen. Tatsächlich soll das Ansgariikapitel insgesamt zwölf Hofstellen in der Nähe der Kirche besessen haben. 1285 wird ein Haus erwähnt, das der Priester von St. Michaelis bewohnte. Um 1330 wurde St. Michaelis dann aber ordentliche Pfarrkirche für den nördlich des Ansgarii- und Doventors gelegenen Teil der Vorstadt sowie für das Dorf Walle, auch wenn der diesbezügliche Rechtsakt nicht überliefert ist. Die Synodalgerichtsbarkeit und das Kollationsrecht standen dem Dompropst als dem zuständigen Archidiakon zu. Vermutlich seit Anfang des 15. Jahrhunderts fand das kirchliche Sendgericht für die Gemeinde sogar in der Michaeliskirche selbst statt, denn diese war inzwischen zur Synodalkirche erhoben worden. Trotzdem konnte sich das Michaeliskirchspiel weder an Größe noch an Bedeutung und

Reichtum mit den vier innerstädtischen Kirchspielen messen; diese zahlten stets ein Vielfaches des von St. Michaelis zu leistenden – 1384 z.B. 1¼ Mk. – Kirchenzinses.
Bei den Inhabern der Pfarrei von St. Michaelis fällt auf, dass diese zumeist an einer der großen städtischen Kirchen als Kanoniker oder Vikar über eine weitere Pfründe verfügten. Schon der erste namentlich bekannte Pfarrer von St. Michael, Dietrich, stand möglicherweise in enger Verbindung zur Ansgariikirche, wenn auch nur in der Stellung eines Vikars. Einer seiner Nachfolger war Gerd Schene, der Bruder des bekannten Stadtchronisten Herbord Schene. Gerd Schene war bereits einige Zeit Domvikar, als er auch noch die Pfarrei von St. Michaelis erlangte, die er vermutlich weit über 20 Jahre lang innehatte, bis er zwischen 1395 und 1398 hochbetagt verstarb. Auf Gerd Schene folgte vermutlich Reiner Reclocke, der es als Ansgariikanoniker bis zum Scholaster seines Kapitels brachte. Sollte Reclocke die vorstädtische Pfarrstelle bis zu seinem Tode beibehalten haben – Reclocke ist 1439 zum letzten Mal bezeugt –, dann war er gut 40 Jahre Pfarrer von St. Michael. Stiftsherr von St. Ansgarii war auch der nächste namentlich bekannte Pfarrer der Michaeliskirche Albert Wulferdi, doch hat es ihm aus nicht näher bekannten Gründen hier anscheinend nicht sonderlich behagt. Jedenfalls hat Wulferdi mit dem Pfarrer von Hoyerhagen/ Hoya, Johann Provest, der daraufhin also Pfarrer der bremischen Vorstadtgemeinde wurde, einen Tausch der Pfarrstellen vorgenommen; Provest holte für diesen Pfründentausch 1444 nachträglich die Zustimmung der römischen Kurie ein. Die Geistlichen der Michaeliskirche bewohnten ein eigenes Pfarrhaus (*domus sacerdotis*) und bestritten ihren Lebensunterhalt von den Einkünften der Pfarrländereien – 1351 wird eine Hofstelle vor dem Ansgariitor, 1353 ein Landgut vor dem Abbentor erwähnt –, die offensichtlich genug abwarfen, um auch den 1393 erwähnten Glöckner zu ernähren.
Die beiden Bauherren (*structuarii*) von St. Michaelis treten erstmals 1393 anlässlich einer Memorienstiftung für den Nikolaialtar der Ansgariikirche in Erscheinung. Diese Stiftung bedachte neben dem Pfarrer (2 Gr.) und dem Glöckner (1 Gr.) der Michaeliskirche ausdrücklich auch deren Bauherren mit 1 Gr. für das Kerzenlicht der Kirche. Im 15. Jahrhundert legten die Bauherren von St. Michael die Gelder des ihnen unterstehenden Bauvermögens wiederholt in Immobilienbesitz an, der sichere und regelmäßige Einnahmen abwarf: Die beiden Strukturare Friedrich Groneland und Johann Baremborg kauften 1459 für 6 Mk. ein Hofgrundstück und die Bauherren Marten Oldgers und Reyneke Sanders investierten 1477 gar 60 Br. Mk. und 1483 noch einmal 30 Mk. in Landbesitz.
1524 wurde die Michaeliskirche abgebrochen, weil sie dem Ausbau der

Befestigungsanlagen im Weg stand; nur der Michaeliskirchhof blieb noch jahrhundertelang bestehen und wurde erst im 17. Jahrhundert aufgegeben. Die Pfarrrechte von St. Michaelis gingen an die Kirche in Walle und an die Stephanikirche über.

4. Johanniskapelle vor dem Doventor

In der Nachbarschaft der Michaeliskirche befand sich beim sog. Kaufmannsmühlenkamp nahe der Bürgerweide die Johanniskapelle; sie war Johannes dem Täufer bzw. dem Nackten, wie er auch genannt wurde, geweiht (*capella Johannis baptistae*). Ihre erste Erwähnung liegt 1229 anlässlich der Festsetzung der Kirchspielgrenzen vor, sie muss also, wenn nicht schon im 12. Jahrhundert, spätestens Anfang des 13. Jahrhunderts errichtet worden sein. Da Johannes der Täufer als Schutzheiliger der Kaufleute und Schiffer galt, stand die kleine Kapelle unter der Aufsicht der kaufmännischen Elterleute und trug auch die Bezeichnung „Kaufmannskirche". Vor dem Antritt bzw. nach glücklicher Beendigung einer größeren Seereise hat man die Johanniskapelle, in der im 14. Jahrhundert regelmäßig ein Montagsgottesdienst abgehalten wurde, gerne zum Gebet aufgesucht. 1524 wurde die „Kaufmannskirche bei der Windmühle" (Rennerchronik) aus denselben Gründen wie die benachbarte Michaeliskirche abgerissen.

5. St. Jürgenkapelle

1232 und 1235 wird jeweils ein Priester Johannes von St. Jürgen (*de sancto Georgio*) urkundlich erwähnt. Die an der Südseite der Marktstraße direkt an der Balge gelegene Jürgenkapelle muss also damals schon einige Zeit – wie lange wissen wir nicht – existiert haben. Die St. Jürgenkapelle, die nicht mit dem gleichnamigen Hospital zu verwechseln ist, stand seit jeher in enger Beziehung zur Domkirche. Schon der genannte Priester Johannes war zugleich Domvikar und als solcher berechtigt, Memorien im Chor des Domes zu feiern. Noch deutlicher traten diese Verbindungen zum Dom dann unter dem von 1267–1273 bezeugten Priester Radolf zutage: Radolf und ein ihm nahestehender Kreis von Verwandten oder Bekannten ließen der St. Jürgenkapelle 1267, 1268 und 1273 durch großzügige Memorienstiftungen Landbesitz und Geld zukommen. Die entsprechenden Anniversarien wurden dann aber nicht in der kleinen Kapelle, sondern im Chor des großen Domes gefeiert, weshalb die dafür fälligen Abgaben auch den Domherren und Domvikaren zugute kamen. Möglicherweise war die St. Jürgenkapelle die Hauskapelle eines Domherrn, denn 1328 übereignete Erzbischof Burchard eine Domkurie, die bisher von einem Domherrn bewohnt wurde, gemeinsam mit dieser Kapelle dem Zisterzienserkloster Hude. Als Huder Hof verblieben Kurie und Kapelle dann ca. zwei Jahrhunderte im Besitz des Zisterzienserklosters. Aber auch als Annex des Huder Hofes blieb die St. Jürgenkapelle Bestandteil des religiösen Lebens in der Stadt. So ließ der Priester Albert von Reken jährlich am Tag der hll. Fabian und Sebastian Seelenmessen für sich und seine Eltern in der Kapelle des Huder Hofes lesen. Der letzte Huder Abt übertrug den Hofkomplex an der Balge 1533 an die Grafen von Oldenburg und Delmenhorst, so dass das Grundstück seitdem die Bezeichnung Delmenhorster Hof trug.

6. St. Nikolaikirche

Vermutlich Mitte des 13. Jahrhunderts wurde am westlichen Ende der Hutfilterstraße, wo diese mit der Molkenstraße zusammentraf (heutige Brillkreuzung), die St. Nikolaikirche als kleine einschiffige Kirche mit quadratischem Westturm, den ein vierseitiger Pyramidenhelm schmückte, erbaut. Der oder die Stifter dieser kapellenartigen Kirche sind nicht bekannt, doch legt ein Erlass Erzbischof Hildebolds (1258–1273) nahe, dass der Kirchenbau durch wohlhabende Bürger initiiert wurde, die zunächst wohl auch das Patronatsrecht ausübten. Die Kirche wurde, da sie im Stephanikirchspiel lag, dem Wilhadikapitel unterstellt. In unmittelbarer Nachbarschaft der Nikolaikirche und in enger Bindung an diese entstand später ein Beginenhaus; 1361 wird auch eine Nikolai-Badstube erwähnt. Der Bürger Kurt von Kemenade schenkte 1392 ein Stück Land zur Unterhaltung der Nikolaikirche, doch verkauften die Bauherren der *Kapellen sunte Nicolai* dieses schon acht Jahre später zum Besten der Stadtmauer an den Rat. Der Domcellerar Herbord Schene bedachte in seinem umfangreichen Testament von 1412 u.a. auch die Struktur der Nikolaikapelle mit 1 Mk. Die Urkunde, durch die die Domvikare ihre Begräbnisbruderschaft mit den Vikaren von St. Ansgarii und St. Wilhadi aufkündigten, wurde 1426 in der Nikolaikirche ausgestellt. 1596 wurde in der Nikolaikirche das erste bremische Waisenhaus – das sog. rote Waisenhaus – eingerichtet.

7. Maria-Magdalenen-Kapelle

1293 ließ Erzbischof Giselbert auf dem Gelände des heutigen Neuen Rathauses das erzbischöfliche Palatium neu errichten, nachdem der Vorgängerbau während eines Aufruhrs in Brand gesteckt worden war. Fester Bestandteil dieses neuen Bischofspalastes war wohl von Anfang an die Maria-Magdalenen-Kapelle, die im Südflügel des Palatiums als Hofkapelle fungierte. Möglicherweise reichen die Anfänge dieser kleinen Kapelle jedoch

Die gotische Kapelle zu den sieben Rosen am Stephanikirchhof. Um 1400 errichtet, diente sie seit der Reformation als Gottesbude (Armenwohnung) und wurde 1895 abgebrochen (vgl. S. 344).

noch weiter zurück, jedenfalls wird zum Jahr 1266 ein Priester *Johannes de capella sanctae Mariae et Magdalenae* urkundlich als Zeuge erwähnt. Dem entspricht auch, dass die Westwand der Kapelle vermutlich ein Stück der alten Domimmunitätsmauer aus dem 11. Jahrhundert enthielt. 1314 war die Maria-Magdalenen-Kapelle Gegenstand von Streitigkeiten zwischen Erzbischof Johann I. und dem Domkapitel. Damals sicherte Johann zu, dass er die erzbischöfliche Hauskapelle so lange in ihrem bisherigen rechtlichen Zustand und an ihrem bisherigen Platz belassen werde, bis er eine ebenfalls Maria und Magdalena geweihte Kapelle an einem anderen Ort erbaut habe. Der rechteckige, etwa 16 m lange und 9 m breite Kapellenraum besaß drei Kreuzgewölbejoche. Der Südflügel des Palatiums, in dem die Kapelle untergebracht war, hatte drei hohe Spitzbogenfenster und ein 3,80 m hohes Spitzbogenportal, auf der Westseite des Raumes befand sich ein viertes Fenster. Die Kapelle selbst war nur von außen zugänglich. Das Palatium wurde im 17. Jahrhundert zur schwedischen Statthalterei ausgebaut.

Möglicherweise hatte Erzbischof Giselbert beabsichtigt, die Maria-Magdalenen-Kapelle in Konkurrenz zu der dem Domkapitel unterstehenden Wilhadikapelle zur Pfarrkirche des Dombezirks auszubauen, denn die an der Hofkapelle ihren Dienst versehenden Geistlichen – Heinrich von Stade (1349), Stephan Cale (1351), Hinrich Lowen (1407) – waren, soweit erkennbar, im Status eines Pfarrers (*rector*). Der 1358 bezeugte Vikar Bernhard Pek stand später als Rektor der benachbarten Pfarrkirche St. Wilhadi vor (1376), er war also nur am Anfang seiner geistlichen Laufbahn vorübergehend an der Kapelle des Palatiums tätig. Im Jahr 1402 stifteten und dotierten der Ratsherr Detward von der Hude und die Dombauherrenwitwe Gisela Wierdes gemeinsam einen Altar in der Maria-Magdalenen-Kapelle, dessen erster Benefiziat Detward Hemeling war; Erzbischof Johann II. bestätigte die Vikariestiftung fünf Jahre später. Die Maria-Magdalenen-Kapelle wurde später profaniert und das „kleine Palatium" genannt.

8. St. Rembertikirche

Die St. Rembertikirche ist aus der Kapelle eines im 13. Jahrhundert vor dem Bischofstor zwischen den heutigen Straßen Rembertistraße und Fedelhören gegründeten Hospitals für Aussätzige hervorgegangen. Die Kirche wird erstmals 1306 urkundlich erwähnt, doch war der Priester von St. Remberti (*kerckhere to sunte Remberde*) – möglicherweise der 1318 verstorbene Rektor Johannes – schon 1305 mit 3 Pf. an den Spenden beteiligt, die alljährlich für die kirchliche Feier des städtischen Sieges über die Stiftsritterschaft verteilt wurden. 1318 präsentierte der Rat Friedrich von Gamundia als Priester der Rembertikapelle, woraufhin dieser vom Domdekan Friedrich investiert wurde. Derselbe Vorgang – Belehnung und Präsentation durch den Rat, Investierung durch den Domdekan – lässt sich auch 100 Jahre später bei der Einsetzung des Priesters Heinrich beobachten. Diese Einsetzungsakte machen deutlich, dass der Rat das Patronat über die Kapelle besaß und diese wie eine Art Eigenkirche behandelte. Tatsächlich wird die Spitalkapelle noch 1512 unter den vom Rat zu vergebenden Altarlehen geführt.

Das Siegel von St. Remberti: Der heilige Lazarus erhebt sich von seinem Lager, im Siegelbild der Name LAZARUS rückwärts geschrieben. 14. Jahrhundert. (Staatsarchiv Bremen)

Das Rembertihospital und seine Gebäude vor den Toren Bremens. Die Kirche mit Dachreiter ist bereits nachmittelalterlich (1596), im Hintergrund die Türme der Stadt. Ausschnitt aus einer Stadtansicht in der Dilichchronik, 1604. (Staatsarchiv Bremen)

Die Rembertikapelle stand ursprünglich wohl ausschließlich im Dienst der Aussätzigen des Hospitals, weshalb sie zunächst auch stets als Kapelle des Leprosenhauses (*capella domus leprosum*) bezeichnet wurde. Ob das obrigkeitliche Patronatsrecht über die Kirche als Hinweis auf weitergehende Pfarrrechte im näheren städtischen Umland bereits im Mittelalter gedeutet werden darf, ist unsicher, eindeutige Quellenbelege finden sich hierfür nicht. Ein fest begrenzter Pfarrsprengel wurde jedenfalls erst der 1596 am alten Ort neu errichteten Rembertikirche zugewiesen. In der zweiten Hälfte des 14. Jahrhunderts scheint der Pfarrer Arnold, der 1360 anlässlich eines Landkaufs erstmals in Erscheinung tritt und auch noch 1401 bei der Untersuchung des Verhältnisses des Antoniusboten zum Dombaumeister als hochbetagter Zeuge vernommen wird, über 40 Jahre lang im Dienst der Rembertikirche gestanden zu haben. Wie stark die Bindungen zwischen dem Hospital und der angegliederten Kirche waren, lässt sich auch daraus ersehen, dass die Priester von St. Remberti an den Zuwendungen für die Spitalinsassen in der Regel anteilsmäßig beteiligt waren. Als sich der Pfar-

rer Heinrich Advocati 1423 mit den Provisoren des Hospitals über die ihm rechtmäßig zustehenden Einkünfte stritt, wurden die Provisoren denn auch verpflichtet, dem Rektor der Kapelle nicht nur an Ostern und Michaelis jeweils 28 Gr. auszubezahlen, sondern diesen darüber hinaus in gewohnter Weise an den Einkünften des Spitals partizipieren zu lassen. In den Statuten von ca. 1511 war die Teilhabe der *kercheren* an den Zuteilungen ebenfalls zwingend vorgeschrieben. Umgekehrt wurden die Priester auch zu den Verwaltungsakten des Spitals mit herangezogen.
1547 wurde die Rembertikapelle bei einer drohenden Belagerung während des Schmalkaldischen Krieges auf Befehl des Rates abgebrochen. An ihrer Stelle entstand 1596 eine neue, größere St. Rembertikirche, der die Pfarrrechte für die östlichen Vororte und Pagentorn verliehen wurden.

9. Kapelle zu den zwölf Aposteln

1414 wird erstmals eine Zwölf-Apostel-Kapelle urkundlich erwähnt, von der es heißt, dass sie an die Kurie des Domdekans angebaut sei; sie lag demzufolge an der Domsheide auf dem Areal des späteren Eschenhofs (heutige Post). Damals hatte der Hebdomedar des Domchores und spätere Ansgariidekan Hinrich Groneland in der Kapelle eine Vikarie eingerichtet, die er reichlich mit Landbesitz sowie Zehnt- und Renteneinkünften ausstattete. Der Altar, auf den sich diese Vikarie bezog, war den Heiligen Dorothea und Gertrud geweiht. Pfarrer (*rector*) der Kapelle war damals der Priester Herbord Merdorp. 1422 hatte der Vikar des Wilhadikapitels Hinrich Steding der Vikarie des Dorotheen und Gertruden-Altars ein neues Missale (Messbuch), einen vergoldeten Silberkelch und eine vergoldete Patene (Hostienteller) geschenkt. In einer Urkunde von 1433 wird die Zwölf-Apostel-Kapelle, möglicherweise unter Bezugnahme auf die Wimpergen über den Figuren der zwölf Apostel, als Kapelle zu den zwölf Giebeln bezeichnet. Eine Kapelle zu den zwölf Giebeln soll auch schon 1308 erwähnt worden sein, die Anfänge dieser Kapelle reichen also möglicherweise in das frühe 14., wenn nicht sogar in das 13. Jahrhundert zurück.

Literatur:

Ostersehlte, St. Rembertigemeinde (1993). – Röpcke, St. Michaelis (1995/96). – Schomburg, St. Remberti (1962). – Schwarzwälder, Bremen-Lexikon (2003). – Schwarzwälder, Kirchspiele (1960). – Stein, Renaissance-Baukunst (1962).

VI. Klöster und geistliche Häuser

Neben der in der christlichen Gemeinde verwurzelten Lebensform gab es im Christentum seit jeher die Vorstellung einer streng asketischen Lebensführung, die ihre charakteristische Ausprägung im eremitischen und zönobitischen Mönchtum erhielt. An die Stelle des anfänglichen Wildwuchses zahlreicher Klosterregeln und der sog. Mischregelobservanz trat noch im Verlauf des Frühmittelalters die alleinige Vorherrschaft der benediktinischen Regel, deren Vorbildcharakter allgemein Anerkennung fand und die sich vor allem durch ihre große Anpassungsfähigkeit auszeichnete. Mit dem in der östlichen Vorstadt gelegenen Paulskloster waren die Benediktiner seit dem 12. Jahrhundert auch in Bremen vertreten. Die alleinige Vorherrschaft des benediktinischen Mönchtums fand dann allerdings im Hoch- und Spätmittelalter ein Ende, als neue Klosterorden auf die veränderten gesellschaftlichen Bedingungen – Urbanisierung, soziale Differenzierung etc. – reagierten und rasch großen Zulauf erhielten. Die größte Bedeutung unter den Ordensneugründungen erlangten die Anfang des 13. Jahrhunderts entstandenen Bettelorden (sog. Mendikanten) der Franziskaner und Dominikaner, die vor allem in der sich immer weiter ausbreitenden städtischen Lebenswelt reüssierten. Es dauerte nicht lange, bis sich mit dem Katharinenkloster und dem Johanniskloster in den 30er Jahren des 13. Jahrhunderts auch in Bremen erste Konvente dominikanischer bzw. franziskanischer Observanz niederließen. Im Zusammenhang mit der Kreuzzugsbewegung hatte sich im 12./13. Jahrhundert außerdem eine Mischform aus Mönchtum und Rittertum herausgebildet, die in den drei großen Ritterorden der Templer, der Johanniter und des Deutschen Ordens Gestalt annahm. Eine Kommende des Deutschen Ordens gab es in Bremen seit ca. 1235. Parallel zu den neuen Mönchsorden waren zudem Laienbewegungen entstanden, die den Idealen des Mönchtums nachzuleben bzw. diesen auf die eine oder andere Weise neues Leben einzuhauchen versuchten. Die bekannteste dieser Laienbewegungen waren die sog. Beginen, die seit dem 13. Jahrhundert auch in Bremen zwei Häuser unterhielten.

1. St. Paulskloster

Außerhalb der Stadtmauern, nicht weit vom Ostertor entfernt, mit dem sie durch eine Straße verbunden war, lag auf einer Dünenerhebung – dem später sog. Paulsberg – die 1131/32 aus einer Klerikerpropstei hervorgegangene Benediktinerabtei St. Pauli. Es war wohl immer ein vergleichsweise kleiner Konvent gewesen, der hier auf der „wahrhaften Suche nach Gott" (Regula Benedicti, 58,7) der Klosterregel Benedikts von Nursia (480–547) nach lebte. Da das von einer Mauer umgebene Kloster 1523 unter stillschweigender Billigung des Rates dem Erdboden gleichgemacht wurde, ist über Größe, Bauweise und Aussehen der Baulichkeiten so gut wie nichts bekannt. Stimmt die romantisierende Darstellung des Paulsklosters in der Dilichchronik von 1603 nur annähernd mit der Realität überein, dann war die Klosterkirche eine Basilika mit einem imposanten Westwerk, aus dessen Bedachung ein schlanker, dreigeschossiger Turm emporstrebte. Im Inneren gab es neben dem Hochaltar zu Ehren des Apostels Paulus wohl noch einige wenige Seitenaltäre, die, soweit bekannt, dem hl. Benedikt, der hl. Anna und den hll. Pankratius und Silvester geweiht waren.

Zentrale, herausragende Instanz jeden Benediktinerklosters war der Abt, der seiner Klostergemeinschaft mit uneingeschränkter Machtvollkommenheit als geistlicher und in gewisser Weise auch als politischer Führer vorstand. Für das Bremer Paulskloster lassen sich vom ersten Abt Bertold (1132–1147) bis zu Gerhard Vaget (1551–1567), dem letzten Klostervorsteher, insgesamt 26 Äbte nachweisen, wobei die Liste der Würdenträger vermutlich nicht ganz vollständig ist. Hochadeliger Herkunft scheint allein Abt Otto (1257–1267) gewesen zu sein, der dem Grafengeschlecht von Oldenburg entstammte. Otto stellt auch insofern eine Ausnahme dar, als er sein Bremer Klosteramt nicht, wie es normalerweise der Fall war, bis zu seinem Lebensende innehatte, sondern 1267 mit dem im Kloster Rastede zu Abtswürden gelangten Willekin einen Tausch vollzog; damit kehrten beide als Abt in ihr Heimatkloster zurück, denn Willekin entstammte ursprünglich dem Bremer, Otto dem Rasteder Konvent. Willekin (1267–1282) war als Abkömmling der Ministerialenfamilie von Marßel ein typischer Vertreter der Äbte des 12. und 13. Jahrhunderts, die überwiegend wohl dem niederen Stiftsadel entstammten. Seit dem späten 14. Jahrhundert sind dann auch Äbte, deren familiäre Wurzeln im Bremer Großbürgertum lagen, sicher nachzuweisen, so etwa Johann Bollant (1387–1399) oder Johann Harpstede (1409–1428). Abt Herbord Zierenberg (1463–1497), der bei der Reform des Klosters im Bursfelder Geiste eine Schlüsselrolle einnahm, war sogar der Bruder des Bremer Ratsherrn Heinrich Zierenberg.

Die Äbte wurden vom Klosterkonvent, der in der Regel einem Mitbruder aus den eigenen Reihen das Führungsamt antrug, gewählt und empfingen anschließend vom Erzbischof, nachdem sie diesem zuvor das Obedienzversprechen geleistet hatten, die Weihe. Für Abt Hermann von Bunnekemolen (1358–1376), der nach seiner Wahl zusammen mit seinen beiden Mitbrüdern Heinrich von Hude und Heinrich von Verden die Zustimmung Erzbischof Gottfrieds einholte, ist dieses zweistufige Vorgehen urkundlich

Das Paulskloster auf dem Paulsberg, im Hintergrund St. Remberti und die Stadt Bremen. Freier Rekonstruktionsversuch des 18. Jahrhunderts nach einer Vorlage in der Dilichchronik von 1604. (Staats- und Universitätsbibliothek Bremen)

bezeugt, und auch über die Einsetzung des Abtes Gerhard Wempe (1497–1504) liegt eine entsprechende Urkunde vor. Abt Hermann (1217–1219) aus dem Ministerialengeschlecht von Bexhövede war der Bruder des Rigaer Bischofs und ehemaligen Bremer Domkanonikers Albert und wurde von diesem zum Bischof des estländischen Bistums Dorpat befördert. Abt Werinbert (1297–1311) fungierte als Schiedsrichter in einem langwährenden Streit zwischen dem Ansgariikapitel und der Bremer Bürgerfamilie Doneldey, musste sein Richteramt, da die Stiftsherren seine Neutralität in Zweifel zogen, jedoch noch vor Beendigung des Prozesses niederlegen. Der schon genannte Abt Johann Bollant (1387–1399) und sein unmittelbarer Nachfolger Friedrich Harkenstele (1399–1403) wurden als Mitglieder der mit der Liebfrauenkirche verbundenen Annenbruderschaft geführt, sie nahmen also am geistlichen Leben in der Stadt Anteil. Letzter mittelalterlicher Abt in St. Pauli war Heinrich Junge (1507–1525), der die Anfänge der Reformation in Bremen noch selbst erlebte und die mutwillige Zerstörung seines Klosters mitansehen musste.

Der kleine Konvent des Paulsklosters hat wohl nie mehr als 20 Mönche umfasst, dazu kam eine kleine, in den klostereigenen Wirtschaftsgebäuden tätige Dienerschaft. Auch unter den Mönchen war das bürgerliche Element seit dem 14. Jahrhundert stark im Vordringen begriffen, manche Mönche

trugen Namen ratsfähiger bremischer Geschlechter. Zu den Familien zweier bremischer Bürgermeister unterhielt das Kloster besonders enge Beziehungen: Bürgermeister Johann Frese hatte dem Kloster 1445 für ein ewiges Licht vor dem Chor der Klosterkirche den sog. Moermannshof in Sudweyhe geschenkt und erhielt von diesem ein Jahr später den Zehnthof in Lobbendorf zu Leibzucht. In den 50er Jahren des 15. Jahrhunderts war Frese zudem ein tatkräftiger Förderer der Klosterreform. Bürgermeister Johann Vasmer, der 1430 wegen Hochverrats hingerichtet worden war, fand seine letzte Ruhestätte in der Klosterkirche vor dem Taufstein. Seine Familie stiftete zehn Jahre später zwei Seelenmessen für ihn, die ebenfalls in der Klosterkirche gefeiert werden sollten.
Seit dem Ende des 13. Jahrhunderts begann sich innerhalb des bisher weitgehend homogenen Konvents eine schärfere Gliederung abzuzeichnen, die vor allem durch die Entstehung einzelner Klosterämter begünstigt wurde. An der Spitze des Konvents stand nun, gleichsam als Stellvertreter des Abtes, der 1235 erstmals erwähnte Prior. Dessen Hauptaufgabe bestand in der Verwaltung des Klosterbesitzes und für seine diesbezügliche Mühewaltung wurde er bei der Verteilung der Erträgnisse mitunter auch bevorzugt behandelt. Schon die Gründungsausstattung des Klosters im 12. Jahrhundert soll Streubesitz enthalten haben, der weit über die Erzdiözese verteilt war. Anfang des 13. Jahrhunderts wurde der Klosterbesitz dann nicht zuletzt durch erzbischöfliche Schenkungen auf dem linken Weserufer in Stedingen beträchtlich vermehrt. Hier entstand ein neuer Schwerpunkt des Klosterbesitzes mit einem unter Aufsicht der Mönche bewirtschafteten Vorwerk in Huntorf (westlich von Berne). Seit 1261 unterhielt das Kloster in Huntorf auch eine kleine Marien- und Laurentius-Kapelle, die von Mönchen des Paulsklosters gottesdienstlich versorgt wurde. Im 14. und 15. Jahrhundert ließen dann Schenkungen aus bürgerlicher Hand den Besitz vor allem in der näheren Umgebung des Klosters anwachsen. Auch hier gab es in unmittelbarer Klosternähe ein Vorwerk (*curia St. Pauli*), in dem die Klostermeier ihre Naturalabgaben ablieferten. Backhaus, Brauerei und Klostermühle, wo das angelieferte Korn weiterverarbeitet wurde, ermöglichten der Klostergemeinschaft eine weitgehend autarke Versorgung. Weiter nach Osten weseraufwärts erstreckte sich das Weideland der – noch heute so bezeichneten – Pauliner Marsch, auf der das Kloster eine extensive Weidewirtschaft betrieb. Insgesamt ergibt sich das Bild einer kleinen geistlichen Grundherrschaft, ein 1487 zusammengestelltes Güterregister verzeichnet Klosterbesitz in 56 Orten sowie zusätzliche Zehntrechte in 17 Dörfern. Die Besitzschwerpunkte lagen im Umkreis Bremens – insbesondere in der Ostertorvorstadt –, im Vieland südlich der Geeste, in der Grafschaft Hoya, vor allem in der Gegend von Thedinghausen, sowie im Stedingerland um

Das Siegel des Paulsklosters, 14. Jahrhundert. (Staatsarchiv Bremen)

Neuenhuntorf und Moorriem. Freilich existierte die anfängliche einheitliche Güterverwaltung Ende des 15. Jahrhunderts schon lange nicht mehr, denn der Konvent hatte unter der Führung des Priors schon bald selbständige Rechte geltend gemacht, so dass es noch im 13. Jahrhundert zu einer Teilung des Klostervermögens in Abtsgut und Konventsgut gekommen war.

Ein weiteres Klosteramt war dasjenige des Infirmarius, dem die Pflege der kranken Mönche in der Krankenstube (*Infirmarie*) anvertraut war. Die Infirmarie des Paulsklosters enthielt vier Betten. Für seinen Dienst an den Kranken kam der Infirmarius in den Genuss besonderer Zuwendungen. Der Abt Werinbert übertrug der Infirmarie 1290 bestimmte Einkünfte von Klostergütern mit der Bestimmung, dass davon jedem Mönch dreimal im Jahr 6 Pf. zum Aderlass auszuhändigen seien; der verbleibende Rest sollte für die Versorgung der Kranken verwendet werden. Ähnlich verfuhr 1392 auch der Abt Johann, der neben den Spenden für den Aderlass der Mönche auch noch eine samstägliche Seelenmesse für die Verstorbenen anordnete; beides war aus den Einkünften bestimmter Güter, die er der Krankenstube vermacht hatte, zu bezahlen. Diese Bestimmungen sind nicht zuletzt deshalb hochinteressant, weil sie zeigen, dass im Kloster eine regelmäßige Krankenvorsorge in Form des Aderlasses betrieben wurde. Dem Infirmarius Dietrich überwies Abt Erpo 1355 ein nahe dem Klosterkirchhof gelegenes Feld, von dessen Erträgen er dereinst seine Memorie stiften sollte.

Durch ihre Klosterregel waren die Benediktiner zu Werken der christlichen Barmherzigkeit und Liebestätigkeit verpflichtet. Wie die meisten Benediktinerabteien verfügte deshalb auch das Paulskloster über ein Hospital, in dem Pilger, Reisende und vorbeiziehende Bettler vorübergehend Aufnahme fanden. Auch dieses Klosterhospital war im Besitz eines kleinen, an der Wümme gelegenen Sondergutes.

Der Verpflichtung der Mönche zur Barmherzigkeit verdankte auch das vielleicht bedeutendste Klosteramt, das 1355 erstmals erwähnte Karitatenamt (*officium caritatis*), seine Existenz. Sein Leiter, der *magister caritatum*, der die Seelmessstiftungen verwaltete, verteilte Almosen an die an der

Klosterpforte anklopfenden Armen, Bettler und Vagabunden und war auch für die Armenspeisungen, die dem Kloster durch entsprechende Stiftungen auferlegt wurden, zuständig. Auch das Karitatenamt wurde, um seine Aufgaben gemäß der Klosterregel erfüllen zu können, mit klösterlichem Sondergut ausgestattet. Von den 38 Mk., die Abt Erpo zwischen 1351 und 1356 aus einem Pfandgeschäft erwarb, stellte er dem *officium caritatis* den Löwenanteil, nämlich 36½ Mk. zur Verfügung, und sein direkter Nachfolger Hermann von Bunnekemolen vermachte diesem gegen die Verpflichtung zur Feier seiner Memorien 1367 seine Hofstellen in Walle. Auch aus dem städtischen Bürgertum und dem Kreis der Ministerialen gingen Zuwendungen gezielt an das Karitatenamt: Die 2 Mk. Rente, die der Ratsherr Johann Munt 1436 dem Paulskloster verkaufte, sollten je zur Hälfte dem Prioritat und dem Karitatenamt zugute kommen, und die Seelmessstiftung der Witwe des in der Klosterkirche begrabenen Bürgermeisters Johann Vasmer – ein halbes Gut in Emptighausen – sollte 1440 gleichfalls diesem Amt zufließen. Um dieselbe Zeit verkauften jeweils zwei Knappen einen halben Meierhof (1440) bzw. zwei Meierhöfe (1443) unter der Bedingung an das Kloster, dass das Almosenamt der künftige Nutznießer sein sollte.

Eine besondere Form wohltätiger Unterstützung wurde den sog. Prövenern (*prebendarii*) zuteil. Diese bezogen vom Kloster eine Rente in Geld oder in Naturalien oder genossen sogar, wie beispielsweise der Meister Godeke Klynge seit 1519 oder der Bürger Hinrich Barthenke seit 1522, im Refektorium der Abtei freie Kost auf Lebenszeit. Dem Bürgermeister Johann Frese und dem Notar Gotfried Vezenbüren wurde 1452 bzw. 1487 sogar ein dauerndes Wohnrecht im Kloster eingeräumt. In der Regel hatten sich die Prövener ihren Unterhalt durch eine großzügige Schenkung an das Paulskloster oder durch langjährige Dienste, die sie diesem erwiesen hatten, verdient, die Unterstützung war also kein Akt reiner Barmherzigkeit. Ende des 15. Jahrhunderts versorgte das Kloster etwa 20–30 Prövener mit lebenslänglichen Renten.

Der Thesaurar betreute, ähnlich wie bei den Stiftskirchen, den Kirchenschatz sowie die Bibliothek. Ein Verzeichnis des Kirchenschatzes, vermutlich von dem Pater Arnold Soltouw erstellt, ist aus dem Jahr 1497 erhalten. Damals besaß die Abtei insgesamt 53 priesterliche Messgewänder für unterschiedliche liturgische Anlässe; dazu kamen fünf kostbare Chormäntel aus Samt, Goldbrokat und Damast einschließlich dreier Agraffen. Die Ausrüstung des Abtes – Krummstab, vergoldete Kette, Ringe, Handschuhe, Abtshut – wird eigens erwähnt. An liturgischen Gerätschaften nennt das Schatzverzeichnis u.a. Kelche mit Patenen, Messkannen, Kelchtücher, Monstranzen, Vortragskreuze und ein silbernes Weihrauchfass. Der Altar-

Siegel eines Abtes des Paulsklosters: Abt Herbord Zierenberg (1464–1497). (Staatsarchiv Bremen)

schmuck bestand aus Altardecken sowie Antependien für Haupt- und Seitenaltäre. Der Aufbewahrung der Reliquien dienten sechs hölzerne Reliquienschreine, zwei hölzerne Armreliquiare sowie das Haupt St. Pauls. An Kleinodien werden schließlich auch noch einige liturgische Bücher – Messbücher, Gradualia, Antiphonaria, Psalter, ein Evangeliar, ein Lektionar, ein Votivale – genannt, die offensichtlich außergewöhnlich kostbar waren und möglicherweise mit Elfenbeinschnitzereien, Edelsteinen, Perlen und Gemmen verziert waren und deshalb dem Klosterschatz zugerechnet wurden.

Lesen und Schreiben zählten zu den elementaren Tätigkeiten der Benediktinermönche, Bibliothek und Skriptorium waren deshalb feste, unverzichtbare Einrichtungen jeder Benediktinerabtei. Die Klosterbibliothek von St. Pauli umfasste Ende des 15. Jahrhunderts abzüglich der bereits genannten liturgischen Schriften insgesamt 187 Bücher, ein nicht geringer Teil davon wird sicherlich handschriftlich in mühevoller Schreibarbeit im klostereigenen Skriptorium entstanden sein. Dazu kamen einige wenige Inkunabeln hauptsächlich des 16. Jahrhunderts wie ein Prachtband von Augustins *De civitate Dei*, ein Sammelband mit kleineren Schriften von u.a. Johannes Chrysostomus, Hieronymus, Johannes Gerson, Isidor und Nikolaus von Kues sowie ein Missale von 1503. Nach Themengebieten geordnet lässt sich der klösterliche Bücherbestand in kirchlich-liturgische Literatur (Bibeln, Bibelkommentare etc.), Werke der Kirchenväter (Ambrosius, Chrysostomus, Hieronymus, Augustinus, Isidor von Sevilla), Werke der Scholastiker (Petrus Lombardus, Thomas von Aquin, Augustinus Triumphus, Duns Scotus, Vinzenz von Beauvais), Werke der Mystiker (Hugo von St. Victor, Bernhard von Clairvaux, Heinrich Seuse), Werke geschichtlichen und philosophischen Inhalts (Aristoteles, Boethius, Cassiodor, Chroniken), juristische Schriften (Dekretalensammlungen), lateinische Predigten (Bernhard von Clairvaux, Jakob de Voragine, Bonaventura, Vinzenz Ferrer, Bernhardin von Siena usw.) sowie kleine Traktate erbaulichen Charakters aufgliedern. Im Großen und Ganzen hat es sich um eine sicherlich nicht außergewöhnliche, jedoch recht vielseitige Bibliothek gehandelt, bei der – wie nicht anders zu erwarten – Werke überwiegend geistlichen Inhalts eindeutig überwogen. In einem engen Zusammenhang mit Skriptorium und Bibliothek stand auch die Klosterschule, die im 14. Jahrhundert zweimal (1310, 1339) genannt wird.

Das Amt des Camerarius, der die Aufsicht über den gesamten Klosterhaushalt führte, wird nur ein einziges Mal erwähnt; damals hatte es der Senior des Konvents, Heinrich von Hude, inne.

Das Paulskloster unterstand, da es nicht eximiert war, der Jurisdiktion des Erzbischofs, jeder neugewählte Abt musste daher diesem das Obedienzversprechen leisten. Die Äbte waren des Weiteren verpflichtet, an den Generalsynoden der Erzdiözese teilzunehmen; wiederholt tritt der Abt von St. Pauli als Urteilsfinder oder als Verkünder der Synodalbeschlüsse in Erscheinung. Die Gerichtshoheit des Erzbischofs äußerte sich auch in Visitationen, in Gerichtstagen in der Klosterkirche sowie in den regelmäßigen Abgaben (*synodaticum, caritativum subsidium*), die das Kloster an die erzbischöfliche Kurie zu leisten hatte. In seiner Eigenschaft als oberster Gerichtsherr hat Erzbischof Johann 1420 bestimmt, dass das Fest der klösterlichen Kirchenweihe vom angestammten Termin (30. Juni) auf den Sonntag Jubilate zu verlegen sei.

Das am 30. Juni bzw. am dritten Sonntag nach Ostern gefeierte Kirchweihfest war neben den hohen allgemeinen Kirchenfesten zweifelsohne einer der festlichen Höhepunkte im Ablauf des Kirchenjahres. Auch bestimmte Heiligentage wie der Tag der hl. Anna am 26. Juli oder der Tag der 11 000 Jungfrauen am 21. Oktober wurden auf Wunsch der Stifter mit besonders großem Glanz, wie er gewöhnlich nur an den hohen Kirchenfesten üblich war, gefeiert. Nicht zuletzt sorgte auch die Ankündigung hohen Besuchs für Glanzpunkte und eine willkommene Unterbrechung des einförmigen Klosteralltags. Hierzu zählten sicherlich die Visitationen und Gerichtstage des Erzbischofs im Kloster. Einen absoluten Höhepunkt stellte in dieser Hinsicht aber der einwöchige Aufenthalt des Kardinallegaten Raimund von Gurk im Mai 1503 im Paulskloster dar. Raimund war auf seiner Rückreise von Skandinavien nach Bremen gekommen, wo ihm Geistlichkeit, Rat und Bürgerschaft einen herzlichen Empfang bereiteten. Der Rat stattete dem hohen Gast, der täglich vor dem Kloster bzw. im Dom oder auf dem Domshof vor einer großen Menschenmenge die Messe zelebrierte, zweimal einen Besuch in der Paulsabtei ab. Diese festlichen Höhepunkte hoben sich ohne Frage von dem ansonsten eher eintönigen klösterlichen Alltag ab, der durch das Vorherrschen des rituellen Gebetsgedächtnisses mit seinen sich ständig wiederholenden, einander gleichenden Anniversar-

Urkundenschrank des Paulsklosters, 2. Hälfte 15. Jahrhundert. Der Schrank war mit drei Schlössern (Abt, Propst, Cellerar) verschlossen und enthält Schubladen für die Urkunden. Er ist der bedeutendste erhaltene Rest der Ausstattung des Klosters, heute im Staatsarchiv Bremen.

feiern geprägt war. Immerhin bemühte sich der Ansgariidekan Hinrich Groneland durch seine Stiftungen den gottesdienstlichen Handlungen auch in der Klosterkirche einen besonders würdevollen Charakter zu verleihen.

Trotz solcher Bemühungen und trotz der hohen monastischen Ideale blieb jedoch auch das Paulskloster von dem allgemeinen Schlendrian und von dem sittlichen Verfall, von dem weite Teile des spätmittelalterlichen Klosterwesens erfasst wurden, nicht verschont. Das Streben nach zusätzlichen Einkünften wurde immer mehr zum Selbstzweck, wie nicht zuletzt die Gronelandschen Stiftungen in aller Deutlichkeit zeigten: Jeder Mönch, der den von Groneland gestifteten Quatemberfeiern in den Wochen nach Pfingsten, nach der Kreuzerhöhung (14.9.), nach Lucia (13.12.) und nach dem ersten Fastensonntag bis zum Ende beiwohnte, wurde mit 5 schweren Pfennigen belohnt. Das Pfründenwesen hielt so auch unter den Mönchen von St. Pauli seinen Einzug. Auch kam es durchaus vor, dass Mönche entgegen der Ordensregel über Privateigentum verfügten. Der Mönch Heinrich etwa erwarb 1357 von seinem Bruder, dem Knappen Moritz von der Hude, käuflich eine Fischerei in der Lesum. Überhaupt befleißigten sich Mönche aus dem Ministerialenstand auch nach ihrem Eintritt ins Kloster mitunter noch einer ritterlichen Lebensweise. So führte der Mönch Johann von Lunebergen selbst als Thesaurar des Klosters eine regelrechte Fehde gegen die Brüder Wallhöfen, die

Ein Benediktinermönch aus dem Paulskloster. Zeichnung des 18. Jahrhunderts. (Staats- und Universitätsbibliothek Bremen)

erst 1339 durch einen vermittelnden Schiedsspruch des Domdekans, der den Brüdern den Verzicht auf Rachehandlungen wegen des ihnen zugefügten Schadens abnötigte, beigelegt werden konnte. Selbst die von der Klosterregel zwingend vorgeschriebene *vita communis* lockerte sich im Laufe der Zeit auf. Vereinzelt wohnten Klosterangehörige sogar außerhalb der Klausur und beschränkten sich auf die gemeinsam eingenommenen Mahlzeiten. Friedrich Harkenstele etwa bewohnte als Prior sein westlich der Klosterpforte gelegenes Haus mit Garten und stellte dieses 1399 nach seiner Wahl zum Abt seinem resignierenden Vorgänger Johannes Bollant zur Verfügung, der nunmehr, von der Teilnahme an Chor und Kapitel befreit und mit einer stattlichen Leibrente von 16 Mk. ausgestattet, trotz seiner Zugehörigkeit zum Konvent in seinen Privatgemächern hauste. Unter dem wegen seiner Geschwätzigkeit verrufenen Prior Johannes Fabri bildete sich innerhalb des Konvents sogar eine Gegenpartei, die gegen den amtierenden Abt Heinrich Pulle (1435–1445) opponierte. Erst die Absetzung Fabris und dessen Entfernung aus dem Kloster erlöste die Abtei von diesem Unruhestifter und Querulanten, der jedoch bald darauf durch Simonie im Kloster Rastede die Abtswürde erlangte (1437). Sein Bremer Heimatkloster sollte er später als Gefangener des Erzbischofs Balduin wiedersehen, nachdem er bei diesem um Dispens für seinen Sohn nachgesucht hatte.
Es lag also auch bei St. Pauli vieles im Argen, und so verwundert es wenig, dass die Mitte des 15. Jahrhunderts vom norddeutschen Kloster Bursfelde ausstrahlende Klosterreform, die sich die rigorose Wiedereinführung der zuletzt immer mehr vernachlässigten Benediktinerregel einschließlich der Neubelebung der *vita communis* zum Ziel gesetzt hatte, auch in der Abtei

auf dem Paulsberg rasch Wurzeln schlug. Unter Abt Heinrich (1452–1459) schloss sich 1453 auch das Bremer Paulskloster hinsichtlich Disziplin, Gottesdienst, Lebensweise und Kleidung der strengen Bursfelder Observanz an und verpflichtete sich zum Besuch der zunächst jährlich, später alle drei Jahre stattfindenden Generalkapitel. Der zweite Bremer Reformabt Herbord Zierenberg nahm innerhalb der Bursfelder Kongregation sogar eine einflussreiche Stellung ein, er war dreimal an der Leitung des Generalkapitels beteiligt. Eine tatkräftige Unterstützung erfuhr der Reformprozess durch den Bremer Bürgermeister Johann Frese, der dem Kloster bei der Abbezahlung seiner Schulden behilflich war. In der Folgezeit hatte das Bremer Paulskloster dann auch Anteil an der weiteren Ausbreitung der Bursfelder Klosterreform: Das Kloster Rastede wurde 1483 unter seinem neuen, aus der Bremer Abtei stammenden Abt Andreas für die Bursfelder Kongregation gewonnen, und beim Übergang der Nonnenklöster Heiligenrode, Neuenwalde und Osterholz zur strengen Observanz spielten Abgesandte aus dem Paulskloster als Visitatoren, Beichtväter oder sogar Pröpste eine herausragende Rolle.

Doch rettete schließlich auch der Anschluss an die strengere Bursfelder Observanz das Paulskloster nicht vor seinem Untergang in den Wirren der Reformation. Dass das Verhältnis der Abtei zum städtischen Bürgertum nicht unbedingt zum Besten stand, war bereits 1483 zu erkennen, als es wegen der Klosterbesitzungen vor dem Ostertor zu Streitigkeiten kam. Die Bürger unterstellten den Mönchen, dass sie die gemeine Bürgerweide durch Einzäunen und Bestellen beträchtlich verringert hätten, obwohl doch selbst zwei Bürgermeister und ein Ratsherr eingestehen mussten, dass das umliegende Land seit alters her im Klosterbesitz gewesen sei. Die feindselige Stimmung gegen das Kloster ließ Abt Heinrich Junge (1507–1524) sogar mit dem Gedanken spielen, das Kloster an einen anderen Ort zu verlegen; das Bursfelder Generalkapitel zu Erfurt hatte diesen Plänen 1518 schon seine Zustimmung erteilt. Doch war das Kloster spätestens nach dem Ausbruch der Reformation in Bremen Ende 1522 wohl ohnehin nicht mehr zu retten. Die schon lange vorhandene Missstimmung gegen das Benediktinerkloster vor den Mauern der Stadt wurde durch die neue evangelische Lehre zusätzlich angeheizt, 1523 kam es zu einem gewaltsamen Übergriff gegen das Kloster, als ein Volkshaufen unter der Führung des Bürgermeisters Johann Trupe den Klosterkamp vor dem Ostertor in einer Nacht-und-Nebel-Aktion schwer verwüstete. Nur wenig später, im August 1523, wurde das Paulskloster dann, nun allerdings aus militärstrategischen Gründen, völlig dem Erdboden gleichgemacht, weil zu befürchten stand, dass die ummauerte und deshalb zur Verschanzung gut geeignete Abtei bei der drohenden Belagerung der Stadt durch dänische Truppen den Gegnern als

Stützpunkt dienen könnte. Ob die Zerstörung des Klosters damals mit der Zustimmung des Abtes im Wissen um seine Gefährdung erfolgte, lässt sich heute nicht mehr eindeutig feststellen. Die Mönche wohnten nach 1523 in den erhalten gebliebenen Wirtschaftsgebäuden der Abtei, bis auch diese 1547 im Schmalkaldischen Krieg der Verteidigung der Stadt im Weg standen und deshalb abgerissen wurden. Mit dem Ableben des letzten Abtes Gerhard Vaget 1567 endet auch die Geschichte des Bremer Paulsklosters.

2. Katharinenkloster

„Im Jahre des Herrn 1225 kamen am Tag des hl. Dionysius erstmals die schwarzen Predigerbrüder nach Bremen", heißt es in der mittelalterlichen Rinesberch-Schene-Chronik, und die Rennerchronik aus dem 16. Jahrhundert fügt ergänzend hinzu, dass ein reicher Bremer Bürger namens Rembert ihnen den Platz für den Klosterbau zur Verfügung stellte. Demzufolge wären die Dominikaner, denen zudem ein päpstliches Empfehlungsschreiben den Weg in die Stadt ebnete, am 9. Oktober 1225 erstmals in Bremen aufgekreuzt. Stimmt diese Zeitangabe nur ungefähr, woran kaum ein Zweifel besteht, dann ist sie ein eindrucksvoller Beleg für die in Windeseile erfolgte Ausbreitung des Dominikanerordens. Der Orden war nämlich erst ein Jahrzehnt zuvor von Domingo de Guzmán 1215 in Toulouse mit dem Anliegen der Ketzerbekämpfung, die durch vorgelebte Armut an Glaubwürdigkeit gewinnen sollte, ins Leben gerufen worden. Die päpstliche Bestätigung des Ordens erfolgte bereits ein Jahr später, Papst Honorius III. (1216–1227) erklärte die Verkündigung des Wortes Gottes auf der Grundlage einer wissenschaftlichen theologischen Ausbildung als eigentliches Ziel dieser Ordensneugründung. In einer päpstlichen Bulle von 1218 wird der Orden – die Bezeichnung „Dominikaner" ist erst seit dem 15. Jahrhundert geläufig – dann erstmals als „Predigerorden" (*Ordo fratrum praedicatorum*) bezeichnet, und wegen ihres schwarzen Mantels, den sie über ihrem weißen Ordenshabit trugen, wurden die Ordensmitglieder häufig auch die „schwarzen Mönche" genannt. Mit dem Hinweis auf den reichen Bürger Rembert, der den Mönchen ein Baugrundstück in der Stadt übertragen haben soll, gerät ein weiteres charakteristisches Kennzeichen der sog. Bettelorden, als deren wichtigste Vertreter die Dominikaner und die gleichfalls in Bremen ansässigen Franziskaner anzusprechen sind, in den Blick: Die sich ihren Lebensunterhalt erbettelnden Mendikanten ließen sich im Unterschied zu den älteren Benediktinern in den Städten nieder, ihr radikales evangelisches Armutsideal fand vor allem beim städtischen Bürgertum großen Anklang, das wegen seines oft immensen Reichtums bei gleichzeitig

Das Katharinenkloster im 18. Jahrhundert. Zeichnung von Johann Daniel Heinbach, 1757.

großer Armut breiter städtischer Bevölkerungsschichten in nicht unerhebliche Gewissensnöte kam.
Auf dem ihnen von Rembert übertragenen, nahe des Herdentores gelegenen Grundstück begannen die Mönche alsbald mit dem Bau ihres Klosters und einer ersten, vermutlich noch hölzernen Klosterkirche. Mit der Wahl der hl. Katharina zur Kirchen- und Klosterpatronin unterstrich man noch einmal nachdrücklich die wissenschaftliche Ausrichtung des Ordens, denn sowohl Katharina von Alexandrien als auch Katharina von Siena werden mit Gelehrsamkeit und Weisheit in Verbindung gebracht. Dieser erste Kirchenbau hatte jedoch nicht allzu lange Bestand, denn als der städtische Rat dem Konvent der Dominikaner 1253 einen bei ihrem Kloster gelegenen freien Platz zwischen Sögestraße und Schüsselkorb vermachte, da ließen die Mönche dieses Grundstück sogleich mit einer zweiten Katharinenkirche bebauen, die jetzt aus Backsteinen errichtet wurde. Diese zweite Katharinenkirche war aller Wahrscheinlichkeit nach eine turmlose dreischiffige Basilika ohne Querschiff im romanisch gebundenen System. Die Weihe dieser Klosterkirche erfolgte 1285 durch Bischof Heinrich von Pomesanien.
Die Grundstücksschenkung von 1253 zeigt, dass nicht nur die Bürgerschaft im Allgemeinen, sondern auch der Rat den in der Stadt lebenden Predigermönchen zunächst sehr wohlgesonnen war. Bereits acht Jahre später, 1261, erwies der Rat dem Katharinenkloster abermals seine Gunst, indem er diesem erneut ein städtisches Grundstück überließ, das jetzt der Erweiterung und Abrundung des Klosterhofes diente. Doch waren die Schenkungen des Rates nicht völlig uneigennützig, beide Male erwartete man gewisse Gegenleistungen der Mönche: 1253 wurde das Dominikanerkloster verpflichtet, die Straße vor ihrer Kirche bis zum Wall – den heutigen Schüsselkorb – in einer Breite von ca. 5 m auf eigene Kosten mit Steinen zu bepflastern, und 1261 mussten die Mönche Holz aus ihren Klosterländereien im Wert von 4 Br. Mk. für den Bau der sog. Stintbrücke über die Balge abliefern und abermals eine Straße beim Kloster – die Sögestraße – pflastern lassen.

Die Mönche mussten sich zudem verpflichten, in Zukunft auf eine weitere Vergrößerung ihres Klosterbezirks zu verzichten.
Um 1400 wurde die Katharinenkirche, ähnlich den Pfarrkirchen der Stadt, zur gotischen Hallenkirche umgebaut und erweitert. Dabei wurden die nahezu quadratischen Joche der Seitenschiffe beibehalten, während die Joche des Mittelschiffs zu queroblongem Grundriss halbiert wurden, so dass nunmehr eine einheitliche Wölbdecke entstand. Das Innere der Kirche wurde durch fünf Paare mächtiger kreisrunder Säulen gegliedert, die der Abstützung der vierteiligen Kreuzgewölbe dienten. Im Zuge des Kirchenumbaus wurde auch der Chor auf eine Tiefe von nunmehr 23 m (vorher 13,30 m) verlängert und mit fünf Seiten des Achtecks geschlossen. Die neue Klosterkirche war eine echte Predigerkirche, in der die drei Schiffe zu einem Gesamtraum vereinigt wurden, der Hallengedanke war in St. Katharinen bis zur Vollendung ausgereift. Der Haupteingang zur Kirche lag an der Sögestraße, für die Mönche war diese jedoch auch vom Kreuzgang her zugänglich.
Die den Kreuzgang umgebenden Klostergebäude schlossen sich im Süden unmittelbar an die Katharinenkirche an. Der Ostflügel des Kreuzgangs mit sieben Gewölbejochen und ein rechtwinklig verlaufender Gang mit drei Jochen sowie ein weiterer Raum sind bis heute erhalten, ohne dass der einstige Verwendungszweck der Baulichkeiten mit Sicherheit erschließbar ist. Der West- und Ostflügel des Klosters waren in südlicher Richtung so weit verlängert, dass sie einen zweiten, vermutlich wirtschaftlichen Zwecken dienenden Klosterhof bildeten.
Kaum hatten sich die ersten Predigermönche Mitte der 20er Jahre in Bremen niedergelassen, da wurden diese auch schon in die politischen Auseinandersetzungen zwischen dem Erzbischof Gerhard II. und den um ihre Freiheit und Unabhängigkeit kämpfenden Stedingern mit hineingezogen. Nachdem die Dominikaner 1231 von Papst Gregor IX. (1227–1241) zu Inquisitoren in der Ketzerbekämpfung ernannt worden waren, beauftragte Gerhard II. die Bremer Predigerbrüder denn auch sogleich mit der Kreuzzugspredigt für den von ihm geplanten Feldzug gegen die widerspenstigen Stedinger. Eine wichtige Rolle hat dabei vermutlich der aus dem nahen Wildeshausen stammende päpstliche Pönitentiar Johannnes Teutonicus, der spätere vierte Ordensgeneral der Dominikaner, gespielt, der sich 1230 in Begleitung des Kardinallegaten Otto von San Nicolai in Bremen aufhielt. Wohl durch Johannes' Vermittlung wurde der Bremer Dominikanerkonvent 1231 von Papst Gregor IX. aufgefordert, alle zur Bekehrung bzw. Unterwerfung der Stedinger erforderlichen Maßnahmen in die Wege zu leiten. Ein ähnliches Schreiben liegt auch von Kaiser Friedrich II. vor. So waren die Bremer Dominikaner im März 1233 denn auch maßgeblich am Ab-

Siegel des Katharinenklosters. Die heilige Katharina steht mit Krone und Palmzweig auf einem liegenden Teufel, um 1230. (Staatsarchiv Bremen)

schluss des Vertrags Gerhards II. mit der Stadt Bremen beteiligt, in dem diese ihre Unterstützung des geplanten Stedingerkreuzzugs zusagte. Die mit päpstlichen Ablassversprechungen garnierte Kreuzzugspredigt der – sicherlich nicht nur bremischen – Dominikaner hatte gewiss einen nicht unwesentlichen Anteil am Zustandekommen eines großen Kreuzzugsheeres, dem die Stedinger 1234 in der Schlacht von Altenesch hoffnungslos unterlegen waren.

Neben ihrer Indienstnahme für den Stedingerkreuzzug wurden die Bremer Predigermönche auch sogleich zu kirchenorganisatorischen Aufgaben der Bistumsverwaltung herangezogen. 1231, im selben Jahr, in dem die Dominikaner erstmals offiziell mit der stedingschen Angelegenheit befasst wurden, wurden der Dekan und der Prior des Bremer Katharinenklosters durch den Kardinallegaten Otto zu Visitatoren für die Stifter Bremen und Verden bestellt, und als solche trafen sie auch unverzüglich einige Anordnungen, die die Besitzungen und die Zahl der Nonnen des Klosters Bassum betrafen.

Der Bremer Dominikanerkonvent war in die straffe hierarchische Ordnung des Gesamtordens eingebunden, der von einem Ordensgeneral geleitet wurde und dessen alle drei Jahre zusammentretendes Generalkapitel sämtliche wichtige Entscheidungen traf. Der Orden war in relativ selbständige nationale oder regionale Verbände – die sog. Provinzen – gegliedert, der Bremer Konvent gehörte zunächst der Provinz Teutonia und seit 1303 der davon abgetrennten, die nord- und mitteldeutschen Ordenshäuser zusammenfassenden Provinz Saxonia an. Ein Dominikanerkonvent musste aus mindestens sechs Mitgliedern bestehen, von denen eines der Gemeinschaft als Prior vorstand und ein weiteres unter Bezugnahme auf die wissenschaftliche Ausrichtung des Ordens die Stelle eines Lesemeisters innehatte. Die Bremer Ordensgemeinschaft muss, wenn nicht von Anfang an, dann doch schon sehr bald, die Zahl von zehn Mitgliedern überschritten haben, 1232 werden in einer Urkunde Erzbischof Gerhards II. einschließlich des

Priors acht Dominikaner namentlich als Zeugen aufgeführt, die jedoch schon damals nur einen Teil des Gesamtkonvents ausmachten. Gegen Ende des Mittelalters soll es in Bremen ungefähr 30 Predigerbrüder gegeben haben. Als erster Prior des Bremer Katharinenklosters wird 1230/31 ein gewisser Burchard genannt, ihm folgte der Prior Bertold (1231–1235), dessen Stellvertreter der Subprior Heinrich (1232–1238) war. Vor allem in der Anfangszeit der bremischen Ordensniederlassung sind deren örtliche Leiter – so etwa auch der Prior Ernestus (1238–1244) – aufgrund ihrer häufigen Zeugentätigkeit relativ gut namentlich fassbar. Mit dem Nachlassen dieser Zeugentätigkeit treten die einfachen Mitglieder des Konvents fast überhaupt nicht mehr, dessen Leiter nur noch vereinzelt – so etwa der Prior Bernard (1413–1421) im 15. Jahrhundert – in Erscheinung. Unter den Lesemeistern sind etwa 1241 der Lektor Johannes und 1413 ein gewisser Diderik namentlich bezeugt. Es ist wohl vor allen Dingen das Verdienst dieser überwiegend anonym gebliebenen Lesemeister, dass um 1450 im Katharinenkloster eine Art theologischer Fakultät mit Vorlesungen und Disputationen eingerichtet wurde.

Die Dominikaner beschränkten sich keineswegs auf religiöse Kontemplation und kultische Gottesverehrung, sondern wirkten mittels Predigt, Seelsorge und Diakonie auch unmittelbar in die städtische Gesellschaft hinein. Außer in ihrer eigenen Klosterkirche St. Katharinen übten die schwarzen Predigermönche das Prediger- und Seelsorgeamt auch bei den ihnen angeschlossenen Beginen sowie im Kanonissenstift Bassum und im Zisterzienserinnenkloster Lilienthal, zu dem sie enge Beziehungen unterhielten, aus; auch im Bremer St. Jürgen-Gasthaus waren Dominikanermönche seelsorgerisch tätig. Freilich war das seelsorgerische Engagement der Predigermönche nicht überall gern gesehen, vor allem der weltliche Klerus an den städtischen Pfarrkirchen sah sich durch die Umtriebe der Bettelmönche um Einnahmen aus der Verwaltung der kirchlichen Gnadenmittel gebracht, die bisher ihm zuflossen, nun aber zumindest teilweise an die Konkurrenz der Mendikanten abgingen. Wie brisant die Angelegenheit war, geht daraus hervor, dass den Geistlichen in der Stadt und Diözese Bremen 1302 durch das Verdener Domkapitel, das dabei ausdrücklich im Auftrag Papst Bonifaz' VIII. (1294–1303) handelte, der Schutz gegen Übergriffe der Dominikaner und Franziskaner zugesagt wurde. Wegen der Seelsorge im St. Jürgen-Gasthaus war es 1506 zwischen den Kaplänen von St. Ansgarii und den schwarzen Predigermönchen sogar zu einer heftigen Auseinandersetzung gekommen. Umso höher wusste man die seelsorgerischen Dienste der Bettelmönche auf Seiten der Stadt und ihrer Bürger einzuschätzen, waren diese doch durchaus bereit, der städtischen Bevölkerung auch bei Bann und Interdikt Seelsorge und die kirchlichen Gnadenmittel zuteil werden zu las-

Das Katharinenkloster als Zeughaus. Aquarell von Polzin.

sen. Die Rechtmäßigkeit dieser umstrittenen Praxis, die Kirchenstrafen zumindest dann zu unterlaufen, wenn man deren Verhängung als ungerecht empfand, ließen sich die Bremer Dominikaner und Franziskaner 1443 durch Einholen eines Gutachtens der juristischen Fakultät in Köln ausdrücklich bestätigen.

Nicht zuletzt aufgrund ihrer entgegenkommenden Haltung bei der Verhängung von Bann und Interdikt erfreuten sich die schwarzen Mönche zunächst einer gewissen Beliebtheit bei der städtischen Bevölkerung, und diese brachte ihre Verbundenheit mit den Predigerbrüdern durch Schenkungen und Memorienstiftungen an das Katharinenkloster zum Ausdruck. So ließ beispielsweise der Ratsherr Hinrich von der Hude seine und seiner Frau Margarethe Memorien bei den schwarzen Mönchen feiern, zu welchem Zweck er diesen 1413 ein Geschenk von 12 Mk. vermachte. Besonders wertvoll war eine Spende des Ratsherrn Hinrich von der Trupe – er war zugleich Prokurator des Katharinenklosters –, der dem Konvent der Predigerbrüder 1421 eine Bibel und andere Kleinodien im Wert von 40 rhein. Gulden zukommen ließ; auch diese honorable Schenkung war an die Verpflichtung zur Memorienfeier gebunden. Insgesamt erreichte die Schenkungs- und Stiftungstätigkeit zu Gunsten des Katharinenklosters jedoch bei Weitem nicht das Ausmaß der Spenden, wie sie insbesondere den städtischen Kapitelkirchen zuflossen; schließlich vertrug sich eine maßlose Besitzanhäufung der Mendikantenorden auch schlecht mit dem von ihnen propagierten Armutsideal. Auch die Bruderschaften, welche die Kürschner und Bäcker 1450 bzw. 1451 mit den Dominikanern schlossen, zeugen von den engen Kontakten, die das städtische Bürgertum zum Katharinenkloster unterhielt.

Gegen Ende des Mittelalters werden dann aber auch die Bremer Dominikaner die immer stärker werdenden Ressentiments gegen das Klosterwesen und den damit verbundenen Stimmungsumschwung zu spüren bekommen haben. Nur so lässt sich erklären, dass das rigorose Vorgehen des Rats gegen die Predigerbrüder in der Reformation offensichtlich auf keinen nennenswerten Widerstand in der Bevölkerung stieß. 1524 verwies der Rat den Prior und den Lesemeister des Katharinenklosters, die beide sicherlich besonders lautstark gegen die Einführung der evangelischen Lehre protestiert hatten, aus der Stadt. Nur vier Jahre später, 1528, schloss er das Katharinenkloster, in dem bald darauf die neue Lateinschule eingerichtet wurde, aus der später das Gymnasium Illustre hervorging. Die Klosterkirche St. Katharinen aber wurde 1597 zum städtischen Zeughaus umgewandelt. Mit dem letzten Prior Hermann Velthusen und den verbliebenen sechs Mönchen, die sich wohl bald in ihr Schicksal gefügt hatten, kam man 1534 vertraglich überein, dass sie ihre Klosterzellen und einige Wirtschaftsräume des Klosters (Brauhaus, Keller, Küche etc.) weiterhin zeitlebens nutzen durften. Eine jährliche Rente von 25 Mk. sicherte ihnen für den Rest ihres Lebens ein bescheidenes Auskommen.

3. Johanniskloster

Nur wenige Jahre nach den Dominikanern, wenn nicht sogar zeitgleich, fasste mit den Franziskanern auch der zweite große Bettelorden in Bremen Fuß. Erstmals werden die Franziskaner 1241 urkundlich in Bremen erwähnt, als vier „graue Mönche“, wie die Mitglieder des Ordens der Minderen Brüder (*Ordo fratrum minorum*) wegen ihrer aschgrauen Kutte aus ungefärbter Wolle gern genannt wurden, in einer Urkunde Erzbischof Gerhards II. für das Kloster Lilienthal als Zeugen fungierten. Doch waren die ersten Barfüßer – die Franziskaner verzichteten gewöhnlich auf jegliches Schuhwerk bzw. trugen in kälteren Regionen wie im Norden Deutschlands nur einfache Sandalen – damals sicherlich schon seit Längerem in Bremen ansässig. Auch hier lässt sich eine enorm rasche Ausbreitung der neuen Ordensgemeinschaft konstatieren: 1209 von Papst Innozenz III. (1198–1216) mit der Bußpredigt beauftragt, 1223 von Papst Honorius III. (1216–1227) als Orden mit eigener Regel (*regula bullata*) endgültig bestätigt, hatte die von Franz von Assisi (1182–1226) ins Leben gerufene apostolische

Ein Franziskanermönch aus dem Johanniskloster. Zeichnung des 18. Jahrhunderts. (Staats- und Universitätsbibliothek Bremen)

Armutsbewegung im Oktober 1221 in Augsburg unter der Leitung Caesarius' von Speyer ihr erstes Provinzkapitel auf deutschem Boden abgehalten. Da die Minderbrüder 1224 erstmal in England, 1228 in Holland und Belgien sowie 1231 in Dänemark und Schweden nachzuweisen sind, werden sie im Zuge dieses Vordringens nach Norden wohl auch Bremen erreicht haben und vermutlich spätestens Ende der 20er Jahre – die Rennerchronik nennt 1225 als Ankunftsjahr – erstmals Bremer Boden betreten haben.

Nach ihrer Ankunft in Bremen wurde den franziskanischen Minderbrüdern durch den Erzbischof und das Domkapitel im Osten der Stadt im Bereich des heutigen Schnoorviertels ein Baugrundstück zugewiesen. Hier am Südfuß der Düne, wo ein Nebenarm der Weser – die sog. Klosterbalge – entlangfloss, errichteten die Mönche auf erzbischöflichem Grund und Boden vermutlich schon bald – das genaue Jahr des Baubeginns ist unbekannt – ihre Johannes dem Täufer geweihte Kirche mitsamt zugehörigem Kloster. Die erste Klosterkirche St. Johannis verkörperte wahrscheinlich dem Stil der Zeit entsprechend noch den Typ der Basilika, bei dem das Mittelschiff die schmalen Seitenschiffe deutlich überragt. Der den Klosterhof umgebende zweigeschossige Kreuzgang schloss unmittelbar an das Südschiff der Johanniskirche an. Hauptbau des klösterlichen Kreuzganggevierts war der Ostflügel, der nach Süden hin über die (Kloster-)Balge verlängert war und hier in einem gotischen, durch drei markante Strebepfeiler – einen mittleren bis hinauf zum Abschluss, zwei Eckpfeiler bis in Traufenhöhe – gegliederten Treppengiebel endete. An der Ostseite dieses Hauptflügels war der Wirtschaftshof des Klosters angebaut, an den sich, etwas nach Süden versetzt, ein weiteres Klostergebäude anschloss, in dem möglicherweise die Wohnräume des Priors untergebracht waren. Im 18. Jahrhundert, als die Klostergebäude als Krankenhaus genutzt wurden, enthielten diese ca. 70 Zimmer. Die Raumverhältnisse werden im Mittelalter ähnlich gewesen sein, dazu kam ein großer Speisesaal (Refektorium) sowie ein großer Bibliothekssaal (Liberey).

Mitte oder Ende des 14. Jahrhunderts folgten dann auch die Franziskanermönche dem Vorbild der städtischen Pfarrkirchen und errichteten die St. Johanniskirche unter Verwendung der alten Basilikafundamente neu als dreischiffige, querschifflose Backstein-Hallenkirche. Die 15 Kreuzgewölbejoche des Langhauses, die von insgesamt acht freistehenden Pfeilern getragen werden, und zwei weitere gleich große Joche des mit sieben Seiten des Zwölfecks geschlossenen Chores verleihen dem Kirchenraum eine große Geschlossenheit. Prunkstück der Johanniskirche ist die großartige backsteingotische Westfassade mit dem Hauptportal – die beiden kleineren Nebeneingänge sind Zutaten des 19. Jahrhunderts – und einem dreigeschossigen Giebel, der, entsprechend seiner Verjüngung nach oben, auf jedem Geschoss neun, sechs bzw. drei Blendnischen enthält und unter dem Dachfirst durch eine Kreisblende mit Davidstern bekrönt wird. Zwei starke, diagonal angeordnete Eckpfeiler mit achtseitigen Türmchen flankieren den mächtigen Westgiebel im Norden und Süden. Die imposante hochgotische Westfassade ist umso auffälliger, als die im franziskanischen Geist erbauten Kirchen ansonsten eher auf mächtige Westwerke verzichteten. Auch die komplette Einwölbung der Kirche missachtete einen entgegenstehenden Beschluss des Generalkapitels von Narbonne von 1260, der jeglichen Überfluss beim Kirchenbau, weil er dem selbstgewählten Armutsideal widersprach, vermeiden wollte. Lediglich beim Verzicht auf einen Kirchenturm hat man sich an die propagierten Ideale des franziskanischen Kirchenbaus gehalten. An Stelle eines Turms krönt ein zierlicher sechsseitiger Dachreiter mit spitzem Helm den First des gewaltigen Satteldachs.

Angesichts des doch recht ansehnlichen Kirchenbaus stellt sich die Frage, woher die Franziskaner die nicht unerheblichen Mittel für ihre Bauten nahmen. Franziskus hatte seine Ordensgemeinschaft auf das Ideal apostolischer Armut verpflichtet, das nicht nur jedem einzelnen Ordensmitglied, sondern auch dem Orden als solchem ein Leben in Armut abverlangte. Die Ordensregel erlegte den Minderbrüdern ein absolutes Geldannahmeverbot auf, selbst für Arbeitsdienste durften nur Sachspenden für den persönlichen Lebensunterhalt entgegengenommen werden. Hauptsächliche Einnahmequelle war unter diesen Umständen das Erbetteln von Almosen, die ein möglichst ortsunabhängiges, unstetes Wanderleben ermöglichen sollten. Es ist ausgeschlossen, dass die auf das Allernötigste beschränkte Bettelexistenz die beträchtlichen Mittel für den Kloster- und Kirchenbau aufbringen

Johanniskirche, Blick in das Kircheninnere, vor 1945.

konnte, selbst wenn man berücksichtigt, dass das Almosensammeln zum Teil auch systematisch in Form von Haussammlungen, die an bestimmten jahreszeitlichen Terminen durchgeführt wurden, erfolgte. Eintragungen im Totenbuch des Klosters ist zu entnehmen, dass man von Januar bis April Braugerste und Brauweizen sowie in der Osterzeit Eier auf den Bauernhöfen einsammelte; im Sommer standen dann Hühner, Zwiebeln und – Ende August – Aale auf dem Wunschzettel der Mönche, und im Herbst bat man zunächst vor allem um Talg, später, vor Weihnachten, um Kerzenspenden. Dabei beschränkten sich die grauen Mönche aus dem Johanniskloster beim „Terminieren", wie man diese Betteltouren nannte, keineswegs auf die Stadt Bremen und deren nähere Umgebung. Vielmehr begaben sich die bettelnden Mönche bis in die Gegend von Oldenburg und Jever, wo das Johanniskloster feste Häuser, sog. „Termineien", besaß, in denen die mit dem Einsammeln der Almosen beauftragten Brüder vorübergehend Unterkunft fanden. Und mit Hering – der wichtigsten Fastenspeise – war das Kloster gut versorgt, weil einige Franziskanermönche die Bremer Heringsfischer regelmäßig auf ihrer Fahrt nach Schonen begleiteten, woraufhin sie selbstverständlich ihren Anteil am Fang erhielten.

Woher also flossen die Mittel für den Kirchen- und Klosterbau, woher kam der Reichtum der zu individueller wie kollektiver Armut verpflichteten Minderbrüder? Es ist keine Frage, dass den Franziskanern beim Bau von Kloster und Kirche vom städtischen Bürgertum, aber auch von der hohen Geistlichkeit tatkräftige Unterstützung zuteil wurde. Im Fall des Ansgariikanonikers Johannes Bud, der um 1400 zum Bau der Johanniskirche ein reiches Almosen beisteuerte, ist dies ausdrücklich bezeugt. In ähnlicher Weise konnten die grauen Mönche sicherlich auch auf die Hilfe der wohlhabenden Bürgerfamilien zählen, die die kirchlichen Dienste (Predigt, Messe, Beichte, Taufen, Bestattungen) bei den Franziskanern in Anspruch nahmen und es dabei vor allem zu schätzen wussten, dass diese – ähnlich den Dominikanern – auch im Fall von Interdikt oder Bann weiterhin die Messe lesen durften. Das Nekrologium von 1486, ein kalenderartiges Totenbuch des Klosters, offenbart, dass das Johanniskloster zu vielen Bremer Familien enge Kontakte unterhielt und unter den begüterten Bürgern der Stadt zahlreiche Wohltäter hatte. Etliche Stadtbürger hatten sogar in der Klosterkirche St. Johannis (Hermann von Otterstede, Johann Hemeling, Johann Wulff) oder auf dem Klosterhof ihre letzte Ruhestätte gefunden. Noch Anfang des 16. Jahrhunderts sind den grauen Mönchen von St. Johannis laut städtischem Testamentbuch von 1501 „häufigere und fast immer größere Gaben zugedacht" worden als den übrigen Klöstern der Stadt.

Unter den Bremer Ratsfamilien gab es viele Gönner des Franziskanerklosters, die diesem wohltätige Schenkungen und Stiftungen zukommen ließen. Der Bürgermeister Friedrich Grund erwies dem Johanniskloster im April 1473 sogar gleich zweimal seine Gunst: Zunächst vermachte er den Mendikanten eine Rente von 2 Mk., und nur ca. zwei Wochen später übertrug er dem Kloster eine weitere Rente von 50 Br. Mk., wobei er diesmal das gesamte Ratsherrenkollegium aktiviert hatte, das die großzügige Spende einvernehmlich unterstützte. Beide Renten sollten in den Erwerb von Wein und Oblaten angelegt werden, als Gegenleistung erbat sich Friedrich Grund

Das Siegel des Johannisklosters: Enthauptung Johannes' des Täufers, Ende 14. Jahrhundert. (Staatsarchiv Bremen)

wöchentlich jeden Mittwoch am Altar der heiligen Engel eine Seelenmesse. Daneben nahm sich die jährliche Rente von 4 Gr., die der Ratsherr Hinrich von der Hude 1440 für die Memorienfeier des Lucken von Aumund spendete, geradezu bescheiden aus. Die Ratsherren Heinrich Vrygen und Eylard von Huchtingen schenkten den Mönchen des Johannisklosters zwei Messkelche sowie mehrere Messgewänder, und der Ratsherr Heinrich Wilde stiftete noch 1517 für seine und seiner Eltern Seelenmessen 100 rhein. Gulden. Ihre Verbundenheit mit dem Kloster brachte auch die Witwe des Bürgermeisters Friedrich Wigger zum Ausdruck, indem sie dort ein Epitaph anbringen ließ. Dass die Minderbrüder daneben auch im einfachen Bürgertum fest verankert waren, zeigt allein die Tatsache, dass mit der St. Annen-, St. Antonius-, Corpus-Christi-, St. Jakobus- und St. Jodokusbruderschaft fünf städtische Bruderschaften am Minoritenkloster beheimatet waren; eine solch große Anzahl von Bruderschaften hatte sonst keine Pfarr- oder Klosterkirche der Stadt vorzuweisen. Die Franziskaner standen also mit dem städtischen Bürgertum und seinen politischen und geistlichen Repräsentanten – aber auch mit Adeligen der näheren Umgebung wie etwa dem Grafen Friedrich von Hoya, der dem Kloster 1503 40 Goldgulden übereignete – in enger Tuchfühlung, und dieses hatte den Mönchen, auch wenn dies in vielen Fällen urkundlich nicht ausdrücklich belegt ist, ohne Zweifel auch bei deren aufwendigen Bauten tatkräftig unter die Arme gegriffen.

Der große Zuspruch, den die Franziskaner in der städtischen Bevölkerung fanden, rührte nicht zuletzt daher, dass diese auch die normalerweise den Pfarrkirchen vorbehaltenen kirchlichen Dienstleistungen in vollem Umfang anboten. Ähnlich den Dominikanern hatten auch die Franziskaner nach ihrer dauerhaften Niederlassung in den Städten Predigt und Seelsorge zu ihrem wichtigsten Aufgabengebiet erhoben, und durch päpstliches Privileg war den Bettelmönchen die Ausübung der Pfarreirechte ausdrücklich zugestanden worden. Der normalerweise gültige Pfarrzwang war für die

Bettelorden also aufgehoben. Besonderer Beliebtheit erfreuten sich die bei den Franziskanern gefeierten Seelenmessen, weil man sich von der Fürbitte der auf ein asketisches Armutsideal eingeschworenen Minderbrüder eine besonders große Wirkung erhoffte. Nicht nur Ratsherren und die in frommen Bruderschaften zusammengeschlossenen Kaufleute und Handwerker vertrauten sich, wie bereits gesehen, den Gebeten der Minderbrüder an, selbst hochgestellte Prälaten wie die Erzbischöfe Gerhard II. und Johann Rode, der Dompropst Franz Grambeck oder der Domdekan Dietrich von Frese gaben ihre Memorienfeiern bei den Franziskanern in Auftrag. Gefeiert wurden die Seelenmessen nicht zuletzt an den zahlreichen Seitenaltären der Johanniskirche, die eigens von betuchten Privatpersonen für diesen Zweck gestiftet worden waren. Die folgenden Altäre lassen sich als Ausstattungsgut der mittelalterlichen Johanniskirche sicher nachweisen: der Altar zu Ehren Johannes' des Täufers, des Evangelisten Johannes, des Apostels Andreas, des Abtes Antonius und des Märtyrers Cyriacus im Kirchenschiff; der Altar der hll. Engel; der Altar der hll. Fabian und Sebastian unter der Kanzel; der Altar des hl. Silvester; der Altar des Erzengels Michael am Eingang in den Chor; der Altar der hl. Maria; der Altar der hll. Maria, Agnes, Cäcilia, Agatha, Apollonia, Dorothea und aller heiligen Jungfrauen; der Altar der drei Könige; der Altar der hl. Corona, des Märtyrerpapstes Cölestin, der Maria von Ägypten und des Eremiten Theobald. Zu den besonders wertvollen Kostbarkeiten der Johanniskirche zählte eine reich mit Edelsteinen besetzte große Monstranz, die den grauen Mönchen von ihrem Mitbruder Johann Hals, möglicherweise ebenfalls im Rahmen einer Seelgerätstiftung, vermacht worden war. 1442 verpflichtete sich der Konvent der Franziskaner, diese Monstranz niemals zu verkaufen oder zu versetzen.

Wie groß der Bremer Konvent war, lässt sich nur schwer sagen, da genaue Zahlenangaben nicht vorliegen. Der Umstand, dass das Kloster in späterer Zeit Raum für ca. 70 Zimmer bot, legt jedoch nahe, dass es sich um einen vergleichsweise großen Konvent handelte. Schätzungen gehen für Ende des Mittelalters von 30 bis 50 Mitgliedern der bremischen Ordensniederlassung aus. Selbstverständlich ließ es sich in einem solch großen Konvent nicht vermeiden, dass hin und wieder einzelne Mitglieder aus der Rolle fielen: 1409 beschwerte sich der Diener der bremischen Kirche und päpstliche Kaplan Hinrich Plucker, dass einige Bremer Minderbrüder ihn auf ihrer Betteltour (*terminaryze*) schwer mit Worten und Taten misshandelt hätten.

An der Spitze der Franziskanerkonvente stand ein als Guardian bezeichneter Vorsteher. Erster namentlich bekannter Bremer Guardian war der 1241 als Urkundenzeuge erwähnte Bruder Heinrich, dem schon bald Bruder Gi-

Der gotische Westgiebel der Kirche St. Johann.

selerus folgte (1251 bezeugt); 1442 hatte der Bruder Hermen Tammeske dieses Leitungsamt inne, ihm zur Seite stand sein Stellvertreter, der Vizeguardian Hinrich. Wie die Dominikaner hatten auch die Franziskaner einen Lesemeister – 1442 war es der Bruder Joachim – in ihren Reihen, womit sie verdeutlichten, dass eine gehobene Ausbildung, die den Brüdern didaktische und rhetorische Fähigkeiten vermittelte, zu den grundsätzlichen Anliegen des Ordens zählte. Das Bremer Johanniskloster gehörte der seit 1230 bestehenden norddeutschen Ordensprovinz Saxonia an und bildete in dieser zusammen mit den Franziskanerklöstern in Hamburg, Lüneburg, Stade und Kiel die Kustodie – ein organisatorisches Verbindungsglied zwischen einzelnem Ordenshaus und Ordensprovinz – Bremen. Die Leitung dieser Kustodie scheint in der Regel ein Bruder des Johannisklosters innegehabt zu haben, 1442 ist der Bremer Bruder Reiner Sparke als Kustos bezeugt. Der Bremer Konvent spielte also unter den norddeutschen Franziskanerklöstern eine führende Rolle.

Ob bzw. wie der Bremer Konvent der Minderbrüder im franziskanischen Armutsstreit Stellung bezog, ist mangels Überlieferung nicht bekannt. Noch im 13. Jahrhundert war es innerhalb des Ordens zu einer Spaltung in die Spiritualen, die am rigiden Armutsideal des Franziskus ohne Abstriche festhielten und auch wissenschaftliche Studien der Ordensbrüder als Quelle von Hochmut konsequent ablehnten, und die Konventualen, die einer Aufweichung des strikten franziskanischen Armutspostulats das Wort redeten, um so die Regel mit den Zeiterfordernissen in Einklang zu bringen und einen schlagkräftigen Orden im Dienst der römischen Kirche aufzubauen, gekommen. Die Spiritualen wurden 1317 durch Papst Johannes XXII. (1316–1334) zu Haretikern erklärt, doch wurden deren Ansichten später durch die Gruppe der Observanten teilweise wiederbelebt, so dass es bei der Spaltung des Ordens blieb. Man darf wohl davon ausgehen, dass der

Streit um das franziskanische Armutsideal im Norden Deutschlands nicht so heftig geführt wurde und die Gemüter nicht so sehr erhitzte wie andernorts. Der Bau der komplett eingewölbten und vergleichsweise großen Johanniskirche mit ihrer imposanten Westfassade sowie der Erwerb weiterer Besitzgüter zeigt zudem, dass man, auch ohne in der Auseinandersetzung dezidiert Stellung zu beziehen, de facto der Linie der kompromissbereiten, pragmatischen Konventualen folgte.
Zwar traten 1522 noch vier neue Brüder in das Johanniskloster ein, doch brachte der Einzug der Reformation in Bremen dann auch die franziskanischen Bettelmönche rasch in Bedrängnis. Nach ersten Ermahnungen an die Mönche, „die Lehre des göttlichen Worts nicht zu lästern“, verhängte der Rat im Jahr 1523 ein Predigtverbot. Fünf Jahre später, 1528, wurde dann auch das Johanniskloster geschlossen. Den verbliebenen Barfüßermönchen wurde ein Flügel des Klosters zu fortwährendem Gebrauch eingeräumt, wo sie aus ehemaligen Klostergütern ihren Unterhalt empfingen. 1531 wohnten einschließlich ihres Guardian Gerhard Lanckhar noch fünf Minderbrüder in den Klostergemächern und feierten hier weiterhin katholische Messen. 1548, 20 Jahre nach Schließung des Klosters, lebten mit Gerhard Lanckhar und Hermann Schnittecker die beiden letzten Mönche im Kloster. In den freigewordenen Räumen des Johannisklosters war 1531 ein Armen- und Krankenhaus eingerichtet worden, in das schuldlos verarmte Bürger, Geisteskranke sowie Prövener, die für eine einmalige Zahlung lebenslang freie Kost und Wohnung erhielten, aufgenommen wurden. Die Klosterkirche St. Johannis stand zunächst den Insassen des Armen- und Krankenhauses als Gotteshaus zur Verfügung, seit 1623 hielt dann die französische Gemeinde in Bremen hier ihre Gottesdienste ab.

4. Deutschordenskomturei

Nur wenige Jahre nach der Ankunft der beiden Bettelorden ließen sich mit den Deutschordensrittern auch Vertreter eines jener drei in Palästina gegründeten Ritterorden – Templer, Johanniter und Deutscher Orden – in Bremen nieder, bei denen monastische Lebensgewohnheiten und kämpferisch-kriegerische Gesinnung eine eigentümliche Verbindung eingingen. Da der Deutsche Orden selbst aus einer 1190 vor Akkon gegründeten Hospitalbruderschaft hervorgegangen war, versuchte dieser in den deutschen Städten vorzugsweise über den Bereich der Armen- und Krankenpflege Fuß zu fassen, indem er zu bereits existierenden Hospitälern Zugang suchte. So auch in Bremen. Hier bemächtigten sich die Ordensbrüder vermutlich Anfang oder Mitte der 30er Jahre des 13. Jahrhunderts des in der Nähe des Ostertores gelegenen Heiliggeist-Hospitals, wie aus einem 1236 bei-

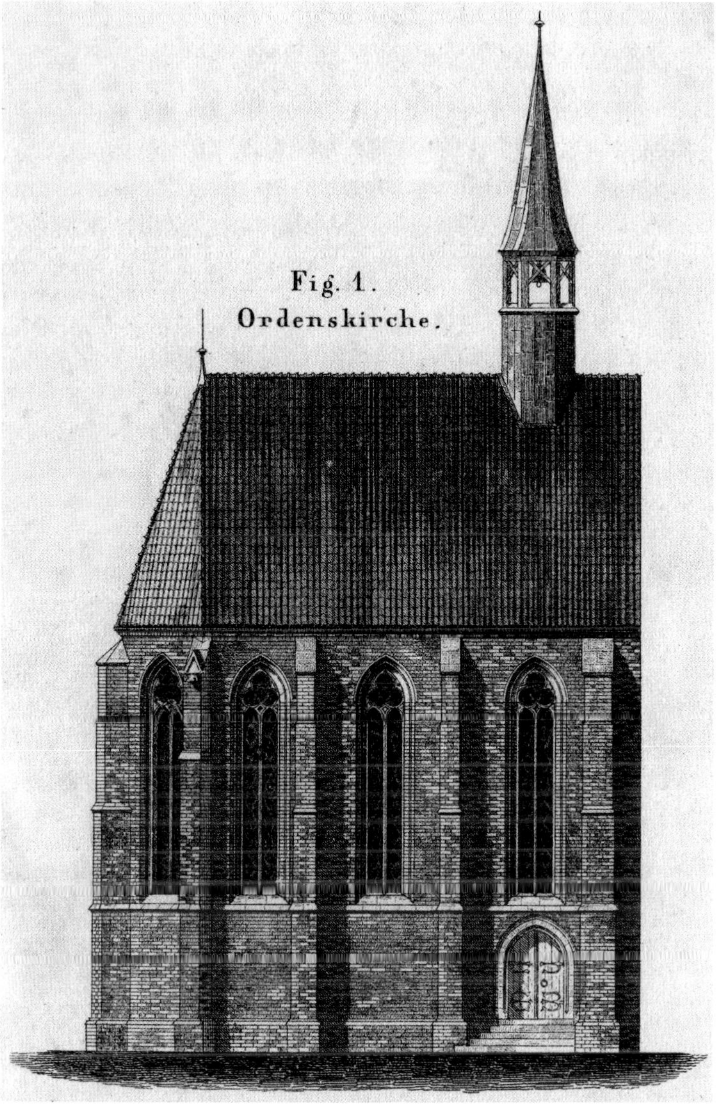

Die Kirche des Deutschen Ordens in Bremen (St. Elisabeth). Rekonstruktion von S. Loschen, 1866.

gelegten Streit zwischen dem Orden und dem Domkapitel hervorgeht. Die Domherren sahen in den Ordensgottesdiensten in der Spitalkapelle zunächst wohl eine Missachtung ihrer geistlichen Hoheitsrechte im Bereich der Domimmunität, gestanden dem Deutschen Orden nach der Einigung von 1236 aber nicht nur den Besitz des Heiliggeist-Spitals zu, sondern räumten den Ordensbrüdern darüber hinaus sogar Sitze im Domchor ein.

In etwa zeitgleich mit seiner Festsetzung im Heiliggeist-Hospital schlug der Deutsche Orden auch besitzmäßig Wurzeln in Bremen und der näheren Umgebung. Durch den Erwerb eines 13 Hufen umfassenden Meierhofes, des sog. Stackkamps, in Hemelingen war die materielle Versorgung der in Bremen niedergelassenen Ordensritter fürs Erste sichergestellt. Die Schenkung eines hinter dem Hospital gelegenen riesigen innerstädtischen Grundstücks durch den Rat, das sich von der Ostertorstraße bis zur sog. Klosterbalge erstreckte, brachte den Orden 1238 dann in den Besitz des Grund und Bodens, auf dem schon bald der Komtureihof und die Ordenskirche entstehen sollten. Schließlich erwarben die Ordensbrüder zwischen 1240 und 1244 auch das Grundeigentum am Hospital und der dazugehörigen Spitalkapelle, das bisher noch der Stadtgemeinde (Hospital) bzw. der Stiftskirche in Bücken (Kapelle) gehört hatte. Spätestens jetzt war der Deutsche Orden als kirchlich-monastische Organisation fest in der Stadt verankert, zumal inzwischen auch die Konstituierung einer regulären Ordenskommende unter dem 1238 erstmals belegten Komtur Hartmann erfolgt war. Unterstützung wurde dem Deutschen Orden bei seiner Festsetzung in der Stadt durch Rat und Bürgergemeinde sowie insbesondere durch die städtische Handwerkerschaft – besondere Verbindungen bestanden anscheinend zu den Schuhmachern, den Knochenhauern und den Kürschnern – zuteil; enge Kontakte scheinen in der Anfangszeit auch zu den Dominikanern im Katharinenkloster bestanden zu haben.
Durch die Überlassung des hinter dem Heiliggeist-Hospital gelegenen Grundstücks war der Deutsche Orden 1238 Eigentümer einer großen innerstädtischen Immobilie geworden, die genügend Platz für weitere Bauten bot. Tatsächlich ließ der Orden hier in der zweiten Hälfte des 13. Jahrhunderts entlang der Ostertorstraße die Heiliggeist-Kirche als neue Ordens- und Spitalkirche errichten, der 40-tägige Ablass des Bischofs Emund von Kurland von 1283 stand aller Wahrscheinlichkeit nach im Zusammenhang mit diesem Kirchenbau. Diese ältere Heiliggeist-Kirche war vermutlich ein einfacher, noch nicht eingewölbter Kirchenbau. Auch die Ausstattung dürfte recht bescheiden gewesen sein; 1248 wird ein Altar der Jungfrau Maria, der Schutzpatronin des Ordens, erwähnt, dieser gehörte also wahrscheinlich noch zur alten Spitalkapelle. In der zweiten Hälfte des 14. Jahrhunderts hat man die Heiliggeist-Kirche dann aufgestockt und zu einem größeren, nunmehr der hl. Elisabeth geweihten Gotteshaus erweitert. Bei dieser Gelegenheit wurde nun wohl auch die schon seit ca. 100 Jahren existierende Heiliggeist-Kirche eingewölbt und durch Mittelpfeiler, die den neu entstehenden oberen Kirchenbau zu tragen hatten, in insgesamt sechs Kreuzgewölbejoche unterteilt. Auf diese Weise war eine zweigeschossige Kirche entstanden, deren unterer Teil – die bisherige Heiliggeist-Kirche – nun

zweitrangig geworden war und, da er im Laufe der Zeit zusehends unter den Erdboden zu liegen kam, kryptenähnliche Züge annahm. Die neue St. Elisabethkirche schloss im Westen mit einer geraden, fast fensterlosen Backsteinwand ab, in die ein – später zugemauerter – Triumphbogen von fast 6 m Breite und über 10 m Höhe eingelassen war. Das lässt darauf schließen, dass hier ursprünglich der Anbau eines großen Kirchenschiffs geplant war, der dann aber doch unterblieb. So blieb die Komtureikirche St. Elisabeth auf den 16,70 m langen und knapp 8 m breiten Chor beschränkt, der zwei Kreuzgewölbejoche enthielt und im Osten in drei Seiten des Achtecks auslief.

Vom östlichen Ende der Kirche erstreckte sich das Ordenswohnhaus der Komturei rechtwinklig nach Süden in Richtung Balge. Auch dieses *refectorium* war offenbar zweistöckig und bestand aus einem zweischiffigen Untergeschoss, das acht Kreuzgewölbejoche enthielt, und einem wahrscheinlich ähnlich gestalteten Obergeschoss, in dem sich der Komtursaal befand. Bei Umbauten im Jahr 1592 ließ die Stadt insgesamt 43 Fenster neu einbauen, das Gebäude muss also ziemlich groß gewesen sein. Das rückwärtige Areal des Komtureihofes zur Balge hin wurde als Gartenfläche mit Stallungen genutzt.

Treibende Kraft bei der Ansiedlung der Deutschherren in Bremen waren die Ordensleute Dietrich von Seulingen, Gebhard und Arnold; Letzterer wurde 1236 als „Landkomtur der Bremer Kirchenprovinz" tituliert. Zu diesen drei gesellte sich spätestens 1238 der erste Komtur Hartmann, der jedoch schon wenig später durch den von Anfang an in Bremen weilenden Gebhard als Komtur abgelöst wurde. Damals versah der Bruder Woltmann das Priesteramt in der Kommende. Allem Anschein nach bestand der Bremer Konvent in seiner Frühzeit nur aus einer Handvoll Ordensbrüdern. Die nach der Ordensregel vorgesehene Anzahl von zwölf Ritterbrüdern erreichte die Bremer Niederlassung möglicherweise nie, ganz im Gegenteil scheint der Konvent sich im Laufe der Zeit völlig aufgelöst zu haben. Jedenfalls lässt sich nach 1344 kein einziger Ordensbruder mehr neben dem Komtur nachweisen.

Durch diese Entwicklung zur konventslosen Kommende traten die Komture als Amtsträger und bald auch schon einzige Repräsentanten der örtlichen Niederlassung umso stärker in den Vordergrund. Insgesamt sind 30 Bremer Komture namentlich bekannt, doch ist diese Namensliste wegen der vielen Überlieferungslücken vermutlich nicht vollständig. Ein Großteil von ihnen stammte aus dem westfälischen Raum, doch lässt sich bei fünf Komturen die Herkunft aus dem Bremer Stadtpatriziat nachweisen, Komture stadtbürgerlicher Herkunft waren vor allem dann gefragt, wenn ein gutes Einvernehmen mit der Stadt vonnöten war. Während über die Amtsführung der

Komture des 13. und 14. Jahrhunderts kaum Näheres bekannt ist, haben im 15. und 16. Jahrhundert einige Komture sichtbare – wenn auch oft wenig vorteilhafte – Spuren ihres Wirkens in Bremen hinterlassen. So wurde der in den 90er Jahren des 14. Jahrhunderts eingesetzte Komtur Eberhard Ovelacker vom Bremer Rat beschuldigt, aus Habgier einen Mord veranlasst zu haben; er wurde daraufhin vom livländischen Ordensmeister bis zur Klärung der Vorwürfe seines Amtes enthoben. Trotz einer unter Vermittlung des Domkapitels zustande gekommenen Aussöhnung zwischen Ovelacker und dem Bremer Rat, der 1410 seine Anschuldigungen zurücknahm, wurde jener nicht wieder in sein Ordensamt eingesetzt. Mehr Erfolg hatte in dieser Hinsicht der Komtur Hermann von Gimbte (1425–1429), der 1426 oder 1427 ebenfalls abgesetzt wurde, weil es unter seiner Amtsführung durch Versetzung, Verpfändung und Verkauf zum Verlust von Ordensgütern gekommen war. Doch Gimbte konnte sich durch den Hinweis auf eine Notlage infolge von Brandschatzung und Deichbrüchen sowie auf seine Versorgungspflicht für die Schuhmacher rehabilitieren, 1428 ist er wieder als Bremer Komtur belegt. Allerdings hatte man ihm einen Hauskomtur zur Seite gestellt, der fortan sein Handeln überwachen sollte. Zur ungenehmigten Veräußerung von Ordensgütern war es auch unter den beiden aus Bremer Ratsfamilien stammenden Komturen Doneldey Duckel (1438–1445) und Johann von Nienburg (1447–1449) gekommen, weshalb sich der livländische Meister 1449/50 beim Übergang der Komturei auf Konrad von Lünen entschloss, das Bremer Amtssiegel vorläufig einzubehalten. Der Westfale Lünen (1450–1457/59) verwaltete die Komturei daraufhin, ohne mittels eines Siegels rechtlich handlungsfähig zu sein. Besonders turbulent ging es dann während der Amtszeit des Komturs Jasper von Münchhausen (1500–1519) zu. Münchhausen, von dem sich die Ordensleitung erhoffte, dass er das Problem der Güterverpfändungen in den Griff bekomme, wurde vom Ordensmeister Wolter von Plettenberg (1494–1535) Ende 1506 abgesetzt, weil ihm eine Beteiligung an einer Brandstiftung zur Last gelegt wurde, der der Ordenshof Stackkamp in Hemelingen zum Opfer fiel. Zwar wurde Münchhausen nach der Interimsverwaltung durch den Rat 1507 wieder in sein Amt eingesetzt, doch rissen die Klagen der Bürger, die ihn der Körperverletzung, des Viehdiebstahls, der Zahlungsverweigerung, der Freiheitsberaubung, der Begünstigung von See- und Strandraub und ähnlicher Delikte beschuldigten, nun nicht mehr ab. Schließlich erreichten die Vorwürfe gegen Münchhausen ihren Höhepunkt, als man ihn im April 1514 auch noch der Münzfälscherei bezichtigte. Plettenberg, an den sich der Rat gewandt hatte, blieb nichts anderes übrig, als den Bremer Komtur im Januar 1515 ein zweites Mal seines Amtes zu entheben. Doch gelang Münchhausen, der in seiner Familie und bei den Braunschweiger Herzögen

Kaiser Friedrich II. dankt den Stedingern für die Unterstützung der Deutschordensbrüder, Capua, 1230 Juni 14. Die Urkunde ist ein früher Beleg für die Aktivitäten des Deutschen Ordens im Raum Bremen. (Staatsarchiv Bremen)

Das Siegel des Bremer Deutschordenskomturs, 1238/48. (Staatsarchiv Bremen)

namhafte Fürsprecher gewinnen konnte, abermals seine Rehabilitierung, im Frühjahr 1517 setzte ihn der auch vom Hochmeister des Ordens bedrängte Plettenberg wieder in Amt und Würden ein. Allerdings starb der inzwischen an Syphilis erkrankte Münchhausen bereits zwei Jahre später im Februar 1519 in Verden, wohin er sich, um weiterem Ärger in Bremen aus dem Weg zu gehen, zurückgezogen hatte. Münchhausens Nachfolger Johannes von Knippenburg (1519–1524) war dann der letzte Bremer Komtur, der noch vor Ausbruch der Reformation, deren Anfänge er noch erlebte, in sein Amt eingeführt wurde.

Die örtlichen Niederlassungen des Deutschen Ordens, die sog. Kommenden, von denen es um 1300 schon über 300 gab, waren verwaltungsmäßig in Balleien zusammengefasst. Dabei unterstanden die deutschen Ordensprovinzen dem Deutschmeister des Ordens. Das Bremer Haus nahm allerdings innerhalb des Gesamtordens von Anfang an eine Sonderstellung ein. Nachdem sich der ursprünglich wohl vorhandene Plan der Errichtung einer norddeutschen Ballei zerschlagen hatte, existierte die Bremer Ordensniederlassung zunächst jahrzehntelang als freie Kommende unter dem Deutschmeister. Die vielfältigen Verbindungen nach Westfalen führten dann aber bis spätestens 1285 zu einer festen Zuordnung der Bremer Kommende zur Ballei Westfalen, in der sie zeitweise sogar die Führung übernahm. Im 14. Jahrhundert kam es dann allerdings zu der – unter geographischem Gesichtspunkt etwas merkwürdig anmutenden – dauerhaften Unterordnung der Bremer Komturei unter den livländischen Ordenszweig. Die enge Beziehung nach Livland bahnte sich 1313 durch die Berufung des Bremer Komturs zum Generalprokurator und damit Rechtsvertreter des livländischen Ordensmeisters erstmals an. Spätestens mit der 1339 vermutlich von Livland aus erfolgten Einsetzung des Komturs Wilhelm von Haren (1339–1342) war die Zugehörigkeit Bremens zum livländischen Ordenszweig dann eine nicht mehr in Frage gestellte Tatsache, dieser besaß seitdem die volle Verfügungsgewalt über die Bremer Komturei. Vor allem bei

den Amtsenthebungen der Komture Ovelacker (1406/07) und Gimbte (1426) sowie bei der Einbehaltung des Bremer Amtssiegels (1449/50) durch den livländischen Ordensmeister trat das Abhängigkeitsverhältnis zum livländischen Orden dann deutlich zutage. Die Bremer Komturei war im 15. Jahrhundert ein unangefochtener Bestandteil des livländischen Ordenszweiges, und durch diese feste Eingliederung in den livländischen Orden blieb auch die ehemalige Sonderstellung des Bremer Komturs als dessen Prokurator auf der Strecke. Beim Anspruch des livländischen Ordenszweigs auf die Bremer Kommende dürfte deren reicher materieller Besitz, der vermutlich zum Unterhalt des livländischen Meisters einen Beitrag leisten sollte – möglicherweise als Teil einer „Kammer" des Meisters –, eine entscheidende Rolle gespielt haben.
Nach dem Erwerb des Stackkamps 1235, der mit seinen mindestens 300 ha auch noch im 16. Jahrhundert den Hauptbesitz unter den Komtureigütern darstellte, erfuhr der ländliche Grundbesitz der Bremer Ordensniederlassung in der folgenden Zeit eine rasche Vermehrung. Dabei fällt auf, dass die Kauferwerbungen gegenüber den Schenkungen deutlich überwogen, vor allem die an eine geistlich-soziale Verpflichtung des kirchlichen Empfängers gebundene klassische Form der frommen Stiftung war vergleichsweise selten. Der Orden hatte seine räumliche Expansion also überwiegend aus eigener Initiative vorangetrieben und war dabei sehr überlegt vorgegangen: Sämtliche Komtureigüter lagen im Bereich der vier städtischen Gohe sowie des erzbischöflichen Gohs Achim, die räumliche Ausdehnung des Güterbesitzes blieb also im Wesentlichen auf das Gebiet zwischen Ochtum, Lesum und Wümme beschränkt. Besitzmäßige Schwerpunkte bildeten sich dabei neben dem Stackkamp in Hemelingen/Arbergen insbesondere im Hollerland, im östlichen und mittleren Vieland, im äußersten Nordwesten an der Grenze zum Stedinger Land sowie in Walle und Utbremen unmittelbar vor der Stadt heraus. Am Ende der Ordenszeit um 1570 war die Komturei Grundherr über 31 Bauhöfe im Umkreis von ca. 12 km, die überwiegend viehwirtschaftlich genutzte Agrarfläche umfasste vermutlich mindestens 1500 ha. Der Höhepunkt der wirtschaftlichen Entwicklung der Komturei war allerdings schon Mitte des 14. Jahrhunderts erreicht: Der letzte Besitzzuwachs ist 1339 überliefert, die letzte Güterurkunde überhaupt stammt aus dem Jahr 1349. Der Gütererwerb der Bremer Kommende kam also um die Mitte des 14. Jahrhunderts zum Abschluss. Kurz später (1368) liegen dann auch schon die ersten Hinweise dafür vor, dass die Komturei vorübergehend verschuldet war. Die bisher auf Wachstumskurs befindliche Komtureiwirtschaft stagnierte offensichtlich in der zweiten Hälfte des 14. Jahrhunderts erstmals, und durch die wiederholte Veräußerung von Ordensgütern blieb die wirtschaftliche Lage der Komturei wäh-

Ein Komtur des Deutschen Ordens in Bremen. Zeichnung in einer Bremer Chronik, 18. Jahrhundert.

rend des gesamten 15. Jahrhunderts angespannt. Ein um 1500 niedergeschriebenes Schuldenverzeichnis gibt dann in aller Deutlichkeit zu erkennen, dass die Verschuldung der Kommende zu einem dauerhaften Problem geworden war.
Der Beitrag der Deutschordenskomturei zum religiös-kirchlichen Leben in der Stadt war eher bescheidener Natur. Der monastische Charakter ihrer Gemeinschaft verpflichtete die Ordensbrüder zu einem geregeltem Tagesrhythmus und bestimmten geistlichen Verpflichtungen wie Hören der Messe und Einhaltung der Stundengebete, wobei Morgenmette und Nachtamt wohl obligatorisch gewesen sein dürften. Nach der Ordensregel sollte jede Kommende mindestens einen Priesterbruder in ihren Reihen haben, dem die geistliche Betreuung der Ritterbrüder oblag. Es ist indes mehr als fraglich, ob es in der Bremer Komturei immer einen solchen Priesterbruder gab. Insgesamt sind nur vier Bremer Priesterbrüder bekannt, von denen drei (Dietrich, Woltmann, Volquard) in der Frühzeit der Komturei um bzw. bald nach 1240 wirkten; später ist dann nur mehr der Priesterbruder Johann Boliken zum Jahr 1426 belegt. Zu jener Zeit scheint das kirchliche Leben in der Ordenskommende noch einigermaßen funktioniert zu haben. Jedenfalls kam es 1420 zum Eklat, als das Domkapitel den Ordensbrüdern verbot, anlässlich der Palmsonntagsprozession in ihrer Kirche Palmzweige zu weihen. Der Bremer Komtur ließ sich daraufhin vom livländischen Ordensmeister die Rechtmäßigkeit dieses auf altem Herkommen beruhenden kirchlichen Rituals bestätigen. Schon wenig später, um 1450, aber hat es in Bremen offenbar keinen Priesterbruder mehr gegeben, denn der Komtur Konrad von Lünen verpflichtete sich damals gegenüber der neu gegründeten Bruderschaft der Schuhmacher, einen Priester herbeizurufen, wenn ein

Ein Priester des Deutschen Ordens in Bremen. Zeichnung in einer Bremer Chronik, 18. Jahrhundert.

solcher benötigt würde. Überhaupt sind die 1450 von den Schuhmachern zweimal im Jahr anberaumten Vigilien und Seelenmessen der letzte Hinweis auf derartige kirchliche Feiern in der Ordenskirche. Spätestens mit dem Ausbruch der Reformation wurden geistliche Aktivitäten in der Komturei, sollte es solche noch gegeben haben, endgültig eingestellt. Der 1524 eingesetzte Komtur Bardewisch pflegte zur Feier des Gottesdienstes die Liebfrauenkirche aufzusuchen.

Wie an anderen Kirchen und Klöstern, so hielt das Pfründendenken auch in der Deutschordenskomturei Einzug, diese wurde im 14. und 15. Jahrhundert immer mehr zum Versorgungsinstitut des niederen Adels und des gehobenen städtischen Bürgertums. Mindestens fünf Komture – von Haren, von Revele, Duckel, von Nienburg, Brand – stammten aus dem Bremer Stadtpatriziat, das die hier sich bietenden Möglichkeiten standesgemäßer Versorgung offensichtlich zu nutzen verstand. Aber auch Teile der städtischen Handwerkerschaft hielten ihre von Anfang an engen Beziehungen zur Komturei aufrecht, wie die 1450 mit Zustimmung des Komturs Lünen gegründete Bruderschaft der Schuhmacher zu Ehren der hll. Crispin und Crispinian zeigt, die die Schuhmacher durch regelmäßige Memorienfeiern in der Heiliggeist-Kirche über den Tod hinaus mit den Ordensrittern verband. Diese Beziehungen zwischen der Stadt und dem Orden waren indes keineswegs einseitig, umgekehrt hat sich auch die Komturei allem Anschein nach verpflichtet, im Bedarfsfall durch Stellung von Pferden, Waffen und Knechten – hier kommt die kriegerische Ausrichtung des Ordens zum Tragen – einen Beitrag zur Verteidigung der Stadt zu leisten. Auch verfügte der Orden neben dem Komtureihof noch über weiteren Immobilienbesitz in der Stadt; insbeson-

dere in unmittelbarer Nachbarschaft der Komturei im Bereich von Ostertor und Marterburg wurde der Orden im Laufe der Zeit maßgeblicher Haus- und Grundeigentümer. Die anfängliche Förderung der Deutschordensritter durch Rat und Bürger, die sich im exemten Orden ein Gegengewicht zur ungeliebten erzbischöflichen Stadtherrschaft erhofften, wich im Verlauf des 15. Jahrhunderts, als die Blütezeit des Ordens bereits überschritten war, der direkten städtischen Einflussnahme auf die Komturei. So war der Rat an den Absetzungen der Komture Gimbte und Münchhausen durch seine diesbezüglichen Interventionen bei der livländischen Ordensleitung entscheidend beteiligt. Auch kam es seit dem 15. Jahrhundert nach der Absetzung oder dem Tod eines Komturs immer häufiger zur vorübergehenden Vakanzverwaltung der Ordensgüter durch den Rat, wodurch sich diesem weitere Einflussmöglichkeiten eröffneten. Der Rat griff also im 15. und 16. Jahrhundert in hohem Maße in die Belange der Komturei ein, bis die Stadt die Komturei mitsamt ihres liegenden Besitzes 1564 nach Zahlung von 21 859 Br. Mk. schließlich ganz übernahm.
Bevor es so weit kam, war die Komturei, die die Reformation im Unterschied zu den drei anderen Klöstern in Bremen zunächst unbeschadet überstand, im Jahr 1531 Schauplatz eines schaurigen Spektakels. Rolf von Bardewisch, der 1524 Johann von Knippenburg als Komtur nachgefolgt war, geriet im Frühjahr 1531 während des „Aufstands der 104“ ins Kreuzfeuer der Kritik, weil man ihm unterstellte, dass er sich der Klärung der Besitzverhältnisse an der städtischen Bürgerweide bewusst entzog, um so die widerrechtliche Aneignung von Weidekämpen durch die Komturei zu verheimlichen. Während eines tumultartigen Aufruhrs wurde Bardewisch, der sich vor der aufgewiegelten Menge zusammen mit fünf Knechten auf dem Dachstuhl der Ordenskirche versteckte, am 10. Mai das Opfer eines hinterhältigen Mordes, woraufhin die Komturei von der aufgebrachten Menschenmenge hemmungslos ausgeplündert wurde. Nach der Auflösung des livländischen Ordens in den Jahren 1558–1561 war dann auch das Ende der Bremer Ordenskommende mehr oder weniger besiegelt. 1560 erwarb die Stadt die Komturei gegen Zahlung von 7000 Goldgulden als Pfandbesitz, vier Jahre später erlangte sie gegen weitere 2000 Goldgulden das uneingeschränkte Eigentumsrecht am Ordensbesitz. Allerdings musste die Stadt dem letzten Komtur Franz von Dumstorp (1532–1562/83) ein lebenslanges Nutzungsrecht an der Komturei einräumen. Nach dem Tod Dumstorps, der 1583 hochbetagt fast 100-jährig starb, wurde das Ordensspital in den städtischen Marstall und der Komtureihof in die städtische Münze umgewandelt. Die Ordenskirche St. Elisabeth wurde später zum Lagerhaus umgebaut.

5. Beginenhäuser St. Katharinen und St. Nikolai

Neben den regulären Mönchsorden mit ihrer einheitlichen, für alle verbindlichen Regel entstanden im Hoch- und Spätmittelalter auch offenere Organisationsformen frommer Laien, bei denen die auf individuellem Erlebnis gegründete Gottesschau und Gotteserkenntnis im Vordergrund stand. Eine der wichtigsten dieser Laienbewegungen waren die Beginen, ledige oder verwitwete Frauen, die sich in eigenen – gemieteten oder gekauften – Häusern zu selbstverwalteten Frauengemeinschaften zusammengeschlossen hatten, um dort gemeinsam ein Leben in der Nachfolge Christi zu führen. Auch wenn die Beginen ohne allgemeinverbindliche Regel auskamen und kein sie lebenslang bindendes Gelübde ablegten, vepflichteten sie sich doch freiwillig auf eine durch Keuschheit, Ehelosigkeit, Demut und selbstgewählte Armut geprägte Lebensform im Sinne der *vita apostolica.* Ihr ausgeprägter Hang zum Individualismus, vor allem aber ihre eigenständige Suche nach dem rechten Glaubensweg, die die Rolle der Kirche und ihrer Priester als alleinige Vermittler des jenseitigen Heils in Frage stellte, ließen die Beginen schon bald in den Verdacht der Ketzerei kommen und führten schließlich dazu, dass die beginische Lebensform 1311 auf dem Konzil von Vienne wegen Häresie verboten wurde. Freilich wurde dieses allgemeine Beginenverbot insofern abgemildert, als man ehrbaren und bußfertigen Frauen weiterhin gestattete, in ihren Häusern gemeinsam zusammen zu leben.

Die beginische Lebensform nahm Anfang des 13. Jahrhunderts im Bistum Lüttich ihren Ausgang und hatte sich dann rasch im belgisch-niederländischen Raum und im Rheinland, wo 1223 erstmals in Köln Beginen erwähnt werden, ausgebreitet. Spätestens Mitte des 13. Jahrhunderts bekannten sich dann auch in Bremen die ersten Frauen zu dieser semireligiösen Lebensführung, denn diese wurden noch von Erzbischof Gerhard II. (1219–1258) zur kirchlichen Betreuung (Kirchgang, Empfang der Sakramente) an die Katharinenkirche der Dominikaner verwiesen. Gleichzeitig oder wenig später hat sich an der Hutfilterstraße bei der St. Nikolaikirche noch eine zweite Beginengemeinschaft gebildet, die 1258 anlässlich einer ihr zugedachten Landschenkung durch die Ratsherrentochter Hildburg Dux erstmals in Erscheinung trat. Die Hinweise auf die beiden Bremer Beginenniederlassungen bei St. Katharinen und bei St. Nikolai zählen zu den frühesten Belegen für die Existenz von Beginengemeinschaften im norddeutschen Raum, lediglich in Hamburg lässt sich für diese Zeit (1255) ebenfalls ein Beginenkonvent nachweisen. Es ist anzunehmen, dass es zunächst auch in Bremen einzeln lebende Beginen gab, die im privaten Bereich bereits dem Beginenideal nachlebten, bevor sie sich, nachdem sie eine bestimmte

Anzahl erreicht hatten, zu den beiden Beginenkonventen zusammenschlossen. Ja selbst nach der Etablierung der beiden Gemeinschaften scheinen sich zumindest vereinzelt noch allein lebende Beginen gehalten zu haben, wie das Beispiel der 1273 erwähnten, offensichtlich konventslosen *Conegundis bagina* zeigt. Die Entscheidung Gerhards II., der die in der Nähe des Domshofs angesiedelten Beginen zur kirchlichen Versorgung an das Katharinenkloster der Dominikaner verwies, ist insofern typisch, als die Anbindung der Beginen an die Bettelorden, denen die geistliche Sorge (*cura monialium*) für die Frauen anvertraut wurde, weit verbreitete Praxis war.

Über die Entwicklung der beiden Bremer Beginenkonvente ist relativ wenig bekannt, da diese fast nur durch Schenkungen, Landkäufe und Geldgeschäfte ins Blickfeld geraten. Was die Größe der Gemeinschaften anbetrifft, so wohnten um 1426 im Katharinenkonvent 17, im Nikolaikonvent 16 Frauen. Die Bremer Niederlassungen zählten damit zu den größten norddeutschen Beginengemeinschaften, denn die meisten Häuser hatten hier weniger als zehn Bewohnerinnen. Die Altersstruktur scheint sehr gemischt gewesen zu sein, die Konvente waren also keineswegs Versorgungsanstalten für alte und kranke Frauen. Frühestes Eintrittsalter war wohl die Zeit der Pubertät. Der mit einer kostspieligen Aufnahmezeremonie verbundene Eintritt in die Beginengemeinschaft war an die Zahlung einer Aufnahmegebühr von 14 Br. Mk. geknüpft. Diese Eintrittsgebühr hatte zur Folge, dass die Beginen in der Regel nicht mittellos waren, sondern aus halbwegs vermögenden Verhältnissen stammten. Tatsächlich lassen sich für etliche Bremer Beginen verwandtschaftliche Beziehungen zu Ratsfamilien oder Ministerialenfamilien nachweisen. Die beiden Konvente waren also in das gehobene Bremer Bürgertum eingebettet. An der Spitze jeder der beiden Gemeinschaften stand eine Meisterin (*magistra*), die den Konvent nach innen leitete und nach außen vertrat und dabei von einer Art Ältestenrat aus den „erfahrensten und weisesten Jungfrauen“ unterstützt wurde. Rechtsgültige Entscheidungen wurden jedoch häufig unter Mitsprache des gesamten Konvents getroffen, wie überhaupt die Gleichheit der Bewohnerinnen stark betont wurde. Bei Rechtsgeschäften der Konvente trat oft ein *tutor* in Erscheinung, wobei es unklar ist, ob es sich dabei um einen städtischen Vorsteher oder eher um einen zustimmungspflichtigen Vormund handelte.

In Bremen blieb es bei den beiden Mitte des 13. Jahrhunderts gegründeten Beginenkonventen, die Bremer Verhältnisse glichen damit denjenigen anderer norddeutscher Städte, wo die Zahl der Frauengemeinschaften sich in überschaubarem Rahmen hielt; selbst in der weitaus größten norddeutschen Stadt Lübeck gab es nur fünf Konvente. Die beiden Bremer Gemeinschaften im Liebfrauenkirchspiel (St. Katharinen) bzw. im Stephanikirchspiel (St. Nikolai) existierten problemlos nebeneinander, sie verfügten zum Teil sogar über gemeinschaftlichen Grundbesitz und ließen seit 1390 ein Meiergut bei St. Jürgen gemeinsam bewirtschaften. Beide Konvente schritten um 1382 zum Bau eines neuen Hauses, wofür sie jeweils Landbesitz als Sicherheit für die aufgenommenen Baugelder verpfändeten. Die Beginenhäuser enthielten neben der Küche und einem gemeinsamen Speisesaal vermutlich auch eigene Kammern für die Schwestern. Vom Nikolaikonvent erfahren wir, dass er an der Hutfilterstraße einen großen Hof besaß, der von einer Mauer umgeben war. Bei Neubauten in der näheren Umgebung wurde darauf geachtet, dass zum Beginenhof ein gewisser Abstand eingehalten wurde.

Beide Bremer Beginenkonvente gaben sich im 15. Jahrhundert Hausordnungen, die einiges über das Selbstverständnis der Frauen verraten. In der Katharinenordnung von 1426 werden die religiösen Beweggründe des Zusammenschlusses hervorgehoben, Ziel war demnach ein Leben in Eintracht und in steter Gottesverehrung in der Nachfolge Christi; den geistlichen Orden der Kirche sollte dabei eine gewisse Vorbildfunktion zukommen. Zentrales Anliegen war die Aufrechterhaltung des guten Rufes der Beginen, weshalb die Ordnung eine ganze Reihe von Vorschriften zur Einhaltung des Keuschheitsgebotes sowie gegen Zank und Tratsch enthielt, vor allem sollten Streitereien innerhalb des Hauses unter keinen Umständen in die Öffentlichkeit getragen werden. Als Strafen für die Nichtbeachtung der Vorschriften waren ein drei- bis achttägiger Hausarrest, zusätzliche Gebete und Vigilien sowie in besonders schlimmen Fällen auch die Vorenthaltung von Geldzahlungen oder die völlige Isolierung der Übeltäterin vorgesehen. Bei der nicht genau datierbaren Nikolaiordnung spielten die religiösen Anliegen der Beginen hingegen kaum eine Rolle, ihr ging es vor allem um die Feierlichkeiten der Gemeinschaft sowie um die Abgaben, die bei der Aufnahme bzw. bei der Beerdigung einer Schwester anfielen.

Dass sich die Beginen so sehr um ihren guten Ruf sorgten, kam nicht von ungefähr, bot ihre semireligiöse Lebensweise ohne institutionelle Bindungen doch viel Raum für Verdächtigungen und Anfeindungen jeglicher Art; insbesondere den „fluktuierenden“, umherziehenden Beginen unterstellte man eine ausschweifende Lebensführung. Es verwundert daher kaum, dass das Beginentum schon bald in die Fänge der Inquisition geriet. Auch die bremische Provinzialsynode von 1328 fasste unter der Leitung von Erzbischof Burchard einen Beschluss gegen das Beginentum, vor dessen Begünstigung ausdrücklich gewarnt wurde. Doch richtete sich dieser Beschluss, der wohl eher eine synodale Pflichtübung darstellte, offenbar nicht ausdrücklich gegen die Bremer Beginen, die keiner häretischen Neigungen beschuldigt wurden und deshalb weiter unbehelligt in der Stadt leben konnten. Auch der Hauptinquisitor Walter Kerlinger musste, als er sich Anfang 1367 in Bremen aufhielt, offensichtlich feststellen, dass bei den beiden Bremer Konventen keine häretischen Irrlehren im Umlauf waren. Selbst das auf dem Konzil von Vienne 1311 ausgesprochene allgemeine Beginenverbot brachte die Existenz der beiden Bremer Gemeinschaften von St. Katharinen und St. Nikolai nicht ernsthaft ins Wanken. Man hielt sich damals lediglich etwas zurück, um nicht allzu sehr auf sich aufmerksam zu machen, und verzichtete auf das Tragen der – blauen oder grauen – Beginenkleidung. Auch in der Namensbezeichnung war man vorübergehend etwas vorsichtiger geworden, viele Frauen bezeichneten sich nun als Konversen, um so den Beginennamen zu umgehen. Doch war auch dies nur eine kurze, vorübergehende Erscheinung.

Da die Bremer Beginen nicht der Ketzerei beschuldigt wurden und als rechtgläubig galten, kamen sie auch in den Genuss von Legaten und Seelgerätstiftungen, wie den regulären Mönchsorden vertraute man sich also auch den frommen Beginen zum Zweck der Heilsvermittlung an. Bereits die erste Landschenkung, die Übertragung eines Landstücks im Lehnstätter Feld an den Konvent bei St. Nikolai (1258), erfolgte unter der Bedingung, dass mehrere Messen für die Stifterin, die Ratsherrentochter Hildburg Dux, und deren Verwandte gelesen wurden. Und als der Ratsherr Alexander von Stade 20 Jahre später den beiden Bremer Beginenhäusern zahlreiche Ländereien und Häuser in Hastedt, Neuenland, Wallerbrook, Grolland und Stelle testamentarisch vermachte, da erwartete auch er von den solchermaßen reich beschenkten Beginen, dass sie zu seinem Jahresgedächtnis während der Vigilien einen Psalter extra für sein Seelenheil beteten. Wie sehr man die frommen, einem beschaulichen Leben hingegebenen Beginen als Vermittler des jenseitigen Seelenheils zu schätzen wusste, zeigt das *Calendarium* der Nikolai-Beginen, in dem Jahresgedächtnisse für etwa 60 ehemalige Wohltäter verzeichnet sind, die den Frauen bestimmte Geldsummen, Landrechte, Sachleistungen und sonstige Zuwendungen zukommen ließen. Weiteren Landbesitz erwarben die Beginen durch Kauf oder durch die Mitgift der in die Gemeinschaft eintretenden Frauen. Trotz ihres Bekenntnisses zum Ideal der freiwilligen Armut – 1259 ist ausdrücklich von *pauperes vel beghinas* die Rede – verfügten die beiden Frauengemeinschaften somit über reichlich Landbesitz in Bremen und in der näheren Umgebung der Stadt – von Lesumbrok bis Uphusen, von Arsten und Kirchhuchting bis in die Vahr –, Besitz an Land und Renten war für beide Konvente die wesentliche ökonomische Basis. Und wo sie ihre Besitzrechte in Gefahr sahen, nahmen die Beginen mit aller Entschiedenheit ihre Rechte wahr und scheuten auch nicht vor juristischen Auseinandersetzungen zurück. In der Regel wurden die erworbenen Landgüter an selbständig wirt-

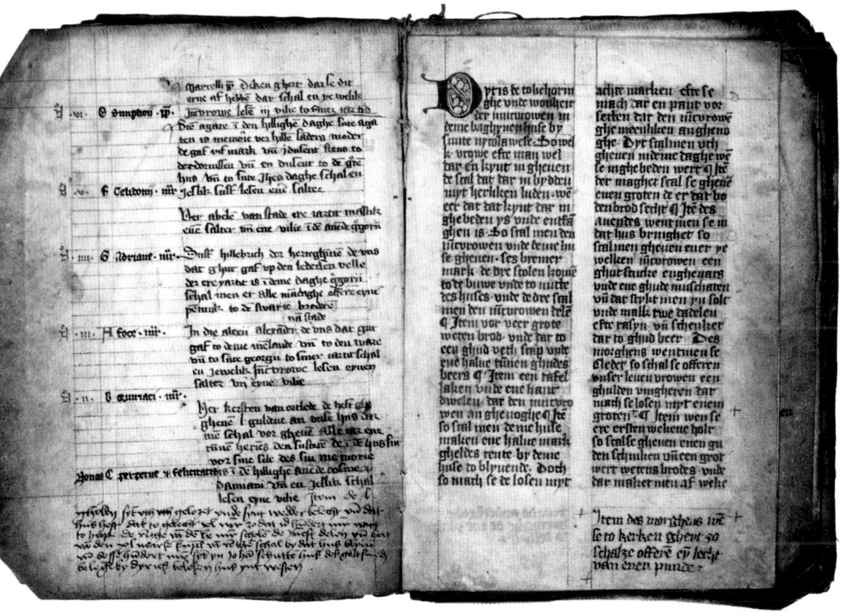

Besitz und Güterverzeichnis des Beginenhauses in Bremen, Ende 15. Jahrhundert. (Staatsarchiv Bremen)

schaftende Meier weitervergeben, die dann zur Zahlung des Pachtzinses bzw. zur Ablieferung der Naturalabgaben verpflichtet waren. Allein die Beginen von St. Nikolai arbeiteten in der ersten Hälfte des 16. Jahrhunderts mit ca. 40–50 Meiern zusammen. Beide Bremer Beginenkonvente strebten offenkundig eine gesicherte Eigenversorgung mit Hilfe von Landbesitz an, und dementsprechend fehlen Hinweise auf Handarbeit oder Dienstleistungen etwa im Krankenwesen, wie sie sich bei anderen Beginenkonventen häufig finden – viele Beginen verdienten sich ihren Lebensunterhalt durch Spinnen und Weben oder etwa durch Krankenpflege –, hier so gut wie vollkommen.

Im Grunde genommen führten die Bremer Beginen wohl ein weitgehend an den stadtbürgerlichen Werten ihrer bürgerlichen Umwelt orientiertes Leben. Die vielfältigen Beziehungen zum städtischen Umfeld sind denn auch eine durchgehende Konstante im bremischen Beginenwesen, die Bewohnerinnen der beiden Beginenhäuser wie auch deren Wohltäter(innen) entstammten großenteils dem gehobenen städtischen Bürgertum, wobei eine gewisse Affinität zu Bremer Ratsgeschlechtern unverkennbar ist. Trotz dieser relativ engen personellen Bindungen scheint der städtische Rat – im Unterschied etwa zu anderen Städten – wenig Einfluss auf die Beginengemeinschaften in seinen Mauern genommen zu haben, jedenfalls ist über

Behinderungen oder Eingriffe des Rats in die Lebensgestaltung der Beginen nichts bekannt. Ganz im Gegenteil hat der Rat den Katharinenbeginen 1259 in überaus großzügiger Weise seine Gunst zuteil werden lassen, indem er das von diesen bewohnte Haus von Wachtpflichten, Steuern und allen sonstigen städtischen Lasten befreite und somit das von den städtischen Obrigkeiten zumeist entschieden bekämpfte *Privilegium Immunitatis*, welches die Steuerfreiheit des Klerus beinhaltete, anerkannte. Auch die beiden Hausordnungen der Beginenkonvente scheinen aus eigener Machtvollkommenheit und ohne Zutun des Rates erlassen worden zu sein. Die Bremer Beginenkonvente waren also relativ eigenständig handelnde Frauengemeinschaften.

Da die Beginen keine festeren institutionellen Bindungen eingegangen waren, überstanden sie auch die Reformation ohne größere Einbußen. Die beiden Häuser existierten zunächst unter lutherischen, dann unter reformierten Verhältnissen als Versorgungsanstalten für unverheiratete Frauen unter der Aufsicht des Rates weiter. Allerdings wurde der Beginenkonvent von St. Nikolai 1602 aufgelöst, weil dessen Haus in der Hutfilterstraße in ein Waisenhaus umgewandelt wurde. Die verbliebenen Nikolaibeginen kamen daraufhin bei ihren Schwestern von St. Katharinen unter, die offensichtlich noch über genügend freien Wohnraum verfügten. 1823 wurde an der herkömmlichen Stelle nahe des Katharinenklosters ein Neubau errichtet, die Einrichtung, die jahrhundertelang ein fester Bestandteil der kirchlichen Topographie Bremens war, trug seither den Namen Katharinenstift. In der Parkallee, wohin es 1912 verlegt wurde, existiert das Katharinenstift bis auf den heutigen Tag.

Literatur:
Bookmann, Stadt (1994). – Brünjes, Deutschordenskomturei (1997). – Duntze, Geschichte der Freien Stadt (1845). – Elm, Stellung und Wirksamkeit (1981). – Entholt, Bremische Kultur (1934). – Hardinghaus, St. Johanniskirche (1933). – Hecker, Bettelorden und Bürgertum (1981). – Michaelsen, Paulskloster (1959). – Peters, Beginen- und Begardenwesen (1979). – Peters, Bremer Beginen (1992). – Schomburg, Dominikaner (1910). – Schumacher, Deutschherren-Commende (1865). – Stein, Renaissance-Baukunst (1962). – Tacke, Klöster (2005). – Tacke, St. Johann (2006).

VII. Soziales Fürsorgewesen und karitative Wohlfahrtspflege

Armen-, Kranken- und Bedürftigenpflege, heute großenteils Gegenstand staatlicher Wohlfahrtspflege, waren im Mittelalter lange Zeit ausschließlich kirchliche Aufgaben und besaßen auch nach dem Aufkommen eines bürgerlich-städtischen Fürsorgewesens zumindest einen gemischt kirchlich-weltlichen Charakter mit stark religiösem Einschlag. Die soziale Botschaft des Evangeliums, am eindringlichsten wohl im Matthäus-Evangelium (Matth. 25, 40) in der Identifizierung Christi mit den Hilfsbedürftigen dieser Welt fassbar, ließ bereits im Urchristentum die Pflicht zur Caritas mit ihrem Gebot der Nächstenliebe, sozialen Fürsorge und des Almosengebens entstehen. Diese religiös motivierte Mildtätigkeit führte schon bald zur Gründung von Hospitälern und Xenodochien (Fremdenherbergen) insbesondere in Verbindung mit Bischofskirchen und Klöstern, denen die Einrichtung derartiger sozialer Institutionen durch Gesetz und Ordensregeln zwingend vorgeschrieben war. Dabei war die Bestimmung der Häuser infolge der engen Verflechtung von Armut und Krankheit, die sich häufig gegenseitig bedingten, zunächst zumeist ziemlich allgemeiner Natur, diese standen in aller Regel allen Hilflosen und der Unterstützung Bedürftigen (Kranken, Armen, Fremden, Pilgern, Bettlern etc.) gleichermaßen offen. Zu einer Spezialisierung im Hospitalwesen kam es erst, als im Hoch- und Spätmittelalter Urbanisierung, neue ansteckende Krankheiten (Pest, Lepra, Mutterkornbrand), Ausbreitung des Pilger- und Wallfahrtswesens, Wohnungsnot sowie allgemeine soziale Entwurzelung neue, differenzierte Notlagen hervorbrachten, die die Anlage von Aussätzigenspitälern (Leprosorien), Pilger- und Fremdenherbergen, Witwenhäusern und Gottesbuden neben den bereits vorhandenen Hospitälern zur Folge hatten.

Diese Differenzierung der Hospitalfunktionen stand bereits ganz im Zeichen einer Verbürgerlichung bzw. Kommunalisierung des Spitalwesens, bei der sich kirchliche Mildtätigkeit sowie bürgerliches und städtisches Engagement gegenseitig durchdrangen. Seit Beginn des 13. Jahrhunderts war es nämlich vermehrt zu bürgerlichen Hospitalstiftungen gekommen, so dass es nun erstmals karitative Anstalten gab, die nicht in unmittelbarer Verbindung mit kirchlichen Institutionen standen. Zugleich gelang es Rat und Bürgern, mittels des Instituts der bürgerlichen Pflegschaft massiv Einfluss auf Verwaltung und Leitung der Spitäler zu nehmen, die bürgerliche, vom Rat abhängige Verwaltung wurde im Spätmittelalter zur allgemein üblichen Form der Spitalleitung. Trotz dieser voranschreitenden Laisierung der Armen- und Krankenpflege im Spätmittelalter blieb auch dem verbürgerlichten Spitalwesen der religiös-kirchliche Charakter weitgehend erhalten, die religiösen Belange standen weiterhin unverkennbar im Vordergrund. Die im Hoch- und Spätmittelalter von Einzelpersonen, Bruderschaften und Zünften neugegründeten städtischen Hospize und Spitäler verdankten ihre Entstehung durchwegs wohltätigen, vom Geist der christlichen Caritas inspirierten Stiftungen, und dieser religiöse Impetus erhielt nun durch die kirchliche Lehre von der Heilsverdienstlichkeit guter Werke einen zusätzlichen Impuls. Diese religiöse Motivation der Stifter kam auch in der Namensgebung der Anstalten zum Ausdruck, die nach Heiligen und Schutzpatronen sowie insbesondere dem Heiligen Geist als dem Tröster der Kranken benannt wurden. Nicht zuletzt war auch im alltäglichen Betrieb dieser Bürgerspitäler die religiöse Komponente unübersehbar: Fast alle diese Anstalten besaßen ihre eigene Kirche oder Kapelle, sofern sie nicht sogar in direkter Verbindung mit einer benachbarten Pfarrkirche standen, und in diesen Gotteshäusern verrichteten von den bürgerlichen Pflegern bestellte Spitalpriester ihren Dienst und ließen den Insassen religiöse Hilfe zuteil werden. Auch die Spitalordnungen waren in Sprache und Inhalt von religiösem Geist erfüllt und verpflichteten die Bewohner zu einer asketischen, fast klösterlichen Lebensweise.

Neben dieser geschlossenen Fürsorge in wohltätigen Anstalten gab es auch noch eine offene Fürsorge, die sich der weit verbreiteten städtischen Armut – ca. ein Fünftel der Wohnbevölkerung spätmittelalterlicher Städte galt als arm – und Bettelei annahm. Auch diese offene Fürsorge blieb, da es eine geregelte städtische Armenpflege noch nicht gab, der Kirche und ihren Gläubigen vorbehalten, wobei das dem Gebot christlicher Barmherzigkeit folgende Almosen die wichtigste Hilfsleistung darstellte. Die Vielzahl der Almosenstiftungen zeigt mehr als deutlich, dass den Hilfsbedürftigen auch auf diesem Weg geholfen wurde, wenn auch nicht übersehen werden darf, dass die christliche Nächstenliebe in erster Linie durch das egoistische Motiv der persönlichen Seelenrettung aktiviert wurde.

1. Heiliggeist-Spital

Der bürgerlich-kirchliche Mischcharakter tritt vor allem in der Anfangszeit des Bremer Heiliggeist-Spitals, bevor dieses in den Besitz der Deutschordenskomturei gelangte, in aller Deutlichkeit hervor. Das 1226 unter der Bezeichnung *Breme infirmis ad hospitale* erstmals erwähnte Spital wurde vermutlich um oder kurz nach 1200 an der Ecke Ostertor-/Komturstraße im Bereich der Domimmunität errichtet, weshalb das Domkapitel zunächst auch das Eigentumsrecht und die Gerichtsbarkeit beanspruchte. Doch ging

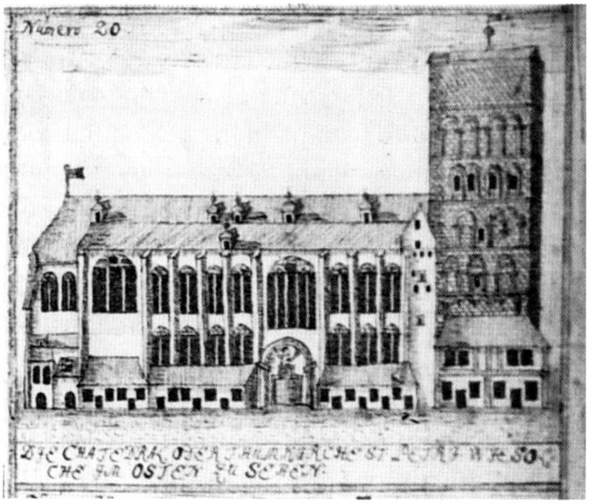

Blick auf das Nordschiff des St. Petri Domes mit spätmittelalterlichen Gottesbuden und Domanbauten. Zeichnung von Johann Daniel Heinbach, 1757.

die Initiative zur Gründung wahrscheinlich von bürgerlich-gewerblichen Kreisen aus, insbesondere die Schuhmacher, Fleischer und Kürschner scheinen an der Gründung und Unterhaltung des Spitals maßgeblich beteiligt gewesen zu sein. Der Schuhmacherzunft (Corduaner) wurde aufgrund ihrer Verdienste um dessen Stiftung 1240 sogar das Privileg zuteil, ihre durch Krankheit, Armut und Alter in Not geratenen Meister im – inzwischen an den Deutschen Orden gelangten – Spital versorgen zu lassen. Heiliggeist-Spitäler waren im Spätmittelalter weit verbreitet, in nahezu jeder größeren Stadt gab es eine derartige Einrichtung. Die Wahl des Namenspatrons fiel auf den Heiligen Geist, weil dieser als Verkörperung der göttlichen Liebe und dadurch als naturgegebener Helfer und Tröster in allen leiblichen und seelischen Notlagen galt.

Über den Betrieb und die karitative Arbeit des von Bürgern gegründeten und betriebenen, unter der Aufsicht des Domkapitels stehenden Heiliggeist-Spitals ist so gut wie nichts bekannt. Man geht im Allgemeinen davon aus, dass in der Anfangszeit des Hospitals die Pflege von einer von Bürgern gebildeten Bruderschaft zum Heiligen Geist wahrgenommen wurde. Anfang der 30er Jahre des 13. Jahrhunderts hat sich dann, wie in vielen anderen Städten auch, der Deutsche Orden des Heiliggeist-Spitals bemächtigt. Das Domkapitel gab seinen anfänglichen Widerstand gegen diese Inbesitznahme 1236 auf, als man sich gütlich mit dem Ritterorden geeinigt hatte, und auch Rat und Bürgerschaft hießen die Übertragung des Spitals an die Deutschordenskomturei 1244 nachträglich gut.

Bei dem unter der Leitung der Deutschordenskommende stehenden Bremer Heiliggeist-Spital dürfte es sich um eine äußerst bescheidene Einrichtung gehandelt haben, deren wichtigste Aufgabe wohl die Aufnahme und Verpflegung der notleidenden Schuhmacher war. An Dienstpersonal werden nur eine Hospitalpflegerin (1257) sowie dienende Brüder (*fratres de coquina*, 1285) genannt; einen Arzt scheint es nie gegeben zu haben. Die karitative Tätigkeit des Ordenshospitals ist nur anhand zweier frommer Stiftungen schemenhaft zu erkennen: Alard von Walie verpflichtete die Komturei 1238 als Gegenleistung für eine Schenkung zur Pflege der im Spital untergebrachten Kranken und Schwachen sowie zur Verteilung von 3 Mk. für Brot und Lebensmittel an die städtischen Armen – also nicht nur an die Spitalinsassen – an seinem Jahrestag. Rudolf von Nestwede bestimmte 1248, dass an seiner jährlichen Gedächtnisfeier unter den Kranken des Spitals ½ Mk. verteilt und diesen außerdem aus den Erträgnissen seiner Schenkungen sonntags und freitags jeweils Fleisch bzw. Fisch für je 1 Pfennig gereicht werden solle; für den verbleibenden Rest des Geldes ließ er neue Kleidung anschaffen. Im Laufe der Zeit verwandelte sich das ehemalige Krankenspital dann immer mehr in ein reines Pfründnerhaus, in das man sich einkaufen konnte. Ein solcher Pfründnervertrag liegt aus dem Jahr 1285 vor. Damals erwarb das Ehepaar Gerhard und Adelheid von Sandow für 60 Br. Mk. und ein Landstück in Suderbrook Anspruch auf zwei Präbenden, die die Stellung einer angemessenen Wohnung sowie die leibliche Verpflegung der beiden Pfründner beinhalteten. Unklar ist, ob der Hospitalbetrieb Ende des 14., Anfang des 15. Jahrhunderts schon wieder eingestellt wurde, jedenfalls wurden die Pfründner des Schuhmacheramtes 1426 nicht im Spital, sondern am Komtureihof versorgt.

2. St. Jürgen-Gasthaus

Ein ähnlich hohes Alter wie das Heiliggeist-Spital hatte wahrscheinlich auch das St. Jürgen-Gasthaus aufzuweisen. Als das Gasthaus 1291 anlässlich einer Rentenschenkung erstmals erwähnt wurde, da hat es jedenfalls schon seit längerer Zeit existiert. Man nimmt an, dass es in den 20er Jahren des 13. Jahrhunderts unter Anknüpfung an das einst von Ansgar gestiftete Armenhospital von Rat und Bürgerschaft neu gegründet wurde. 1291 lag das Spital noch außerhalb der Stadtmauer in der Nähe des Herdentores, doch erteilte Erzbischof Giselbert bereits zwei Jahre später die Erlaubnis, die Anstalt in die Stadt zu verlegen. Mit dieser Verlegung hat man sich dann jedoch Zeit gelassen, sie erfolgte allem Anschein nach erst zwischen 1306 und 1315. Seitdem lag das St. Jürgen-Gasthaus gegenüber der Ansgariikirche an der Ecke Hutfilterstraße/Kurze Wallfahrt.
Als St. Jürgen-Gasthaus (*Gasthus to Sunte Jurgen* bzw. *Hospitale St. Georgii*) – auch der hl. Georg, der Drachentöter, war als Patron von Spitälern weit verbreitet – ist das Hospital erstmals im Jahr 1435 belegt, zuvor wurde es im Allgemeinen als *hospitale civitatis bremensis* oder *domus paupe-*

rum (Armenhaus) bezeichnet. Gegründet wurde das Gasthaus demzufolge als Versorgungsanstalt für arme und alte Menschen. Insbesondere in der zweiten Hälfte des 14. Jahrhunderts hatte das St. Jürgen-Hospital infolge von Pest und Kriegen einen großen Zulauf, 1399 soll es 55 Spitalbewohner gegeben haben. Dazu kamen wohl noch etliche Küchengäste, die nicht im Gasthaus wohnten, sondern sich nur zur Einnahme der Mahlzeiten einfanden. Damit war die Kapazität des Hospitals sicherlich weit überschritten, weshalb der Rat die Zahl der dauerhaft im Spital lebenden Insassen 1413 auf 24 beschränkte, die zudem alle städtische Bürger sein sollten. Doch handelte es sich bei den damaligen Bewohnern schon nicht mehr – zumindest nicht mehr ausschließlich – um die angestammte Klientel von Hilfsbedürftigen. Im Laufe des 14. Jahrhunderts hatte sich nämlich auch das St. Jürgen-Hospital mehr und mehr zum Pfründnerhaus entwickelt, wie etwa ein Leibrentenvertrag von 1325 deutlich zu erkennen gibt. Seitdem lebten im Hospital neben den unentgeldlich aufgenommenen Alten und Armen immer häufiger auch bemittelte Stadtbürger, die sich als Prövener eingekauft hatten und eigenes, ererbtes Eigentum mitbrachten, das nach deren Tod an das Gasthaus fiel.

Die Verlegung des Hospitals in die zentral gelegene Hutfilterstraße zu Anfang des 14. Jahrhunderts sollte nicht zuletzt eine bessere kirchliche Versorgung dieser karitativen Anstalt gewährleisten. Insbesondere wünschten sich die Bürger regelmäßige Spitalgottesdienste und einen eigenen Spitalpriester. Dieser Wunsch ging indes erst 1329 in Erfüllung, als der Bürger Dietrich Rickmers im Spital einen mit Landbesitz in Walle und Horn sowie weiteren Abgaben ausgestatteten Zwölfapostelaltar stiftete und diesen Altar mit einer Vikarie zu Ehren der hl. Gertrud belehnte. Der an diesem Altar dienende Priester hatte seither die Spitalinsassen geistlich zu betreuen. Aus der unmittelbaren Nachbarschaft des St. Jürgen-Gasthauses zur Ansgariikirche ergaben sich nahezu zwangsläufig enge Beziehungen zu dieser Pfarr- und Kapitelkirche. So mussten die am Gertrudenaltar hinterlegten Opfergaben regelmäßig an das Ansgariikapitel abgeliefert werden, und die im Hospital Verstorbenen fanden auf dem Ansgariikirchhof ihre letzte Ruhestätte. Die Beziehungen zum Ansgariikapitel wurden sogar noch intensiviert, als der Spitalpriester Helmerich von Nienburg 1363 auf Geheiß Erzbischof Alberts – wenn auch gegen den anfänglichen Widerstand der Ansgariivikare, die eine Schmälerung ihrer Einkünfte befürchteten – als dauerhaftes und vollwertiges Mitglied in die Gemeinschaft der Ansgariivikare aufgenommen wurde. Seitdem war der Spitalgeistliche zur Teilnahme am Chordienst in der Ansgariikirche verpflichtet und hatte an den täglichen Distributionen der Chorgelder Anteil. Auch scheinen die Spitalpriester – zumindest für Helmerich von Nienburg ist dies belegt – in einer vom Ans-

Ein Dominikanermönch aus dem Katharinenkloster. Zeichnung des 18. Jahrhunderts. (Staats- und Universitätsbibliothek Bremen)

gariikapitel erworbenen Kurie gewohnt zu haben.
Im 15. Jahrhundert fanden im St. Jürgen-Gasthaus, wohl infolge eines in jener Zeit allgemein zu beobachtenden vermehrten Bedürfnisses nach Wortverkündigung, an elf bestimmten Tagen im Jahr besondere Predigtgottesdienste statt. Doch hat man mit dieser Predigttätigkeit nicht den Spitalpriester oder die Geistlichen der benachbarten Ansgariikirche, sondern die Dominikaner des Katharinenklosters beauftragt, denen offensichtlich auch in Bremen der Ruf vorauseilte, besonders gute Prediger zu sein. Diese Bevorzugung der Dominikaner rief jedoch je länger je mehr die Missgunst der sich zurückgesetzt fühlenden Ansgariikapläne hervor, so dass diese die ihnen verhassten Predigermönche an Pfingsten 1506 in einer gewalttätigen Aktion aus der St. Jürgenkapelle vertrieben. Schließlich einigte man sich nach längeren Verhandlungen, an denen auch drei Bürgermeister und drei Domherren teilgenommen hatten, im November 1506 dahingehend, dass in Zukunft die Kapläne des Ansgariikapitels, jedoch unter ausdrücklichem Verzicht auf jegliche Bezahlung, die Predigten im Gasthaus halten sollten. Doch war der Vertrauensvorschuss, den man den Kaplänen seitens der Bürger zubilligte, offensichtlich nicht besonders groß. Ausdrücklich stellte man klar, dass man, sollten diese sich irgendwelche Versäumnisse zuschulden kommen lassen, unverzüglich wieder auf die Dominikanermönche zurückgreifen werde, denen für ihre bisherige Predigtbereitschaft nachdrücklich gedankt wurde.
Der kirchliche Einfluss war also auch beim St. Jürgen-Gasthaus nicht zu übersehen, und dieser Einfluss kam auch in der stark von religiösem Gedankengut beherrschten Spitalordnung zum Ausdruck. Eine Ordinantie aus dem 16. Jahrhundert, die wohl auch die vorreformatorischen Verhältnisse

einigermaßen realistisch widergespiegelt haben wird, schrieb allen Bewohnern des Gasthauses eine religiöse und moralische Lebensführung verpflichtend vor. Angeprangert und mit empfindlichen Strafen belegt werden vor allem sündhaftes Reden (Fluchen, Verunehrung des göttlichen Namens), Aberglaube, Wahrsagerei, Ehebruch, Trunkenheit sowie Versäumnis des Gottesdienstbesuchs. Die Prövener waren anscheinend in Einzelzimmern untergebracht, selbst Ehepaare scheinen getrennt voneinander gelebt zu haben, so dass das Spitalleben schon fast einen klösterlichen Anstrich erhielt. Die Beschäftigung der ansonsten ein geruhsames Leben führenden Bewohner wird überwiegend wohl religiöser Art gewesen sein, tägliche Gebete und regelmäßiger Gottesdienstbesuch waren selbstverständlicher Bestandteil der Spitalordnung.

Trotz der religiös-kirchlichen Ausrichtung lag die Verwaltung des St. Jürgen-Gasthauses vollkommen in bürgerlicher Hand, von einer Beteiligung kirchlicher Organe an der Verwaltung ist nichts bekannt. Die Verwaltungsgeschäfte wurden von zumeist zwei Vorstehern (*provisores*, *procuratores* bzw. *Vorstendere*, *Vormundere*), die vom Rat auf unbestimmte Zeit ernannt wurden und von denen gewöhnlich einer selbst dem Rat angehörte, in Form der bürgerlichen Pflegschaft geführt. Wichtigste Aufgabe der Provisoren war die möglichst einträgliche Verwaltung des aus landwirtschaftlichem Grundbesitz, Renten- und Zinseinkünften bestehenden Vermögens, doch waren sie auch für die leibliche Versorgung der Hausbewohner, für die Einhaltung der Hausordnung sowie für Bau- und Reparaturmaßnahmen am Haus zuständig. Unterstützend stand den beiden Verwaltern eine bestimmte Anzahl von Hilfskräften und Dienstboten zur Seite, möglicherweise gab es auch einen das Dienstpersonal beaufsichtigenden Vogt oder Hausmeister.

Erste namentlich bekannte Vorsteher des Gasthauses waren 1301 Johannes von Vechta und Thomas Oldenhove, die beide keine Ratsmitglieder waren. Von 1324 bis 1327 war der Ratsherr Dietrich Rickmers, der sich 1329 durch die Stiftung des reich fundierten Zwölfapostelaltares samt Gertrudenvikarie bleibende Verdienste erwarb, alleiniger Verwalter des Hauses. Zwischen 1330 und 1338 kam es dann zu Unregelmäßigkeiten in der Verwaltung, es wird von Veruntreuung der Armenstipendien berichtet. Diese vorübergehende Phase der Misswirtschaft wurde dann aber durch die beiden ab 1338 amtierenden Prokuratoren Richard von Motzele und Johann von Borken überwunden. In der zweiten Hälfte des 14. Jahrhunderts war der aus einer bekannten Ratsherrenfamilie stammende Bürgermeister Heinrich Prindeney – der Stifter des Dreikönigsaltars in der Martinikirche – seit 1354 ca. 20 Jahre lang Vorsteher. Sein Nachfolger war der bedeutende Ratsherr Friedrich von Walle (1374–1387), der 1395 das Ratsdenkelbuch anlegen ließ. Als Mitverwalter sowohl Prindeneys als auch Walles tritt wiederholt der Ratsherr Konrad von Haren (1367–1382/87) in Erscheinung. Prindeney und von Haren schenkten dem Gasthaus 1369 gemeinsam ein Bild des Märtyrers St. Hulpe, das die Bewohner der Anstalt in ihrem Glaubenseifer stärken und unterstützen sollte. Die bedeutendsten Provisoren des 15. Jahrhunderts waren der Ratsherr Hinrich von der Trupe, der seit 1405 ca. 20 Jahre die Amtsgeschäfte führte, sowie der zwischen 1441 und 1456 mehrmals bezeugte Ratsherr Hinrich Wulf und der 1487 und 1496 als Verwalter nachgewiesene Ratsherr Berent Speckhan.

Dem starken bürgerlichen Engagement in der Verwaltung entsprach es, dass Rat und städtisches Bürgertum dem St. Jürgen-Spital in vielfacher Weise ihre Unterstützung zuteil werden ließen. Als der Rat 1322 alle städtischen Bruderschaften und Gilden verbot und aufheben ließ, da hat er deren Vermögen bezeichnenderweise dem St. Jürgen-Gasthaus übertragen. Und 1399 wurde mit wärmster Empfehlung des Rates eine einjährige Sammlung in der Stadt durchgeführt, deren Gelder den schadhaften Baulichkeiten des Spitals zugute kommen sollten. Die leibliche Versorgung und das körperliche Wohlbefinden der Spitalbewohner waren daneben auch das Anliegen so mancher mildtätigen Stiftung aus dem städtischen Bürgertum. Die Brüder Hinrik und Bernd Hemeling etwa sorgten dafür, dass den Hausbewohnern am Matthäustag (21. September) mittags und abends jeweils ein opulentes Fleisch- bzw. Fischgericht aufgetischt wurde (1452), und Diedrich Arndesvelt, einst selbst Prövener des Gasthauses, stiftete 16 Mk. für eine jährliche Bierspende. Durch derartige persönliche Zuwendungen an das Gasthaus kamen im Laufe des 15. Jahrhunderts 20 Gastmähler (*convivia*) zusammen, die an bestimmten Tagen des Jahres gefeiert wurden. Beliebt waren auch Ölspenden, die den Speisezettel vor allem in der Fastenzeit bereichern sollten, sowie Stiftungen von Talg und Holzkohlen für die Beleuchtung und Heizung. Mit zwei umfangreichen Geldspenden von 100 bzw. 130 rhein. Gulden, die Detward Brockwedel dem Gasthaus 1428 und 1429 vermachte, sollten die Prövener jeweils am Vorabend des Michaelistages (29. September) neu mit Schuhwerk, Socken und leinenen Kleidern eingedeckt werden. Eigentliches Motiv all dieser Schenkungen und Stiftungen war die religiöse Überzeugung von der Verdienstlichkeit der guten Werke; bürgerliche Wohlfahrtspflege und religiös-kirchliche Gesinnung waren also auch bei diesen auf das materielle Wohlbefinden der Spitalbewohner bedachten Zuwendungen untrennbar miteinander verknüpft.

Selbstverständlich verfügte auch das St. Jürgen-Gasthaus über Besitz an liegendem Gut, um seinen sozial-karitativen Verpflichtungen nachkommen zu können. Das Spital erwarb vor allem in seiner Anfangszeit durch Schenkungen sowie gezielte Ankäufe – mehr als drei Viertel der Erwerbungen gehen auf Kaufgeschäfte zurück – umfangreiche Besitzungen im gesamten Bremer Landgebiet, von denen ihm reichlich Abgaben in Form von Naturalien und Geld zuflossen. Auch Anteile an zwei Mühlen und am Stintzoll brachte das Spital in seinen Besitz. Nach 1380 hörten die Besitzerwerbungen fast schlagartig auf, im 15. Jahrhundert kam es nur noch ganz vereinzelt zu Schenkungen und Landkäufen; offensichtlich war das Spital seit Ende des 14. Jahrhunderts in seinem Besitz saturiert. Das St. Jürgen-Spital, das auch Einkünfte aus Hausrenten besaß, wurde wohl nicht ganz zu Unrecht als „dat rike Gasthus" (Kosterchronik) bezeichnet. Es überstand die Reformation im Großen und Ganzen unversehrt, fiel aber 1595 einer verheerenden Feuersbrunst zum Opfer, die das Haus in der Hutfilterstraße samt seinen Nebengebäuden restlos zerstörte.

3. St. Remberti-Spital

Im Unterschied zum St. Jürgen-Gasthaus, das zunächst den Typ des Armen- und Siechenhauses verkörperte, war das St. Remberti-Spital von Anfang an ein reines Aussätzigenhaus. Die als Knoten-, Flecken- oder Nervenlepra auftretende chronische Hautkrankheit des Aussatzes ließ sich im Mittelalter nur durch strikte Absonderung der von der Krankheit Befallenen – „krancken mynschen, de myt der jamerliken unfledighen suke beswaret synt" – in eigens für diesen Zweck errichteten Leprosorien (Siechhäuser, Guteleutehäuser, Lazarushäuser etc.) einigermaßen unter Kontrolle halten. Die Existenz eines Bremer Aussätzigenhospitals (*Hospitale der Utsettichen*) ist erstmals 1306 durch die beiläufige Erwähnung der zu diesem Hospital gehörigen Leprosenkirche quellenmäßig bezeugt, doch besitzt auch diese karitative Anstalt eine längere unbekannte Vorgeschichte, die zumindest in die zweite Hälfte des 13. Jahrhunderts zurückreicht. Das St. Remberti-Spital, wie das Aussätzigenhaus seit Anfang des 15. Jahrhunderts bezeichnet wurde, lag außerhalb der Stadt zwischen dem Herdentor und dem Ostertor in etwa dort, wo sich auch heute noch das Remberti-Stift in der Rembertistraße befindet. 1427 waren dort 17 Kranke, von der Öffentlichkeit abgesondert, untergebracht. Es fällt auf, dass das Spital auch Ende des 16. Jahrhunderts noch genau dieselbe Zahl an Präbenden – wozu dann allerdings noch die 1½ Präbenden des Vogtes kamen – zu vergeben hatte, möglicherweise war die Kapazitätsgrenze der Anstalt damit erreicht. Die Spitalbewohner scheinen untereinander eine Art Bruderschaft gebildet zu haben, die u.a. auch vermögensrechtliche Ansprüche – etwa gegenüber dem Nachlass verstorbener Brüder und Schwestern – geltend machte.

Die Verwaltung des St. Remberti-Spitals besaß einen rein bürgerlich-städtischen Charakter, weshalb wohl auch schon die Gründung des Aussätzi-

genhauses auf die Initiative des städtischen Bürgertums bzw. der Stadtobrigkeit zurückging. Die leitenden Verwalter des Leprosoriums waren durchwegs bürgerliche Pfleger, einer der beiden Vorsteher war sogar, ähnlich wie beim St. Jürgen-Gasthaus, fast regelmäßig Ratsmitglied; auch war der Rat im Besitz des Patronatsrechts für den Spitalgeistlichen. Seit 1352 lassen sich die bürgerlichen Pfleger, deren Aufgaben vor allem in der Verwaltung des Spitalbesitzes, der Wahrnehmung vermögensrechtlicher Geschäfte sowie der Aufsicht über die Hausordnung bestanden, wenigstens zum Teil namentlich nachweisen, damals amtierten Johann Kemenade und der Ratsherr Albus Albertus als Vorsteher des Spitals. Der 1423–1427 gemeinsam mit Johannes Quade als Prokurator bezeugte Bürgermeister Detward Brockwedel, der sich auch gegenüber dem St. Jürgen-Gasthaus als Wohltäter erwies, verhalf dem St. Remberti-Spital 1427 mittels einer Landschenkung zu einer jährlichen Kleiderspende, die den 17 kranken Bewohnern, dem Spitalgeistlichen sowie zwei Wächtern eines spitaleigenen Gartens in Horn zugute kommen sollte. 1505 und 1512 lassen sich die beiden Ratsherren Marten Balleer und Johann Trupe als leitende Verwalter nachweisen; diese haben in ihrer Amtszeit ein Kopiar mit insgesamt 28 abschriftlichen Urkunden angelegt. Den alltäglichen Betrieb des Hospitals leitete wie beim St. Jürgen-Gasthaus ein Vogt, der selbst – zumindest in späterer Zeit – Anrecht auf eineinhalb Präbenden hatte und dem der spitaleigene Meierhof unterstand. Dem Vogt standen wiederum mehrere Mägde als Dienstpersonal zur Verfügung.
Der religiöse Einfluss war bei den Leprosorien besonders stark, die Aussätzigen wurden, nicht zuletzt mangels medizinischer Kenntnisse und Behandlungsmöglichkeiten, der besonderen bischöflichen Fürsorge anempfohlen, und mit den Lazariten gab es einen eigenen kirchlichen Orden, der sich der Pflege der Aussätzigen widmete. Es ist deshalb in gewisser Weise symptomatisch, dass das Bremer Aussätzigenhaus in der Überlieferung erstmals durch seine Kirche (*ecclesia leprosorum*) in Erscheinung tritt. Möglicherweise gab es in der Anfangszeit besondere Beziehungen der Leprosenkirche zur städtischen Liebfrauenkirche, denn 1316 scheinen beide Kirchen dieselben Prokuratoren besessen zu haben. Im Unterschied zum St. Jürgen-Gasthaus, das erst Jahrzehnte nach seiner Gründung durch eine Altarstiftung einen eigenen Geistlichen erhielt, besaß das St. Remberti-Spital höchstwahrscheinlich von Anfang an einen Priester, der hauptamtlich für die geistlichen Bedürfnisse der Spitalbewohner zuständig war. Dabei bezog der Aussätzigenpriester seine Einkünfte nicht, wie gemeinhin üblich, aus einer eigens für seinen Unterhalt bestimmten (Vikarie-)Stiftung, sondern er teilte Wohnung, Unterhalt, ja teilweise selbst die Kleidung mit den Bewohnern des Spitals. Der Spitalpriester war somit selbst Pfründner des

Bestätigung des Rates über die testamentarische Stiftung eines Armenhospitals und Pilgerhospizes bei St. Martini (St. Gertruden-Gasthaus) durch den Bürgermeister Hermann von Ruten, 24. Juli 1366. (Staatsarchiv Bremen)

Hospitals und als solcher hatte er gleichberechtigt Anteil an allen Einkünften und Erträgnissen der Anstalt (*fiat portionarius*). Erster namentlich bekannter Priester des St. Remberti-Spitals (*rector capellae*, *Karcher*) war ein gewisser Johannes, dessen Nachfolge 1318 der auf Vorschlag des Rates vom Domdekan eingesetzte Friedrich von Gamundia antrat. Weitere Anstaltsgeistliche waren Arnold (1360), Heinrich Advocati (1418–1423), Borchard Brunß (1505) sowie Berndt Nygestädt (1464–1470). Letzterer war auch ein Wohltäter des St. Remberti-Spitals, dem er eine Land- und Zehntschenkung in der Absicht, die Verpflegung der Bewohner zu verbessern, zukommen ließ. Dass daneben, ähnlich wie im St. Jürgen-Gasthaus, auch die Bewohner des St. Remberti-Spitals zu einer religiös-sittlichen Lebensführung angehalten wurden, die regelmäßigen Gottesdienstbesuch und tägliches Abendgebet vorsah und unchristliche Verhaltensweisen wie Aberglaube, Fluchen, Schelten, Verleumden, Diebstahl und Lügen mit Strafen belegte, versteht sich fast schon von selbst.

Das St. Remberti-Spital verfügte vermutlich seit seiner Gründung über einen eigenen, selbstbewirtschafteten Meierhof, der das Haus regelmäßig mit Naturalienlieferungen versorgte. Daneben erwarb das Spital im Laufe der Zeit durch Schenkung und Kauf weiteren Landbesitz in Horn, Walle, Malswürden, Gansebe/Stedingen, Schwachhausen, vor dem Ostertor, im Lesumerbroch sowie an der Steinstraße. Der Landbesitz des St. Remberti-Spitals war zwar nicht so umfangreich wie derjenige des St. Jürgen-Gasthauses, war jedoch für die Bedürfnisse der relativ kleinen Anstalt durchaus ausreichend. Weitere Zuwendungen aus privater Hand dienten der gezielten Verbesserung der Beköstigung (Brotspenden, Fischspeisen, Stintzoll, Ölspenden), der Bekleidung (Schuhe, Socken, Kleider) und der Beschaffung von Heizmaterial (Holzkohle) oder bestanden aus Bargeld ohne genaue Zweckbestimmung. Einer gewissen Beliebtheit erfreute sich auch die Stiftung sog. Seelbäder. Dabei kamen die Spitalbewohner – gegen die Gebetsverpflichtung für den Stifter – in den Genuss eines zumeist wöchentlichen Bades, bei dem in der Regel auch Speise und Trank gereicht wurden. Einen Beitrag zum Unterhalt des Aussätzigenhauses leisteten schließlich auch die wöchentlichen Bettelgänge in der Stadt, bei denen Bedienstete des Spitals mit dem sog. Glockenkorb mildtätige Spenden einsammelten.
Im 15. Jahrhundert setzte auch beim St. Remberti-Spital die Entwicklung zum Pfründnerhaus ein. 1421 ist, in bewusst vorgenommener Abgrenzung zu den kranken Aussätzigen (*de seken kranken lude*), erstmals von *starken* Bewohnern die Rede, und vier Jahre später wurden die gesunden (*sunden*) Bewohner des Hauses in einer Schenkungsurkunde ausdrücklich vom Stiftungsertrag ausgenommen. Trotz anfänglicher Versuche des Rates, dieser Entwicklung Einhalt zu gebieten, dürfte spätestens Anfang des 16. Jahrhunderts mit dem allgemeinen Rückgang der Lepra die Zahl der gesunden Prövener im Spital überwogen haben. Diese gesunden Prövener wurden jedoch nicht mehr unentgeltlich aufgenommen, sondern mussten eine Art Einkaufsverpflichtung – die sog. Wanheit – eingehen, auch wurden sie in begrenztem Umfang zu Hausarbeiten herangezogen.
Während des Schmalkaldischen Krieges 1546/47 wurden die Rembertikirche und ein Teil der Spitalgebäude aus verteidigungspolitischen Gründen abgerissen. Ende des 16. Jahrhunderts erfolgte dann der Wiederaufbau des St. Remberti-Stifts in veränderter Form als reine Versorgungsanstalt für ältere Personen.

4. St. Gertruden-Spital

Neben den Alten, Kranken, Gebrechlichen und Armen gab es mit den Fremden einen weiteren Kreis von Hilfsbedürftigen, die vorübergehend oder dauerhaft auf Unterstützung angewiesen waren. Vor allem das durch Urbanisierung und Verarmung breiter städtischer Bevölkerungsschichten bedingte Anwachsen der Bettelei sowie die Ausbreitung des Wallfahrtswesens, die Scharen von Pilgern auf die Straßen und in die Städte trieb, sorgten im Hoch- und Spätmittelalter für eine überproportionale Zunahme gerade dieses hilfsbedürftigen Personenkreises. Aus diesem Grund entstanden damals allerorten Fremdenherbergen, Pilgerhäuser und Xenodochien, die auf die besonderen Bedürfnisse dieser Gruppe hilfesuchender Menschen zugeschnitten waren.

Die Anfänge des Bremer Pilgerhauses datieren in die Mitte des 14. Jahrhunderts. Ließ sich beim Heiliggeist-Spital, St. Jürgen-Gasthaus und St. Remberti-Spital die bürgerlich-städtische Initiative bei der Gründung nur aufgrund allgemeiner Indizien vermuten, so steht diese bei der Fremdenherberge außer Frage: Die Herberge (*hospitale sive domum peregrinorum*) verdankte ihre Entstehung einer frommen Stiftung des um sein Seelenheil besorgten Bürgermeisters Hermann von Ruten, der wohl um 1354 verstarb. Bis zur tatsächlichen Gründung verflossen dann aber noch über zehn Jahre: Die Beurkundung und Bestätigung der testamentarischen Stiftung Rutens durch den Rat, der die karitative Anstalt zugleich in aller Form von den städtischen Lasten befreite, erfolgte erst am 24. Juli 1366. Hermann von Ruten verband mit seiner Gründung die Absicht, ein Gasthaus einzurichten, in dem fremde Bettler und arme Pilger (*advenae mendicantes et peregrini pauperes*) für eine Nacht Aufnahme finden konnten und dabei mit Bier und Weizenbrot verpflegt wurden. Für dieses Fremdenhospiz stellte er ein östlich des Martinikirchhofes, direkt an der Weser gelegenes Eckhaus zur Verfügung. Nach der benachbarten Martinikirche wurde das Haus zunächst auch *Gasthus by sunte Martene* genannt, erst in der zweiten Hälfte des 15. Jahrhunderts bürgerte sich die Bezeichnung St. Gertruden Spital bzw. -Gasthaus (*Gasthus sunte Gertrudes*) ein.

Hermann von Ruten trug in seinem Testament dafür Sorge, dass der bestimmende Einfluss von Stadt und Bürgertum nicht auf die Gründung beschränkt blieb: Er setzte den städtischen Rat als leitende und kontrollierende Behörde ein, dem damit die Verwaltung des Hauses und seines Güter- und Rentenbesitzes zufiel. Zugleich verpflichtete er den Rat, die alltägliche Leitung des Gasthauses zwei zuverlässigen und geeigneten Männern zu übertragen. Diese sollten die Versorgung der Pilger und armen Fremden – zu diesen zählten, wie sich bald zeigen sollte, nicht zuletzt auch umherwandernde Schiffbrüchige – so vornehmen, „wie sie selbst wünschen, einst im Himmel aufgenommen und bedient zu werden“. Der Rat kam seiner Verpflichtung nach und ernannte 1367 den Ratsherrn Heinrich Gröning sowie Heinrich von Ruten, den Sohn des Stifters, zu den ersten Verwaltern

Rentenbuch und Inventar des St. Gertruden-Gasthauses, 1499. (Staatsarchiv Bremen)

des St. Gertruden-Spitals. An die Stelle Heinrich Grönings trat noch vor 1373 Heinrich Hadermissen, der das Amt gemeinsam mit Heinrich von Ruten mindestens bis 1382 innehatte. Auch die Ratsherren Godfried von Reden (1474–1493) und Johann Oldiges (1484–1507) sowie der Bürger Johann Godfriedes (1501–1514) waren längere Zeit als Pfleger für das Fremdengasthaus tätig. Von Reden, Oldiges und besonders der 1514 als Verwalter bezeugte Ratsherr Reyner Preen haben ihrer Vebundenheit gegenüber der Fremdenherberge darüber hinaus auch durch religiös motivierte Stiftungen Ausdruck verliehen. Das St. Gertruden-Gasthaus verkörperte somit den Geist mittelalterlicher Wohlfahrtspflege auf nahezu vollkommene Weise: Von privater, bürgerlicher Seite um des Seelenheils willen gegründet, den Rat als leitendes Organ, verdankt es seine Entstehung sowie weitere Entwicklung bürgerlichem Gemeinsinn wie auch religiösen Beweggründen gleichermaßen.
Hermann von Ruten hatte auch für eine solide materielle Grundlage seiner Stiftung gesorgt, indem er das Spital mit einem Viertelland in Ware sowie einem Kamp außerhalb der Stadt beim „heiligen Grab“ ausstattete und diesem darüber hinaus eine jährliche Rente von 2 Br. Mk. zukommen ließ. Dieser materielle Grundstock erfuhr auch beim St. Gertruden-Spital im Laufe der Zeit durch Schenkungen, Ankäufe und testamentarische Verfü-

gungen eine beträchtliche Ausweitung, wobei auch hier die Zuwendungen wenigstens zum Teil aus gezielten Gaben an Lebensmitteln, Feuerungsmaterial, Bädern und Kleidung für die Hausgäste bestanden. Zu den Wohltätern der Fremdenherberge zählten u.a. auch der Domcellerar, Ansgariikanoniker und Stadtchronist Herbord Schene sowie der Bürgermeister Detward Brockwedel, dem die städtischen Spitäler offensichtlich besonders am Herzen lagen, waren doch auch das St. Jürgen-Gasthaus und das St. Remberti-Spital von ihm reichlich beschenkt worden. 1373 gelangte das St. Gertruden-Spital durch eine Schenkung Alheyd Pluchmachers auch in den Besitz des Nachbarhauses, doch musste man dieses Haus samt Hof und Stall auf Drängen des Rates wieder verkaufen, weil dieser eine Ausweitung der dem Gasthaus gewährten Befreiung von den städtischen Lasten auf das neu erworbene Grundstück um jeden Preis verhindern wollte. Eine Stiftung aus dem Jahr 1501 sei noch besonders erwähnt, weil sie dem speziellen Charakter des St. Gertruden-Spitals als Pilgerherberge besonders nachhaltig Rechnung trug. Borchard Rassche vermachte der Herberge damals 40 rhein. Gulden, mit denen den wohl nicht selten mit wundgelaufenen Füßen ankommenden Pilgern ein warmes, die Schmerzen linderndes Fußbad verabreicht werden sollte.

Das St. Gertruden-Gasthaus überlebte die Reformation nicht lange, 1531 wurde es mit dem inzwischen zum Armen- und Krankenhaus umgewidmeten St. Johanniskloster vereinigt. Das nunmehr nicht mehr benötigte bisherige Spitalgebäude östlich des Martinikirchhofs wurde daraufhin zum städtischen Kornhaus eingerichtet.

5. Witwenhaus bei den grauen Mönchen

Neun Jahre nach der Gründung des Pilger- und Fremdenhospitals St. Gertruden entstand eine weitere sozial-karitative Einrichtung in der Stadt, die wiederum einer bestimmten Klientel hilfsbedürftiger Personen, nämlich verarmten Witwen, vorbehalten blieb. Stifterin des Witwenhauses war die Bürgerin Margarethe Ployes, die 1375 in ihrem in der Nähe des Johannisklosters an der Wüstestätte gelegenen Haus eine Wohnung für vier arme Witwen einrichten ließ. Margarethe Ployes bedachte drei Jahre später auch das St. Jürgen-Gasthaus und das St. Remberti-Spital mit Ölspenden, sie war den in Not und Bedrängnis Geratenen offenbar besonders zugeneigt. Nach seiner Lage wurde das Haus, an dem eine Statue des Jakobus Major angebracht war, gewöhnlich als Witwenhaus bei den grauen Mönchen (*we dewen hus by de grawen Monniken*) bezeichnet. Von den aufgenommenen Witwen, die bremische Bürgerinnen sein und sich eines ehrenhaften Lebenswandels befleißigten mussten, wurde erwartet, dass sie zum baulichen

Unterhalt des Hauses jährlich 6 Gr. beisteuerten. Die ersten vier Bewohnerinnen wurden von der Stifterin selbst ausgewählt. Später sollte dann der Rat, dem nach bewährtem Muster die Verwaltung des Hauses übertragen wurde und der auch eventuell auftretende Streitigkeiten oder Rechtshändel unter den Bewohnerinnen schlichten sollte, die durch Heirat, Tod oder freiwilligen Austritt notwendig gewordene Auswahl treffen. 1445 hat der Rat die von der Stifterin Margarethe Ployes 70 Jahre zuvor erlassenen Statuten aufs Neue bestätigt.
Auch das Witwenhaus bei den grauen Mönchen oder St. Jacobi-Witwenhaus, wie es auch genannt wurde, kam in den Genuss von Gaben und Legaten wohlgesonnener Spender, die dadurch ihr ewiges Seelenheil zu erlangen hofften. Die bei weitem bedeutendste Zuwendung war sicherlich eine einmalige Geldschenkung von 100 Mk. durch Gerd Blocks, weil sich durch diese milde Gabe die Zahl der Bewohnerinnen von vier auf sechs erhöhen ließ. Das Witwenhaus überlebte die Reformation, Ende des 16. Jahrhunderts sollen in dem mittlerweile alten und baufälligen Gebäude noch acht Frauen gelebt haben. Das Haus an der Wüstestätte stand von 1375 bis 1659 knapp 300 Jahre lang im Dienst der christlich motivierten Witwenversorgung.

6. Ilsabeen-Gasthaus

Mit dem nach der hl. Elisabeth benannten Gasthaus in der Hutfilterstraße kam es 1499 gut 20 Jahre vor dem Ausbruch der Reformation zur letzten größeren mittelalterlichen Hospitalgründung in Bremen. Die Stiftung des Ilsabeen-Gasthauses erfolgte am 23. Juni 1499 durch eine Anzahl namentlich nicht bekannter Bürger „to behoff unde nottruft der Armen elenden Lüde, de sich suluest nycht behelpen konen“. Vorgesehen war die Aufnahme und Pflege armer, elender und kranker Obdachloser, denen vorübergehend oder dauerhaft eine Unterkunft geboten werden sollte. Die Spitalgründung war wohl eine unmittelbare Reaktion auf die Tatsache, dass im ausgehenden Mittelalter vor allem in größeren Städten bezahlbarer Wohnraum oft knapp wurde, so dass das Problem der Wohnungsnot und Obdachlosigkeit zunehmend an Bedeutung gewann.
Die Verwaltung des Gasthauses lag in gewohnter Weise in den Händen zweier vom Rat ernannter Pfleger, von denen einer in der Regel das Bürgermeisteramt innehatte (z.B. Hinrich Kreye, Hinrich Syrenberch, Marten van Heymborch). Die Pflege der kranken und obdachlosen Bewohner wurde zwei frommen Frauen anvertraut, die von familiären Verpflichtungen möglichst frei sein sollten. Es dauerte nicht lange, bis auch das neugegründete Ilsabeen-Gasthaus Empfänger religiös motivierter Legate wurde. Ers-

ter Wohltäter der Anstalt war jener Borchard Rassche, der den Pilgern des St. Gertruden-Gasthauses 1501 ein warmes Fußbad spendierte und der im selben Jahr jetzt auch das Ilsabeen-Gasthaus mit einer Stiftung bedachte, die die jährliche Verteilung von einem Fuder Kohlen unter den Bewohnern vorsah. Weitere größere Vermächtnisse waren eine Schenkung Hinrich Middelstorps, der dem Gasthaus seine gesamte bewegliche Habe sowie eine Rente von 100 Mk. zukommen ließ (1512), die Übergabe des gesamten Nachlasses an Feuerungsmaterial und Viktualien durch Hermann Rusack (1518) sowie ein Legat von 400 Mk. durch Hermann von Büren (1520).

7. Weitere Armenhäuser und Gottesbuden

In einem seit 1500 angelegten Testamentenbuch wird das ansonsten nicht belegte Armenhaus zu den zwölf Aposteln erwähnt, das von der gleichnamigen Bruderschaft unterhalten wurde. Das Haus wurde um und nach 1500 mit einigen bescheidenen Geldzuwendungen zwischen ½ Mk. und 2 Mk. bedacht, was darauf schließen lässt, dass es sich um eine recht kleine Anstalt gehandelt haben muss. Aufgrund der Namensgleichheit steht zu vermuten, dass das Armenhaus in enger Verbindung mit der an der Domsheide im Bereich des späteren Eschenhofs gelegenen Kapelle zu den zwölf Aposteln stand.
In dem Testament der Witwe Jutteke Hoetfilter von 1511 wird ein Armenhaus bei der Holzpforte mit 5 Mk. bedacht, über das sonst nichts weiter bekannt ist. Ob es sich bei diesem Armenhaus im Bereich des Tiefer möglicherweise um das St. Annen-Haus der Annenbruderschaft handelt, für dessen Bau Heinrich von Minden 1494 9 Br. Mk. spendete, ist schwer zu entscheiden, da auch über Letzteres keine weiteren Nachrichten vorliegen. Eventuell gelangte der geplante Bau des St. Annen-Hauses auch gar nicht zur Durchführung.
Auch für das vermutlich im 14. Jahrhundert durch Johann Reyners begründete Armen- und Krankenhospital beim Stephanitor findet sich in der Überlieferung nur eine einzige Erwähnung. Das Hospital war anscheinend als Ergänzung zum offensichtlich nicht selten überbelegten St. Jürgen-Gasthaus gedacht und muss, da weitere Nachrichten fehlen, bald wieder eingegangen sein.
Die Wohnungsnot und zunehmende Wohnraumverknappung, der vor allem alte, kranke und notleidende Menschen zum Opfer fielen, führte seit dem 15. Jahrhundert schließlich auch zur Einrichtung sog. Gottesbuden (*Gadesboden*). Bei den Gottesbuden handelte es sich um winzige Behausungen, zumeist in Form von Vor- und Anbauten, Kellerräumen oder Ein-

raumhäusern, in denen arme und gebrechliche Leute aufgrund eines frommen Vermächtnisses lebenslang umsonst wohnen konnten. Diese Freiwohnungen waren oft einem der städtischen Spitäler zugeordnet, deren Verwaltung sie dann unterstellt waren, doch gab es sie auch in Verbindung mit Privathäusern. Eine der ersten Gotteswohnungen in der Stadt war die Kemenate, die der Domvikar Gerhard von Gröpelingen seiner Magd 1385 in seinem Haus in der Buchtstraße testamentarisch zu unentgeltlicher Unterkunft bereitstellte. Unter den städtischen Hospitälern besaß vor allem das St. Gertruden-Gasthaus mehrere derartige Gottesbuden. 1479 ließ Johann Konen durch eine Stiftung von 30 Br. Mk. den sog. *Ordkeller* unter dem Gasthaus zu einer Krankenstube einrichten, in der eine Pflegerin erkrankte Pilger und Gäste pflegen und versorgen sollte. Einen weiteren Kellerraum dieses Hauses ließen die Testamentsvollstrecker Johann Scherers zu einer Wohnung für drei arme Witwen oder Jungfrauen herrichten. Wenn dabei den drei Bewohnerinnen auferlegt wurde, täglich einen Rosenkranz zu Ehren Marias zu beten, dann zeigt dies mehr als deutlich, dass bei diesen Stiftungen von Gotteswohnungen religiöse Gesinnung und Absichten im Vordergrund standen. Auch auf der Rückseite des St. Gertruden-Gasthauses zur Weser hin gab es mindestens drei Gottesbuden. Zwei dieser Freiwohnungen gingen auf eine Stiftung Gottfried von Redens zurück, der 1380 eine größere Steinbude für vier gebrechliche Personen einrichten ließ, während eine angrenzende kleinere Holzbude der Pflegerin als Unterkunft diente. Die dritte weserseitige Gottesbude stiftete 1484 die Witwe Dedeke Hekede für eine unbestimmte Anzahl „armer, ehrlicher, frommer Leute". Das St. Jürgen-Gasthaus gelangte 1487 durch eine Schenkung des Bürgermeisters Berend Balleer in den Besitz von sechs kleinen Häusern – sog. Steinbuden – in der Hundestraße, und dem Ilsabeen-Gasthaus wurden sogleich bei seiner Gründung 1499 einige hinter dem Haus sowie an der Stadtmauer gelegene Buden zugeordnet.

8. Offene Armenfürsorge

Neben der anstaltlichen Armenfürsorge, bei der die Hilfsbedürftigen in Armen-, Siechen-, Witwen- und Pilgerhäusern untergebracht und verpflegt wurden, gab es auch noch eine offene Armenfürsorge in Form religiös motivierter Geld- oder Sachspenden – den Almosen –, die den von Armut und Krankheit betroffenen Menschen direkt zufließen sollten. Besondere Bedeutung erlangten dabei die frommen Almosenstiftungen, die eine Jahr für Jahr am Todestag des Stifters sich wiederholende Verteilung von Armenspenden vorsahen. Diese Legate wurden normalerweise einer der städtischen Kirchen anvertraut, deren Prokuratoren dann die Verantwortung für die alljährliche Aktivierung der Armenspende trugen. Die mit der Verwaltung der Spende beauftragte Kirche war zugleich der Ort, an dem den Armen, meist in Verbindung mit Gottesdienst, Vesper oder Vigil, die ihnen zugedachten milden Gaben ausgehändigt wurden. Die städtischen Kirchen bzw. deren Vorraum waren also regelmäßig Schauplatz der Verteilung von Armenspenden.

Zwischen 1200 und 1450 sind ca. 25 fromme Stiftungen überliefert, die die Zuteilung mildtätiger Gaben an die Armen der Stadt zum Inhalt hatten. Die Stifter waren zu zwei Dritteln Privatpersonen weltlichen Standes, stammten also überwiegend aus dem städtischen Bürgertum; daneben tätigten auch noch Geistliche, der Rat und einmal die St. Annenbruderschaft bei der Liebfrauenkirche (1428) Stiftungen von Armenlegaten. Nur bei zwei dieser ca. 25 Stiftungen sollte die Verteilung der Armenspenden am Jahrestag des Stifters durch Familienangehörige vorgenommen werden. Zumeist wurde die Verwaltung der Almosen jedoch einer städtischen Kirche treuhänderisch übertragen. Am häufigsten wird dabei der Dom genannt, dem neun Stifter – einmal gemeinsam mit der Ansgariikirche – die Verteilung der mildtätigen Gaben an die Armen anvertrauten. Liebfrauenkirche und Ansgariikirche waren jeweils siebenmal im Jahr Schauplatz von Almosenverteilungen, die Stephanikirche, die Komtureikirche des Deutschen Ordens und das St. Gertruden-Gasthaus wurden je einmal berücksichtigt. Zumeist gelangte bei diesen Armenspenden Weizenbrot zur Verteilung, weil es einen symbolischen Hinweis auf die – gleichfalls aus Weizenmehl hergestellte – Hostie enthielt. Hin und wieder wurden die Armen der Stadt aber auch mit Kleidung versorgt, wie etwa in der Stiftung des Bürgermeisters Reinward Dene von 1405, der jährlich abwechselnd graues Zeug („grawen wande to klederen") und Schuhe an die Bedürftigen verteilen ließ. Reine Geldspenden scheinen dagegen die Ausnahme dargestellt zu haben, nur der Vikar Hermann von Borch bestimmte 1366, dass an seinem Todestag sowie am Allerseelenfest den Armen jeweils zwei Grote ausgehändigt werden sollten. Die beiden vom Rat der Stadt gestifteten Armenlegate gingen auf bestimmte Anlässe zurück. Der Rat wollte mit den Armenspeisungen am Donnerstag nach Fastnacht (seit 1305) und am Abend des Peter-und-Pauls-Tages (seit 1366) vor der Liebfrauenkirche die Erinnerung an den städtischen Sieg über die Stiftsritterschaft bzw. an die Wiederbefreiung der Stadt nach dem „Verrat" wachhalten. Neben den Armen, die wie üblich mit Weizenbrot gespeist wurden, kamen dabei auch die städtische Geistlichkeit und zum Teil auch die städtischen Angestellten in den Genuss großzügiger Geldspenden.

Seit der Mitte des 15. Jahrhunderts sind für ein halbes Jahrhundert keine Almosenstiftungen mehr überliefert, die seit 1441 jährlich am Margare-

thentag in der Ansgariikirche zu verteilende Brotspende der Witwe Aleke van dem Werve war für lange Zeit die letzte derartige Stiftung. Erst in dem von 1500 bis 1569 geführten ältesten Testamentenbuch sind dann auch wieder letztwillige Zuwendungen an Arme verzeichnet. Unter den insgesamt 54 Testamenten aus der Zeit zwischen 1500 und 1525 waren auch acht reine Armenlegate sowie 13 Armenspenden in Verbindung mit weiteren Zuwendungen an Kirchen, Spitäler, Bruderschaften etc., die offene Armenfürsorge fand also in etwa 40 % aller Testamente Berücksichtigung. Drei Stifter, nämlich Johann Druppmann (1500), Johann Hundertmark (1511) und Aleke Lammerdes (1522), vermachten sogar, da offenbar ohne Erben, ihr gesamtes Hab und Gut den Armen. Auch reine Geldgaben, die vor 1500 noch Ausnahmecharakter besaßen, sind nun häufiger anzutreffen, darunter so außerordentlich hohe Beträge wie 800 Mk. durch Heinrich Balleer (1511) und 300 Mk. durch den Ratsherrn Hinrich Vryge (1505). Großer Beliebtheit erfreuten sich daneben nach wie vor die Kleiderspenden, acht Testamente sahen die Ausgabe von Laken, Leinwand, Schuhen und dergleichen für die Armen vor. Größter Empfänger mildtätiger Gaben aber war in der Zeit nach 1500 das soeben erst neugegründete Ilsabeen-Gasthaus (1499) – das „neue Gasthaus", wie es zumeist genannt wird –, das zwischen 1500 und 1525 in 30 Testamenten und damit in mehr als jedem zweiten Testament auftaucht. Insofern erfuhren die in karitativen Anstalten – insbesondere im Ilsabeen-Gasthaus – versorgten Armen sicherlich ein größeres Maß an fürsorglicher Zuwendung als die auf offene Armenfürsorge angewiesenen Hausarmen und sonstigen Bedürftigen.
Neben der sicher nur vermögenden Bürgern möglichen Stiftung von Armenlegaten hatten die Gläubigen selbstverständlich auch bei jedem Kirchenbesuch die Möglichkeit, ihrer christlichen Pflicht zur Hilfsbereitschaft und Armenunterstützung nachzukommen. Die Kirchen trugen dem durch Aufstellung von Opferstöcken und regelmäßigen Sammlungen Rechnung. Auf diese Weise bildete sich bei den Pfarrkirchen und beim Dom ein Bestand an Armengeld, der sich gezielt zur Linderung der größten Not einsetzen ließ. Aber auch kleinere Kirchen verfügten über einen Almosenstock, wie dies 1373 für die Nikolaikirche bezeugt ist.

Literatur:
Angenendt, Geschichte der Religiosität (1997). – Bippen von, Ausbildung der Armenpflege (1888). – Bookmann, Stadt (1994). – Frölich, Kirche und Verfassungsleben (1933). – Iken, St. Jürgen-Gasthaus (1900). – Lange, Liebestätigkeit (1925). – Leidinger, Hospital (1994). – Petri, Diakonie (1925).

VIII. Frömmigkeitsformen und geistliches Leben in der Stadt

Kirche und Religion durchdrangen in der spätmittelalterlichen Stadt so gut wie sämtliche Lebensbereiche in einem heute kaum mehr vorstellbaren Ausmaß, die Präsenz der Kirche im Alltag war nahezu allumfassend. Der Tagesablauf wurde weitgehend durch das Läuten der Kirchenglocken strukturiert, wie überhaupt die Zeitordnung im Spätmittelalter – trotz des Aufkommens städtischer Rathausuhren als Sinnbild der beginnenden Säkularisierung von Zeit – im Wesentlichen noch kirchlich-liturgisch fixiert war. Glaube, Religion und Transzendenz waren nicht allein eine Angelegenheit der Kirche, vielmehr trug die Bürgergemeinde insgesamt den Charakter einer in religiösen Wertüberzeugungen fundierten Gemeinschaft. In dieser durch ihre vielfältigen religiösen Bindungen und christlichen Grundüberzeugungen geeinten städtischen Gesellschaft entwickelte sich ein reichhaltiges geistliches Leben und es kam zur Ausbildung zeittypischer stadtbürgerlicher Frömmigkeitsformen: Bürgerliches Stiftungswesen, kirchliches Totengedenken, Heiligen- und Reliquienkult, Prozessionen, Wallfahrten sowie ein in sich differenziertes geistliches Bruderschaftswesen erhielten damals ihre charakteristischen, zum Teil noch weit über das Mittelalter hinaus gültigen Ausdrucksformen. Und wo es unübersehbare Fehlentwicklungen innerhalb der Kirche zu beklagen gab, wie insbesondere beim immer mehr ausufernden Ablasswesen, da äußerte sich das Miss-

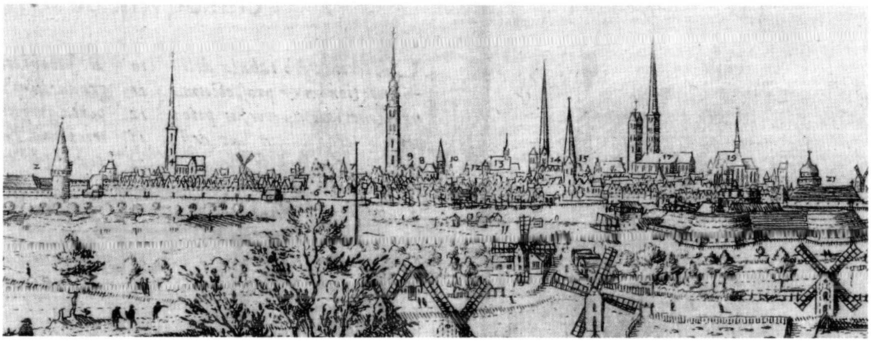

Blick auf Bremen und seine Kirchen: St. Stephani (4), St. Nicolai (7), St. Ansgarii (8), St. Jacobi (10), St. Katharinen (13), Unser Lieben Frauen (14), St. Martini (15), St. Petri Dom (17), St. Johann (19). Ausschnitt aus einer Stadtansicht in der Dilichchronik, 1604. (Staatsarchiv Bremen)

fallen in aller Regel nicht in Form einer fundamentalen Kirchenkritik, sondern zielte auf eine Behebung der Missstände bzw. auf eine Verbesserung der vorherrschenden Zustände.

1. Bruderschaften

Ein besonders enges Bindeglied zwischen städtischem Bürgertum und den Kirchen der Stadt stellten die dem Gedanken brüderlicher Verbundenheit verpflichteten geistlichen Fraternitäten dar. Diese Laienbruderschaften unter geistlicher Führung waren freie gesellschaftliche Vereinigungen mit selbstgewählten Bindungen, eigenem Schutzpatron und eigenen religiösen Gebräuchen und Zielen. Der Hauptzweck dieser nicht selten berufsständisch-zunftmäßig organisierten Gemeinschaften bestand in der gegenseitigen Sorge für verstorbene Mitglieder, denen die Bruderschaft eine würdige, glanzvolle Beerdigungsfeierlichkeit zuteil werden ließ und derer man in jährlichen Seelenmessen gedachte. Weitere Ziele und selbstgesteckte Aufgaben waren gemeinsame Gottes- und Heiligenverehrung, praktizierte Caritas in Armen- und Krankenpflege, gegenseitige Unterstützung in Not und nicht zuletzt die Pflege des geselligen Zusammenseins. Dieses intensive gemeinsame Erleben froher und trauriger Lebensereignisse ließ unter den Mitgliedern ein Gefühl familiärer Vertraulichkeit entstehen. Jährlich wiederkehrender Höhepunkt waren dabei die Feierlichkeiten am Patronstag mit Festgottesdienst und anschließendem genossenschaftlichen Mahl.
Um ihren religiösen Verpflichtungen in vollem Umfang nachkommen zu können, schlossen sich die Laienbruderschaften durch vertragliche Bindung einer Kirche oder einem Kloster in der Stadt an, wo sie dann in aller Regel eine eigene Kapelle, einen eigenen Altar oder – falls die materiellen Mittel hierfür nicht ausreichten – doch zumindest eine Anzahl brennender Kerzen unterhielten; auch konnten sie das priesterliche Personal der betreffenden kirchlichen Institute jederzeit für ihre gottesdienstlichen Feiern in Anspruch nehmen. Auch wenn die Bruderschaften als freie Bildungen des religiösen Gesellschaftslebens keine festen Einrichtungen des kirchlichen Verfassungsgorganismus waren, so unterlagen sie doch grundsätzlich der Genehmigungspflicht durch die kirchlichen Oberen, wie denn auch ihr durch Beiträge, Spenden, Strafgelder und Stiftungen angehäuftes Vermögen kirchenrechtlich als – steuerfreies – Kirchengut behandelt wurde. Die geistlichen Fraternitäten bildeten somit in gewisser Weise religiös-kultische Sondergemeinschaften innerhalb der Pfarrorganisation.
Die Blütezeit des mittelalterlichen Bruderschaftswesens lag im 14./15. Jahrhundert, als große Teile des städtischen Bürgertums neue Formen von Frömmigkeit erprobten. In den großen gewerbe- und zunftreichen Städten

gab es damals, wie etwa in Hamburg (99), Köln (80) oder Lübeck (70), zum Teil über 50 Bruderschaften. Die Beliebtheit dieser Laienbruderschaften ist nicht zuletzt darauf zurückzuführen, dass sie auch ärmeren Bevölkerungsschichten, denen die Mittel für private Seelgerätstiftungen fehlten, die Sicherung ihres Seelenheils ermöglichten. Nicht umsonst galten die Fraternitäten als eine Art geistlicher Versicherungsanstalten. Selbst das Verdikt Nikolaus' von Kues (1401–1464) gegen die Neugründung von Bruderschaften konnte dem Erfolg dieser Vereinigungen religiös-geselligen Charakters nichts anhaben, ganz im Gegenteil kam es Ende des 15. Jahrhunderts infolge des Aufkommens neuer Heiligenkulte noch einmal zu einer Welle von Neugründungen.

In Bremen war die 1328 – bzw. nach neuesten Untersuchungen wahrscheinlich sogar schon zwischen 1316 und 1322 – gegründete St. Annenbruderschaft bei der Liebfrauenkirche nicht nur die größte und vornehmste, sondern vermutlich auch die älteste geistliche Bruderschaft mit Laienbeteiligung und sie war zugleich auch die früheste quellenmäßig nachweisbare Annenbruderschaft im deutschsprachigen Raum. Der St. Annenbruderschaft bei Unser Lieben Frauen, die zur Zeit ihrer Gründung 40 Mitglieder umfasste, gehörten neben vielen Bürgern der Stadt auch Erzbischöfe, Kanoniker, Ritter und Ministerialen an, ihr waren also Geistliche und Laien gleichermaßen angeschlossen. Die Verwaltung des Besitzes wurde zwei oder drei Vorstehern (*procuratores*, *provisores*) übertragen, die die Schenkungen entgegennahmen und die An- und Verkäufe tätigten; nicht selten scheinen Vikare des Domes und der beiden Stiftskirchen diese Funktion ausgeübt zu haben. Die Bruderschaft muss einen enormen Zulauf verzeichnet haben, denn 1428 hat man, um den klerikal-geistlichen Einfluss nicht zu groß werden zu lassen, die Zahl der geistlichen Brüder für alle Zeit auf 40 beschränkt; offensichtlich sollte das laikale Element in der geistlichen Vereinigung die Oberhand behalten. Am Sonntag nach Trinitatis veranstaltete die Bruderschaft am Annenaltar der Liebfrauenkirche alljährlich eine festliche, aus Vesper, Vigilien und Seelenmessen bestehende Totenmemoria, an die sich ein viergängiges Gastmahl anschloss. Auch wenn bei diesem Gastmahl Almosen an die Armen verteilt wurden, so besaß die Annenbruderschaft bei Liebfrauen doch einen primär religiös-geselligen Charakter, der karitative Aspekt war hier eher von untergeordneter Bedeutung. Aus der Frühzeit der Bruderschaft hat sich ein sog. Antiphonale erhalten, das neben einer Sammlung liturgischer Wechselgesänge auch noch Messformulare, die Statuten der Bruderschaft von 1428 sowie ein umfangreiches, ca. 1600 Namen umfassendes Verzeichnis der Mitglieder und der Totenannalen verstorbener Mitbrüder und -schwestern enthält.

Die St. Annenbruderschaft bei der Liebfrauenkirche blieb nicht die einzige

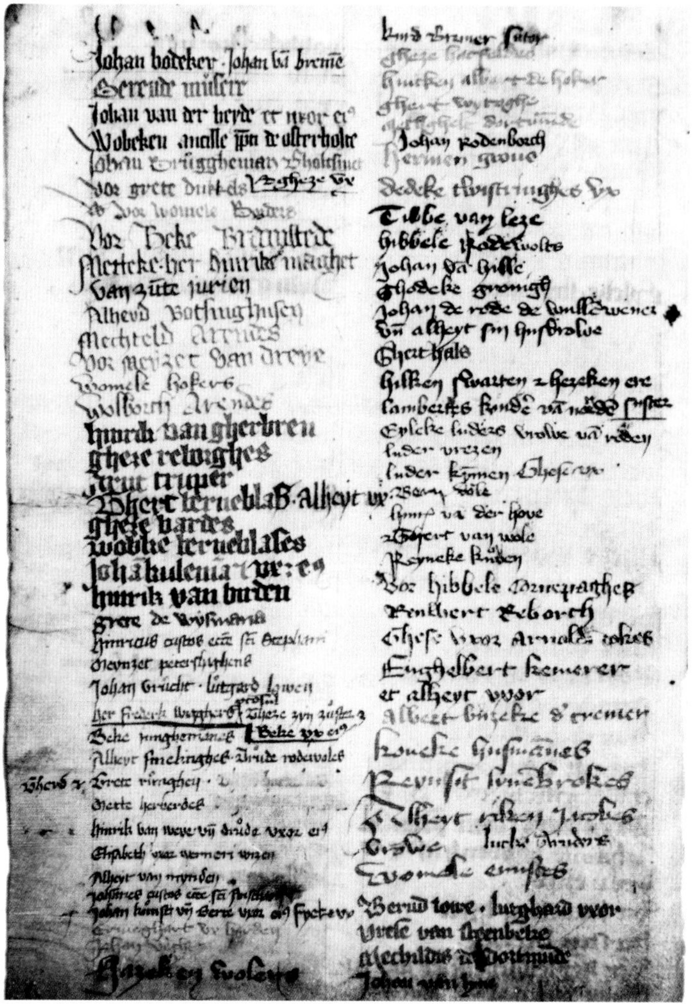

Codex der Annenbruderschaft von St. Ansgarii. (Staats- und Universitätsbibliothek Bremen)

bruderschaftliche Vereinigung der Stadt, die sich die hl. Anna als Schutzpatronin auserkoren hatte. Am Ende des Mittelalters gab es in Bremen sechs Annenbruderschaften, je eine an den vier Pfarrkirchen (Liebfrauen, St. Martini, St. Ansgarii, St. Stephani) sowie bei den beiden Mendikantenklöstern der Franziskaner (St. Johannis) und Dominikaner (St. Katharinen). Das Aufkommen und die weite Verbreitung des Annenkultes hatten im 15. Jahrhundert zur Entstehung neuer Annenbruderschaften geführt, die sich vornehmlich der karitativen Fürsorge widmeten, galt die hl. Anna – die Mutter Marias – doch als Beschützerin der Armen und Kranken. So nahm auch bei der 1481 gegründeten St. Annenbruderschaft bei St. Ansgarii die Armenfürsorge einen eminent hohen Stellenwert ein: 1486 stiftete die Bruderschaft sechs Präbenden, die jeden Dienstag sechs Bedürftigen zugute kommen sollten. Auf diese Weise kamen Jahr für Jahr ca. 312 Almosenportionen, bestehend aus Schwarzbrot, Butter, Käse und Tafelbier, zur Austeilung. Bis 1525 wurde die Zahl der Präbenden durch testamentarische Verfügungen der Bruderschaftsmitglieder sogar noch auf elf erhöht. Die Verwaltung des wohl nicht unbeträchtlichen Vermögens der Bruderschaft oblag, wie allgemein üblich, zwei Vorstehern oder Schaffern, die auch die Verteilung der Präbenden vorzunehmen hatten und für etwaige Pflichtversäumnisse mit einem Pfund Kerzenwachs büßen mussten. Selbstverständlich war auch hier das starke karitative Engagement eine unmittelbare Folge des religiösen Selbstverständnisses der Bruderschaft. Diesem religiös-kirchlichen Aspekt wurde auch durch drei jährliche Memorienfeiern in der Ansgariikirche Rechnung getragen. Außerdem wurden die Präbendenempfänger verpflichtet, im Gebet der lebenden und toten Bruderschaftsmitglieder zu gedenken. Die mit dem Ansgariikapitel verbundene Annenbruderschaft scheint über verhältnismäßig großen Einfluss verfügt zu haben, denn auch die Gründung der Annenbruderschaften bei der Martini- und Stephanikirche sowie bei den beiden Mendikantenklöstern ging auf deren Initiative zurück.

Eine weitere an der Ansgariikirche beheimatete geistliche Fraternität war die Dorotheenbruderschaft. Diese Bruderschaft, deren Gründungsdatum nicht überliefert ist, war von Kanonikern und Vikaren des Ansgariikapitels sowie weiteren Geistlichen und Laien der Stadt gegründet worden und wurde von zwei Prokuratoren – einem Kanoniker und einem Laien – geleitet. Seit 1397 wurde jedes Jahr am 6. Februar das große Dorotheenfest aufwendig mit Gesang, Kollekten, großer Konsolation, Vigilie und Messen in der Ansgariikirche gefeiert. Höhepunkt des Festes waren mehrfache Prozessionen um den Kirchhof unter begleitendem Läuten aller Kirchenglocken, um sich der fürbittenden Kraft der hl. Dorothea zu vergewissern. Auch Bruderschaften bestimmter Handwerkerzünfte wie die 1477 gegründete Bruderschaft der Schmiede, die in der Kirche eine ewige Lampe unterhielt, oder diejenige der Schröder hielten sich an die Ansgariikirche und feierten hier ihre geistlichen Feste. Dem Ansgariikapitel selbst war ebenfalls eine Bruderschaft angeschlossen, der neben den Kapitelbrüdern auch Laien aus dem städtischen Bürgertum angehörten.

Im Unterschied zu den zahlreichen Annenbruderschaften gab es in Bremen nur zwei Marienbruderschaften. Die 1483 gegründete Bruderschaft Marien der Barmherzigkeit (*Unser Lieben Frauen Bedröfnisse*, *Broderschup der medelidinge Marien*) war an der ebenfalls der hl. Maria geweihten Liebfrauenkirche angesiedelt, wo sie durch Übereinkunft mit dem Pfarrer fest mit einer Marienkapelle verbunden war; in dieser Kapelle hing auch das Bruderschaftsbild, das Maria mit dem von einer Strahlensonne umgebenen Kind darstellte. Auch die Marienbruderschaft bei Liebfrauen entwickelte eine umfangreiche karitative Betätigung, schon bei der Gründung wurde festgesetzt, dass jährlich zwölf Präbenden (Speck, Fleisch, Schwarzbrot, Bier) innerhalb der Oktav eines Marienfestes zur Verteilung an die Armen kommen sollten; während der Fastenzeit gab es eine zusätzliche einmalige Extragabe (Baumöl, Brot, Eier, Geld). Die Empfänger der Almosen waren überwiegend Mitglieder der Bruderschaft, denen die Präbende – bei Nachweis der Bedürftigkeit – zu dauerndem Genuss zustand. Die Auswahl der Pröven war Sache der Schaffer, die auch darauf zu achten hatten, dass die zu verteilenden Gaben die vorgeschriebene Menge und eine gute Qualität besaßen. Die zweite Bremer Marienbruderschaft befand sich bei der Stephanikirche, über sie ist nichts weiter bekannt.

Mit der 1464 erstmals erwähnten Armenseelenbruderschaft unterhielt eine weitere bruderschaftliche Vereinigung, deren Schwerpunkt auf der Armenfürsorge lag, enge Beziehungen zur Liebfrauenkirche. Diese Bruderschaft „to allen Cristen Selen“ hatte ihren Sitz im sog. Beinkeller der Kirche, in dem die Leichen bis zur Begräbnisfeierlichkeit aufbewahrt wurden. Seit 1468 veranstalteten die Brüder und Schwestern jeden Montag eine Armenspeisung bei der Liebfrauenkirche, seit 1472 wurde infolge einer privaten Schenkung des Bürgers Hinrich Isernhoed auch jeden Donnerstag zwölf armen Leuten und dem Priester eine Spende verabreicht. Letzterer hatte jede Woche am Donnerstag die hl. Messe im Beinkeller zu lesen.

Auch kleinere Nebenkirchen konnten, wie die Beispiele der Jakobikirche und der Zwölfapostelkapelle zeigen, Sitz einer Bruderschaft sein. Die Jakobi-Minoris-Bruderschaft bei der Jakobikirche, die jedes Jahr eine öffentliche Sammlung zu Gunsten der Armenfürsorge in der Stadt veranstaltete, besaß einen ausgesprochen berufsständischen Charakter, ihr gehörten Kaufleute, Bergenfahrer und Brauer an. Sollte die Jakobibruderschaft tatsächlich im Jahr 1630, wie damals in einer Bittschrift an den Rat behauptet, schon seit über 400 Jahren bestanden haben, wäre sie sogar schon Anfang des 13. Jahrhunderts entstanden und wäre – gut 100 Jahre älter als die Annenbruderschaft bei Liebfrauen – wohl die älteste Bruderschaft der Stadt gewesen. Doch findet sich dafür kein Beleg. Die Bruderschaft zu den zwölf Aposteln an der gleichnamigen Kapelle war vermutlich sogar im Besitz eines eigenen Armenhauses, was deren karitative Ambitionen nachdrücklich unterstreicht.

Mit der Hauptkirche der Stadt, dem St. Petri Dom, war ebenfalls nur eine einzige Bruderschaft fest verbunden, die mit dem hl. Petrus zudem densel-

Heiliger Petrus, Bremen um 1410/20. Skulptur aus dem St. Petri Dom. (Focke-Museum)

ben Schutzpatron wie die Kirche hatte. Die St. Petribruderschaft scheint sich insbesondere um die Finanzierung der Bau- und Renovierungsarbeiten an der Domkirche gekümmert zu haben, denn 1415 wurde all jenen, die Mittel für den Dombau zur Verfügung stellten, die Aufnahme in die Bruderschaft zugesichert. Der Dom soll sich damals in einem baufälligen Zustand befunden haben. Die Mitglieder der Petrusbruderschaft konnten jederzeit an den Andachten und Gebeten dieser geistlichen Vereinigung teilnehmen und hatten an deren guten Werken Anteil. Außerdem sollten ihnen die Vigilien und Totenmessen, die viermal im Jahr jeweils am Mittwoch nach Judica, an Trinitatis, am Michaelistag und am Luzientag im Dom und in weiteren Pfarrkirchen der Diözese gefeiert wurden, zugute kommen. Des Weiteren stellte Erzbischof Johannes jedem neu in die Bruderschaft aufgenommenen Mitglied einen 40-tägigen Ablass von allen auferlegten Bußstrafen in Aussicht. Schließlich konnten die Mitglieder der Bruderschaft auch dann das Sakrament der Eucharistie empfangen, wenn über die Stadt ein Interdikt verhängt war, und den verstorbenen Mitgliedern wurde auch ohne letzte Ölung ein kirchliches Begräbnis zuteil. Mit dem Ansgariikapitel wurde die Vereinbarung getroffen, dass die vierteljährlichen Vigilien und Totenmessen der Petribruderschaft sowie die monatlichen Petersmessen zur Abwehr von Unwetterschäden in der Ansgariikirche abzuhalten seien. Dombaumeister Johann Hemeling, der vermutlich selbst Mitglied der Bruderschaft war, ließ dem Ansgariikapitel für dieses Entgegenkommen eine Geldspende von 10 Br. Mk. zukommen. Die Kooperation mit dem Ansgariikapitel und der Pfarrkirche St. Ansgarii zeigt, dass die St. Petribruderschaft trotz ihrer Anbindung an den Dom weit in die Stadt ausstrahlte und offensichtlich im Bürgertum fest verankert war.

Am Ende des Mittelalters, um 1500, gab es in Bremen ca. 30 geistliche Bruderschaften entweder rein laikalen Charakters oder gemischt laikal-klerikaler Zusammensetzung. Von vielen dieser Bruderschaften ist nicht mehr als ihre Bezeichnung und die kirchliche Institution, mit der sie verbunden waren und durch die sie geistlich betreut wurden, bekannt. Dabei ist auffällig, dass viele Fraternitäten die Nähe der beiden Mendikantenklöster suchten, insgesamt elf Bruderschaften – also gut ein Drittel – begaben sich in die Obhut des Katharinenklosters (Annen-, Antonius-, Hl. Kreuz-Bruderschaft, Bruderschaften der Bäcker, Kürschner und Schuster) oder des Johannisklosters (Annen-, Antonius-, Corporis Christi-, Jakobus-, Jodokusbruderschaft). Dass sich so viele Bruderschaften der geistlichen Führung der Dominikaner und Franziskaner anvertrauten, ist sicherlich ein nicht zu übersehender Hinweis auf die Beliebtheit der beiden Bettelorden in bestimmten Kreisen des Bürgertums. Unter den städtischen Pfarrkirchen hatten die Ansgariikirche mit fünf Bruderschaften (Annen-, Dorotheen-, Einvoldebruderschaft, Bruderschaften der Schmiede und Schröder) und die Liebfrauenkirche mit vier Bruderschaften (Annen-, Armenseelen-, Marienbruderschaft, Bruderschaft der Höker) den größten Zulauf; der Martinikirche (Annen-, Antonius-, Nikolausbruderschaft) und der Stephanikirche (Annen-, Marien-, Viktorbruderschaft) hatten sich je drei Bruderschaften angeschlossen. Je eine Bruderschaft wurde beim Dom (Petrusbruderschaft), bei der Elisabethkirche der Deutschordenskomturei (Crispin-und-Crispinian-Bruderschaft der Schuhmacher), bei der Kapelle zu den Zwölf Aposteln (Zwölf-Apostel-Bruderschaft) und bei der Jakobikirche (Jakobi-Minoris-Bruderschaft) geistlich versorgt. Der große Zuspruch, den die Bruderschaften als geistliche Versicherungsanstalten im städtischen Bürgertum fanden, zeigt sich nicht zuletzt auch darin, dass mancher Bürger gleichzeitig Mitglied mehrerer Bruderschaften war. So war der Bremer Ratsherr Johann Oldiges 1511 nach eigenem Bekunden in 21 Bruderschaften „bynnen und buten Bremen“ Mitglied. Man wollte sich offensichtlich gegen alle möglichen Notlagen versichern und suchte daher den Schutz möglichst vieler, jeweils für unterschiedliche Notfälle zuständiger Heiliger – ein typischer Zug spätmittelalterlicher rechenhafter Frömmigkeit.

Diese rechenhafte Frömmigkeit war es dann auch, die den Bruderschaften in der Reformation zum Verhängnis wurde. Wegen seines Werkcharakters wurde das Bruderschaftswesen von den Reformatoren grundsätzlich abgelehnt, die bremische Kirchenordnung von 1534 empfahl dem Rat die Beseitigung der geistlichen Fraternitäten durch Einziehung ihres Vermögens. Fast alle Bruderschaften aus mittelalterlicher Zeit verschwanden daher in der Reformationszeit, ihr Vermögen wurde der neugebildeten Armenkasse überwiesen. Nur drei Bruderschaften haben die Stürme der Reformation überlebt und konnten ihre Existenz vorerst retten: die St. Annenbruderschaft bei der Ansgariikirche, die Jakobusbruderschaft bei der Jakobikirche sowie die St. Annenbruderschaft bei der Martinikirche, die sich nunmehr ausschließlich der Armenfürsorge widmeten.

2. Heiligen- und Reliquienverehrung

Heiligenverehrung und der daraus sich entwickelnde Reliquienkult gehören zu den essentiellen, nicht wegzudenkenden Bestandteilen spatmittelalterlicher Religiosität. Heilige waren als himmlische Fürsprecher Mittler zwischen Gott und den Menschen und sie galten als schutzgewährende Patrone, denen man sich in allen irdischen Nöten anvertrauen konnte; vor allem aber war es die den Heiligen zugesprochene Wundertätigkeit, die das Volk in seinen Bann zog. Im Spätmittelalter kam es zu einer immensen Ausdifferenzierung der Heiligenkulte nach sozialen, funktionalen und lo-

kalen Interessen: Jeder Stand und Beruf, jede Stadt und jedes Land leistete sich einen besonderen Schutzpatron, so dass das Heiligenwesen schließlich einen auf das Jenseits bezogenen Kosmos für sich bildete, in dem sich die spätmittelalterliche Gesellschaftsgliederung widerspiegelte. Diese „Bevölkerung des Heiligenhimmels", die ein Anwachsen der Heiligentage ins schier Unermessliche zur Folge hatte, war ein unmittelbarer Ausdruck des personalen Charakters spätmittelalterlicher Religiosität, bei der personale Bindungen und Beziehungen eine wesentlich größere Rolle als institutionelle Strukturen und abstrakt-religiöse Vorstellungen spielten.
Die in der gesamten römischen Kirche in hohem Ansehen stehenden Heiligen wie Petrus und die übrigen Apostel, Maria und Anna sowie die frühen christlichen Märtyrer wurden selbstverständlich auch in Bremen hoch verehrt. Dabei hat man sich auch hier, wie überall, an den wechselnden Moden der Heiligenverehrung orientiert. Das Spätmittelalter war eine Epoche marianischer Volksfrömmigkeit, die stände- und schichtenübergreifende Marienverehrung erreichte damals ihren Höhepunkt. Allerorten bildeten sich Gebetsgemeinschaften der Marienpsalter sowie Marienbruderschaften, zu denen auch die 1475 durch den Kölner Prior Jakob Sprenger gegründete Rosenkranzbruderschaft zählte. In Bremen fand die Marienverehrung u.a. in der Umwidmung der St. Veitskirche zur Marienkirche („Unser Lieben Frauen"), in den Marienaltären des Domes und der städtischen Pfarrkirchen sowie in den beiden Marienbruderschaften bei Liebfrauen und St. Stephani ihren sichtbaren Ausdruck. Besonders am St. Petri Dom, dessen Altar auf dem östlichen Hochchor der hl. Maria geweiht war und in dessen Anfang des 15. Jahrhunderts erbauter Marienkapelle mehrere Marienreliquien aufbewahrt wurden, scheint es einst eine blühende Marienverehrung gegeben zu haben, die sich in zahlreichen Mariendarstellungen des hohen und späten Mittelalters – ca. 30 davon haben sich bis heute erhalten – niedergeschlagen hat. Überkommene Zeugnisse dieser marianischen Frömmigkeit sind z.B. Mariendarstellungen auf dem Chorgestühl (verschiedene Stationen des Marienlebens), auf der Domglocke „Maria Gloriosa" (Verkündigungsszene), auf einem heute in der Ostkrypta befindlichen Sandsteinwerk (Marienkrönung), auf dem Cosmas und Damian-Schrein, auf den Figurenkompositionen der Anna Selbdritt und der sog. Heiligen Sippe sowie vor allem auf den zwischen 1480 und 1530 entstandenen frühesten Epitaphien, auf denen die trauernde Muttergottes unter dem Kreuz (sog. Schmerzensmutter) den Haupttyp darstellt. Auch einige freistehende Marienfiguren, von denen eine den um 1400 entstandenen Typ der „Schönen Madonna" verkörpert, gehören zum überlieferten Restbestand einer einstmals reichen Marienfrömmigkeit. Alle erhaltenen Mariendarstellungen und Marienfiguren zeigen Maria in Verbindung mit dem Inkarnations-

geschehen und sind damit in das christologische Heilsgeschehen mit einbezogen.
Seit der zweiten Hälfte des 15. Jahrhunderts erfreute sich dann der Annenkult einer steigenden Beliebtheit, vor allem die städtische Bevölkerung entwickelte damals eine geradezu schwärmerische Begeisterung für die hl. Anna, galt die Mutter Marias doch als Verkörperung stadtbürgerlicher Wertvorstellungen (einfache Mütterlichkeit, Ehe- und Familienleben). Der Annatag am 26. Juli wurde überall als hoher Festtag begangen. Es ist deshalb wenig verwunderlich, dass außer der Ansgariikirche alle städtischen Pfarrkirchen (Liebfrauen, Martini, Stephani) einen Annenaltar besaßen. Vor allem jedoch sind die insgesamt sechs Annenbruderschaften in der Stadt ein untrüglicher Beweis für die hohe Wertschätzung, die dieser auch durch die Kunst vereinnahmten Heiligen (Anna Selbdritt) in der Stadt zuteil wurde. Dass in Bremen auch der Apostel Petrus besondere Verehrung genoss, geht allein schon daraus hervor, dass mit dem Dom die größte und bedeutendste Kirche in der Stadt diesem Heiligen geweiht war. Der Dombaumeister Johann Hemeling brachte dem Apostelfürsten eine tiefe Zuneigung entgegen und zählte die Petrusreliquien im Dom zu den besonders wertvollen Stücken des Kirchenschatzes. Die Stephanikirche schließlich trug den Namen des ersten Märtyrers der Christenheit, des hl. Stephanus, und ehrte damit das Andenken an die ersten Blutzeugen des neuen christlichen Glaubens. Im Unterschied zu diesen allgemein verehrten Heiligen (Petrus, Maria, Anna, Stephanus) hat der im Spätmittelalter aufgekommene und weit verbreitete Kult der 14 Nothelfer, die als Patrone für besonders gefahrvolle Lebenslagen und Heimsuchungen galten, in Bremen keine sichtbaren Spuren hinterlassen.
Neben den großen, in der gesamten römischen Christenheit verehrten Kirchenheiligen genossen einige Heilige in Bremen aus bestimmten Gründen eine besondere Verehrung. Hierzu zählten verständlicherweise die aus der Bremer Kirche selbst hervorgegangenen oder in unmittelbarem Bezug zu ihr stehenden Heiligen: Bremer Lokalheilige waren die drei im St. Petri Dom bestatteten (Erz-)Bischöfe Willehad (787–789), Ansgar (845–865) und Rimbert (865–888); jedem dieser drei (Erz-)Bischöfe waren in Bremen mit der Wilhadikirche, der Ansgariikirche und der Rembertikapelle je ein Gotteshaus und zum Teil mehrere Altäre geweiht. Insbesondere Rimberts Ausstrahlung blieb fast ausschließlich auf Bremen beschränkt, im Heiligenkalender ist er zum 11. Juni außer in Bremen nur noch in Hamburg, Ratzeburg und Lund verzeichnet. Im Unterschied zu Willehad, Ansgar und Rimbert ist der Heiligenstatus bei deren Nachfolgern aus dem 10. und 11. Jahrhundert Adalgar (888–909), Adaldag (936–988), Libentius I. (988–1013) und Unwan (1013–1029) nur zum Teil belegt und nicht immer ein-

wandfrei gesichert. Auf jeden Fall war ihre Verehrung in den breiten Volksschichten nicht sehr stark verankert, auch sind von ihnen keine Kirchen- und Altarpatrozinien bekannt. Im späteren Mittelalter scheinen sie bereits weitgehend in Vergessenheit geraten zu sein: Während es beispielsweise noch 1388 eine Stiftung zur Ausgestaltung des Rimbertifestes (11. Juni) gab, finden sich für eine Verehrung der Bremer Bischöfe des 10. und 11. Jahrhunderts später keinerlei Spuren, selbst Johann Hemeling gedenkt ihrer bei der Aufzählung der Bremer Heiligen nicht mehr. Dagegen wurde die dem Grafengeschlecht der Immedinger entstammende und damit mit Erzbischof Unwan verwandte Gräfin Emma von Lesum (980–1038) – die sagenhafte Stifterin der Bürgerweide – noch im 15. Jahrhundert in Bremen als Heilige verehrt. Emma hatte sich dem Bremer Dom gegenüber als Wohltäterin erwiesen und diesem u.a. Gold, Silber und zwei Gutshöfe zum Geschenk vermacht.

An die Stelle der teilweise nur noch wenig beachteten Bischöfe des Frühmittelalters traten im späteren Mittelalter andere Heilige, die zwar größtenteils bereits zu den frühchristlichen Märtyrern aus der Zeit der Christenverfolgungen zählten, die aber jetzt gewissermaßen wiederentdeckt wurden. An prominentester Stelle sind hier die beiden aus Kilikien stammenden, unter Diokletian mit dem Schwert hingerichteten Arztheiligen Cosmas und Damian zu nennen. Der Kult des Brüderpaares, das nach dem Vorbild Jesu an Menschen und Tieren unentgeltlich Wunderheilungen vorgenommen haben soll und somit die medizinische Versorgung mit dem christlichen Liebesgebot verband, gelangte noch im 6. Jahrhundert von Kleinasien nach Rom, wohin auch ihre Gebeine – angeblich zur Zeit Papst Gregors des Großen (590–600) – überführt wurden. Bremen kam mit den beiden Arztheiligen erstmals in Berührung, nachdem Erzbischof Adaldag 965 von seiner im Gefolge Kaiser Ottos I. unternommenen Rom- und Italienreise eine stattliche Anzahl leiblicher Überreste von Heiligen (*reliquias sanctorum*), darunter auch diejenigen Cosmas' und Damians, im Reisegepäck mitführte. In Bremen geriet das Brüderpaar, nachdem dessen Gebeine der Überlieferung zufolge in der südlichen Ostchorwand des Domes eingemauert worden waren, im Laufe der Zeit dann mehr und mehr in Vergessenheit. Erst die wundersame Auffindung (*inventio*) der Heiligengebeine an Ostern 1334 ließ die beiden Arztheiligen schlagartig wieder ins Bewusstsein der kirchlichen und städtischen Öffentlichkeit treten. Angeblich soll damals das Bersten der Chormauer bei gleichzeitigem Ausströmen eines Wohlgeruchs – ein typischer Topos der Heiligenliteratur – die Entdeckung der Reliquien ermöglicht haben. Tatsächlich war es aber wohl eher die Popularisierung der Arztheiligen durch die um 1270 entstandene *legenda aurea* des Jacob de Voragine – einer nach dem Ablauf des Kirchenjah-

Cosmas und Damian heilen ein Kamel. Relief im St. Petri Dom, 15. Jahrhundert, heute Dom-Museum.

res angeordneten Sammlung von Heiligenleben –, die die Erinnerung an das Brüderpaar und ihre in Bremen aufbewahrten körperlichen Überreste wieder aufleben ließ. Jedenfalls nahm die Verehrung der so lange unbeachteten Heiligen sogleich nach der Wiederentdeckung ihrer Gebeine ungeahnte Ausmaße an: Ein Jahr später, an Pfingsten 1335, erfolgte die Bergung der Reliquien Cosmas' und Damians im Rahmen eines mit großem Aufwand betriebenen Kirchenfestes, das auch mit weltlichen Vergnügungen wie Hoftanz und Turnier begangen wurde, und zwischen 1400 und 1420 ließ der Dombaumeister Johann Hemeling den vergoldeten und mit Halbedelsteinen und blauem Email verzierten Reliquienschrein für die leiblichen Überreste des Brüderpaares anfertigen. Dieser Reliquienschrein, auf dem Cosmas und Damian insgesamt viermal – in der Mitte des vorder- und rückseitigen Längsfrieses sowie auf den beiden Schmalseiten – abgebildet

sind, gilt als das wertvollste Stück mittelalterlicher Heiligenverehrung in Bremen. Daneben gab es im Dom noch drei weitere Denkmäler mit künstlerischen Darstellungen der beiden Arztheiligen aus spätmittelalterlicher Zeit, was das hohe Ansehen, das sie in Bremen genossen, noch einmal eindrucksvoll unterstreicht: ein in zwei Spitzbogenfelder geteiltes Steinrelief mit der Nachbildung zweier Heilungswunder, eine geschnitzte Seitenwand des Chorgestühls sowie die 1443 gegossene Domglocke „Maria Gloriosa".
Im Reisegepäck Erzbischof Adaldags befanden sich 965 neben den leiblichen Überresten Cosmas' und Damians auch diejenigen der beiden Heiligen Victor und Corona, die beide unter Kaiser Antoninus Pius in Syrien oder in Ägypten den Märtyrertod erlitten haben sollen. Vor allem die hl. Corona, der 1379 auch ein Altar im Dom geweiht wurde, ist – fast immer erkennbar an ihrem redenden Attribut, der Märtyrerkrone – mehrfach auf erhaltenen Werken der spätmittelalterlichen bremischen Bildkunst dargestellt: auf einer Wange des Chorgestühls aus den 60er Jahren des 13. Jahrhunderts; auf der rückwärtigen Dachschräge des kurz nach 1400 entstandenen Cosmas und Damian-Schreines; als große, vollrund gearbeitete Holzskulptur eines wohl dem frühen 15. Jahrhundert zuzurechnenden Figurenzyklus, der wahrscheinlich als Bildschmuck des Domlettners diente; auf einem aus der ersten Hälfte des 15. Jahrhunderts stammenden Pilgerzeichen; auf dem Figurenfries an der lettnerartig ausgebauten Westempore des Domes aus der Zeit um 1500. Auf diesem Figurenfries und auf der Chorgestühlwange ist der hl. Corona jeweils der hl. Victor zugeordnet, mit dem sie auch in der Heiligenlegende ein eng zusammengehöriges Paar bildet und deren gemeinsamer Heiligentag der 14. Mai ist. Die wiederholte Beschäftigung bildender Künstler mit dem hl. Victor, vor allem aber mit der hl. Corona, lässt sich nur so deuten, dass beiden Heiligen im spätmittelalterlichen Bremen eine große Verehrung zuteil wurde.
Wahrscheinlich wurde auch die hl. Dorothea in Bremen besonders verehrt. Sie ist ebenfalls, wie die hl. Corona, auf der rückwärtigen Dachschräge des Cosmas und Damian-Schreines, und zwar mit Blütenzweig und Korb dargestellt, und die Hauptfigur einer erhaltenen, allerdings stark beschädigten Kalksteinskulptur, die ursprünglich wohl zu einem Domaltar gehörte, wird gleichfalls als hl. Dorothea gedeutet. Außerdem gab es seit 1397 eine Dorotheenbruderschaft bei St. Ansgarii. Schließlich wurde aller Wahrscheinlichkeit nach auch der Kult des hl. Jakobus (Apostel Jakobus Maior) und des hl. Nikolaus in Bremen gepflegt, weil sie – der eine als Schutzpatron der Pilger und Kaufleute, der andere als Schutzpatron der Kaufleute und Seefahrer – in den auf Handel und Schifffahrt ausgerichteten norddeutschen Hansestädten allgemein hoch angesehen waren. Beiden war mit Jakobikirche und Nikolaikapelle jeweils ein kleines Gotteshaus geweiht und

Heilige Corona, Bremen um 1410/20. Skulptur aus dem St. Petri Dom. (Focke-Museum)

Altarpatrozinien der beiden Heiligen gab es im Dom (Jakobus, Nikolaus), in der Ansgariikirche (Jakobus, Nikolaus), in der Liebfrauenkirche (Jakobus) und in der Stephanikirche (Nikolaus). An der Martinikirche, die über kein entsprechendes Altarpatrozinium verfügte, gab es dafür eine Nikolausbruderschaft, Jakobusbruderschaften gab es am Johanniskloster und bei der Jakobikirche. Vom Apostel Jakobus Maior sind überdies drei Standbilder erhalten.

Ein Ausfluss der Heiligenverehrung und mit ihr unmittelbar verbunden war der ausufernde Reliquienkult des Hoch- und Spätmittelalters. Der Reliquienkult lebte von der Vorstellung, dass die übermenschliche Kraft und die wunderheilende Macht des Heiligen an seine irdischen Überreste gebunden sei und in diesen sowie in allen Gegenständen (Kleider, Waffen, Märtyrerwerkzeuge etc.), mit denen er in Berührung gekommen war, fortwirke. Der Heilige war gleichsam mit seinen Reliquien identisch, in denen er sozusagen real präsent war, weshalb diesen leiblichen Überresten dieselbe apotropäische Wirkung wie dem Heiligen zugesprochen wurde. Die Kirche reagierte auf die zum Teil absonderliche Formen annehmende Reliquienverehrung, die wenigstens zum Teil sicherlich die Unsicherheit der damaligen Lebensverhältnisse und die daraus resultierende Existenzangst der Menschen widerspiegelte, auf zweierlei Weise: einerseits durch eine Anpassung an die volkstümlichen Vorstellungen der Gläubigen, andererseits durch den Versuch, den schier unersättlichen Eifer beim Erwerb von Reliquien zu zügeln und in geordnete kirchliche Bahnen zu lenken.

In Bremen bildeten neben den Gebeinen der hier bestatteten, als heilig verehrten (Erz-)Bischöfe (Willehad, Ansgar, Rimbert) vor allem die 965 von Erzbischof Adaldag von Rom nach Bremen überführten körperlichen Überreste einen ersten Bestand an Heiligenreliquien. Neben den schon erwähnten Gebeinen Cosmas', Damians, Viktors und Coronas waren auch die körperlichen Partikel – erst die spätere Überlieferung machte daraus ganze Leiber (*corpora*) – der Heiligen Cyriacus und Caesarius sowie Felix und Felicianus Gegenstand jener Reliquientranslation. Bei all diesen Heiligen handelte es sich um Märtyrer aus der Zeit der frühen Christenverfolgungen, denen nun infolge der Überführung ihrer Reliquien in Bremen eine besondere Verehrung zuteil wurde.

Dieser Grundbestand an Heiligenreliquien erfuhr im Laufe der Zeit eine gewaltige Vermehrung. Insbesondere der Dom als die Hauptkirche von Stadt und Diözese hatte im Spätmittelalter „vielfältige und wertvolle Reliquien in seinem Besitz, die mit großen Kosten und vielfachen Mühen von den Kaisern und römischen Bischöfen erworben wurden“ (Johann Hemeling), über deren Herkunft in den meisten Fällen aber nichts bekannt ist. Allein die Vielzahl von Christusreliquien, deren man sich rühmte, ist beeindruckend: Partikel vom hl. Kreuz, eines Leinentuches, der Dornenkrone, der Geißel und Geißelsäule, des Grabes, des Grabsteins und der Krippe, ein Wasserkrug von Kanaan, Erde vom Jordan, von Golgatha und vom Ort der Himmelfahrt etc. Auch vom ungenähten Gewand Christi, dem sog. hl. Rock, soll sich ein Stück im Dom befunden haben. Besonders wertvolle Reliquien waren des Weiteren Kleid, Haare und Milch der Gottesmutter Maria, die Gerte von Moses und von Aaron sowie die Zähne Johannes' des Täufers. Auch die zwölf Apostel waren fast vollzählig mit Reliquien vertreten, es fehlten lediglich Jakobus d.Ä., Simon und – verständlicherweise – Judas Ischariot. Am bedeutendsten waren hier selbstverständlich die Reliquien des Kirchenpatrons des Domes, des Apostelfürsten Petrus, von dem sich ein Arm, ein Zahn sowie – als sog. Kontaktreliquien – sein Schwert samt Scheide und die Kette, mit der er einst im Kerker angeschlossen war, im Besitz des Domes befunden haben sollen. Kaum noch zu überblicken waren schließlich die unzähligen Reliquien der Märtyrer (85), der Bekenner des christlichen Glaubens (49) und der hl. Jungfrauen (27), die der Dombaumeister Johann Hemeling in seinem Diplomatar akribisch genau und voller Stolz aufzählt. Zu den Bekennerreliquien gehörten auch diejenigen der Bremer Lokalheiligen Willehad, Ansgar, Rimbert und Emma, deren Leiber ja allesamt im Dom bestattet waren, sowie der in Bremen hochverehrte Kaiser Karl der Große, von dem die Domkirche ein silbernes vergoldetes Kreuz, eine silberne Flasche mit den leiblichen Überresten eines Jerusalemer Bischofs, die kaiserliche Tunika, Schuhe, Handschuhe und den Psalters seiner Gemahlin (sog. Dagulf-Psalter) besaß, die ebenfalls wie Heiltümer verehrt wurden. Auch der hl. Willehad trug einst ein ihm von Karl dem Großen geschenktes Priestergewand; diesem wurde nun ebenso wie seinem Kelch, seinem Bischofsstab, seinem Stundenbuch und einem kleinen Schrein, den er einst um den Hals getragen hatte, als sog. Kontaktreliquie hohe Verehrung zuteil.

Insgesamt verfügte die Domkirche im 15. Jahrhundert somit vermutlich über mehr als 200 Reliquien, und darunter befanden sich als besonders wertvoller Besitz auch die „unverletzlichen und unversehrten Körper" (Hemeling) von 13 Heiligen, nämlich der Märtyrer Cosmas, Damian, Viktor, Corona, Cyriakus, Secundus, Caesarius, Cautius, Cautianus und Cautianilla sowie der Bekenner und Bischöfe Willehad, Ansgar und Rimbert. Doch ist letztere Behauptung allein schon deshalb in Zweifel zu ziehen, da auch noch andere Kirchen leibliche Überreste jener Heiligen für sich reklamierten – allein das Haupt des hl. Cosmas soll sich außer in Bremen auch noch in der Benediktinerabtei Prüm und im Dom zu Bamberg befunden haben, weitere Körperteile der beiden Arztheiligen waren angeblich nach Essen und Hildesheim gelangt. Die Anhäufung von wohl über 200 Reliquien war, auch wenn der Bremer Dom sich bei Weitem nicht mit dem Dom zu Magdeburg (1118 Reliquien), der Stiftskirche zu Halle/Saale (8133) oder gar der Schlosskirche zu Wittenberg (18 855) messen konnte, die allesamt mehrere tausend Reliquienpartikel ihr Eigen nannten, sinnfälliger Ausdruck einer hektischen, mitunter abenteuerlich anmutenden Sammelleidenschaft, wie sie insbesondere für den Ausgang des Mittelalters typisch war. Diese Form der „gezählten Frömmigkeit" und „Heilsarithmetik" mit ihrer schier unersättlichen Sucht nach immer neuen und immer mehr Reliquien wurde vereinzelt bereits im Spätmittelalter missbilligend zur Kenntnis genommen, um dann in der Reformation aufgrund der ihr zugrunde liegenden mechanisch-materiellen Auffassung vollends ins Kreuzfeuer der Kritik zu geraten. Dem Dombaumeister Johann Hemeling freilich war zu Anfang des 15. Jahrhunderts eine solche kritische Sicht des Reliquienkultes noch vollkommen fremd, er sah in der imposanten Ansammlung so vieler und bedeutender Heiltümer (*hillichdome*) einfach nur „den teuren, schönen, edlen, himmlischen Schatz der heiligen Kirche zu Bremen".

Nach ihrer Translation nach Bremen wurden die körperlichen und dinglichen Überreste der Heiligen in der Regel in einem Altar – dem Ort der gerechten Seelen im Himmel – aufbewahrt, wo die Reliquienpartikel entweder im inneren Hohlraum oder in einer als *sepulcrum* (Grab) bezeichneten Vertiefung unter bzw. vor dem Altarblock eingelassen wurden. Der Marienaltar auf dem Ostchor war laut Hemeling so sehr mit Reliquien gefüllt – angeblich sollen sich dort 36 Heiligenreliquien befunden haben –, dass er nicht einmal mehr den kleinsten Partikel aufnehmen konnte, und auch in den Nebenaltären befanden sich zum Teil mehrere Reliquien. Des Weiteren waren manche Reliquien, vermutlich um dem Gotteshaus einen besonders wirksamen Schutz zuteil werden zu lassen, im Gemäuer der Kirche eingemauert. Im Laufe der Zeit wurde es dann immer mehr üblich, kostbare, kunstvoll mit Gold und Edelsteinen verzierte Heiltumsbehälter, sog. Reliquiare, anzufertigen. Besonders die sog. sprechenden Reliquiare, die durch ihre Form als Kopf-, Brust-, Arm- oder Fußreliquiar bereits auf den Körperteil schließen ließen, den sie bargen, waren weit verbreitet. Diese Reliquiare präsentierten die Überreste der Heiligen im festlichen Rahmen (Reliquienmonstranzen, Ostensorien, Schreine) und galten aufgrund ihrer wertvollen künstlerischen Gestaltung und ihrer vielen Edelsteine, deren Glanz und Durchsichtigkeit gewissermaßen die Tugendreinheit der Heiligen symbolisierten, als Vermittler von Heiligkeit. Auch der Reliquienschatz des Bremer Domes war um 1400 großenteils in derartigen Heiltumsbehältern aufbewahrt. Hemeling bezeichnet sie im Allgemeinen als Kleinodien, ohne Näheres über deren Form und Aussehen mitzuteilen; so waren etwa die Christus zugeordneten Überreste auf mehrere „schöne Kleinodien" verteilt. Nur vereinzelt erfährt man Genaueres über diese Reliquiare: Der Zacken der Dornenkrone befand sich in einer „kleinen Monstranz“, die Heiltümer der hl. Maria waren in einem ihr nachgebildeten Standbild „schön gefüllt mit mancherlei Reliquien“ untergebracht, der Gefängniskette des hl. Petrus diente ein Kristall als Aufbewahrungsort. Ihren absoluten Höhepunkt fand diese kostbare Umhüllung der Reliquien ohne Frage in dem künstlerisch hochwertigen Cosmas und Damian-Schrein, den Hemeling nach 1400 anfertigen ließ.

Auf die Dauer gaben sich die Gläubigen jedoch mit dem Wissen um das Vorhandensein der heilkräftigen Gebeine nicht zufrieden, sondern wollten sich durch das Anschauen, das Berühren, ja selbst das Küssen der Reliquien der himmlischen Gnadenkräfte versichern. Das Bedürfnis, in persönlichen, handgreiflichen Kontakt mit dem Heilsgeschehen zu treten, fixierte den Reliquienkult im späteren Mittelalter zunehmend auf die sinnliche Wahrnehmung und Aneignung der in Altarschreinen und Schatzkammern verborgenen Heiltümer. Unmittelbarster Ausdruck dieser Heilswirkung des Schauens waren die Heiltumsweisungen, bei denen der Reliquienschatz anlässlich eines Kirchenfestes öffentlich vorgezeigt und demonstrativ zur Schau gestellt wurde. Diese Heiltumsweisungen erfreuten sich im 14. und 15. Jahrhundert äußerst großer Beliebtheit – besonders bekannt ist die in siebenjährigem Turnus stattfindende Aachener Heiltumsfahrt – und wurden, wie es scheint, auch in Bremen regelmäßig in Verbindung mit dem Fest Peter und Paul am 29. Juni – dem Patronatstag des St. Petri Domes – veranstaltet.

Den typischen Ablauf solcher festlicher Schaudevotionen, die weitgehend standardisiert waren und deshalb überall annähernd gleich verliefen, schildert Hemeling minutiös aus Anlass der Heiltumsschau von 1395, die mit der Erteilung eines neunfachen Ablasses besonders groß gefeiert wurde. Von der festlich mit golddurchwirkten Wandteppichen, schönen Fahnen, Kerzen und Weihrauchfässern geschmückten Laube der Westgiebelfront des Domes herab wurden den Gläubigen die Reliquien und Kleinodien mit lobpreisenden Worten in einer nach der „Gottesnähe“ der Heiligen geordneten Abfolge vor Augen geführt. Ein sog. „Vocalissimus“ wird die Geistlichen auf der Laube, wie allgemein üblich, durch lautstarkes Ausrufen der betreffenden Heiligennamen wirkungsvoll und theatralisch unterstützt haben. Die Zeremonie der Heiltumsweisungen wurde immer wieder durch Gebete, Gesänge, Heiligenanrufungen und Ermahnungen unterbrochen, wobei den Gläubigen unter Hinweis auf den Vorbildcharakter der Heiligen ein christlicher Lebenswandel ans Herz gelegt wurde. Höhepunkt der Heiltumsschauen waren die abschließende Segnung des Kirchenvolkes und die Verkündigung des – in diesem Fall neunfachen – Ablasses. Die große Beliebtheit der Heiltumsschauen führte regelmäßig zu einem kaum noch zu bewältigenden Massenandrang von Tausenden und Abertausenden von Gläubigen, die zum Teil nur notdürftig in provisorischen Massenquartieren untergebracht werden konnten und deren Verpflegung die Stadt vor nicht unerhebliche Probleme stellte. Die mit einer liturgischen Feier, Prozession und Ablassgewährung verbundene öffentliche Weisung der Heiltümer diente der gemeinsamen Vergewisserung des Heils und sie sollte nicht zuletzt auch die Heiligkeit der Kirche als alleinige Verwalterin des Gnadenschatzes manifestieren.

Der Heiligen- und Reliquienverehrung lag die Glaubensvorstellung zugrunde, dass die physische Nähe der auf Erden verbliebenen leiblichen und dinglichen Überreste der Heiligen die Gebetserhörung positiv zu beeinflussen vermag. Von dieser Wunderkraft der Heiligen und ihrer Heiltümer wusste auch Johann Hemeling zu berichten. Einer gelähmten Frau, die ein nach ihrer Gestalt geformtes Wachsbild über der zum hl. Rock führenden Tür im Inneren des Domes aufgehängt hatte, habe „Gott der Herr zur Ehre seines heiligen Kleides geholfen, dass sie gesund wurde und wohl zuwege". Nachdem diese Wunderheilung bekannt geworden war, wurde in kurzer Zeit die ganze Mauer mit Votivgaben behängt und es „geschahen allzu viele große Zeichen". Hemeling nahm diese Wundertätigkeit zum Anlass, die Bibliothek des Domkapitels, die sich hinter der betreffenden Tür befunden hatte (heute Teil des Dom-Museums), zur Marienkapelle umzubauen, um somit der Verehrung des hl. Rockes künftig angemessene Räumlichkeiten bieten zu können. Ähnlich anschauliche Wundergeschichten werden auch in der Stadtchronik von Rinesberch und Schene berichtet: Dem Domdekan Friedrich Boch sei 1311 am Tag des hl. Viktor (10. Oktober) nämlicher Heilige inmitten des Domes in der Nähe des Taufbeckens in Gestalt eines stolzen Ritters erschienen, so dass der Dekan vor ihm auf die Knie niederfiel; einem Diakon und einem Subdiakon, die den Dekan begleitet hatten, blieb die Erscheinung des Heiligen gleichwohl verborgen. Wenige Jahre später, 1315/16, herrschte eine große Hungersnot in Bremen, der viele Menschen zum Opfer fielen. Damals habe der Domdekan Friedrich Boch im Vertrauen auf den hl. Petrus all sein gehortetes Brotkorn und Mehl unter dem hungernden Volk verteilt und tatsächlich sei sein Speicher wie durch Wunderhand neu mit Korn aufgefüllt worden: „Gott und der gute hl. Petrus gaben uns genug".

3. Prozessionen und Wallfahrten

In einem engen Bezug zum Reliquienkult standen auch die Prozessionen und Wallfahrten, zwei im späten Mittelalter viel praktizierte Frömmigkeitsformen: Während die Gläubigen sich bei Wallfahrten an den Ort der heiligen Überreste begaben, wurden bei einer Prozession die Reliquien an den Ort hinbewegt, an dem sie wirken sollten. Beiden, Prozession wie Wallfahrt, lag also die Grundüberzeugung zugrunde, dass die körperliche Nähe der Heiligen durch die Präsenz ihrer Reliquien die Gebetserhörung positiv zu beeinflussen vermag.

Prozessionen, d.h. feierliche Umzüge um ein Heiligtum oder zu einem Heiligtum, dienten dem Ziel, die Fürsprache der Heiligen und das Wohlgefallen Gottes zu erbitten. Diese Akte kollektiver Frömmigkeit, bei denen Bürgerschaft und Klerus gemeinsam agierten, ließen eine Art Sakralgemeinschaft zwischen Stadt und Klerus entstehen, die für den inneren Zusammenhalt des städtischen Gemeinwesens von außerordentlich großer Bedeutung war. Die Zahl der Prozessionen und feierlichen Umzüge, die im Verlauf eines Kirchenjahres in der Stadt veranstaltet wurden, muss beträchtlich gewesen sein. Ende des 14. Jahrhunderts werden allein für die Domkirche zehn Prozessionszüge, nämlich an Ostern, an Himmelfahrt, an Pfingsten, an Fronleichnam, am Fest Peter und Paul (29.6.), an Mariä Himmelfahrt (15.8.), am Domweihtag (9.9.), am Wilhadifest (8.11.), am Festtag des hl. Kreuzes und an Mariä Verkündigung (25.3.), genannt; die beiden zuletzt genannten Umzüge fielen in die winterliche Zeit und konnten deshalb nur bei günstiger Witterung stattfinden. Neben diesen großen, allgemeinen Umzügen an den hohen kirchlichen Festtagen gab es jedoch noch eine ganze Reihe kleinerer, einzelnen Heiligen gewidmeter Prozessionen, die nicht selten auf private Stiftungen zurückgingen. So ist etwa für den Tag des hl. Secundus eine Prozession bezeugt, in welcher der die Messe zelebrierende Priester das Haupt des Heiligen vorantrug, um es nach beendigtem Umzug auf dem Hauptaltar des Domes niederzulegen. Auch am Festtag der in Bremen besonders verehrten Cosmas und Damian wurde eine Prozession veranstaltet, die am Dom ihren Ausgang nahm und bei der selbstverständlich auch die Reliquien der beiden Arztheiligen mitgeführt wurden.

Daneben gab es natürlich auch an den anderen städtischen Kirchen regelmäßig Prozessionszüge aus den verschiedensten Anlässen. Zumindest das Fest ihres Kirchenpatrons hat jede Pfarrkirche sicherlich mit einem prunkvollen Umzug von Klerus und Pfarrgemeinde um Kirche und Kirchhof begangen, und auch die mit den einzelnen Kirchen verbundenen Bruderschaften veranstalteten, wie etwa die Dorotheenbruderschaft bei St. Ansgarii am 6. Februar, zur Feier des Festtages ihres Patrons feierliche Umzüge. Die Kanoniker und Vikare des Ansgariikapitels unternahmen nach dem Tod eines ihrer Chorherren einen Monat lang täglich eine Prozession zu dessen Grab, bei der sie freilich unter sich blieben; die Responsorien, die sie wäh-

Cosmas und Damian-Schrein, Hauptseite. Bremen um 1400, heute München, St. Michael.

rend dieses Umzugs zu singen hatten, waren durch ein Statut des Kapitels von 1301 genau vorgeschrieben. 1422 verpflichtete sich das Ansgariikapitel, zweimal im Jahr am Heiligen Abend und am Tag der hl. Martha (29.7.) einen Prozessionszug von der Ansgariikirche zur nahegelegenen Jakobikirche durchzuführen. Die Straße, die beide Kirchen auf dem kürzesten Wege miteinander verband, trägt noch heute zur Erinnerung an diese Umzüge die Bezeichnung Kurze Wallfahrt. An der Stephanikirche wurden zweimal im Jahr, nämlich am Sonntag nach Pfingsten und zwischen dem Michaelistag (29.9.) und dem Dionysiustag (9.10.), Leichenbegängnisse veranstaltet, die mit einer kleinen Prozession verbunden waren. Angeführt vom Priester der Frühmesse und dem Thuribular umschritt der Prozessionszug bei Glockengeläut den Kirchhof der Stephanikirche; dabei sang man die Laudes der Vigilien und gedachte auf diese Weise der Verstorbenen.
Mit prunkvollen Prozessionszügen wurde Jahr für Jahr am zweiten Donnerstag nach Pfingsten das Fronleichnamsfest (*Corpus Christi*) begangen. 1264 von Papst Urban IV. allgemein eingeführt, verbreitete sich dieses Fest zur Verehrung des Sakraments in der zweiten Hälfte des 14. Jahrhunderts auch in Deutschland – im süddeutschen Würzburg etwa ist die erste Fronleichnamsprozession 1381 bezeugt – und erfreute sich rasch allergrößter Beliebtheit. In Bremen muss es spätestens seit Ende des 14. Jahrhunderts

am Dom regelmäßig Fronleichnamsumzüge gegeben haben, denn damals wurde das Fest unter den großen Domprozessionen mitaufgeführt. Aber auch die städtischen Pfarrkirchen feierten wenigstens teilweise ihre eigenen Fronleichnamsprozessionen. An der Ansgariikirche trug man, durch Vespern am Vorabend eingeleitet, an Fronleichnam die geweihte Hostie – den heiligen Leib (*hilgen licham*) – in einem feierlichen Umzug durch die Straßen des Kirchspiels und berührte dabei im Westen des Kirchspiels auch die nach diesen Umzügen benannte – heute nicht mehr existierende – Lichamstraße.

Die bei Weitem größte Prozession aber scheint am Patronatstag des Domes, dem Fest Peter und Paul (29. Juni), am Vormittag vor der schon erwähnten Heiltumsweisung stattgefunden zu haben. Diese Prozession war zusammen mit liturgischer Feier, Heiltumsweisung und Ablassgewährung Teil eines großartigen Kirchenfestes, dessen festlicher Ablauf wohl den ganzen Tag ausfüllte. Einen tiefen Einblick in Zeremonie und feierlichen Glanz eines derartigen kirchlichen Großereignisses ermöglicht die Beschreibung der Peter-und-Pauls-Prozession des Jahres 1395 durch den für Zusammensetzung, Organisation und Ablauf des Zuges verantwortlichen Dombaumeister Johann Hemeling. Teilnehmer der Prozession waren die gesamte, nach Funktion (Welt- und Ordensklerus) und Rang (Prälaten, Dom- und Stiftskanoniker, Priester, Vikare, Kapitelschüler) geschiedene Geistlichkeit der Stadt sowie die von Bürgermeistern und Ratsherren angeführte städtische Bürgerschaft. Die Anordnung und Reihenfolge der Beteiligten im Zug war indes keineswegs beliebig, sondern durch ein vorgegebenes Ordnungsschema genau und bis ins kleinste Detail vorgeschrieben. Der gesamte Zug war in zwei Blöcke, einen überwiegend geistlichen und einen rein weltlichen Block, geteilt; die zentrale Mitte des Zuges und gewissermaßen das Bindeglied zwischen vorderem geistlichen und hinterem weltlichen Teil bildete das heilige Sakrament (die geweihte Hostie), das der Erzbischof unter einem von vier Vikaren getragenen Baldachin mit sich führte. Der geistliche Block wurde von den Domschülern angeführt, denen die Vikare und die Domherren folgten, wobei jeder dieser Gruppen Fahnen und Fackeln vorangetragen wurden. Anschließend trugen zwei Domvikare, zwei Hebdomadare und eine nicht näher bezifferte Anzahl von Domherren, Stiftskanonikern, Äbten, Diakonen und Subdiakonen, jeweils paarweise geordnet, Schreine und Monstranzen mit Heiltümern aus dem großen Reliquienschatz des Domes. Zwischen jedem dieser Paare liefen immer zwei Schüler mit Wachslichtern, jeder der sechs Reliquienschreine wurde zudem von zwei Ratsherren oder Bürgern begleitet. Der Höhepunkt des Zuges wurde durch die St. Peters-Fahne angekündigt. Hier im Zentrum des Prozessionszuges kam es gleichsam zu einer Überschneidung von geistlichem und weltlichem Prozessionsteil, kirchliche und städtische Macht gingen hier nicht nur symbolisch eine enge Verbindung ein: Unter dem Baldachin schritt der oberste Repräsentant der geistlichen Macht, der Erzbischof, mit dem Sakrament und dieser wurde von den vier Bürgermeistern als den Repräsentanten der weltlich-städtischen Macht begleitet. Im nun folgenden zweiten Teil des Prozessionszuges waren dann die Laien unter sich. Auch wenn Hemeling sich über die Anordnung dieses zweiten, laikalen Zugteils nicht weiter äußert, so steht doch außer Frage, dass auch hier gewisse Ordnungsprinzipien beachtet wurden. Auf Erzbischof und Bürgermeister dürften, wie allgemein üblich, die Ratsherren und die ratsfähigen Patrizier als die politisch führende Schicht der Stadt gefolgt sein. Die große Masse der städtischen Bürgerschaft war dann sicherlich nach Gilden, Zünften und Bruderschaften geordnet, wobei auch hier die Reihenfolge der Ämter sich nach deren Größe, Alter und Bedeutung innerhalb der Stadt richtete. Den Schluss des Prozessionszuges bildeten dann die sozialen Unterschichten der Stadt (Tagelöhner, Gesinde, Bettler usw.), die keiner Zunft oder Gilde angehörten. Der politische, soziale und kirchliche Rang, den die einzelnen Personengruppen einnahmen, ließ sich also aus ihrer Position innerhalb des Prozessionszuges unmittelbar ablesen.

Die Aufstellung des Prozessionszuges scheint an zwei verschiedenen Orten erfolgt zu sein. Während die Geistlichkeit der Stadt sowie die Bürgermeister und Ratsherren sich in der Domkirche versammelten und hier von dem auf dem Hochchor Anweisungen erteilenden Hemeling zusammengestellt wurden, wartete die große Masse der städtischen Bürger auf dem Platz zwischen Dom und Wilhadikirchhof, um sich dann dem aus der Kirche kommenden Zug in Reih und Glied anzuschließen. Von hier aus setzte sich der komplette Zug unter dem Läuten aller Glocken und unter Mitführung von Kreuzen, Heiligenbildern, Fahnen, Kerzen, Weihrauchfässern, Schreinen und Ostensorien singend und betend in Bewegung. Alle Teilnehmer hatten ihr Festtagsgewand angelegt, der Erzbischof und die Prälaten waren in prunkvollem Ornat, die Bürgermeister in ihrer Amtstracht und mit ihrem hölzernen Amtsstab (*reddeholt*), die Geistlichkeit in ihren liturgischen Gewändern erschienen. Der Prozessionszug führte zunächst kreuz und quer durch den östlich an den Dom grenzenden Baumgarten und anschließend um den St. Wilhadikirchhof. Ob man danach wieder zum Dom zurückkehrte oder ob der Zug erst noch weitere Stationen in der Stadt berührte, bleibt offen. Große städtische Prozessionszüge führten – wie etwa die Braunschweiger Auctorsprozession – oft durch bzw. teilweise sogar um die ganze Stadt, um den Beistand der Heiligen möglichst oft und an besonders vielen Stationen erbitten zu können. Ein feierlicher Gottesdienst im Dom, wohin man die Heiltümer zurückbrachte, beendete den Bittgang.

Die älteste Glocke des Bremer Domes, Maria Gloriosa, 1433. Umschrift: Ghot geve syner selen rat.

Gesamtstädtische Umzüge wie die Bremer Peter-und-Pauls-Prozession waren keine rein kirchlichen Veranstaltungen, sondern öffentliche Kulthandlungen von hohem politisch-sozialen Symbolwert. Die Vereinigung der nach Ständen und Korporationen gegliederten Bürgerschaft mit dem Säkular- und Ordensklerus ließ die Stadt als christliches Gemeinwesen in Erscheinung treten, in dem politische und kirchliche Gemeinde eine fest gefügte Einheit bildeten. Die Geschlossenheit des Auftretens, die gegenseitige Annäherung verschiedener Schichten der Geistlichkeit und der Bürgerschaft hatten nicht zuletzt auch die Funktion, latente Zwiespälte sowohl innerhalb der städtischen Kommune als auch zwischen städtischem und kirchlichem Bereich zu überbrücken und die Stadt als Kult- und Solidargemeinschaft zu überhöhen. Zugleich war die Zusammensetzung und vor allem die Rangordnung innerhalb der Prozession aber auch ein getreues Abbild der sozialen und verfassungsmäßigen Gliederung der städtischen Einwohnerschaft. Auch wenn die Prozessionen ein wichtiger Bestandteil des kirchlichen Kultes waren, so war doch zumindest bei den großen gesamtstädtischen Umzügen der Einfluss der städtischen Obrigkeit immens. Die Prozessionsordnung und Einzelheiten des Ablaufes des Bittganges wurden von Klerus und Rat oft gemeinsam ausgehandelt, zumeist war der Rat für die Aufstellung der Bürgerschaft und den organisatorischen Ablauf zuständig. Auch in Bremen war 1395 mit dem Ratsherrn und späteren (seit 1405) Bürgermeister Johann Hemeling ein Laie als Vertreter der städtischen Obrigkeit für die Planung und Organisation der Zeremonie verantwortlich. Zuweilen war die Einflussnahme des Rates auf das Prozessionswesen auch Teil eines städtischen Kirchenregiments, in dessen Folge es dann immer häufiger zu obrigkeitlichen Eingriffen in die geistlich-kirchliche Sphäre kam.

Neben den regulären, an bestimmte Fest- und Feiertage gebundenen Prozessionen gab es auch außerordentliche Bittprozessionen, bei denen etwa Schutz vor Unwetter und Missernten oder Hilfe angesichts von Kriegsgefahr erfleht wurden. Diese Bittgänge, die im Glauben an Gottes strafendes oder Schutz gewährendes Eingreifen in den Gang der Natur veranstaltet wurden, hat man nicht selten als Flurprozessionen begangen; dabei wurden die Bilder und Reliquien der Heiligen durch Dörfer, Felder und Flure außerhalb der Stadtmauern getragen. Auch im Bremer Landgebiet hat es derartige Flurprozessionen gegeben, 1390 ist in einer Urkunde des Domkapitels und des Rates ausdrücklich von der „alten Sitte" die Rede, die „Heiligen zur Ehre Gottes und seiner Heiligen in die Häuser und um die Kornfelder herumzutragen". Doch scheint es gerade bei diesen Flurumgängen nicht immer mit rechten Dingen zugegangen zu sein. 1353 wurde moniert, dass derartige Umzüge durch Dörfer und Ortschaften von den Kirchenbaumeistern bisweilen ohne Zustimmung der zuständigen kirchlichen Instanzen durchgeführt würden, weil man sich aus den dabei gespendeten Opfergaben reichlichen Gewinn erhoffte. Und 1390 mussten Domkapitel und Rat sogar gegen mancherlei Unfug einschreiten, der beim Umzug der Heiligenbilder im Vieland geschehen war und in dessen Verlauf es sogar zu Totschlag und Verwundungen gekommen sein soll.

Wurden die Heiligen bzw. deren Reliquien bei den Prozessionen vorübergehend aus ihren Ruhe- und Aufbewahrungsorten entfernt, um sie an Orte zu bringen, an denen sie ihre magische Kraft voll entfalten sollten, so begaben sich bei den Wallfahrten umgekehrt die Gläubigen zu den als heilige Stätten verehrten Gräbern und Reliquien der Heiligen, um an deren vermeintlichen Wirkungsstätten der himmlischen Gnadenkräfte teilhaftig zu werden. Diese Pilgerreisen wurden entweder einzeln oder seit der Jahrtausendwende immer häufiger auch gemeinschaftlich in größeren Gruppen von oft mehreren hundert Teilnehmern unternommen. Insbesondere bei den großen Massenwallfahrten vermischten sich religiöse Ergriffenheit, Devotion, Bußleistung und Ekstase oft auf eigentümliche und mitunter schwer zu entwirrende Weise mit Wundersucht, Aberglauben, Sensations- und Abenteuerlust sowie materiellen Zwecken.

Die drei großen mittelalterlichen Wallfahrtsziele befanden sich in Jerusalem (Hl. Grab), in Rom (Apostelgräber) und in Santiago de Compostela (Grab des Apostels Jakob d.Ä.); weitere vielbesuchte Pilgerzentren waren die beiden Michaelsheiligtümer auf dem Monte Gargano und auf dem Mont-Saint-Michel, das Grab Thomas Beckets in Canterbury und die großen Marienheiligtümer wie Chartres, Le Puy, Montserrat und Rocamadour im Quercy. In Deutschland war u.a. Aachen in Verbindung mit seiner siebenjährigen Heiltumsfahrt ein beliebter Wallfahrtsort. Sicherlich machten sich regelmäßig auch Gläubige aus Bremen auf den Weg, um die großen internationalen Wallfahrtszentren aufzusuchen, auch wenn nur äußerst wenig über diese Pilgerfahrten bekannt ist. Immerhin erwähnt eine Hildesheimer Quelle aus dem 16. Jahrhundert unter einigen hundert Aachenfahrern aus Ungarn, Preußen, Livland und Österreich ausdrücklich auch Pilger aus Bremen. Und was die Santiago-Wallfahrt anbelangt, so geriet diese 1366 in Zeiten politischer Instabilität vorübergehend gar zum Politikum. Während der vierwöchigen Schreckensherrschaft Erzbischof Alberts II. im Juni 1366 hatten einige aus der Stadt geflüchtete Ratsherren gelobt, nach einer geglückten Rückeroberung der Stadt jährlich auf Kosten des Rates einen Pilger nach Santiago de Compostela zu entsenden. Dieses Gelübde wurde später von der ganzen Bürgergemeinde bestätigt. Doch schon nach wenigen Jahren, 1369, wurde das feierliche Gelübde der Pilgerfahrt auf Wunsch der Stadt und unter ausdrücklicher Billigung des päpstlichen Kardinalpriesters Stephanus in die Stiftung eines dem hl. Jakobus geweihten Altares in der Liebfrauenkirche umgewandelt. Die an diesem Altar gespendeten Opfergaben sollten dann jedes Jahr nach Santiago geschickt werden. Was die Stadt zu diesem Umdenken bewogen hat, bleibt im Dunkeln. Dass es an der Schwierigkeit lag, jedes Jahr einen von der Stadt ausgehaltenen Lohnpilger ausfindig zu machen, ist in Anbetracht der Wallfahrtsbegeisterung jener Zeit eher unwahrscheinlich. Auf jeden Fall wurde die Stiftung des Jakobialtars noch im selben Jahr gemeinsam durch Rat und Gemeinde vollzogen, weshalb die Stadt dann auch offiziell durch Erzbischof Albert II. von ihrem Wallfahrtsgelübde erlöst wurde.

Die große Mehrzahl der von Bremen aus aufbrechenden Wallfahrer hat indessen vermutlich einen der zahlreichen näher gelegenen und deshalb leichter und schneller zu erreichenden Pilgerorte aufgesucht. Das legen zumindest die ca. 70 im Flussbett der Weser bei der Martinikirche – und damit auch in unmittelbarer Nähe der Pilgerherberge St. Gertruden – gefundenen Pilgerzeichen, dem größten Fundkomplex dieser Art in Deutschland, nahe. Bei diesen überwiegend dem 14. und 15. Jahrhundert zugehörigen Pilgerzeichen handelte es sich um kleine, in Blei und Zinn gegossene Plaketten, die an den Wallfahrtsorten massenweise verkauft wurden und von

Pilgerzeichen, Christus auf dem Esel. Weserfund aus Bremen, 15./16. Jahrhundert. (Focke-Museum)

den heimkehrenden Pilgern, an Mantel oder Hut angebracht, als Erinnerungsstücke bzw. sichtbare Zeichen ihres religiösen Eifers getragen wurden. Aufgrund der auf den Plaketten dargestellten Heiligen oder aufgrund anderer Hinweise lässt sich die Herkunft vieler dieser Wallfahrtszeichen mehr oder weniger genau bestimmen. Dabei verweist nur ein Agnus-Dei-Medaillon von 1471 nach Rom als Herkunftsort, zwei weitere Pilgerzeichen stammen aus St. Josse-sur-Mer (Frankreich) sowie vermutlich aus Loreto (Italien). Die große Masse der Plaketten aber wurde aus den mehr oder weniger bekannten Wallfahrtsorten Einsiedeln, Elende, Köln, Königslutter, Aachen (Kornelimünster), Magdeburg, Osnabrück, St. Joost/Hadeln, Thann, Trier und dem nahen Verden/Aller mit nach Bremen gebracht. Beliebtestes Pilgerziel der Bremer scheint dabei Wilsnack in der westlichen Mark Brandenburg gewesen zu sein, allein sieben der Bremer Pilgerzeichenfunde – also jede zehnte Plakette – lassen sich eindeutig dem märkischen Wallfahrtsort zuordnen, wo das umstrittene Blutwunder dreier nach einem Kirchenbrand unversehrt, aber blutend aufgefundener Hostien die Bremer Gläubigen offensichtlich in Scharen anzog.

Die Herkunftsorte der in Bremen gefundenen Pilgerzeichen geben ein über ganz Deutschland verteiltes, engmaschiges Netz kleiner und mittelgroßer Wallfahrtsorte zu erkennen, die vor allem für Behinderte, Gebrechliche und Arme attraktiv waren, für die die großen internationalen Wallfahrtszentren unerreichbar waren. In gewisser Weise war auch Bremen in dieses Netz örtlicher Wallfahrten eingebunden, war hier doch nach der Umbettung Willehads in der Mitte des 9. Jahrhunderts ein regionales Zentrum der Heiligenverehrung entstanden, von dem Wunderheilungen berichtet wurden und dessen Einflussbereich im Frühmittelalter die gesamte friesische und sächsische Stammeslandschaft zwischen Ems und Elbe umfasste. Im späteren Mittelalter sorgte dann sicherlich die große Heiltumsweisung am Peter-und-Pauls-Tag Jahr für Jahr für einen Zustrom auswärtiger Gläubiger, die sich von den Bremer Heiltümern Schutz und Hilfe versprachen. Tatsächlich ist bei einigen wenigen Pilgerzeichen aus der Weser eine bremische Herkunft nicht auszuschließen, zumindest ein Pilgerzeichen lässt sich durch seine Bezeichnung eindeutig Bremen zuordnen. Die Stadt war also nicht nur Durchgangsort für Pilger, sondern selbst eine – sicherlich eher kleine – Wallfahrtsstation.
Unabhängig davon, ob für die anhand bestimmter Kennzeichen (Tragesack, Pilgerstab, Kalebasse) und durch ihre Kleidung (Pelerine, Pilgerhut) auch äußerlich als solche erkennbaren Pilger Diözese und Stadt Bremen nur Durchgangsstation oder aber Ziel ihrer Pilgerschaft waren, waren sie auf ihren oft langen, beschwerlichen und nicht immer ungefährlichen Reisen auf einen wirkungsvollen Schutz angewiesen. Der 1040 verkündete Gottesfrieden (*Pax Dei*), der neben Geistlichen, Bauern und Frauen eben auch den Reisenden und Pilgern zuteil wurde, trug diesem Schutzbedürfnis erstmals in größerem Umfang Rechnung. Im Laufe der Zeit kamen besondere gesetzliche Regelungen hinzu, die dem Schutz der Pilger vor willkürlicher Verhaftung, Angriffen und wirtschaftlicher Ausbeutung (z.B. Befreiung von Wegegeldern und Beförderungssteuern) dienten. Derartige Schutzbestimmungen zu Gunsten der ihr Territorium durchquerenden Pilger haben auch die Bremer Erzbischöfe wiederholt erlassen. So wurde den Inhabern der Stiftsschlösser ausdrücklich aufgetragen, dafür Sorge zu tragen, dass den Pilgern auf ihren Wegen kein Schaden zugefügt werde, und beim Bau der Brücke über die Lesum wurde den Wallfahrern neben allgemeinem Schutz insbesondere auch Zollfreiheit zugesichert.

4. Ablass

Wie Wallfahrt und Prozession, so war auch der Ablass eng mit der Heiligen- und Reliquienverehrung verknüpft, beruhte dieser nach offizieller kirchlicher Lehre doch u.a. auf den überschüssigen Verdiensten der kirchlichen Märtyrer und Heiligen. Das Recht, Indulgenzen zu erteilen, wurde deshalb vorzugsweise solchen Kirchen zugestanden, die über einen großen Reliquienschatz verfügten. Der 1382 durch Erzbischof Albert verkündete 40-tägige Ablass zu Gunsten der Domkirche etwa wurde ausdrücklich mit den Heiltümern jener Kirche, insbesondere mit den dort aufbewahrten unversehrten Körpern von neun Heiligen, begründet.

Als kirchliches Heilsangebot und Gnadenquelle war der Ablass eine Neuschöpfung des 11./12. Jahrhunderts. Hervorgegangen war er aus der frühmittelalterlichen Bußpraxis, in der die Ablösung (*redemptio*) bzw. Umwandlung (*commutatio*) empfindlicher Bußstrafen (z.B. strenges, mehrmonatiges Fasten) durch bzw. in leichtere Bußwerke (z.B. Gebete, Almosen) bereits weit verbreitet war. Indem nun nach der Jahrtausendwende derartige Bußerleichterungen und Bußermäßigungen erstmals auch außerhalb des Bußsakraments generell erteilt wurden, entstand der Ablass als ein von der sakramentalen Buße losgelöster, aufgrund der kirchlichen Schlüsselgewalt auch vor Gott gültiger Nachlass der zeitlichen Buß- und Sündenstrafen. Dabei wurde dieser Nachlass entweder nach Bruchteilen oder aber – im Laufe der Zeit immer häufiger – nach bestimmten Zeitangaben bemessen, wobei die Gewährung eines 40-tägigen Ablasses besonders beliebt war, weil er der 40-tägigen Fastenzeit (*Quadragesima*) und damit einer altkirchlichen kanonischen Bußzeit entsprach. War der von der Kirche gewährte Strafnachlass zunächst meist an bestimmte Bedingungen wie Wallfahrten (z.B. Pilgerablässe für Rom und Compostela) oder Kreuzzüge gebunden, so setzte sich schon im 12. Jahrhundert die Verleihung des Ablasses gegen Zahlung angemessener Geldbeträge (z.B. in Höhe der Kreuzfahrtkosten) immer mehr durch. Diese Geldspenden sollten vornehmlich kirchlichen Bedürfnissen oder wohltätigen Zwecken zugute kommen, in der kirchlichen Praxis hat sich vor allem die Verwendung der Ablassgelder für die Finanzierung der kostspieligen und zahlreichen Kirchenbauten weitgehend durchgesetzt. Viele namhafte mittelalterliche Kirchen wie etwa der Kaiserdom zu Speyer, der Dom zu Mailand oder das Berner Münster wurden zu einem beträchtlichen Teil mit Hilfe von Ablassgeldern (wieder-)erbaut.

Auch der Bau bzw. Umbau der Bremer Kirchen erfolgte wenigstens zum Teil mit Hilfe von Ablassgeldern. Fast alle großen städtischen Kirchen gelangten im späteren Mittelalter, meist sogar wie der St. Petri Dom (1224, 1258, 1382, 1396, 1400, 1415) oder die Pfarrkirchen St. Ansgarii (1219, 1292, 1298, 1360, 1396) und St. Martini (1290, 1293, 1300, 1345, 1378) mehrmals, in den Besitz von Ablassbriefen. Den Gläubigen, die diese Kirchen durch ihren Besuch und den Kauf der angebotenen Indulgenzen materiell unterstützten, wurde ein zumeist 40-tägiger Nachlass ihrer Sündenstrafen in Aussicht gestellt. Aber auch kleinere Kirchen wie die Heiliggeist-/Elisabethkirche der Bremer Deutschordenskommende kamen in den Genuss der Ablassgewährung und der damit verbundenen Spendeneinkommen.

Gerade bei der Spitalkirche des Deutschen Ordens ist der enge Zusammenhang zwischen Ablass und Bautätigkeit nicht zu übersehen. In der zweiten Hälfte des 13. Jahrhunderts ließ der Orden an der Ostertorstraße die Heiliggeist-Kapelle errichten. Im Ablassbrief, den Bischof Emund von Kurland 1283 für die Deutschordensbrüder ausstellte, wird ausdrücklich auf diese damals wohl kurz vor ihrer Fertigstellung stehende „neue Kapelle“ verwiesen. Und als der Orden in der zweiten Hälfte des 14. Jahrhunderts die Heiliggeist-Kirche zur Elisabethkirche aufstockte und dabei wohl auch den Anbau eines großen Kirchenschiffs plante, da erfuhren diese Baumaßnahmen 1363 durch die Gewährung einer Ablassurkunde des Bischofs Bertram von Lübeck wiederum expressis verbis eine nachhaltige Förderung. Ein solcher Nexus zwischen Kirchenbau und Ausstellung einer Ablassurkunde bestand nachweislich wiederholt auch beim St. Petri Dom: Der 1224 von Papst Honorius III. (1216–1227) gewährte 20-tägige Ablass sollte all jenen Gläubigen zugute kommen, die für die Wiederherstellung der als baufällig bezeichneten Domkirche einen finanziellen Beitrag leisteten; die Erteilung eines 100-tägigen Ablasses 1396 durch Erzbischof Otto II. sollte die Sammlungen zum Besten des Dombaus unterstützen; Erzbischof Johann II. Slamestorp schließlich stellte 1415 allen Gläubigen, die jährliche Beiträge zur Reparatur des Domes leisteten, einen 40-tägigen Ablass in Aussicht. Auch bei den den anderen Bremer Kirchen gewährten Ablässen wird ein solcher Bezug zu anstehenden oder gerade durchgeführten Baumaßnahmen eine Rolle gespielt haben, auch wenn dies nicht immer ausdrücklich gesagt wird. So ist die dem Ansgariikapitel 1219 gestattete Almosensammlung mit Hilfe päpstlicher Ablassbriefe sicherlich auch vor dem Hintergrund des geplanten, bisher jedoch an den fehlenden Mitteln gescheiterten Kirchenbaus zu sehen. Und die beiden dem Ansgariikapitel 1360 und 1396 erteilten Ablassbriefe – 1360 wurde sogar ein von 15 Bischöfen ausgestellter 600-tägiger Ablass offeriert – wurden sicherlich nicht zufällig in einer Zeit gewährt, als gerade der Umbau der dreischiffigen Basilika zur Hallenkirche anstand bzw. in vollem Gange war.

Im 13./14. Jahrhundert wurde der Ablass dann weiterentwickelt und erfuhr seine vollständige Ausbildung; mit der Lehre vom unerschöpflichen Fundus geistlicher Verdienste (*thesaurus ecclesiae*), den die Kirche verwaltet und ihren Gliedern mitteilen kann – 1343 durch Papst Clemens IV. in der Bulle *Unigenitus* zur offiziellen kirchlichen Lehre erhoben –, erhielt er zu-

dem seine theoretische Begründung. Auch wurde seit Thomas von Aquin (1225–1274) die Zuwendung des Ablasses an die Verstorbenen im Fegefeuer für zulässig erklärt. Von besonderer Bedeutung war sodann die Gewährung vollkommener Ablässe, deren Erteilung im Unterschied zu den numerisch begrenzten unvollkommenen Ablässen ein ausschließlich päpstliches Vorrecht blieb. Diese sog. Plenarablässe stellten einen doppelten Erlass von Schuld und Strafe in Aussicht (*a poena et a culpa*), ohne noch weiter zwischen der Befreiung von zeitlicher Sündenstrafe und der bisher allein Gott vorbehaltenen Vergebung der Sündenschuld zu unterscheiden. Die vollkommenen Ablässe waren zunächst auf Kreuzzugsablässe und Jubiläumsablässe (Besuch der Apostelkirchen in Rom in den sog. Jubiläumsjahren) beschränkt, wurden jedoch schon bald durch die sog. *Adinstar*-Ablässe für besonders berühmte Gnadenorte wie Assisi (Portiuncula), Venedig (Markuskirche), Einsiedeln, Aachen etc. erweitert. Eine besondere Ausweitung erfuhren die Plenarablässe unter Papst Bonifaz IX. (1389–1404), der den Jubelablass unter der Voraussetzung, dass die Erträge aus den Opfergaben zwischen Rom und der jeweiligen Lokalkirche geteilt wurden, allerorten anzubieten gestattete. Nutznießer dieses durch Bonifaz IX. perfektionierten Ablasshandels war nicht zuletzt auch die Bremer Kirche. Die konkrete Abwicklung dieses Ablasshandels führt wiederum das Diplomatarium des Dombaumeisters Johann Hemeling plastisch vor Augen.
Im Jahr 1395 verkündete Papst Bonifaz IX. in Assisi einen 100-tägigen Ablass von Sündenstrafen und Sündenschuld (*aflat van pyne unde van schuld*), der neun Jahre lang bis 1403 in vielen Städten gefeiert wurde. Dombaumeister Hemeling und die Baumeister der vier städtischen Pfarrkirchen einigten sich daraufhin, dass jeder Gläubige, der am Peter-und-Pauls-Tag den Dom und die vier Pfarrkirchen aufsuchte und zur Ehre der fünf Wunden Christi Spendengaben opferte, diesen Ablass verdienen solle. Um mit der Kurie ins Geschäft zu kommen, mussten allerdings erst deren finanzielle Erwartungen erfüllt werden. Der Dom (200 rhein. Gulden) und die vier Pfarrkirchen (je 100 rhein. Gulden) brachten deshalb die beträchtliche Summe von 600 rhein. Gulden auf, die über Köln, wo sich offensichtlich die zentrale Sammelstelle befand, nach Rom geleitet wurde. Selbstverständlich betrachtete man den an die Kurie transferierten Geldbetrag als eine lohnenswerte Investition, schließlich hatte man dadurch eine sprudelnde Geldquelle in Form der zu erwartenden Ablassgelder angezapft. Doch zeigte sich schon bald, dass man sich verspekuliert hatte. Ansgariipropst Hinrick Woleri, der als Emissär des Domkapitels die diesbezüglichen Verhandlungen mit der Kurie führte, musste nämlich ernüchtert feststellen, dass der Papst für die 600 rhein. Gulden nur den allgemein üblichen Ablass gewährte, keineswegs aber bereit war, die erwünschten Bremer

Sonderkonditionen zu erfüllen. Anscheinend durfte der Ablass nur im Dom gefeiert werden, so dass die anderen Kirchen nicht an den erhofften Einnahmen beteiligt werden konnten. Selbst für die Gewährung des allgemeinen Ablasses bedurfte es der besonderen Fürsprache des Kardinals Philipp d'Alençon, der dafür freilich erwartete, dass man in Bremen nun jährlich seine Memorien feierte. Die Geschäftsgrundlage hatte sich also, und zwar zu Ungunsten der Bremer Kirchen, verschoben. Dies hatte zur Folge, dass nach der Rückkehr Hinrick Woleris unter den Baumeistern der Bremer Kirchen ein unwürdiger Schacher um die Ablassgelder ausgetragen wurde, der schließlich sogar den Rat zum Einschreiten veranlasste. In diesem Verteilungskampf um die zu erwartenden Ablassgelder konnten die Baumeister der vier städtischen Pfarrkirchen durchsetzen, dass ihnen ihre Investitionskosten in Höhe von insgesamt 400 rhein. Gulden vollständig aus den Einnahmen des ersten Ablassjahres – bekanntlich wurde der Ablass neun Jahre gefeiert – zurückerstattet werden sollten. Tatsächlich war das erste Ablassjahr 1395 wie erwartet bei Weitem am ertragreichsten, Hemeling konnte den Pfarrkirchen die 400 rhein. Gulden zurückbezahlen. In den nächsten fünf Jahren flossen die Ablassgelder dann wesentlich spärlicher, jedes Jahr kamen nur ca. 50 rhein. Gulden zusammen. Die 250 rhein. Gulden, die der Ablass in den Jahren von 1396–1400 insgesamt einbrachte, entsprachen damit ziemlich genau den von Hemeling bzw. dem Domkapitel einst für die Kurie (200 Gulden) und für die Romreise Woleris (ca. 50 Gulden) vorgeschossenen Geldern. Das bedeutete, dass der neunjährige, jedes Jahr am Peter-und-Pauls-Tag (29.6.) gefeierte Ablass erst in den letzten drei Jahren 1401–1403 einen Gewinn für die Domkirche abwarf.

Ganz offen und unbefangen schildert Hemeling hier den Nexus zwischen Ablassversprechen und Einnahmeerwartung und gibt damit unbewusst die bedenkliche Entartung eines kirchlichen Gnadenmittels zu erkennen. Der Ablasswucher kirchlicher und weltlicher Nutznießer – auch Kaiser, Fürsten und Städte sicherten sich für die Genehmigung des Ablassgeschäfts ihren Anteil an den Einkünften – war inzwischen weit fortgeschritten und hatte eine weitgehende Verflachung des Ablasswesens zur Folge. Dieser Missbrauch des Ablasses auf dem Nährboden eines ausufernden kirchlichen Fiskalismus hatte, das zeigt Hemelings Bericht in aller Anschaulichkeit, auch vor Bremen nicht haltgemacht. Dies hatte sich bereits 1391 gezeigt, als Dompropst Johann und weitere hochrangige kirchliche Würdenträger sich veranlasst sahen, gegen das Unwesen, das unberechtigte Ablassverkäufer damals in der Stadt und Diözese Bremen trieben, energisch einzuschreiten. Offensichtlich war die Instrumentalisierung des Ablasses zu fiskalischen Zwecken Ende des 14. Jahrhunderts auch in der Kirchenprovinz Bremen bereits zu einem nicht mehr zu übersehenden Problem geworden.

Trotzdem war der Ablass bei der breiten Masse volkstümlich und außerordentlich beliebt, es gab ein geradezu unersättliches Verlangen nach Indulgenzen. Vor allem im 15. Jahrhundert war der Ablass allgegenwärtig: Die Zahl der Ablässe wie auch der Ablassjahre wuchs damals unablässig, vielerorts wurden anstatt der bisher üblichen 40 oder 100 Tage jetzt – vor allem wenn Kirchen im Laufe der Zeit mehrere zur Spendung von Ablässen berechtigende Urkunden erworben hatten – 100 oder sogar 1000 Jahre angeboten. Auch wurden die Abstände zwischen den Jubiläumsablässen von zunächst 100 auf 50, 40, 33 und schließlich sogar 25 Jahre verkürzt (1300, 1350, 1390, 1423, 1450), um so jedem Gläubigen die Gelegenheit zu geben, wenigstens einmal im Leben einen vollständigen Ablass zu erwerben. Im 15./16. Jahrhundert wurden regelrechte Ablasskampagnen durchgeführt, um den Gläubigen ein flächendeckendes Gnadenangebot zu unterbreiten. So diente eine Reise des Kardinals Nikolaus von Kues (1401–1464) durch Deutschland hauptsächlich dem Zweck, den Jubiläumsablass von 1450 all denjenigen anzubieten, die diesen Ablass nicht selbst in Rom hatten erwerben können. Für Bremen von besonderer Bedeutung war dann vor allem eine Ablasskampagne, die den Kardinal und päpstlichen Legaten Raimund Peraudi (1435–1505) in den Jahren 1501–1503 anlässlich der Verkündigung des von Papst Alexander VI. (1492–1503) ausgerufenen Jubiläumsablasses nach Deutschland führte.

Peraudi sollte in Deutschland die Gelder des Jubiläumsablasses einziehen, die diesmal zur Bestreitung der Kosten eines geplanten Türkenkreuzzugs vorgesehen waren. Da Peraudi sich im ersten Jahr seiner Kampagne hauptsächlich in Süddeutschland aufhielt, betrieben im norddeutschen Raum zunächst von ihm bevollmächtigte Subkommissare das Ablassgeschäft. Diese Ablasskommissare haben damals allem Anschein nach auch in Bremen gewirkt. So sind beispielsweise der Bremer Bürgermeister Daniel von Büren und dessen Frau Beke von Borken sowie der Ansgariikanoniker Johann Wedemeier schon 1502 als Käufer eines Ablasses bezeugt. Anlässlich der Ablassverkündigung soll im Sommer 1502 sogar ein Bußgang stattgefunden haben, bei dem angeblich 450 nur spärlich bekleidete Büßer durch die Straßen der Stadt gezogen sind. Im Winter 1502/03 begab sich dann auch Raimund Peraudi höchstpersönlich nach Norddeutschland. Sein Weg führte ihn von Erfurt über Magdeburg, Braunschweig, Celle, Lüneburg, Lübeck, Hamburg und Stade nach Bremen, wo er am 24. Mai 1503, dem Tag vor Himmelfahrt, eintraf. Inmitten eines langen Prozessionszuges ritt der Kardinal, begleitet von Erzbischof Johann Rode und dessen Koadjutor Christoph von Braunschweig-Wolfenbüttel, auf einem Maulesel unter einem von Ratsherren getragenen Baldachin in die feierlich geschmückte Stadt ein, wo er im Paulskloster Quartier nahm. Das eigentliche Ablassge-

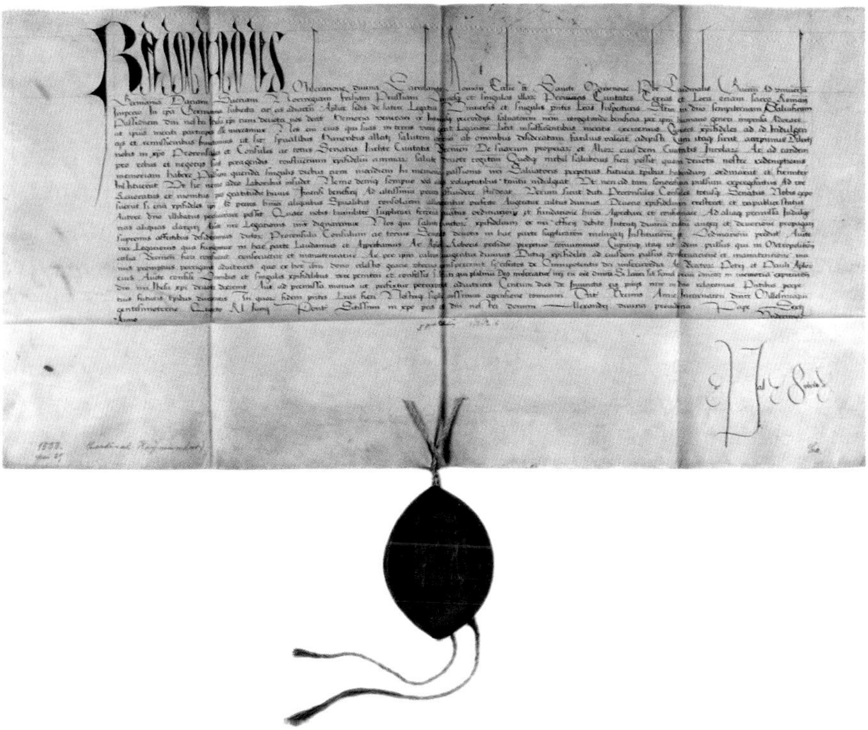

Ablassurkunde des Kardinals Raimund Peraudi für den Bremer Rat über das Mittagsleuten im Dom und über hierbei geleistete fromme Spenden und Gebete. 1503, Mai 29. (Staatsarchiv Bremen)

schäft fand dann am nächsten Tag, an Christi Himmelfahrt, vor dem Dom unter freiem Himmel statt: Auf einer eigens errichteten, etwa 20 m breiten Holzbühne mit großem Altar waren Prälaten, Domherren, Adelige und Ratsherren versammelt, während die zusammengeströmten, ablassbegierigen Gläubigen den ganzen Markt füllten. Peraudi zelebrierte die Messe, nahm dann die Opfergaben, i.e. Ablassgelder, entgegen und erteilte schließlich, assistiert von zwei oder drei Bischöfen, den Segen mit Ablass. Das Ganze fand unter einem fürchterlichen Gewühl der zur Bühne drängenden Menschen statt. Während seines fünftägigen Aufenthalts in Bremen stellte Peraudi – selbstverständlich gegen Gebühr – auch eine ganze Anzahl von Privilegien aus, darunter auch die Bestätigung der Bremer Stadtrechte sowie Ablassprivilegien für die Martinikirche, die St. Georgsbruderschaft an der Wilhadikapelle und das Paulskloster. Nachdem der päpstliche Legat am Sonntag vor Pfingsten vor dem Paulskloster noch eine Messe unter freiem Himmel gelesen hatte, reiste er dann am Montag über Delmenhorst nach Osnabrück weiter. Als am nächsten Tag die Ablasskiste mit den gespendeten Opfergaben von drei Domherren und drei Bürgermeistern geöffnet wurde, da stellten diese fest, dass die Ablasskampagne Peraudis die ungeheure Summe von 6740 rhein. Gulden und 18 Gr. erbracht hatte. Davon ging ein Drittel verabredungsgemäß an den päpstlichen Legaten, der Rest – ca. 4900 rhein. Gulden – sollte in der Tresekammer des Domes bis zum – dann doch nicht stattgefundenen – Türkenfeldzug aufbewahrt werden. Der Ablasskampagne Raimund Peraudis war in Bremen also ein voller Erfolg beschieden. Insgesamt hatte der durch Peraudi organisierte Jubiläumsablass 180 000 Gulden – das Jahresbudget einer mittelgroßen Stadt – eingebracht.

Trotz des großen Zulaufs, den Peraudis Kampagne noch einmal mobilisierte, und trotz des scheinbar unersättlichen Verlangens der Gläubigen nach Indulgenzen fehlte es auch in Bremen nicht an Stimmen, die die Entstellung des Ablasses durch ein kalkulierendes Denken, bei dem die Höhe der Dotation in einem unmittelbaren Verhältnis zum Heilswert stand, äußerst kritisch betrachteten. Vor allem der Missbrauch des Ablasswesens zu Gunsten eines ausufernden kirchlichen Fiskalismus stieß auf Widerstand. Bürgermeister Daniel von Büren, der 1502 noch selbst einen Indulgenzbrief käuflich erworben hatte, nahm bereits ein Jahr später, offensichtlich vom geschäftsmäßigen Eintreiben des Peraudi-Ablasses abgestoßen, Anstoß an den Formen des Ablassgeschäfts. Im städtischen Ratsdenkelbuch kommentierte er 1503 die in immer kürzeren Abständen durchgeführten Ablasskampagnen mit dem Stoßseufzer: „Ach, wie große Geldsummen kommen alle Jahre nach Rom aus deutschen Landen", und beklagte sich, dass die Ablassgelder „in den letzten 200 Jahren heimlich und listig abverlangt wurden". Der Ablass war am Ausgang des Mittelalters der wohl augenfälligste Ausdruck einer Heilsarithmetik, bei der Frömmigkeitsakte durch Zählen und Kumulieren primär quantitativ bewertet wurden, was die Frage nach der Messbarkeit von Gnadenwirkungen gleichsam wie von selbst aufwarf.

5. Stiftungswesen und Totenmemoria

Zu den herausragenden Kennzeichen spätmittelalterlicher Frömmigkeit und des städtischen kirchlich-religiösen Lebens zählte der Schenkungs- und Stiftungseifer der Bürger zu Gunsten der Kirchen und Klöster ihrer Stadt. Beiden, Stiftung und Schenkung, lag die Überzeugung zugrunde, durch Übereignung materieller Güter an die Kirche des göttlichen Gnadenschatzes teilhaftig zu werden. Während jedoch bei der Stiftung das gestiftete Vermögen erhalten bleiben musste, damit aus seinen Erträgen der vom Stifter gesetzte fromme oder wohltätige Zweck erfüllt werden konnte, fehlte bei der Schenkung eine derartige Verwendungsauflage, die Schenkung ging in die freie Verfügung der Kirche über. In einer Handelsstadt wie Bremen wurde die Bereitschaft zu großzügigen Spenden an die Kirche möglicherweise auch dadurch befördert, dass so mancher Kaufmann mit seinen Geschäftspraktiken gegen die christlichen Moralvorstellungen – insbesondere die kirchliche Zins- und Wucherlehre – verstoßen hatte und deshalb gegen Ende seines Lebens den Drang verspürte, sein Gewissen durch eine fromme Schenkung oder Stiftung zu erleichtern. Die Kirche verstand es, derartige Gewissensbisse gezielt zu ihren Gunsten auszunutzen. So forderte Erzbischof Otto II. die Bürger unter Hinweis auf ihr künftiges Seelenheil in einschlägigen Mandaten unverhohlen dazu auf, unrechtmäßig – also z.B. durch unerlaubte Zins- und Wucherpraktiken – erworbenes Gut der Kirche zu vermachen. Als Wohltäter der Kirche hatten die Kaufleute somit das Gefühl, für ihr ewiges Seelenheil Vorsorge zu treffen, ohne deshalb die Erfordernisse des bürgerlichen Geschäftslebens vernachlässigen zu müssen.

In der Regel waren diese religiös motivierten Vergabungen mit dem Wunsch nach liturgischer Memoria, einem im Rahmen der kirchlichen Liturgie feierlich zu begehenden Totengedenken also, verknüpft. Die gebräuchlichste Form der Memorienstiftung war die aus Vigilie (Nachtwache) und anschließender Totenmesse bestehende, jährlich am Todestag des Stifters zu feiernde Anniversarfeier (sog. Ewigmessen). Allerdings erforderten derartige Anniversarstiftungen ein bestimmtes Anlegekapital, das die finanziellen Möglichkeiten sozial niedriger stehender Bevölkerungsschichten zum Teil deutlich überstieg. Für diese kam allenfalls die regelmäßige Fürbitte im liturgischen Gebet in Frage, wie sich umgekehrt die Stiftung ewiger Lichter oder Altar- und Messstiftungen nur die betuchte städtische Oberschicht leisten konnte. Freilich bestand für einfache Handwerker und die breite Masse der städtischen Mittelschicht die Möglichkeit, durch Mitgliedschaft in einer der zahlreichen Bruderschaften an gemeinschaftlichen Altar- und Messstiftungen zu partizipieren und somit auf diesem Wege einen Beitrag zur Sicherung ihres Seelenheils zu leisten. Die unterschiedlichen Zuwendungen aus den Kreisen der städtischen Bürgerschaft an die verschiedenen kirchlichen Institutionen, wie sie in der Schenkungs- und Stiftungstätigkeit zum Ausdruck kommen, waren also durchaus schichtenspezifisch und spiegelten die städtische Sozial- und Gesellschaftsstruktur recht genau wider.

Diese schichtenspezifische Struktur der Schenkungen und Stiftungen lässt sich auch für Bremen nachweisen. Die Altarstiftungen in den großen Bremer Kirchen sind, soweit hierüber verwertbare Aussagen vorliegen, nahezu ausnahmslos das Werk zweier eng umgrenzter Stifterkreise: der gehobenen, zumeist mit Titeln und Ämtern ausgestatteten Klerikerschicht sowie des reichen, aufgrund seiner sozial-gesellschaftlichen Stellung potentiell ratsfähigen Bürgertums. Die von Geistlichen gestifteten Altäre gehen fast alle auf das Konto mehr oder weniger hochgestellter Kleriker: im Dom der Dompropst Friedrich (Johannes der Evangelist, um 1200), der Propst Basilius von Bücken (Hl. Kreuz, 1317), der Thesaurar G. Mule (Thomas und Dionysius, 1297), der Magister Alexander (Johannes der Evangelist, um 1200) und der Domherr Hermann (Paulus, 1316); in der Ansgariikirche die Dekane Johannes von Ruten (Maria Magdalena, 1293), Reiner Sallun (Cosmas und Damian, 1422) und Hinrich Groneland (Dorothea und Gertrud, 1433) sowie der Scholaster Reiner Reclocke (Mauritius); in der Stephanikirche die Dekane Heinrich (Bartholomäus und Katharina, 1294) und Otto (Magnus und Nikolaus, 1303), die Thesaurare Albert (Magnus und Nikolaus, 1303) und Albernus (Margarethe, 1319), der Scholaster Ditmar (Margarethe, 1319) sowie der Kanoniker Dudo, der sogar an zwei Altargründungen beteiligt war (Magnus und Nikolaus, 1303; Johannes der Täufer, Anfang des 14. Jahrhunderts); in der Liebfrauenkirche der Pfarrer Johann Oldebeer (Hl. Kreuz, 1473); in der Martinikirche der Pfarrer Friedrich Huntemann (Anna, 1407). Manch einer dieser mehr oder weniger hochgestellten Geistlichen entstammte vermutlich der begüterten, einflussreichen städtischen Oberschicht, wie dies nachweislich bei dem Ansgariidekan Johannes von Ruten der Fall war, der aus der bürgerlichen Ratsherrenfamilie von Ruten hervorging, der auch der Gründer des St. Gertruden-Gasthauses, Hermann von Ruten, angehörte.

Diese bürgerliche Oberschicht, der insbesondere die reichen Kaufmannsfamilien zuzurechnen waren und aus der sich der Rat rekrutierte, stellte vor allem im 14. und 15. Jahrhundert eine Vielzahl von Altarstiftern. Ratsherren oder Bürgermeister waren beispielsweise Arnold Balleer und Bernhard Merk (Dreifaltigkeitsaltar in der Liebfrauenkirche, 1396), Heinrich Prindeney (Dreikönigsaltar in der Martinikirche, 1378), Diedrich Rickmers (Petrusaltar in der Ansgariikirche, 1332) und der Dombaumeister Johann Hemeling (Marienaltar in einer Domkapelle, 1414); den Fronleichnamsaltar in der Ansgariikirche stiftete – zum Zeichen der Sühne gegenüber seinem ehemaligen Mitglied Johann Vasmer – der gesamte Rat (1436). Weitere bürgerliche Altarstifter entstammten, soweit sie nicht selbst im Rat saßen, Ratsherrenfamilien, die über Generationen hinweg eine Vielzahl von Ratsmitgliedern stellten, so etwa der Bürger Woltmann (Hl. Kreuz in der Ansgariikirche, 1298), Hinrich Gröning (Hl. Kreuz in der Ansgariikirche, 1319/25), Johannes und Hermann von Vechta (Maria- und Zwölfapostel in der Ansgariikirche, 1308; Andreas in der Ansgariikirche, 1333) oder Bernhard Reme (Lorenz und Gertrud in der Stephanikirche, 1337/38). Auffällig ist, dass auch viele Witwen aus dem begüterten, politisch einflussreichen Bürgertum zu den Altargründern zählten. Diese hatten nach dem Tod ihres Ehegatten offensichtlich einen Teil ihres Familienvermögens in die Sicherung ihres Seelenheils investiert. Zu nennen wären hier bei St. Ansgarii Gertrud Haverbecker (Paulus und Dionysius, 1326), Schwaneke Kale (10 000 Märtyrer und Silvester, 1331), Bertha Merke (Margarethe, 1331), Gertrud Rode (Bartholomäus, 1334), die Ratsherrenwitwe Gertrud von Suttrum (Ansgar, 1390) und Beata Swering (Nikolaus, 1390), am Dom Hildegund von Haren (Felix und Audactus, 1390) sowie bei St. Martini Womele von Stendorp (Andreas und Cäcilie, 1405).

Die Stiftung von Altären mit den dazugehörigen Messpfründen erfolgte nicht völlig uneigennützig. Neben dem ewigen Seelenheil, das die Stifter aufgrund ihrer frommen Handlung für sich und ihre engsten Anverwandten zu erlangen hofften, spielte bei den führenden Bürgerfamilien sicherlich auch der Wunsch nach einer angemessenen Repräsentation in den Kirchen der Stadt eine wichtige Rolle. Die gestifteten Altäre, aber auch die ewigen Lampen und privaten Totenmessen waren so nicht zuletzt auch ein Mittel sozialer Selbstdarstellung. Die führenden Familien aus der reichen Oberschicht versuchten sich in ihrer Stiftungstätigkeit zu Gunsten der Kirche zum Teil gegenseitig zu übertreffen, um ihr gesellschaftliches Ansehen in der Stadt zu steigern. Die Stiftung nicht nur eines, sondern gleich mehrerer Altäre innerhalb einer Bürgerfamilie blieb in der städtischen Öffentlichkeit selbstverständlich nicht unbemerkt und vermehrte deren Sozialprestige nicht unerheblich. In der Ansgariikirche besaßen beispielsweise sowohl die Ratsfamilie von Vechta (Marien- und Zwölfapostelaltar, 1308; Andreasaltar, 1333) als auch die Familie von Borken (Matthäusaltar, 1346; Allerseelenaltar, 1367) je zwei Nebenaltäre; ein Mitglied der Familie von Borken hatte überdies auch noch den Johannisaltar in der Martinikirche errichten lassen. Bisweilen verband sich die Stiftung zweier Altäre sogar mit ein und derselben Person wie im Falle des Bertram Reimars, der in der Stephanikirche sowohl den Johannes- und Matthäusaltar (1302) als auch den Stephansaltar (1308) zur Ehre und zum Ruhm seiner Familie aufstellen ließ, oder des Ratsherrn Diedrich Rickmers, der zuerst 1329 den – später dem Ansgariikapitel inkorporierten – Zwölfapostelaltar im St. Jürgen-Gasthaus und drei Jahre später auch noch den Petrusaltar in der Ansgariikirche stiftete.

Beispielhaft für die vielgestaltige Stiftungs- und Schenkungstätigkeit der führenden städtischen Oberschicht sei hier nur die Ratsherrenfamilie von Gröning – sie stellte insgesamt 14 Ratsherren – angeführt. Heinrich Gröning stiftete 1319, fünf Jahre bevor er als erster Vertreter der Familie in den Rat gewählt wurde, den Hl. Kreuz-Altar in der Ansgariikirche und erweiterte dessen Ausstattung 1325 durch eine umfangreiche Landschenkung. In seiner letztwilligen Verfügung (vor 1334) tätigte Heinrich Gröning, der zusammen mit seiner Frau Germod auch Mitglied der St. Annenbruderschaft in der Liebfrauenkirche war, eine jährliche Armenspende von 4½ Br. Mk., die je zur Hälfte vor dem Dom und vor der Ansgariikirche in Form von Weizenbroten zur Austeilung gelangen sollte. Ob er auch der Stifter einer jährlich am 22. November in der Ansgariikirche zu feiernden Konsolation war oder ob diese auf ein anderes Mitglied der Familie gleichen Namens zurückging, muss offen bleiben. Sicher ist hingegen, dass die acht Kinder Heinrichs und Germods 1339 – gut fünf Jahre nach Heinrichs Tod – gemeinsam den Altar zu Ehren der 11 000 hl. Jungfrauen in der Ansgariikirche stifteten; zwei der acht Kinder, Heinrich und Mechtild, erweiterten 1363 die Dotation dieses Altars. Der letztgenannte Heinrich Gröning d.J. war mit Alheyd von Ruten, der Tochter des Gründers des St. Gertruden-Gasthauses Hermann von Ruten, verheiratet und wurde deshalb 1367 zusammen mit dem Gründersohn Heinrich von Ruten zum ersten Vorsteher des Pilgerhauses ernannt. Seine Gattin Alheyd hatte mittels einer testamentarischen Stiftung dem Dom einen Abendmahlskelch mit dazugehöriger Patene vermacht. Zu den acht an der Gründung des Altares der 11 000 hl. Jungfrauen beteiligten Gröning-Kindern gehörten auch Johannes und Albert Gröning. Johannes' Tochter Hillegund von Steden hatte 1369 bestimmt, dass aus einer von ihr verkauften Rente zweimal jährlich an den Todestagen ihrer Eltern Armenspenden vor den Domtüren ausgegeben werden sollten. Albert Grönings Frau Elisabeth stammte aus der reichen Ratsherrenfamilie von Vechta, deren Mitglieder bereits den Zwölfapostelaltar und den Andreasaltar in der Ansgariikirche begründet hatten. Elisabeth Gröning, geb. von Vechta, tätigte weitere Stiftungen, die das Ansehen der beiden Familien Gröning und von Vechta vermehren sollten. Nachdem sie 1378 zunächst die Dotation des von ihrem Verwandten Hermann von Vechta 1333 gegründeten Andreasaltars um Besitz in Bremen, Horn und Uphusen erweitert hatte, ließ sie 1391 den Armen des St. Jürgen-Gasthauses und des St. Remberti-Hospitals sowie den städtischen Hausarmen reichlich Spendengelder zufließen und beschenkte im gleichen Jahr auch noch die Beginenkonvente zu St. Katharinen und St. Nikolai mit umfangreichem Landbesitz. Die Seelgerätstiftungen der Familie Gröning bestanden also sowohl aus Stiftungen von Altären und von Messgeräten als auch aus Armenspenden; beide Stiftungsformen waren eng an die Feier des Totengedächtnisses gebunden, so kamen die Armengifte in der Regel an den Todestagen der Stifter zur Verteilung. Über Heinrich Gröning d.J., den Mitbegründer des Altares der 11 000 hl. Jungfrauen, war die Familie Gröning zudem mit der Ratsherrenfamilie von Ruten verschwägert, die durch die

Spätgotisches Kastenrelief mit der „Heiligen Sippe“ aus dem St. Petri Dom.

Gründung des St. Gertruden-Gasthauses die Verbindung von Armenversorgung und Totengedenken – am Todestag des Stifters Hermann von Ruten sollte u.a. jedem Armen ein Weizenbrot verabreicht werden – geradezu exemplarisch vorführte.

Zu den weltlichen Nebenmotiven der Stiftungsfrömmigkeit zählte neben dem zweifellos vorhandenen Repräsentationsbedürfnis auch die Möglichkeit der angemessenen Versorgung geistlicher Familienangehöriger. Es kam immer wieder vor, dass Stifter von Altarbenefizien die neugeschaffene Altaristenstelle mit einem nahen Verwandten besetzten, der dann auf diese Weise am Familienvermögen partizipierte (sog. Blutsvikarien oder Erbpfründenstiftungen); verfügte das betreffende Familienmitglied noch nicht über die hierfür erforderliche Priesterweihe, musste es diese binnen Jahresfrist nachholen. Als der Bürger Bernhard Reme 1338 in der Ansgariikirche gemeinsam mit Heinrich Smedeke den Laurentius und Gertruden-Altar stiftete, da hatte er die Priesterstelle dieses Altars offensichtlich für seinen Sohn Heinrich Reme reserviert, der 1346 in dieser Stellung bezeugt ist. 1347 hatte der Bürger Johann Oldewagen in der Ansgariikirche den Peter und Pauls-Altar gegründet. 20 Jahre später wurde mit Roland Oldewagen ein naher Verwandter des Altarstifters – vermutlich dessen Sohn oder Neffe – mit dem Benefizium dieses Altars investiert, nachdem dieser zuvor von der das Patronatsrecht ausübenden Bassumer Nonne Eilcke Oldewagen – einem weiteren Familienmitglied – für diese Altaristenstelle vorgeschlagen worden war. Auch die Familie Rinesberch, der der Chronist der mittelalterlichen Stadtchronik, Gert Rinesberch (1315–1406), entstammte, machte von dieser Form der Patronage Gebrauch. Reiner Rinesberch, der Vater des Chronisten, hatte 1365 den Thomasaltar in der Stephanikirche gestiftet, doch wurde der Vollzug dieser Stiftung erst zehn Jahre später durch dessen Sohn Friedrich Rinesberch rechtsgültig vollzogen. Bei dieser Gelegenheit wurde nun Reiners Sohn und Friedrichs Bruder Gerhard Rinesberch – der Chronist –, der bereits eine Vikarie am Dom innehatte, in das Priesteramt des Thomasaltars eingesetzt, Gerhard Rinesberch war seit 1375 also zugleich an zwei städtischen Kirchen als Altarist tätig. Nach dem Tod Gerhard Rinesberchs sollten mit den beiden Brüdern Gerhard und Andreas Kyll vermutlich zwei weitere Verwandte der Familie die Vikarie des Thomasaltars besitzen. Die durch frommen Stiftungseifer geschaffenen kirchlichen Pfründen wurden, wie diese drei Beispiele zeigen, nicht selten bewusst mit Familienangehörigen besetzt, religiöse und weltliche Motive waren bei vielen Stiftern offenbar auf vielfältige Weise eng miteinander verflochten und ließen sich nur ganz schwer voneinander trennen.

Die Altarstiftungen waren zwar die auffälligste, dem Sozialprestige am meisten dienliche Form der frommen Stiftung, doch blieben sie wegen des dafür erforderlichen hohen Kapitalaufwands auf einen kleinen Kreis betuchter Bürger beschränkt. Von der Mehrzahl der Stadtbürger wurde deshalb das aus einer Vigil am Vorabend und der Seelenmesse am Haupttag bestehende Jahrtagsgedächtnis (*Anniversarium*) bevorzugt. Für diese Form der Gedenkstiftung, die die Fürbitte für die im Jenseits befindlichen Seelen bestimmter, namentlich genannter Personen zum Inhalt hatte, waren vor allem die klerikalen Gemeinschaften (Chorherren, Vikare) an den Kapitelkirchen prädestiniert, in deren Tagesablauf das Totengedenken einen festen Platz einnahm. Um den Überblick über die im Laufe eines Jahres zu erbringenden Gedächtnisfeiern nicht zu verlieren, legten sich die Chorherrenkapitel eigens Totenbücher an, in denen sie die Namen der zu gedenkenden Verstorbenen an deren Todestag (*obitus*) – eventuell auch an einem anderen Tag des Gedenkens (*memoria*) – verzeichneten. Freilich war der Eintrag in den Nekrolog oder das Memorienverzeichnis einer Kapitelgemeinschaft an die Zahlung eines bestimmten Geldbetrags gebunden. Aus

Der Nekrolog des Ansgariikapitels. In das Kalendarium wurden seit dem 13. Jahrhundert Gedenkfeiern und Kirchenfeste eingetragen. Der spätmittelalterliche Kodex erhielt später einen Renaissanceeinband aus geprägtem Leder. (Staatsarchiv Bremen)

den zumeist in Renten oder in Grundbesitz angelegten Geldsummen wurden dann die Handgelder – die sog. Manualien – für die an der Anniversarfeier teilnehmenden Kanoniker verteilt. Dieses System der Präsenzgeldzahlungen sollte sicherstellen, dass möglichst viele Kanoniker den Gedächtnisfeiern durch ihre Teilnahme den nötigen Glanz verliehen. Auch die Vikare der Stiftskapitel standen für diese Form der Totenmemoria zur Verfügung, ihre Gebetsleistungen waren, entsprechend ihrem niedrigeren Rang in der kirchlichen Hierarchie, sogar für geringere Geldbeträge als diejenigen der Kanoniker zu haben.
Auch bei den Anniversarstiftungen zeigt sich der für die spätmittelalterliche Frömmigkeit so überaus typische rechenhafte Zug in der Planung des Seelenheils. Wer es sich leisten konnte, ließ sich oft nicht nur in eines, sondern in mehrere Totenbücher eintragen, um sich die gedenkende Fürbitte für seine Seele an verschiedenen Kirchen der Stadt zu sichern. Mit der Stiftung sog. Konsolationen, die der Verehrung eines bestimmten Heiligen dienten, ließ sich die Zahl der liturgischen Gedenkfeiern noch zusätzlich erhöhen. Die Gedächtnisstiftungen des aus einer angesehenen Kaufmannsfamilie stammenden, im Sommer 1278 verstorbenen Ratsherrn Alexander von Stade mögen exemplarisch für das diesbezügliche Stiftungsverhalten der reichen bürgerlichen Oberschicht stehen. Alexander von Stade ließ sein Jahrtagsgedächtnis in drei verschiedenen Kirchen der Stadt im Abstand von jeweils zwei Tagen feiern, nämlich am 17. Juli durch die Beginen in der Nikolaikirche, am 19. Juli durch das Wilhadikapitel in der Stephanikirche und am 21. Juli durch das Ansgariikapitel in der Ansgariikirche. Die Form der drei Feiern, für die Alexander jeweils ansehnliche Beträge aus seinem Vermögen stiftete, war genau festgelegt. Bei den Chorherren von St. Ansgarii ließ Alexander von Stade beispielsweise vier am 21. Juli zu feiernde Anniversarien für sich, seine Frau Alburgis, seinen Vater und seine Mutter einrichten, die in der üblichen Form mit Vigilien und Messen feierlich begangen werden sollten; dafür hat er dem Kapitel zwei Häuser in der Stadt vermacht. Nach jeder Feier hatte der Kustos der Ansgariikirche das Handgeld an die Chorherren auszuzahlen, der die Messe lesende Priester sollte mit dem doppelten Handgeld belohnt werden, der Glöckner erhielt einen Denar; auf dem Altar sollte außerdem Weißbrot im Wert eines Solidus dargebracht werden. Die Beginen von St. Nikolai und St. Katharinen sollten die vier Anniversarien Alexanders und seiner nächsten Angehörigen in ähnlicher Weise in der Nikolaikirche durch Lesen eines Psalters und durch die Feier einer Vigilie begehen und wurden dafür mit Landgütern in Hastedt, Neuenland und Grolland sowie zwei Häusern in Wallerbrook bedacht. Interessant ist, dass bei der Neuanlage des St. Ansgarii-Nekrologs im 15. Jahrhundert die Einträge für Alexanders Frau und seine Eltern nicht wieder

aufgenommen wurden; vermutlich hatten sich die Einkünfte des Kapitels aus der Schenkung Alexanders inzwischen so sehr verringert, dass man die betreffenden Gedenktage aus dem Totenbuch strich und nur mehr des eigentlichen Schenkers im Gebet gedachte.

Alexander von Stade gehörte dem Ratsherrengremium an und bestimmte die politischen Geschicke der Stadt somit wesentlich mit. Dass Anniversarstiftungen dieser Art indes nicht nur bei begüterten Ratsherren, sondern auch bei weniger einflussreichen Personen, die wohl eher der städtischen Mittelschicht aus Handwerkern und Gewerbetreibenden zuzurechnen sind, üblich waren, zeigt das Beispiel der Witwe Hempe Vrese. Hempe war zweimal verheiratet und hatte aus jeder Ehe je zwei Söhne. Zum Zeitpunkt der Stiftung waren die beiden Ehemänner und die vier Söhne bereits verstorben. Hempe kaufte 1424 vom Ansgariikapitel für 48 Mk. eine jährliche Rente von 3 Mk. – dies entsprach dem üblichen Zinssatz von 6,25 % – und bestimmte zugleich, dass für diese Summe nach ihrem Tod insgesamt neun Anniversarien beim Ansgariikapitel eingerichtet werden sollten, nämlich je eine Gedächtnisfeier für die Stifterin, für deren Eltern, für deren beiden Ehemänner und für die vier Söhne. Bei jeder der neun Memorienfeiern sollten an die teilnehmenden Chorherren von St. Ansgarii Handgelder in Höhe von insgesamt 6 Gr. verteilt werden. Da damit nur gut die Hälfte der zur Verfügung stehenden Summe von 3 Mk. aufgebraucht war, ließ Hempe Vrese überdies noch die jährliche Feier einer Konsolation an der Oktav des Festes Visitatio Marie (2. Juli) in der Ansgariikirche einrichten, bei der zusätzlich 8 Gr. zur Verteilung an die Chorherren kommen sollten. Das restliche Drittel der Rente in Höhe von 1 Mk. und 2 Gr. sollte direkt dem Vermögen des Kapitels zufallen. Auch an der Memorienstiftung Hempe Vreses wurde später eine Kürzung vorgenommen, nach 1440 wurden aus dieser Stiftung nur noch 35 Gr. anstatt der bisherigen 54 Gr. für Manualien aufgewendet; die Handgeldzahlung bei der Konsolation wurde hingegen nicht angetastet und blieb bei 8 Gr.

Die Anzahl der verstorbenen Familienmitglieder, deren die Witwe Hempe Vrese bei St. Ansgarii gedenken ließ, war ungewöhnlich hoch. Auch dass Hempe die Gedenkfeiern und die Feier der Konsolation ausschließlich bei den Chorherren von St. Ansgarii ausrichten ließ, stellte eher eine Ausnahme dar. In der Regel ließen die Mehrfachstifter – so wie auch Alexander von Stade – ihr Gebetsgedenken bei verschiedenen kirchlichen Institutionen der Stadt einrichten, so war fast ein Viertel der beim Ansgariikapitel eingetragenen Personen auch noch in anderen Nekrologen verzeichnet. Man verteilte seine Stiftungen also gern auf verschiedene geistliche Gemeinschaften, wobei Überschneidungen mit den Vikaren des Wilhadikapitels in der Stephanikirche und mit der Annenbruderschaft in der Liebfrau-

enkirche besonders häufig vorkamen, denn der Eintrag in deren Totenbücher war nicht so teuer wie bei den Kanonikern des Ansgariikapitels.
Der religiöse Stiftungseifer der Bürger hatte im 14. Jahrhundert seinen Höhepunkt erreicht, im Verlauf des 15. Jahrhunderts lässt sich ein Rückgang der Stiftungen beobachten und auch die Namenseintragungen in den Nekrologen waren rückläufig. Soweit auch jetzt noch Zuwendungen an die Kirche erfolgten, kamen diese vorzugsweise den dem christlichen Armutsideal der *vita apostolica* verpflichteten Bettelorden der Franziskaner und Dominikaner oder den karitativen Einrichtungen (Hospitäler, Gasthäuser etc.) zugute. Der immense Reichtum der etablierten Kapitelkirchen wurde inzwischen von den Bürgern der Stadt wohl eher als anstößig empfunden und lenkte deren Schenkungen und Stiftungen nunmehr in andere Bahnen, wenn er ihn nicht ganz erlahmen ließ.

6. Exkommunikation und Interdikt

Ein nicht zu vernachlässigender Aspekt des geistlichen Lebens in der Stadt war auch die gewaltsame Störung, Behinderung und Unterbrechung des kirchlichen Kultes durch die kirchenrechtlichen Zwangsmittel der Exkommunikation und des Interdikts. Die Exkommunikation oder der Kirchenbann beinhaltete den Entzug kirchlicher Rechte – nicht der Kirchengliedschaft – und hatte vor allem das Verbot der Teilnahme an Gottesdienst und Sakramenten zur Folge. Die Kirchenstrafe des Interdikts besaß demgegenüber einen lokalen bzw. territorialen Bezug und sah die Einstellung sämtlicher gottesdienstlicher und sakramentaler Handlungen an bestimmten Kirchen bzw. in bestimmten Territorien (Städte, Länder) vor. In einer Zeit, in der die Kirche alle Lebensbereiche durchdrang und beherrschte und es kein Heil außerhalb der Kirche gab – in einer solchen Zeit kamen der Ausschluss aus der Gemeinschaft der Gläubigen und die bewusste Vorenthaltung der kirchlichen Gnadenmittel zwangsläufig einem absoluten Schreckensszenario gleich, das auf die Kirche zentrierte Weltbild geriet ins Wanken.
Exkommunikation und Interdikt waren gewissermaßen kirchliche Allzweckwaffen, nicht zuletzt galten sie als probate Mittel im Kampf um die Durchsetzung materieller kirchlicher Ansprüche und Forderungen. Der Ritter Hermann von Aumund wurde 1263 vom Domkapitel allein deshalb mit dem Bannstrahl der Exkommunikation belegt, weil er – vermutlich als einer der Erben der Stifterfamilie – Ansprüche auf ein dem Liboriusaltar im Dom gehöriges Landgut angemeldet hatte. Auch Johann Beverstede wurde 1394 zusammen mit Frau und Mutter vom Ansgariischolaster Johann von Gestele wegen einer nicht bezahlten Rentenschuld an die Vikare des Wil-

hadikapitels aus der Gemeinschaft der Gläubigen ausgeschlossen, und dieselbe Strafe wurde 1327 auch dem Dekan des Ansgariikapitels Meinard nebst sieben weiteren Chorherren angedroht, falls sie ihre Geldschulden an das Kapitel nicht in den festgesetzten jährlichen Raten zurückbezahlen sollten. Um den diesbezüglichen kirchlichen Forderungen Nachdruck zu verleihen, wurde zusätzlich zur Exkommunikation mitunter auch noch die die Allgemeinheit treffende Strafe des Interdikts angedroht oder ausgesprochen; eine 1277 unter Erzbischof Giselbert in Bremen tagende Generalsynode hieß dieses Verfahren ausdrücklich gut. So hat Erzbischof Burchard 1336 den Ritter Christian von Wersebe, weil er dem Paulskloster den Zehnten vorenthalten hatte, nicht nur exkommuniziert, sondern zugleich auch noch alle Orte, an denen dieser oder seine Anhänger sich aufhielten, mit dem Interdikt belegt. Mit Exkommunikation und Interdikt bedroht wurde 1443 auch die Witwe Beke Buk durch Erzbischof Gerhard III., um von ihr die Übergabe eines Hofes an die Bremer Deutschordenskommende zu erzwingen.

Auch in ihren politischen Auseinandersetzungen bedienten sich die Erzbischöfe des Kirchenbanns und insbesondere des Interdikts, das seit dem 12. Jahrhundert immer mehr als machtpolitisches Kampfinstrument der Päpste und Bischöfe – nicht zuletzt gegen weltliche Hoheitsträger (Fürsten, Städte etc.) – Anwendung fand. Schon Gerhard II. hatte sein Kreuzzugsunternehmen gegen die Stedinger dadurch abgesichert, dass er der Stadt und ihren Repräsentanten, sollten sie vertragsbrüchig werden, Interdikt und Exkommunikation androhte. Und Erzbischof Gottfried belegte 1350 seinen Konkurrenten um den Erzbistumsstuhl, den Domdekan Moritz von Oldenburg, wegen der Inbesitznahme erzstiftischer Schlösser, Länder, Lehen, Rechte und Einkünfte ebenfalls mit dem Kirchenbann, und dieser Bann sollte auch alle Unterstützer und Anhänger Moritz' treffen.

In den 70er Jahren des 14. Jahrhunderts häuften sich die gegen Einzelpersonen geistlichen und weltlichen Standes, einzelne kirchliche Institutionen sowie die gesamte Stadt verhängten Kirchenstrafen in auffälliger Weise. Es kam damals in dichter Folge zu einer ganzen Reihe aufsehenerregender Interdikte und Exkommunikationen, die sicherlich für erhebliche Unruhe und Verdruss innerhalb der Stadt gesorgt haben und diese – nur wenige Jahre nach den durch „Bannerlauf" und sog. „Verrat" (1365/66) ausgelösten innerstädtischen Unruhen – mehrere Jahre lang in einen kirchlichen Ausnahmezustand versetzt haben dürften. Vermutlich im ersten Drittel des Jahres 1370 – der genaue Zeitpunkt ist nicht überliefert – hatte Erzbischof Albert II. als Reaktion auf eine Gewalttat Johanns von Zesterfleth, der einige Hausdiener seines Vicedoms und Kaplans, des Propstes Bertold von Hadeln und Wursten, beraubt und gefangen genommen hatte, die Stadt Bre-

men mit dem Interdikt belegt. In dieser Strafmaßnahme des Erzbischofs ist der mit der Verhängung des Interdikts intendierte Zweck ohne Weiteres zu erkennen: Man versuchte, auf schuldige oder missliebige Personen – in diesem Fall Johann von Zesterfleth und seine Genossen – Zwang auszuüben, indem man sie dem Unwillen der vom Interdikt Betroffenen – der städtischen Bevölkerung also – aussetzte. Wann Albert die Aufhebung des Interdikts verfügte, ist nicht bekannt, wohl Mitte Mai 1370 beschwor er noch einmal nachdrücklich dessen Aufrechterhaltung bis zur erfolgten völligen Genugtuung. Damals erregte jedoch bereits ein weiterer, mit Kirchenbann und Interdikt geahndeter Fall von Insubordination die Gemüter. Albert II. hatte in dem schon seit Langem schwelenden Konflikt zwischen dem Domkapitel und den Stiftskapiteln von St. Wilhadi und St. Ansgarii um die Teilnahmepflicht an gewissen Feierlichkeiten im Dom ein Machtwort gesprochen und die Geistlichen der beiden Stiftskapitel, weil sie seinem Befehl zur Teilnahme nicht Folge geleistet hatten, am 21. April 1370 exkommuniziert und außerdem auch noch über deren Kirchen – die Stephani- und Ansgariikirche also – das Interdikt verhängt. Die im Frühjahr 1370 gegen das Wilhadi- und Ansgariikapitel ausgesprochene Kirchenstrafe hatte fast vier Jahre Bestand, erst am 21. März 1374 widerrief Albert II. die gegen die beiden Stiftskapitel erlassenen Exkommunikations-, Suspensions- und Interdiktschriften endgültig.
Zu diesem Zeitpunkt waren Bremen, seine Bürger und seine Geistlichkeit allerdings schon seit Längerem mit einem weiteren derartigen Fall konfrontiert, der sich diesmal als besonders hartnäckig und verwickelt erweisen und dessen Lösung erst nach mehreren Anläufen gelingen sollte. Auslösender Punkt des Konflikts war ein Prozess, den der einstige Dompropst Heinrich Olde, der inzwischen zum Bischof von Schleswig ernannt worden war, gegen die Stadt Bremen angestrengt hatte. Der von der Kurie als Richter eingesetzte Bischof Dietrich von Brandenburg hatte in diesem Verfahren gewisse Anordnungen gegenüber Rat und Bürgerschaft erlassen, die von diesen jedoch missachtet wurden. Daraufhin hatte der Brandenburger Bischof über die Geistlichen der Stadt und Diözese die Exkommunikation, über die städtischen Kapitel die Suspension – den Entzug der Pfründenutzung also – und über die städtischen Kirchen das Interdikt verhängt. Ende 1373 kam es nach geschehener Genugtuung zwar zur Lösung von Kirchenbann, Suspension und Interdikt durch den Bremer Erzbischof Albert II., doch wurden das Domkapitel und weitere Geistliche in Stadt und Diözese, die sich den Befehlen des Brandenburger Bischofs widersetzt hatten, zu einer Strafe von 716½ Gulden verurteilt, die der Domdekan Johann von Zesterfleth zusammen mit drei weiteren Domherren einzutreiben hatte. Allerdings war die Angelegenheit dadurch, wie sich schon bald zeigen sollte,

Gotisches Abendmahlsrelief aus dem St. Petri Dom.

noch lange nicht aus der Welt geschafft. Gut zwei Jahre später, im Frühjahr 1376, flammte der Streit zwischen Bischof Heinrich, der zwischenzeitlich die Bischofswürde von Ösel erlangt hatte, und der Stadt Bremen erneut auf, und diesmal hatte sich auch die Kurie in die Auseinandersetzung eingemischt und drei gegen Rat und Bürgerschaft der Stadt gerichtete Sentenzen erlassen. Der zum Subexekutor der päpstlichen Sentenzen bestellte Propst Dietrich zu Eiderstedt verhängte daraufhin das Interdikt über die Stadt. Der Konflikt gewann schon bald dadurch an Schärfe, dass ein Großteil des städtischen Klerus – genannt werden Geistliche des Paulsklosters, des Wilhadi- und Ansgariikapitels, der Martinikirche, der Wilhadikapelle und der Michaeliskirche – das damit verbundene Verbot gottesdienstlicher

Handlungen nicht beachtete und der Bevölkerung weiterhin zu Diensten stand. Propst Dietrich bestellte die betreffenden Kleriker deshalb nach Lübeck, damit sie sich dort für die Verletzung des Interdikts verantworteten. Erst nachdem sich die beiden Domherren Reimbert von Münchhausen und Herbord Schene als Bevollmächtigte der angeklagten Geistlichen in Lübeck für deren Verhalten entschuldigt hatten, kam es am 26. April 1376 zum Freispruch der Geistlichen. Zwei Wochen später wurde unter Vermittlung des Lübecker Rates auch zwischen der Stadt und dem Bischof von Ösel ein Frieden geschlossen, durch den Bremen allerdings zur Zahlung einer größeren Entschädigungssumme verpflichtet wurde.
Durch den im Mai 1376 geschlossenen Frieden zwischen Bremen und dem Bischof Heinrich von Ösel war die Stadt der kirchlichen Heilsvermittlung wieder zugänglich. Doch war Bremen schon bald darauf erneut Schauplatz kirchlicher Anfeindungen. Betroffen war diesmal das Ansgariikapitel, das den päpstlichen Zehnten nicht bezahlt hatte, weshalb dessen Chorherren und Vikare exkommuniziert wurden und deren Kirche – sowie deren vor den Toren der Stadt gelegenen Filialkirchen zu Stuhr und Horn – mit dem Interdikt belegt wurden. Die Freisprechung von Bann und Interdikt erfolgte im Mai 1377, nachdem der Ansgariikanoniker Herbord Schene als Bevollmächtigter der betroffenen Geistlichen für die Kanoniker und Vikare des Kapitels jeweils 10 Mk. mindischer Pfennige an den päpstlichen Nuntius, den Bamberger Dekan Heinrich Rand, bezahlt hatte. In den acht Jahren von 1370 bis 1377 wurden in der Stadt Bremen bzw. in einer oder mehreren ihrer Pfarrkirchen insgesamt fünfmal für kürzere oder längere Zeit sämtliche gottesdienstlichen und sakramentalen Handlungen untersagt – ein Umstand, der das geistliche Leben in der Stadt und die kirchliche Versorgung der Bewohner sicherlich stark in Mitleidenschaft zog. 1383 hatte dann sogar der Konflikt zwischen Bremen und dem Bischof Heinrich von Ösel, der sieben Jahre zuvor eigentlich schon beigelegt zu sein schien, noch ein spätes, folgenreiches Nachspiel. Beim Tod Bischof Heinrichs war die Stadt Bremen diesem immer noch 3000 Goldgulden schuldig geblieben. Erneut wurden deshalb sämtliche gottesdienstliche Handlungen in der Stadt verboten. Die Lösung der Stadt von diesem Interdikt kam dann durch einen regelrechten Deal zustande: Papst Urban VI. (1378–1389) zeigte sich 1383 bereit, die Stadt vom Interdikt zu absolvieren, wenn diese anstelle der dem verstorbenen baltischen Bischof schuldigen 3000 Gulden nunmehr 1800 Gulden an die päpstliche Kammer zahle. Die Stadt ließ sich nicht zweimal bitten: Am 22. Juni 1385 quittierte der Bremer Domdekan Gottschalk den Empfang der für die päpstliche Kammer bestimmten 1800 Gulden und hob daraufhin in päpstlichem Auftrag das über Bremen verhängte Interdikt wieder auf.

Nach dieser Häufung von Exkommunikations- und Interdiktsfällen binnen weniger Jahre kehrten auch in Bremen wieder ruhigere Zeiten ein. Auch unternahm die Stadt nun selbst Anstrengungen, um die kirchenrechtlichen Disziplinierungsversuche, denen man sich so oft ausgesetzt sah, und deren Folgen zu vermindern. Im Januar 1392 ließ sich die Stadt von Papst Bonifaz IX. (1389–1404) zusichern, dass der Aufenthalt von unter Kirchenbann stehenden Personen – seien es Bremer Bürger oder Fremde – in der Stadt nicht zwangsläufig eine Verhängung des Interdikts zur Folge haben müsse; vielmehr dürfte, vorausgesetzt die gebannten Personen würden von den städtischen Gotteshäusern ferngehalten bzw. die Fremden aus der Stadt entfernt, weiterhin der gewöhnliche Gottesdienst abgehalten werden. Nur zwei Monate später, im März 1392, erwarb der Bremer Priester Johannes Platonis dann im Auftrag des Rates, der sich dies 300 Dukaten kosten ließ, eine Bulle Bonifaz' IX., durch die die Folgen von Interdikten für die Stadt abgemildert werden sollten.
Als besonders vorteilhaft aber erwies sich in dieser Hinsicht das enge partnerschaftliche Verhältnis zwischen den Bettelorden und der Stadtbevölkerung. Von den Päpsten mit einer weitgehenden Exemtion von der bischöflichen Jurisdiktion sowie mit Vollmachten für Predigt, Beichte und Begräbnis ausgestattet, waren die Bettelorden in der Lage, den städtischen Pfarrzwang zu durchbrechen und das vorhandene Bedürfnis der Bürger nach Seelsorge und Spiritualität auch jenseits der traditionellen kirchlichen Strukturen zu befriedigen. Die Bettelorden waren deshalb fest in die Lebenswelt der Stadt integriert und genossen in der Bevölkerung ein hohes Ansehen. Ihre weitgehende Unabhängigkeit innerhalb der kirchlichen Organisationsstrukturen äußerte sich nicht zuletzt darin, dass sie in den immer wieder aufbrechenden Konflikten zwischen Kirche (Bischof, Stifts- und Domkapitel, Pfarrklerus) und Stadt nicht selten die Partei der Stadtgemeinde ergriffen und dieser hilfreich zur Seite standen. Eine der häufigsten Konfliktursachen aber war zweifelsohne das durch die Kirchenoberen oft wahllos und aus fragwürdigen Gründen verhängte Zwangsmittel des geistlichen Interdikts. Auch in Bremen kam es 1443 zu einem engen Schulterschluss zwischen den beiden Bettelorden der Dominikaner und Franziskaner sowie der Stadt mit dem Ziel, die schädlichen Auswirkungen von Interdikten zu begrenzen. Der Rat der Stadt traf damals, nachdem man zuvor noch ein diesbezügliches Gutachten von Doktoren und Lehrern des Kirchenrechts in Köln eingeholt hatte, mit den Konventen des Katharinenklosters (Dominikaner) und des Johannisklosters (Franziskaner) eine Übereinkunft, derzufolge die Bettelmönche in ihren Ordenskirchen weiterhin Gottesdienst halten würden, wenn die Stadt zu Unrecht mit dem Interdikt oder Kirchenbann belegt würde. Als Gegenleistung sicherte der Rat den

beiden Klöstern zu, sie in ihren Rechten zu schützen. Die Bereitschaft der beiden Bettelorden, das kirchliche Zwangsmittel des Interdikts gegebenenfalls zu unterlaufen und dadurch die seelsorgerische Betreuung der städtischen Bevölkerung auch während der Zeiten des Gottesdienstverbotes zu gewährleisten, machte die Dominikaner und Franziskaner zwangsläufig zu Konkurrenten des in die kirchliche Hierarchie eingebundenen und daher zur Einhaltung der verhängten Kirchenstrafen verpflichteten städtischen Pfarrklerus. Dies traf freilich nur bedingt auf die Geistlichen der Ansgariikirche zu, denn das Ansgariikapitel besaß das Privileg, auch bei Interdikt Gottesdienst – wenn auch nur bei verschlossenen Türen, ohne Läuten der Kirchenglocken sowie mit leiser Stimme – zu feiern.

7. Missstände und Kirchenkritik

Trotz der festen Verwurzelung eines Großteils der städtischen Bevölkerung in der Kirche, wie sie nicht zuletzt im bürgerlichen Stiftungseifer oder im Heiligen- und Reliquienkult zum Ausdruck kam, fehlte es doch nicht ganz an kritischen Stimmen gegenüber bestimmten Erscheinungsformen des kirchlichen Lebens. Vor allem die gröbsten Missstände in der kirchlichen Entwicklung forderten verständlicherweise zur Kritik heraus. Von der Verurteilung des für fiskalische Zwecke instrumentalisierten Ablasswesens durch den Bürgermeister Daniel von Büren Anfang des 15. Jahrhunderts war bereits die Rede. Er stand mit seiner kritischen Sicht auf die zunehmende Entstellung dieses kirchlichen Gnadenmittels wohl kaum allein innerhalb des Ratsherrengremiums, zumal er seine ablehnende Haltung im die offizielle Ratspolitik dokumentierenden Ratsdenkelbuch zum Besten gab. Mit dem aus angesehener bremischer Familie stammenden Heinrich Toke, der seit 1434 am Dom die Stelle eines Lektors innehatte, hatte das bremische Domkapitel im zweiten Viertel des 15. Jahrhunderts einen entschiedenen Kritiker des naiven Wunderglaubens in seinen Reihen. Als Magdeburger Domherr sollte er später Seite an Seite mit dem Kardinal Nikolaus von Kues einen hartnäckigen, wenn auch wenig erfolgreichen Kampf – gerade in Bremen zählte Wilsnack zu den beliebtesten Pilgerzielen – gegen die Verehrung der falschen Wilsnacker Wunderhostien führen. Die Unmutsbezeugungen waren also, soweit sie öffentlich wurden, mehr eine Kritik an den gröbsten kirchlichen Missständen denn eine fundamentale oppositionelle Haltung gegenüber der Kirche und ihren Institutionen. Von häretischen Strömungen in Bremen und der näheren Umgebung ist, sieht man von den wohl zu Unrecht der Ketzerei beschuldigten Stedingern ab, denn auch nichts bekannt. Selbst den aufgrund ihrer semireligiösen Lebensweise häufig häretischer Neigungen verdächtigten Beginen ließ sich in

Bremen keine signifikante Abweichung von der offiziellen kirchlichen Lehre nachweisen, wie der Inquisitor Walter Kerlinger 1367 nach entsprechenden Nachforschungen einräumen musste. Und die Laienbewegung der *Devotio moderna*, die mit ihren Verinnerlichungsbestrebungen, ihrer mystischen Besinnlichkeit und ihren individuellen Schriftstudien die Kirche als Vermittlungsinstanz des Heils tendenziell in Frage stellte, fand in Bremen – wie auch in den meisten anderen Städten Norddeutschlands –, soweit zu sehen, keinen Widerhall. So gab es in Bremen bezeichnenderweise auch keine Niederlassung der aus der *Devotio moderna* hervorgegangenen, Ende des 14. Jahrhunderts von dem Niederländer Gert Groote (1340–1384) ins Leben gerufenen „Brüder und Schwestern vom gemeinsamen Leben", die sich einem Leben in frommer Einfalt in der *Imitatio Christi* (Thomas von Kempen) verschrieben hatten.

An kirchlichen Missständen, die den Unmut der Gläubigen hervorriefen, fehlte es freilich auch in Bremen nicht. Neben der umstrittenen Handhabung des Ablasses gaben vor allem die Amtsführung, der Lebenswandel und die seelsorgerische Eignung der Geistlichen – und zwar des hohen wie des niederen Klerus, der Chorherren wie der Vikare gleichermaßen – wiederholt Anlass zu Kritik. Bedenklich waren allein schon die gravierenden Mängel in der seelsorgerischen Ausbildung der Geistlichen. Es gab bis gegen Ende des Mittelalters keine geregelte Ausbildung und kein geregeltes Prüfungsverfahren für angehende Priester, das Kirchenrecht verlangte lediglich, dass kein *illiteratus* Priester werden durfte. Immerhin musste seit dem 13. Jahrhundert vor der Priesterweihe ein Eignungsnachweis vor dem zuständigen Archidiakon abgelegt werden, in dem das Lesen des Vaterunsers, der Glaubensartikel und der Messtexte sowie Grundkenntnisse der lateinischen Grammatik des Donatus und dergleichen überprüft wurden. Wenn sich in Bremen 1378 der Geistliche Gottfried Garstede oder 1403 der Kleriker Dietrich Hellingstede vor der Verleihung einer Pfründe eines wie auch immer gearteten „Literaturexamens" unterziehen mussten, dann werden ihnen wohl Kenntnisse dieser Art abverlangt worden sein. Doch führten auch diese bescheidenen Anforderungen an den Kenntnisstand der Geistlichen nicht zu einer umfassenden Besserung der Klerikerbildung, insbesondere bei den einfachen Messpriestern herrschten Unwissenheit und Unbildung sowie mangelhafte Lateinkenntnisse vor, vom Fehlen einer theologischen Vertiefung und pastoralen Durchbildung ganz zu schweigen. War so schon der Bildungsstand vieler Geistlicher tadelnswert, so gab das ungebührliche Verhalten vieler Kleriker während des Gottesdienstes erst recht Anlass zu Beanstandungen: In einer diesbezüglichen Vorschrift des Wilhadikapitels aus der ersten Hälfte des 13. Jahrhunderts ist von gottesdienstfremden Tätigkeiten wie Studieren, Lesen und andauerndem Flüstern die Rede, und in diversen Provinzialstatuten der Bremer Erzdiözese werden die lauten Stimmen, das Lachen und die Schwatzereien auf dem Chor angeprangert. Eine halbherzige, anteilslose Teilnahme am Gottesdienst scheint demzufolge unter den Klerikern weit verbreitet gewesen zu sein. Aber auch der Lebenswandel vieler Kleriker ließ sehr zu wünschen übrig und rief den Unmut der Laienwelt hervor. Streit- und Genusssucht, Zügellosigkeit, Unzucht und Missachtung des Zölibats waren die am häufigsten gegen den Welt- und Ordensklerus erhobenen Vorwürfe. Regelmäßig werden die Priester in den Synodalbeschlüssen der Bremer Erzdiözese zu einem sittlichen Lebenswandel ermahnt, die Provinzialstatuten von 1328, 1451 und 1470 sehen ausdrücklich harte Strafen für im Konkubinat lebende Geistliche vor; andere Vorwürfe lauten auf Völlerei und Trunksucht. Vor allem bei den Vikaren, die nur über eine kleine Messpfründe verfügten, ging die wirtschaftliche Notlage oft mit einem sittlichen Tiefstand einher. So manche Bremer Stiftungsurkunde insbesondere des späten 15. Jahrhunderts enthält deshalb die Forderung, dass Altaristen, die aufgrund ihres schlechten Lebenswandels auffällig wurden, wieder abzusetzen seien. Auch hier ist von Trinken, Spielen, Unzucht und Vernachlässigung der Messpflichten als den Hauptlastern die Rede.

Ein Kardinalproblem, das der Kirche viel Kritik eintrug, stellte die Pfründenkumulation dar. Obwohl die „Pluralität der Kirchenämter" nach kanonischem Recht ausdrücklich verboten war, war die Vereinigung mehrerer Pfründen in einer Hand doch weit verbreitete, alltägliche Praxis. Auch in Bremen war diese missbräuchliche Handhabung des Kirchenrechts im Spätmittelalter gang und gäbe. Bei ca. einem Viertel aller namentlich bekannten Vikare der Diözese Bremen lässt sich der Besitz eines zweiten Benefiziums mit Sicherheit belegen, tatsächlich aber war der Anteil der doppelt bepfründeten Vikare wohl um einiges höher, da sich der Besitz einer zweiten Pfründe nicht in jedem Fall nachweisen lässt. In Ausnahmefällen konnte es sogar vorkommen, dass ein Vikar auf die Pfründen dreier Altäre zurückgreifen konnte, wie dies etwa bei dem Inhaber des Ägidienaltars in der Stephanikirche (1442), dem Vikar Gerd Brummersete, der Fall war, der auch noch im Besitz zweier Domaltäre (1448, 1459) war. Vor allem in den Jahrzehnten vor der Reformation trat zudem immer häufiger der Fall ein, dass auch Stiftskanoniker, die ja bereits über eine Chorherrenpfründe verfügten, zusätzlich auch noch die Pfründe eines Altarbenefiziums erlangten. In der ersten Hälfte des 15. Jahrhunderts lässt sich diese Verbindung von Kanonikat und Altarpfründe nicht nachweisen, vermutlich u.a. auch deshalb, weil den Domherren 1406 der gleichzeitige Besitz mehrerer geistlicher Lehen in der Stadt ausdrücklich verboten wurde.

Problematisch war die Pfründenhäufung nicht zuletzt deshalb, weil sie in

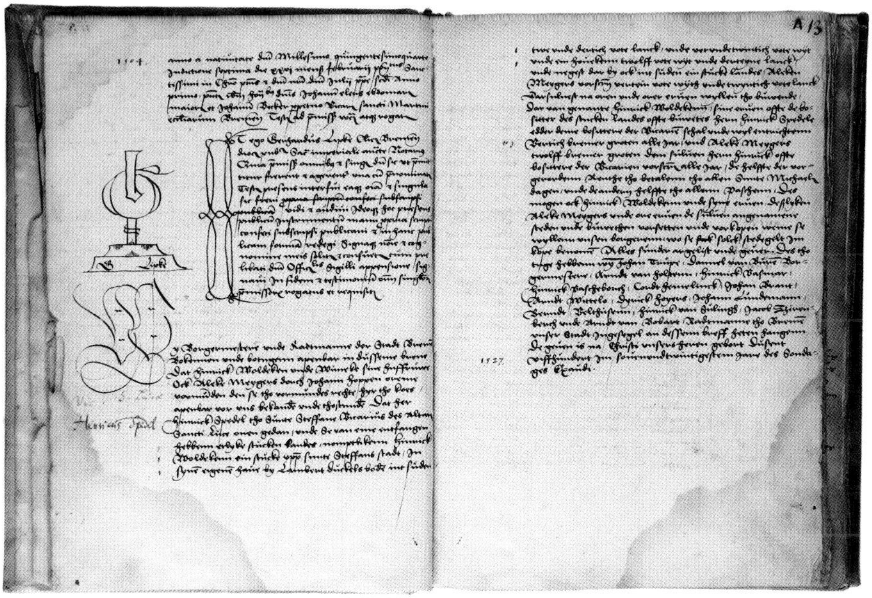

Die Fundationes Sancti Willehadi. Urkundenkopiar des Wilhadikapitels, hier der Eintrag einer Notariatsurkunde, Anfang 16. Jahrhundert. (Staatsarchiv Bremen)

den meisten Fällen eine Vernachlässigung der Dienstpflichten zur Folge hatte, da die mit mehreren Pfründen ausgestatteten Geistlichen ihrer Residenzpflicht nicht mehr oder nur sehr ungenügend nachkommen konnten. Dass unter dieser laxen Pflichtauffassung, die sich mehr am materiellen Wohlergehen als an den geistlichen Erfordernissen orientierte, die Wahrnehmung der kirchlichen Aufgaben leiden musste, liegt auf der Hand. 1374 hatten fünf Benefiziare der Ansgariikirche ihre Vikarien infolge langer Abwesenheit so sehr vernachlässigt, dass Dekan Bernhard von Hiddingwarden ihnen mit dem Entzug ihrer Pfründe drohte. Doch ließ sich das Problem der Pfründenkumulation mit seinen negativen Auswirkungen auf das kirchliche Leben auch mit derart drastischen Maßnahmen nicht in den Griff bekommen. Auch die auf bremischen Provinzialsynoden regelmäßig ausgesprochenen Verbote der Pfründenhäufung bei gleichzeitiger Einschärfung der Residenzpflicht fruchteten offensichtlich wenig. Die 1470 erlassenen Synodalstatuten forderten alle Inhaber zweier Benefizien ultimativ dazu auf, innerhalb eines Monats auf eine ihrer beiden Pfründen Verzicht zu leisten, wobei es ihnen freigestellt war, welche Pfründe sie weiterhin behalten wollten. Der Erfolg dieser Maßnahme scheint sich in sehr engen Grenzen gehalten zu haben, von einem massenweisen Pfründenverzicht ist nichts bekannt. Als Kardinal Raimund Peraudi sich 1503 vorübergehend in Bremen aufhielt, da erließ auch er eine Verfügung, die den Empfang der Manualien an mehr als einem Ort verbot. Es bestand offensichtlich nach wie vor ein entsprechender Handlungsbedarf.

Die dem Kirchenrecht zuwiderlaufende Pfründenhäufung wurde indessen von höchster kirchlicher Stelle nicht nur geduldet, sondern ganz im Gegenteil durch das päpstliche Provisions- und Exspektanzenwesen nachhaltig befördert. Die Kurie wurde zum großen Handelsplatz für Pfründen, da die Päpste aufgrund ihrer *plenitudo potestatis* und ihres Reservationsrechts den Anspruch erhoben, über höhere und niedere Pfründen unter Umgehung der ordnungsgemäßen Verleihung verfügen zu können. Vor allem die Exspektanzen, die Anwartschaften auf freiwerdende Pfründen also, die an der Kurie für Geld oder Dienste erworben werden konnten, wurden bedenkenlos für die Anhäufung kirchlicher Ämter und Benefizien in Anspruch genommen.

Auch in der Bremer Kirche griff das Provisions- und Exspektanzenwesen im 15. Jahrhundert immer mehr um sich. Einer der ersten nachweisbaren Fälle war die 1378 durch Papst Urban IV. (1378–1389) genehmigte Inaussichtstellung der nächsten frei werdenden Präbende für den Geistlichen Gottfried Garstede. Während des Pontifikats Papst Eugens IV. (1431–1447) lässt sich dann eine schlagartige Zunahme der päpstlich genehmigten Anwartschaften auf erledigte Pfründen feststellen. Im Dezember 1438 suchte der Bremer Priester Engelbert Haselbusch bei Eugen IV. zunächst um Provision mit dem Amt des Thesaurars beim Wilhadikapitel nach; nur 16 Monate später, im April 1440, supplizierte Engelbert an der Kurie auch noch um die Übertragung des jährlich 3 Mk. Silber abwerfenden Scholasteramtes des Kapitels. Engelbert, der auch noch eine Kanonikerstelle in Wildeshausen innehatte, hatte es also dank des päpstlichen Provisionswesens zu zwei einträglichen Pfründen an der Stephanikirche gebracht. Für das Jahr 1442 liegen dann schon insgesamt fünf Provisionsgesuche vor. Darunter befand sich auch dasjenige des Vikars des St. Petri Domes – wie auch der Hamburger Katharinenkirche – Johannes Screygen, der damals erfolgreich um Provision mit einem Kanonikat in Lübeck, mit dem Dekanat in Verden, mit einem Kanonikat in der Hamburger Marienkirche sowie mit einer stattlichen Pension von 13 Mk. lüb. aus den Einkünften der Otterndorfer Pfarrkirche nachsuchte.

Die maßlose Pfründenkumulation des Johannes Screygen, der an fünf Orten – in Lübeck, Hamburg (Kanonikat und Vikarie), Bremen, Verden und Otterndorf – mit ausdrücklicher päpstlicher Zustimmung über kirchliche Pfründen verfügte, blieb kein Einzelfall. So wurde etwa dem Bremer Domvikar Johannes Wale im Juli 1443 auf eine entsprechende Bitte hin vom

Papst die Exspektanz eines Kanonikats oder einer größeren Pfründe am St. Petri Dom gewährt, da die Einkünfte seiner dortigen Vikarie 1 Mk. nicht überstiegen. Wale hatte auch seine Domvikarie bereits aufgrund einer Exspektanz erhalten (1431), 1439 hatte er zudem um die Verleihung eines Kanonikats in der Alexanderkirche zu Wildeshausen an der Kurie nachgesucht. Mit dem erhofften Bremer Kanonikat scheint es indes nicht geklappt zu haben, dafür aber erhielt Wale neben seiner Domvikarie noch eine zweite Vikarie an der Bremer Ansgariikirche. Doch war der Pfründenhunger Johannes Wales, der sich um seine Residenzpflicht offenbar wenig kümmerte und nach 1440 mehrere Jahre an der römischen Kurie aufhielt, damit noch nicht gestillt. Im Mai 1445 supplizierte Wale mit Erfolg um die Provision mit einer Pfründe an der Stiftskirche St. Mauritz vor Münster sowie – unter Zurückweisung der Ansprüche eines anderen Klerikers – um eine Exspektanz in der apostolischen Kanzlei, und ein Jahr später, im April 1446, wurde Wale auch noch die Vikarie am Matthiasaltar in der Stader Wilhadikirche zugesprochen. Johannes Wale hatte demzufolge Mitte des 15. Jahrhunderts kirchliche Pfründen in Bremen (Dom, Ansgariikirche), Wildeshausen, Münster und Stade; zudem war er im Besitz einer Anwartschaft auf eine Pfründe an der Kurienkanzlei und in Utrecht hatte er Rechtsanspruch auf die Hälfte der Einkünfte der Pfarrkirche St. Jakobi. Johannes Wale war nach 1446 in Rom, wo er sich seit 1440 wohl überwiegend aufgehalten hatte, verstorben. Dort verweilte damals mit dem Bremer Kleriker Egghard Nigeland schon seit Längerem ein weiterer begnadeter Pfründensammler an der Kurie. Egghard war erstmals 1444 in Erscheinung getreten, als er sich von Papst Eugen IV. in den Besitzstand eines jüngst verstorbenen Geistlichen einsetzen ließ. 1445 bat Egghard Nigeland dann um die Provision mit einem heftig umstrittenen Ansgariikanonikat, dessen Präbendengenuss ihm schon ein Jahr zuvor zugesichert worden war, sowie um die Provision mit Kanonikat und Thesaurenamt am Bremer Wilhadikapitel. Am Wilhadikapitel war auch schon sein Bruder Heinrich Nigeland Kanoniker, in dessen Rechte an der Pfarrkirche in Horn Egghard sich nach dessen Tod sogleich einsetzen ließ. 1446 bemühte sich Egghard Nigeland dann auch noch mit Erfolg um die Zuweisung der Utrechter Pfründe des inzwischen verstorbenen Johannes Wale. Als letztes Beispiel einer erfolgreichen Pfründenjagd sei noch auf den Geistlichen Hinrich Louwen verwiesen, der 1445 auf entsprechende Bitte die Erlaubnis erhielt, neben seiner Sinekure an der Ansgariikirche noch vier weitere kirchliche Pfründen zu besitzen. Es ist damals mit Sicherheit viel Geld von Bremen nach Rom geflossen, um all die Begehrlichkeiten nach Ämtern, Pfründen und Sinekuren zu befriedigen. Die Bremer Urkunden enthalten eine Fülle von Anschauungsmaterial zu diesem Themenkomplex, das noch seiner Auswertung harrt.

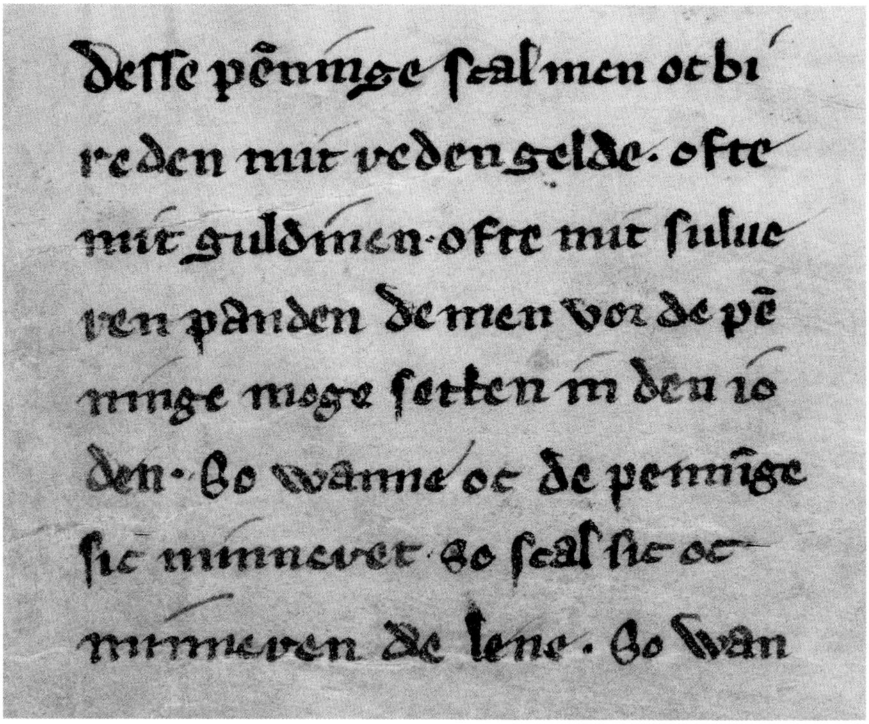
Desse pēninge scal men ok bi
reden mit redeme gelde. ofte
mit guldinen. ofte mit sulue
ren panden deme men vor de pē
ninge moge setten in den io
den. So wanne ok de pēnīge
sic minneret. so scal he ok
minneren de lene. So wan

Erwähnung jüdischer Pfandleiher im Bremer Stadtrecht von 1303. Die um 1330 nachgetragene Novelle zum Stadtrecht regelt Pfandhinterlegungen von Ratsherren bei Juden „in den ioden" und belegt die Präsenz jüdischer Anwohner in der ersten Hälfte des 14. Jahrhunderts in Bremen. (Staatsarchiv Bremen)

Auch wenn Häresie und offen zur Schau getragene Kirchenfeindlichkeit in Bremen keinen Nährboden fanden, häuften sich die Missstände auf kirchlichem Gebiet gegen Ende des Mittelalters doch auch hier in nicht zu übersehender, bedenklicher Weise: Die Instrumentalisierung des Ablasses für fiskalische Zwecke, ein naiver, kritischer Nachprüfung nicht standhaltender Wunderglaube, der tadelnswerte Lebenswandel sowie die mangelhafte seelsorgerische Eignung vieler Geistlicher, die wiederholte Verletzung der Residenzpflicht, die durch päpstliche Provisionen und Exspektanzen zusätzlich beförderte Pfründenhäufung – all diese negativen Erscheinungen des kirchlichen Lebens machten, je länger je mehr, auch vor den Toren Bremens nicht halt und sorgten dafür, dass auch hier bei Ausbruch der Reformation die Verkündigung der neuen Lehre offene Ohren fand.

8. Jüdisches Leben

Im Vergleich zu den Städten im Westen und Süden des Reichs war der Anteil jüdischer Einwohner in den Städten an der Nord- und Ostsee im Mittelalter eher gering. Auch über Juden, die in Bremen lebten bzw. hier tätig waren, ist nur wenig bekannt. Der Historiograph Adam von Bremen berichtet von dem zum christlichen Glauben bekehrten Juden Paul, den er den Schönrednern und Dienstbeflissenen im Gefolge Erzbischof Adalberts (1043–1072) zurechnet. Der getaufte Jude Paul wird als dubioses Finanzgenie beschrieben, das u.a. eine öffentliche Goldmünze einrichten wollte, die byzantinische Goldstücke anstelle von Silberpfennigen ausgab. Gut 2½ Jahrhunderte später finden Juden in einer wohl um 1330 verfassten Novelle des ältesten Bremer Stadtrechts als Geschäftspartner im Pfandleihgeschäft Erwähnung (s. S. 496), desgleichen ist auch in einem Ratsprivileg für das Schmiedeamt von 1314 von jüdischen Pfandleihern die Rede. Erster namentlich erwähnter Jude war im Jahr 1330 der Pfandleiher Samuel. Der zinsnehmende Geldhandel, der den Christen aufgrund des kanonischen Zinsverbotes untersagt war, war anscheinend für die in Bremen ansässigen Juden der Haupterwerbszweig. 1373 war Graf Konrad II. von Oldenburg bei Bremer Juden verschuldet und wurde von seinen eigenen Bürgern ausgelöst.

Die wenigen Hinweise in den Quellen belegen, dass sich in mittelalterlicher Zeit Juden in Bremen aufhielten und hier hauptsächlich wohl im Geldhandel tätig waren. Doch ist davon auszugehen, dass die Zahl der nach jüdischem Recht (Thora, Talmud) lebenden Bewohner mosaischen Glaubens in Bremen vergleichsweise gering war und prozentual kaum ins Gewicht fiel. Eine jüdische Gemeinde mit ausgebildeter Gemeindeverfassung, eigener Synagoge, Judenbischof und Judenrat hat es in Bremen allem Anschein nach nicht gegeben, wie auch von einem geschlossenen Judenviertel, wie es sich für viele süd- und westdeutsche Städte nachweisen lässt, nichts bekannt ist. Bezeichnenderweise fehlen auch Nachrichten über die vor allem in Pestzeiten in Städten mit größerem jüdischen Bevölkerungsanteil weit verbreiteten Judenpogrome in Bremen völlig.

Literatur:
Achelis, St. Annen-Brüderschaft (1939). – Andreas, Deutschland (1959). – Angenendt, Heilige und Reliquien (1994). – Angenendt, Kult der Reliquien (1989). – Angenendt, Geschichte der Religiosität (1997). – Beissel, Verehrung der Heiligen (1976). – Bookmann, Stadt (1994). – Borgolte, Stiftungen (1994). – Brandes, Brüderschaften in Hamburg (1934/36/37). – Branthomme/Chélini, Auf den Wegen Gottes (2002). – Dettmann, Heimatliche Altertümer (1937). – Dinzelbacher, „Realpräsenz“ der Heiligen (1990). – Erlemann/Stagnier, Festum Reliquiarum (1989). – Focke, Heiligen Cosmas und Damian (1895).

– Frölich, Kirche und Verfassungsleben (1933). – Heyne, Arztheiligen (1975). – Isenmann, Stadt im Spätmittelalter (1988). – Katz, Altarpfründen (1926). – Klink, 100tägiger Ablaß (2000). – Kloft, Reliquien und Volksfrömmigkeit (1993). – Kriss-Rettenbeck/Möhler, Wallfahrt (1984). – Kühnel, Frömmigkeit (1986). – Lange, Liebestätigkeit (1925). – Link, Brüderschaften (1920). – Löhr, Heilige Corona (1988). – Löhr, Kult und Herrschaft (1979). – Lusiardi, Stiftung (2000). – Markreich, Geschichte der Juden (2003). – Mayr, Von goldenen Gebeinen (2001). – Paulus, Geschichte des Ablasses (1922/23). – Presuhn, St. Annen-Bruderschaft (2009). – Presuhn, Seelenheil und Armensorge (1993). – Presuhn, Totengedenken (2001). – Rehm, Schwestern vom Gemeinsamen Leben (1985). – Röpcke, Geld und Gewissen (1992). – Schlichting, Anschauungen in den Hansestädten (1935). – Schmolze, Sankt-Magnus-Verehrung (1989). – Schmolze/Busch, Dienst der Heiligen (1991). – Schreiner, Frommsein (o.J.). – Schreiner, Wahrheitsverständnis (1966). – Schubert, Kirche und der gemeine Mann (1998). – Schwarz, Stadt und Kirche (1985). – Stoll, Heiligen Cosmas und Damian (2009). – Trüdinger, Stadt und Kirche (1978). – Ulrich, Marienverehrung (2009). – Wittstock, Pilgerzeichen (1982).

Blick auf Bremen von der Weser. Türme von Kirchen und Stadttoren bestimmen am Ende des Mittelalters das Bild. Ansicht von Hogenberg, 1560. (Staatsarchiv Bremen)

IX. Schluss: Das Verhältnis von Stadt und Kirche

Herausragendes Kennzeichen der spätmittelalterlichen Kirchengeschichte ist sicherlich die absolute Selbstverständlichkeit, die der Kirche damals im gesellschaftlichen Leben zuteil wurde. Die Kirche galt als sichtbarer Ausdruck der göttlichen Weltordnung, als Künderin der Offenbarung und als Hüterin der Glaubenswahrheiten, der Weg des Heils führte deshalb allein und ausschließlich über die Institution der Kirche. Die spätmittelalterliche Kirche trat den Menschen als geschlossenes Ganzes gegenüber, sie durchdrang und beherrschte sämtliche Lebensbereiche und übte daher einen heute kaum mehr vorstellbaren Zwang zur Einordnung und Unterwerfung aus. Wer sich diesem Zwang entzog, und sei es nur, weil er sich einer anderen als der von der Kirche propagierten Lebensform – etwa einem Leben in apostolischer Armut – befleißigte, geriet sofort in den Verdacht von Häresie und Sektierertum und war damit gesellschaftlich stigmatisiert.
In einer Stadt wie Bremen, die im späten Mittelalter vielleicht ca. 15 000 Einwohner hatte, war die Dominanz der Kirche im gesellschaftlichen Leben allein schon äußerlich an den vielen Kirchen, Kapellen, Klöstern und den unter kirchlichem Einfluss stehenden karitativen Einrichtungen (Spitäler, Gasthäuser etc.) sowie an der Anzahl der Geistlichen, die in der Stadt lebten, ablesbar. Im 15. Jahrhundert existierten in der Stadt der St. Petri Dom sowie die vier Pfarrkirchen Liebfrauen, St. Stephani, St. Ansgarii und St. Martini, von denen zwei, nämlich St. Stephani und St. Ansgarii, die besondere Form eines Kollegiatstiftes besaßen. Daneben gab es damals in der Stadt bis zu zehn weitere kleine Kirchen und Kapellen; die Wilhadikirche und die Michaeliskirche kamen im Verlauf des Spätmittelalters ebenfalls in den Besitz der Pfarrgerechtsame. Die Zahl der Kirchen erhöht sich noch um vier weitere Gotteshäuser, wenn man berücksichtigt, dass auch die vier städtischen Klöster der Benediktiner (St. Pauli), des Deutschen Ordens (Hl. Geist bzw. St. Elisabeth), der Dominikaner (St. Katharinen) und der Franziskaner (St. Johannis) jeweils ihre eigene Ordenskirche besaßen. Insgesamt gab es somit im Bereich der spätmittelalterlichen Stadt ungefähr 20 größere und kleinere Gotteshäuser, die sich großenteils innerhalb des ca. 100 ha großen Areals der heutigen Altstadt befanden; unmittelbar vor der Stadtmauer lagen lediglich die Michaeliskirche, die Rembertikirche, die Johanniskapelle vor dem Doventor und die Klosterkirche St. Pauli. Zu den vier Männerkonventen der Stadtklöster gesellten sich noch die zwei Beginenhäuser bei St. Katharinen und St. Nikolai, die auch Frauen aus dem

städtischen Bürgertum ein ordensähnliches Leben ermöglichten. Schließlich sind auch die städtischen Hospitäler, die Gast- und Witwenhäuser sowie die zahlreichen über die Stadt verteilten Gottesbuden im weiteren Sinn den kirchlichen Einrichtungen zuzurechnen, verdankten sie ihre Entstehung in aller Regel doch dem christlich empfundenen *caritas*-Gedanken; auch waren viele karitative Einrichtungen mit einer eigenen Kapelle oder einem eigenen Altar ausgestattet. Man traf beim Gang durch die Stadt also nahezu auf Schritt und Tritt auf eine Kirche, eine Kapelle, ein Kloster, ein Spital, ein Gasthaus etc., und in manchen Bereichen der Stadt waren durch die örtliche Zusammenballung der Kurien der Dom- und Stiftskapitel rein kirchliche Quartiere entstanden. Die allgegenwärtige Präsenz der Kirche in der Stadt war also allein schon rein optisch unübersehbar.

Bei einer solchen Vielzahl an Kirchen, Klöstern und kirchennahen Einrichtungen war es nahezu zwangsläufig, dass auch die Zahl der Kleriker, die in der Stadt lebten und hier ihrer Tätigkeit nachgingen, recht beträchtlich war. Das bei Weitem umfangreichste geistliche Personal hatte selbstverständlich der St. Petri Dom aufzuweisen: Neben dem Erzbischof und den 24 Domherren wuchs hier durch die ständige Neugründung von Nebenaltären die Zahl der Vikare im Laufe der Zeit beträchtlich an. Ende des Mittelalters gab es im Dom ca. 50 Nebenaltäre, an denen jeweils ein Vikar die Messe las, außerdem sind, da der Platz für weitere Altargründungen wohl fehlte, mindestens zwölf Kommenden bzw. Zweitvikarien an bestehenden Altären bezeugt; insgesamt versahen damals also über 60 Altaristen (*vicarii minores*) ihren Messdienst in der Kathedrale. Zusätzlich gab es am Dom noch eine nicht näher bekannte Zahl von Chorvikaren (*vicarii maiores*). Da sich viele Kapitelherren einen Chorvikar als Stellvertreter hielten, der sie in ihren Verpflichtungen beim Chordienst entlasten sollte, mag es am Dom gut und gerne zehn, vielleicht auch deutlich mehr *vicarii maiores* gegeben haben. Die Gesamtzahl der Vikare am Dom belief sich damit, vorsichtig geschätzt, um 1500 auf etwa 70 bis 80, zusammen mit dem Erzbischof und den Domherren ergibt dies annähernd 100 Geistliche unterschiedlichen Ranges am St. Petri Dom. Neben dem Dom, der aufgrund seiner Kathedralfunktion die anderen städtischen Kirchen in dieser Hinsicht natürlich weit überflügelte, verfügten vor allem die beiden Stiftskirchen St. Ansgarii und St. Stephani über umfangreiches geistliches Personal. An beiden Stiftskirchen existierte ein Kapitel, dem jeweils zwölf Kanoniker angehörten. Darüber hinaus lassen sich aufgrund der gestifteten Nebenaltäre Ende des Mittelalters für die Ansgariikirche ca. 30 und für die Stephanikirche knapp 20 diensttuende Vikare annehmen. Wie am Dom gab es auch an den beiden Stiftskirchen eine nicht bekannte Anzahl sog. Chorvikare, die auf den Chordienst beschränkt waren. Bei vorsichtiger Schätzung kommt man mithin bei der Ansgariikirche auf etwa 50 und bei der Stephanikirche auf etwa 35 Kleriker. Demgegenüber war das geistliche Personal bei den beiden Pfarrkirchen Unser Lieben Frauen und St. Martini, vor allem weil es dort weit weniger Nebenaltäre gab, weitaus geringer. Ende des 15., Anfang des 16. Jahrhunderts standen bei der Liebfrauenkirche ein Pfarrer (*rector*), der von zwei Kaplänen unterstützt wurde, sowie sechs Vikare, d.h. insgesamt neun Kleriker, und bei der Martinikirche ein Pfarrer und fünf Vikare, d.h. sechs Kleriker im Dienst. Am Dom und an den vier Pfarrkirchen der Stadt verrichteten demzufolge in der Zeit unmittelbar vor der Reformation ca. 200 Kleriker ihren Dienst. Und neben diesem rein geistlichen Personal gab es an jeder dieser Kirchen weiteres kirchliches Personal wie Glöckner, Organisten, Küster, Unterküster etc.

Die personelle Ausstattung der ca. zehn kleineren Kirchen und Kapellen war selbstverständlich weitaus bescheidener. Soweit sie überhaupt über eigenes Personal verfügten und nicht wie etwa die Jakobikirche von den Geistlichen einer größeren Stadtkirche – in diesem Fall der Ansgariikirche – mit versorgt wurden, stand ihnen normalerweise nur ein einziger Priester oder Vikar zur Verfügung. Lediglich die Wilhadikirche und die Zwölfapostelkapelle scheinen neben dem Pfarrer (*rector*) noch einen weiteren Geistlichen in Gestalt eines Vizerektors bzw. eines Vikars besessen zu haben. Schließlich hatten einige karitative Einrichtungen wie das St. Remberti-Spital oder das St. Jürgen-Gasthaus ihren eigenen Spitalpriester. Insgesamt erhöht sich die Zahl der in der Stadt tätigen Geistlichen damit um ca. zehn weitere Kleriker.

Zu diesen gut 200 Weltgeistlichen gesellten sich dann noch die Mönche der vier in Bremen ansässigen Ordenskonvente, wobei die Deutschordenskomturei Ende des Mittelalters offensichtlich nur noch aus dem Komtur bestand, der die örtliche Kommende verwaltete und repräsentierte. Der Konvent des benediktinischen Paulsklosters vor dem Ostertor umfasste vermutlich ca. 20 Mönche, der Konvent der Dominikaner des Katharinenklosters ca. 30 Bettelmönche, der Konvent der Franziskaner des Johannisklosters eine nicht genau bestimmbare Zahl von 30–50 Bettelmönchen. Die Zahl der in Bremen lebenden Ordensgeistlichen belief sich somit vor der Reformation auf etwa 80–100 Mönche. Dazu kamen die beiden ordensähnlichen Gemeinschaften der semireligiösen Beginen bei St. Nikolai und St. Katharinen, die jeweils etwa 15–20 Frauen umfassten. In Ordenskonventen und geistlichen Häusern führten also ca. 110 bis 140 Männer und Frauen ein streng religiöses Gemeinschaftsleben. Summa summarum ergibt dies grob geschätzt etwa 320 bis 350 Weltgeistliche, Ordensgeistliche und in ordensähnlichen Gemeinschaften zusammenlebende Frauen, die Bremen um 1500 bevölkerten. Bei einer geschätzten Einwohnerzahl Bremens von

vielleicht 15 000 Einwohnern ergibt dies – einschließlich der Beginen – einen Anteil des Klerus von ca. 2,5 % an der Gesamtbevölkerung.
Selbstverständlich waren die über 300 in Bremen lebenden Kleriker hinsichtlich ihrer geistlichen Funktion, ihres kirchlichen Ranges und ihres gesellschaftlich-sozialen Status untereinander stark geschieden. Die Prälaten, die ein mit Jurisdiktionsgewalt versehenes kirchliches Amt bekleideten und zu denen neben dem Erzbischof auch die Pröpste und Dekane der Dom- und Stiftskapitel sowie die Ordensoberen zählten, lebten in einer völlig anderen Welt als die einfachen Geistlichen. Diese kirchlichen Würdenträger orientierten sich an der Welt des Adels, dem sie großenteils ja selbst entstammten bzw. dem sie sich, sofern sie aus dem stadtbürgerlichen Milieu kamen, anzugleichen versuchten. Von den 18 spätmittelalterlichen Bremer Erzbischöfen waren nur zwei, nämlich Burchard Grelle (1327–1344), dessen Vater Volkmar Grelle von 1296–1310 als Ratsherr nachweisbar ist, und Johann Rode (1497–1511), der gleichfalls einem stadtbremischen Ratsherrengeschlecht angehörte, bürgerlicher Herkunft. Alle anderen Erzbischöfe und auch die überwiegende Mehrzahl der Pröpste, Dekane und Äbte entstammten gräflichen, stiftsritterlichen oder ministerialischen Familien.
Das Gegenstück zu dieser reichen, gesellschaftlich arrivierten Prälatenschicht bildeten die zahlreichen Vikare, Kapläne und Altaristen, deren Zahl sich in Bremen um 1500 auf etwa 150 belief und die damit ca. 75 % der in der Stadt tätigen Weltgeistlichen ausmachten. Diese niederen Geistlichen, die in jurisdiktioneller und dienstlicher Hinsicht völlig von ihrem Dekan bzw. Pfarrer abhängig waren, mussten oft mit einer bescheidenen, kärglichen Pfründe auskommen, weshalb sie den Bodensatz für das vielzitierte spätmittelalterliche Klerikerproletariat abgaben. Doch zeigt sich gerade in Bremen, dass die Lage dieser niederen Geistlichkeit durchaus differenziert zu sehen ist. Die jährlichen Einkünfte der Bremer Vikare bewegten sich im 14. Jahrhundert bei den in Geld angegebenen Stiftungskapitalien zwischen 1 und 6 Br. Mk. und betrugen im 15. Jahrhundert durchschnittlich 4 bis 5 Br. Mk. Damit waren die Bremer Vikare vergleichsweise schlecht dotiert, andernorts waren die Vikareinkünfte teilweise höher. Zu beachten ist aber auch hier, dass die Einkünfte der Vikare und Benefiziaten stark, und zwar bis um das Sechsfache, variierten, und auch die Renten aus den Ländereien unterlagen großen Schwankungen. Es hatte sich gezeigt, dass manche Vikare durchaus vermögend waren und sich mitunter sogar eigenen Hausbesitz leisten konnten. Auch stammten nicht wenige Vikare aus gutsituierten Bürgerfamilien und konnten in materieller Hinsicht auf familiären Rückhalt bauen. Auf der anderen Seite dürften diejenigen Altaristen und Kommendisten, deren Einkünfte deutlich unter dem Durchschnittseinkom-

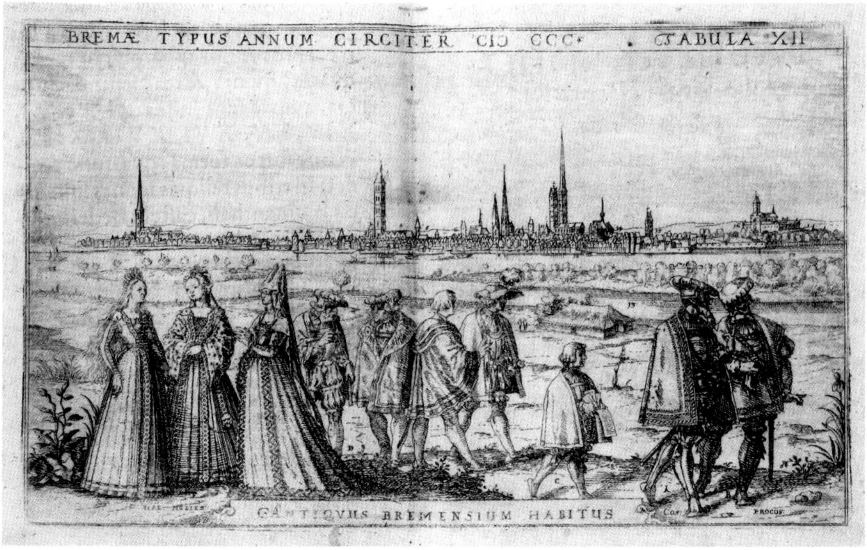

Bremer Bürger in Tracht des 16. Jahrhunderts vor der Stadt. Kupferstich aus der Dilichchronik, 1604. (Staatsarchiv Bremen)

men der Vikare lagen, sofern sie des familiären Rückhalts entbehrten, an der Armutsgrenze gelebt haben und das kümmerliche Leben eines „Lotterpfaffen" geführt haben, zumal gerade sie von der Geldentwertung besonders hart betroffen waren. Auch dafür gibt es Beispiele: 1328 beklagten sich zwei Chorvikare des Ansgariikapitels, sie könnten sich von ihren geringen Einkünften nicht ernähren, und 1485 baten Vikare aus den Dom- und Stiftskirchen um Gewährung eines Gnadenjahres, weil keiner von ihnen von seiner Altarpfründe angemessen leben könne. Auffällig ist auch, dass viele Stiftungsurkunden ausdrücklich festlegten, dass die zu vergebende Vikarie einem armen Geistlichen (*pauper clerus/presbiter*) zugute kommen solle. Offensichtlich gab es auch in Bremen ein Klerikerproletariat, das in kümmerlichen Verhältnissen dahinvegetierte und mit mäßig dotierten Altarpfründen mehr schlecht als recht versorgt wurde. Doch litten andererseits nicht alle Altaristen Not, so manche Messpfründe warf für ihren Inhaber stattliche Einkünfte ab, die diesem, insbesondere wenn er zusätzlich auch noch an den jährlichen Auszahlungen der Vikargemeinschaften – diese betrugen mindestens 2 bis 3 Br. Mk. pro Vikar – partizipierte, ein relativ sorgenfreies Leben ermöglichten. Pauschalurteile über die soziale Lage der Vikare in Bremen verbieten sich somit, im Grunde genommen ist jeder Fall einzeln zu bewerten.

Zwischen den in jeder Hinsicht privilegierten Prälaten und Dignitären und den einflusslosen, wenigstens zum Teil dem spätmittelalterlichen Klerikerproletariat zuzurechnenden Vikaren, Altaristen und Kommendisten standen die Pfarrer der städtischen Pfarrkirchen auf einer mittleren Ebene der kirchlichen Hierarchie und des sozialen Status. Diese waren nicht einfach nur Seelsorger, sondern *kerkherr*, *rector ecclesiae* einer stiftungsreichen Pfründe und hatten u.a. die in ihren Kirchen tätigen Kapläne und Vikare zu beaufsichtigen. Auch nahmen die Gemeindepfarrer in ihrer Pfarrei eine außerordentlich starke Stellung ein, die 1351 durch den Beschluss einer Provinzialsynode ausdrücklich bestätigt wurde: Die Rektoren der Pfarrkirchen konnten Glöckner, mit denen sie unzufrieden waren, jederzeit absetzen und durch einen ihnen genehmen Bediensteten ersetzen; die Kirchengeschworenen durften nur mit Einwilligung des Pfarrherrn, dem also eine Art Vetorecht zustand, gewählt werden; nach ihrer Wahl konnten die Kirchengeschworenen nur mit Zustimmung des Pfarrers Bitten oder Klagen vorbringen, insbesondere durften sie in Bezug auf die Kirchengüter keine Anordnungen ohne dessen Placet treffen; erwiesen sich Kirchengeschworene als säumig und unzuverlässig, konnte sie der Pfarrer unverzüglich absetzen. Die Kirchenbediensteten und Kirchengeschworenen standen also in einer großen Abhängigkeit vom Pfarrherrn, der nahezu unumschränkt schalten und walten konnte. Die herausgehobene Stellung des Gemeindepfarrers sollte auch äußerlich sichtbar sein: Die Pfarrgemeinde war nach einem Synodalbeschluss von 1351 verpflichtet, dem Rektor ein Pfarrhaus bereitzustellen, „wie es sich für einen Pfarrer geziemt". Das Haus sollte deshalb mindestens sieben Räume enthalten, die getäfelte Zimmerdecke über der Feuerstelle sollte gut 7 m lang sein, Dach und Mauern mussten in möglichst tadellosem Zustand sein. Dem Repräsentationsbedürfnis des Kirchherrn war also Sorge zu tragen, notfalls auch durch den Bau eines neuen, den Anforderungen entsprechenden Pfarrhauses. Außerdem standen dem Pfarrer von allen Gütern – insbesondere von Kohle und Weizen –, die in oder bei der Pfarrkirche gelagert wurden, der dritte Teil zu; sollten die Güter ohne seine Genehmigung dort gelagert worden sein, dann konnte er sich sogar alles unentgeltlich aneignen.

Kirche und Klerus nahmen in der Stadt eine privilegierte Sonderstellung ein, die insbesondere im *privilegium immunitatis* und im *privilegium fori* zum Ausdruck gelangte. Das durch päpstliche Gesetzgebung und königliche Privilegien begründete und gestützte *privilegium immunitatis* beinhaltete die Freiheit der Geistlichkeit von Steuern, Abgaben und Dienstleistungen aller Art. Mit dem *privilegium fori* hingegen beanspruchte der Klerus das Recht, selbst bei zivilen Rechtsstreitigkeiten mit Laien ausschließlich einem geistlichen Richter – dem Offizial und Generalvikar (hohe Gerichtsbarkeit) bzw. dem Archidiakon (niedere Gerichtsbarkeit) – Rede und Antwort stehen zu müssen. Auch dieses Gerichtsstandsprivileg des Klerus wurde durch die weltliche Gesetzgebung abgesichert, so nahm eine Konstitution Kaiser Karls IV. die Kirchenprovinz Bremen ausdrücklich gegen Eingriffe der weltlichen Gerichtsbarkeit in Schutz. Die privilegierte Stellung des Klerus stieß in der städtischen Gesellschaft verständlicherweise nicht unbedingt auf ungeteilte Gegenliebe, vor allem der kirchliche Anspruch auf Steuer- und Dienstleistungsfreiheit war immer wieder ein Stein des Anstoßes. Schließlich war die Kirche einer der größten Grundbesitzer der Stadt, kirchliche Immunitätsbezirke und mehr oder weniger geschlossene geistliche Siedlungsbezirke mit Stiftskurien prägten die städtische Topographie nachhaltig, und durch die reichlich fließenden Schenkungen und Stiftungen des städtischen Bürgertums erfuhr der nicht vererbbare Liegenschaftsbesitz der „toten Hand" praktisch einen unablässigen Zuwachs. Es fand also eine fortschreitende Akkumulation von Grundbesitz und von Renten in der Hand der Kirche statt, und da die Steuerpflicht (Grund- und Vermögenssteuer) und insbesondere die Dienstleistungen (Wacht- und Wehrdienst, Arbeitsleistungen) eng mit dem Grundbesitz verknüpft waren, schwächte dies zwangsläufig die Finanzkraft der Kommune, was wiederum eine stärkere Belastung der steuerpflichtigen Bürger zur Folge hatte. Es ist daher nicht verwunderlich, dass sich gegen das den Bürgern so abträgliche Steuerprivileg des Klerus Widerstand regte.

Stadt und Bürgerschaft Bremens ergriffen im späten Mittelalter wiederholt Maßnahmen, die der fortschreitenden Anhäufung von Grundbesitz in den Händen der Kirche und der damit verbundenen Minderung von Steuereinnahmen entgegentreten sollten. 1370 äußerte der Bürger Gottfried Bolleer die Absicht, den vierten Teil an einer Pferdemühle, den er der geistlichen Hand vermacht hatte, zurückzukaufen, um die Mühle wieder der städtischen Gerichtsbarkeit zu unterstellen. War es hier noch der Vorstoß eines einzelnen Bürgers, der den immer größer werdenden Einfluss der Kirche in der Stadt einzudämmen versuchte, so nahm nur wenig später auch die städtische Obrigkeit die Machtstellung von Kirche und Klerus ins Visier. 1391 erließ der Rat eine Verordnung, die vorschrieb, dass Erbgüter im Umkreis von einer Meile von der Stadt grundsätzlich nur noch an Bürger der Stadt verkauft oder verpfändet werden durften. Zweifellos richtete sich dieser Ratserlass in erster Linie gegen die Kirche, deren weiterer Besitzerwerb in unmittelbarer Stadtnahe unterbunden werden sollte. Dies wurde spätestens 1438 vollends deutlich, als der Rat zunächst ein Verpfändungs- und Versetzungsverbot an Geistliche erließ und kurz darauf den Bürgern der Stadt den Rentenverkauf an Geistliche verbot. Der Rat bezog also spätestens seit dem Ende des 14. Jahrhunderts mehr oder weniger dezidiert Stellung gegen die Besitzakkumulation der „toten Hand" und bemühte sich, die Steuerbarkeit der tradierten Güter zu erhalten.

Das Verhältnis von Stadt und Kirche war trotz der religiös-kirchlichen Grundausrichtung von Bürgerschaft und politischer Obrigkeit also keineswegs vollkommen spannungs- und konfliktfrei. Die privilegierte Sonderstellung der Kirche und die Ausweitung des zu Lasten der Steuereinnahmen gehenden kirchlichen Grundbesitzes waren den Bürgern ein Dorn im Auge und führten zu Widerspruch und wirksamen Gegenmaßnahmen. Diese wechselseitigen, spannungsgeladenen Ansprüche haben das Verhältnis von Stadt und Kirche, nicht zuletzt auch im wirtschaftlichen Bereich, wiederholt belastet. So kam es noch im März 1522, also ein gutes halbes Jahr vor dem Ausbruch der Reformation, zum Streit zwischen Bürgern und höherer Geistlichkeit, weil Letztere Hamburger Bier in der Stadt verkauft hatte, ohne die dafür normalerweise zu zahlende Akzise zu entrichten. Trotz des grundsätzlichen Strebens nach gutem gegenseitigen Einvernehmen gab es zwischen der lokalen Bürgerschaft und der städtischen Geistlichkeit also durchaus auch allerlei Konfliktpotential, das immer wieder aufs Neue Konfrontationen heraufbeschwor. Dieser Antagonismus hat sicherlich seinen Teil dazu beigetragen, dass auch in Bremen der Boden für die rasche Aufnahme der Reformation bereitet war, als der aus Antwerpen geflüchtete Augustinermönch Heinrich von Zütphen am 9. November 1522 in einer Kapelle der St. Ansgariikirche erstmals die lutherische Lehre verkündete und damit ein neues Zeitalter bremischer Kirchengeschichte einläutete.

Literatur:
Andreas, Deutschland (1959). – Angenendt, Geschichte der Religiosität (1997). – Isenmann, Stadt im Spätmittelalter (1988).

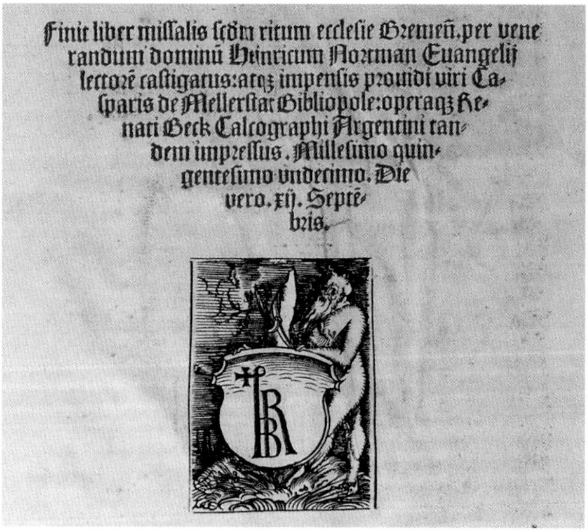
Finit liber missalis scd'm ritum ecclesie Bremeñ. per vene
randum dominũ Heinricum Norman Euangelij
lectorẽ castigatus: atq; impensis prouidi viri Ca-
sparis de Mellerstat Bibliopole: operaq; Re-
nati Beck Calcographi Argentini tan-
dem impressus. Millesimo quin-
gentesimo vndecimo. Die
vero. xij. Septẽ-
bris.

Schlussvignette des Missale Bremensis, Straßburg 1511. (Staatsarchiv Bremen)

Anhang

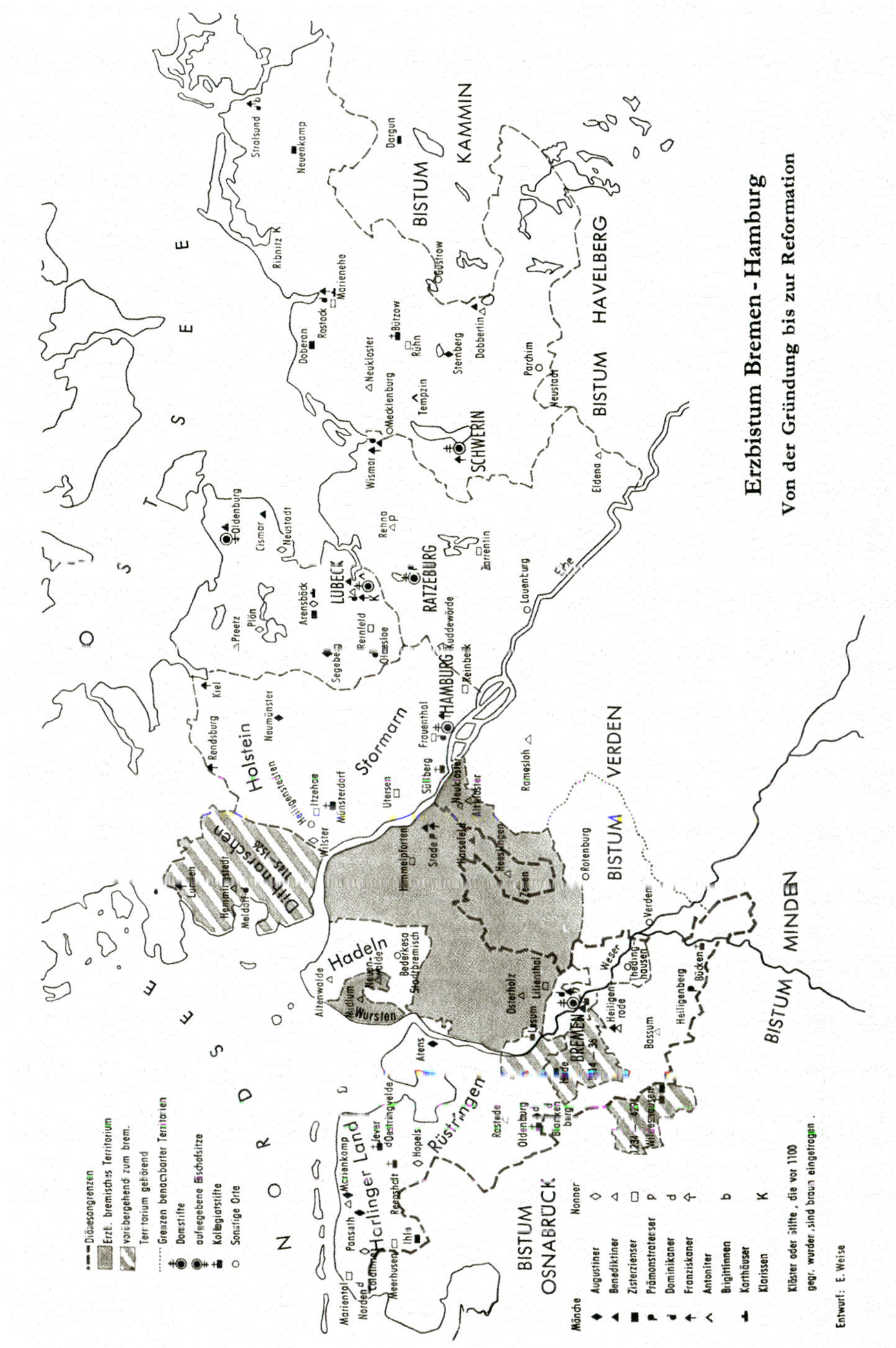

Karte 1: Die Diözese und Erzdiözese Bremen bzw. Bremen-Hamburg von der Gründung bis zur Reformation. Quelle: LThK 2, 1958

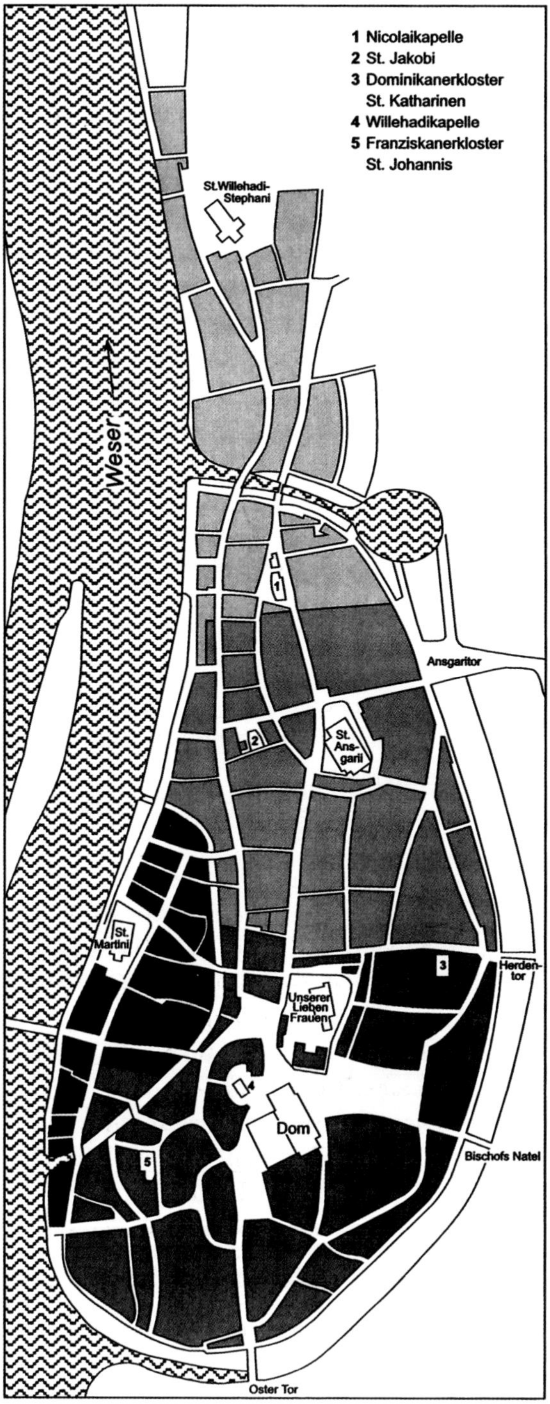

Karte 2:
Die Kirchspieleinteilung Bremens nach 1229 und die Lage der wichtigsten geistlichen Institute in der Stadt:
1. Unser Lieben Frauen (mit Domimmunität)
2. St. Ansgarii
3. St. Martini
4. St. Stephani
Quelle:Presuhn, Sabine, Tot wird, wer vergessen ist, Göttingen 2001

Personallisten der Bischöfe und Erzbischöfe und der Vorsteher der geistlichen Institute von Bremen

1. Die Bischöfe und Erzbischöfe von Bremen bzw. Hamburg-Bremen 787–1648

Name	Amtsdaten	Biographische Hinweise (# = Grablege)
Willehad	787–789	* um 745, aus Northumbrien. Missionierte in Friesland, ab 780 zwischen Unterweser und Niederelbe. 782 Flucht, 785 Rückkehr ins Missionsgebiet, 787 zum Missionsbischof erhoben, nahm seinen Sitz in Bremen; erster Bischof von Bremen. † 8. November 789 in Blexen, # Bremen, St. Petri Dom.
Willerich	805–838	Schüler Willehads, führte die Missionsarbeit weiter. Die von 792 bis 804 tobenden Aufstände in Wigmodien verzögerten seine Erhebung zum Bischof von Bremen bis 805. Unter ihm Anfänge der Dänenmission. † 4. Mai 838, # Bremen, St. Petri Dom.
Leuderich	838–845	Diakon Willerichs, wurde sein Nachfolger; Herkunft unbekannt. † 24. August 845, # Bremen, St. Petri Dom.
Ansgar	831–865	Im Benediktinerkloster Corbie erzogen, ging 823 in das neu gegründete Corvey, 826 Auftrag zur Dänenmission. 831 zum Missionserzbischof erhoben und mit der Mission in Skandinavien beauftragt. Nahm seinen Sitz in Hamburg, musste 845 vor den Wikingern fliehen und erhielt wegen der Zerstörung Hamburgs 847 das vakante Bremen, bis zu seinem Tode erster Erzbischof von Hamburg-Bremen. † 3. Februar 865, # Bremen, St. Petri Dom.
Rimbert	865–888	Erzbischof von Hamburg-Bremen; stammte aus der Nähe des Klosters Thourout (Turholt), in dessen Schule er erzogen wurde. Er wurde sowohl Bischof von Bremen als auch Erzbischof von Hamburg genannt. † 11. Juni 888, # Bremen, St. Petri Dom.

Adalgar	888–909	Erzbischof von Hamburg-Bremen; seine Herkunft ist nicht bekannt. War ein Bruder des Abtes von Corvey, wurde von dort von Rimbert mit nach Bremen genommen. † 9. Mai 909, # Bremen, St. Petri Dom.
Hoger	909–916	Erzbischof von Hamburg-Bremen; war Mönch in Corvey. Von dort von Adalgar als Gehilfe nach Bremen geholt. † 20. Dezember 916, # Bremen, St. Petri Dom.
Reginward	917–918	Erzbischof von Hamburg-Bremen; Herkunft und Erhebung unbekannt. † 1. Oktober 918, # Bremen, St. Petri Dom.
[Leidrad]	918	Von Klerus und Volk zum Erzbischof gewählt, Dompropst unbekannter Herkunft, konnte sich gegen Erzbischof Unni nicht durchsetzen.
Unni	918–936	Erzbischof von Hamburg-Bremen; über sein Vorleben ist fast nichts bekannt. † 17. September 936 in Birka, Schweden. # Birka (Körper); # Bremen, St. Petri Dom (Kopf).
Adaldag	937–988	Erzbischof von Hamburg-Bremen; hochadeliger Herkunft, gehörte dem Hildesheimer Domkapitel an, unter König Heinrich I. Mitglied der Hofkapelle und unter Otto I. Kanzler bzw. Notar des Königs. Im Frühjahr 937 zum Erzbischof von Hamburg erhoben. † 29. April 988, # Bremen, St. Petri Dom.
Liawizo I. (Libentius)	988–1013	Erzbischof von Hamburg-Bremen; stammt aus Churrätien oder Hochburgund, war mit Adaldag 965 aus Italien in den Norden gekommen. Von Adaldag als Nachfolger designiert. † 4. Januar 1013, # Bremen, St. Petri Dom.
Unwan	1013–1029	Erzbischof von Hamburg-Bremen; aus dem sächsischen Hochadel. Vater Pfalzgraf Dietrich von Sachsen, Mutter eine Immedingerin. Er begann den Neuaufbau Hamburgs. † 27. Januar 1029, # Bremen, St. Petri Dom.
Liawizo II. (Libentius)	1029–1032	Erzbischof von Hamburg-Bremen; Neffe Liawizos I. und vor seiner Wahl Dompropst in Bremen. † 24. August 1032, # Bremen, St. Petri Dom.

Hermann	1032–1035	Erzbischof von Hamburg-Bremen; zuvor Dompropst in Halberstadt. † 19. September 1035, # Bremen, St. Petri Dom.
Bezelin (Alebrand)	1035–1043	Erzbischof von Hamburg-Bremen; entstammte der Kölner Geistlichkeit, Kaplan König Konrads II. † 15. April 1043 in Bücken, # Bremen, St. Petri Dom.
Adalbert	1043–1072	Erzbischof von Hamburg-Bremen; aus dem sächsischen Hochadel, zuvor Dompropst in Halberstadt, Mitglied der königlichen Kanzlei. † 25. März 1072 in Goslar, # Bremen, St. Petri Dom.
Liemar	1072–1101	Erzbischof von Hamburg-Bremen; entstammte einer königlichen Ministerialenfamilie aus Bayern. † 16. Mai 1101, # Bremen, St. Petri Dom.
Humbert	1101–1104	Erzbischof von Hamburg-Bremen; zuvor Kanzler Kaiser Heinrichs IV. † 10. November 1104, # wahrsch. Bremen, St. Petri Dom.
Friedrich	1104–1123	Erzbischof von Hamburg-Bremen; Vorleben unbekannt, die vermutete Abkunft aus einer bremischen Ministerialenfamilie ist unwahrscheinlich. † 29. Januar 1123, # Bremen, St. Petri Dom.
Adalbero	1123–1148	Erzbischof von Hamburg-Bremen; möglicherweise aus einem einheimischen Geschlecht, vor der Erhebung Mitglied des Bremer Domkapitels. † 25. August 1148, # wahrsch. Bremen, St. Petri Dom.
Hartwig I.	1148–1168	Erzbischof von Hamburg-Bremen; aus der Familie der Grafen von Stade, war seit 1144 deren letzter männlicher Nachkomme. † 11. Oktober 1168, # wahrsch. Bremen, St. Petri Dom.

[Otbert]	1168	1141 Kaplan, 1158 Domdekan, von der welfenfreundlichen Partei gewählt, konnte sich als Erzbischof nicht durchsetzen.
[Siegfried]	1168	Von der welfenfeindlichen Partei gewählt, floh 1168 nach Oldenburg, konnte sich in Bremen nach 1180 durchsetzen.
Balduin I.	1169–1178	Erzbischof von Hamburg-Bremen; zunächst Doppelwahl, die staufische Partei wählte Siegfried, den Sohn Albrechts des Bären, die welfische den Dompropst Otbert. Kaiser Friedrich I. erklärte die Wahlen für ungültig und bestimmte den Halberstädter Dompropst Balduin, einen Günstling Heinrichs des Löwen, zum Nachfolger. Führte den Hamburger Titel noch einmal, als er für das Hamburger Domkapitel urkundete. † 18. Juni 1178, # Bremen, St. Petri Dom.
[Bertold]	1178–1179	Kanoniker von St. Gereon in Köln aus sächsischem Hochadel, Günstling Heinrichs des Löwen. In unkanonischer Wahl erhoben, ohne päpstliche Bestätigung geblieben, nach 1179 Bischof von Metz. † 1212.
Siegfried	(1168) 1180–1184	Erzbischof von Bremen; nach dem Sturz Heinrichs des Löwen wurde der schon 1168 von der staufischen Partei gewählte Siegfried (s.d.) von Friedrich I. eingesetzt. † 24. Oktober 1184, # unbekannt.
Hartwig II.	1185–1207	Erzbischof von Bremen; aus der bremischen Stiftsministerialität (Uthlede), seit 1158 als Notar Heinrichs des Löwen tätig. Wurde am 25. Januar 1185 gewählt, später von König Heinrich VI. 1190 abgesetzt. Die Bremer Geistlichkeit wählte 1192 Bischof Waldemar von Schleswig als Erzbischof, der aber vom Dänenkönig gefangen genommen wurde. Hartwig blieb im Amt. † 3. November 1207, # zunächst Bremen, St. Petri Dom, dann St. Ansgarii.
Waldemar (1192)	1208–1217	Sohn König Knuts V. von Dänemark, Bischof von Schleswig, 1192 Wahl, nur zeitweise in

		Bremen ohne päpstliche Bestätigung anerkannt, bis 1206 in Gefangenschaft in Seeland, 1217 endgültig vertrieben. † und # ca. 1235 in Loccum.
Burchard	1208–1210	Aus der Familie der Grafen von Stumpenhausen, nur in Hamburg als Erzbischof von Hamburg gegen Waldemar zeitweilig anerkannt, Neffe des 1210 erhobenen Gerhard I. 1180 Domkanoniker, 1208 Wahl als Gegenkandidat zu Waldemar, resignierte 1210, bis 1230 Dompropst. † nach 1231.
Gerhard I.	1210–1219	Erzbischof von Bremen; aus der Familie der Grafen von Oldenburg-Wildeshausen, ab 1191 Bischof von Osnabrück. Im Oktober 1210 gegen Waldemar mit der Leitung der Bremer Kirche beauftragt, führte den Osnabrücker Titel noch bis 1216. † 14. August 1219 in Frankfurt, # unbekannt.
Gerhard II.	1219–1258	Erzbischof von Bremen; nannte sich auf Drängen des Hamburger Kapitels rechts der Elbe gegen den Protest des Bremer Domkapitels, aber mit Zustimmung Honorius III. Erzbischof von Hamburg, links der Elbe Erzbischof von Bremen. Fertigte später Urkunden für rechtselbische Gebiete nur noch in Stade aus. Aus der Familie der Edelherren von der Lippe. † 27. Juli 1258 in Bremervörde, # Bremen, St. Petri Dom.
[Gerhard]	1258	Dompropst in Bremen, Großneffe von Gerhard II., von einer Minderheit des Domkapitels gewählt, danach von Erzbischof Hildebold verdrängt. † 1259.
Hildebold	1258–1273	Erzbischof von Bremen; aus der Familie der Grafen von Wunstorf. † 11. Oktober 1273, # Bremen, St. Petri Dom.
Giselbert	1274–1306	Erzbischof von Bremen; gehörte der Familie der Grafen von Brunckhorst an. † 18. November 1306 in Bremervörde, # Bremen, St. Petri Dom.

Heinrich I.	1306–1307	Bremer Domdekan, aus dem Hildesheimer Ministerialengeschlecht von Golthorn. † 9. April 1307 in Bremervörde noch als *electus*, # Bremen, St. Petri Dom.
Sedisvakanz	*1307–1310*	*Nach mehreren Wahlgängen kam es 1307 zur Doppelwahl.*
Florenz	1307–1308	Sohn des Florenz von Brunkhorst, Neffe des Erzbischofs Giselbert, seit 1301 Domscholaster, 1307 von Teilen des Domkapitels gewählt. Bemühte sich um die Bestätigung Clemens V. † 1308 in Poitiers, # unbekannt.
Bernhard	1307–1310	Sohn des Grafen Konrad von Wölpe, 1266 Dompropst, 1307 von Teilen des Domkapitels gewählt. Bemühte sich vergeblich um die Bestätigung Clemens V. in Poitiers. † 17. September 1310, # unbekannt.
Johann I. Grand	1310–1327	Erzbischof von Bremen; Sohn eines dänischen Ministerialen und einer Mutter aus königlichem Geschlecht, war zuvor Propst von Roskilde, ab 1289 Erzbischof von Lund, floh vor dem dänischen König nach Avignon. Der erste Ausländer auf dem Bremer Stuhl, der erste vom Papst dort direkt eingesetzte Erzbischof. 1316 versuchte man, ihn für unzurechnungsfähig zu erklären. Man stellte ihm zunächst den Domscholaster Otto von Lüneburg und später Bischof Nikolaus Ketelhut von Verden, dann Friedrich von Xanten als Koadjutor an die Seite. † 29. Mai 1327 an der Kurie in Avignon, # ebendort Kirche Notre-Dame.
Burchard Grelle	1327–1344	Erzbischof von Bremen; entstammte einer ratsfähigen Bremer Familie, zuvor Bremer Domherr und Propst von Wildeshausen, wohl ab 1311 Archidiakon von Rüstringen. † 13. August 1344, # Bremen, St. Petri Dom.
Otto I.	1344–1348	Erzbischof von Bremen; vor der Wahl Bremer Domdekan, aus dem Hause der Grafen von Oldenburg. Erhielt wegen seines hohen Alters seinen Neffen Moritz von Oldenburg als Koadjutor.

		† vor dem 14. März 1348, # wahrsch. Bremen, St. Petri Dom.
Moritz	1348–1350	Sohn des Grafen Johann II. von Oldenburg, Administrator von Bremen; 1348 vom Domkapitel gewählt, blieb ohne päpstliche Bestätigung. † 20. Juni 1368 in Blexen, # ebendort.
Gottfried I.	1348–1360	Erzbischof von Bremen; zuvor Bischof von Osnabrück, aus dem Hause der Grafen von Arnsberg. 1348 von Papst Clemens VI. bestätigt. Gottfried erhielt Moritz von Oldenburg als Koadjutor und Amtmann im Stift und resignierte 1360. † 4. Dezember 1363 in Stade, # ebendort, St. Georg.
Albert II.	1360–1395	Erzbischof von Bremen; Herzog von Braunschweig-Wolfenbüttel, 1360 mit Zustimmung von Papst Innozenz VI. eingesetzt, 1362 Huldigung der Stadt Bremen, setzte sich gegen Koadjutor Moritz durch. † 15. April 1395 in Bremervörde, # Bremen, St. Petri Dom.
[Johann]	1395	Aus der Stiftsritterschaft, 1390 Dompropst, 1395 von Teilen des Domkapitels zum Erzbischof gewählt, blieb ohne Bestätigung. † 29. Juni 1397 in Zeven, # Kloster Zeven.
Otto II.	1395–1406	Erzbischof von Bremen; Herzog von Braunschweig-Wolfenbüttel, Vetter seines Vorgängers, war vor seiner Wahl Bischof von Verden und Kanoniker von St. Blasien in Braunschweig. † 30. Juni 1406, # Bremen, St. Petri Dom.
Johann II. Slamstorp	1406–1420	Erzbischof von Bremen; Herkunft unbekannt. Vor der Wahl 1406 Bremer Domherr und Archidiakon von Hadeln und Wursten. † 22. Dezember 1420, # Bremen, St. Petri Dom.
Nikolaus	1421–1435	Erzbischof von Bremen; Graf von Oldenburg-Delmenhorst, 1421 vom Domkapitel gewählt, 1434 zur Resignation gezwungen. † 8. Dezember 1447, # Hude oder Delmenhorst.

Balduin II.	1435–1441	Erzbischof von Bremen; aus der braunschweigischen Adelsfamilie von Wenden, 1419 Abt von St. Michael in Lüneburg, behielt die Abtei noch für weitere sieben Jahre. † 8. Juli 1441 in Lüneburg, # ebendort, St. Michael.
Gerhard III.	1442–1463	Erzbischof von Bremen; Graf von Hoya, vor der Wahl Dompropst in Verden, Propst in Bücken und St. Willehad zu Bremen. † 11. April 1463, # Bremen, St. Petri Dom.
Heinrich II.	1463–1496	Erzbischof von Bremen; Graf von Schwarzburg, zuvor Domherr in Würzburg und Köln. Wurde 1466 auch Bischof von Münster, wo er vornehmlich residierte. † Weihnachten 1496, # Dom zu Münster.
Johann Rode	1497–1511	Erzbischof von Bremen; stammte aus einer ratsfähigen Bremer Familie, vor der Wahl Dompropst in Bremen und Hamburg. † 4. Dezember 1511 in Bremervörde, # Bremen, St. Petri Dom.
Christoph	1511–1558	Erzbischof von Bremen; Herzog von Braunschweig-Wolfenbüttel, 1500 Koadjutor von Bremen und 1503 Bischof von Verden. † 22. Januar 1558 in Tangermünde, # Dom zu Verden.
Georg	1558–1566	Erzbischof von Bremen; Bruder seines Vorgängers, 1554 Bischof von Minden, 1558 zugleich Bischof von Verden. † 4. Dezember 1566 in Bremervörde, # Dom zu Verden.
Heinrich III.	1567–1585	Administrator von Bremen; Herzog von Sachsen-Lauenburg, Domherr in Köln, 1574 Bischof von Osnabrück, 1577 Bischof von Paderborn, 1567 zum Erzbischof von Bremen gewählt, keine päpstliche Bestätigung der Wahlen. † 8. April 1585 in Bremervörde, # ebendort Schlosskapelle.
Johann Adolf	1585–1596	Administrator von Bremen; Herzog von Schleswig-Holstein-Gottorf, wurde 1586 auch Administrator von Lübeck, folgte 1590 als

		Herzog in Gottorf, resignierte 1596 zugunsten seines Bruders Johann Friedrich. † 31. März 1616, # Gottorf.
Johann Friedrich	1596–1634	Administrator von Bremen; Herzog von Schleswig-Holstein-Gottorf, wurde 1593 unter seinem Bruder Domherr in Bremen, 1594 dessen Koadjutor in Lübeck. † 3. September 1634 Buxtehude Altkloster, # Gottorf.
Leopold Wilhelm	1635	Providierter Erzbischof von Bremen; Erzherzog von Österreich und zweiter Sohn des Kaisers Ferdinand II., Bischof von Passau, Straßburg, Olmütz, Breslau, Halberstadt. 1628 mit Bremen providiert. Die Provision wurde am 7. September 1635 bestätigt, wurde aber nicht mehr wirksam.
Friedrich II.	1634–1648	Administrator von Bremen; Herzog von Schleswig-Holstein-Gottorf, war seit 1621 Koadjutor in Bremen, seit 1622 in Verden und 1624 in Halberstadt, wurde 1623 Administrator in Verden und 1635 auch Bischof von Verden. Verlor seine Stifte 1648 und folgte seinem Vater Christian IV. als König Friedrich III. von Dänemark. † 20. Februar 1670, # Dom zu Roskilde.
Franz Wilhelm	1645	Graf Franz Wilhelm v. Wartenberg, Bischof von Osnabrück, Verden und Minden sowie Administrator von Hildesheim, wurde am 4. Mai 1645 zum Apostolischen Vikar für das Erzbistum Bremen ernannt. Nach Verlust von Minden und Verden wurde er 1649 Bischof von Regensburg und 1660 zum Kardinal erhoben. † 1. Dezember 1661.

Mit freundlicher Genehmigung des Landschaftsverbandes der ehemaligen Herzogtümer Bremen und Verden, vgl. Geschichte des Landes zwischen Elbe und Weser, Band II, Stade 1995, S. 524–527.

2. Dompröpste

Leidrad	918
Eilhard	961–962
Erpo	976
Werner	987
Razo	
Libentius (Liawizo)	1029
Edo	1042
Tankmar	1069
Suitger	1072
Eibold	1091
Werner	1106–1116
Adalbert	1139–1143
Hartwig von Stade	1143–1148
Bruno	1156–1158
Otto von Oldenburg	1158–1183
Friedrich	1184–1199
Hermann	1201–1202
Otto von Oldenburg	1202–1203
Iso von Wölpe	1205
Burchard von Stumpenhausen	1205–1230
Heinrich von Bekeshövede	1230–1238
Otto zur Lippe	1241–1248
Simon	1249
Gerhard zur Lippe	1250–1260
Engelbert von Seehausen	1260
Otto	1263
Erich	1264
Konrad von Braunschweig-Lbg.	1266–1269
Bernhard von Wölpe	1266–1307
Volquin von dem Berge	1316–1319
Albert	1327
Otto von Lauenburg	1327–1336
Giselbert von Holstein	1338–1341
Heinrich Olde	1363–1368
Arnold Gruter	1377–1387
Johann Monik	1390–1397
Konstantin von Vechta	1400–1421
Johann Warendorp	1426–1431
Albert von Hoya	1435–1436
Erich von Hoya	1436–1438
Gerhard von Hoya	1438–1442
Johann Hellingstede	1443–1458
Johann Rode	1460–1477
Albert Kock	1477–1485
Johann Rode	1485–1497
Franz Grambeck	1498–1536
Georg von Braunschweig-Lbg.	1536–1558
Ludolf von Varendorf	1558–1571
Friedrich von Sachsen-Lauenburg	1571–1586
Dietrich von Galen	1587–1602
Friedrich von Braunschweig-Lbg.	1602–1648

3. Domdekane

Elecbernus	987
Adalward	1052–1060
Liudger	1069–1072
Thiedo	1091
Helecbern	um 1110
Thietmar	1139–1142
Otbert	1158–1168
Sibert	1174
Friedrich	um 1182
Dietrich	1182–1189
Rudolf von Bederkesa	1189–1198
Dietrich	1199
Hartwig	1201–1207
Bernhard	1213–1223
Hermann	1225–1229
Gernand	1230–1244
Otto	1245–1258
Heinrich von Tossen	1260–1265

Engelbert von Seehausen	1267–1282
Dietrich von Lauenburg	1286–1295
Heinrich von Golthorn	1296–1306
Friedrich Boch	1312–1328
Otto von Oldenburg	1332–1344
Moritz von Oldenburg	1344–1368
Konrad	1369
Johann von Zesterfleth	1368–1379
Gottschalk von Kampen	1385–1417
Erpo von Lüneburg	1417–1418
Johann Schele	1419–1420
Gerlach von Brummerzete	1421–1423
Heinrich von der Molen	1424–1433
Johann Soltau	1443
Dethard Sleter	1443–1466
Johann Rode	1474–1482
Gerhard Oldewagen	1489–1494
Franz Grambeck	1494–1497
Konrad von Klenke	1498–1518
Friedrich von Bremer	1518–1529
Dietrich von Frese	1529–1546
Ludolf von Varendorf	1549–1558
Joachim Hinke	1558–1580
Otto von Düring	1580–1598
Franz von Marschalk	1598–1638
Otto Ascanius von Frese	1638–1641
Jodocus von Schulte	1641–1648

4. Mittelalterliche Pröpste von St. Wilhadi

Marquard	1113
Adelbert	1142
Erpo	1143–1159
Heinrich	1163–1179
Eilo	1185–1193
Herbert	1197–1218
Johannes von Diepholz	1222–1242
Burchard von Hoya	1252–1281
Bernhard von Wölpe	1287
Otto von Diepholz	1302–1306
Moritz von Oldenburg	1344
Volkwin	vor 1352
Gottschalk von Oldenzelle	1372–1395
Johann Fockenbeke	1406–1410
Gerhard von Hoya	
Diedrich Balleer	1431–1452
Albert von Varle	1502–1513

5. Mittelalterliche Dekane von St. Wilhadi

Eustachius	1185
Daniel	1222–1232
Radagus	1238–1244
Gottfried	1259
Otto	1268
Engelbert	1281
Heinrich	1291–1302
Otto	1303–1308
Heinrich Odilie	1338–1350
Albertus	1351
Johannes	1353–1366
Hermann von der Tiefer	1366–1402
Diedrich Wend	1404–1438
Konrad Benne	1436–1456

6. Mittelalterliche Pröpste von St. Ansgarii

Hartwig	1185–1194
Hermann	1195–1224
Lambert	1225–1228
Hermann	1230–1241
Burchard von Hoya	1247–1294
Florenz	1298–1306

Otto	1318
Alverich Klüver	1355–1377
Hinrich von der Molen	1406–1426
Otto von Gröpelingen	1429
Johann Rode	1430–1460

7. Mittelalterliche Dekane von St. Ansgarii

Remigius	um 1185
A.	1224–1229
Konrad von Stade	1230–1237
S.	1246
Meynerus	vor 1270
Friedrich	1278–1281
Johannes von Ruten	1292–1308
Meinard	1314–1337
Detmar Sture	1339–1350
Johann Lentemann	1350–1357
Hildebrand Vlutemann	1358–1367
Bernhard von Hiddingwarden	1367–1376
Dietrich Bruckwedel	1377–1405
Hermann Hasselbusch	1405–1407
Johannes de Gestele	1411–1412
Reiner Sallun	1420–1421
Hinrich Groneland	1421–1439
Eler Snidewint	1440–1447 (?)

8. Äbte des Paulsklosters

Bertold	1132–1147
Segebodo von Uthlede	1174–1214
Hermann von Bexhövede	1217–1219
Conrad	1225–1227
Heinrich	1235–1244
Otto von Oldenburg	1257–1267
Willekin von Marßel	1267–1282
Johann	1290–1291
Werinbert	1297–1311
Albert	1318
Johann	1331–1345
Erpo	1350–1356
Hermann von Bunnekemolen	1358–1376
Johann Bollant	1387–1399
Friedrich Harkenstele	1399–1403
Johann Harpstede	1409–1428
Heinrich Pulle	1435–1445
Johann	1446
Heinrich	1452–1459
Herbord Zierenberg	1463–1497
Gerhard Wempe	1497–1504
Arnd Soltouw	1505
Heinrich Junge	1507–1525
Gerhard Oldenzell	1525–1540
Johann Wiedenbrügge	1541–1550
Gerhard Vaget	1551–1567

9. Komture der Deutschordenskomturei

Arnold	1236
Hartmann	1238
Gebhard	nach 1238–1242
Esich	1244–1249
Walter	1274
Dietrich	1284–1285
Ludwig	1298
Johann von Frenke	1302–1303
Detward von Bremen	1305
Ludwig	1313–1314
Johann von Ladbergen	1319
Ekbert	1330
Wilhelm von Haren	1339–1342
Goswin von Vietinghoff	1362
Marquard von Revele	1368–1372
Rabod von der Horst	vor 1391
Albrecht Klye	1391
Eberhard Ovelacker	bis 1406/07
Engelbrecht von Peize	vor 1426

Hermann von Gimbte	um 1425–1429
Doneldey Duckel	1438–1445
Johann von Nienburg	1447–1449
Konrad von Lünen	1450–1459
Dietrich Brand	1457
Hermann von Barnsfeld	1464
Dietrich Brand	1469
Engelbert Monnik	1498
Jasper von Münchhausen	1500–1519
Hermann Ovelacker von Wischlingen	1515–1517
Johann von Knippenburg	1519–1524
Rolf von Bardewisch	1524–1531
Franz von Dumstorp	1532–1562/83

10. Priore des Katharinenklosters

Burchard	1230/31
Berthold	1232/35
Ernestus	1238/41
Bertold	1251
M.	1274
Bernard	1413
Johann	1450
Hermann van Rethem	1464
Didericus	1469
Arend Brand	1480
Hubart Gerardt	1505
Hubrecht	1506
Hermann Velthusen	1534

Quellen und Nachschlagewerke

Adam von Bremen: Bischofsgeschichte der Hamburger Kirche. Magister Adam Bremensis: Gesta Hammaburgensis Ecclesiae Pontificum, in: Quellen des 9. und 11. Jahrhunderts zur Geschichte der Hamburgischen Kirche und des Reichs, bearb. von Werner Trillmich (Ausgewählte Quellen zur Deutschen Geschichte des Mittelalters. Band XI), Darmstadt 1961, S. 135–499.

Anskarii Vita Sancti Willehadi, ed. G. H. Pertz, MGH SS II, Hannover 1829, S. 378–390.

Bremisches Urkundenbuch. Bde. 1–5, hrsg. von Diedrich R. Ehmck und Wilhelm von Bippen, Bremen 1873–1902; Bd. 6, hrsg. von Hermann Entholt, Bremen 1940–1943; Bd. 7, bearb. von Adolf E. Hofmeister und Andreas Röpcke, Bremen 1993.

Gams, Pius Bonifacius: Series episcoporum Ecclesiae catholicae quotquot innotuerunt a beato Petro apostolo, Regensburg 1873, Supp. I, München 1879, Supp. II, Regensburg 1886.

Germania Benedictina, Band 11 Norddeutschland (Die Frauenklöster in Niedersachsen, Schleswig-Holstein und Bremen), bearb. von Ulrich Faust, 1984.

Germania Benedictina, Band 6 Norddeutschland (Die Benedictiner in Niedersachsen, Schleswig-Holstein und Bremen), bearb. von Ulrich Faust, 1979.

Hägermann, Dieter (Bearb.): Sächsische Weltchronik (Staats- und Universitätsbibliothek Bremen, Ms. A. 33): Farbmikrofiche-Edition (Codices illuminati medii aevi 14), München 1989.

Helmold von Bosau: Slawenchronik. Helmoldi presbyteri Bozovensis: Chronika Slavorum, bearb. von Heinz Stoob (Ausgewählte Quellen zur Deutschen Geschichte des Mittelalters. Bd. XIX), Darmstadt 1963, 2. verb. Aufl. 1973, S. 137–499.

Hodenberg, Wilhelm von (Hrsg.): Bremer Geschichtsquellen. Erster Beitrag: Das Stader Copiar, Celle 1856.

Historia Archiepiscoporum Bremensium, in: Johann Martin Lappenberg, Geschichtsquellen des Erzstifts und der Stadt Bremen, Bremen 1841, S. 7–54.

Klink, Lieselotte: Johann Hemelings „Dipolmatarium fabricae ecclesiae Bremensis“ von 1415/20 (Veröffentlichungen der Historischen Kommission für Niedersachsen und Bremen 37: Quellen und Untersuchungen zur Geschichte Niedersachsens im Mittelalter, Bd. 10), Hildesheim 1988.

Kohlmann, Johann Melchior, Verzeichnisse der Dompröpste, Archidiakonen und sonstigen Dignitäten der Bremer Kirche, in: Wilhelm von Hodenberg, Die Diöcese Bremen und deren Gaue in Sachsen und Friesland. Dritter Theil: Beilagen, Celle 1859, S. 17–38.

Lappenberg, Johann Martin: Geschichtsquellen des Erzstifts und der Stadt Bremen, Bremen 1841.

Meinert, Hermann: Die Bremer Chronik von Rinesberch, Schene und Hemeling (Die Chroniken der deutschen Städte vom 14. bis zum 16. Jahrhundert. Bd. 37), Bremen 1968.

Reinecke, Karl: Archiepiscopatus Hammaburgensis sive Bremensis. Series episcoporum ecclesiae catholicae occidentalis. Series V. Germania. Tomus II, Stuttgart 1984.

Regesta Pontificum Romanorum. Germania Pontificia. Vol. VI. Provincia Hammaburgo-Bremensis, bearb. von Wolfgang Seegrün und Theodor Schieffer, 1981.

Regesten der Erzbischöfe von Bremen, Bd. I (787–1306), bearb. von Otto Heinrich May, Bremen 1937; Bd. II/1 (1306–1327), bearb. von Günther Möhlmann, Hannover 1953; Bd. II/3 (1327–1344), bearb. von Joseph König, Hannover 1971.

Rimbert: Ansgars Leben. Rimbert Vita Anskarii, in: Quellen des 9. und 11. Jahrhunderts zur Geschichte der Hamburgischen Kirche und des Reichs, bearb. von Werner Trillmich (Ausgewählte Quellen zur Deutschen Geschichte des Mittelalters. Bd. XI), Darmstadt 1961, S. 3–136.

Rode, Johann: Registrum Bonorum et Jurium Ecclesiae Bremensis, hrsg. von R. Capelle, Bremerhaven 1926.

Röpcke, Andreas (Bearb.): Willehad. Das Leben des hl. Willehad Bischof von Bremen und die Beschreibung der Wunder an seinem Grabe, eingeleitet, übersetzt und neu bearbeitet von Andreas Röpcke, Bremen 1982.

Renner, Johann: Chronica der Stadt Bremen, 2 Bde., bearb. von Lieselotte Klink, Bremen 1995.

Schönecke, Walter: Personal- und Amtsdaten der Erzbischöfe von Bremen vom Jahre 831 bis 1511, Greifswald 1915.

Schwarzwälder, Herbert: Die Bischöfe und Erzbischöfe von Bremen. Ihre Herkunft und Amtszeit – ihr Tod und ihre Gräber. Blätter der „Maus“. Gesellschaft für Familienforschung e.V., Bremen. Heft 16, 1996 und Heft 17, 1997.

Vita Rimbert ed. Waitz, MGH SS in usum schol. 55, Hannover 1884, S. 80–100.

Wolter, Heinrich: Chronicon Bremense, in: Meibom Scriptores rer. Germ., Helmstedt 1688 II, S. 44 ff.

Literatur

Abramzik, Günter: Der St.-Petri-Dom in Bremen, Bremen 1989.

Achelis, Johannes: Eine vergessene St. Annen-Brüderschaft, in: Bremisches Jahrbuch 38, 1939, S. 243–245.

Allmers, Curt: Geschichte der bremischen Herrschaft Bederkesa (Veröffentlichungen aus dem Staatsarchiv der Freien Hansestadt Bremen, Bd. 10), Bremen 1933.

Althoff, Gerd: Heinrich der Löwe und das Stader Erbe, in: Deutsches Archiv für Erforschung des Mittelalters 41, 1985, S. 66–100.

Althoff, Gerd: Die Billunger in der Salierzeit, in: Weinfurter, Stefan (Hrsg.): Die Salier und das Reich, Bd. 2, Sigmaringen 1991, S. 309–329.

Andreas, Willy: Deutschland vor der Reformation. Eine Zeitenwende, 6. Auflage, Stuttgart 1959.

Angenendt, Arnold: Der Kult der Reliquien, in: A. Legner (Hrsg.), Reliquien. Verehrung und Verklärung, Köln 1989.

Angenendt, Arnold: Die Mission im frühen Mittelalter, in: Hägermann, Dieter (Hrsg.), Bremen. 1200 Jahre Mission (Schriften der Wittheit zu Bremen, NF 12), Bremen 1989, S. 61–86.

Angenendt, Arnold: Heilige und Reliquien. Die Geschichte ihres Kultes vom frühen Christentum bis zur Gegenwart, München 1994.

Angenendt, Arnold: Geschichte der Religiosität im Mittelalter, Darmstadt 1997.

Bachmann, Elfriede: Das Kloster Heeslingen-Zeven. Verfassungs- und Wirtschaftsgeschichte (Einzelschriften des Stader Geschichts- und Heimatvereins 20), Stade 1964.

Barkhausen, Walter: Erzbischof Adaldag und König Harald Gormsson: Über das bremische eheliche Güter- und Erbrecht und seine Beziehungen zu den Landesrechten, in: Zeitschrift der Savigny-Stiftung für Rechtsgeschichte, Bd. 111, Germanistische Abteilung, 1994, S. 363–404.

Beissel, Stephan: Die Verehrung der Heiligen und ihrer Reliquien in Deutschland im Mittelalter, Neudruck Darmstadt 1976.

Bippen, Wilhelm von: Die Anfänge des Anschariikapitels und die Bremische Kirchspiels-Eintheilung, in: Bremisches Jahrbuch 10, 1878, S. 106–123.

Bippen, Wilhelm von: Die Ausbildung der bürgerlichen Armenpflege in Bremen, in: Bremisches Jahrbuch 14, 1888, S. 143–161.

Bippen, Wilhelm von: Neue Untersuchungen zur Baugeschichte des Doms, in: Bremisches Jahrbuch 14, 1888, S. 177–208.

Bippen, Wilhelm von: Geschichte der Stadt Bremen, Bd. 1, Bremen 1892 und Bd. 2, Halle 1892.

Bippen, Wilhelm von: Zwei Schreiben des Rats über den „Verrat" der Stadt im Jahre 1366, in: Bremisches Jahrbuch 19, 1900, S. 172–186.

Blum, Klaus: Frühe mittelalterliche Neumen aus Bremen – Ein Bericht über erste musikalische Funde aus dieser Stadt, in: Bremisches Jahrbuch 64, 1986, S. 237–247.

Bock, Friedrich: Der Pontificat Borchards von Bremen im Rahmen des Kampfes von Nationalstaaten und Imperium, in: Bremisches Jahrbuch 45, 1957, S. 15–51.

Bölts, Uwe: Die Baugeschichte der Liebfrauenkirche, in: D. von Reeken (Hrsg.), Unser Lieben Frauen. Die Geschichte der ältesten Kirchengemeinde Bremens von den Anfängen bis zur Gegenwart, Bremen 2002.

Boeselager, Elke Freifrau von: De bischup schal macht hebben in der stad Bremen, in: U. Grieme, N. Kruppa, S. Pätzold (Hrsg.), Bischof und Bürger. Herrschaftsbeziehungen in den Kathedralstädten des Hoch- und Spätmittelalters (Veröffentlichungen des Max-Planck-Instituts für Geschichte, Bd. 206; Studien zur Germania Sacra, Bd. 26), Göttingen 2004, S. 89–113.

Bookmann, Hartmut: Die Stadt im späten Mittelalter, 3. Aufl. München 1994.

Borgolte, Martin: Stiftungen des Mittelalters im Spannungsfeld von Herrschaft und Genossenschaft, in: D. Geuenich, O. G. Oexle (Hrsg.), Memoria in der Gesellschaft des Mittelalters, Göttingen 1994.

Bosse, Johann Christian und Lamotte, Hans Henry: Der Dom zu Bremen, Königstein 1989.

Brandes, Gertrud: Die geistlichen Brüderschaften in Hamburg während des Mittelalters, in: Zeitschrift des Vereins für Hamburgische Geschichte 34, 1934, S. 75–176, 35, 1936, S. 57–98, 36, 1937, S. 65–110.

Brandt, Karl Heinz: Ausgrabungen im Bremer Dom 1973–1976, in: Der Bremer Dom. Baugeschichte – Ausgrabungen – Kunstschätze, Bremen 1979 (Hefte des Focke-Museums, 49), hrsg. von R. Pohl-Weber, Bremen 1979, S. 56–85.

Brandt, Karl Heinz: Die Gräber des Mittelalters und der frühen Neuzeit (Ausgrabungen im St.-Petri-Dom zu Bremen, Bd. 2), Stuttgart 1988.

Branthomme, Henry und Chélini, Jean: Auf den Wegen Gottes. Die Geschichte der christlichen Pilgerfahrten, Paderborn 2002.

Brosius, Dieter: Zur Geschichte des Stifts Ramelsloh im Mittelalter, in: Lüneburger Blätter 25, 1982, S. 27–70.

Brünjes, Holger Stephan: Die Deutschordenskomturei in Bremen. Ein Beitrag zur Geschichte des Ordens in Livland (Quellen und Studien zur Geschichte des Deutschen Ordens, Bd. 53), Marburg 1997.

Büttner, Heinrich: Die Bremer Markturkunden von 888 und 965 und die ottonische Marktrechtsentwicklung, in: Bremisches Jahrbuch 50, 1965, S. 12–26.

Dehio, Georg: Geschichte des Erzbistums Hamburg-Bremen bis zum Ausgang der Mission, 2 Bde., Berlin 1877.

Dehio, Georg: Handbuch der Deutschen Kunstdenkmäler: Bremen, Niedersachsen, bearb. von G. Weiß, München/Berlin 1992.

Dettmann, Gerd: Die Ansgariikirche zu Bremen, Bremen 1934.

Dettmann, Gerd: Heimatliche Altertümer geschichtlicher Zeit. Die Ernte der letzten Jahre an bremischen Boden- und Weserfunden (Bremische Weihnachtsblätter, Heft 7), Bremen 1937.

Diestelkamp, Bernd: Welfische Stadtgründungen und Stadtrechte des 12. Jahrhunderts, in: Zeitschrift der Savigny-Stiftung für Rechtsgeschichte, Germanistische Abteilung, Bd. 81, 1964, S. 164–224.

Dietsch, Walter: Einige Untersuchungen zum Dom-Inneren, in: Hospitium Ecclesiae 1, 1954, S. 29–43.

Dietsch, Walter: Der Dom St. Petri zu Bremen. Geschichte und Kunst, Bremen 1978.

Dinzelbacher, Peter: Die „Realpräsenz" der Heiligen, in: P. Dinzelbacher und D. R. Bauer (Hrsg.), Heiligenverehrung in Geschichte und Gegenwart, Ostfildern 1990, S. 115–162.

Drögereit, Richard: Hamburg-Bremen, Bardowick-Verden. Frühgeschichte und Wendenmission, in: Bremisches Jahrbuch 51, 1969, S. 193–208.

Drögereit, Richard: Die Verdener Gründungsfälschung und die Bardowick-Verdener Frühgeschichte, in: Dom und Bistum Verden (Rotenburger Schriften 10), 1970, S. 1–102.

Drögereit, Richard: Erzbistum Hamburg, Hamburg-Bremen oder Erzbistum Bremen? Studien zur Hamburg-Bremer Frühgeschichte, Teil 1, in: Archiv für Diplomatik 21, 1975, S. 136–230.

Duntze, Johann Hermann: Geschichte der Freien Stadt Bremen, Bd. 1, Bremen 1845.

Ehlers, Joachim: Heinrich der Löwe und der sächsische Episkopat, in: Haverkamp, Alfred (Hrsg.): Friedrich Barbarossa. Handlungsspielräume und Wirkungsweisen des staufischen Kaisers (Vorträge und Forschungen XL), Sigmaringen 1992, S. 436–466.

Ehlers, Joachim: Das früh- und hochmittelalterliche Sachsen als historische Landschaft, in: Dahlhaus, Joachim u.a. (Hrsg.), Papstgeschichte und Landesgeschichte (FS Hermann Jacobs), Köln, Weimar, Wien 1995, S. 17–36.

Ehrhardt, Eugen (Bearb.): Inventar der bremischen Bau- und Kunstdenkmäler: Die St. Petri Domkirche, Bremen 1922.

Ehrhardt, Eugen: Zur mittelalterlichen Baugeschichte des Bremer Doms; in: Bremisches Jahrbuch 35, 1935, S. 92–98.

Elm, Kaspar (Hrsg.): Stellung und Wirksamkeit der Bettelorden in der städtischen Gesellschaft (Ordensstudien, Bd. 2; Berliner historische Studien, Bd. 3), Berlin 1981.

Elmshäuser, Konrad: Der werdende Territorialstaat der Erzbischöfe von Bremen (1236–1511). Die Erzbischöfe als Landesherren, in: Schulze, Heinz-Joachim und Dannenberg, Heinz-Eckhard (Hrsg.), Geschichte des Landes zwischen Elbe und Weser, Bd. II. Mittelalter (Schriftenreihe des Landschaftsverbandes der ehemaligen Herzogtümer Bremen und Verden, Bd. 8), Stade 1995, S. 159–194.

Elmshäuser, Konrad: Immunitätsverleihung, Königtum und Landesherrschaft im Erzstift Bremen, in: Immunität und Landesherrschaft (Schriftenreihe des Landschaftsverbandes der ehemaligen Herzogtümer Bremen und Verden, Bd. 14), hrsg. von Bernd Kappelhoff und Thomas Vogtherr, Stade 2002, S. 31–64.

Elmshäuser, Konrad: Die Handschriften der Bremer Stadtrechtskodifikationen 1303, 1428 und 1433, in: 700 Jahre Bremer Recht. 1303–2003 (Veröffentlichungen aus dem Staatsarchiv der Freien Hansestadt Bremen, Bd. 66), hrsg. von Konrad Elmshäuser und Adolf E. Hofmeister, Bremen 2003, S. 46–73.

Entholt, Hermann: Bremische Kultur gegen Ausgang des Mittelalters, in: Abhandlungen und Vorträge, hrsg. von der Bremer Wissenschaftlichen Gesellschaft, Jahrgang 8/9, 1934, S. 73–118.

Epperlein, Siegfried: Bündnisse zwischen Bauern und Bürgern, in: Jahrbuch für Wirtschaftsgeschichte 1962, Teil 1, S. 73–81.

Erlemann, Hildegard und Stagnier, Thomas: Festum Reliquiarum, in: A. Legner (Hrsg.), Reliquien: Verehrung und Verklärung, Köln 1989.

Fichtenau, Heinrich: Zum Reliquienwesen des früheren Mittelalters, in: ders., Beiträge zur Mediävistik, Bd. 1, Stuttgart 1975, S. 108–143.

Finckenstein, Albrecht Graf Finck von: Bischof und Reich. Untersuchungen zum Integrationsprozeß des ottonisch-frühsalischen Reiches (919–1056) (Studien zur Mediävistik, Bd. 1), Sigmaringen 1989.

Fliedner, Siegfried: Zur Baugeschichte des Nordseitenschiffs des Bremer Doms, in: Bremisches Jahrbuch 43, 1951, S. 325–341.

Fliedner, Siegfried: Zur Baugeschichte der Pfarrkirchen St. Martini und St. Ansgarii in Bremen, in: Bremisches Jahrbuch 44, 1955, S. 306–315.

Focke, Johann: Die Heiligen Cosmas und Damian und ihr Reliquienschrein im Dom zu Bremen, in: Bremisches Jahrbuch 17, 1895, S. 128–161.

Freytag, Hans-Joachim: Die Herrschaft der Billunger in Sachsen (Studien und Vorarbeiten zum Historischen Atlas von Niedersachsen 20), Göttingen 1951.

Freytag, Hans-Joachim: Der Nordosten des Reiches nach dem Sturz Heinrichs des Löwen, in: Deutsches Archiv für Erforschung des Mittelalters 25, 1969, S. 471–530.

Frölich, Karl: Kirche und städtisches Verfassungsleben im Mittelalter, in: Zeitschrift der Savigny-Stiftung für Rechtsgeschichte, Kirchliche Abteilung 22, 1933, S. 188–287.

Fuhrmann, Horst: Studien zur Geschichte mittelalterlicher Patriarchate III: Der Patriarchatsplan Adalberts von Bremen, in: Zeitschrift der Savigny-Stiftung für Rechtsgeschichte, Bd. 41, Kanonistische Abteilung, 1955, S. 120–170.

Fuhrmann, Horst: „Provincia constat duodecim episcopatibus". Zum Patriarchatsplan Erzbischof Adalberts von Hamburg-Bremen, in: Studia Gratiana 11 (= Collectanea S. Kuttner, Bd. 1), Bologna 1967.

Fuhrmann, Horst: Adalberts von Bremen Mahnung: Si non caste, tamen caute, in: Mare Balticum. Beiträge zur Geschichte des Ostseeraums in Mittelalter und Neuzeit. FS zum 65. Geburtstag von Erich Hoffmann (Kieler Historische Studien 36), hrsg. von Werner Paravicini, Sigmaringen 1992, S. 93–99.

Gattermann, Günter: Die deutschen Fürsten auf der Reichsheerfahrt, Diss. phil. Frankfurt/Main 1956.

Gericke, Horst: Universitas Stedingorum. Die Entwicklung einer organisierten bäuerlichen Kampfgemeinschaft in den Wesermarschen und ihr Widerstand gegen feudale Ausbeutung und Unterdrückung bis zur Mitte des 13. Jahrhunderts, Diss. phil. Halle 1960.

Giese, Wolfgang: Reichsstrukturprobleme unter den Saliern – der Adel in Ostsachsen, in: Die Salier und das Reich, Bd. 1, Sigmaringen 1992, S. 273–308.

Glaeske, Günter: Die Erzbischöfe von Hamburg-Bremen als Reichsfürsten (937–1258) (Quellen und Darstellungen zur Geschichte Niedersachsens 60), Hildesheim 1962.

Gleba, Gudrun: Die Gemeinde Unser Lieben Frauen im Mittelalter, in: D. von Reeken (Hrsg.), Unser Lieben Frauen. Die Geschichte der ältesten Kirchengemeinde Bremens von den Anfängen bis zur Gegenwart, Bremen 2002, S. 16–31.

Göbell, W.: Die Christianisierung des Nordens und die Geschichte der nordischen Kirchen bis zur Errichtung des Erzbistums Lund, in: Schleswig-Holsteinische Kirchengeschichte, Bd. 1, Neumünster 1977.

Goetz, Hans-Werner: Geschichtsschreibung und Recht. Zur rechtlichen Legitimierung des Bremer Erzbistums in der Chronik Adams von Bremen, in: Recht und Alltag im Hanseraum (FS Gerhard Theuerkauf), hrsg. von Silke Urbanski, Lüneburg 1993, S. 191–205.

Goetz, Hans-Werner: Das Herzogtum der Billunger – ein sächsischer Sonderweg?, in: Niedersächsisches Jahrbuch für Landesgeschichte 66, 1994, S. 167–197.

Goez, Werner: Das Erzbistum Hamburg-Bremen im Invenstiturstreit, in: Stadt – Kirche – Reich (Schriften der Wittheit zu Bremen, NF 9) Bremen 1983, S. 29–47.

Göhler, Johannes: Die Verbreitung der Heiligenverehrung zur Zeit der Christiansierung der Sachsen und ihre Schutzherrschaft über die mittelalterlichen Kirchen im Erzbistum Bremen, in: Jahrbuch der Gesellschaft für niedersächsische Kirchengeschichte 95, 1997, S. 9–77.

Haas, Wolfdieter: Foris apostolus – intus monachus. Ansgar als Mönch und „Apostel des Nordens", in: Journal of Medieval History 11, 1985, S. 1–30.

Habicht, V. C.: Die einzigen mittelalterlichen Tafelbilder im Dom zu Bremen, in: Niedersachsen 35, 1930, S. 593–596.

Hägermann, Dieter: Bremen und Wildeshausen im Frühmittelalter. Heiliger Alexander und heiliger Willehad im Wettstreit, in: Oldenburger Jahrbuch 85, 1985, S. 15–34.

Hägermann, Dieter: Buten und Binnen im 11. Jahrhundert – Welt und Umwelt bei Bremens erstem Geschichtsschreiber Magister Adam, in: Bremisches Jahrbuch 63, 1985, S. 15–31.

Hägermann, Dieter: Das Barbarossa-Diplom von 1186 und seine Bedeutung für die Entwicklung der Stadt Bremen, in: Bremisches Jahrbuch 65, 1987, S. 27–42.

Hägermann, Dieter (Hrsg.): Bremen. 1200 Jahre Mission (Schriften der Wittheit zu Bremen, NF 12), Bremen 1989.

Hägermann, Dieter: Mission, Bistumsgründung und fränkischer Staatsaufbau zwischen Weser und Elbe, in: ders. (Hrsg.), Bremen. 1200 Jahre Mission, Bremen 1989.

Hägermann, Dieter: 1100 Jahre Münze, Markt und Zoll in Bremen. Anmerkungen zu Wirtschaft und Verkehr im Frühmittelalter, in: Bremisches Jahrbuch 69, 1990, S. 21–44.

Hägermann, Dieter: Erzbischof Ansgar – Lehrer und Hirte, Visionär und Glaubensbote, in: Hospitium Ecclesiae 18, 1992, S. 33–56.

Hägermann, Dieter: Bremer Stifter und Mäzene. Der Domschatz im Mittelalter. Bremen o.J. (1995).

Hägermann, Dieter: Heinrich der Löwe und Bremen, in: Braunschweigisches Jahrbuch 79, 1998, S. 47–63.

Hägermann, Dieter (Hrsg.): Gerhard Meyer. Einiges über die Denkwürdigkeiten der Domkirche zu Bremen, 1828. Bremen 2001 (= Beihefte zum Jahrbuch der Wittheit zu Bremen/I).

Hägermann, Dieter: Recht und Verfassung im mittelalterlichen Bremen 800–1300, in: 700 Jahre Bremer Recht. 1303–2003 (Veröffentlichungen aus dem Staatsarchiv der Freien Hansestadt Bremen, Bd. 66), hrsg. von Konrad Elmshäuser und Adolf E. Hofmeister, Bremen 2003, S. 16–28.

Hardinhaus, Friedrich: Die St. Johanniskirche in Bremen, in: Ansgarius 10, 1933.

Hecker, Norbert: Bettelorden und Bürgertum. Konflikt und Kooperation in deutschen Städten des Spätmittelalters, Frankfurt/Bern/Circencester 1981.

Heine, Hans-W.: Zum Burgenbau des 10. bis 12. Jahrhunderts in Niedersachsen. Vom Ringwall zur Steinburg, in: Burgen und Schlösser 1995/III, S. 138–145.

Hellmann, Manfred: Livland und das Reich. Das Problem ihrer gegenseitigen Beziehungen (Sitzungsberichte der Bayerischen Akademie der Wissenschaften 1989, Heft 6), München 1989, S. 3–35.

Hermann, Otto: Stand und Herkunft der Erzbischöfe und Bischöfe der Kirchenprovinz Hamburg-Bremen im Mittelalter, Frankfurt am Main 1925.

Heyne, Bodo: Die Arztheiligen Cosmas und Damian und der Bremer Dom, in: Hospitium Ecclesiae 9, 1975, S. 7–21.

Hoffmann, Hartmut: Grafschaften in Bischofshand, in: Deutsches Archiv für Erforschung des Mittelalters 46, 1990, S. 375–480.

Hoffmann, Per und Ellmers, Detlev: Ein Frachter aus der Zeit Karls des Großen, in: Bremer Archäologische Blätter NF 90/91, 1991, S. 33–37.

Hofmeister, Adolf E.: Verfassung und Besiedlung der Stader Elbmarschen, 2 Bde., Hildesheim 1981.

Hofmeister, Adolf E.: Der Kampf um das Erbe der Stader Grafen zwischen den Welfen und der Bremer Kirche, in: Schulze, Heinz-Joachim und Dannenberg, Heinz-Eckhard (Hrsg.), Geschichte des Landes zwischen Elbe und Weser, Bd. II. Mittelalter (Schriftenreihe des Landschaftsverbandes der ehemaligen Herzogtümer Bremen und Verden. Bd. 8), Stade 1995, S. 105–158.

Hohmann, M.: Das Erzstift Bremen und die Grafschaft Stade im 12. und frühen 13. Jahrhundert, in: Stader Jahrbuch 59, 1969, S. 49–118.

Hölscher, Detlev, Rech, Manfred und Zedelius, Volker: Funde der Karolingerzeit aus Bremen, in: Bremer Archäologische Blätter NF 90/91, 1991, S. 40–49.

Honselmann, Klemens: Die Annahme des Christentums durch die Sachsen im Lichte sächsischer Quellen des 9. Jahrhunderts, in: Westfälische Zeitschrift 108, 1958, S. 201–219.

Honselmann, Klemens: Die alten Mönchslisten und Traditionen von Corvey, Teil 1, Paderborn 1982.

Honselmann, Klemens: Die Bistumsgründungen in Sachsen unter Karl dem Großen, in: Archiv für Diplomatik 30, 1984, S. 1–50.

Hucke, Richard G.: Die Grafen von Stade 900–1144 (Einzelschriften des Stader Geschichts- und Heimatvereins 8), Stade 1956.

Hucker, Hans-Ulrich: Friedrich Barbarossa als Empfänger von Zahlungen Bremer Bürger, in: Bremisches Jahrbuch 65, 1987, S. 125–139.

Hucker, Bernd Ulrich: Stift Bassum. Eine 1100jährige Frauengemeinschaft in der Geschichte, Bremen 1995.

Huizinga, Johan: Herbst des Mittelalters. Studien über Lebens- und Geistesformen des 14. und 15. Jahrhunderts in Frankreich und in den Niederlanden, 11. Aufl. Stuttgart 1975.

Iken, Johann Friedrich: Das ehemalige St. Jürgen-Gasthaus in Bremen, in: Bremisches Jahrbuch 19, 1900, S. 145–171.

Isenmann, Eberhard: Die deutsche Stadt im Spätmittelalter: 1250–1500; Stadtgestalt, Recht, Stadtregiment, Kirche, Gesellschaft, Wirtschaft, Stuttgart 1988.

Jochmann, Werner und Loose, Hans-Dieter (Hrsg.): Hamburg. Geschichte der Stadt und ihrer Bewohner, Bd. 1: Von den Anfängen bis zur Reichsgründung, Hamburg 1982.

Johanek, Peter: Die Erzbischöfe von Hamburg-Bremen und ihre Kirche im Reich der Salierzeit, in: Die Salier und das Reich, Bd. 2, hrsg. von Stefan Weinfurter, Sigmaringen 1991, S. 79–112.

Jordan, Karl: Heinrich der Löwe und Bremen, in: Friedland, Klaus (Hrsg.), Stadt und Land in der Geschichte des Ostseeraums (FS Wilhelm Koppe), Lübeck 1973, S. 11–22.

Katz, Emma: Mittelalterliche Altarpfründen der Diözese Bremen westlich der Elbe, in: Bremisches Jahrbuch 30, 1926, S. 1–160.

Klink, Lieselotte: Vom 100tägigen Ablaß (1395–1403), von der St.-Peters-Prozession am 29. Juni und von der Heiltumsweisung, in: Feste und Bräuche in Bremen. Beiträge zur Kultur- und Sozialgeschichte der Hansestadt (Jahrbuch 1999/2000 der Wittheit zu Bremen), Bremen 2000, S. 13–24.

Kloft, Hans: Reliquien und Volksfrömmigkeit. Betrachtungen zur Verehrung der Heiligen Cosmas und Damian, in: Hospitium Ecclesiae 19, 1993, S. 7–61.

Kohlmann, Johann Melchior: Urkundliche Mittheilungen über die ehemaligen Bremischen Collegiatstifter S. Ansgarii und SS. Willehadi & Stephani, Bremen 1844.

Köhn, Rolf: Die Verketzerung der Stedinger durch die Bremer Fastensynode, in: Bremisches Jahrbuch 57, 1979, S. 15–85.

König, Joseph: Zur Biographie des Burchard Grelle, Erzbischofs von Bremen und der Geschichte seines Pontifikats (1327–1344), in: Stader Jahrbuch 76, 1986, S. 30–87.

Kriss-Rettenbeck, Lenz und Möhler, Gerda (Hrsg.): Wallfahrt kennt keine Grenzen, München 1984.

Krumwiede, Hans-Walter (Hrsg.): Die mittelalterlichen Kirchen- und Altarpatrozinien Niedersachsens (Studien zur Kirchengeschichte Niedersachsens, Bd. 11), Göttingen 1960.

Kühnel, Harry: Frömmigkeit ohne Grenzen?, in: H. Kühnel (Hrsg.), Alltag im Spätmittelalter, Graz/Wien/Köln 1986, S. 92–113.

Kurze, Dietrich: Der niedere Klerus in der sozialen Welt des späteren Mittelalters, in: Beiträge zur Wirtschafts- und Sozialgeschichte des Mittelalters, Köln 1976.

Lammers, Walther: Formen der Mission bei Sachsen, Schweden und Abodriten, in: Blätter für Deutsche Landesgeschichte 106, 1970, S. 23–46.

Lammers, Walther: Das Hochmittelalter bis zur Schlacht von Bornhöved, in: Klose, Olaf (Hrsg.): Geschichte Schleswig-Holsteins, Bd. 4,1, Neumünster 1981.

Lange, Hermann: Geschichte der christlichen Liebestätigkeit in der Stadt Bremen im Mittelalter (Münsterische Beiträge zur Theologie, Heft 5), Münster 1925.

Last, Martin: Niedersachsen in der Merowinger- und Karolingerzeit, in: ders. (Hrsg.), Geschichte Niedersachsens, Bd. 1: Grundlagen und frühes Mittelalter, Hildesheim 1977, S. 543–627.

Leidinger, Barbara: Vom Hospital zum allgemeinen Krankenhaus. Die Herausbildung der bremischen Krankenanstalten bis 1823, in: Bremisches Jahrbuch 73, 1994, S. 48–86.

Leyser, K.: Am Vorabend der ersten europäischen Revolution. Das 11. Jahrhundert als Umbruchszeit, in: Historische Zeitschrift 257, 1993, S. 1–28.

Link, Hanna: Die geistlichen Brüderschaften des Mittelalters, insbesondere die Lübecker Antonius-Brüderschaft, in: Zeitschrift des Vereins für Lübeckische Geschichte und Altertumskunde 20, 1920.

Löhr, Alfred: Das Chorgestühl im Dom zu Bremen. Studien zur niederdeutschen Skulptur um die Mitte des 14. Jahrhunderts, in: Niederdeutsche Beiträge zur Kunstgeschichte 13, 1974, S. 123–180.

Löhr, Alfred: Kult und Herrschaft, in: Der Bremer Dom. Baugeschichte – Ausgrabungen – Kunstschätze (Hefte des Focke-Museums, 49), hrsg. von R. Pohl-Weber, Bremen 1979, S. 96–106.

Löhr, Alfred: Der Reliquienschrein der Heiligen Cosmas und Damian, Bremen 1984.

Löhr, Alfred: Die Heilige Corona und ihre mittelalterlichen Darstellungen in Bremen, in: Bremisches Jahrbuch 66, 1988, S. 47–58.

Lübbing, Hermann: Stedinger – Friesen – Dithmarschen. Freiheitskämpfe niederdeutscher Bauern, 2. Aufl. Bremen 1977.

Luckhardt, J. und Niehoff, F.: Heinrich der Löwe und seine Zeit. Herrschaft und Repräsentation der Welfen 1125–1235, 3 Bde., Braunschweig 1995.

Lüdecke, Torsten: Stadtarchäologie in Stade – eine Zwischenbilanz mit ersten Befunden zur frühen Stadtentwicklung, in: Stader Jahrbuch 81/82, 1991/92, S. 22–45.

Lusiardi, Ralf: Stiftung und städtische Gesellschaft. Religiöse und soziale Aspekte des Stiftungsverhaltens im spätmittelalterlichen Stralsund, Berlin 2000.

Markreich, Max: Geschichte der Juden in Bremen und Umgegend, Bremen 2003.

May, Otto Heinrich: Adaldag, in: Neue Deutsche Biographie 1, 1953.

Mayr, Markus (Hrsg.): Von goldenen Gebeinen. Wirtschaft und Reliquie im Mittelalter (Geschichte und Ökonomie, Bd. 9), Innsbruck/Wien/München 2001.

Meiners, Gerold: Stedingen und Stedinger, Bremen 1987.

Michaelsen, Luise: Das Paulskloster vor Bremen, in: Bremisches Jahrbuch 46, 1959, S. 40–107 (Teil 1); 47, 1961, S. 1–63 (Teil 2).

Mindermann, Arend; Johann von Zesterfleth († 1388). Ein Altländer Adeliger als Bremer Domdekan und Bischof von Verden. Teil 1: Der Bremer Domdekan, in: Stader Jahrbuch 98, 2008, S. 13–34.

Möhlmann, Günther: Der Güterbesitz des Bremer Domkapitels von seinen Anfängen bis zum Beginn des 14. Jahrhunderts, Bremen 1933.

Möller, Hans-Herbert: Stiftskirche Bücken (Große Baudenkmäler. Heft 207), München, Berlin 1993.

Moßig, Christian: Das Zeitalter der Christianisierung (8. bis 10. Jahrhundert), in: Schulze, Heinz-Joachim und Dannenberg, Heinz-Eckhard (Hrsg.), Geschichte des Landes zwischen Elbe und Weser, Bd. II. Mittelalter (Schriftenreihe des Landschaftsverbandes der ehemaligen Herzogtümer Bremen und Verden, Bd. 8), Stade 1995, S. 23–41.

Müller, Adalbert: Das bremische Domkapitel im Mittelalter, Diss. Greifswald 1908.

Niemeyer, G.: Die Vita des ersten Bischofs Willehad und seine kirchliche Verehrung, Münster 1953.

Nockert, Margareta: Mittelalterliche Textilfunde, in: Karl Heinz Brandt, Ausgrabungen im Bremer St. Petri-Dom. 1974–1976. Ein Vorbericht, Bremen 1977, S. 86–98.

Nockert, Margareta: Stand und Aufgaben der Textilbearbeitung, in: Der Bremer Dom. Baugeschichte – Ausgrabungen – Kunstschätze (Hefte des Focke-Museums, 49), hrsg. von R. Pohl-Weber, Bremen 1979, S. 86–92.

Nyberg, Tore S.: Die Kirche in Skandinavien, Sigmaringen 1986.

Ortlam, Dieter: Die Balge als Hauptstrom der Werra/Weser? Neue Erkenntnisse zur Flussgeschichte der Weser in Bremen, in: Die Weser. Zeitschrift des Weserbundes, 68. Jahrgang, Nr. 3/4, 1994, S. 100–105.

Ostersehlte, Christian: Die St. Rembertigemeinde zu Bremen – Geschichte und Archiv, in: Hospitium Ecclesiae 19, 1993, S. 117–134.

Padberg, Lutz E. von: Mission und Christianisierung. Formen und Folgen bei Angelsachsen und Franken im 7. und 8. Jahrhundert, Stuttgart 1995.

Parisse, Michel: Die Frauenstifte und Frauenklöster in Sachsen vom 10. bis zur Mitte des 12. Jahrhunderts, in: Die Salier und das Reich, Bd. 2: Die Reichskirche in der Salierzeit, hrsg. von Stefan Weinfurter, Sigmaringen 1991, S. 464–502.

Patze, Hans: Mission und Kirchenorganisation in karolingischer Zeit, in: ders. (Hrsg.), Geschichte Niedersachsens, Bd. 1: Grundlagen und frühes Mittelalter, Hildesheim 1977, S. 653–712.

Paulus, Nikolaus: Geschichte des Ablasses im Mittelalter, Bde. 1 und 2: Vom Ursprung bis zur Mitte des 14. Jahrhunderts, Bd. 3: Geschichte des Ablasses am Ausgang des Mittelalters, Darmstadt 2000.

Peters, Günter: Norddeutsches Beginen- und Begardenwesen im Mittelalter, in: Petersohn, Jürgen, Der südliche Ostseeraum im kirchlich-politischen Kräftespiel des Reiches, Polens und Dänemarks vom 10. bis 13. Jahrhundert, Mission – Kirchenorganisation – Kulturpolitik, Köln/Wien 1979.

Peters, Günter: Die Bremer Beginen im Mittelalter. Entstehung und Struktur einer städtischen Frauengemeinschaft, in: Niedersächsisches Jahrbuch für Landesgeschichte 64, 1992, S. 131–181.

Petri, Franziskus: Unser Lieben Frauen Diakonie. 400 Jahre evangelische Liebestätigkeit in Bremen, Bremen 1925.

Pischke, Gudrun: Herrschaftsbereiche der Billunger, der Grafen von Stade, der Grafen von Northeim und Lothars von Supplingenburg, Hildesheim 1984.

Poeck, Dietrich: Totengedenken in Hansestädten, in: Vinculum Societas (FS Joachim Wollasch), Sigmaringendorf 1991, S. 175–232.

Pratje, Johann Hinrich: Kurzgefaßte Religions-Geschichte der Herzogthümer Bremen und Verden, 3 Teile, Stade 1777–1781.

Presuhn, Sabine: Seelenheil und Armensorge. Stiftungen Bremer Familien im 14. Jahrhundert, in: Bremisches Jahrbuch 72, 1993, S. 34–50.

Presuhn, Sabine: Tot ist, wer vergessen wird: Totengedenken an der St. Ansgariikirche in Bremen im Spiegel des Nekrologs aus dem 15. Jahrhundert (Veröffentlichungen der Historischen Kommission für Niedersachsen und Bremen, Bd. 201), Hannover 2001.

Presuhn, Sabine: Anmerkungen zur St. Annen-Bruderschaft an der Bremer Liebfrauenkirche, in: Hospitium Ecclesiae 24, 2009, S. 139–150.

Prüser, Friedrich: Die Güterverhältnisse des Wilhadi-Stephanikapitels in Bremen, in: Bremisches Jahrbuch 30, 1926, S. 161–203.

Prüser, Friedrich: Die Güterverhältnisse des Anscharikapitels in Bremen; in: Bremisches Jahrbuch 33, 1931, S. 37–107, Bremisches Jahrbuch 34, 1933, S. 1–62, Bremisches Jahrbuch 35, 1935, S. 1–38, Bremisches Jahrbuch 36, 1936, S. 1–115.

Prüser, Friedrich: Bremische Stiftskirchen des Mittelalters in Wirtschaft und Kultur, in: Bremisches Jahrbuch 37, 1937, S. 30–63.

Prüser, Friedrich: 800 Jahre St. Stephanikirche. Ein Stück bremischer Geschichte, Bremen 1940.

Prüser, Friedrich: Bremische Stiftsgeistliche des späten Mittelalters und ihre verwandtschaftlichen Beziehungen, in: Bremisches Jahrbuch 41, 1944, S. 1–85, Bremisches Jahrbuch 43, 1951, S. 31–124.

Rehm, G.: Die Schwestern vom Gemeinsamen Leben im nordwestlichen Deutschland: Untersuchungen zur Geschichte der Devotia moderna und des weiblichen Religiosentums, Berlin 1985.

Reinecke, Karl: Studien zur Vogtei- und Territorialentwicklung im Erzbistum Bremen (937–1184), Stade 1971.

Reinecke, Karl: Bischofsumsetzung und Bistumsvereinigung: Ansgar und Hamburg-Bremen 845–864, in: Archiv für Diplomatik 33, 1987, S. 1–53.

Reinecke, Karl: Die Holländerurkunde Erzbischofs Friedrich I. von Hamburg-Bremen und die Kolonisation des Kirchspiels Horn, in: Bremisches Jahrbuch 52, 1972, S. 5–20.

Röpcke, Andreas: Leben und Nachleben Willehads. Zur Geschichte und Tradition des ersten Bremer Bischofs, Bremen 1987

Röpcke, Andreas: Pro memoria Rimberti, in: Verein für Katholische Kirchengeschichte in Hamburg und Schleswig-Holstein 3, Husum 1990, S. 3–29.

Röpcke, Andreas: Die Stifts- und Pfarrkirche St. Willehadi-Stephani im Mittelalter, in: 850 Jahre St. Stephani-Gemeinde, hrsg. von Heinrich Albertz u.a., Bremen 1990, S. 11–24.

Röpcke, Andreas: Geld und Gewissen. Raimund Peraudi und die Ablaßverkündung in Norddeutschland am Ausgang des Mittelalters, in: Bremisches Jahrbuch 71, 1992, S. 43–80.

Röpcke, Andreas: St. Michaelis – Zu den Anfängen einer Bremer Vorstadtgemeinde, in: Bremisches Jahrbuch 74/75, 1995/96, S. 67–82.

Rosenau, Helen: Zur mittelalterlichen Baugeschichte des Bremer Doms, in: Bremisches Jahrbuch 33, 1931, S. 1–36.

Rudloff, Martina und Rohmeyer, Klaus: Kunstschätze in Bremer Kirchen, hrsg. von der Bremer Landesbank und der Staatlichen Kreditanstalt Oldenburg-Bremen, Bremen 1973.

Sander-Berke, Antje (Hrsg.): Fromme Friesen. Mittelalterliche Kirchengeschichte Frieslands, Oldenburg 1997.

Sawyer, R. und Sawyer, P.: Medieval Scandinavia. From Conversion to Reformation, ca. 800–1500 (The Nordic Series, Vol. 217). Minneapolis, London 1993.

Schieffer, Rudolf: Die Entstehung von Domkapiteln in Deutschland (Bonner Historische Forschungen 43), Bonn 1976.

Schieffer, Rudolf: Der ottonische Reichsepiskopat zwischen Königtum und Adel, in: Frühmittelalterliche Studien 23, 1989, S. 291–301.

Schieffer, Theodor: Adnotationes zur Germania Pontificia und zur Echtheitskritik überhaupt. Erster Teil, in: Archiv für Diplomatik 32, 1986, S. 503–545.

Schlegel, Silvia: Das Bronzetaufbecken im Bremer St. Petri-Dom, in: Bremisches Jahrbuch 74/75, 1995/96, S. 29–66.

Schlichting, Mary E.: Religiöse und gesellschaftliche Anschauungen in den Hansestädten des späten Mittelalters, Saalfeld 1935.

Schmid, Karl: Die Nachfahren Widukinds, in: Deutsches Archiv für Erforschung des Mittelalters, 20, 1964, S. 1–47.

Schmid, Karl und Wollasch, Joachim (Hrsg.): Memoria. Der geschichtliche Zeugniswert des liturgischen Gedenkens im Mittelalter (Societas et Fraternitas), München 1984.

Schmidt, Heinrich: Zur Geschichte der Stedinger. Studien über Bauernfreiheit, Herrschaft und Religion an der Unterweser im 13. Jahrhundert, in: Bremisches Jahrbuch 60/61, 1983, S. 27–94.

Schmidt, Heinrich: Die beiden Kirchen in Reepsholt, in: Brosius, Dieter und Last, Martin (Hrsg.), Beiträge zur niedersächsischen Landesgeschichte: Festschrift Hans Patze, Hildesheim 1984, S. 76–94.

Schmidt, Heinrich: Kirchenbau und „Zweite Christianisierung" im friesisch-sächsischen Küstengebiet während des hohen Mittelalters, in: Niedersächsisches Jahrbuch für Landesgeschichte 59, 1987, S. 63–94.

Schmidt, Heinrich: Skandinavien im Selbstverständnis der Bremer Kirche vom 9. bis zum 11. Jahrhundert, in: Hägermann, Dieter (Hrsg.): Bremen. 1200 Jahre Mission, Bremen 1989, S. 33–60.

Schmidt, Heinrich: Hermann II. zur Lippe und seine geistlichen Brüder, in: Westfälische Zeitschrift 140, 1990, S. 209–232.

Schmidt, Heinrich: Der Raum Nordenham in Mittelalter und Reformationszeit, in: Nordenham. Die Geschichte einer Stadt, Oldenburg 1993, S. 81–160.

Schmidt, Heinrich: Zur Frühgeschichte des Benediktinerklosters Rastede, in: Beiträge zur Oldenburgischen Kirchengeschichte, hrsg. von Reinhard Rittner, Oldenburg 1993, S. 7–30.

Schmidt, Heinrich: Christianisierung im östlichen Friesland, in: Sander-Berke, Antje (Hrsg.): Fromme Friesen, Oldenburg 1997, S. 9–25.

Schmidt, K. D.: Willehad und die Christianisierung von Bremen-Verden, in: Zeitschrift der Gesellschaft für Niedersächsische Kirchengeschichte 41, 1936, S. 5–23.

Schmidt, Peter: Archäologische Quellen zur frühen Christianisierung im friesisch-sächsischen Küstenraum, in: Hägermann, Dieter (Hrsg.): Bremen – 1200 Jahre Mission, S. 33–60.

Schmolze, Gerhard: Sankt-Magnus-Verehrung in Bremen im 14. und 15. Jahrhundert; in: Bremisches Jahrbuch 67, 1989, S. 29–53.

Schmolze, Gerhard und Busch, Benedikt: Vom Dienst der Heiligen in Bremen, in: Hospitium Ecclesiae 18, 1991, S. 57–108.

Schöffel, Johann Simon: Kirchengeschichte Hamburgs, Bd. 1: Die Hamburgische Kirche im Zeichen der Mission und im Glanze der erzbischöflichen Würde, Hamburg 1929.

Schomburg, Dietrich: Die Dominikaner im Erzbistum Bremen während des 13. Jahrhunderts, Braunschweig 1910.

Schomburg, Walter: St. Remberti. Die Geschichte einer bremischen Gemeinde, Bremen 1962.

Schreiner, Klaus: Frommsein in Stadtgesellschaften des späten Mittelalters, in: Goldgrund und Himmelslicht. Die Kunst des Mittelalters in Hamburg, Hamburg o.J.

Schreiner, Klaus: Zum Wahrheitsverständnis des Heiligen- und Reliquienwesens des Mittelalters, in: Saeculum 17, 1966, S. 131–149.

Schubert, Ernst: Die Capitulatio de partibus Saxoniae, in: Brosius, Dieter u.a. (Hrsg.), Geschichte in der Region. Zum 65. Geburtstag von Heinrich Schmidt, Hannover 1993, S. 3–28.

Schubert, Ernst: Der Reichsepiskopat, in: Brandt, Michael und Eggebrecht, Arne (Hrsg.), Bernward von Hildesheim und das Zeitalter der Ottonen, Bd. 1, Hildesheim 1993, S. 92–102.

Schubert, Ernst: Die Kirche und der gemeine Mann, in: G. Althoff, H.-W. Goetz und E. Schubert, Menschen im Schatten der Kathedrale, Darmstadt 1998, S. 269–292.

Schulze, Heinz-Joachim: Die Umwandlung des Stiftes Harsefeld, in: Brosius, Dieter und Last, Martin (Hrsg.), Beiträge zur niedersächsischen Landesgeschichte (FS Hans Patze), Hildesheim 1984, S. 95 ff.

Schulze, Heinz-Joachim: Die Gründung des Prämonstratenserstiftes St. Georg zu Stade – auch ein Beitrag zur Geschichte Norberts von Xanten, in: Bremisches Jahrbuch 66, 1988, S. 11–29.

Schulze, Heinz-Joachim: Nachrichten zur Geschichte des St.-Marien-Klosters zu Harsefeld, in: Beiträge des Landkreises Stade zu regionalen Themen 7, 1989, S. 21 ff.

Schulze, Heinz-Joachim: Die Urkunde Kaiser Konrads II. vom 11. Dezember 1038 und der erzbischöfliche Markt in Stade, in: Stader Jahrbuch 81/82, 1991/92, S. 51–62.

Schulze, Heinz-Joachim: Erzbischof Adalbero von Bremen (1123–1148) und die Udonen, in: Brosius, Dieter (Hrsg.), Geschichte in der Region (FS Heinrich Schmidt), Hannover 1993, S. 67–82.

Schulze, Heinz-Joachim: Geschichte der Geschichtsschreibung zwischen Elbe und Weser vom Mittelalter bis zum Ende des 18. Jahrhunderts, in: Schulze, Heinz-Joachim und Dannenberg, Heinz-Eckhard (Hrsg.), Geschichte des Landes zwischen Elbe und Weser, Bd. II: Mittelalter (Schriftenreihe des Landschaftsverbandes der ehemaligen Herzogtümer Bremen und Verden, Bd. 8), Stade 1995, S. 1–23.

Schulze, Heinz-Joachim: Die Grafen von Stade und die Erzbischöfe von Hamburg-Bremen vom Ausgang des 10. bis zur Mitte des 12. Jahrhunderts, in: Schulze, Heinz-Joachim und Dannenberg, Heinz-Eckhard (Hrsg.), Geschichte des Landes zwischen Elbe und Weser, Bd. II: Mittelalter (Schriftenreihe des Landschaftsverbandes der ehemaligen Herzogtümer Bremen und Verden, Bd. 8), Stade 1995, S. 43–104.

Schulze, Heinz-Joachim und Dannenberg, Heinz-Eckhard (Hrsg.): Geschichte des Landes zwischen Elbe und Weser, Bd. II: Mittelalter (Schriftenreihe des Landschaftsverbandes der ehemaligen Herzogtümer Bremen und Verden, Bd. 8), Stade 1995.

Schumacher, Friedrich und Brandt, Karl Heinz: Der Dom zu Bremen. Wiederherstellung und Ausgrabungen 1972–1982, Bremen 1982.

Schumacher, Hermann Albert: Älteste Geschichte des Bremer Domkapitels, in: Bremisches Jahrbuch 1, 1864, S. 109–173.

Schumacher, Hermann Albert: Die Deutschherren-Commende zu Bremen, in: Bremisches Jahrbuch 2.1, 1865.

Schumacher, Hermann Albert: Die Stedinger. Beitrag zur Geschichte der Weser-Marschen, Bremen 1865.

Schumacher, Hermann Albert: Die bremische Erzbischofsfehde zur Zeit des großen Sterbens 1348–1351, in: Bremisches Jahrbuch 6, 1872, S. 223–250.

Schwarz, Brigide: Stadt und Kirche im Spätmittelalter, in: Cord Meckseper (Hrsg.), Stadt im Wandel: Kunst und Kultur des Bürgertums in Norddeutschland 1150–1650, Bd. 4, Stuttgart-Bad Cannstatt 1985, S. 63–73.

Schwarzwälder, Herbert: Entstehung und Anfänge der Stadt Bremen (Veröffentlichungen aus dem Staatsarchiv der Freien Hansestadt Bremen. Heft 24), Bremen 1955.

Schwarzwälder, Herbert: Die Kirchspiele Bremens im Mittelalter: Die Großpfarre des Doms und ihr Zerfall, in: Niedersächsisches Jahrbuch für Landesgeschichte 32, 1960, S. 147–191.

Schwarzwälder, Herbert: „Bannerlauf" und „Verrat" in Bremen 1365–1366, in: Bremisches Jahrbuch 53, 1975, S. 43–88.

Schwarzwälder, Herbert: Geschichte der Freien Hansestadt Bremen, Bd. 1, Hamburg 1985 (2. Aufl., Bremen 1995).

Seegrün, Wolfgang: Das Erzbistum Hamburg – eine Fiktion?, in: Zeitschrift des Vereins für Hamburgische Geschichte 60, 1974, S. 1–16.

Seegrün, Wolfgang: Das Erzbistum Hamburg in seinen älteren Papsturkunden (Studien und Vorarbeiten zur Germania Pontificia 5), Köln 1976.

Staats, Reinhart: Der Geist der nordeuropäischen Mission von Willehad bis Adam von Bremen, in: Hospitium Ecclesiae 18, 1981, S. 7–32.

Staats, Reinhart: Missionshistoria som „Geistesgeschichte"; leidmotiv i den nordeuropeiska missionshistorien 789–1104, in: Beskow, Per und ders. (Hrsg.), Nordens Kristnande i europeiskt perspektiv, Skara 1994, S. 3–15.

Stabenau, Hanspeter: Der Dom zu Bremen: Wiederherstellung und Ausgrabungen 1972–1982 (Schriften der Wittheit zu Bremen NF 8), Bremen 1982.

Stein, Rudolf: Romanische, gotische und Renaissance-Baukunst in Bremen (Forschungen zur Geschichte der Bau- und Kunstdenkmäler in Bremen, Bd. 2), Bremen 1962.

Stephan, Hans-Georg: Archäologische Stadtforschung in Niedersachsen, Ostwestfalen, Hamburg und Bremen, in: Meckseper, Cord (Hrsg.), Stadt im Wandel: Kunst und Kultur des Bürgertums in Norddeutschland 1150–1650, Bd. 3, Stuttgart-Bad Cannstadt 1985, S. 81–94.

Stoll, Hans-G.: Die Heiligen Cosmas und Damian, ein ärztliches Leitbild, in: Hospitium Ecclesiae 24, 2009, S. 167–208.

Tacke, Wilhelm: Klöster in Bremen. Über 800 Jahre Konfessionsgeschichte der Freien Hansestadt Bremen, 2. Aufl. Bremen 2005.

Tacke, Wilhelm: St. Johann in Bremen. Eine über 600jährige Geschichte von den Bettelbrüdern bis zu den Pröpsten, Bremen 2006.

Theuerkauf, Gerhard: Urkundenfälschungen des Erzbistums Hamburg-Bremen vom 9. bis zum 12. Jahrhundert, in: Niedersächsisches Jahrbuch für Landesgeschichte 60, 1988, S. 71–140.

Trüdinger, Karl: Stadt und Kirche im spätmittelalterlichen Würzburg (Spätmittelalter und frühe Neuzeit, Bd. 1), Stuttgart 1978.

Ueffing, Werner: Anmerkungen zur Frage nach der ursprünglichen Gestalt des frühromanischen Domes zu Bremen, in: Bremisches Jahrbuch 59, 1981, S. 109–128.

Ulbrich, Tobias: Die Anfänge des Bistums Bardowick/Verden, in: Niedersächsisches Jahrbuch für Landesgeschichte 63, 1991, S. 107–137.

Ulrich, Peter: Marienverehrung im Bremer St. Petri Dom, in: Hospitium Ecclesiae 24, 2009, S. 151–166.

Vogtherr, Thomas: Die Reichsklöster Corvey, Fulda und Hersfeld, in: Die Salier und das Reich, Bd. 2: Die Reichskirche in der Salierzeit, hrsg. von Stefan Weinfurter, Sigmaringen 1991, S. 429–464.

Wavra, Brigitte: Salzburg und Hamburg. Erzbistumsgründung und Missionspolitik in karolingischer Zeit, Berlin 1991.

Weiberg, Elke: Pfarrkirchen im Elbe-Weser-Dreieck, in: Niedersächsisches Jahrbuch für Landesgeschichte 59, 1987, S. 95–116.

Weiberg, Elke: Das Niederkirchenwesen in der Erzdiözese Bremen im Mittelalter, insbesondere im Archidiakonat Hadeln und Wursten (Sonderveröffentlichungen des Heimatbundes der Männer vom Morgenstern 20), Stade 1990.

Weibezahn, Ingrid: Eine spätmittelalterliche Abendmahlsdarstellung aus dem St. Petri-Dom, in: Hospitium Ecclesiae 17, 1989, S. 35–42.

Weibezahn, Ingrid: Konservierte mittelalterliche Grabgewänder im Bremer Dom-Museum, in: Textilkunst 3, 1989, S. 123–126.

Weibezahn, Ingrid: Die mittelalterlichen Wandmalereien im Bremer Dom-Museum, in: Niederdeutsche Beiträge zur Kunstgeschichte, Bd. 32, München/Berlin 1993, S. 75–89.

Weibezahn, Ingrid: Grabsteine und Epitaphien im Bremer Dom – Kunsthistorische Denkmale von der Romanik bis zum Barock, in: Hospitium Ecclesiae 21, 1998, S. 81–132.

Weibezahn, Ingrid: Schatzkammerverzeichnis des St. Petri-Domes aus der Zeit um 1420, in: Feste und Bräuche in Bremen. Beiträge zur Kultur- und Sozialgeschichte der Hansestadt (Jahrbuch 1999/2000 der Wittheit zu Bremen), Bremen 2000, S. 25–34.

Weibezahn, Ingrid: Schätze aus dem Bremer St. Petri Dom. Führer durch das Dom-Museum, hrsg. von D. G. Gross, Bremen 2005.

Weidinger, Ulrich: Mit Koggen zum Marktplatz. Bremens Hafenstrukturen vom frühen Mittelalter bis zum Beginn der Industrialisierung, Bremen 1997.

Wenskus, Reinhard: Die soziale Entwicklung im ottonischen Sachsen im Lichte der Königsurkunden für das Erzstift Hamburg-Bremen, in: ders., Ausgewählte Aufsätze zum frühen und preußischen Mittelalter, Sigmaringen 1986, S. 231–244.

Wiedemann, Friedrich Wilhelm: Geschichte des Herzogtums Bremen, Stade 1864–1866.

Wiek, Peter: Die bürgerliche Verwaltung der Bremer Domfabrik im Mittelalter, in: Bremisches Jahrbuch 46, 1959, S. 121–133.

Willmanns, Manfred: Die Landgebietspolitik der Stadt Bremen um 1400 unter besonderer Berücksichtigung der Burgenpolitik des Rates im Erzstift und in Friesland (Veröffentlichungen des Instituts für historische Landesforschung der Universität Göttingen, Bd. 6), Hildesheim 1973.

Wittstock, Jürgen: Pilgerzeichen und andere Wallfahrtsdevotionalien in Norddeutschland, in: J. Wittstock (Hrsg.), Aus dem Alltag der mittelalterlichen Stadt (Hefte des Focke-Museums, 62), Bremen 1982, S. 193–200.

Zotz, Thomas: Pallium et alia quaedam archiepiscopatus insignia. Zum Beziehungsgefüge und zu Rangfragen der Reichskirchen im Spiegel der päpstlichen Privilegierung des 10. und 11. Jahrhunderts, in: Maurer, Helmut und Patze, Hans (Hrsg.), Festschrift für Berent Schwineköper, Sigmaringen 1982, S. 155–175.

Zufferey, Maurice: Der Mauritius-Kult im Früh- und Hochmittelalter, in: Historisches Jahrbuch 106, 1986, S. 23–58.

Abbildungsnachweis

Archivio Segreto Vaticano: 125.
Bibliothèque Royale de Belgique, Bruxelles: 127.
Dom-Museum, Bremen: 174, 179, 227.
Focke-Museum, Bremen: 35, 39, 63, 117, 134, 243, 343, 353, 389, 421, 445, 453, 466.
Landesamt für Denkmalpflege Bremen: 373.
Der Landesarchäologe Bremen: 32, 41, 173.
Landesarchiv Schleswig: 102, 143, 149.
Landesbibliothek Oldenburg: 147.
Landesinstitut für Schule, Zentrum für Medien (Landesbildstelle Bremen): 103, 110, 368, 401.
Niedersächsisches Landesarchiv, Staatsarchiv Stade: 45, 51, 71, 106, 107, 177, 220.
Österreichische Nationalbibliothek Wien: 131.
Staats- und Universitätsbibliothek Bremen: 99, 112, 115, 123, 133, 140, 152, 155, 157, 166, 168, 169, 208, 265, 379, 386, 395, 424, 442.
Staatsarchiv Bremen: Einband, 2, 25, 27, 29, 33, 47, 48, 49, 53, 55, 57, 61, 67, 75, 77, 81, 85, 89, 93, 94, 97, 120, 139, 158, 159, 19, 161, 163, 165, 178, 189, 191, 193, 194, 196, 199, 201, 202, 205, 211, 213, 217, 225, 229, 231, 211, 213, 217, 225, 229, 231, 235, 247, 249, 255, 257, 269, 271, 278, 281, 288, 293, 295, 299, 301, 307, 309, 311, 317, 319, 323, 327, 331, 337, 348, 366, 367, 374, 375, 383, 385, 391, 393, 397, 399, 403, 407, 408, 410, 411, 417, 429, 432, 439, 451, 460, 463, 473, 479, 481, 487, 493, 496, 498, 503, 506.
Staatsarchiv Münster: 22.

Personenregister

Ortsregister

Zu den Autoren und Bearbeitern

Hägermann, Prof. Dr. Dieter, Universitätsprofessor.

Geb. 1939 in Kreuzburg, Oberschlesien, gest. 2006 in Bremen. Studium der Geschichte, Promotion (1966) und Habilitation (1973) in Erlangen. Von 1976 bis 2004 Lehrstuhlinhaber für mittelalterliche Geschichte an der Universität Bremen. Zahlreiche Publikationen zur Diplomatik, zur Sozial- und Wirtschaftsgeschichte des frühen und hohen Mittelalters sowie zur bremischen Geschichte. Grundlegende Arbeiten zur Technikgeschichte (1991), zur Biografie Karls des Großen (2000) und zum Reformpapsttum (2009).

Weidinger, Dr. Ulrich, Historiker.

Geb. 1950 in Gunzenhausen, Bayern. Studium der Geschichte und Germanistik, Promotion (1987) in Erlangen. Wissenschaftlicher Mitarbeiter des Deutschen Schifffahrtsmuseums in Bremerhaven (1987–1996) und der Universität Bremen (1997–2002), seit 2002 als freiberuflicher Historiker und Lehrbeauftragter der Universität Bremen tätig. Veröffentlichungen zur Wirtschaftsgeschichte sowie zur Schifffahrts- und Hafengeschichte des Mittelalters, zur Hansegeschichte und zur Bremer Stadtgeschichte.

Elmshäuser, Prof. Dr., Konrad, Archivdirektor.

Geb. 1959 in Marburg an der Lahn, Studium Geschichte und Deutsch, Promotion (1990) in Bremen, 1993 bis 1995 Archivar am Staatsarchiv Stade, seit 1995 am Staatsarchiv Bremen, seit 2003 als dessen Leiter. Seit 2009 Honorarprofessor für Geschichte an der Universität Bremen.
Veröffentlichungen zur Wirtschafts- und Sozialgeschichte des Mittelalters sowie zur bremischen Geschichte, darunter Geschichte Bremens (2007).

A. Röpcke (Hrsg.)

Bremische Kirchengeschichte im 19. und 20. Jahrhundert

512 Seiten, 135 Abbildungen,
16 x 23,5 cm, Einband mit Goldprägung und Schutzumschlag
EURO 27,50
ISBN 978-3-929902-53-2

In kirchlichen Kreisen Bremens wird gern – und im Übrigen zu Recht – damit kokettiert, dass es mit Bremens kirchlichem Leben seine besondere Bewandtnis habe. Band 3 der Bremischen Kirchengeschichte schließt sich diesem Standpunkt an, denn er geht von einem konfessionsübergreifenden, ökumenischen Ansatz aus.

Herausgegeben von Dr. Andreas Röpcke und mit Beiträgen u.a. von K.H. Schwebel, K.H. Voigt, H.G. Aschoff, A. Meyer-Zollitsch und H. Nielsen behandelt Band 3 die Entwicklung der christlichen Kirche im 19. und 20. Jahrhundert in der Hansestadt. Das Buch liest sich „teilweise spannend wie ein Krimi": Einschneidend ist am Beginn des 19. Jahrhunderts die Übernahme des Domes in die stadtbremische Hoheit und damit verbunden die Aufnahme der großen lutherischen Domgemeinde in die vom reformierten Bekenntnis geprägte evangelische Kirche Bremens. Bedingt durch die Bedeutung der evangelischen Kirche im behandelten Zeitraum, wird ihr am meisten Gewicht beigemessen.

Bremen war Ausgangspunkt und Basis für die Ausbreitung des Methodismus in Mitteleuropa und als Auswanderungshafen auch für Amerika, insofern findet auch die methodistische Gemeinde im vorliegenden Band ihren Platz. Weiterhin wird die Zeit von der Industrialisierung über die Weimarer Republik bis hin zu der Nazi-Herrschaft und dem anschließenden Neubeginn beschrieben.

Band 3 der Bremischen Kirchengeschichte kommt eine besondere Bedeutung zu, da zusammenfassende Darstellungen dieses Zeitabschnitts bisher fehlten!